韦正翔 ◎ 著

追寻幸福
西方哲学史视角

中国社会科学出版社

图书在版编目(CIP)数据

追寻幸福：西方哲学史视角/韦正翔著 . —北京：中国社会科学出版社，2014.12

ISBN 978-7-5161-5317-8

Ⅰ.①追… Ⅱ.①韦… Ⅲ.①西方哲学—哲学史—研究 Ⅳ.①B5

中国版本图书馆CIP数据核字（2014）第308023号

出 版 人	赵剑英
责任编辑	李炳青
责任校对	李小冰
责任印制	李寡寡

出　　版	中国社会科学出版社
社　　址	北京鼓楼西大街甲158号（邮编100720）
网　　址	http://www.csspw.cn
	中文域名：中国社科网　010-64070619
发 行 部	010-84083685
门 市 部	010-84029450
经　　销	新华书店及其他书店
印　　刷	北京君升印刷有限公司
装　　订	廊坊市广阳区广增装订厂
版　　次	2014年12月第1版
印　　次	2014年12月第1次印刷
开　　本	710×1000　1/16
印　　张	41
插　　页	2
字　　数	693千字
定　　价	128.00元

凡购买中国社会科学出版社图书，如有质量问题请与本社联系调换
电话：010-84083683
版权所有　侵权必究

作者简介

韦正翔，出生于1963年12月。现为清华大学马克思主义学院教授、博士生导师、"共家学派（Gongschool）"的倡立者（中国社会科学网"要闻"栏目于2012年4月13日全文转载了本人独著的《大众化的马克思主义》中的"共家学派的倡立"一文），为清华大学第十届学位评定分委员会委员。曾在清华大学人文社会科学学院哲学系工作八年。曾为北京师范大学哲学系学士、中国人民大学哲学系硕士生和博士，专业方向为西方伦理学和国际政治伦理。工作后，研究领域逐步扩展到中国哲学史、国际经济伦理、原创马克思主义经典著作研究。目前正在从事中西马哲学融会贯通（会通）研究，未来的努力方向是中西马融会贯通（会通）的全景框架研究。英语曾达同传水平，并录制了英语、德语、法语、俄语、日语、古希伯来语、梵语、阿拉伯语、古希腊语、拉丁语10门外语语法的部分录音（可在http：//www.tudou.com/home/_78781713收听）。

曾为国际学术会议的口译、笔译和译审；全国妇联国际部美洲和大洋洲处及国际项目合作处工作人员。曾接受联合国的联系组织扶轮国际和美国南卡罗来纳大学的邀请，在美国用英文讲授了三年的中国哲学。曾在墨尔本大学应用哲学和公共伦理研究中心做了一年的交换学者。曾在东京大学作为评议人参加公共哲学国际学术会议。曾随清华大学顾秉林校长和袁驷副校长率领的清华大型百年校庆访美团在美国的哈佛大学、斯坦福大学、哥伦比亚大学、芝加哥大学、麻省理工学院、加州伯克利大学、联合国大学作关于"马克思主义与中国传统哲学的现代化"的英文演讲和会谈，其中在美国纽约的联合国大学作了关于"中国化的马克思主义在中国对外政策制定中的地位"的英文演讲和回答了听众的现场提问，该演讲在联合国大学的互联网系统中通过视频现场直播。

主要作品

1. 《追寻幸福：西方哲学史视角》（独著，约 69 万字，中国社会科学出版社 2014 年出版，《中西马哲学融会贯通（会通）研究》三部曲之一）；

2. 《〈共产党宣言〉探究（对照中、德、英、法、俄文版）》（独著，约 59 万字，中国社会科学出版社 2013 年出版，中央编译局的《马克思主义与现实》杂志刊登本书简介；《中国社会科学网》刊登本书出版信息）；

3. 《大众化的马克思主义》（独著，约 38 万字，中国社会科学出版社 2012 年出版，《人民日报》《中国社会科学网》刊登本书简介）；

4. 《有清华学生这样学习马克思主义》（韦正翔、张正东主编，约 35 万字，中国社会科学出版社 2011 年出版，《人民日报》《光明日报》刊登本书书评）。

其他作品

独著 4 部：

1. 《国际政治的全球化与国际道德危机：全球伦理的圆桌模式构想》（约 35 万字）；

2. 《逃离国际经济中的伦理风险》（约 36 万字）；

3. 《软和平：国际政治中的强权与道德》（约 26 万字）；

4. 《生活原来可以如此有趣：在墨尔本大学的思想笔录和生活体验》（约 23 万字）。

参与编著 3 部：

1. 《马克思主义基本观点 18 讲》（赵甲明、韦正翔主编，约 45 万字）；

2. 《博士生关注的当代问题探析》（赵甲明、韦正翔主编，约 50 万字）；

3. 《〈中国马克思主义与当代〉课程研究》（赵甲明、韦正翔、刘敬东等著）（约 26 万字）。

独译 1 部：

《金融领域中的伦理冲突》（约 17 万字）。

在以上 12 部作品中，11 部在中国社会科学出版社出版。

目 录

引 论
　　——在秩序与自由中追寻幸福 …………………………………（1）

总目录框架 ……………………………………………………………（1）

第一章　自然哲学
　　——为社会秩序而寻找自然中的"一" ……………………………（1）
第一节　米利都学派：作为"一"的自然物 …………………………（1）
　一　泰勒斯：灵水是自然中的"一"
　二　阿拉克西曼德：有灵的"不确定的无限物"
　三　阿那克西米尼：灵气是自然中的"一"
第二节　毕达哥拉斯学派：作为"一"的和谐 ………………………（4）
　一　死亡的焦虑让人感觉不幸福
　二　几何学中的"数"是纯洁而永恒的
　三　限定多就能形成和谐的"一"
　四　哲学思考能够给人带来很"神"的幸福感
第三节　赫拉克利特：作为"一"的理性 ……………………………（8）
　一　灵火的能量是守恒的
　二　在灵火中存在着理性这个"一"
　三　冲突能够造成最美丽的和谐
第四节　爱利亚学派：作为绝对静止的"一" ………………………（10）
　一　巴门尼德：让灵魂在绝对静止之处安居
　二　芝诺：感觉到的"变化"在欺骗我们

第五节　主动的力量:作为"一"的爱或精神 …………………（13）
　　　　一　恩培多克勒:在爱与恨中结合与分离
　　　　二　阿那克萨戈拉:理性秩序和旋转运动
　　　　　（一）自然秩序是"精神"赋予的
　　　　　（二）在旋转运动中存在着"革命"

第二章　自然哲学的危机
　　　　——是否要追求自然中的"一"？…………………………（16）
　　第一节　智者派:为自由而攻击自然中的"一" ………………（16）
　　　　一　普罗泰戈拉:每个人都可以是对的
　　　　二　高尔吉亚:根本不存在真理
　　　　三　斯拉斯马寇:谁强谁就是对的
　　第二节　留基波和德谟克利特:反对智者派的"自由" ………（21）
　　　　一　留基波和德谟克利特:作为"一"的机械原理
　　　　二　德谟克利特:在心灵中贯彻机械原理的秩序
　　　　　（一）嫡生的知识和庶生的知识
　　　　　（二）要对自由加以节制
　　第三节　伊索克拉底:反对智者派的"庸俗" …………………（24）
　　　　一　哲学是由希腊人教给全世界的
　　　　二　要注重道德理想的培育

第三章　理性完美哲学
　　　　——为社会秩序而追求"完美"的"一" ………………（27）
　　第一节　苏格拉底:对"完美"无知的人不会有心灵的幸福 ………（27）
　　　　一　只有认识完美的人才有智慧
　　　　二　通过质问辩证法可以生出"完美"
　　　　三　追寻幸福的过程就是追求完美的过程
　　　　四　宁可失去生命也不失去对于人格完美的执着
　　第二节　柏拉图:发现了"一"个完美的世界 …………………（35）
　　　　一　真、善、美合成的完美
　　　　　（一）完美的普遍性和不完美的特殊性
　　　　　（二）完美只能被发现不能被创造

（三）完美世界中的和谐秩序
　二　万物都是"完美"图样的复制品
　　（一）自然中的完美的立体空间
　　（二）物质的不完美的"恶"和"时间"
　三　在追求完美的过程中感受幸福
　　（一）爱完美的人才有文化
　　（二）灵魂的崩溃会给人带来痛苦
　　（三）让灵魂再度回到幸福状态
　四　走向真、善、美的完美世界的阶梯
　　（一）洞穴比喻：真的世界那么宁静和美好
　　（二）线段比喻：最高的智慧在至善那里
　　（三）爱的升华：热爱完美会产生巅峰幸福
　五　理想的政治是"美德"政治
　　（一）国家堕落的过程：从美德之王堕落到暴君
　　（二）要有制度上的安排统治阶级才可能"无私"
　　（三）正义的国家需要正义的统治者

第三节　亚里士多德：发现了"一"个追求"圆满"的自然界 ………（56）
　一　不动的感动者给予自然圆满的秩序
　　（一）圆满的吸引力能感动万物
　　（二）潜能像种子一样生长成现实
　　（三）圆满的普遍性与不圆满的特殊性
　　（四）理性通过原则或灵魂支配世界
　二　通过形式逻辑抽象出"圆满"
　　（一）从最特殊的"一"上升到最普遍的"一"
　　（二）从最普遍的"一"下降到最特殊的"一"
　　（三）先"沉思"完美再"考虑"可行性
　三　追求美德的人才能充实和幸福
　　（一）有追求圆满的理性的人才配做人
　　（二）有的行为可以不负道德责任
　　（三）要有好心并能办成好事
　　（四）艺术可以让圆满感动人
　四　政府要大公无私地追求圆满

第四章　理性完美哲学的危机
　　——是不是要坚持追求完美？……………………………（67）

第一节　伊壁鸠鲁学派：活得简单些，别那么麻烦…………（67）
　　一　不要怕死：活时，死不在；死时，活不在
　　二　安静的愉快：身体无痛苦，精神无纷扰
　　三　尽想好事：人活就活个愉快的感觉

第二节　犬儒学派：权力、财富、名气和性爱带不来心灵的幸福 …（69）
　　一　只要有美德就能幸福
　　二　不因为没有世俗的风光的标识而感到耻辱

第三节　斯多亚学派：别让烦心事往心里去………………（71）
　　一　听从命运：愿意的牵着走，不愿意的拖着走
　　二　人可控制态度：如果你不幸福，原因全在你自己
　　三　宇宙大同主义：每个人都是一个世界公民

第四节　怀疑主义：怀疑一切就可以包容和不产生矛盾 …（74）
　　一　通过悬疑摧毁所有的"一"
　　二　关于对错的争论都是没有结果的
　　三　做事只需考虑习惯、法律和自己的感受

第五节　新柏拉图主义：完美像太阳一样放射出万物 ……（76）
　　一　越接近完美就越幸福
　　二　一旦幸福就不再悲伤

第五章　信仰理性完美哲学
　　——为社会秩序而寻找"信仰"的"一"………………（79）

第一节　奥古斯丁：哲学为什么要求助于信仰？…………（79）
　　一　干坏事为什么会感觉好玩？
　　二　让哲学思考有一个确定的起点
　　三　让每个人的心灵中都有一个完美的太阳
　　四　传授"信仰"的教育是不分专业的
　　五　人注定要爱但是不能乱爱
　　六　最好的社会和最适合的社会

第二节　黑暗时期的哲学：社会黑暗而哲学明亮 …………（86）
　　一　波爱修：哲学就像一位高贵的妇女

二 伪狄奥尼修斯:一个复杂的社会需要合理的等级
　　(一)所有存在物都各有各的好
　　(二)缺点是缺少什么而不是有什么
三 爱留根纳:哲学和宗教是一回事儿
　　(一)有美德的人就生活在天堂里
　　(二)从完美那里来再回到完美那里去

第三节 唯实论与唯名论之争:完美是不是真的存在着？ ……… (90)
一 波菲利与波爱修:普遍性是否存在？
　　(一)波菲利之问:关于普遍性的三个问题
　　(二)波爱修之答:思维中与现实中的普遍性是统一的
二 极端的唯实论:安瑟伦对于完美存在的证明
　　(一)先相信才能理解
　　(二)外在的完美是衡量思想中的完美的依据
　　(三)原罪说:怎么才能让上帝感到歉疚？
　　(四)高尼罗的反驳:愚人的观点是对的
三 唯名论:洛色林认为不存在普遍性
四 温和的唯实论:富有魅力的阿伯拉尔
　　(一)学生们在荒野里搭起帐篷听他传道
　　(二)普遍性是从个体性中抽象出来的

第四节 伊斯兰和犹太学者对亚里士多德哲学的阐释 …………(99)
一 阿维森纳:每个人的智能都是一样的
　　(一)人的灵魂推动人走向完满
　　(二)用飞人试验说明灵魂可以独立存在
二 阿威罗伊:可以用宗教来传播哲学思想
三 迈蒙尼德:宗教与哲学都追求理性上的完美

第五节 阿奎那:绝对完美能给人带来持久的幸福 ……………(104)
一 什么样的爱会让人迷狂？
　　(一)美德让人享有没有恶果的幸福
　　(二)怎么才能过上"最好"的生活？
二 怎么证明绝对完美是真的？
　　(一)五种证明:有结果必然有原因
　　(二)没有精神就没有精神产品

（三）人的语言是否能够表达绝对完美？
　三　好的法律和好的政府是什么样的？
　四　对阿奎那的理论的批评：司各脱、奥康和艾克哈特
　　　（一）唯意志论：绝对完美是绝对自由的
　　　（二）新唯名论：奥康的剃刀
　　　　1. 普遍性只是一些术语
　　　　2. 思维中的经济原则：能少用就不多用
　　　（三）神秘主义：与绝对完美在灵魂深处相会

第六章至第十章之间的逻辑线索
　　——经验科学快乐哲学的萌芽、诞生、危机以及对它的
　　　反抗和超越 ……………………………………………（114）

第六章　信仰理性完美哲学的危机
　　——是否依然要坚持追求完美？ …………………………（115）
　第一节　宗教改革运动：让信仰变得简单而生动 ………（116）
　一　路德：个人要绝对服从国家的法律
　　　（一）点燃新教改革运动之火
　　　（二）政府拥有上帝赋予之剑
　二　伊拉斯谟：要采用优美和有生命力的语言
　　　（一）研究《圣经》应懂古希腊文
　　　（二）因走中间道路而两面受敌
　第二节　人文主义：自由的人和限制自由过度的国家 ……（120）
　一　皮科：人的尊严来自于他的自由选择
　二　马基雅维利：目的善决定手段的正当性
　第三节　科学革命：宇宙和人都是机器 ……………………（122）
　第四节　积极的怀疑论：在日常生活中寻找确定性 ………（125）
　一　蒙田：想把自己变成天使的人常变成了野兽
　　　（一）我到底知道什么？
　　　（二）内心的浮躁会导致社会的混乱
　　　（三）把人做好就很俊
　二　帕斯卡尔：信还是不信？用赌徒的方式来解决

(一)病痛是基督徒的自然状态

(二)公理只能靠直觉能力来获得

(三)心有自己的理由而脑是不明白的

第七章 经验科学快乐哲学
——在经验科学哲学的辩护下追求快乐 ……………(131)
第一节 快乐主义哲学的建构:人生追求的就是快乐 ……………(135)

一 功用主义:追求最大多数人的最大快乐

(一)休谟:用怀疑主义逼上帝退位

1. 上帝是否存在? 不知道

2. 同情:人都有同样的愉悦和痛苦感

(二)边沁:人都是自私的和趋乐避苦的

1. 不踩高跷,不写落不了地的理论

2. 所有人追求的都是快乐的最大化

3. 让人不高兴的四种方法

4. 怎么进行比较精确的苦乐计算?

5. 结果比动机更重要

6. 如何能够惩罚得当?

7. 统治者为什么常常知错不改?

(三)密尔:向着完美努力,人才能变得更好

1. 情感在人的教育中的重要性

2. 做一个不满足的人比做一只满足的猪要好

3. 通过教育能让人在做坏事时有内疚感

4. 在民主制中存在着某些难以克服的危险

(四)西季维克:要追求人类和动物的快乐最大化

二 实证主义:孔德的快乐主义的人文宗教导向

(一)政府怎么才能得到人民的衷心拥护?

(二)除了现象以外我们什么也不知道

(三)要把人脑转化为一面完美的镜子

(四)为了社会稳定而不能摧毁家庭、私有财产和宗教等

(五)通过人文宗教来统"一"所有人的思想和生活方式

三 社会契约论:霍布斯认为自我具有"自私"的"同一性"

(一)认识是人脑对外界的事实或规律的反映

　　(二)所有的"自我"都是"自私"的

　　(三)社会契约与绝对君主的搭配

四　宪政主义:洛克的天赋人权论

　　(一)美国《独立宣言》的奠基人

　　(二)人类的知识全部都来自于经验

　　(三)公民政府的权力来自于人民的认可

五　正义理论:从社会公正的角度对快乐主义进行矫正

　　(一)罗尔斯:正义的社会才是好的社会

　　　　1.功用主义只关心社会成员的总体福利

　　　　2.要改造或废除有效率但不正义的社会

　　　　3.每个正常的成人都是有正义感的

　　　　4."不知情之幕"后的人的判断是公平的

　　　　5.我们不能因为要提高效率的缘故而不开放职位

　　(二)诺齐克:最好的国家只是提供保护职能

　　　　1.人们的自愿行为会颠覆所有的分配模式

　　　　2.乌托邦社会是可能世界中的最美好的世界

　　(三)社群主义:强调公益集体权利优先

　　　　1.沃尔泽:通过权力分散来保护人的尊严

　　　　　　(1)金钱并不能买到一切

　　　　　　(2)在意识形态的帮助下能够产生出垄断性的善

　　　　　　(3)不允许特定的物品能够普遍地转换

　　　　　　(4)不同的分配领域要有不同的分配原则

　　　　2.米勒:保持正义原则的多元性

　　　　　　(1)程序正义的目标是要产生出结果正义

　　　　　　(2)社会正义要发挥作用,需要一定的社会环境

六　美德理论:从道德的角度对快乐主义进行矫正

　　(一)社群主义的道德论:追寻美德论和道德框架论

　　　　1.麦金太尔:发达资本主义社会中的道德灾难

　　　　　　(1)我们似乎是被抛到荒岛上的陌生人

　　　　　　(2)只有追求至善才能使人格完美

　　　　2.泰勒:道德框架让我们有方向感

　　　　(1)每种道德框架都有一种最重要的善
　　　　(2)只有在道德框架中,我才知道我是谁
　　(二)美德认识论:有认知美德的人更容易认识真理
　　　1.一个负责任的认知者必备的品质
　　　2.认知美德的养成需要先模仿有这样的美德的人
　　(三)美德伦理学:安斯康贝认为做事不能只看功利结果
　　　1.没有了上帝,怎么还有道德法则呢?
　　　2.不能因为动机好就不择手段
　　(四)女性主义:诺丁斯的关怀伦理学
　　　1.哲学思想被男性的思维方式所污染
　　　2.男子干家务活被认为很女人气
　　　3.男性和女性都应具有关怀的美德
第二节　经验科学哲学:全面清除普遍性观念 ……………………(179)
　一　狭义的经验科学哲学:要么证实,要么证伪
　　(一)经验科学哲学的诞生:经验科学的"知识就是力量"
　　　1.培根:经验科学的基本方法是观察法和归纳法
　　　　(1)全部知识体系都要推倒重来
　　　　(2)通过排除法寻找本质
　　　2.百科全书学派:过去的知识全部需要清洗
　　　　(1)可把世代相传的手工艺秘密简单化和机械化
　　　　(2)无神论:人服从于物质的因果关系
　　(二)分析哲学:清除语言中的虚幻观念以留下"事实"的一
　　　1.逻辑原子主义:罗素特别敬慕数学的准确性
　　　　(1)新的语言将与"事实"完全对应
　　　　(2)使每个陈述句都与对应的实在相匹配
　　　　(3)语言的意思来源于它所代表的事实
　　　2.理想语言学派:弗雷格在罗素探究的方向上继续前进
　　　　(1)语言分析可以清除普遍性哲学中的胡说
　　　　(2)纯思维的形式语言可以让思维清晰
　　　3.逻辑实证主义:只关注真假不关注善恶
　　　　(1)阿耶尔:用定义和经验来进行证实
　　　　(2)卡尔纳普:逻辑分析的目的是要确定命题的真假

①普遍性的命题都具有欺骗性

②所有的经验科学都会变成物理学

③经验科学关注的是事物本身而不是对事物的指称

(3) 逻辑实证主义体系的崩溃

4. 日常语言分析:让日常语言变得清晰

(1) 维特根斯坦:在日常语言中是存在确定性的

①他感觉不到幸福

②只有当语言闲着的时候才让人感觉迷惑

③不同的日常语言要遵循不同的规则

④最重要的事情常常非常简单

(2) 赖尔:从行为方式中可以知道人在想什么

①机器中的幽灵:精神活动是种秘密活动吗?

②你能把"大学"指给我看吗?

③从可观察到的行为中认识精神活动

④要让词语所记录的事实和规律能够展示出来

(3) 奥斯汀:把握微妙的词语能够更好地理解行动

①要具体分析相似词之间的微妙差别

②分清词语的目的是要明确行动的责任

③日常语言是活的、有见识的和有历史的

(4) 斯特劳森:不能忽视普遍性哲学的作用

①不能孤立地看一个语句

②普遍性哲学为哲学做出了巨大贡献

5. 美国的分析哲学:在事实、意义、行为之间纠结

(1) 塞尔:由经验组成的一幅统一的图景

①言语要有言外之意,需要有一定的语境

②每个"我"都要有自己的意向,才能构成"我们的意向"

③心灵的意向性使得意识具有一定的指向性

④中文房间试验:电脑读不懂小说

 a. 心脑同一论:精神活动就是大脑的活动

  甲:在输入和输出之间发生着什么?

  乙:精神活动可以用科学仪器观测吗?

 b. 功能主义:电脑能够像人脑一样吗?

  甲:人工智能可以像人的智能一样

  乙:塞尔认为心灵不同于电脑程序

（2）克里普克：专有名词的用法具有必然的历史性
　　　　　①人的必然性知识来自于后天的经验
　　　　　②历史沿用下来的专有名词不能随意改变
　　　（3）普特南：只有上帝才能看清容器中的大脑
　　　　　①在研究中不断修改自己的理论
　　　　　②怎么跳出我们的世界来观察我们的世界？
　　　（4）戴维森：只有物理事件或状态才实际存在
　　　（5）罗蒂：在偶然性中寻找共识
　　　　　①分析哲学并没有带来什么哲学革命
　　　　　②对杜威的实用主义的认同
　　　　　③哲学应该对小说和诗歌进行研究
　　　　　④语言表达都多或少地带有随机性
　　　　　⑤我们要通过讲自己的故事来创造出自我
　　　　　⑥自由和平等能够消除人的精神上的痛楚
　　　（6）奎因：逻辑实用主义对狭义的经验主义方法的总体批判
　　　　　①我们只能获得需要不断修正的相对真理
　　　　　②我们的知识体系是一个完整的人工制造的网
　　　　　③翻译中存在着不确定的"译不准原理"
　（三）证伪主义：用可证伪性原则来给科学划界
　　　1．波普尔：普遍性哲学和精神分析说都是伪科学
　　　　（1）从单称陈述到全称陈述的归纳推理不具有必然性
　　　　（2）追求知识的过程是不断试错和排错的过程
　　　2．拉卡托斯：一个先行理论怎么才能够被证伪？
二　广义的经验科学哲学：对结构和行为效果的关注
　（一）结构主义：强调对结构尤其是深层结构的分析
　　　1．索绪尔：每种语言都是一个封闭的系统
　　　　（1）人的自由是受社会结构限制的
　　　　（2）单个人不能创造或改变语言
　　　　（3）语言学只研究语言的静态方面中的一般性
　　　2．皮亚杰：所有结构都有自己的历史
　　　　（1）在儿童的心理发展中，自我调节的平衡作用最重要
　　　　（2）人的成长起点是先验的功能性结构
　　　　（3）结构表示的是关系而不是实体

3. 拉康：主观的实在是欲望的来源
　　（1）主体在否认他人时泄露着自己的无意识
　　（2）无意识代表着被压抑的实际的我
4. 列维—斯特劳斯：历史总是有目的性的
　　（1）神话的目的是要提供一种克服矛盾的方式
　　（2）原始思维在编织秩序，因此具有严密的逻辑性

（二）范式与反范式：一元还是多元？
1. 库恩：范式的中心是某项科学成就
　　（1）要有范式才有经验科学的共同体
　　（2）发散思维往往能战胜收敛思维
　　（3）好的经验科学理论的共同特征
2. 费耶阿本德：当经验科学成为意识形态之时就成了宗教机构

（三）实用主义：不问真假，只问效果
1. 皮尔士：在行动的效果上可以达成共识的"一"
　　（1）信念存在于思想和行动之间
　　（2）经验科学的公共性与个人偏见之间的格斗
　　（3）所有观念都要接受行动的效果的检验
2. 詹姆斯：人要有舒适和安全的居所
　　（1）要抛弃对我们的实际生活没有影响的理论
　　（2）我们只关心有实际用途的真理
　　（3）假的信念会把我们的生活弄得一团糟
　　（4）如何解释后悔现象和道德现象？
　　（5）相信绝对完美的存在能带来好处
3. 杜威：理智是实现目的的有效工具
　　（1）环境在变，观念也在变
　　（2）我们思考的是生活中出现的难题
　　（3）习惯的形成通常与有用性是相关的
　　（4）每一代人都有自己的具体的生活目标

第八章　经验科学快乐哲学的危机
　　——为什么快乐哲学把人带入痛苦的深渊？ ············（239）
第一节　唯意志论：叔本华的在血腥竞争中的人 ············（240）

一　人是没有自由的,因为必然性无处不在
　　二　世界就是我的观念
　　三　活着是件很吃亏的事,利润太小而成本太大
　　四　痛苦是常态,幸福只能偶尔体会到一点
第二节　权力意志论:尼采的残酷的超人 …………………… (245)
　　一　"上帝死了",世界会怎样?
　　二　好温顺的奴隶道德和好严肃的主人道德
　　三　对于生命来说,剥削属于正常现象
　　四　残酷而好强的超人才是高级的人
　　五　要有酒神的激情和太阳神的节制
第三节　存在哲学:海德格尔的向死而生的虚无的人 ………… (252)
　　一　工具在人的目的网中确定自己的用途
　　二　面向虚无的焦虑是人的存在方式
第四节　后现代主义:在反抗秩序中走向迷茫的人 …………… (255)
　　一　从结构主义转向解构主义:被权势全面压制的人
　　（一）福柯:疯癫是社会的产物
　　　　1.前期的福柯:死亡在游荡,思想灭绝了
　　　　　（1）考古学要对话语事实进行描述
　　　　　（2）考古学研究的目的在于确定矛盾的所在地
　　　　　（3）精神病学不应向疯人们显示出居高临下的博爱
　　　　2.后期的福柯:用解构主义的方法来研究权力
　　　　　（1）反抗理论的独断,释放被压制的知识
　　　　　（2）经验科学以"真理"的面目出现来巩固权力
　　　　　（3）看不见的监禁遍及人们的一切领域
　　　　　（4）如何逃离无处不在的权力的控制?
　　　　　　　①"反话语"可以作为抵抗权力的支点
　　　　　　　②要对欲望和快感加以适当的利用
　　（二）巴特:要把符号学当成反权势的工具
　　　　1.前期的巴特:在指意系统中展示出区别
　　　　　（1）社会常常把一些日常用品用于指意
　　　　　（2）语言和言语渗透到一切指意系统之中
　　　　2.后期的巴特:语言权势会吞没与之作对的个人

　　　　　（1）语言结构是权势的家

　　　　　（2）符号学家把记号当一种圈套来玩弄

　　　　　（3）用语言来弄虚作假的成果就是文学

　　二　后现代主义：利奥塔反对把人都"同一化"

　　　（一）因为图像遭到贬抑，所以要为眼睛辩护

　　　（二）反对宏大叙事，颠覆话语霸权

　　　　　（1）不容许把规范普世化

　　　　　（2）经验科学把自己合理化时出现的困境

　　　　　（3）要倾听来自各方的代表着差异的沉默的声音

第九章　用完美哲学反抗快乐哲学
　　　　——为什么完美哲学会把人带入痛苦的绝望之中？……（267）

第一节　二元论：笛卡尔让完美在精神领域中栖息………（269）

　　一　寻宝前先要有个计划

　　二　我思故我在

　　三　灵魂和肉体是各自独立的

第二节　规范论：康德主义让完美在评价标准中安居………（273）

　　一　康德：头上的星空和内心的道德法则

　　　（一）康德面临的问题：如何把必然性与自由统一起来？

　　　（二）人用"应该"判断为本体世界立法

　　　（三）纯粹理性：怎么从先于经验的综合判断导出"应该"？

　　　　　1. 先于经验的分析判断：不产生新的知识

　　　　　2. 先于经验的综合判断：可靠的新知识的产生

　　　　　3. 规范性观念："我"、"世界"和"上帝"

　　　　　4. 以前对绝对完美存在的三种证明是站不住脚的

　　　（四）实践理性：人的行为会涉及道德问题

　　　　　1. 自由的人必须服从理性

　　　　　2. 要有善良意志才是真的好

　　　　　3. 必须绝对服从道德命令

　　　　　4. 个人怎么才能找到正确的行为规则？

　　　　　5. 怎么才能保证善有善报恶有恶报？

　　　（五）审美判断：纯粹的美是具有普遍性的形式美

1. 在审美过程中不能掺杂利害考虑
2. 在有的美中掺入了善的内容
二 新康德主义:文化中的价值问题
(一)弗莱堡学派:不能用自然科学的方法来研究价值
1. 文德尔班:理性科学与经验科学的区分
(1)在普遍与特殊之间存在着鸿沟
(2)哲学研究的是价值的评价标准
2. 李凯尔特:自然科学与文化科学的区别
(1)在自然科学中不存在特殊性和个别
(2)在文化的产物中必然存在着目的
(3)历史哲学承担着对文化价值进行评价的任务
(二)马堡学派:卡西尔关注的完美世界
1. 人能通过各种意识形态来传承发明成果
2. 人能通过丰富的符号宇宙思考和应对生活
3. 每种文化都在追求一种动态的完美的平衡

第三节 统一论:让完美在宇宙中漫居 ……………………(291)
一 自然路径:上帝创造完世界后就休息了
二 直觉路径:斯宾诺莎认为自然是一个完美的统一体
(一)先想清楚完美才能思考哲学
(二)直觉把握的是整体的秩序
(三)人的无知在于以为自己是自由的
三 逻辑路径:莱布尼兹认为每个人都是没有窗户的独立存在物
(一)绝对完美创造出了尽可能好的世界
(二)个体都是封闭的却能和谐相处的单子
(三)道理上的真要靠逻辑验证
(四)事实上的真要靠经验把握
四 观念路径:物质世界是不真实的
(一)贝克莱:事物就是观念的集合体
1."存在就是被感知"很荒谬吗?
2. 人与人之间为什么有共通感?
五 常识路径:观念论完美哲学的发展越来越荒谬
(一)我们头脑里的观念是真的吗?

（二）可以从日常对话中发现人们所信仰的常识

六　良心路径：卢梭为了道德而拯救绝对完美

（一）康德称他为道德世界里的牛顿

（二）不能用经验科学来解决信仰问题

（三）漫无边际的自由和有财产权的自由

（四）投票不一定能投出公民的总体的意志

七　理解路径：阐释学要把握的是思想

（一）施莱尔马赫：理解者的知识结构越完备就解释得越好

（二）伽达默尔：在"理解"中寻找精神科学的真理

  1.艺术经验是一种别具一格的经验

   （1）艺术作品的存在方式与游戏是一样的

   （2）艺术的意义在于反复地表现自己

  2.时间距离使得创造性的理解成为可能

   （1）对文本的理解要从合理的成见开始

   （2）传统告诉我们的东西，一直就是我们自己的东西

   （3）理解在本质上是一种历史性的理解

    ①对文本的每次理解都是不一样的

    ②历史处境和现实处境可以是一个连续的整体

  3.不管语言如何自由，语言要表达的都是事实

   （1）文本就像一个"你"那样，会自言自语

   （2）人要超越环境才能拥有世界

   （3）通过语言表达出来的世界就是世界观

八　历史路径：黑格尔让绝对完美动了起来

（一）让绝对完美具有自己的历史

（二）逻辑观念：凡是理性的都是实在的，凡是实在的都是理性的

  1.关于完美的思想才是实在的，而实在的才是永恒的

  2.没有"变化"这个概念辩证逻辑就会陷入矛盾之中

  3.要通过非我才能认识我是谁

（三）自然哲学：自然的发展不断从低级走向高级

（四）精神哲学：走上回归之路的完美

  1.在冲突时如何区分对错呢？

  2.国家不霸道才能让家庭和公民社会安稳

3. 国家间冲突只能靠战争来解决
4. 在历史的关键时刻会出现代表世界精神的人
5. 思想产生于具象性思维消退的过程中

九　存在路径：对完美的探究，要考虑个人的选择
（一）克尔凯郭尔：有主体性的个人才是主人
1. 不能只顾完美的实在，而不顾个人的存在
2. 个人必须在具体的道德处境中具体地选择
3. 离开绝对完美我们必然会焦虑和绝望
4. 除了追求完美，我无处可逃
（1）美学阶段：尽量享受，享受的种类多多益善
（2）伦理阶段：这时的我愿意知行合一，愿意知善行善
（3）宗教阶段：万一绝对完美不存在怎么办？
（二）雅思贝尔斯：只有觉悟能够帮我追求完美
1. 经验科学无法认识人的真实的存在
2. 哲学的信仰追求的是与完美合一的生命
（三）马塞尔：信仰是个人对完美许下的承诺
1. "我是什么"是一个谜而不是一个难题
2. 我们通过忠诚来不断地塑造我们的生活

十　生命路径：我们通过人生体验来认识意识照不到的深处
（一）狄尔泰："人学"研究的是"客体化"了的心灵
1. 只能通过整个历史来把握人类的本质
2. 在伟大的作品中能够体验到对生命的真实的表达
（二）奥伊肯：追求崇高才能带来内心的欢快
1. 基督教越来越具有压迫性
2. 自然主义造成的是人的无意义感
3. 人本主义要么让人失去积极性，要么让人陷入空虚之中
4. 宇宙精神能够激励人追求崇高
5. 要有一种超越一切权宜考虑的崇高来引领精神生活
（三）柏格森：在生命冲动的创造力中走向卓越
1. 围观的分析方法是僵死的
2. 通过感同身受的直觉才能认识生命的冲动
3. 生命的冲动有着无穷的创造力

4. 认识绝对完美的人能够带领人超越平凡
　（四）怀特海：生命就是不断创新的场合之流
　　1. 自然界是一个有脉动的有机体
　　2. 往事被留存在记忆和因果关系之中
　　3. 肉体和心灵是纠缠在一起的结
　　4. 绝对完美是带领人类走向真、善、美的诗人

十一　现象路径：胡塞尔认为哲学不能牺牲对永恒的追求
　（一）经验科学的危机：丢弃了人类追求完美的"精神"
　　1. 不能把精神现象解释为自然现象
　　2. 自然科学只能把握生命世界中的部分实在
　　3. 要消除所有的偏见，尤其是自然科学的假设
　　4. 心理学和历史学走入了误区
　　　（1）不能把人的理想自然化
　　　（2）世界观哲学不是普遍性理论
　（二）怎样把哲学建构成一门严格的科学？
　　1. 我们的认识是通过意图剪辑的碎片
　　2. 我的整个生命都是在我认识到的世界中运转的

第十章　走向实践科学人格完美幸福哲学
　　——如何超越快乐哲学和完美哲学？ ……………（354）
　第一节　斯通普夫和菲泽：西方教科书中的马克思 …………（356）
　　一　为人类的幸福而奋斗的马克思
　　　（一）所有关于绝对完美的知识，其实都是关于人的知识
　　　（二）哲学家们只是以不同的方式解释世界，而关键在于改变世界
　　二　物质秩序的发展具有铁的规律性
　　　（一）找到了历史规律就能解释过去和预见未来
　　　（二）不管个人愿意不愿意，共产主义社会都会到来
　　三　人的观念无法决定历史发展的方向
　　　（一）人的思维受劳动活动的限制
　　　（二）生产关系制约着人的思想和行为
　　　（三）每个历史时期都有自己的占主导地位的哲学
　　四　资本主义为什么必然会灭亡？

（一）在资本主义社会中存在着普遍的剥削

（二）劳动疏离现象剥夺了人应该有的幸福感

第二节 西方早期马克思主义:强调主体性和总体性 ……………（366）

一 卢卡契:无产阶级有主体性才会有历史的变革

（一）不能迷恋经验科学或实证科学

1．没有人的主体性就没有历史

2．与社会无关的自然界对人类是没有意义的

（二）自然规律或科学成了资产阶级的意识形态

1．自然规律压抑了人的主体性

2．资本主义的社会结构具有"敌视人"的伪客观性

3．在物化现象中,人不是东西,却被变成了东西

4．人被当成商品这样的物来计算

（1）工人们由"人"变成了在市场上被反复出售的物

（2）资本家对自己被商品化的现象麻木不仁

5．在社会主义社会中,物化现象最终将被消除

（三）要捍卫不符合"科学性"的总体性范畴

1．在经济决定论中,人只是一个没有主动性的乘客

2．通过总体性原则恢复无产阶级的主体性

二 柯尔施:不是援引了马克思的著作就是"真品"

（一）作为意识的哲学必须与现实保持一致

（二）意识形态是一种现实的存在

（三）马克思主义哲学指向的是革命的实践

三 葛兰西:重建马克思主义的实践哲学

（一）不同国家的马克思主义有不同的表现方式

（二）重建实践哲学的前提是重现

（三）要从创始"人"那里走向当代

1．通过伦理教育来获得被统治者的拥护

2．文化方面的集中领导权的重要性

3．要夺取意识形态的领导权,就要争取知识分子

4．只有政党才能培育出新知识分子

5．文化不会在大众中自然而然地产生

第三节 人本马克思主义:以个人或人类为出发点和归宿 ………（382）

一 弗洛伊德主义的视角:性革命是微观革命的中心

(一)赖希:用微观革命来补充宏观革命

1. 显性的意识形态掩盖着隐性的心理结构
2. 在家庭中产生出猥龊卑鄙的"小家伙"
3. 适当表达的性是幸福的主要来源
4. 人在扼杀自己的性功能时变成了僵硬的机器

(二)马尔库塞:资本主义对人的全方位压抑

1. 人在被压制的过程中所遭受的苦难
   (1)人对过度的秩序的反抗
   (2)剩余压抑越低的文明越自由
   (3)劳动生产率对人的压抑
2. 为什么人们不反抗资本主义的压抑?
   (1)所有对技术的反抗都被看成是荒谬的
   (2)爱别人所爱,恨别人所恨
   (3)崇高的理想通过被物质化而堕落
   (4)自由成了一种强有力的统治工具
   (5)语言中的爆炸性的历史意义沉寂了
3. 为保卫生命而争取最大的自由
   (1)"颓废"成了资本主义社会的稳定器
   (2)肉体性的性欲将"成长"为人格化的爱欲
     ①要解放的是人的爱欲而不是性欲
     ②在性自由的满足中,把人间变成了地狱

(三)弗洛姆:资本主义社会是一个病态社会

1. 弗洛伊德与马克思主义
   (1)精神分析沦为一种心理治疗的技术
   (2)马克思与弗洛伊德的理论的兼容与互补
     ①通过认识真相来获得改造自己的力量
     ②通过理解过去,可以预测未来
     ③经济基础通过个人具体地决定社会意识
2. 资本主义社会中的人的社会性格的流变
   (1)社会性格是经济基础和上层建筑之间的纽带
   (2)喜欢剥削的人则好对人有没有用进行判断

　　　　　（3）持久的个性迟早会与市场的需要相冲突

　　　　　（4）身体与精神的双重孤独是难以忍受的

　　　3.资本主义给人带来的孤独感和渺小感

　　　　　（1）个人不得不孤零零地面对这个世界

　　　　　（2）中产阶级承受着莫大的威胁感

　　　　　（3）孤独感是资本主义中的个人主义导致的

　　　4.如何逃离资本主义社会中的孤独

　　　　　（1）公共舆论让人机械地趋同

　　　　　（2）因为不想孤独和渺小而不断讨好他人

　　　　　（3）要在爱与创造活动中克服孤独的恐怖

　　　　　（4）有健全的社会才有健全的社会性格

　　　　　　　①不做丧失个性的"正常人"

　　　　　　　②如果人不具有生产性，他就什么也不是

　二　存在主义的视角：反抗资本主义对个人的控制

　　（一）列斐伏尔：被全面控制的日常生活

　　　1.日常生活是一个独特的身体实践的时空

　　　2.对发达资本主义社会的日常生活的批判

　　　　　（1）工人们过着痛苦的日常生活

　　　　　（2）个人主义是资产阶级的意识形态

　　　　　（3）人变得比动物还粗俗

　　　　　（4）一个被消费控制了的官僚社会

　　　　　（5）日常生活被钟表的量化的时间所操纵

　　　　　（6）消费社会中的人生怕过时和变成老土

　　　3.要发动一场全方位的以日常生活为中心的革命

　　　　　（1）要消除空间化的控制和剥削

　　　　　（2）瞬间用极度的癫狂来反抗日常生活的压抑

　　（二）萨特：我不得不对人类负责

　　　1.他拒绝领取诺贝尔文学奖

　　　2.我们的意识赋予万物以意义

　　　3.虚无就像虫子一样蜷缩在我们心中

　　　4.我们有主动性，所以比石头有尊严

　　　5.我的选择关系到所有的人

6. 我不得不诚实，否则我就不得不内疚

　　7. 要恢复个人在历史中的地位

　　　(1) 要在凡是有人的地方去寻找人

　　　(2) 历史是个人实践汇聚而成的总体化运动

　　　(3) 使用工具的人必然会被工具所改变

　　　(4) 个体在总体化过程中体悟自己的生命的意义

　　　(5) 在集团化中个人的自由越来越被淹没

　(三) 梅洛—庞蒂：人的肉体和机能是类似的

　　1. 我就是我的肉体，而我的肉体是有灵性的

　　2. 人类具有"类"似性，所以有类似的机能

　　3. 没有人与人之间的人道，就没有历史的进步

三　新人道主义的视角：从"我们的解放"到"我的解放"

　(一) 要把马克思的全部著作看成是一个整体

　(二) 要倾听来自下层人民的声音

四　发生学结构主义的视角：摆脱经济需要时，"我们"才能显现

　(一) 每种世界观都在说明世界的总体的有序性

　(二) 完美隐遁了，人沦落为纯粹的经济动物

　(三) 我们必须赌马克思存在，这样我们才可能有希望

第四节　科学马克思主义：在物质发展规律中寻找革命的力量……（426）

一　新实证主义的视角：科学只能是"自然科学"意义上的科学

　(一) 德拉—沃尔佩：马克思的哲学是最严格的科学

　　1. 要让马克思与黑格尔彻底决裂

　　2. 要证明马克思主义哲学的"科学性"

　(二) 科莱蒂：资本主义社会中的辩证矛盾

　　1. 唯物辩证法只是观念的辩证法的变种

　　2. 马克思是沿着康德的道路前进的

　　3. 资本与雇佣劳动之间的矛盾是辩证矛盾

二　阶级结构主义的视角：推动历史发展的直接动力是阶级斗争

　(一) 阿尔都塞：马克思主义是科学而不是意识形态

　　1. 在回答问题的过程中把内容组织成思想体系

　　2. 背负着理论问题的有罪的阅读

　　3. 哲学史主要是意识形态的发展史

        (1)意识形态具有现成的、封闭的和确定的答案
        (2)意识形态具有强大的统治功能
      4. 马克思主义的本质是科学
        (1)反对人本主义和传统的马克思主义
        (2)马克思冲破了德意志意识形态的重重迷雾
        (3)在马克思的思想发展过程中发生过断裂
        (4)用"马克思主义是科学"来"保卫马克思"
        (5)历史发展的过程是一个无主体的过程
        (6)马克思的因果观指的是结构因果观
  (二)普兰查斯:资本主义国家中的阶级斗争
      1. 经济最终决定哪个方面占统治地位
      2. 当代资本主义国家在职能上的新变化
        (1)国家大规模干预经济以反抗利润率下降的趋势
        (2)国家的多种经济手段的政治意识形态意义
      3. 在阶级斗争中才能确定人的阶级属性
        (1)在国家中反映着阶级力量的对比关系
        (2)阶级属性是按阶级地位而定的
        (3)只有从事生产劳动的挣工资的人才属于工人阶级
      4. 各种大众运动具有了阶级斗争的意义
  三 分析哲学的视角:从科学到规范的转向
    (一)分析的马克思主义的总体思想
    (二)分析的马克思主义的前期思想的代表人物
      1. 柯亨:生产力在社会历史发展中起决定性作用
      2. 罗默:在社会主义国家中存在着"社会必要剥削"
      3. 埃尔斯特:要从个人行为的动机中导引出阶级意识
    (三)分析的马克思主义的后期思想的代表人物
      1. 柯亨:社会主义比资本主义要优越
        (1)只要平等地承担义务,就不会只把人变成手段
        (2)应该消除"原生运气"对人的负面影响
        (3)不是每一种"昂贵的嗜好"都来自于个人的偏好
        (4)"如果你是一个平等主义者,你怎么会如此富有?"
      2. 罗默:不公正的根源是生产资料分配的不平等

（1）"证券市场社会主义"能实现效率加平等的目标
　　（2）个人应该对其努力的程度负责
　3. 埃尔斯特：具体的实现正义的方法
　　（1）正义的人是出于正义的激励去做事
　　（2）协商并非是一种完备的民主模式

第五节　法兰克福学派：对资本主义的哲学和社会科学批判 …… （457）
　一　霍克海默和阿多诺：资本主义构造出的是虚幻的和谐
　　（一）哲学总会出错，所以才总是会前进
　　　1. 否定的就是否定的，不会变成肯定
　　　2. 相对主义会因自己的狭隘性而被自己粉碎
　　（二）资本主义宣传的自由其实是一种虚假的意识形态
　　（三）不能只用经济发展来衡量人类社会的发展
　　（四）要通过对资本主义的批判来使群众得以成长
　　（五）大众文化是虚假地满足人的欲望的阴谋
　　　1. 消灭了人的情感表达的个性方式
　　　2. 明星和英雄以偶像的形式操纵崇拜者
　　　3. 看着光彩夺目的诱惑，过着惨淡的日子
　　　4. 把大众调教成娱乐工业期望他们成为的那种人
　二　资本主义社会的崩溃方式
　三　哈贝马斯：资本主义的伪公共性
　　（一）操纵性的公共性排挤掉了批判性的公共性
　　　1. 用公共性原则来反对公共权力的权威
　　　2. 大众传媒操纵着大众，肩负的是广告的功能
　　（二）交往性行为是解决所有哲学问题的突破口
　　　1. 交往理性是人与人之间认同的基础
　　　2. 交往性行为是为相互理解而做出的行为
　　　3. 商谈行为是交往性行为的继续
　四　霍耐特：资本主义社会对人的歧视
　　（一）个人需要被认同，个人反抗被歧视
　　（二）在相互承认中体验自信、自尊和自豪

第六节　英国"新左派"：从文化斗争走向政治斗争 ………… （470）
　一　文化把经济基础和上层建筑粘为整体

二　资本主义国家统治的灵活性
　　三　历史唯物主义应该是一种普遍的科学
第七节　晚期马克思主义：用马克思的基本理论反抗后现代
　　　　资本主义 ……………………………………………………（475）
　　一　奈格里和哈特：大众必将击垮全球资本帝国
　　　（一）在全球帝国中，资本处于统治地位
　　　　1. 帝国时代的世界秩序是一种超国家的全球秩序
　　　　2. 资本在延伸到世界的每一个角落
　　　　3. 全球帝国的主要是靠炸弹、金钱和无线电来进行控制
　　　（二）全球帝国以一种貌似和平、其实血腥的方式来实行统治
　　　　1. 非物质劳动是靠质量和影响力来获得霸权地位的
　　　　2. 全球帝国的权力无处不在，最后将永远摧毁帝国本身的主权
　　　（三）全球帝国是资本的最后堡垒，是大众实现最后革命的必要阶段
　　　　1. 大众呼出了帝国，最后将摧毁帝国的也是大众
　　　　2. 大众不是人民，也不是公民，而是一切秩序的反叛者
　　　　3. 大众要进行的是一场遍及全球各个角落的宏大革命
　　　　4. 大众的政治要求：全球公民权、社会工资和再占有生产工具
　　　　5. 大众反抗帝国的斗争是表达自己内心需求的斗争
　　　　　（1）新的"共产党宣言"要从拒绝开始
　　　　　（2）可以通过离弃、逃逸和游牧的方式来拒绝
　　二　杰姆逊：后现代主义是晚期资本主义的隐蔽的意识形态
　　　（一）马克思主义可以无限地发展
　　　（二）生产方式之间的过渡是通过"文化革命"来实现的
　　　（三）在大众文化中既有乌托邦也有意识形态
　　　（四）消费社会的文化是后现代主义的文化
　　　　1. 后现代主义既是灾难，同时又是进步
　　　　2. 消费社会把各种商品快速翻新，以便让利润快速翻新
　　　　3. 后现代主义的作品就是一种东拼西凑的大杂烩
　　　　4. 我们是空的，所以我们不再感到充实
　　　　5. 情感消逝了，因为自主的人死亡了
　　　（五）后现代主义只不过是资产阶级的同谋
　　　（六）资本主义的全球扩张会为全世界无产者联合起来提供条件

三　哈维:资本主义的空间危机
　　(一)资本会遭遇来自自然的无法突破的空间界限
　　(二)我们要欢迎归来的马克思
四　凯尔纳:要保持对资产阶级的主流媒体的批判
　　(一)力图在各种不同的理论体系中找到"共性"
　　(二)技术资本主义是把资本、科学和技术综合起来的资本主义社会
　　　　1. 新技术很有可能蜕变为一种资产阶级的意识形态
　　　　2. 媒介应该用来教育而不是愚弄公众
　　(三)在全球化中也存在着反全球化的力量,包含着人类解放的潜能
　　　　1. 要用差异性的统一来对待后现代范式
　　　　2. 马克思主义理论需要更新和发展
　　　　3. 需要有一种普遍化的意识来对抗资产阶级的虚假的意识形态
五　法国调节学派:注重调节而不是实证或批判
　　(一)阿格里塔:资本积累中的矛盾可在调节模式中解决
　　　　1. 在泰勒制中,阶级斗争演变成集体性的讨价还价
　　　　2. 福特制通过消费品把消费者分化为阶级
　　　　3. 要解决福特制的危机,就要向后福特制转型
　　(二)博耶:以人为本的生产模式必然超越"新经济"
　　　　1. "新经济"并没有超出资本主义制度的范围
　　　　2. 美国的"新经济"已经发生了危机
　　　　3. 以人为本的模式,即通过人而对人进行生产的模式
　　(三)利比兹:要怀着梦想保护工人的利益
　　　　1. 后福特制造成的不稳定的"沙漏式的社会"
　　　　2. 如果一个国家实行普遍的基本津贴制度,很快就会失去竞争力
　　　　3. 不能放弃实现逃离市场的民主社会的乌托邦梦想

第八节　后现代马克思主义:从生态和女性的角度批判后现代资本主义 ………………………………………………… (499)
一　生态学马克思主义:资本主义必然是非生态的
　　(一)奥康纳:生态危机与资本主义的政治和意识形态的危机
　　　　1. 在全球化的资本主义面对是经济危机和生态危机
　　　　2. 要用生态社会主义来替代资本主义
　　(二)克沃尔:在生产资料公有制的社会中,技术才能够保护生态

　　　　1. 资本主义无法通过科学技术来阻止人类即将面临的生态危机

　　　　2. 要尽可能地直接使用人工劳动

　　（三）佩珀:要对绿色资本主义进行红色批判和改造

　　　　1. 撇开人类来谈自然的权利是没有意义的

　　　　2. 资本主义社会的生态的改善是转嫁生态危机的结果

　　（四）高兹:建构使人得到全面而自由的发展的社会

　　　　1. 在发达的资本主义社会中存在着"富裕的贫穷"

　　　　2. 技术资本主义掏空了人的生活的全部意义,让人空洞无聊地活着

　　　　3. 当人们的收入相同时,就不会出现象征意义上的不平等

　　（五）福斯特:让人类社会走向可持续发展的共产主义

　　　　1. 世界范围的资本主义造成了一种不可逆转的环境危机

　　　　2. 应该超越人类中心主义和生态中心主义的土地伦理

　二　马克思主义的女性主义:私有制是女性受压迫的根源

　　（一）资本主义与父权制相联合,使社会处于男性的统治之下

　　（二）只有废除家庭和私人领域,女性才能实现自己的解放

　　（三）在当代西方资本主义社会中,女性只被当成是性对象

第九节　后马克思思潮:用碎片化的马克思主义反抗后现代
　　　　资本主义 ……………………………………………（509）

　一　德勒兹和加塔利:资本主义的不自由的本质

　　（一）反对同一性,反对权力控制

　　　　1. 科学、哲学和艺术是相通的,因此可以互相激发

　　　　2. 个体通过差异来自我肯定

　　　　3. 哲学无法与权力交谈,只能与权力谈判

　　（二）精神分裂是资本主义社会的特有疾病

　　　　1. 在资本主义和精神分析学之间存在着合作关系

　　　　2. 心理医生通过驯化让病人服从社会规范

　　　　3. 在精神分裂中具有潜在的解放的力量

　　（三）自由就是要给人留下创造差异的可能性

　　　　1. 变化是对先前的状态的摧毁,但没有预设变化的方向

　　　　2. 用"游牧式思维"来破除等级制

　二　鲍德里亚:资本主义的物品体系

　　（一）在物品的功能体系中,人成了"摆设"

（二）所有的东西都成了无个性的模范

（三）人在消费中被全套的物给强暴了

（四）在时尚中安排好了商品的"自杀"时间

三　德里达：反抗全球资本主义

（一）资本主义与社会主义阵营同时出现了危机

　　1. 全球资本主义的十大罪状

　　2. 马克思主义和共产主义的名词被讥讽为"脏话"

（二）有中心就没有平等的自由

　　1. 事物不是一个封闭的系统

　　2. 哲学体系中的成对的矛盾都可以被解构

　　3. 在二元对立中，总有一方处于屈从地位

　　4. 只是摧毁而不重建才能保持平等

（三）反抗资本主义的同质化和封闭

（四）马克思的幽灵总是纠缠着现在，就像现在欠它的似的

　　1. 每次精神的创伤都可能产生出幽灵

　　2. 要解构各种势力对马克思的幽灵的围剿

　　3. 真正让资本主义害怕的是"游击队"和穿便装的"孤魂野鬼"

　　4. 越是没有希望，越是要坚持希望

四　德波：资本主义的景观意识形态

（一）人类正处于被景观全面压抑的囚笼之中

　　1. 消费社会已经变成了一个景观社会

　　2. 景观强制更为隐匿和更为强大

（二）景观对人的全方位的"就这样吧！"的控制

　　1. 景观社会完全被同化为一元的社会

　　2. 商品景观伪造出了饱含着贫困的"富裕生活"

　　3. 时间景观中的个体不可能在历史之中获得解放

　　4. 空间景观给消费者带来的是心理距离

　　5. 全球景观将整个地球都变成了资本主义的运动场

（三）要按自己的真实愿望来重新建造自己的生命过程

五　波斯特：对信息资本主义的批判

（一）后现代社会指的是信息社会

（二）信息方式理论不是"一"而是"多"

（三）人不再具有稳定性，而是处在彻底的流散状态之中
（四）权力通过数据库构成了一个"超级的全景监狱"
（五）在信息方式下的政治斗争是一种多极化的游戏

六　齐泽克：反抗后现代资本主义的意识形态
（一）意识形态的失败不是发生在"知"上而是发生在"行"上
（二）在多元主义的旗帜下推行全球资本主义
　　1. 多元兴盛导致的恰好是四处弥漫着的同一
　　2. 宽容是一种相互保持距离的疏远的态度
　　3. 最危险的是"被纳入者"和"被排除者"之间的对抗
（三）人类的出路在于实现由无产阶级做主的"共产主义"
　　1. 要重新确定"共产主义假说"
　　2. 不能把阶级斗争与新社会运动等而视之
　　3. 忠诚指的是具有大无畏的承担后果的品质
　　4. 我们要"回到列宁"，而不是"回到马克思"

七　巴迪欧：哲学永远与人类的解放事业为伴
（一）要用人类的视角来看待真理，才能消除相对主义带来的迷茫
（二）真实的世界往往是凸凹不平的和充满着断裂的
（三）事件能够用真实之光来撕裂既定的意识形态秩序
（四）蜷缩在看似安逸的生活中，必将与这样的安逸一道毁灭
（五）主体的使命就是不断地创造
（六）哲学就是要为实现共产主义而奋斗！

结语　布洛赫："没有乌托邦精神，人类就没有精神上的幸福" …… （546）
一　乌托邦的白日梦引发的是让世界充满光明的希望
二　资产阶级的白日梦只会把人类引向虚无和毁灭
三　马克思主义把科学理性的"冷流"和希望的"暖流"结合在了一起
四　人类历史上的优秀文化都是指向某个尚未实现的乌托邦的

参考文献和阅读书目 ……………………………………………… （552）

后记 ………………………………………………………………… （598）

引　　论

——在秩序与自由中追寻幸福

目前已经有西方学者或中国学者写作的关于西方哲学史的书，为什么我还要写这样一本书？我原想通过写这本书系统地论证哲学的基本问题，从理论性上看是物质与意识的关系问题，而从现实性上看则是秩序与自由的关系问题。我发现论述秩序与自由的问题的著作比较多，但尚未发现有把秩序与自由作为哲学的基本问题来探究的，这就是本书的特别之处。本书从古希腊第一位哲学家泰勒斯开始，到西方马克思主义者布洛赫的最新研究成果结束，分别写了约二百位哲学家，时间跨度从公元前 624 年到 2013 年，历时约 2637 年。这本书有什么奇妙之处呢？奇妙的是我在无意中发现了一条美妙的曲线。最初只是想论证他们关注的问题最终都与秩序或自由相关，结果发现秩序是通过"完美"与人的精神幸福联系在一起的，从而发现"完美"这个概念是西方哲学史研究的核心。而且，当我把这些哲学家的思想精华放在一起时，很让我感到意外的是：自然而然地呈现出了一条美妙的曲线，非常清晰地呈现出了具体的社会存在决定具体的社会意识的规律，而曲线的趋势是走向自由王国的。这条曲线把我们领到了马克思的面前，让我们能够更加客观地认识到：马克思是对的。

本书看上去是在写西方哲学史，实际上是在用西方哲学史来论证从现实性上看秩序与自由这个问题是哲学的基本问题，并说明了这个基本问题是如何影响到人的幸福的。这个独特的视角让我们看到的是一个色彩斑斓的新世界。在这里，哲学的本体论、认识论、逻辑学、伦理学、美学和政治哲学的内容依然存在，但是它们之间的学科界限消失了，都成了建构秩序或解构秩序的且融为"一"体的哲学体系的有机组成部分，都根植于对现实的秩序或自由的论证，有力地说明了具体的社会存在是如何具体地决定社会意识的原理。

西方的一些大哲学家既不是因为好奇心，也不是因为要投政治所好而研究哲学的。他们是那些在社会乱到让秩序崩溃的时候，去努力寻找秩序，而在秩序僵化到窒息自由的时候，在高扬自由的人。人要自由相对来说比较容易，而要找到人们认同的秩序则比较难，所以多数大哲学家都在努力寻求合乎人的心意的秩序，他们找到的秩序通常都曾被人们或长或短地认同过。即便是高扬自由的人，他们大多是在进攻既定的秩序，但是依然还得找出新的为人们认同的秩序，只是他们在破坏旧秩序方面更具特长。有的哲学被证明是假的，但是只要它曾经在历史上发挥过建构秩序或获取自由的功能，它就具有文化价值。无过之和无不及的恰好指的就是要保持好秩序与自由之间的适当的平衡。

很多接触过真正的哲学的人，都会为之着迷，因为这些哲学在告诉人们如何在秩序与自由中追寻幸福，这是人们即便是在日常生活中也很关心的话题。有的哲学家与大众同呼吸、共患难，因此能够得人心，他们的著作也才能够成为传世经典。也正是因为他们能够得人心，所以政治家们在需要秩序时，就会借助寻求秩序的哲学家的力量，而在需要自由时，就会借助寻求自由的哲学家的力量。所以，哲学家们就在政治的变动中颠沛流离，时而被抬到天上，时而被踏在脚下，以致在他们去世多少年后依然不得安宁，被来来回回地折腾。

从过度自由的状态中重归秩序或从过度僵化的秩序中重归自由的哲学，通常都比较爱走极端，因为这样才更容易突破重围走向新的思想高度，而集大成者则是对这些新的突破进行的"多样性的统一"的整合。不少哲学家面对着社会混乱或社会僵化，提出了一些解决方案，而这些方案在实施中发生了他们没有预想到的后果，后继的哲学家在纠前辈哲学家的偏的时候又可能出现新的偏。哲学就是这样跌跌撞撞地向前发展着的，所以我们必须在哲学的发展史中学习哲学。我们要怀着敬重的心态来探究西方哲学家的思想。他们的肉体消失了，但是他们的精神依然活着。侮辱这些哲学家的人，反而会让自己遭到侮辱。有的哲学家在为大众受难，他们代表着人类的良心。

通过揭示在秩序与自由中追寻幸福的现象，就能够解释为什么很多政治家、哲学家和个人都对哲学感兴趣，也能解释为什么对社会的秩序或自由多少发生过作用的哲学著作能够成为传世之作。政治家因为哲学能够被当成意识形态而对哲学感兴趣，他们到哲学中来寻找能够符合某个具体时期的统治需求同时能够深入人心的理论，所以历史上的哲学会被翻来覆去地加以使用。很多哲学家都关注完美，因此才有了对于完美的乐观、悲观和怀疑这三种典型的人生态度。哲学家往往是神经比较敏感或精神比较脆弱的人，所以他们对过度的秩序或过度的自由带来的痛苦的承受力比较低，他们愿意用自己的智慧来救己同时救人，所以即使冒着生命危险，他们也要坚持自己。不少优秀的哲学著作是作者在激情澎湃的状态下创作出来的，写作的过程就是他们释放自己的痛苦的过程，因为包含着真情实感，所以具有感召力。

能够读懂哲学的个人在被秩序过度压抑或陷入过度自由的迷乱中感觉痛苦时，会到哲学这里来寻找心灵的慰藉。在哲学的宝库中，他们总会遇到能与自己产生共鸣的哲学家，从而会喜欢这些哲学家的著作，并成为这些哲学家的迷恋者。他们会一遍遍地读，甚至一遍遍地背一些经典的哲学著作，因为这样的哲学著作能够一次次地解除他们的心灵的痛苦，不断地给他们带来心灵的愉悦。所以，优秀的哲学典籍就像是可以用心灵来倾听的美妙的音乐。中文的"恬"字说的就是心灵的舌头，人的心灵是会品尝的，而心灵爱吃的东西在哲学中也可以找到。

在写作和修改本作品时，我在工作上和生活上都承受着巨大的压力。常常是在夜深人静之时，独自敲打着键盘，让思想从心中流到键盘上，形成文字。这些文字是活的，因为每个文字都代表着我的心灵的律动。我宁愿用平凡的文字书写宏大，因为这样的文字才容易是密度大的，充满了力量，要么像太阳一样，要么像萤火虫一样发出自己的光芒。我不愿用过于宏大的字眼，因为那就像在一个宫殿里放了颗芝麻，因为空间太大，而找不到芝麻在什么地方。我被很多哲学家激励着、感动着，因为无论别人如何评判，他们的哲学都是他们的心灵的真实写照，他们无比勇敢地诚实对待自己的思想，他们可以为哲学去赴难。他们的生命，无论遭受到什么样的挫折，都让人感觉到很美，尽管有的时候是凄美。我用尽了自己的全部激情来表达自己对于哲学的敬意和爱恋。

本书的引论和目录合成了本书的"魂魄"，其中引论为"魂"、目录为"魄"，书中的具体内容则是本书血肉。从下面的各章要旨之间的流动中，我们可以看到由这条美妙的曲线勾勒出的西方哲学史之"魂"：

第一章　自然哲学
——为社会秩序而寻找自然中的"一"

古希腊人为什么不幸福呢？在古希腊从原始公社转变为私有制国家的过程中，出现了长达几百年的混乱。古希腊人曾造出神话世界来控制社会秩序，但是就连神的世界也处于残酷的战争之中。古希腊的频繁发生的战争，使得举行奥林匹亚运动会时的短暂和平都变得极为珍贵。过度自由带来的混乱给古希腊人带来了普遍的不幸福感，而只依靠暴力无法产生出人们认同的社会秩序，无法维持持久的和平。怎么才能给人们带来幸福呢？需要找到人们能够认同的社会秩序。对于靠自然生存而又对自然不是很了解的古人来说，自然具有至高无上的权威。自然哲学家们力图先说明自然秩序，再把社会秩序嵌入自然秩序之中，利用自然秩序的权威来说服人们自觉地遵从社会秩序。而要说明自然与社会是一个统"一"体，就首先要在自然中找到一，用这个一来说明自然的秩序。所以，自然哲学的任务就是要找到自然中的一这个本原。自然、社会和人的思维都是有"一"则治，无"一"则乱。自然哲学指的就是通过找到自然中的一来构建社会秩序的哲学。

第二章　自然哲学的危机
——是否要追求自然中的"一"？

在自然哲学的探索中，可以得出这样的秩序观：在自然、社会和个人的思维之中，要形成秩序，都需要找到"一"，这个一既是出发点又是归宿。这个一是不生不灭的。这样的一应该具有精神、理性和爱的特征，理性是在对立面的冲突中为自己开辟道路和展现自己的力量的。自然、社会与个人就这样变成了一个统一体，有着同样的秩序。自然秩序是社会秩序的榜样，个人因为找到了这样的秩序，而能够感受到宁静而稳定的幸福感。由于雅典的民主和智者派的到来，智者们为了"自由"而用"多"来攻击自然的一，导致了自然哲学的危机。伊索克拉底和德谟克利特都努力反抗智者派的消极影响，但是没有产生出能够替代自然哲学和可以作为社会秩序建构基础的新的哲学形态。

第三章　理性完美哲学
——为社会秩序而追求"完美"的"一"

与当时希腊的民主制一道，智者派通过否认自然中的"一"的真理的存在，使得人们不分辨真假、善恶和美丑，把个人给解放了，让人们可以为所欲为地追求金钱、权力、名誉和性爱，让雅典的社会风气庸俗化，从而产生了很严重的信仰危机。一个社会要有精神文明，首先要有"精神"。在一个只是追求利益的社会中，是没有"精神"的，也就不可能有精神文明。苏格拉底找到了"完美"这种"精神"，与柏拉图和亚里士多德师徒三人联手创建了百科全书式的理性完美哲学，给人们建构了一个唯美的浪漫的精神世界，力图挽救当时的信仰危机。对于他们来说，追求完美的生活就是雅的生活，能够给人带来精神上的幸福，而追求利益的生活则是俗的生活，能够给人带来肉体欲望的满足。古希腊人很为自己自豪，就是因为他们不仅追求俗的生活，还追求雅的完美。理性完美哲学就是通过理性来找到完美，再通过完美这个"一"来建构社会秩序的哲学。

第四章　理性完美哲学的危机
——是不是要坚持追求完美？

原来的希腊哲学家，因希腊的社会秩序太乱和太自由而烦恼，所以他们力图用理性完美哲学来形成一个正义的和谐的社会秩序。而在伯罗奔尼撒战争以后，雅典衰败了。随着亚历山大的征服，希腊变成了不断壮大的罗马的一个省份。这段时期的哲学有什么特征呢？希腊人已经左右不了国家的政治秩序。这时希腊人只能是逆来顺受，罗马要弄什么秩序，就是什么秩序，好与不好说也白说。罗马社会给希腊人的感觉不是那么友好，而且充满了隐患，人们生活在恐惧之中：怕神的惩罚；怕死亡；生活状态变动不居；想追求名誉、权力或财富，但这些东西已经不是通过正常渠道就能很有尊严地获取，而是意味着屈从和麻烦。这时的希腊哲学家依然在谈哲学，但目的是要教人们如何在既定的政治秩序中获得个人的自由和幸福。

第五章　信仰理性完美哲学
——为社会秩序而寻找"信仰"的"一"

奥古斯丁生活在罗马被洗劫，罗马共和国出现解体迹象的时代。那时的罗马共和国，思想混乱，出现了很多种宗教和学术派别，而谁也征服不了谁。那时的柏拉图学园已经变成了怀疑主义的基地，认为人生充满了不确定性，让人怀疑一切，从而让人什么也不信。有很多人说因为天主教倡导世界主义，削弱了爱国主义，所以使得罗马共和国变弱了。而奥古斯丁则认为，罗马共和国的衰弱主要来自于思想上的混乱。奥古斯丁说，把普罗提诺的哲学改几个字，就能把他变成一个基督教徒。奥古斯丁就这样改了，从而把柏拉图的理性完美哲学，通过普罗提诺搭起的桥梁，变成了能够为大众接受的信仰理性完美哲学。信仰理性完美哲学就是让信仰和理性合作来证明绝对完美这个"一"的存在，再通过绝对完美来建构社会秩序的哲学。

奥古斯丁在力图解决自己的心灵的焦虑不安的过程中，为人们找到了知识上的确定性和人生的信仰，使得人们能够获得精神上的平静的幸福。信仰理性完美哲学的建构从奥古斯丁开始，到阿奎那那里达到顶峰，其中经历了黑暗时期和唯名论与唯实论之争的考验。同时，伊斯兰教和犹太教也在利用亚里士多德的哲学构建信仰理性完美哲学，并影响到了基督教世界的哲学。在十三到十四世纪，司各脱、奥康和艾克哈特都认为对绝对完美的信仰还是需要的，但是要把信仰与理性区分开来，人可以选择是否信仰绝对完美，而且没有办法通过理性的说服而只能靠启示或人的情感需要来走向信仰。这时已经萌发出了信仰理性完美哲学的危机。

第六章至第十章之间的逻辑线索
——经验科学快乐哲学的萌芽、诞生、危机
以及对它的反抗和超越

在后面的第六章到第十章中出现了很多哲学家，显得很乱。本人通过总体性研究，从中拉出了五条逻辑上继起的线索：首先，出现了信仰理性完美哲学的危机；其次，在危机中产生出了经验科学快乐哲学；再次，经

验科学快乐哲学发生了危机；然后，出现了反抗快乐哲学的完美哲学；最后，由于完美哲学只是在精神领域中战斗，无法让人在现实生活中实际地追求完美，因为资本主义社会中存在着严重的不公正，于是出现了走向实践科学人格完美幸福哲学的趋向，这种实践哲学要在改造自然和社会的基础上来追求人格完美。由于经验科学快乐哲学的诞生与信仰理性完美哲学的危机交错在一起，而经验科学快乐哲学在建构时就开始出现危机，所以与反抗快乐哲学的完美哲学又交错在一起。完美哲学的空想性使得实践科学人格完美幸福哲学另辟蹊径超越快乐哲学，同时超越完美哲学，这样就出现了快乐哲学、完美哲学、实践哲学的交错重叠现象。从逻辑上的继起线索更容易看清哲学的发展趋势，因此本人把哲学家们的思想从逻辑上进行了分类和概括。

第六章 信仰理性完美哲学的危机
——是否依然要坚持追求完美？

在中世纪的基督教的教堂中，信仰理性完美哲学逐步衰变为具有强制性的意识形态，维护着封建特权，产生出让人感觉窒息的僵硬的秩序。本来追求完美是人们的心愿，而当人们被迫以教堂规定的正统的方式去追求完美时，人们就失去了精神上的自由，从而让追求完美的活动不再让人感觉幸福，而是感觉枯燥和烦闷。到十五和十六世纪，在欧洲发生了文艺复兴，宣告了中世纪的结束。所谓文艺复兴，就是古希腊学问的再生，主要包括古希腊哲学和其他伟大古典作品的复活。在古希腊时期，哲学是自由的，哲学家虽然冒着生命危险，但是可以自由地游走，可以自由地探究完美，可以自由地组织学派和成立学术机构。而在中世纪时期，哲学被当成宗教的婢女，用来证明人格化了的完美的存在；研究机构限于教堂，并且教堂成为了主宰的力量；人被迫信教，被迫追求完美，信仰不自由。于是，出现了宗教改革运动，目标是反对罗马天主教会的绝对权威，各国的作者都开始用本国语言而不是拉丁语写作，导致了语言学热。比如说，休谟用英文写作，卢梭用法文写作，而康德用德文写作。

十五世纪中期，活字印刷术被发明和广泛使用，使得书籍比较方便携带和便宜。古希腊作者的手稿直接从雅典输入意大利，人们可以直接看到原来的文本。在意大利的佛罗伦萨出现了主要研究柏拉图作品的学园。在那不勒斯和罗马也出现了类似的学园。作者们开始采用一种新的写作风格。这种写作方式不是很正规，而是用轻松愉快的白话文写作，传播比较广泛。用白话文写作的《圣经》产生了广泛的反响。在文艺复兴时期，作者们开始注重原创性，而不是像中世纪时期，主要是在做"学术"和当"学者"（scholars），研究和注释前人的作品，因此出现了很多"思想家"（thinkers）。学者主要是在研究原创思想家的作品为什么好，怎么产生出来的，注重对这些作品的阐释、鉴赏和品评，而思想家则是原创性思想作品的作者。哲学开始恢复自己的自由。此时复兴的哲学主要是柏拉图的哲学，相伴着被点燃的还有伊壁鸠鲁学派、斯多葛学派、怀疑主义等，主要目的是稀释亚里士多德哲学的影响，并且把哲学和宗教截然分开。

这时兴起了一种新的哲学即人文主义。人文主义并不反对宗教，但是主张不再借助信仰，而是力图用人的理性来寻找完美，来说明社会共同体应该有的社会秩序。从这里产生出了人文学科。当时还发生了科学革命，科学家开始用非宗教的视角来探究物质世界的构成，从这里产生出了自然科学。这样大学的学科设置就发生了变化。大学原本是从教堂的学校演变而来的。"university"（大学）这个词的词源由 uni + varsity 构成，而"uni"就是"一"，而"varsity"源自拉丁语的"varius"和中古时期的法语"varieux"，指的是多样性。所以，"university"这个词就是"多样性的统一"的意思，主要研究的是"普遍性"（universals），因为"普遍性"是走向完美的理性阶梯。

大学中原本设立的主要是宗教、医学、法律和艺术学科。宗教讲的是信仰和理性，启迪人的灵魂追求完美；医学讲的是人的肉体的健康，追求的是身体的完美；法律讲的是如何建构追求完美的社会秩序；而艺术则是要通过感化的力量来让人追求完美。文艺复兴后，欧洲的大学改由三个部分组成：宗教、人文学科和自然科学，追求完美的宗教开始与越来越走向实用的人文学科和自然科学分离开来。这些变动导致了以皮浪和恩培里克的古希腊怀疑主义的兴起。很多读者感受到了恩培里克的魅力，而有的读者则对他对于人类的理性的攻击感到恐怖，被迫反击他的观点。从此之后，在西方哲学界里，怀疑论与非怀疑论之间展开了长期的智慧拉锯战。在信仰理性完美哲学的危机中，存在着经验科学快乐哲学的萌芽。

第七章　经验科学快乐哲学
——在经验科学哲学的辩护下追求快乐

　　经验科学快乐哲学是由经验科学哲学和快乐主义哲学合成的，所以本章分成两节进行论述：快乐主义哲学和经验科学哲学。经验科学快乐哲学又称为自由主义，即自由地追求快乐的主义。当自然科学的经验方法被用来解决社会秩序和人的心灵秩序的问题时，就变成了经验科学哲学。开始时，经验科学哲学是用来解放人的肉体欲望的，后来演变成结构主义时，则是用来形成社会秩序的。快乐主义哲学把追求快乐作为人生的唯一目标，而这种追求的合理性是通过经验科学哲学来论证的，所以合称为经验科学快乐哲学。经验科学快乐哲学出场时是反抗封建等级制的，是反抗基督教对人的精神强制和肉体欲望的压抑的，具有强大的解放力量，为大众普遍欢迎，而且极大地促进了生产力的发展。

　　第一节说明的是快乐主义哲学的诞生过程。在信仰理性完美哲学的危机中，产生出了自由。人可以自由地选择追求还是不追求完美。在快乐主义哲学中，快乐这个唯一代替了追求完美的幸福这个唯一。幸福只是快乐的一种，主要指的是精神上的快乐。而快乐可以是精神上的，也可以是肉体上的。幸福的人是快乐的，而快乐的人不一定幸福。在快乐主义中，追求完美的精神幸福从"唯一"蜕变成了"之一"，而且被淹没在人们的追求肉体快乐的汪洋大海之中。快乐主义也谈论完美、美德或宗教，但主要不是从人对完美、美德或宗教本身的需要出发的，而是从它们能够给社会或个人带来"好处"的功用主义的立场出发来谈论的，因此人需要时可以拿来用，不需要时就可以抛弃，成不了人们始终坚持的信仰。快乐主义哲学从人都是自私地追求快乐这个角度上说，人都是同样的，具有同一性，因此在人格上是完全平等的，没有谁比谁更高尚，"高尚"的人被看成是假的或装的或有什么更隐晦的功利目的，因此没有必要再探求人的行为的动机，而是要看人的行为的结果，对人的评价就可以只看业绩。

　　所以，人们不再把有宗教信仰的人、从事学术活动或思想活动的人看成更高尚的人。没有了对于完美的追求，社会中就不再有追求高尚的事业，而只有追求利益的职业。在具有压倒性的经验科学快乐哲学的影响下，在西方发达资本主义的主流学界，出现了学者的兴盛和学术的兴盛，而伴随着思想家的匮乏和思想的匮乏的危机。美国学者斯通普夫和菲泽分析了当代西方哲学界的发展状况。他们指出,从二十世纪中期开始,哲学的发展经历了急剧的变化。最明显的是很多人都在撰写哲学作品。由于世界人口的增长和上大学的人越来越多,大学中的哲学教授急速增长。不仅是哲学教授们在写作,而且希望当哲学教授的人也在写作。有一句名言在流传:要么发表作品,要么被淘汰(publish or perish)。哲学作品也高度专业化。一个哲学家已经不太可能在不同的哲学领域中都有创新。像康德那样能够单枪匹马地改变普遍性哲学、认识论、伦理学、美学和宗教学的发展方向的哲学家已经绝迹。目前最有创造力的哲学家顶多也就能在两个领域中有所创新。在一个研究领域很有名气的哲学家,在另一个研究领域的人可能对他毫不知晓。就像其他学科一样,哲学家们已经不是在创造伟大的思想体系,而是在研究学科内的重大问题和思想运动。这个时代没有产生出像笛卡尔、休谟和康德这样的思想巨人。

人最大限度地挣钱,最大限度地花钱购买能够满足自己的欲望的产品和服务,人们靠不断消费产品和服务来获得短暂的快乐。人有完全自由的选择权,甚至可以选择作恶,只是要接受法律的惩罚而已。每个人都是"坏"人,只是违法的人坏得比较过分而已。法律是至上的,依靠法律来规范人们的行为,形成一定的社会秩序。民主要寻找的不是自由,而是要在过分自由的社会中寻找到共识,用这种共识来作为国家的法律这个需要人们绝对服从的代表着秩序的"一"的基础。最大多数人的最大幸福是个集合体,而国家却是一个整体。在集合体中,每个人都可以是自由和平等的,而在整体中则存在等级,个人与整体之间是部分与整体的关系,而整体高于部分。这样快乐主义就从自由阶段衰变到了秩序阶段。

快乐主义哲学的建构逻辑是这样的。快乐主义哲学把个人快乐作为人生的出发点和归宿。第一,自私的个人主义的产生。个人的快乐只有自己才能体验,我们不能托人帮忙吃饭,托人帮忙谈恋爱。所以,追求快乐的人是自私的。第二,不能动摇的私有制。自私的人是不愿吃亏的,因此采用公有制不可能产生出劳动积极性,所以要采用私有制。第三,自由主义的产生。追求快乐的个人需要生活在社会中,社会需要秩序,而个人追求的快乐的种类是不同的,怎么能够既形成秩序又保持个人选择快乐的种类和追求快乐的自由呢?这就产生出了自由地追求快乐的自由主义。第四,功用主义的产生。自由主义的秩序是通过功用主义哲学来实现的。功用主义用最大多数人的最大快乐来形成自由地追求快乐的秩序。第五，人文宗教的产生。快乐主义不再把宗教信仰当成人的唯一的信仰，而只是人可以选择的一种获得快乐方式。人文宗教力图把基督教变成一种世俗的追求快乐的生活方式，而不是原来的追求完美的信仰。第六，民主制度的产生。怎么才能知道最大多数人的最大快乐是什么呢？那就需要调查，调查的方式就是民主，让大家说说看，你要追求什么样的快乐。民主的结果不可能得出完全一致的共识，也就是说大家不可能都同意追求某一种快乐，这样就需要考虑社会的总体的福祉，而代表总体的是大多数而不是少数，因此就要牺牲少数服从多数。第七，社会契约论的产生。大多数人的共识需要固定下来加以维护，维护的方式就是个人把自己的权利让渡一部分给国家，个人与国家订立社会契约，说明权利与义务。第八，宪政主义的产生。为了保障社会契约的执行，就需要宪政和相关的法律。宪政说明了个人让渡的权利的范围和应尽的义务，国家不能擅自修改权利和义务。第九，法律至上论的产生。法律就是用强制手段来让每个人都平等地享有权利和尽义务。第十，社会公正论的出现。哲学家们发现，按快乐主义哲学建构起来的社会，出现了严重的社会不公正，力图用社会正义论来纠偏。第十一，美德理论的出现。哲学家们还发现，快乐主义哲学给社会带来了严重的信仰危机，出现了严重的道德沦丧现象，于是力图用美德理论来纠偏。

第二节阐明的是经验科学哲学的建构逻辑。经验科学哲学的出发点是要把人类的全部知识进行清洗，以便清除完美哲学的影响，为快乐主义哲学的运行提供主观方面的运行环境。而完美哲学最初是建立在普遍性哲学的基础上的，因此经验科学哲学的主要目标就是要清除全部的普遍性观念，让人能够轻松自在地追求快乐。用来论证快乐主义的合理性和把快乐主义普遍化的哲学是经验科学哲学。经验科学哲学可以分为狭义和广义两种。狭义的经验科学哲学探究的是事实，需要弄明白什么是真的什么是假的，采用的方法是证实原则或证伪原则，主要包括实证主义、分析哲学和证伪主义。广义的经验科学哲学的研究则冒出了"事实"领域，不仅研究事实，更关注对于意义和行为结果的研究，主要包括结构主义和实用主义。这些研究也属于经验科学哲学，因为它们都是在研究可以体验到的载体，要么是语言，要么是行为，这些都是经验依据。所以，第二节分成两个部分论述：第一部分是狭义的经验科学哲学；第二部分是广义的经验科学哲学。

狭义的经验科学哲学的阐述逻辑如下：首先，实证主义的产生。狭义的经验科学哲学起初是建立在证实基础上的。要让知识体系中只留下经验"事实"。那么，我们怎么才能知道什么是事实呢？那就要证实。怎么证实呢？我需要观察，你要把事实指给我看。这就是观察法。那么，对于一类事实怎么办呢？你无法把一个类的全部事实指给我看，那你就要归纳，就要把这些事实的共性归纳出来告诉我。这就是归纳法。所以，实证主义的方法就是观察法和归纳法。其次，分析哲学的产生。分析哲学从分析语言入手，希望在语言中筛选出事实，抛弃与事实不符的普遍性观念，而筛子是实证主义，要能够通过经验证实的才是事实。知识的载体是语言。要清洗知识，就要对语言进行分析，从中找出事实，排除普遍性观念的"胡说"。理想语言学派想建立起像数学一样精确的逻辑语言体系来替代日常语言。而日常语言学派发现，这样建构起来的语言是死的，还是要在日常语言中寻找事实。而美国的分析哲学家们发现，在日常语言中找到的事实是有意义的，而意义与行为又相关，在意义和行为的纠结中，开始重新逐步意识到普遍性哲学的作用。最后，证伪主义的产生。证伪主义者发现，在归纳中总是存在跳跃，不可能穷尽一个类中的所有个体来进行归纳，所以只能采用证伪而不是证实的方法来清除虚幻的普遍性观念。比如说，我们无法证实所有的天鹅都是白的，但如果发现了一只天鹅是黑的，我们就可以得出所有天鹅是白的这个命题是假的。

广义的经验科学哲学的阐述逻辑如下：首先，结构主义的出现。在对语言的研究中，结构主义者发现事实是有意义的，而意义是看不见的，对意义的解释需要结构。当结构主义变成一种遍及所有领域的哲学时，就成了建构社会秩序的工具，从而出现了结构主义对自由的压制，所以引发了解构主义的反抗。其次，范式和反范式理论的出现。范式哲学家发现，寻找事实的经验科学的研究是有规律可循的，科学研究发展的过程就是范式转换的过程。而反范式的哲学家则认为科学研究是一项无政府主义的事业，研究的范式不是一元的，而是多元的。一元范式是因为经验科学的意识形态化导致的。最后，实用主义的出现。实用主义者从经验科学家们刚开始在语言中寻找事实和讨论真假问题时，就感觉到只在意识领域中讨论真假是没有结果的，难以统一思想，导致的是争论不休。他们搁置了真假的讨论，认为既然人生是在追求直接或间接的快乐，又有什么必要那么较真呢？只要效果好，能够实现目的就可以了。就这样，从放弃对完美的追求开始，在从功用主义到实用主义的演变过程中，人退化到了只追求快乐，只看利弊，而不再分辨真与假、善与恶、美与丑的地步，所以在人们的生活中出现了堂而皇之地存在着的假、恶、丑，而且这样的东西成为了一些人追求利益最大化的工具，最后导致了严重的道德危机和人的精神萎靡的痛苦感受。

经验科学快乐哲学在发展过程中，不断被资产阶级当成意识形态，成为一种资产阶级对大众进行全面控制和压抑的非常隐蔽的工具。随着全球化的推进，经验科学快乐哲学变成了大众的想当然正确的观念，并通过大众文化的传播，变成了人们的习以为常的"正常"的生活方式。因为借用了"经验科学"的旗帜，所以让人们感觉很"客观"、很"真实"、很"先进"、很接地气，让人们能够心悦诚服，对人们的实际生活产生了巨大的影响。而正如奥地利出生的当代美国著名哲学家费耶阿本德所说，当资本主义的国家与经验科学联合在一起时，经验科学就变成了一种意识形态，成为了最新、最富有侵略性和最教条的宗教机构。

第八章　经验科学快乐哲学的危机
——为什么快乐哲学把人带入痛苦的深渊之中？

经验科学快乐哲学的危机分别来自经验科学哲学和快乐主义哲学分别的危机，这两种危机构成了这种合成的经验科学快乐哲学的总体危机。经验科学哲学的危机在后两章中有大量的论述，本章主要说明快乐主义哲学的危机。由于经验科学哲学与快乐主义哲学之间有合成关系，所以存在着你中有我和我中有你的现象，不能截然分开，所以从二者的分别的危机中也可以看到对方的危机。怎么会出现追求快乐的哲学把人带入痛苦的深渊的悖论呢？因为追求精神幸福的快乐被淹没在追求肉体欲望满足的快乐之中。在资产阶级采用的经验科学快乐哲学的意识形态的影响和控制下，大众主要在追求肉体快乐，而不是精神满足。而肉体快乐是需要消费物品和服务的，而物品和服务是需要用钱来买的，大众是要通过出卖劳动力来换钱的。

而在出卖劳动力的过程中是充满血腥的竞争的。在激烈的竞争中出现的是强人而不是伟人。在这里，伟人消失了，强人出现了。伟人是强大的人，但是强人不一定是伟人。伟人怀有对人类的悲悯之心，做事先看是不是会伤及无辜之人。而强人只顾自己，做事只看事不看人，对人缺乏基本的仁慈，只追求成功而不计其余。失败者哭得越悲惨，强人笑得越疯狂。而无论是失败者还是成功者，因为他们在意的只是个人的快乐，而个人的肉体又是会死亡的，所以一切终究会变成虚无。在僵化了的结构主义的资本主义社会中，人依从社会就会失去自由，而离开秩序人又会迷茫。就这样，在浅薄的肉体快乐中存在着深度的痛苦。叔本华、尼采、海德格尔和利奥塔分别为我们生动地刻画了在发达的资本主义社会中存在的血腥的竞争中的人、残酷的强人、向死而生的虚无的人和后现代中的遭到权势压制的人的深切的痛苦。

第九章　用完美哲学反抗快乐哲学
—— 为什么完美哲学会让人感觉到绝望的痛苦？

完美哲学家们意识到了快乐主义哲学把人们拉入了庸俗而痛苦的深渊，让人过得连动物也不如，于是出现了各种花样翻新的完美哲学。无论他们的体系如何宏大，他们要论证的都是人类不能不追求完美。失去对完美的追求，"人"就会死掉，"人"类就会死掉。在完美死去后，追求快乐的人就会变成痛苦的、残酷的、疯狂的、迷茫的人。只是他们的完美世界依然是要回到天上，而登天用的普遍性哲学的阶梯已经被经验科学哲学给折损，让人们难以上天。而且追求完美是一个很长期、很艰辛的过程，但是在浮躁的市场中，树要静，而风不止，人不得不随风而动。所以，追求完美，从理论上说可以给人带来幸福，而在现实中则给个人带来了绝望，让人难以适应社会，甚至导致精神分裂。

不再有时间思考的大众也难以理解，追求快乐有什么不对，追求完美是多么虚和多么累的事啊，不是追求平凡的快乐才是真实的和轻松愉快的吗？而且自然科学的巨大成功，在大众那里建立起了难以撼动的权威。所以，以科学的面目出现的经验科学哲学也获得了难以撼动的权威。人们要说什么是对的，贴上科学的标签就很管用。得大众者得天下。资产阶级通过隐蔽在大众传媒中的意识形态，操纵和把玩着大众，给予大众看上去不虚幻而实际上虚幻的希望，给予大众看上去是自由的而其实不自由的生活方式。在西方资本主义社会中，大众认为，追求快乐没什么错啊！追求科学也没什么错啊！社会是很自由和平等的啊！大众身边不是有靠白手起家成为了各路精英的例证吗？大众认为，自己的痛苦与别人无关，只是自己没有本事或自己的机会还没有出现而已。

很多哲学家力图用完美哲学来填补"自我"的空虚，弥补经验科学快乐哲学的不足，并力图构想各种各样的让人幸福的出路，但是都没有能够变成现实。这些思想力图补充的方面，就是经验科学快乐哲学缺少的方面，可以帮助人们看清楚经验科学快乐哲学的弊病，从而看清楚把经验科学快乐哲学当成意识形态的资本主义制度的缺陷。完美哲学家主要是努力让人们继续追求完美和美德。这些思想主要存在于西方发达资本主义国家的学术界里，对大众的实际的生活方式没有能够发生太大的实际的影响，而且通常被大众看成是"不正常"的脱离实际的小众哲学。小众哲学通常只在高雅的学术作品、文学和艺术中有所表现，其影响力主要出现在正式的交往活动中和学术界，主要以辞令、思想或表演的形态存在，与大众的实际工作、日常生活和生活方式关系不大。

而从这些"不正常"的观念中，我们可以认识到原来我们以为自己的痛苦只是自己的事情，而其实大家都与我们一样痛苦，而痛苦的根源在于资本主义制度本身。资产阶级通过他们的深深隐蔽着的意识形态赢得了大众，因此完美哲学只能在绝望中呻吟。在大学中研究出的完美哲学一出校门就得经受资产阶级把控的市场的考验。关于追求完美的书，会在市场中淹没，只能静悄悄地体验被冷落的孤寂。在大学中培养出来的追求人格完美的人，一出校门就面临市场的竞争，难以保全人格的完美。正如美国当代著名哲学家麦金太尔所说，在发达的资本主义国家里，对外在利益的追求已经成为压倒一切的追求，而对内在利益的追求已经变得边缘化。贪欲成了生产活动的动力，劳动变成了实现外在利益的手段。人的自我已经被消解在一系列的角色扮演之中，人们失去了践行美德的余地。

本章归纳出的各种完美哲学形态之间存在着逻辑关联。完美哲学的对手是经验科学快乐哲学。在经验科学快乐哲学的节节逼近下，完美哲学节节防守，最后产生了反弹和革命性的哲学意识。在古希腊时，在柏拉图那里，上帝只是一个匠人，遵照完美世界中存在的完美的图样去创造世界，是完美的仆人；在亚里士多德那里，完美就像种子一样，让人追求圆满，而上帝只具有象征意义，象征着完美就像太阳一样，通过发射出光芒来吸引人们追求完美。在中世纪的时候，上帝变成了像人一样的有意志的主体,而上帝就是完美,可以按照自己的意志左右人的命运。经验科学快乐哲学家们用经验科学的武器杀死了上帝,让上帝不再能够左右人的命运。而完美哲学家们力图从死了的上帝那里拯救出完美。他们认为,可以抛弃人格化的上帝,但是不能抛弃完美,否则人就不能活得像人一样,就会堕落到肉体欲望的满足之中,就不可能再有精神上的幸福。

自从自然科学杀死上帝之后,完美失去了自己在天堂的乐园,在宇宙中到处游荡。完美被经验科学快乐哲学一路追杀和围追堵截,使得完美哲学家们不得不满处为完美寻找居所,这样就让完美散居到了自然、社会和人的思维的知识体系的每个角落,使得我们在每个认识领域都能够发现完美,而且要把握整个知识体系,才能够形成关于完美的世界观。本章把完美哲学大致分为三大类:二元论完美哲学把世界划分为互不相干的两大领域,物质领域和精神领域,让完美居住在精神领域;规范论完美哲学让完美在真、善、美的评价标准中存在;统一论则让完美漫居在世界的每一个角落,因此人可以通过多种路径发现完美的藏身之地。

只是每个领域都遭到了经验科学快乐哲学尤其是分析哲学的清洗,使得完美无处可逃。最后完美哲学家们发现,在发达的资本主义社会中,即使有追求完美的心灵,也无法在现实中追求完美,从而导致知行无法合一的精神分裂的绝望。于是,一些哲学家破茧而出,要摧毁这个让完美无处藏身的由经验科学快乐哲学支持着的资本主义社会,最后把马克思主义作为归宿,力图实现共产主义社会,力图把天上的和抽象的完美变成对于人格完美的追求,让追求人格完美的人能够在那里永久地栖息。完美哲学的各个形态演变的过程,就是完美在流离失所的绝望中走向希望的过程。马克思对于西方哲学中的精神文化的继承,就是继承了追求完美的精神,并把追求天上的或思想上的完美,改造成为可在实践中追求的人格完美,从而实现了浪漫主义与现实主义的合璧。

第十章 走向实践科学人格完美幸福哲学
——如何超越快乐哲学和完美哲学?

原创马克思主义哲学是一种由实践科学哲学、人格完美哲学和幸福哲学合成的实践科学人格完美幸福哲学。这里的幸福哲学不再是指个人的幸福,而是指人类的幸福。个人的生命是短暂的,而人类的生命则可以很长。"我"这个个体的精神，可以通过"我们"这个人类存在下来，所以只要人类在，所有的"我"就在。"我"不是向死而生的，因为有人类代表"我"活着。我的人生的意义就是通过创造性的劳动，把我的精神变成一种精神产品，让它代表着我活在世上，存在于人类的精神宝库之中，标志着我的人格和才华的完美，实现我的人生的意义。所以，我是实践的我，而不只是在胡思乱想的我。实践科学哲学属于经验科学哲学，但是经验科学哲学不等于实践科学哲学。这里的实践指的是个体的我通过选择至善而与人类连接在一起的目的性活动。这个我是自由而全面地发展的我，是追求人格完美的我。这里的完美不在天上，而是在我的实践活动之中。我在我的每个追求至善的实践活动之中体会着我的人格的完美，从而感觉充实和幸福。而这样的追求人格完美的生活方式，要变成现实，就需要改造自然，让生产力得到极大的发展；改造社会，让公有制代替私有制；改造人的心灵，让人都成为追求人格完美的人。在这样的自由王国中，每个人都才能成为身体健康、生活舒适和追求完美的身心健全的人。而中国的传统哲学正好是在追求人格完美方面具有独特的魅力，这样西方哲学就通过马克思主义与中国传统哲学接通了。

本章分九节阐明西方马克思主义者的思想精华：西方教科书中的马克思、西方早期马克思主义、人本马克思主义、科学马克思主义、法兰克福学派、英国"新左派"、晚期马克思主义、后现代马克思主义、后马克思思潮。同样，这九个部分在逻辑上有着继起的关系，而在时间上又有交叠重合，从中我们可以看到走向实践科学人格完美幸福哲学的趋向。西方马克思主义的思想家和学者批判的对象是现代和当代的发达资本主义社会。因为他们亲历着西方发达资本主义的压迫，看到在痛苦和绝望中挣扎着而又找不到痛苦根源的大众，在煎熬中希望通过意识形态的革命，唤醒无产阶级的阶级意识，启迪大众的觉悟，以便早日走上通往共产主义的社会主义道路。

走向马克思主义的思想家主要是追求完美的哲学家，几乎没有经验科学快乐哲学家。马克思和恩格斯也是在追求完美的道路上走向马克思主义的。马克思主义因为继承和超越了西方的完美哲学的传统，吸纳了经验科学快乐哲学促进的生产力发展的力量，所以才富有无法抵御的魅力。只是完美哲学和批判资本主义的西方马克思主义哲学能够"自由地"存在本身，也被资产阶级用作一种意识形态。这种"自由地存在"能够向世人展示，资本主义是多么的自由，连那么严厉地批判和希望推翻资本主义的哲学也能自由地存在，而其实资产阶级会用市场来淹没它们，让趋众的大众看到这样的哲学是多么的小众和不受大家的欢迎，因此对它们的存在感觉麻木和无足轻重，所以无法产生出激发革命的力量。而且，在资本主义的生产方式还没有把促进生产力发展的功能完全发挥殆尽之前，资本主义制度是不会灭亡的。

纵观整个西方哲学史，我们可以发现，在文艺复兴之前，自苏格拉底把"完美""生"出来之后，西方古典哲学的主流就是完美哲学。而在文艺复兴之后，出现了经验科学快乐哲学、完美哲学和实践科学人格完美幸福哲学三大流派，经验科学快乐哲学主要在改造自然、后期意识到了对于社会的改良；完美哲学主要在改造人的心灵以期让人获得幸福；而实践科学人格完美幸福哲学则是集大成者，它吸纳了来自经验科学快乐哲学和完美哲学的思想精华和研究方法，因此在它的理论中，我们可以看到前面两种哲学流派的影子，还可以发现与前两个流派中出现过的对应的研究方法。它力图在改造自然、改造社会的基础上改造人的心灵，以便为每个人追求人格完美的实践活动创造现实的条件。而在目前的发达资本主义社会中，由资产阶级在背后支持着的经验科学快乐哲学处于主导地位，在经验科学快乐哲学的外衣的掩盖下，存在着深深地痛苦着的大众。虽然西方的整个哲学史为人类提供了璀璨的思想成果，但是目前找不到现实的让人类解放的出路。而希望之光正在东方闪亮着，有一个饱经沧桑的古老的民族，正在吸纳着东西方文明的成果，让马克思的幽灵在这里安家，以独特的方式抵抗着强大的资本的压力，在艰苦卓绝的奋争中引领着人类向着自由王国挺进，努力让每个人都能够享有追求人格完美的条件，我们应为此而感到庆幸，让我们拭目以待……

总目录框架

引　论　在秩序与自由中追寻幸福

第一章　自然哲学

第二章　自然哲学的危机

第三章　理性完美哲学

第四章　理性完美哲学的危机

第五章　信仰理性完美哲学

第六章　信仰理性完美哲学的危机

第七章　经验科学快乐哲学

第八章　经验科学快乐哲学的危机

第九章　用完美哲学反抗快乐哲学

第十章　走向实践科学人格完美幸福哲学

结　语　没有乌托邦精神，就没有人类的幸福。德国著名哲学家恩斯特·布洛赫（Ernst Bloch，1885—1977）对人类文化史进行了考古式的研究，最后得出结论：纵观人类文化史，似乎一直有一条红色的箭头指向自由王国。马克思之所以富有魅力，就因为他继承了这种乌托邦精神，并且把它从空想变成了科学。

第一章 自然哲学

——为社会秩序而寻找自然中的"一"

古希腊人为什么不幸福呢？在古希腊从原始公社转变为私有制国家的过程中，出现了长达几百年的混乱。古希腊人曾造出神话世界来控制社会秩序，但是就连神的世界也处于残酷的战争之中。古希腊的频繁发生的战争，使得举行奥林匹亚运动会时的短暂和平都变得极为珍贵。过度自由带来的混乱给古希腊人带来了普遍的不幸福感，而只依靠暴力无法产生出人们认同的社会秩序，无法维持持久的和平。怎么才能给人们带来幸福呢？需要找到人们能够认同的社会秩序。对于靠自然生存而又对自然不是很了解的古人来说，自然具有至高无上的权威。自然哲学家们力图先说明自然秩序，再把社会秩序嵌入自然秩序之中，利用自然秩序的权威来说服人们自觉地遵从社会秩序。而要说明自然与社会是一个统"一"体，就首先要在自然中找到一，用这个一来说明自然的秩序。所以，自然哲学的任务就是要找到自然中的一这个本原。自然、社会和人的思维都是有"一"则治，无"一"则乱。自然哲学指的就是通过找到自然中的一来构建社会秩序的哲学。

第一节 米利都学派：作为"一"的自然物

米利都学派是古希腊的第一个哲学学派。泰勒斯为什么被称为西方哲学史上的第一个哲学家呢？因为他开启了哲学的寻找"一"的宏大事业。在古希腊流传着"万物有灵论"，所以他们找到的一，无论是水也好，是不确定的无限物也好，是气也好，都是有灵的。下面我们就来看米利都学派的三位哲学家各自找到的"一"之间的相互联系。

一 泰勒斯：灵水是自然中的"一"

泰勒斯（Thales，公元前624年—前546年）出生在古希腊的爱奥尼亚的米利都，来自一个奴隶主贵族家庭，据说有犹太血统。泰勒斯是怎么来给社会寻找秩序的呢？他认为，建立社会秩序需要借助自然秩序的权威，而自然要是一个有秩序的统"一"体，首先就必须充盈着一，这个一要具有万变不离其一的特征。这个一应该是能够自动的，不然就需要外力的推动，所以是有灵的；应该是能够不断变换形态的，这样才能解释我们看到的"多"的现象；应该是多能够回归的一。这个一也不能是一个一个的东西，应该具有"波"的连续性的特征，这样才不会在一个一个的东西之间留下空间，破坏了一的存在。这个一还应该是至小无内的，否则又会变成多。当时的科学水平还没有达到能够分辨出水分子的组成成分的程度，因此可以把水的成分看成是单一的。这样一来，"水"大致是符合如上特征的，大概正是因此泰勒斯把"灵水"看成万物的源头和归属，万变不离其水。自然的秩序就应该是由"灵水"构成的秩序，而社会就应该遵从这样的自然秩序。

就这样，法国著名思想家德波在《景观社会》中所说的，西方哲学的最高梦想，即对统一体的无限渴望，就从这里开始了。西方哲学在寻找自然中的一的过程中建立起了关于真的体系，在寻找社会中的"一"的过程中建立起关于善的体系，个人把自己的灵魂安放在一上则会获得关于完美的美感，产生出坚定不移的信仰，因此能够给人带来心灵上的幸福感。哲学家把真、善、美这三个"一"统一起来，变成一个大写的"一"，就能构造出一个宏大的、包罗万象的哲学体系。所以自泰勒斯之后，便开始有了维护秩序的哲学家捍卫"一"，维护自由的哲学家捍卫多的哲学斗争，于是哲学家之战就是代表着秩序的"一"与代表着自由的多之战构成的交响乐，奏出了一波又一波的富有无限的想象力和严谨的推理能力的美妙乐章，构成了人类的越来越丰富的在秩序与自由中追寻幸福的精神世界。

二 阿拉克西曼德：有灵的"不确定的无限物"

阿拉克西曼德（Anaximander，公元前610年—前546年）是泰勒斯的学生。他继承了泰勒斯的哲学事业，继续寻找自然中的"一"来建构社会秩序。那么为什么他要用有灵的"不确定的无限物"来替代"灵水"呢？他认为灵水作为一具有局限性，因为水是一种特殊的或有确定性的元素。如果说灵水是一，那么万物中都必须包含着水的形态，而且任何具体的东西都是由更小的元素组成的，那就必然都是无限可分的，所以无法把一定在一种具体的物质形态上。由此他推导出，需要有一种东西，不具有具体的形态，因此是"无确定性"的。为了让自然都统一到一个整体的秩序中，不设例外，就需要涵盖一切，就要至大无外，就需要假设自然是无限的。他所说的"东西"充盈在自然的各个角落且无边无际，这种东西同时具有"无确定性和无限性"的特征，因此我们可以把它称为"不确定的无限物"。

那么有灵的"不确定的无限物"这个一是怎么产生出万物这样的多呢？"不确定的无限物"始终处于永恒运动之中。它也是有灵的，因此可以自己运动，并且分离出万物。首先分离出来的是热和冷，然后逐步分离出湿、土和气。而所有的生命（其中包括人）都来自海洋。人是从自然中的一演化出来的，因此必然要遵循自然的"一"的秩序。那么作为多的万物的变化又怎么按秩序运行呢？又怎么再回归到最初的一呢？他认为任何具体的事物都是有生有死的。在自然中有多个世界同时存在着，而它们都是会死的，它们都在不断创生和不断毁灭之中。它们从哪里来，毁灭的时候还回到哪里去。他还用机械的方式来着重解释了星球的有序的运动，目的在于说明自然遵循着不设例外的秩序，万物的生生死死的过程都是严格地受必然性支配的，其中包含着对立的力量之间的冲突。而不按必然性运行就会产生不公正，不公正会导致它们的最后的毁灭。自然以这种方式来使不公正的冲突得到惩罚，这同时也是对公正行为的补偿。这样就可以推出社会秩序必须建立在必然性的基础上，而是否符合必然性便成了社会是否公正的标准。

三　阿那克西米尼：灵气是自然中的"一"

阿那克西米尼（Anaximenes，公元前585年—前528年）继续寻找自然中的"一"。他为什么要用"灵气"来替代"灵水"或有灵的"不确定的无限物"呢？他理解阿那克西曼德想强调无限性，想把各种各样的有限的事物放置在无限的大背景下。但是他感觉无限这个概念太模糊、太抽象、太难以感觉到，而灵气既像灵水一样可感知，又具有无处不在的无限性，而且用灵气来说明万物的生成更容易理解。那么灵气这个一是如何创造出万物这样的多，又如何回归到灵气这个一呢？他认为整个世界都被气息和空气环绕着，灵气处于永恒的运动状态之中，而灵气运动的具体形式是稀释和浓缩。事物在质上的区别源于量上的区别。空气的膨胀或收缩都属于量变，但这种量变会导致不同形态的事物的产生。空气膨胀或稀释到极端就会产生火，而根据收缩或浓度的程度不同而分别产生出风、水、土和石头。事物万变不离其灵气，都是灵气的不同的表现方式。万物来源于灵气，又都可以回归到灵气。自然的秩序是建立在灵气运动的秩序之上的，社会秩序应该遵从这样的自然秩序。

综上所述，米利都学派的哲学家们都在寻找自然中的一。在这个过程中产生出了这样的哲学观念：自然界是无限的；自然是一个统一体，都来源于某种一，又回归到这个一；自然中的一处于永恒的变化之中，而万物都是一存在的不同形式；具体的事物都是有生有灭的；自然的运动是有规律的，受到必然性的支配；在事物的变化中存在着对立面互相冲突的规律，存在着质量互变的规律；人是自然的产物，因此人类社会也要遵从自然的秩序，以是否符合源于自然的必然性作为社会是否公正的衡量标准；必然性会以毁灭的方式摧毁不公正的事物。

第二节 毕达哥拉斯学派：作为"一"的和谐

毕达哥拉斯（Pythagoras，公元前570年—前495年）出生在与米利都只有一水相隔的爱琴海中的萨摩斯岛上。这个岛很"神"，岛上的赫拉神庙是奥林匹亚运动会点燃圣火的地方。他的父亲是一位富商。他因为蓄发、着东方服装和宣传理性神学而惹人反感。后来他在民主运动中被暗杀。因为毕达哥拉斯学派把学派的思想都归于创始人，所以在阐述他们的思想时，我们只能说是这个学派的思想。毕达格拉斯依然在为社会秩序的建构寻找一，但是已开始感觉到物质很拖累灵魂，因为具体的物质形态总是在变化和总会死，所以他力图把"灵水"或灵气中的"灵"以"数"的方式抽离具体的物质形态。而且他似乎也感觉到不能为了一而把多消灭掉，否则世界太单调，他要通过限定多来形成多样的、和谐的统"一"体。

一 死亡的焦虑让人感觉不幸福

古希腊人为什么没有找到幸福？因为古希腊神话中的神也会死，也有不道德的一面，无法成为人们崇拜的对象。人类需要纯洁的道德榜样，而且希望能够长生不死。宗教区别于神话的地方就在于宗教中的上帝是完美的和不死的。从泰勒斯开始，古希腊哲学家就在寻找"一"的过程中，一步步地把上帝创造出来。上帝是造物主的代名词。万物有灵，而最初的灵，就是大写的灵，就是上帝。在泰勒斯那里，灵水就类似于上帝。

狄俄尼索斯教是通过对人的关切来诱导人们学习宗教的。在公元前七到公元前六世纪，这种宗教非常流行。狄俄尼索斯原本是希腊神话中的酒神巴克斯。他与其他神的不同之处在于他能够再生。他出生后曾被赫拉天后命人杀死，但是宙斯利用自己的力量让他再生了。他能够通过酒醉，让人们载歌载舞地狂欢。他有很多女性追随者。当狄俄尼索斯的名字变成一种宗教的名称时，这种宗教意识到每个人普遍焦虑的是人生太短和人不得不死的问题，即人生之叹的问题。人不想死，但经验告诉我们谁都得死。虽然古希腊人认为万物都是有灵魂的，但是灵魂的载体是一种物质形态。当这种物质形态没有了，灵魂也就消失了。

那么，怎么才能让灵魂不死呢？狄俄尼索斯教认为人的灵魂经过狄俄尼索斯的灵魂净化以后就能不死。人在处于很野的舞蹈和歌唱的癫狂状态时，在他们酒醉时撕烂各种动物饮用它们的血后，会出现一种筋疲力尽的状态。在达到癫狂的制高点时，自己的灵魂就会歇息，狄俄尼索斯的灵魂就能够进入他们的身体，净化他们的灵魂，从而让他们的灵魂不朽。毕达哥拉斯教派也用类似的方法来吸引追随者。它允许妇女入教，并且平等地对待她们。而且入教的人要保密，要把财产全部贡献给教派，采取财产公有制。毕达哥拉斯教派的数学是服务于人从道德上净化灵魂以实现灵魂不死这个目的的。它认为具体的物质很脏，而数没有被物质所沾染，因此是最洁净的。

二 几何学中的"数"是纯洁而永恒的

怎么才能摆脱肮脏的物质给我们带来的不幸福感呢？要认识几何学中的纯净的"数"。毕达哥拉斯学派认为"1"是万物之母，代表智慧，而"10"包容了一切数目，代表着完美。万物由数构成，自然秩序由数的和谐构成。这里说的数学指的是几何学，而几何学研究的就是任何事物都占有的空间。数是分单元的，可以用小鹅卵石来数数。"1"就是一个单个的鹅卵石，其他的数都可以通过增加鹅卵石来得出。一个单个的鹅卵石代表一个点；两点之间构成一条线；三点之间则构成一个三角形，代表一个面；四点之间相连则代表一个立体。每个物都是一个几何体，所示都占有一定的空间，都可以用数来表示。

他们认为通过几何学就能标示出自然中存在的秩序。当他们发现无理数的时候感觉特别崩溃，因为难以用几何学来说明无理数。所谓有理数就是讲得出道理的数，而无理数就是讲不出道理的数。无理数的发现造成了西方历史上的第一次数学危机，更造成了他们要找到的毫无例外的自然秩序的危机。因此，有一个杜撰出来的故事说，毕达哥拉斯学派中的一个名叫希帕索斯的成员被扔到赫勒斯旁海峡淹死了，因为他泄露了发现无理数的秘密。由于毕达哥拉斯学派把数和量值结合在一起，因此数就可以变成"形状"，比如说，三角形。单个的点就可以成为界石，划定范围。这样数就不只是抽象的概念，而且还可以变成具体事物的形态。所以，他们说的"万物都是数"指的是万物都有一个数的基础，都有一定的形状和大小，这样他们就从算术走到了几何，又从几何走到了具体事物的形态。

三 限定多就能形成和谐的"一"

怎么样可以防止"多"过于自由而破坏和谐的"一"呢？事物不仅占有一定的几何空间，而且其内部还存在着结构。表示三角形、四方形等的数，都有奇数和偶数之分，而在自然和社会中也普遍存在着类似的二元之分，比如说，一与多、直与曲、静与动、明与暗、雄与雌、善与恶等。包容对立面可以产生出多样性，但多样性泛滥则会导致不和谐，而如果多样性的比例得当就能产生出和谐。为了解决对立面之间的冲突问题，他们从结构中推出了"形式"的概念。"形式"指的就是限定，用数来把冲突限定在一定的范围内。音乐和医学这两种技艺最能说明可以通过限定来产生出和谐的道理。音乐的和谐与人的生命的和谐有着内在联系，所以音乐对于治疗某种神经错乱非常有效。这种音乐应该是和谐的音乐，不和谐的音乐可能把神经不错乱的人弄得错乱了。音乐的音符之间的音程可以用数来表示，因此可以把数学与音乐联系起来。为了产生协调的音程，音乐中就要有数的比率。身体要健康，就要调试好热与冷、湿与干这样的对立面之间的比率，还有各种具体的元素之间要保持体积上的平衡。所谓身材好指的就是比例协调。人体就像一件乐器，靠谱的时候就是健康的，跑调的时候就会得病。

四 哲学思考能够给人带来很"神"的幸福感

哲学家为什么爱思考超越人的日常生活之事呢？毕达哥拉斯教派认为

在哲学思考中可以发现一种更纯粹的的生活方式。思考和反思与追名逐利的生活方式不同。他把人的灵魂分成三类。为了形象地说明这种区分，他们以奥林匹亚运动会为例，因为萨摩斯的赫拉神殿是圣火点燃的地方。由于当时的古希腊战争太多，因此人们向往和平。运动员点燃人类从天上盗取的火种后持火炬跑遍各个城邦，让各城邦间休战，忘掉仇恨和战争，追求和平。而即使参加那么神圣的活动，人们也有着不同的动机。去那里做买卖赚取利润的人最低级；其次是到那里竞赛以获得荣誉的人；而最好的人则是观众，他们是去反思和分析人们到底在干什么的。毕达哥拉斯用观众来比喻思想家。而哲学家就是思想家，哲学家的活动就是要使自己从日常生活的不完美的处境中解放出来。

哲学家的思考以理论的方式呈现。在古希腊的词汇中，"理论"（theōria，theory）这个词的词义之一是"旁观"，还有（theo-）有"神"的意思。所以，理论就是以旁观者的方式来思考或推测"神"的事。神之所以能看清楚人间的问题，就是因为神是个旁观者，神从完美的角度来思考人生的不完美。理论思考指的是纯粹的科学思考和纯粹的数学思考，尤其是数学的思考可以帮助人们离开对于具体事物的关注，走向对于由数构成的永久的和有序的世界的思考，这样就可以让人从"生的轮回"中获得解放，人的灵魂就可以不再附着于会生会死的动物等载体上，就可以超脱生死之外，从而让人不再遭受面对死亡的焦虑的痛苦。当人可以达到与神合为一体时，就能分享到神的永恒。

从毕达哥拉斯学派的思考中，产生出了如下哲学观念：万物来源于"1"，也可以回归到"1"；万物的存在都占有一定的空间；任何的空间都可以用几何图形来加以描绘，而几何图形又都可以用数量来衡量；事物的结构可以通过比率来设定；不消灭多，也可以形成和谐的一，只要通过一定的形式把多的比率调试好，就能够形成一个包容性的和谐的"多样性的统一体"；人都追求幸福，而短暂的生命却让人感觉焦虑，人注定不完美但人又渴望完美，所以通过不懈地追求完美就能够让人分享到完美给人带来的永恒感；对完美的追求可以产生出秩序，而这种秩序就是一种合理的秩序；哲学家是代表"神"从完美的角度来思考世界的，他们的理论就是关于完美的学说，所以具有精"神"的力量，拥有很"神"的魅力和能够感受到很"神"的幸福。

第三节　赫拉克利特：作为"一"的理性

赫拉克利特（Heraclitus，公元前530年—前470年）出生在古希腊的爱奥尼亚的爱菲斯城邦的王族家庭里。他本可以继承王位，但是他将王位让给了他的兄弟，自己到女神阿尔迪美斯庙附近隐居起来研究哲学。晚年他继续隐居，不与任何人来往，靠野菜和水维生，最后因为营养不良得了水肿病死去。他对肉体快乐不感兴趣。在生活中他完全避免和女人接触，并认为女人和男人始终处于一种斗争状态。他写的书的名字叫《论自然》，但全书分为三个部分：论万物、论政治、论神灵。从这里我们可以看到哲学家与自然科学家的不同，哲学家论自然的目的是要建立社会秩序，因此他们论完自然一定是要论社会秩序的。在他生活的时代，古希腊人为什么还是不幸福呢？因为古希腊还总是处于自由过度的战争状态之中。变动不息的战争让人没有稳定感，于是他依然为了建立社会秩序而努力在变动中寻找不变的"一"。

一　灵火的能量是守恒的

赫拉克利特先承认变化的存在，再从变化中找到不变的"一"。自然中的变化的"一"是什么呢？是一团永远变化着的活的"灵火"。灵火这个一能够通过"变"而"化"成"多"。大写的灵火就是最初的造物主，类似于上帝。因为万物都是由灵火变来的，而灵火具有永恒变化的一面，所以万物也都具有永恒变化的一面，"万物皆流"。灵火既表现为一种不足，又表现为一种过剩。从不足的角度上看，它就像是一个喂不饱的人，总是要喂；从过剩的角度看，它总是在释放热能。因为万物中都有灵火，所以才能不断转化，只要喂它东西，它马上就把这个东西转化为另外一个东西。火的运动可分为向下运动和向上运动两种。向下运动是一种不断浓缩的运动，通过不同程度的压缩，可以产生出湿气、水和土。而向上运动则相反，可以通过解压把土变成液体。各种各样的生命都是从水中产生的。古希腊哲学家所说的生命（life）与灵魂（soul）是不一样的。生命是能自己动的东西，和万物一样有灵魂。而其他物质虽然不能自己动，但依然是有灵魂的。

而灵火还有不变的一面，所以由灵火造成的万物也有不变的一面。他说你无法两次踏入同一条河流，目的在于说明，虽然河中的水是不一样的，但河床还是一样的。同样，虽然人长大了，但依然还是那个同样的小孩。虽然事物在变化中采用了不同的形式，但像河床这样的"道"是始终如一的。变化的过程就是寻找多样性的统一体的过程。灵火是不生不灭的，因为能量是守恒的。他比喻说，把万物换成火，再把火换成万物，就像用商品换钱，再把钱换成商品一样。在这个交换过程中，并没有损失什么，没有什么东西死掉了，只是换了种形态继续存在而已。自然界就像一个保持着平衡的大仓库，进出在数量上是相等的。"土死了，火就生了，火死了，气就生了；气死了，水就生了，水死了，土又生了"，在这一系列变化中什么都没有少。

二 在灵火中存在着理性这个"一"

灵火是变动不息的，怎么能够造成自然秩序呢？因为灵火虽然变，但不是乱变，不是偶然地变，而是按理性来变，万变不离其"理"。在灵火中保持不变的是理性。灵火在变成万物的时候，虽然把变的一面给予了万物，同时也把不变的理性给予了万物，所以万物的变化都是有理性的。万物有"灵"中的灵是一样的，都代表着理性。万物都是灵的物质载体，具体的物质形态是会生生灭灭的，而灵的物质载体是不生不灭的灵火，因此灵是不会灭亡的，理性也是不会灭亡的。人是由灵火变来的，因此人也具有灵火的特征。人的主要活动就是来认识在自然中普遍存在的理性，想理性的过程就是思想的过程，智慧是思想的结果，可以用智慧来建构社会秩序，让个人能够按照智慧的指引来生活。如果我们把大写的灵火看成是上帝的话，我们的思想过程就是上帝的思想过程，我们的智慧就是上帝的智慧。具体的人灭亡了，道理依然存在，就因为灵火是永恒存在的。而哲学就是研究理性的学说，哲学家通过思想得出智慧，讲述智慧的过程就是讲道理的过程。

三 冲突能够造成最美丽的和谐

人本来应该是按道理行事的，但总是有人不像没有生命的事物那样乖，总是有人要不讲道理，总是有人要违反理性，总是有人想创造出一些不讲道理的生活方式来。"睡着"的人指的是不明白道理的人，而醒着的人指的是明白道理的人。醒着的人会按理性生活，而睡着的人则会按自己的方式生活。明白道理的人要捍卫理性，而不明白道理的人要违反理性，他们之间总是在战斗，所以要消灭战争是不可能的。任何事物的死亡，甚至包括人的死亡都不是什么灾难，因为人其实不会真的死的，只是变化成另外一种形态而已，所以死就是生。纵观历史，我们可以看到，战争是很普遍的。我们不要因为战争的混乱而感到悲伤，因为理性是在冲突中为自己开辟道路的。对立面的冲突不是一种灾难，而是一种永恒的事物存在的方式。理性代表着正义，要坚持正义就要有冲突，冲突是实现正义的手段。在冲突中，必然按理性的方式产生出新的事物，在差异的冲突中会出现协调，从而会产生出最美丽的和谐。

从赫拉克利特的思考中，我们可以得出如下哲学观念：万物都有温度，没有绝对零度，因为万物都是由火变来的；火是不生不灭的，因为能量是守恒的；万物的运行中都包含着同样的理性这个一，因此从神的角度看，万事万物的存在都是有道理的；在社会中存在着的善恶和对错，是因为社会从利益的角度来看待事物导致的；冲突能够造成最美的社会和谐，因为在激烈的冲突后，只会留下最能代表理性的事物和最合理性的结构，所以我们要把战争看成是一种正常现象，而且坚信在变动的战争中依然存在着不变的理性。有了这样的坚信，即使在面对战争的混乱时，我们也能够获得心灵的宁静的幸福。

第四节　爱利亚学派：作为绝对静止的"一"

爱利亚学派想要找到一种绝对的自然秩序，因为这样的自然秩序对于建构一种绝对稳定的社会秩序来说是最好的，因为它简单，不那么乱。乱变的秩序最容易让人感觉迷茫，最难以让人产生稳固的信仰。一个东西既是这个，又是那个，让人感觉摸不着头脑。而一个东西今天是这个形态，明天又是那个形态，也让人感觉变动不居，就像人总是在搬家一样。怎样才能让人的灵魂有个安家的地方，让人感觉到安全，没有变动呢？这就需要找到一个绝对静止的地方。

一　巴门尼德：让灵魂在绝对静止之处安居

巴门尼德（Parmennides，公元前510年—前5世纪中叶以后）出生在希腊城市爱利亚，为爱利亚学派的奠基人。他拒绝"变化"的观念，认为变化只是一种幻象，只是一种错觉。从语言学的角度来说，变化既不能被思考也不能被表达。存在的东西必须绝对地"是"或绝对地"非"。任何事物都不可能是无中生有的。"产生"或"变成"这样的观念是很荒谬的。任何事物都不可能从"不存在"变成"存在"。从语言学的角度上看，人无法说出不存在的东西来，因为人无法思考不存在的东西。因为不存在着"不存在"，因此也无法描述从"不存在"到"存在"的变化。存在指的是它是什么东西而不是其他的东西。

巴门尼德进一步说明"变成"或"变化"这样的观念的荒谬性。无论说"有"产生于"有"，还是说"有"产生于"无"都会产生语法上的矛盾，因为"有"作为一个总体概念，是独一无二的，已经"有"了，就没有必要再产生"有"了，而"无"中又无法生"有"。他把"总体的有"称为大写的"它"。"它"是不能被创造也不能被销毁的，因为"它"是全部的、不可改变的和无限的。"它"要么是，要么不是，没有中间地带，没有"变成"，因此不可分，我们不能说有好多个"总体的有"。"它"是绝对的"一"，从中不会演变出"二"或"多"。"它"无处不在，因此不存在虚空。"它"是不生不灭的、物质的、静止的和永恒的。

巴门尼德的"绝对静止"观念，一提出来就遭到了攻击和嘲笑，因为这种观念与人们从感性经验中获得的常识相差太远。普通人看到的是处于流变中的事物，并把这种流变看成是真正的变化。他通过区分"表象"和"实在"来驱逐常识性的变化观。他认为人们从表象中认识到的是幻象，只能产生出"意见"，而对实在的认识才能产生出"真理"。人们通过感官感觉表象得出意见，通过理性认识实在得出真理，所以意见要让位给真理。

二 芝诺：感觉到的"变化"在欺骗我们

爱利亚的芝诺（Zeno of Elea，约公元前489年—前425年）生于爱利亚，做过伯利克里的老师。据说他是因为反对爱利亚的僭主而被拘捕、拷打和处死的。面对人们对于巴门尼德的"不变"观的攻击和嘲笑，他不是从正面，而是通过归谬法来说明相信"变"会比相信"不变"更荒谬，从而进一步说明我们感觉到的"变"只是幻象，"不变"才是真相，以此来捍卫巴门尼德的学说。他的著作的名字也叫《论自然》，其中收录了很多悖论。他从"运动"和"多"的假设出发，推出了四十多个悖论，其中流传下来的有八个，最著名的有四个。

芝诺认为，哲学不仅要观看自然，而且要思考自然秩序，才能懂得自然。他认为来自感官的感觉不能给予我们可靠的知识。他举了小米的种子为例。他说，一粒小米掉到地上，我们听不到声响，而半蒲式耳的小米种子掉到地上，我们就能听到声响。那小米掉到地上到底有没有声响呢？这就需要思考了。感官是会欺骗我们的。他的四个著名的悖论都是用来解释变化的荒谬性的，意在论证绝对静止的存在。

第一个是运动场悖论。巴门尼德说，大写的"一"是不可分的，是一个单个的持续的充满物质的空间，而毕达哥拉斯学派则认为"一"可以分成不同的单元。芝诺说，根据毕达哥拉斯的说法，运动场中的距离肯定是能够分成不同的单元的。跑步的运动员从头到尾要跑过一系列的距离单元。距离是可以分成无限的点的，而运动员要在有限的时间里跑完无限的点，怎么可能呢？于是芝诺得出结论说，运动是不存在的。

第二个是阿基里斯与龟悖论。跑得很快的阿基里斯与一只跑得很慢的乌龟赛跑。因为阿基里斯是个运动健将，所以他让乌龟先跑再追乌龟。因为在乌龟跑过的地方与阿基里斯出发的地方之间有一段距离，而这段距离是无限可分的，他总是要先到达乌龟到过的点，因此他永远都超不过乌龟。

第三个是飞矢不动悖论。当射手把箭射出时，它要飞过各个静止的点，而这些静止的点加起来的距离等于飞的距离，因此可以说即使这个箭飞着，依然是不动的。同样，箭飞的距离是无限可分的，同样不可能在有限的时间里飞过无限的点。

第四个是运动的相对性悖论。比如说，有3辆公共汽车A、B、C，每辆汽车都有8个窗户，它们的所在位置如图一所示。车辆A是静止的，而车辆B和C以同样的速度向相反的方向行驶，要到达图二的位置，B的车头要经过A的4个窗口，而C的车头则要经过B的8个窗口。他用此来说明运动的概念是荒谬的。

```
（图一）                        （图二）
A      1 2 3 4 5 6 7 8          A  1 2 3 4 5 6 7 8
B  8 7 6 5 4 3 2 1              B      8 7 6 5 4 3 2 1
C              1 2 3 4 5 6 7 8  C  1 2 3 4 5 6 7 8
```

从巴门尼德和芝诺的思考中，我们可以得出如下哲学观念：自然的总体是不生不灭的；自然的"一"是不可分割的，这个一是绝对静止的；

不能无中生有，而有中生有只能是形态的变化，而一并没有变；如果把一分成单元，并把每个单元看成绝对静止的，而不是一，就会产生出无限的悖论；自然中的变化只是表象，认识表象只能产生意见，而自然中的实在是不变的，认识了实在才才认识了真理。因为真理是不变的，因此认识了真理就能够给人以踏实的感觉，就能够产生出稳定的信仰，从而让人感觉到确定不变的稳定的幸福感。

第五节　主动的力量：作为"一"的爱或精神

恩培多克勒和阿那克萨戈拉依然在为社会秩序的建构寻找自然中的"一"，只是恩培多克勒认为，如果自然中只有一个静止不动的一，无法说明多是怎么产生的。而把多看成是一种幻觉，不太有说服力。所以他转向"爱"这个能把多团结成一的力量。而阿那克萨戈拉则认为，物体的内部秩序那么复杂和完备，不是一个"爱"字了得的，于是他提出了能够赋予万物以秩序的代表着理性的"精神"。

一　恩培多克勒：在爱与恨中结合与分离

恩培多克勒（Empedocles，约公元前 490 年—前 430 年）出生在古希腊的西西里的阿格里琴托。他策动当地公民推翻了他的家乡的暴君，公民们为了报答他而把王位留给了他，但是他因为要抽时间研究哲学而拒绝了，他用诗意的语言来表达哲学思想。他同意巴门尼德的观点，认为存在是不生不灭的，不可能无中生有。但我们从经验中看到的是多的和变化的世界。从绝对静止的"一"中产生不出多来，所以我们不得不承认在自然界中最初存在的物质形态不是一而是多。我们看到的物体都是有生有灭的，因为物体是由许多物质的粒子构成的。不是物体不变，而是构成物体的粒子不变。粒子是由四种永恒的物质元素构成的。水、气、火、土这四种元素永远不会变成其他东西。物体不过是这四种元素构成的混合物，混合的过程就是我们体会到的变化过程。

那么为什么这些粒子会结合在一起呢？恩培多克勒假设在自然界中存在着爱和恨的物质力量。爱造成和谐，而恨造成不和谐。爱的力量使得四种元素相互吸引，形成某种具体的物质形态；而恨的力量则导致事物的解体。在每一轮变化的开始，四种元素都是完全混合在一起的，爱的力量处于主导地位，它们都很和谐；同时，恨的力量在附近潜伏着，偷偷地搞破坏活动。当构成物体的粒子不和谐时，就开始分离，重新回归到四种粒子状态，然后再通过爱结合，再通过恨分离。自然就是在这样的爱恨之中无止境地和谐和不和谐着。

总之，从恩培多克勒的思考中，我们可以得出如下哲学观念：物体都是由粒子构成的；粒子之间存在着代表吸引力的"爱"和代表排斥力的"恨"；爱能够造成和谐，恨能够造成分离，但爱的力量处于主导地位。爱的对象是理性。合理就爱，不合理就恨。同理，在社会秩序中，爱带来和谐，恨带来不和谐；在个人生活中，爱带来和谐从而幸福，恨带来不和谐，从而痛苦。

二　阿那克萨戈拉：理性秩序和旋转运动

（一）自然秩序是"精神"赋予的

阿那克萨戈拉（Anaxagoras，约公元前500年—前428年）出生在克拉左美尼。公元前464年到了雅典，在那里居住了三十年，是伯利克里的老师。他因为冒犯了古希腊的传统神话和宗教，而被以"不敬神"的罪名驱出雅典。恩培多克勒认为把粒子放在一起，粒子之间不是散的，而是能够结合成一个物体，就因为其中有爱。但怎么个爱法呢？粒子们是乱爱一气吗？显然不是。我们看到的每个物体内部的结构都相当有序。那么为什么会那么有序呢？那肯定要遵循什么原则，而且这些原则应该是合理的原则，合理的就是理性的。那么这些原则又是从哪里来的呢？肯定是存在着一种什么力量吧。

阿那克萨戈拉同意恩培多克勒的观点，认为现存的物体的生与死是已经存在的物质混合或分离的结果，但是对于变化的解释不能建立在爱与恨这样的模糊和带有神话色彩的力量之上。自然中的所有物体的结构都是有序的和复杂的，要用一种有知识和有力量的存在来加以解释。这种存在可以理解为一种理性的力量，这就是他所说的"精神"。精神不需要什么东西来生成，是精神使物体具有了秩序。

从古至今的万物都是由精神驱动的，其中包括植物和人类。精神无处不在。精神是一种能够控制万物的不断运动的力量。精神不是物质的创造者，物质是不生不灭的。精神也不是物质运动的最初推动者，只是赋予了物质运动的规律和秩序。没有精神的物质就好像是一团乱动着的面团，而精神则定好了物体内部和外部的秩序，让万物在内部和外部都按规律运动。精神不与任何物质混合在一起，它是独立的，它就是它自己。精神与物质不同，它是一种最精美的、最纯洁的和最强大的力量，它造成秩序，因此知晓所有物体的秩序。

（二）在旋转运动中存在着"革命"

那么精神在万物的创生中发挥了什么作用呢？物体是多种元素合成的，而精神则是单一的。物体是精神和物质的结合。在精神还没有影响到物质的形状时，物质就存在着，作为各种物质实体的混合体存在着，全部都是不生不灭的。而且在这种原初的物质团分成物体之后，作为部分的每个物体中都包含着物质团的性质，物质团对于物体来说就像是种子一样。物质团变成物体的过程是一个分离的过程，而最初把物质团分成物体的力量来自精神，后来物体不断再分离，力量的源泉也还是精神。精神的力量引起了一种旋转运动，导致了旋涡的产生，卷入越来越多的原初物质，从而分离出不同的物体。

最初的旋转运动分离出两大类物质团：一团物质中包含着温暖、光明、稀薄和干燥；另一团物质中则包含着寒冷、黑暗、浓稠和湿润。这种分离过程是无止境地持续着的。每个具体的物体都包含着两团物质的元素，只是在不同的物体中占主导地位的具体物质不一样而已。他把这种旋转运动称为革命，而革命的本质是向着对立面运行。在旋转运动中产生了旋涡，在旋涡中稠的和湿的居中，稀的和热的环绕在周围，中间形成了地球，周围形成了大气层。旋转运动的力量也使热得发红的石头群从地球上被甩到太空中，产生出了太空中的繁星。地球最初来源于泥浆，被太阳烤干，空气中的细菌使它变得肥沃。

从阿那克萨戈拉的思考中，我们可以得出如下哲学观念：精神代表着有知识的理性；没有精神的物质，就像一个面团，无法区分出一个个的物体；物体是在旋转运动中产生的，在旋转运动中存在着"革命"，而革命都是向着对立面转化的；精神构成了物体内部和外部的秩序；地球在物质的旋转运动中成为了自然的中心；在地球上存在着能使土壤肥沃的微生物。同样，在社会秩序中，没有精神，就没有合理的秩序；在个人生活中，没有精神，生活就会乱七八糟，就不会感觉到幸福。

第二章 自然哲学的危机
——是否要追求自然中的"一"?

在自然哲学的探索中,可以得出这样的秩序观:在自然、社会和个人的思维之中,要形成秩序,都需要找到"一",这个一既是出发点又是归宿。这个一是不生不灭的。这样的一应该具有精神、理性和爱的特征,理性是在对立面的冲突中为自己开辟道路和展现自己的力量的。自然、社会与个人就这样变成了一个统一体,有着同样的秩序。自然秩序是社会秩序的榜样,个人因为找到了这样的秩序,而能够感受到宁静而稳定的幸福感。由于雅典的民主和智者派的到来,智者们为了"自由"而用"多"来攻击自然的一,导致了自然哲学的危机。伊索克拉底和德谟克利特都努力反抗智者派的消极影响,但是没有产生出能够替代自然哲学和可以作为社会秩序建构基础的新的哲学形态。

第一节 智者派:为自由而攻击自然中的"一"

智者派是公元前五世纪至公元前四世纪活跃在古希腊的一批旅居教师、演说家和作家等,其中最著名的有普罗泰戈拉、高尔吉亚和斯拉斯马寇等。智者派的人大多不是雅典人,有着不同的文化背景,但是他们都以雅典为活动中心。他们称自己为"智者"或"知识分子"。本来智者指的是古希腊的有智慧的哲学家,只是出现了智者派后,才有了特殊的含义,特指当时那些以收费授徒为职业的哲学家。他们广招门徒,收取高额学费,向年轻人传授雄辩术。

当时的雅典处于伯利克里时代,原来的贵族制被民主制所取代。无论在贵族制还是在民主制中,都需要为社会秩序找到一,但民主制是通过选举的方式来找一的。当时古希腊处于民主制的巅峰时期,雄辩术能够帮助人们在演讲和辩论中获胜,从而得到民众的支持而当选。公民指的是有选举权或被选举权的人。在选举前，被选举人要演说和辩论，而在演说和辩论中主要用的是说服方法，而智者们都擅长讲授散文、文法和演讲。

雄辩术就是说服人的艺术，在其中可以玩弄技巧，让人们相信一些听上去是对的，但实际上是不对的东西。雄辩术主要分为巧辩术和矛盾术，主要技巧是通过不恰当的定义来混淆概念，而且在推导过程中又不断偷换概念。巧辩术是先设了陷阱，再通过混淆概念来说明自己是对的。矛盾术就是悖论法，就是把人引到自相矛盾的境地里，让人们感觉自己很荒谬。巧辩术主要用于说明自己是对的，而矛盾术主要用于说明对方是错的。

智者们有广博的知识，有来自多种文化的信息，有在很多地方旅行和教学而获得的广泛的经验，使得他们有能力来培养新出现的雅典公民。只是修辞学就像是一把刀，可以用来切肉，也可以用来杀人。当智者派在培养律师，让他们能够更好地为公民辩护时，当他们用技能追求真理时，人们是很尊重他们的。但是当他们只顾挣钱，只教能够付得起学费的人，而且教年轻人如何把一件坏事辩得看上去是好事，把一件不公正的事辩得好像是公正的事，尤其是当他们把来自良好家庭的年轻人集中在一起，引导他们批判和摧毁他们的传统宗教和伦理观时，他们就得到了很坏的名声，他们也不再是无私的思想家了。智者派的初期的教育活动是受人称赞的，但到了后期，有的智者蜕变成为挣钱而不分善恶的诡辩论者，因此被人们鄙视。

智者们通过他们的辩术，迫使雅典人不得不考虑他们的社会秩序到底是建立在自然中的一的基础上的，还是与自然中的一无关，只是建立在人们的行为惯例之上的。自然中的一被称为真理，所以社会秩序是否建立在真理之上就成了一个问题。智者们也迫使雅典人思考他们对于希腊人与野蛮人的区分、主人和奴隶的区分，是建立在自然的一这个真理上的，还是建立在雅典人的偏见之上的。智者们不仅来自不同的文化背景，而且他们都很博学，有大量的根据可以证明他们的观点，足以让人们怀疑社会秩序是否真的建立在自然中的一这个绝对真理之上。

智者们的到来，让古希腊的哲学家们很烦恼。本来古希腊的社会秩序就很乱，所以才有那么多自然哲学家来探索寻找自然中的一，想以此为基础来建立稳固的社会秩序。而智者派的活动，让人们的思想变得更乱，他们是来添乱的人。智者们来自不同的地方，把不同种族和不同民族之间的文化差异暴露出来，让人们的疑心更重，因为文化的不同反映着社会秩序的不同。人们都面对着同样的自然，如果自然秩序就是社会秩序，那么为什么不同的社会有着不同的社会秩序呢？而在同样的社会秩序中，人与人的认识又那么不同。同样的苹果，这个人吃了说比较甜，那个人吃了说比较酸，怎么能够找到一呢？

智者们看到，自然哲学家们在寻找自然中的一时，没有形成统一的自然观，各说各的一。在他们的争论中，产生出了怀疑主义。怀疑主义者怀疑人类的理性是否有能力发现自然中的一。这种怀疑主义让人感觉迷茫。这一添乱，迫使古希腊哲学家必须来面对他们提出的问题，而且智者们很博学，因此出现了从德谟克利特到亚里士多德这样的百科全书式的哲学家。现在我们来看普罗泰戈拉、高尔吉亚和斯拉斯马寇这三位著名的智者的思想。

一　普罗泰戈拉：每个人都可以是对的

普罗泰戈拉（Protagras，约公元前490年—前420年）出生在色雷斯的阿伯德拉。他是智者派中最有影响力的人物，是当时最受人尊敬的"智者"。他与德谟克利特是同乡，并且交往甚密，但两人的观点却很不一致。他要反对自然中的一，而德谟克利特则要捍卫自然中的一。他与伯利克里是挚友。后因被指控亵渎神灵而遭驱逐，书籍被烧。他的名言是："人是万物的尺度，人说万物是什么就是什么，说不是什么就不是什么。"

普罗泰戈拉认为人的能力是有限的，生命又很短暂，就不要费力去找自然中的一了。每个人都必须站在某个位置观察事物，而不同的位置造成了不同的视角，因此我们通过感觉获得的感知是不一样的。色盲的人看到的颜色与正常人看到的颜色是不一样的。人的感觉器官不一样，因此看到的不一样。事物有多方面的特征，每人看到了不同的特征，不能说谁是对的，谁是错的，因此我们无法回答什么是真的这个问题，因此不可能找到衡量我们的认识是正确还是错误的标准。人也无法区分表象和实在，因此不可能产生出科学知识。知识是因人而异的。每个人都可以有自己独立的思想，承认别人对，不意味着自己的判断就是错的。没有什么更高的权威来判断自己的认识的对错，个人完全可以根据自己的经验来相信自己的判断。一切都可以是真的，对于不同的人和不同的环境有不同的真理，甚至矛盾的判断，都可以同时是真的。

因为无法找到自然中的一这个真理，就无法把社会秩序中的道德判断建立在真理之上，所以就没有衡量道德判断的客观标准。当然，来自不同文化的人都会赞同，社会是需要秩序的，而秩序是需要法则的，人是需要遵从法则的，因此必须有道德秩序。但是，他认为在社会秩序中是不存在来自自然的统一的法则的。他把来自自然的一与来自习俗或惯例的一进行了区分，认为建构社会秩序的法律和道德原则的一不是建立在自然中的一的基础上的，而是建立在由人们协定的惯例上的。每个社会都有自己的法律和自己的道德原则作为自己的一。

一个人道德不道德，不是自己说了算的，而是国家制定的法律说了算。每个人都应该接受法律，因为法律虽然不像自然的一那么完美，但这是人能够从现实出发制定出的最好的法律。每个社会的法律和道德是不一样的，但仅是不一样而已，不能说哪种社会的法律或道德更好。为了维护一个和平的和有序的社会，人们应该尊重和支持传统的习俗、法律和道德原则。他还认为虽然我们不知道神灵存不存在，但并不妨碍我们对神的崇拜。他认为应该教育年轻人支持传统，并不因为这种传统是真的，而是因为它使得一个社会的稳定成为可能。

从普罗泰戈拉的思考中，我们可以得出如下哲学观念：自然秩序中的一这个真理与社会秩序中的法律和道德的一不是一回事；每个人都可以从自己的视角看自然而得出不同的结论，我们不能说谁对或谁错；每个社会都可以根据自己的实际情况制定出最好的法律和道德，不能说哪个社会的法律或道德更好；不管我们认识不认识神，都要鼓励信神，因为有利于社会稳定；不管我们是否能够说清楚传统道德，都可以鼓励人们遵从传统道德和惯例，因为有利于社会稳定。他放弃了真假判断，而引入了利弊判断。他不管真不真，只管有利还是没利。

二 高尔吉亚：根本不存在真理

高尔吉亚（Gorgias，公元前485年—前380年）是第一个用散文代替诗歌的作家。他出生于西西里南部的莱昂蒂尼，这里被誉为古希腊修辞学的发源地，他把修辞学看成是说服的艺术。他是个激烈的怀疑论者，通诡辩术，被誉为荒谬之父。据说他发明的欺骗术采用的诡辩方法主要是用连锁的不完整的复合三段论来进行演绎推理。由于他的雄辩术在雅典引起了广泛的关注，后来他因此成为职业教师，到处演讲和开班授徒，积累了大量的财富。他曾用黄金铸造自己的雕像置于庙中。

他认为根本不存在真理。他有着吹毛求疵的敏锐。他采用的推理方法是先一步步让步承认你对，再一步步攻击你错，这样提出了三个很不寻常的观念：首先，无物存在；其次，如果存在着什么的话也是无法理解的；最后，如果可以理解的话也无法交流。他是这么来阐明他的第三个观念的：我们要交流必须用词，而词只是些象征符号，没有一个象征符号与它所象征的事物是完全一样的。不是可以想象的就是存在的。比如说，我们可以想象一个飞人，其实人是不能飞的。柏拉图反对高尔吉亚把修辞学抬到至高无上的地位，认为修辞学不是艺术，而是危险的窍门，能够让无知的人显得有智慧。

从高尔吉亚的思考中，我们可以得出如下哲学观念：哲学讲道理的方法可以是修辞学的方法，即先一步步承认人对，再一步步证明人错，最后让人明白自己要说的道理；修辞学可能会变成很危险的让人显得有智慧的窍门；语言所表达的东西是事物发展的某个静止的片段，而事物是发展着的，所以语言表达的事物不能完全符合原本的事物；能够想象出的东西不一定是真的存在的；哲学是可以用来赚钱的，但很多哲学家选择不那么做。

三 斯拉斯马寇：谁强谁就是对的

斯拉斯马寇（Thrasymachus，约公元前459年—前400年）是位于小亚细亚的博斯普鲁斯海峡附近的加尔斯顿城的市民。他属于智者派，主要在雅典从事他的事业。他强调演讲术中的韵律特征，特别重视把诗歌中的韵律用在散文之中，并注重用手势来帮助传达感情。斯拉斯马寇断言人们更愿意过不公正的生活而不是公正的生活。他并不把不公正看成是人的性格上的一个缺陷。相反，他认为不公正的人在性格和智能上都高于其他人。不公正的水平越高，越能获利。那些能使自己的不公正水平达到完美地步的人能够成为整个城市和国家的主人。他认为头脑简单的人、笨蛋、傻瓜才追求正义，其结果是使自己变得虚弱。人应该进攻性地毫无约束地追求自己的利益。正义就是强者的利益，谁强谁就是对的。法律是执政者为了自己的利益而制定的，由这些法律来界定什么是对的。

从斯拉斯马寇的思考中，我们可以得出如下哲学观念：社会中的所谓正义的法律是由有权力的人制定的，维护的是强者的利益；人应该攻击性地和不择手段地追求自己的利益；不公正是人可以利用的追求利益的手段；追求公正的人是虚弱的人，能够把不公正玩弄到完美地步的人才能当最高统治者。

第二节 留基波和德谟克利特：反对智者派的"自由"

留基波（Leucippus，约公元前500年—约前440年）是原子论的创始人，生于米利都或色雷斯的阿布德拉。他的名言是："没有什么是无端发生的，万物的存在都是有理由的，而且都是必然的。"德谟克利特（Democritus，约公元前460年—前370年或前356年）被誉为科学之父。他生于色雷斯的阿布德拉，是留基波的学生和继承者。他出身于富商之家。自幼学习就非常专心，据说他父亲从他看书的小屋里牵走一头牛他都没有发现。他常到荒凉的地方去刻意培养自己的想象力。为了激发自己的想象，他还曾在墓地里呆过。

他曾担任过阿布德拉的执政官。就是在繁忙的政务之余，他也没有放弃过学习和研究。他无所不问，无所不学。据说他为了防止外界事物对他的烦扰，故意刺瞎了自己的眼睛。他是个很开心的人，总是乐意看到生活中好笑的一面。为了满足他对知识的渴望，他用父亲留给他的遗产到很多国家旅行。他与他的两个兄弟分了祖上的家产，他拿了最少的那一份。在游学中花掉了他的绝大部分财产。他整天写"荒诞的"文章，在花园里解剖动物的尸体。

留基波和德谟克利特活在智者派非常活跃的时期。他们力图用原子论来反对智者派的"自由"对于自然中的一的攻击。他们力图把自然中的"机械原理"作为一贯彻到社会秩序和人的心灵之中。他们把原子看成是纯物质的，没有"灵"，所以没有"精神"，因此违反了古希腊的"万物有灵论"的传统，被看成是古希腊的最早的唯物主义者。柏拉图特别不喜欢德谟克利特，并希望把他的书全部烧掉。在中世纪时期，他的著作大多已经失传，仅有残篇传世。

一 留基波和德谟克利特：作为"一"的机械原理

留基波和德谟克利特都认为自然中存在着自然法这个"一"，而自然法是按机械原理运行的。留基波认为万物都是由在虚空中运动着的原子构成的。巴门尼德和芝诺认为运动需要虚空，而虚空就是无，无不可能存在。而留基波认为只有承认虚空的存在，才能很好地说明运动和变化。巴门尼德认为存在的必须是物质的，如果说虚空是存在的，就必须说虚空是物质的。而留基波则认为虚空就像一个容器，有的地方是空的，其他地方则是满的。有运动就必须有虚空，而虚空就是无。

留基波说，如果你拿一柴火，不断劈成同样大的两半，到一定时候就无法再劈了，这时"原子"就出现了。原子在物理学上而不是在几何学上是不可分的。在原子之间存在着虚空。原子的特征与巴门尼德所说的自然中的一的特征是一样的，都具有不可毁灭性，因此都具有永恒性，不用被创造。巴门尼德认为实在由一个单独的一构成，而原子论者认为存在着无限数量的原子，每个原子都是完整的，内部不存在虚空，因此是非常坚硬和不可分的。原子是存在于虚空中的，它们只有形状和大小的不同。它们太小，是肉眼看不见的。

自然中只存在两种东西：原子和虚空。原子在运动中形成了我们能够体验到的物体。没有必要再问原子为什么是在空间中运动着的，因为即使追问到上帝那里，依然还可以没完没了地问为什么，所以说问到原子这里就可以不再问了。原子的最初的运动就像灰尘中的微粒那样，即使没有风也照样可以在阳光中向四处飞散。他们还没有发现重量的概念，因此他们认为没有绝对的上下之分，原子是可以全方位地运动的。起初原子是单个的单元。因为原子们四处乱动，因此必然产生碰撞，万物就是在碰撞中偶然地产生的。

有的形状不同的原子碰撞后就互相锁住形成了串。水、气、火、土都是由不变的原子构成的不同的串。在他们的理论中没有目的或设计的元素，这样也就不需要有创造者或设计者，但是事物之间却存在机械的因果必然性。德谟克利特认为地球是圆的。最初在自然中只存在着搅拌在混乱中的微小的原子，直到它们碰撞产生了更大的单元，其中包括地球和地球上的万物。他猜测存在着很多个世界，有的在生，有的在死；有的没有太阳和月亮，有的有几个太阳和月亮。每个世界都有开始和终结。一个世界可能因为与另外一个世界碰撞而毁灭。

二　德谟克利特：在心灵中贯彻机械原理的秩序

（一）嫡生的知识和庶生的知识

为了回应智者派对自然中的一的怀疑从而导致的对社会秩序中的一的

怀疑，德谟克利特力图用关于自然中的"自然法"这个一来解释人的行为中的秩序。他认为人的行为是靠思想来支配的，而思想也可以用原子的运动来加以解释。他认为起初的人是生活在无政府状态中的，过的是动物一样的生活。他们单独出行找草吃，靠美味的芳草和野生的果子维生。他们因为害怕野兽而被驱赶到一起。最初的人们没有语言能力，慢慢地先会发出些腔调，会给每类物体做上记号，以这种方式来相互交流。最初的人生活得很苦，缺乏生活用品。他们不懂得制衣、建房、升火、驯养和耕作。他们在反复试验中学习。每前进一步都很慢，最后导致了越来越多的发现。冬天在洞里避难，储存放得住的水果，通过理性和敏锐来产生出新的观念。

他认为人类有两种认识，既可以通过感官来认识，也可以通过理解来认识，而这两种认识的过程都是物理过程。当人的眼睛看到某物的时候，其实是原子的流出物在我们的眼睛上造成了"影像"，类似于我们说的射线。这些影像进入眼睛，对灵魂产生冲击，从而在我们的灵魂上留下印象。人是通过影像来认识外界事物的。而灵魂本身也是由原子构成的。他的主要目的是要说明一切活动都是物质运动的过程，因此都是带有必然性的，所以都是有序的和可以预测的，以此来反对智者们的怀疑论。

他也不赞同普罗泰戈拉所说的，我们通过感官获得的认识都是同等可靠的。他认为人类有两种知识：一种是嫡出的、纯种的、纯正的、可靠的、正确的；一种是庶出的、私生的、杂交的、不可靠的、假冒的。嫡出的知识只是以事物本身为依据，因此是客观的和可靠的；而来自视、听、嗅、味、触这些感觉的就属于庶出的不可靠的知识，因为受到人的身体的特殊状况的影响，是主观和客观杂交的结果。比如说，两个人吃苹果，他们都会同意他们吃的是苹果而不是石头，这就是嫡出的；而两个人感觉味道不一样，这就是庶出的。要把握真理，我们只能用智能来解释通过感官获得的数据，找到因果关系，从分析部分到把握整体来进行归纳推理。

（二）要对自由加以节制

德谟克利特的理论在伦理学领域产生了困难。根据他的理论，原子只有在最初的时候是有自由的、是可以乱动的。在它们互相撞击产生了原子串以后，它们的运动就处于一种机械的连锁链条之中了。如果所有的存在都是机械地连锁的，那么一切运动就都是必然的。如果把这种原理用来解释人的行为，就会出现人的行为也都是受必然性支配的，人就失去了自由。而人没有自由，所有的行为都不是自己选择的，就不用为自己的行为结果负道德责任。人不可能为被迫的行为负道德责任，只能对自己选择的行为负道德责任。他没有对人的自由选择给出答案，但他还是提出了一套人的行为应该遵循的非常崇高的原则。他认为人们最理想的、最想要的、最惬意的人生目标就是开心、愉快、快活。而要实现这样的目标，最可靠的方式就是培养人的文化，而自然万物中都有的文化的核心，那就是节制。而社会要有秩序，最关键的就是人要对自己的自由加以节制，因此他把握住了建立社会秩序所必需的最重要的道德要求。

从留基波和德谟克利特的思考中，可以得出如下哲学观念：自然是纯物质的；在最初的自然中没有秩序，只有在虚空中乱动的原子；在原子的偶然碰撞中产生出原子串，此后相互锁住的原子之间就按机械原理运动，从而具有了规律和必然性；对自然中的必然性的认识，就是可靠的真理，而受主观影响得到的知识是不可靠的；影像是原子流造成的；心灵是由原子构成的；社会秩序和心灵秩序都要符合来自自然的机械原理的支配；要对人的"自由"加以节制才能构成秩序。

第三节 伊索克拉底：反对智者派的"庸俗"

伊索克拉底（Isocrates，约公元前436年—前338年）是古希腊最有影响力的修辞学家。他出身于雅典一个富有的家庭。他的家庭在伯罗奔尼撒战争中失去了财富，因此他被迫自己谋生，以培养善于演说的政治家为己任。大约在公元前392年，他在雅典吕克昂创立了雅典第一所修辞学校，培养出了许多成功的演说家和政治家，全希腊和东方国家的学生纷纷前往他的学校求学，他因此而成为古希腊最成功的职业教师。他的学校主要从事人文教育，讲授的内容主要包括演讲术、作文、历史、公民权、文化和道德。他收取很高的学费，而一次接受的学生不超过九人。他的学生很多都成为哲学家、立法者和历史学家。

他既反对自然哲学家寻找自然中的"一"，又反对智者派只讲授政治辩论术。他意识到了在智者派中出现的不道德倾向，从道德人格方面猛烈抨击智者派的教育思想。他认为真正的演说家必须是一个道德高尚的人，一个好的演说是美德和智慧的产物，具有崇高的道德教化功能，而不只是在展示修辞和演说技巧。他比其他希腊作家都更重视表达和韵律，但是他常常牺牲了表意方面的清晰，爱用复杂而具有艺术性的句子。他更愿意把自己的讲授称为哲学而不是修辞学，只是后人没有把他列入哲学家的行列。

一 哲学是由希腊人教给全世界的

伊索克拉底有强烈的爱国主义精神，他不断歌颂希腊人，尤其雅典人的光荣历史。他希望希腊停止内战，实现统一，一致对外，把战场转到亚洲去，从东方带回财富以解决古希腊各城邦的内部矛盾。他认为希腊人，尤其是雅典人是"人类中最好的人"。他认为尽管别的地区能产出种种佳果奇木，珍禽异兽，但古希腊人能够培养出人来。他们不仅在文学艺术、行为和讲话方面都是世界上最有才华的人，而且在勇气和美德方面也是高居一切人之上的。勇气在古希腊人中得以强调，因为那时他们经常要参与战争。他的这种思想为希腊人普遍接受，并把其他文明的人看成野蛮人。由于西方人是古希腊文化的传人，因此西方人至今普遍具有这种文明优越感。

他认为，哲学是由希腊人教给全世界的，因此希腊人不再是一个民族的称号，所有接受希腊哲学和文化的人，都可以被看成希腊人。当年伯利克里在他的著名的墓地演说中也有类似的说法，只是那时的希腊是繁荣昌盛和四方朝仪的希腊，而伯罗奔尼撒战争后，希腊却陷入了内外交困的危机之中。因此，伊索克拉底不得不痛心地说：尽管希腊人的天赋优异，但希腊人没有珍爱之、保全之，从而陷入了愚蠢和混乱之中。他回顾了希腊人的光辉历史，认为希腊的建功立业者为希腊人创造了幸福，而这些人不仅是在出身和声望方面，而且是在智慧和辩才方面表现卓越的人。教育的目的就是要培养在智慧和辩才方面都很杰出的治国人才。

二 要注重道德理想的培育

伊索克拉底认为人的自然机能由两部分组成：生理的和心理的。希腊人的祖先发明了训练身心的两种办法：一是体育；二是哲学。这两种训练方式是相辅相成的，目的是使人身心健康。不过他蔑视各种在自然中寻找"一"的哲学，他认为这种哲学是空洞的，是与我们的生活无关的活动。他说的哲学是关于人的推理能力的学说，而哲学家就是要研究怎么让人迅速地把握这种能力。他不认为任何教育家有能力把腐败堕落的人变成诚实正直的人，这样的教育只能是徒劳的。我们只能通过教育让人变得好一些，有价值一些。而想说服人的人必须自身有德，而且要在公民同胞中树立最受尊敬的声誉，因为名声好的人所说的话具有更大的说服力，说话者的生活实例所形成的论点比言词所提供的论点更有分量。

他认为学生应该学会三种东西：首先是开发学生们的天资的方法；其次是通过教师和教科书的培训获得的知识；最后是由教育家设计的实用练习。他也强调公民教育，培养学生为国家服务。他认为公民指的是有选举权和被选举权的人，因为有这样的权利，他们才负有爱国和为国家服务的责任。学生需要就各种各样的主题练习写作和发表演说。他强调"因场合而变化"的观念，而不强调静态的规则。

从伊索克拉底的思考中，我们可以得出如下观念：通过修辞学能够很好地说服人；美的写作指的是诗歌和散文的写作，而在演讲中用散文更有力量；在散文中可以引入诗歌的韵律；自然哲学是空洞的，我们只应该关注人们的日常生活；要有爱国主义精神，而有选举权和被选举权的人才有责任爱国；治国人才需要具有高尚的道德，能证明自己确实高尚的人说的话更有力量；能让人身心健康的教育是体育和哲学，而这两种教育都是希腊人发明的；哲学是希腊人教给世界的，因此希腊人和接受希腊哲学的人是人类中最好的人。

第三章 理性完美哲学

——为社会秩序而追求"完美"的"一"

与当时希腊的民主制一道,智者派通过否认自然中的"一"的真理的存在,使得人们不分辨真假、善恶和美丑,把个人给解放了,让人们可以为所欲为地追求金钱、权力、名誉和性爱,让雅典的社会风气庸俗化,从而产生了很严重的信仰危机。一个社会要有精神文明,首先要有"精神"。在一个只是追求利益的社会中,是没有"精神"的,也就不可能有精神文明。苏格拉底找到了"完美"这种"精神",与柏拉图和亚里士多德师徒三人联手创建了百科全书式的理性完美哲学,给人们建构了一个唯美的浪漫的精神世界,力图挽救当时的信仰危机。对于他们来说,追求完美的生活就是雅的生活,能够给人带来精神上的幸福,而追求利益的生活则是俗的生活,能够给人带来肉体欲望的满足。古希腊人很为自己自豪,就是因为他们不仅追求俗的生活,还追求雅的完美。理性完美哲学就是通过理性来找到完美,再通过完美这个"一"来建构社会秩序的哲学。

第一节 苏格拉底:对"完美"无知的人不会有心灵的幸福

苏格拉底(Socrates,约公元前469或470年—前399年)出生在雅典。他的父亲是石匠;母亲是助产婆;妻子比他年轻很多,脾气很不好。他教学生,但不收取学费,所以他很贫穷。他没有写过任何作品,主要活在柏拉图、色诺芬和阿里斯托芬的作品里。在这些作品中,他被刻画成一个极端的天才。他的理性思维非常严谨。他很热情且很有幽默感。他身体很健壮,很有耐力。在《云》这部喜剧作品中,阿里斯托芬把他形容成一只趾高气昂的自负的水鸟,有转眼珠的习惯,而且像孩子一样顽皮。在色诺芬眼中,他是一位忠诚的战士,喜欢讨论道德问题,受到很多年轻人的喜爱。据柏拉图说，曾有一美少年想尽办法想赢得他的爱情，未遂。据说他曾当过兵，经历过三次战役。他的英勇得到赞誉。他在从军征战时，比其他人都更能忍受饥饿，而且只穿一件单衣赤脚在冰上走，还走得比别人快。他能够高度集中注意力。据说在一次战役中，他站着沉思了一天一夜。

苏格拉底是理性完美哲学的原创者。他经历了雅典民主制的盛世，晚年却生活在雅典的民主制处于危机的时期。由于雅典人过分自由，公民各行其是，政客结党营私，造成了很多不公正现象，削弱了国力，最后导致了斯巴达对于雅典的胜利。而智者派的自由观念盛行是造成这种过度自由状态的原因之一。很多雅典人都把苏格拉底当成智者，其实苏格拉底是智者派的最尖刻的批评者之一。智者派总体上是在破坏雅典的社会秩序，而苏格拉底却要捍卫雅典的社会秩序，只是他采用了与智者派类似的技巧来对各种问题进行无情的分析。在智者派看来，辩论的双方都可以同样是对的，不存在任何确定的或可靠的知识，所以不存在确定的善恶标准。而苏格拉底采用"质问辩证法"的目的是要找到"完美"的"一"，以便为社会秩序提供绝对的善恶标准。

一　只有认识完美的人才有智慧

苏格拉底认为在自然界的背后，在万物之中存在着一种秩序。而自然为什么会那么有序呢？因为万物的存在都是有目的的，万物都扮演着一定的角色，具有一定的功能。任何一种目的都会对应于一种活动，这个活动的过程就是实现目的的过程。事物不仅有它们自己的具体的功能，而且还能实现整个自然秩序所需要实现的某种目的。在自然中存在着多种多样的事物，但它们不是偶然地混合在一起的，而是每个事物都能把一件事做到最好，各自追求着自己的完美，所有事物共同作用，造成了这个有序的追求至善的"完美"的自然。人类是生活在有序的自然之中的，因此人类的社会秩序要符合自然秩序。而要符合自然秩序，首先要认识自然秩序中的完美。而自然秩序中的完美又是看不见摸不着的，怎样才能认识完美呢？

他认为，人的思维不仅能够思考特殊的事物，而且能够思考一般性。而他说的一般性等同于普遍性。而要找到普遍性，就要找到完美的观念。比如说，当我们思考花的美的时候，我们不仅要思考特殊的花，还思考

"美"这个观念。我们看这朵花美不美，要看它在多大程度上接近美的观念。他把认识分成两个等级，低水平的认识是对具体的特殊事物的认识，得到的认识结果是事实；而高水平的认识则是对这类事物的概念的认识，通过概念能够解释这些事实。只有通过解释的事实才是被理解了的事实。只有对事实的判断，没有对事实的解释，也就是只知道"是什么"而不知道"为什么"。

而定义的过程就是把特殊性与一般性或普遍性区分开来的过程。定义是一个明确的和固定不变的概念，其中包含的是对事物的本质属性的认识。比如说，"美"的概念在一朵具体的玫瑰花消失后依然存在。事实可以造出多种多样的观念，因为在现实中没有两朵花是相同的。但现实中的事物一定是要接近某种完美的，比如说，现实中的不完美的圆总是在努力接近观念中的完美的圆，与完美的圆有着相似性。同样，没有两个人或两种文化是同样的。如果一个人把自己的认识只局限于未经过解释的事实上，就会得出万物都是不同的、不存在普遍的相似性的结论。人确实是不同的，比如说，身高、体重、思维能力等，但不同的人都是人，这点是相同的。各种文化的道德和法律不同，但规定人之所以为人的观念是相同的。

二 通过质问辩证法可以生出"完美"

因为人是自然创造的，所以在任何人的脑袋里都装有确定的自然中的"完美"的"一"这个"真理"，只是自己没有意识到而已。通过苏格拉底所说的质问辩证法，就能帮助人们把"完美"生出来。在他应用这种方法时，他只问不答，因为他想把生出完美的方法教给人，但这种方法是很伤人面子的，为此他变得"臭名昭著"。他从来不认为自己是认识了完美的人，而认为自己只是知道把完美生出来的方法。而把完美给"生"出来的过程是一个不断地修正原有的不完美或不精确的观念的过程，也就是把完美诱导出来的过程。最后可以把对完美的认识表达在定义之中。他不想把一套完美的观念强加给听者，而是试图领着他们走过一个有条不紊的思考完美的过程。

他把自己比作一个真正的媒人而不是拉皮条的人。他曾开玩笑说，如果他选择了拉皮条，他肯定能挣大钱。这里他主要是在讽刺当时挣大钱的智者们。他不把自己看成是一个靠知识挣钱的教师，而是把自己看成是一个哲学的对话者，对话的目的是要领着回答者形成一个更加明确的关于完美的观念。他把自己的角色比作一个助产士。他不仅能帮人生出完美来，而且能判断出他们生的蛋是有价值的还是没有受精的"风蛋"。怎么帮人生出完美来呢？首先就要让人认识到他现在只是有对于具体事实的观念，而没有关于完美的观念，因此对于完美是"无知"的。他认为，在人的心灵中存在着不变的完美的一，因此具有识别潜在的逻辑矛盾的能力。只要帮助人们暴露这种逻辑矛盾，他们就能放弃原来的观念，从而激发出他们认识完美的兴趣。而没有经过定义检验的完美是不明确的完美。

他认为，获得完美观念的最好的方法是进行"受过训练的交谈"，也就是采用他所说的"质问辩证法"进行交谈。他把这种方法当成是产生完美观念的助产士。这种方法看上去是很简单的。首先要找到逻辑矛盾，再找到这种逻辑矛盾的最明显的特征，根据这个特征提出一个假设，再把这个逻辑矛盾分解为一系列的问题，然后双方开始进行对话，在对话过程中让完美的观念变得清晰，从而把完美的观念逐渐"蒸馏"出来，最后得出一个清晰的关于完美的陈述，而这个陈述通常是与人原有的观念相反的，这样便产生了在常人看来是悖论的论断。苏格拉底的悖论主要是指与常识相悖的、被称为自相矛盾的悖论，最典型的是他说的：我知道我对高尚和完美一无所知，经常被简化为"我知道我什么也不知道"。

通过这种方法，可以帮人确定对于完美的信仰。这种方法是一种否定性的排除假设的方法，也就是说先假设自己要证明的正方的对立面是对的，然后一步步推出荒谬的结论，从而使人不得不别无选择地选择正方，因此激起人们想知道正方为什么是对的欲望，从而使人具有对于完美的求知欲，这时再说明正方为什么是对的。所以，质问辩证法也是获得对于完美观念的直接的认识方法。这种方法能够让人感觉到思维的严密，同时也会让被质问的人感觉不舒服，因为整个过程是具有讽刺意义的，让人感觉到自己的观念的混乱。

根据柏拉图在《欧绪弗洛篇》中所说，欧绪弗洛曾经想指控自己年迈的父亲"不敬神"，这在当时是一项死罪。于是就开始了这样的一次对话。苏格拉底问：不敬神是啥意思？欧绪弗洛答：敬神指的是告发不敬神的错误行为，而不敬神指的是不告发这种行为。苏格拉底问：怎么样我就能得出所有的敬神行为都是敬神的呢？欧绪弗洛答：做让神高兴的事就是敬神的。苏格拉底问：神之间老吵架，对于什么是好，什么是坏，他们的意见不一致，怎么能够让所有神都高兴呢？欧绪弗洛答：敬神就是做所有神都爱的事，而不敬神就是做所有神都恨的事。苏格拉底问：那么神是因为一个行为是敬神的，所以喜欢这个行为，还是说这个行为是敬神的，因为神喜欢它呢？欧绪弗洛答：敬神属于正义的一个部分，而正义要求我们要关注神的关注。苏格拉底问：那么神关注哪种关注呢？这样，欧绪弗洛就被问跑了。

三 追寻幸福的过程就是追求完美的过程

苏格拉底说，没有经过审视的完美，是不值得拥有的完美。同样，没有从完美的角度审视过的生活，也是不值得过的生活。他认为，人的心灵中的"完美"是不变的，因此与之相适应的道德价值观念和行为方式也是不变的。他对智者派的美德可以外在地灌输的教育观点进行了质疑。根据他的观察，那些成功之父，比如说，伯利克里，并没有能够通过外在的教育灌输而培养出同样优秀的儿子。他认为美德上的优秀更多地是来自天赋的馈赠而不是父母的培育。他对自己的儿子在美德上的培养也不抱什么希望。他要从人的心灵中去发现美德，而不是外在地灌输美德。他之所以要强调美德、知识和行为之间的等同关系，目的就是要去掉不确定性，以便克服智者派造成的人们迷茫的混乱。

他认为人获得可靠的关于完美的知识的目的是为了指导自己追寻好的生活。什么是好的生活呢？好的生活就是幸福的生活。什么是幸福呢？幸福指的是人的心灵的愉悦。"心灵"又是什么呢？他创造出了"心灵"这个概念来指"灵魂"。为了消除德谟克利特把灵魂看成是由原子构成的观点，他认为心灵指的不是一种特殊的官能，也不是一种特别的实体，而是一种智能和品德，是人的有意识的人格。他要把灵魂和人们通常说的鬼区别开来。鬼是能够独立存在的，而灵魂则不能离开人而存在。他也想把古希腊人说的"万物有灵"中的"灵"与只属于人的"心灵"区别开来。人应该关注的是"心灵"的幸福。

因为我们想要幸福，所以我们就会选择能给我们带来幸福的行为。但是什么样的行为才能给心灵带来幸福呢？心灵是不需要吃饭穿衣的，因此对物质性的东西是不感兴趣的。它需要的是对自己的美德的肯定。他对于美德的解释是很特别的。他认为美德指的是履行人的功能的能力。人是有理性的，要实现理性的功能就要按理性去追求完美。每个人都有着不可避免的追寻心灵幸福或好的生活的欲望。而要实现这个目的，就要按一定的恰当的方式行为。知道了什么是好或善就会按好或善的指引行为，就会去追求好，而美德能够使人的心灵感觉好，因此从这个角度简略地说，知识就是美德。

我们在评价一个人有智慧还是愚蠢，好还是坏时，都是在评价一个人的心灵。心灵具有认识、影响、指挥和驾驭人的日常行为的能力。心灵不是一个东西，但人最应该关照的就是自己的心灵，要让心灵尽可能地好。要通过心灵的智慧来分清楚什么是事实，什么是幻想、奇想和怪念头，什么才是真知识，才具有真正的美德的价值，才是过好的生活或幸福的生活的行为依据。有道德品质的人生才是值得活的人生。

"恶"是缺乏真知的结果，简略地说，恶就是无知。对于恶，没有人会明知故犯。做坏事是无知的结果。当人作恶的时候，他总是认为这种恶中存在着某种好处。他说的无知指的是对自己的心灵的无知，不知道怎么让心灵变得尽可能地好。不知道有的事物或快乐是带不来心灵的幸福的。关于心灵的真正的知识能够告诉人们怎么才能幸福，怎么做才能符合幸福的要求，要把表面上能给人带来幸福的事物和真的能给人带来幸福的事物区别开来。

人不是为了沉思而沉思，沉思的目的是要过好的生活。通过来自心灵的智慧的审视，我们能够意识到一些词到底是什么意思，比如说，在正义这个词中不能有伤害别人的意思。如果一个人明知故犯，他就在做违背心愿的事。有的行为看上去会给人带来幸福，但实际上却不是这样。小偷之所以要偷，因为他认为偷能给他带来幸福。同样，我们不能把我们追求的权力、肉体快乐和财产这些幸福的象征，与真正的幸福混淆在一起。人的最好的生活方式是专注于自我的心灵的发展而不是追求物质财富。他坚信完美的世界只有有智慧的人才能理解，而只有哲学家是有智慧的人，因此只有哲学家才适合统治他人。

四 宁可失去生命也不失去对于人格完美的执着

从苏格拉底的审判中，我们可以看到苏格拉底是一个知行合一的人。苏格拉底最关心的是人的心灵是否具有美德的问题，因此他的大部分时间都用来审视他自己的心灵和其他的雅典人的心灵。柏拉图把苏格拉底称为"马蝇"，因为马蝇一叮，马就行动。苏格拉底作为马蝇的生活开始于德尔菲神谕。他的一位朋友问德尔菲神有什么人比苏格拉底更有智慧，神回答说：没有人比他更有智慧。苏格拉底认为这道神谕是一个悖论，因为他相信自己根本没有智慧。那么神是不是在讽刺他，是在说反话呢？为了解开这个谜团，苏格拉底就去接近被雅典人认为有智慧的人，主要包括政治家、诗人和艺人。

他质问这些人得出的结论是，这些人对于完美几乎啥也不知道，根本没有智慧。经过这样的质问，苏格拉底得出结论说，神谕是对的，自以为有智慧的人其实是没有智慧的，他比这些人更有智慧，就因为其他人没有意识到自己没有智慧，而他是唯一一个意识到自己的无知的人。而苏格拉底说的无知，不是说什么也不知，而是特指不知道完美是什么，因此不知道正义和善是什么，因为完美是衡量正义与善恶的标准。这样，就在他逼人深入思考正义和追求至善的过程中得罪了不少名人。他的质问弄得人很尴尬，使得著名的雅典人当众丢丑，导致了他们对苏格拉底的敌视。

在雅典处于伯利克里统治的强大的民主制时期，苏格拉底当"马蝇"不会招来太严重的反对。他的质问辩证法导致一些来自雅典的上层家庭的年轻人对当时的道德习俗、宗教和政治问个没完。他的追求人格完美的做法与当时雅典流行的追求利益的做法是矛盾的。为了忠于雅典，为了让雅典更好，苏格拉底对抗着当时的雅典政治和社会潮流。他直接或间接地赞扬斯巴达这个雅典的主要敌人。他不支持雅典的现存状态，他不接受不道德，他质疑当时在希腊流行的在斯拉斯马寇的思想中表达出的共同观念，即谁强谁就对。苏格拉底认为这是不道德的。

最初，人们感觉他的无情的追问要么很气人，要么很逗乐，并不十分在意。但是在雅典与斯巴达开战和雅典被击败的时期，人们的包容度就不那么大了。当雅典企图要从这次丢人的失败中稳定下来和恢复元气时，雅典的公众对民主是否能够作为一种有效率的政府形式产生了怀疑。这时苏格拉底猛烈地批评民主制。大约在公元前400年到公元前399年，苏格拉底被告上法庭，起诉他的罪行是：第一，不敬雅典的神，而是引入一些新的和陌生的宗教惯例；第二，腐蚀年轻人。起诉者要求判处他的死刑。

听到这项起诉，苏格拉底完全可以选择自愿流放，但是他却留在了雅典，在大约有五百人的陪审团的法庭上为自己辩护。在法庭辩论中，他用了他的质问辩证法指出陪审员的道德观念是执迷不悟的，说他们只是顾及他们的家庭、事业和政治责任，而他们真正应该担忧的是他们的心灵的安宁和幸福。他的辩论是出色的，但是却惹得陪审团恼羞成怒。在法庭辩护中，面对陪审团，苏格拉底说道，想让他从哲学中撤退，就像让一个士兵面对死亡时撤退一样，对于他来说是不可能的。当被问到该如何惩罚他自己时，他说在他的余生，他都应该得到政府的报酬和免费的晚餐，来赞助他作为雅典的恩人所花费的时间。在法庭上，他不提及他的妻子和儿子，他不想因此得到怜悯。结果他被以教坏雅典年轻人和不敬神为罪名判处死刑，用含有毒芹的毒饮赐死。

色诺芬和柏拉图都说苏格拉底是有机会逃走的，因为他的朋友能贿赂监狱的看守。他的学生也恳求他逃跑，而且劝苏格拉底说他应该为他的儿子着想。他选择留下的理由如下：首先，他相信这样的逃跑会显出他怕死，而他认为真正的哲学家是不怕死的。其次，他逃出了雅典，也逃不出他的厄运，因为性格决定命运。他是个死不改悔的"马蝇"，他走到哪里都会去质问他遇到的人，逼人们承认自己对于完美的无知，会导致这些人的不快。最后，他自觉地赞同城邦的法律，意味着他已经与城邦订立了"社会契约"，违反这种契约会破坏他一直坚守的原则。他要遵守雅典的法律，因为他认为错在审判他的人，而不在法律。

喝完毒酒后，执行死刑的人让他走走，走到腿感觉麻木再停下。他躺下后，执行死刑的人帮他捏脚。苏格拉底感觉不到他的腿的存在了。这种麻木感一直到达了他的心脏。在临死前，他留下的遗言是："克里托，我们欠阿斯克勒庇俄斯一只公鸡，别忘了还上。"在《斐多篇》中，柏拉图把苏格拉底称为他的时代中最优秀的、最有智慧的和最公正的人。他勇敢、不贪财、不怕死、遵守法律、追求完美。他没有常人感觉能够获得幸福的外在条件，他难看、矮小、贫穷，他出身低微、妻子凶悍、儿子不成器、自己被冤死，但他是一个心灵幸福的人，所以他能启迪他人，让人们追求美德和幸福。他的人生验证了他的那句话"具备美德就足以幸福了"。

从苏格拉底的思考中，我们可以得出如下哲学观念：在自然秩序的背后存在着"完美"的一，存在着"至善"，至善就是完美；自然秩序中的万物都是自然秩序的完美体系的组成部分，每个种类的事物都承担着实现自然秩序的总体完美的某种功能；人是自然秩序生出来的，因此天生就被安上了用理性追求完美的行为动机，但是人被权力、利益和名望这样的外在的东西所蒙蔽，因为不知道什么是完美；不知道完美，就找不到判断行为好与坏和善与恶的确定的标准，人就迷茫和不幸福；心灵不吃不喝，所以心灵要过好的日子，就是要实现自然赋予自己的用理性追求美德的使命，只有这样心灵才会幸福；不追求完美的人不知道完美能够给人带来幸福，总以为在不完美中有着某种好处，所以追求"恶"；认识完美的目的在于追求完美，而真正认识到完美能够给人带来幸福的人，抛弃生命也不会抛弃对于人格完美的追求。

第二节 柏拉图：发现了"一"个完美的世界

柏拉图（Plato，公元前 428 或 427 年—前 348 或 347 年）出生在雅典的一个很有影响力的贵族家庭，终身未娶。他是西方思想史上影响最大的哲学家。他与他的导师苏格拉底和他的学生亚里士多德一起奠定了西方哲学和科学的基础。大约在公元前 387 年，他建立了西方第一所高等学府，即柏拉图学园。学园的主要目的就是通过原创性的研究探求科学知识。尽管他特别关注培养政治家，但他坚信对于他们的培养必须包括严格的学术活动，学术活动的范围主要包括数学、天文学、和声学等，其中数学处于中心位置。

柏拉图的学园与当时的伊索克拉底的学校的教育观念是不一样的。当时的伊索克拉底也在培养年轻人从政，但是伊索克拉底不关注纯科学，认为纯科学研究不具有实用价值，引不起人们的兴趣。伊索克拉底只是在讲授如何清晰地表达和说服的技巧，教学生如何详细地解说某种特殊的观点。而柏拉图认为政治家要具有无私地追求科学知识的精神。要通过严格的思维训练，使得政治家们能够把自己的判断建立在"完美"的真理之上，而不受意见或情绪的影响。

在柏拉图生活的时代，雅典的民主已经出现了过度自由的问题，而智者派是导致过度自由的原因之一。柏拉图的理论从头到尾都贯穿着对智者派的反对。在伯罗奔尼撒战争期间，他看到了希腊在民主制下无法产生出伟大的领袖人物。苏格拉底受审的时候，他在场而且表达了希望为苏格拉底支付罚金的意愿。雅典的衰落和苏格拉底之死，让他对民主制感到绝望，所以他想要找到一种绝对静止的完美的秩序，作为建构一种稳定的社会秩序的基础。

一 真、善、美合成的完美

柏拉图认为，人们都在追求过好日子。但什么是"好"呢？什么是

"比较好"呢?"好"的标准是什么呢?如果人们找不到一个确定无疑的"好"的标准,就会迷茫,就会有分歧,社会就会乱七八糟,就会不和谐。而当我们说什么是比较好的,什么是比较不好的,就暗含着存在着一种评价标准,而这种标准肯定不在事物本身之中。我们无法把一个具体的事物作为评判好与不好的标准,因为具体的事物都是不完美的。在柏拉图所处的时代,科学的发展已经走入了死胡同。柏拉图认为,物理学讲的永远都只是一个"可能发生的故事",获得的顶多是带有可能性的知识,能够告诉我们可能会发生什么,但无法告诉我们必然会发生什么。可见的世界是变幻莫测和不完美的,而科学家却妄想在这个可见的世界上来建构起精确的、可靠的和永恒的知识体系。

这样,柏拉图就开始想,是否存在着绝对完美的好的标准和确定不变的真理呢?于是柏拉图通过理性推导出了一个绝对静止的完美世界,用来说明自然秩序、社会秩序和心灵秩序的来源。他认为,除了我们能够感知的物质世界之外,还存在着一个可以推知但无法感知的完美世界。他用他的超凡的推理性的想象力,建构出了一套理性完美哲学体系。他的推理性的想象力具有类比性,比如说,如果我们要制造一个桌子,先得有目的,再得有功能,然后要设计出图样,工匠再用材料按图样做出桌子。他认为可见的物质世界也是通过类似的过程产生的。柏拉图推想出的完美世界同时具有真、善、美的特征,三者结合在一起构成了一个"正义"的和谐秩序。

(一)完美的普遍性和不完美的特殊性

完美世界是美的。完美世界是由图样构成的,每个图样都是美的,都可以用美的几何图形来表示。每个完美的图样都代表着一个类,我们能够看到的物体都是这种完美图样的不完美的复制品。比如说,完美的三角形的图样是唯一的,代表着普遍性,贯穿在所有的具有特殊性的三角形中。完美的图样的物质复制品不可能是完美的,所以只能是多种多样的。所有的特殊的三角形都是普遍的完美的三角形图样的不完美的"表现"形式。只有在完美世界的图样里才能找到"普遍性",而图样就代表着每个类中的一,可以存在于多种多样的特殊的事物这样的多之中。

只有找到了每个类中的代表普遍性"一"这个图样,我们才能理解特殊性的事物。具体的事物要"分有"完美的图样,而完美的图样则存在于具体事物的内部,成为事物的固有属性,说明一个事物"是"什么而"不是"什么。在完美的普遍性与不完美的特殊性之间存在着"分享"或"参与"的关系。不完美的特殊性可以"分享"完美的普遍性，而完美的普遍性可以具体化为不完美的特殊性，所以同类的事物都多少具有相似性。我们可以用完美的具有普遍性的范畴来理解我们周围的各种具体的特殊的事物。如果我们不采用完美的普遍性，就说不出理由，因为理由来自完美的普遍性。

在我们的思维和谈论中涉及的绝大多数内容都不是事物的特殊性，而是代表着完美的普遍性。我们只有把完美的图样编织在一起，才能进行对话或交谈。具体事物要复制完美世界中的图样。比如说，一个具体的红苹果要复制完美的苹果的图样，而苹果的红色则是一种具有普遍性的属性。完美的普遍性可以用来给具体事物作谓语，但不能反过来。我们可以说这个苹果是红的，但不能说红的是这个苹果。而科学是由普遍性构成的，所以只有在完美世界中才能找到科学。而且只有具有绝对普遍性的不存在特殊性的知识，我们才达到了对于完美世界中的图样的认识。只有在这里，科学家才离开了特殊性，只与普遍性打交道，科学家才能发现可公式化的完美图样，才能赋予我们所谈论的事物以意义。

（二）完美只能被发现不能被创造

完美世界中的每个图样都是真的。比如说，要做什么菜之前，先得有菜谱，而菜谱是不依赖于炒出来的菜而存在的。按照菜谱，只要有原料，我们随时可以做出菜谱上的菜。而要做出特定的菜来，菜的原料的比例就是一定的。要有特定的味道，就一定要按特定的比例做。从这个角度上看，菜谱这种图样不是被创造的，而是被发现的。真理永远是真的，就因为它永远都不会变。完美的图样是不以我们的意志为转移的，只能被发现，不能被人为地创造，否则各造各的完美，那就乱了。只有实在的东西才具有客观性，才能成为认识的对象，才不可能按人的想象来编造。所以，我们用"是"而不是用"变成"来说明真理。真理只能永远都是"是"。

只有绝对静止的东西才是真的东西。完美的图样是绝对静止的，因为完美的图样不具有物质性，所以很纯粹。只有物质的东西才会变动，因为物质不完美，但总是在追求完美。物质具有空间和时间的特征，而图样不是物质的，因此不具有空间和时间的特征，所以是不会变动的。而且因为图样是完美的，没有瑕疵，而完美的东西只会有一个，所以是唯一的，因此认识到完美的真理也才是唯一的。当我们抽象地说"红苹果"的时候，我们指的是完美的苹果的图样或完美的红这种普遍性，它们都不具有空间和时间的特征。

有时间和空间的事物才有生有灭，而没有时间和空间的完美就不会有生有灭。具体的红苹果消失了，"红苹果"这个图样依然可以存在。完美世界中的图样是不生不灭的，是可见世界产生的摹本。只有认识了这个完美世界中的图样的人，才具有智慧，才把握住了真理。科学要获得的是确定的知识，如果不存在绝对静止的完美图样，就不可能找到确定的知识，所以把完美的图样作为认识对象的科学才是最高级的纯科学。每个有理性推导能力的人，都能够被领到这个完美世界里，都能够达成完全一致的看法，因此完美世界中的图样才可以作为确定的和普遍的"好"的标准。

（三）完美世界中的和谐秩序

完美世界中的每个图样都是善的，都在完美世界的等级体系中占有一定的位置，图样之间都有属与种的关系。人的眼睛要看清楚事物，需要有一个中介，那就是"光"。同理，我们需要绝对完美的善的照耀，才能理解每个具体事物之中的相对完美的"善"。这个可推知的完美世界，能够告诉我们"好的极致"，而"好"等于"善"，"好的极致"就是"至善"。完美世界追求的终极目标是"至善"这个一，但这个一是由多个部分组成的，是"多样性的统一"。由至善来决定所有存在的东西之间的正确的关系。至善就像太阳一样照亮每个图样，让每个图样都在这个完美世界中具有一定的意义，都要实现一定的善的目的，都具有一定的功能。所有完美的图样之间都有"属"和"种"的关系，比如说，人的完美图样从属于动物的完美图样。最高的属就是至善。这些完美的图样即使为了自身的统一"一"性也要互相锁定。所有的种都要共享属，才能成为哪个属中的种，所以在种中必然有属的性质，但属中则没有种的特性。

比如说，白色的马有马这个属的性质，但马这个属中没有白这个特性。这样在完美的图样之间就存在着实在的等级结构，而可见的世界的秩序就是这个等级秩序的反映。在这个等级结构中，层级越低，离具体事物越近，普遍性的范围就越小，而最高层级则具有最广泛的普遍性。在一个类中，科学的抽象性是最高的，因此可以完全不与构成具体事物的材料打交道，因此具有最高层次的知识。比如说，植物学家的认识从一朵具体的玫瑰花，抽象到所有的玫瑰花，再抽象到花。在花的层次上的认识就是科学认识。绝对静止的图样构成的等级体系就是绝对静止的秩序，而且各就各位地存在于自己最适合的位置上，因此构成了一个绝对和谐的完美世界。

完美世界的秩序是公正的。"justice"这个词，有"just right"，即"正好"、"恰到好处"的意思。柏拉图是在"正好"的意义上来阐述"正义"的。那么什么是"正好"呢？就是在正好的位置上发挥正好的功能。"公平"指的是与相应的优点和重要性相称。正义与公平之合就是公正。完美世界是我们公正地进行真、善、美判断的标准。我们说花是美的，其中就暗含着我们有美的标准。完美世界能够给人带来绝对的标准，因为那里存在着永远不变的完美的图样。在完美的世界里，只存在完美的和好的东西，不存在丑的和邪恶的东西，所以泥巴和污垢是没有完美的图样。用眼睛看世界的人其实是盲人，因为用眼睛是看不到完美世界的。哲学的研究对象就是实际存在着的完美世界，只有在这里安放人的心灵，才能让人不感觉焦虑和茫然，才能永久性地解决社会中的因自由过度而导致的混乱问题。

二 万物都是"完美"图样的复制品

自然中的万物都是完美世界中的图样的"影子"，它们都只有在一定程度上具体呈现了它们的完美的图样时才能够存在，它们只是完美世界中的图样存在的例证。完美的图样用三种方式与一个事物相联系：首先，因为有了完美的图样，才有事物的本质，所以完美的图样是一个事物产生的原因；其次，每个事物都是某个完美的图样所代表的类中的一员，因此一个事物产生后，就加入到了这个类里；最后，每个事物都是完美的图样的摹本，因此可以说每个事物都在模仿或复制完美的图样。那么谁来复制呢？上帝。但这里的上帝只是一个匠人，而不是一个创造者。这个匠人并没有给世界带来什么新东西，只是给混乱地存在着的物质世界带来了秩序。

（一）自然中的完美的立体空间

上帝用他的智慧认识了完美世界，用完美世界中的图样来构建出自然界，他用来构造自然界的元素是完美世界的图样、自然中的绝对不变的空间和不生不灭的物质材料。万物都是从一种容器中产生出来的。上帝在这个容器中按照完美世界中的图样造出各种各样的完美的立体空间，而最简约的立体就是金字塔形。任何的平面都可以分解为几何上的三角形,而任何的三角形都可以分成直角三角形。这些三角形的面是无法再简约的,因为再简就不是面而是线或点了。最简单的立体是一个由四个三角的面构成的金字塔,而一个正方体由六个正方的面组成,每个正方的面都由两个三角形组成。自然界中的立体空间都反映着完美世界中的图样。

这个立体空间就像是一个"子宫",只是一个培养的中介,自身没有结构,但是上帝能够把结构植入其中。上帝把物质材料放置于立体空间中,赋予物质一定的组织结构,让物质具有一定的目的和实现一定的功能。万物的生死都发生在这个不生不灭的容器之中。比如说,"水"并不是一种永恒的存在,它一直都在变化着。当我们说"这是水"的时候,指的是水的"质量",而不是水的"数量"。这种质量是借助"容器"这种媒介来生成或死亡的。它进入这个容器,就开始生成,它出了这个容器,就死亡了。当物质被成功地放到立体空间中,成功地让物质具有一定的目的,成功地让物质承担一定的职能时,物体就生了。而当物质突围成功,跑到立体空间之外,物体就灭亡了。所以,物质就是在各种立体空间中窜出窜进,让我们的眼睛看到了变动不息的生生死死。

(二)物质的不完美的"恶"和"时间"

在物质世界中存在着恶,因为上帝在造物的时候会遇到障碍。尽管上帝尽可能地按完美的图样来造物,但还是无法做到完美。上帝走后,在物体中留下了自己的精神。因为物质很不乖,具有惯性和不可逆性构成的必然性,不想改变原来的样子,总是在反抗秩序,总是在突围,即使精神发布命令也没有用。从这个意义上说,物质的必然性是自然界中存在恶的原因之一。恶指的是搞破坏,让一定的目的无法实现,而精神的特征却是目的性。必然性使得精神在工作过程中受到挫折,从而出现了秩序缺失的状态,从而出现了恶。在人的生活中也是如此。当肉体反抗精神,精神失控时,秩序就缺失了,恶就出现了。代表着上帝的理性必须克服物质的必然性,才能按一定的目的来形成自然秩序。

在自然中的万物出现后才产生了时间。完美世界中的一切都是永恒的。时间的意思就是变化。完美的图样是没有时间特性的,而在空间的容器中对于完美图样的各种各样的复制品则总是在进进出出的过程之中,这种进出的过程就是变化的过程。而变化就是时间产生的原因。由于自然界是上帝留下的精神安排的,因此包含着来自完美世界的永恒的因素,但自然也是由各种"平面"暂时结合而成的产物，所以也有变和时间的因素。

但变化不是无常的，而是有规则的，这种规则变化本身也就说明了永恒的"精神"的存在。由于变化具有规则性，我们才能对时间进行衡量，也就是才能说现在几点了。恶和时间都是不完美的物质变化的产物。自然界在总体上是和谐的，就因为事物的每个类都有自己的完美的图样作为摹本，万变不离其宗。物质逃出了一个立体空间，又会陷入另一个立体空间中，而立体空间是不变的，立体空间都具有一定的目的，承担一定的功能，目标都只追求完美的至善，从而自然界能够呈现出总体的和谐。

三 在追求完美的过程中感受幸福

（一）爱完美的人才有文化

柏拉图认为，灵魂在进入人的身体之前就已经存在。在完美世界中存在的不是某个人的灵魂，不是某个民族的灵魂，而是人这个类的灵魂。如果我们只是关注来自于某种特殊文化的经验，就得不到关于绝对完美的善的知识。道德上的恶来自于对完美的无知或者来自一种虚假的知识，这种虚假知识带着人去追求看上去能带来幸福，但实际上却带不来幸福的目标。他认为人的灵魂由两个部分组成：理性的部分和非理性的部分，非理性的部分又由意志和欲望构成。理性的部分是由上帝造的，来源于世界灵魂，而非理性的部分则是由天上的神造的。他的这个"三合一"的灵魂概念，其实是从所有人都面对的内心的混乱和冲突的共同经验中抽象出来的。当他分析人的内心的冲突时，他发现人有三种不同的心理活动。第一，人能够意识到一种完美的目标或价值，而向着这个目标前进的行为就是理性的行为；第二，意志就是行为的驱动力，它的初始状态是中性的；第三，他所说的欲望指的是来自肉体的欲望。

他认为，肉体本身是无生命力的、不会动的。人因为有灵魂才是活的，才有生活。人的心灵内部的冲突表明同时有几股不同的冲动在发生作用。意志可以听理性的，也可以听感性欲望的。只有克服了感性欲望，意志才能按理性指示的目标行为。理性要有一个完美的目标可追求，而且要有调控能力。意志是靠激情来驱动的，而激情也有自己追求的目标，激情追求的目标永远是愉悦，而激情只是知道去追求看上去能够带来愉悦的事物，但辨别不清什么能够给人带来更高层次和更持久的愉悦。激情和欲望可能会被幻象所迷惑和欺骗。而理性则有能力找到真正能给人带来愉悦和幸福的人生目标，能够帮助我们在可见的世界里区分开能够给我们带来幸福的影子和真的能够带来幸福的目标。

理性的部分能够看清完美的图样，而意志和欲望的部分则有下坠的倾向。理性部分是完美的，而意志和欲望部分则是不完美的。理性的全身都长着翅膀，让灵魂向上飞翔，而不完美的部分则会让灵魂失去翅膀，坠落到地上，与肉体相结合，变成有生命的和会死的人。灵魂在与肉体结合之前，就是亦善亦恶的。灵魂还在天堂的时候，就有的时候能看见完美的图样，有的时候却忘了完美的图样。所以说，灵魂降生前就已经有出现混乱的可能性。灵魂坠落到地上后，就化成了有肉身的人。而到底变成哪种人，能够享有什么样的幸福，主要是看这个灵魂领悟了多少完美的图样。柏拉图把人分成九种，其中最高级的人是哲学家。哲学家是爱完美的人，爱完美的人才有文化，才会因为爱完美而献出自己的生命。

（二）灵魂的崩溃会给人带来痛苦

灵魂本来是生活在完美的"一"的世界里的。在那里，任何一种完美的图样都是唯一的。而到了世上，灵魂则在"多"的海洋中荡漾，因为任何一类事物都是完美的"一"的复制品，都不是真正意义上的完美，所以五花八门。肉体欲望具有无知、轻率和贪欲的特征，它会把灵魂带到追求瀑布般的感性刺激之中。肉体刺激着人的非理性部分，使人不加选择地追求愉悦。欲望变得很夸张，吃、喝、性都变成了贪欲。在肉体中，灵魂体验了激动、渴望、愉悦、痛苦、恐惧和愤怒等。人爱的东西也很多，从一小口美味的食物到纯粹的和永恒的完美都爱。身体成了一种让灵魂变得懒散的累赘。而灵魂的意志和欲望部分又非常容易受到肉体的影响，从而干扰了灵魂的和谐，使灵魂变得偏斜，难以回想起它曾经知道的完美的图样。当非理性的部分战胜了理性的统治之后，灵魂的和谐状态就会崩溃，人就会变得不幸福。

在《斐德罗篇》中，柏拉图用了一个形象的马夫比喻来说明人的灵魂的"三位一体"的构成。他比喻说，人的灵魂就像是一个驾着马车的车夫，由两匹带翅膀的马拉着车，车夫和两匹马构成三位一体。车夫代表理性，他需要受到启迪认识完美，并驾驭着灵魂走向完美；白马代表着意志，这匹马是高贵的，出生于高贵的品种，是匹好马。它因为热爱完美，所以具有理性的激情和冲动。这匹马可以不用鞭子抽打，只用命令和告诫来指挥它就可以了。黑马则代表着欲望，是匹坏马，它有着非理性的激情，不追求完美，好吃或好色，非常傲慢和骄傲，连鞭子和马刺都不太惧怕，驾驭起来就比较困难和麻烦。

尽管车夫对于完美的方向看得很清楚，好马很听话，而坏马则总是乱跳乱跑，给车夫和好马带来各种各样的麻烦。如果两匹马向相反的方向使劲，而把车夫的命令当耳旁风，秩序就会处于崩溃状态。车夫握着缰绳，他有职责来指导和控制好两匹马。没有两匹马，车夫哪儿也去不了，因此三者缺一不可，必须合作才能实现三者的目标。如果车夫和白马被黑马给战胜了，灵魂就会失去翅膀，被拉到地上，出现柏拉图所说的灵魂的坠落。理性即使有白马的帮助，还是难以驾驭黑马。这样，被肉体拖累的灵魂可能偶尔在完美世界里冒个泡，而其他时间都处于没有被启蒙的状态。

（三）让灵魂再度回到幸福状态

柏拉图认为，在灵魂进入身体之前，虽然灵魂有理性和非理性两个部分，但理性能够控制非理性，从而使灵魂处于和谐状态之中。自从灵魂坠落到人的肉体里以后，人就开始有不幸福的感觉了，因为通常肉体欲望是处于主导地位的，肉体欲望加强了人的非理性的方面，蒙蔽了理性，使得人遗忘了曾经在完美世界中看到的图样。所以，要让人的灵魂重新处于和谐状态，重新获得幸福，就要恢复人的理性的统治地位。智者派认为，好的生活就是获得感官享乐的生活，而柏拉图则认为只有理性、意志和欲望三者处于和谐的状态时，人才能感觉幸福。只有当理性战胜欲望和肉体刺激时，人的灵魂才能够恢复其内部的和谐。灵魂的每个部分都有一个特别的功能。一个事物的功能指的是有一种工作只有它能做好，或者说它能做得比较好。灵魂的各个部分都有自己的功能，要各就各位，互相搭配好，才能造成和谐的灵魂。一把刀好不好，要看它切东西的时候好不好用，也就是说要看它是不是能够很好地发挥它的功能。理性战胜欲望的方式，不是要消灭欲望，而是要给欲望设限，让灵魂的三个部分都各自追求自己的善，做好自己的工作，具有自己的美德。

他认为，在道德这个概念中包含着两个关键词：一个是善，一个是美德。有道德的人是会按道德去行为的人，而道德行为是一种可以给人带来幸福的行为方式。道德能够让人认识到所有的人生来在血管中就流淌着预定的实现某种完美的图样的功能。要按照自己的完美图样做最适合自己做的工作，要做好自己的事，别多管闲事。每个人都有一定的技艺，都可以看成是一个艺术家，使得他能够很好地完成他的工作。生活的艺术就是要把握好灵魂的各个部分之间的限度。对于灵魂的三个部分，有三种相应的美德：节制、勇气和智慧。对于欲望，要避免过度享乐，因此需要节制。意志部分要避免轻率或鲁莽的行为，使它成为一种进退都值得信任的力量，因此需要勇气。理性要保持冷静，不能被欲望的洪流所干扰，要坚持追求完美，需要有智慧。尽管人可以逃避灵魂的各个部分必须遵守的明确的限度，但是无法回避这些行为产生的后果。

当三个部分都在理性的美德控制下发挥着它们的特别功能时，就实现了正义。正义指的是给予每个部分它应得的东西。当人的灵魂处于正义状态时，灵魂就是和谐的，人就是幸福的。柏拉图认为，音乐这种艺术与人生的艺术是类似的，它们都需要人具有识别能力和遵守一定的限度。音乐家在调琴弦的时候，他知道要调得正好，太紧或太松都不行。在弹琴的时候，要度量好音与音之间的间隔。而只有对于完美的知识才能让人重新具有美德，因为恶产生于虚假的知识。虚假的知识让人感觉自己能从做坏事中得到某种愉悦或幸福，所以才去作恶。而当他有了真正的知识，知道那会毁灭自己的时候，就不会做坏事了。"知识即是美德"指的就是有了真正的关于追求完美的知识后，就能够坚守住美德。柏拉图说的美德指的不只是关于完美的知识，而且是让人去过一种追求美德的生活的技艺。

四 走向真、善、美的完美世界的阶梯

柏拉图认为靠感官来感知阳光照射下的这个物质世界，并把这个物质世界看成是好的和真实的，持这种观点的人很可怜，因为他们生活在恶和对完美的无知之中。真正的知识是对完美世界的认识。知识与意见是不同的，知识是确定无疑的，来自于完美世界，表达的是永恒的完美的图样，代表着本质；而意见则是不确定的，来自于变动的感性世界，其特点是缺乏必然性和稳定性。要使灵魂回到和谐的幸福状态，最关键的就是要加强人的理性，要让人再度看到完美世界，从而有足够的力量来驾驭两匹马。我们可以通过回忆、辩证法和热爱完美的力量来再次认识完美世界。

首先，我们需要回忆。灵魂曾经生活在完美世界之中，但是后来深陷肉体之中。原来灵魂是知道完美世界中的一切的，而在降生到物质世界之后却遗忘了。关于完美世界的知识已经被预先存放在人的记忆深处，这种潜存的知识时而会浮现到意识的表层。通过回忆就能够把这些知识全部唤醒到人的意识状态之中。回忆的目的就是要回到完美世界，要用追求完美

的理性征服肉体的欲望。教育过程其实就是一种帮人回想起完美世界的过程。学习的过程就是把深埋在灵魂里的完美的图样开发出来的过程。而开发的方式就是教育者像助产师一样一步步提问。当我们说学到了什么东西，其实是回忆起了什么东西。柏拉图和苏格拉底一样，只提问，不回答，由回答者自己得出答案，目的就是要说明关于完美的知识不是从外部输入的，而是原来就存在于灵魂之中的。

其次，我们需要辩证法的智能活动。苏格拉底的辩证法，具有讽刺和持续不断地提问的特征，能够最有效地让人从对完美无知的睡梦中醒来。把握了辩证法，就能把事物的本质即完美的图样抽象出来，并能发现所有知识门类之间的关系，具体表现为能够给事物下定义。这种辩证法在对话过程中最能显示它的力量，因为在对话中谈论的不只是我们可以看到的东西，对这些看不见的东西的认识就需要思考，而思考驱使着对话走向完美的普遍性，从而使人能够"看见"完美世界。

最后，我们需要有着对于完美的无比热爱。被唤醒的对于完美的知识，乍看起来与人的感性经验是矛盾的。而当人力图理解事物的多样性时，就会"超越"多种多样的事物，意识到完美图样的存在。道德教育的过程是一个艰苦跋涉的过程，是启迪人追求完美的过程。人对于完美的知识层次的提升过程与人的道德升华过程是同步的，它不断加强人对于真、善、美的热爱，最后在追求至善时达到灵魂的内部和谐，使人感觉幸福。柏拉图分别用了洞穴比喻、线段比喻和爱的升华的比喻来说明人如何能够回忆起真、善、美的完美世界。

（一）洞穴比喻：真的世界那么宁静和美好

我们生活在其中的表象世界乱哄哄的，让人感觉烦躁和焦虑。而完美世界则是宁静和谐的，让人感觉舒服。而要让人能够认识到完美世界的存在，需要外力的帮助。就像他在《理想国》中的洞穴比喻中所说的那样，得有人砸开囚徒脖子上的锁链，强制他们一步步走到洞外，看清楚完美世界是什么样子。他通过洞穴比喻来说明人看到的东西其实是幻象，是假的，是不真实的。要让人认识完美，就有进行教育的必要。现在我们就来解释他的洞穴比喻：

第一，有一群囚徒终身生活在一个洞里，他们的脖子上有枷锁，使得他们只能面对着空白的墙壁。

第二，在囚徒后面，有一条凸起的过道，有些人在头上顶着一些东西走动，其中有用木头、石头等材料制成的人和动物的模型。

第三，在头上顶着东西的人背后是火。

第四，囚徒看不到凸起的过道、看不到顶着东西的人，但是能看到投射在墙上的人和动物的模型的影子，能听到从过道中传来的声音碰壁以后的回音，但是他们不知道他们看到的只是影子，也不知道听到的只是回音，他们以为这些影子或回音都是真实的。当有人猜中下一个出场的影子，人们就会表扬那个人，说他很聪明。

第五，有一个囚徒被释放了，给他看了人们顶着的东西，他看不出来是什么，还是感觉影子更真实一些。让他直接看火，他什么也看不见，还是愿意看影子。

第六，这时把这个囚徒硬拖出洞口，他肯定会对拖他出来的人感觉很生气。把他一直拖到阳光下，结果因为阳光太刺眼，他原来看到东西什么也看不见了，所以他感觉很悲伤。

第七，当这个囚徒的眼睛适应了以后，他能够认出一些影子的形状，因此有了家的感觉。比如说，他能看到花的形状，即一个暗的模糊的立方体，这个立方体还没有被投射到洞穴里的墙上。另外，他会在水里看到花的倒影，这个时候他能看得更清楚，能够看到线条和色彩。他再适应一下，就能看到花本身。这时，他向天空望去，能看清月亮和星星了，最后他终于可以直视太阳了，而太阳就是完美的至善的象征。从这里，这个被释放的囚徒意识到，有了代表着完美的太阳，我们才能看清万物，才能理解季节的变换，才能理解生命在春天里诞生的道理。如果没有太阳，就看不见可见的世界。而这个完美的世界是那么宁静而美好。

第八，当他再回到洞里，他的眼睛已经被毁了，已经不适应洞里的黑暗，已经再也无法玩好洞里的囚徒们所玩的游戏。这时他再想想生活在洞里的囚徒，感觉到他们很可怜。他开始鄙视洞里的人根据猜影子而得到的荣誉、夸奖或奖励。洞里的囚徒会认为他出洞一遭是不值得的，把眼睛也毁了，人还变得怪怪的。如果洞里的囚徒能够站起来的话，会杀了这个曾经出过洞的囚徒。

柏拉图用洞穴比喻来说明，大多数人都生活在洞穴的黑暗中，他们的思想来源于这个模糊不清的影子世界。教育的目的就是要把人类引出洞外，让他们看见光明，看见完美世界。教育不是要把一些灵魂中原来没有的知识灌输到灵魂中去，就好比要把视力放到盲人的眼里让他能够看见一样，这是不可能做到的。人本来就具有能够看清完美世界的能力，只是要让人的眼睛往光明的方向看而已。

所以，教育首先是要让人转变，要把受教育者的眼睛从变化着的带有欺骗性的世界或表象世界转向完美世界。但是，要让人往完美的正确方向看并不是那么容易，因为刚从这个方向看会让人感觉痛苦，所以统治者需要逼着他们来承受这种痛苦，这样才能使他们从黑暗走向光明。而且认识到了光明以后，还要回到洞里去生活，只是心态不一样了。柏拉图用在洞穴里被解放的那个囚徒来比喻哲学家。他认为，哲学家看清楚完美世界后，有必要再回到洞里，教育其他的人，并成为哲学王。

(二) 线段比喻：最高的智慧在至善那里

柏拉图在《理想国》中用"线段比喻"来说明人如何能够一步步走到完美的"至善"那里，获得最高级别的智慧。只有认识了完美的"至善"，才能体会到哲学这顶智慧的皇冠的魅力。柏拉图认为，人们要经历四个认识阶段，才能认识到关于完美的知识。在"线段比喻"中，有一条垂直的线被分成了两个部分，上面的部分比较长，代表可理解的完美世界，下面的部分比较短，代表可见的表象世界。它们再分别被分成两段，上面的两段代表可理解的完美世界中的较高的图样和较低的图样，下面的两段代表一般的可见的物体及其影子、映像、图像等，线段越长表示越清晰，线段越短表示越模糊。从下到上的垂直线是连续的，这就表明各个阶段是互相联系的，从最低级形态到最高形态的完美，对应着最低层次和最高层次的知识。

最低层次的知识是意见、幻觉，其认识对象是物体的"影子"和"映像"。人的思维的最肤浅的形式就是把握事物的图像或幻象，也就是人通过感官经验直接获得的事物的表象，而表象就像是影子一样。影子也是真的，但只是作为影子是真的。影子具有欺骗性，因为我们会对影子信以为真。柏拉图认为经过艺术家或诗人加工过的图像也具有欺骗性。比如说，我们来看苏格拉底。我们可以从一个完美的人的角度观察他，可以从一个具体的人的角度观察他，也可以从艺术家的角度观察他。而艺术家画的苏格拉底是从他自己的角度观察得到的苏格拉底，其中会有变形或夸张，因此不能通过这种幻象来认识真实的苏格拉底。诗人或修辞学家都具有用文字来创造幻象的能力，而智者派就是这样一些制造幻象的人。

第二层次的知识是关于物质性的事物的信念。经验科学的认识对象是物体。看到实际对象时人便产生了信念,因为人们通常认为眼见为实。只是每个事物都有多方面的特征,我们从不同的角度只能看到某方面的特征或某个部分,所以面对同样一个对象,人们依然会做出不同的判断。地中海的水看上去是蓝色的,但是从海中舀起一勺来看,却是没有颜色的。所以,虽然这个认识阶段比影子更真实,但得到的还是意见,而不是真理。

第三层次是数学推理。理论科学的认识对象是抽象的数学的研究对象,比如说数和几何学中的线,而不是我们画的线。思考是科学家的特征。科学家在与可见的事物打交道,但并不是见什么就信什么。对于他们来说,可见的事物只是某种实在的表征。人只能思考这种实在,而无法看见这种实在。就像一个人生病了会发烧,但我们看不见引起发烧的"病",但是从发烧中我们知道人肯定是生病了。这样我们就要进行"抽象"。

思考的过程就是抽象的过程。数学家的思考活动就是抽象活动。当数学家看到一个三角形的东西,他会抛开构成这个三角形的质料,而思考"三角本身",也就是思考所有的三角形的共同特征,这样他就能回答什么是三角形这个问题。这样科学家就以可见的表征为桥梁,跳到了可理解的完美世界之中。科学强迫人思考,因为科学家总是在找寻不变的规律或基本原理。在可理解的完美世界中,只有不变的和唯一的原则或规律,因此具有稳定性和唯一性,这也就是真理的特征。在科学领域中,我们不依赖感觉,而是依赖智能。我们知道二二得四,而不管二是个什么。等边三角形的三条边是相等的,而不管这个等边三角形的尺寸大小如何。思考能力就是从一类具有多种属性的事物中抽出一种相同的属性来的能力,就是通过思考得到完美图样的能力。

思考能力还是一种从假设开始进行推理的能力。在柏拉图看来,假设是一种不证自明的关于完美的真理,但是它依赖着一种更高的关于完美的真理来对它加以说明。比如说,数学是从一些预先没有经过证明的假设开始推导的。在柏拉图看来,这些假设前提不是一种临时性的真理,而是牢固的真理,它们在一种更大的关系网中互相联系着。只是专门的科学和数学把他们的研究主题以独立的完美的图样来对待而已,其实所有的图样都是相互联系的。以假设为前提进行思考或推理确实能够给予我们关于完美的知识,但是它有局限性,因为它把各种层次的关于完美的真理给隔离开了,人们还会继续问为什么某个真理是真的。要让人们问到没得可问了,才把理由给说透了。

最高层次的对于完美的知识是由哲学提供的。哲学对完美世界的理解，是纯理性的理解，这个阶段可以称为"辩证的"阶段，是线段的最高阶段，也称为完美的理性阶段，其认识的对象是完美世界的整体，可以用这个完美世界来解释可见世界中的多样性的事物。只有不变的才是真理，因此只有第三、第四层次的知识才是真理。但数学得以存在的前提是假设，这些假设需要通过哲学才能得到证明。人要能够把握事物之间的联系，才能够得到完美的知识。而只有看到完美的实在的整体的统一性，才能看清楚事物之间的关系。

完美的思维状态指的是完全从感性对象那里解放出来的思维状态。这时思维的对象就是完美的图样。图样是可以理解的对象，比如说，完美的三角形本身，完美的人本身，它们已经被从实际对象中抽象了出来。这时思维的对象是"纯形式"的，甚至不再受到可见对象的象征性特征的影响。这时思维也不再用假设。它用的就是思维的机能，也就是辩证思维的能力，通过这种思维才能走向最高的绝对完美的目标，这样就能够看到知识的各个门类之间的关系。从这个意义上说，完美的理智指的是对于完美的实在的"总体的看法"，也就是对知识的统"一"性的把握。

（三）爱的升华：热爱完美会产生巅峰幸福

当人们被问什么是美的时候，提问者想得到的答案不是具体的例证，而想知道的是什么使美成其为美。有的人能够指出什么是美的事物，但说不出美是什么。柏拉图在《会饮篇》中谈到了爱"美"的问题。柏拉图把爱分成两种：一种是庸俗的或世俗的爱；一种是神圣的爱。世俗的爱只是来自于美丽的身体的物质性的吸引力，目的是为了获得身体上的愉快和实现生殖的目的。神圣的爱最初来自于美丽的身体的吸引力，但是最后逐渐超越，达到对"最高的美"的热爱。这种神圣的爱就是柏拉图之爱，也就是爱"美"本身。这种最高级的爱是一种贞洁的、强烈的和无性的爱，是对代表着完美的神性的爱。这种爱的优点在于它能够让人体验到一种神圣的疯狂，从而具有巅峰性的幸福感。

柏拉图认为，"爱"是对自己没有的东西的欲望。人的爱的升华的过程是从最低的阶梯一步步向上行进的过程：第一步，爱某个人的美丽的身体，这是爱的最明显的形式。第二步，爱所有的美的身体，因为我们会发现美存在于所有美的身体之中。现实中有各种各样的美，而没有一种美是原创的和完美的。第三步，爱美丽的灵魂。当人发现他不可能拥有所有的美的身体时，他开始把他的激情转向爱所有的美丽的灵魂。爱精神的美比爱外在形式的美更能给人带来荣誉感。第四步，爱法律和制度的美。当一个人爱所有的美丽的灵魂时，他就会转向爱美丽的灵魂能够得以存在的有节制的、和谐的和正义的社会秩序。第五步，爱知识之美。这时人开始渴望知道造成这样的可理解的好的社会制度的知识。第六步，爱完美本身，爱美的本质，这时我们就能认识到一个单一的无处不在的完美，对这种完美的爱就是一种永远不变的爱。

五 理想的政治是"美德"政治

（一）国家堕落的过程：从美德之王堕落到暴君

柏拉图认为，一个国家就是一个大写的人。国家要处于正义状态，才可能和谐，人们才能普遍感觉幸福。而要保持正义，一个国家就要有正确的价值观。社会就是其中的每位成员的教师。只要一个社会有错误的价值观，个人就会接受这种错误的价值观。国王在错误的价值观指导下，就会产生出坏的国家。社会在错误的价值观指导下，就会产生坏的公民。坏的社会还会使得前人留下来的恶和所犯的错误长期延续下来。他认为人会被权力所腐蚀，从而不断堕落。统治的方式因此会从美德之人的统治堕落到暴君统治。柏拉图归纳了一下国家的种类，把国家分成五类，其中只有美德之人统治的国家才是正义而幸福的国家。由于美德政治将在下面具体阐述，因此这个部分就只讲四种堕落了的政治：

第一，军事荣誉政治：国家由热爱军事荣誉的人来统治，根据他们在社会中所拥有的军事荣誉的高度来进行选拔。柏拉图认为，美德政治首先会堕落为军事荣誉政治。在这种政体中，统治者爱好军事荣誉，他们有野心，爱自己的军事荣誉超过了爱公共的善。这样的统治者就像一个人看到他的母亲受到羞辱，便认为他的父亲必须要站出来维护男子的"阳刚之气"一样。当灵魂中的意志部分篡夺了理性的位置的时候，就会出现这样的漏洞，而且这个漏洞会逐渐扩大。从军事荣誉政治继续堕落到金钱政治之间就有一步之遥。

第二，富豪寡头政治：国家由一小帮大富豪来进行统治，这些大富翁只尊重金钱。在军事荣誉政治中，在统治阶级里就会出现私有财产了。对于富有的欲望为富豪统治奠定了基础。在富豪寡头统治中，权力掌握在关心财富的人的手里。富豪喜欢消费。当他们把钱花光时,他们就变得很危险,因为他们不习惯过穷日子。富豪就像那种想一直享受着肉体快乐的人,但这种快乐的特征是短暂的,要一直获得这种快乐,就得重复刺激。这样的快乐永远不可能有完全满足的时候,所以这种快乐的追求者就像一只永远装不满的漏桶。但是,这些富豪还是能分清楚三种东西的:必需品、非必需品和非法品。他在多种欲望中纠结。财富的多寡不能帮助一个领航员正确地航行。当富豪为社会所追捧的时候,美德就会沉沦。经济上的不平等会导致贫富分化,会产生出罪犯和乞丐,会引起富人和穷人之间的相互对立。

第三,人民民主政治:国家由人民来进行统治。在民主制中,自由使人民分成了三个社会经济学意义上的阶级:统治阶级、精英和普通人。在富豪寡头政治中,富人与穷人争斗,穷人胜利后,打倒了富人,从而获得了公民的自由权,就产生了人民民主政治。柏拉图所体验到的民主是直接民主,全体公民参政,而不是现在的代议制民主。所有十八岁以上的公民都能参加雅典公民大会。在这样的人民民主制政府中,容易选出一些不适合治理国家的宗派主义的政治煽动家来统治,以保护较低层次的阶级的利益。

由各种欲望产生出的激情都要求有绝对平等的权利。整个工匠阶级都要求平等,而富豪的儿子们追求的目标是能有多富就多富,这样他们也需要有平等的致富的机会。这样平等的精神就开始泛化,连狗也要求平等,站在街上不让路。由于自由得太过分,人民变成了醉鬼。这时就满处都能看到自由,满处都能听到自由的言论,任何人都被允许做他喜欢做的事。人不喜欢什么权威,就可以不服从这种权威,这样秩序就崩溃了,这样就出现了由激情驱动着的到处冲撞的"暴民"。

第四,暴君独裁统治:由一个暴君来统治国家。最差的政体就是暴君独裁统治,统治者对自己的反复无常的欲望不加以控制,对于自己的任意妄为的霸道没有制约措施。在人民民主政治中存在的各种欲望的激情的冲撞中,有一种激情最强大和最持久,最后这种激情变成了单一的主人,整个灵魂遭到奴役,于是产生出暴君独裁统治。同样,在这样的民主国家中,追求金钱和享乐的激情会使得群众起来劫富。当富人抵制的时候,群众就要找出一个很强大的穷人来做他们的头儿。这个头儿反过来就要求得到绝对的权力,于是把人民变成了他的奴隶,所以人民民主政治的结果就是暴君独裁专制的出现。

（二）要有制度上的安排统治阶级才可能"无私"

柏拉图在《理想国》中倡导的是美德政治。在美德政治中，国家是由用理性追求完美的哲学王来统治的。他认为国家是一种自然的机构，反映的是人的灵魂的自然结构。这里讲的自然的，指的是非人为的。人的意志是自由的，如果国家是人为的，就会有不确定性。一个好的国家的特征就是正义。他认为公正的人与公正的国家之间存在着一种必然的确定的关系而不是偶然的巧合的关系。柏拉图认为一个公正的社会应该是由三个阶级构成的，分别对应于人的灵魂中三级结构：欲望、意志、理性。他用人的身体的不同部分来象征社会的等级制度。

国家起源于人的经济需要。人有很多种需要，但没有一个人有能力完全满足自己的需要。要满足我们的多种多样的需要，就要有多种多样的技能，而没有一个人拥有所有的技能。这样就必然存在劳动分工，每个人都要从事自己最擅长的工作，这样就产生了第一个阶级，即技工阶级或工人阶级，他们主要负责物质生产，由"腹部"来代表，对应于灵魂中的"欲望"，主要包括劳工、木匠、管子工、泥瓦匠、商人、农民、牛仔等。这是个私人的生产者阶级，在这个等级里可以结婚和可以有私有财产，可以存在穷人或富人，但没有奴隶。不在这个阶级中教哲学。

人的需要不仅限于物质需求，因为他们的目标不只是为了生存，而且要过一种比动物更高级的生活。一个健康的国家会因为多种多样的欲望的膨胀而不仅限于获得最基本的需求。这种欲望很快就能把共同体的资源消费光。于是，他们就想到邻国去切来一片领土，邻国也是这么想的。这样邻国之间就难免发生战争。这样就需要军队来进行侵略或保卫家园，这样就要选出健壮和有力的人来入伍，这样就产生了第二个阶级，即士兵阶级，他们被用来驱逐侵略者和维护内部秩序，由"胸膛"来代表，对应于灵魂中的"意志"，其特征是爱冒险、强壮和勇敢，主要包括战士和卫士。从士兵阶层中挑出最训练有素的卫士，于是产生了第三个阶级，也就是精英阶级，由"头"来代表，对应于灵魂中的"理智"，其特征是聪明、理性、自我控制、爱智慧、适合为共同体做出决断，他们组成统治阶级。

在柏拉图生活的时代，雅典已经变得很散很软弱。柏拉图对斯巴达的管理方式进行了研究，并汲取了其中的一些元素，加上了自己的创造，提出了统治阶级的内部管理方式。他认为要采取一些预防措施来避免统治者变得软弱无力。对卫士阶级要尤其严格，因为哲学王要从他们当中选出，要绝对保证统治者不腐败。他认为统治阶级是由卫士组成的。要让统治阶级"无私"和勇敢，在战争中不怕牺牲，在卫士阶级内就不能有私有财产。这样安排的目的是为了让卫士们有真正的勇气。勇气指的是该怕什么，不该怕什么。卫士们真正该怕的只有一点，就是道德上的恶。他们不应该怕贫穷和丧失，因此他们的生活方式应该是什么也不拥有。在男女之间不存在歧视，能干的女子也可以做卫士。要对卫士阶级中的男人和女人进行追求完美的普遍性的哲学教育，而不是像希腊人一样只注重音乐、诗歌和戏剧的教育。要教育他们为城邦的公共的善做出牺牲。

如何才能让卫士们没有后顾之忧呢？为了使卫士阶级团结一致，为了消除裙带关系带来的腐败，需要在卫士阶级中废除小家庭，使得整个阶级变成一个单一的大家庭，这样卫士们才能不把小家的利益凌驾于国家之上。卫士阶级中的父母不能知道谁是自己的孩子，孩子们也不能知道谁是他们的父母，妇女和孩子都是公共的。统治阶级内部的成员组成配偶关系的目的只是为了生育，按血统标准选配。通过优生来使人口处于稳定状态。妻子公有，但并不是任何形式的乱交。柏拉图认为培养统治者和卫士，也需要像选种马一样选种。这样，性爱关系也要进行严格的控制，只有在特别的婚姻节日里才能有性爱活动。这样的节日在规定的时间里举行，看上去是随意通过抽签来进行搭配，实际上统治者应该按照最大限度的优生学的概率来加以操纵，但是在表面上可以说，在战争中表现勇敢的人可以给予奖励，给予更多的性爱的自由，但本质是要让他们有更多的机会来生育适合做卫士的孩子。孩子一生出来，就交给负责培育孩子的官员，在城邦里的一个特别的区域有托儿所，在那里由护士来照看孩子们。这样社会凝聚力就会很强，因为整个城邦中的统治阶级都成了一个大家庭。

柏拉图认为在理想的城邦中，人们的生活是丰富多彩的。城邦中的人都要做最符合自己的天性的事。所有阶级的人，都要能够胜任自己的工作，都需要先进行广泛的训练，只有有能力的人才能够得到更高水平的培训。尽管从理论上说，人人都有机会接受最高层次的培训，但实际上人只能停留在他们的天赋所能达到的水平上。这里就出现了一个问题。如果人人都有机会自由选择，人不一定会选择适合自己的天赋的阶级。为了使所有的人对于他们的命运都感觉满意，就有必要采用一种省力和省事的"高贵的谎言"。可以告诉人们说，神在造人的时候，加入了不同的物质来造成人的肉体。在适合统治的人的肉体中加入了金子，在适合做士兵的人的肉体中加了银子，而在适合做农夫和匠人的肉体中加入了铁和铜。所以，人生来就属于不同的阶级，因此能够组成一个完美的令人满意的社会。柏拉图意识到，孩子的天赋不总是与父母一样的。如果发现统治者的孩子是由铁和铜的合金造成的，要毫不留情地让他们到工艺人中去工作。而如果发现有的出生于工匠或农夫家庭的孩子，有金或银的天赋，则要根据他们的天赋提升到相应的阶级。

（三）正义的国家需要正义的统治者

柏拉图认为，正义的国家需要有正义的统治者，而正义的统治者得到的奖励是内心的幸福。柏拉图在《理想国》中说明了一个正义的城邦应该有什么样的秩序，说明了为什么一个公正的人要比一个不公正的人幸福。柏拉图对当时的雅典的民主政治很失望，因为他认为那样的政治产生不出好的领袖。柏拉图强调的是追求完美的至善的理性和智慧，而不是智者派讲授的修辞术和说服术。柏拉图并不反对民主，但是有选举权的人要公正，他们要能选出最有美德的、最有才能的统治者，而不是选举出自己最喜欢的统治者。要由足以有智慧选出好的统治者的人来民主选举，再把权力赋予这个被选出的人。最理想的政治是美德政治，其基本特征是正义。

他认为，如果国家无法控制欲望和意志部分的冲动，国家内部就会出现无政府状态，就会出现混乱。如果一个统治者能够制定出正义的法律，如果士兵们能够执行统治者的命令，如果生产者能够服从统治者的权威，那么一个社会就是正义的。统治者的权威来源于具有履行其职责的独特的才能。当哲学王作为统治者时才能制定出正义的法律。灵魂追随完美获得启迪的过程是一个伟大的回归过程。只有很少的人能够完全被启迪，从而能够看到"完美世界"的光辉灿烂。只有爬出过洞口，看到过完美的至善的人才适合统治，要根据他们的崇高的见识来治理国家。从这里诞生了柏拉图的"哲学王"的政治理论。

他认为，哲学王是幸福的，因为在哲学王的灵魂中，理性、意志和欲望都得到一定的控制，因此处于和谐状态之中。哲学王对于智慧的爱是适度的，他有着按智慧的指引而行为的勇气。智慧就是关于完美的"至善"

的知识，而"至善"指示出的是所有存在的东西之间的正确的关系。哲学王必须理解正义的关系才能过上正义的生活，才能组织和治理一个正义的国家。那么哲学王为什么要追求正义呢？因为暴君会处于"可怕的痛苦和剧痛"之中，因为成为这样的一个统治者会身心疲惫，因为处在不公正的位置上，永远尝不到真正的自由和友谊的滋味。在所有的人中，只有哲学王能够判断什么类型的统治方式是最好的，因为他能看见完美世界中的图样。哲学王是最正义的，所以最不容易腐败，因此哲学王是最好的统治者。哲学王是无私的，他统治的目的不是为了个人的享受，而是为了城邦的公共的善。哲学家的愉悦是唯一真实的愉悦，因为其他人体验到的愉悦其实都只是无痛苦的中性状态。

他把哲学王比喻为船长或医生，需要经过专门的培养，而他的学园主要是用来培养哲学王的。在哲学王的培养中，哲学最为重要。他认为统治者不应该是最"受欢迎的"的人，而应该是最有领导才能的人。这样的人需要得到充分的教育。他具有关于完美的善的知识，他对于各种完美的图样之间的正确关系有全面的把握。培养哲学王需要经历很多个阶段。在十八岁前，他需要学习文学、音乐、初等数学。他学习的文学需要经过审查，不能学不追求完美的诗歌。音乐也需要有所选择，要学习比较健康的、威武的韵律，而不应该学习诱惑性的音乐。接下来的几年，要进行广泛的体育和军事训练。二十岁的时候要学习高等数学。三十岁的时候要用五年来学辩证法和道德哲学。从三十五岁到五十岁，要用十五年的时间来从事公共服务，以便积累经验。五十岁的时候就可以治理国家了。

一个国家是不是能够治理好，要看是不是一个哲学家获得了统治权，或者是当权的统治者学会了哲学。这样的国家才是一个能够实现正义的国家。正义就是让每个人都处在适合自己的才能的位置上干好自己该干的事。因为每个人的灵魂都是由三个部分组成的，而且内部和谐都需要正义，因此，每个人都应该具有正义、智慧、勇敢和节制的美德。只是即使美德政治被建立了，也是会变的，因为在可见的世界中，没有什么是永恒的。如果一个国家的统治者和公民的道德逐渐堕落，组成国家的政治形式也就会不断堕落。柏拉图强调，虽然美德政治只是一种理想，但是很有意义，因为这是一个好的国家应该努力的方向。

从柏拉图的思考中，我们可以得出如下哲学观念：为了让社会有确定的追求目标与和谐的秩序，就需要找到一个绝对完美的世界来作为建立社会秩序的基础和评价一个社会或一个人好坏的标准。在绝对完美的世界的基础上,他说明了自然界的万物都是各自的完美图样的复制品,在此基础上形成了自然的和谐;人的灵魂都是追求幸福的,而当人的灵魂在追求完美时,让自己的欲望、意志和理性分别拥有节制、勇敢和智慧的美德时,灵魂就会处于和谐的正义状态,从而感觉幸福;社会是一个大写的人,当社会中的各个阶级的人各就各位地追求完美、做好自己的工作时,社会就会处于正义的和谐状态;国家的统治者应该是懂得完美世界的哲学王,因为哲学王是追求由真、善和美合成的完美的,所以具有美德,能够造成一个正义的国家,并且会因为自己的无私、才能和追求完美而体验到常人无法感受到的精神幸福。

第三节 亚里士多德:发现了"一"个追求"圆满"的自然界

亚里士多德(Aristotle,公元前384或383年—前322年)出生在希腊的斯塔吉拉。他的父亲是一位宫廷医生。在柏拉图学园里,当他与柏拉图在思想上有分歧的时候,他力图说服柏拉图,因此有过激烈的争辩。他有一句名言,说的是"吾爱吾师,吾更爱真理",如果直译的话就是"柏拉图是我所珍爱的,但我更加珍爱的是真理"。当他成为亚历山大的老师后,他曾力图用他的思想来改造亚历山大,但是当亚历山大与他的思想有分歧后,他尖锐地批评了亚历山大并且离开了。在他面临类似苏格拉底一样的处境时,他选择了逃跑,理由是"为了让雅典人不要两次犯反哲学的罪行"。他的文笔非常优美,被称为"金色的溪流"。他面临的现实问题与柏拉图是一样的。古希腊太自由了,太乱了,太多冲突,国家又小,外敌又强。怎么才能通过思想的力量来凝聚希腊人,建立一种有效的社会秩序呢?

一 不动的感动者给予自然圆满的秩序

(一)圆满的吸引力能感动万物

亚里士多德力图把社会秩序建立在"圆满"的"一"的基础之上。他否认存在着一个脱离物质世界而独立存在的完美世界,但是他认为从逻辑上推理的话,应该存在着一个上帝,而这个上帝是"不被推动的感动者"。一个静止的事物要动起来,一定要有外力的推动,那么肯定存在第一推动者。如果这个第一推动者也是被推动的,它就成不了"第一",我们还得往下再问。什么才能自己不动而又能使得万物运动呢?就是绝对完美的上帝。他把完美称为"圆满"。圆满是不动的,怎么又能让万物都动起来呢?他比喻说,如果一个人被爱,他就可以自己不动,但是他可以"感动"爱他的人,通过吸引力让爱他的人向着他的方向努力。

他说的这个圆满的不动者,就是以这种方式感动世界,让世界万物向着圆满的方向努力,从而构成追求圆满的世界秩序。所以,不能把(to proton kinoun, the first mover)翻译成"第一推动者",而应该翻译为"第一感动者"。在上帝那里抽象地存在着各类事物的圆满的图样,各就各位地构成一个总体圆满的逻辑秩序。当这个圆满的图样还没有与任何的物质材料结合时,就是非物质性的,不存在于三维空间里,只是抽象地存在着。圆满的目的和图样都是固定不变的,而没有变化就没有时间概念,是永恒存在的。因为有这个固定不变的抽象的圆满的存在,才能给予世界稳定的秩序。

(二)潜能像种子一样生长成现实

圆满的图样要与物质材料结合在一起,才能生成万物,构成各个事物的实体。每种事物生成的过程,都是一种新的图样与某种物质相结合的过程。圆满的图样在万物开始生成时就潜存在每个事物之中,就像在一颗橡子里已经包含了一棵圆满的橡树的图样一样。一颗橡子,只要不受到外力的干扰,给它生长的条件,它就能长成一棵橡树。亚里士多德把变成橡树的可能性称为潜能,而把已经长成的橡树称为现实,而从潜能努力变成现实的过程,就是实现的过程。自然界中的万物生来都具有自己的潜能,都向着自己的"圆满"的图样努力。他把每个类的"圆满"图样称为普遍性,而这种普遍性永远不能完全实现,只能无限接近。在一个类中,单个事物总是处于不同的生成和衰亡阶段,因此每个事物都具有独特性。而圆满的"一"就是它们的普遍性,是这个类的本质属性,代表着一种"好"或"善",是这类事物存在的依据。只要有这个依据在,个体事物就会不断生成,并不断接近这个圆满的一。这个一就是每类事物存在的"目的"。我们看哪个事物更完美,不是在一个类中的单个事物之间进行比较,而是看哪个事物更接近圆满的一。每个事物接近圆满的程度不一样,所以每个类中的个体都是不一样的,正如世界上没有相同的树叶一样。

(三) 圆满的普遍性与不圆满的特殊性

那么为什么都同样在追求着每个类的同样的圆满，而实际上离圆满的程度却是不一样的呢？他提出了"四因"来解释这种现象。他先通过一个例子来说明人工物产生的原因，这样比较好理解，然后再来理解自然物产生的原因。比如说，一个雕塑家要雕塑一尊维纳斯的雕像，首先需要有雕塑的目的，这就是目的因。雕塑家的目的是为了让人们能够欣赏维纳斯的美。根据这个目的设计出图样，这就是图样因，这个图样需要完美地体现其目的，决定着一个事物是什么。目的和圆满的图样都具有普遍性。这时我们需要有雕塑的材料，比如说，我们都用大理石来雕塑，这就是质料因，说明一个事物是由什么做成的。而雕塑家要有手艺，要遵循一些原则，比如说，在恰到好处地实现图样的前提下，要用尽量少的时间、尽量少的材料、尽量精巧的工艺，总之要有效率，这就是效率因，说明一个事物是怎样造出来的。由于材料因和效率因不一样，因此雕塑家按同样的图样也会雕塑出不同的雕像。圆满的图样是完美的，而具体的雕像却是不完美的。最接近圆满的图样的那个雕像就是最好的雕像。

(四) 理性通过原则或灵魂支配世界

自然物也是按"四因"生成的，但"四因"的来源是不一样的。无生命的事物的生成，目的因和图样因都来自上帝，而效率因则来自上帝的理性灵魂。无生命的事物都按上帝的理性灵魂规定的理性原则自然地去按圆满的图样生成，并实现这个图样所要实现的"好"或"善"。因为它们的行为完全是被动的，只要没有外力的干扰，它们就会按圆满的图样生长，所以它们虽然也有不完美的独特性，也有差别，但差别不像有生命的事物那样大。所以，研究无生命的事物的科学比研究有生命的事物的科学要简单。无生命的事物是没有单个的灵魂的，只是受上帝的理性这样的总体的世界精神的支配。

所有的自然物都有上帝安排好的自然位置，那里就像是自然物的家，不管人为地让它们离开多远，它们都会回到自己的自然位置。因为离开时很不情愿，所以是做减速运动，而回归时则是归心似箭，所以做加速运动。地心是宇宙的中心；水位于围绕着地心的圈子里；气位于围绕着水的圈子里；火存在于月亮运行的轨道圈子里。当它们被移出它们的自然位置时，它们会自然地回到它们自己的圈子里。这样的运动是自然的运动，不需要外在的原因。比如说，在水中，土会下沉，气会冒泡；在空气中，雨会落下，火焰会上升。而在外层空间里，属于天体的第五种元素"以太"构成了恒星和行星，它们的运行轨道是完美的圆圈，因为以太具有圆满的神性。

而有生命的事物则是有自己的灵魂的。他把有生命的事物分成三种：植物、动物和人类。这三类有生命的事物的目的因和图样因也都是来自上帝的，但是上帝赋予了它们灵魂。灵魂是生命的代名词，有灵魂才有生命。而死亡指的就是灵魂的死亡。有生命的事物的灵魂会死，但上帝的理性灵魂不会死。上帝的理性灵魂给予植物、动物和人的灵魂不同的自由度，让它们自愿按上帝的理性灵魂规定的原则去实现它们的圆满的图样。植物通过吸收营养去尽力实现其圆满。植物只有一种灵魂，要按营养原则让自己变得健康。动物则有二重灵魂，要综合地按植物的营养原则和动物的趋乐避苦的原则去实现其圆满。而人则有三重灵魂，要综合地按植物的营养原则、动物的趋乐避苦原则和理性的美德的原则的指引去实现其圆满。上帝的理性灵魂在生命产生后就不干扰有生命的事物的灵魂了，让它们自生自灭。能按上帝的理性灵魂规定的规则行为的人，就能更接近圆满，因此能够活得更长、生活得更为舒适、心灵更加幸福。

二 通过形式逻辑抽象出"圆满"

作为普遍性的圆满，不像其他的事物，能够看得见，摸得着。普遍性存在于万事万物之中，需要把它们"认出"来或者说"抽象"出来。只有这些圆满的普遍性才是科学认识的对象。那么我们要把这些圆满"认出"来干什么呢？只有认出这些圆满，我们才能知道万事万物的好坏，用好的东西来为人服务。只有认识了圆满，我们才能够学会欣赏。比如说，欣赏一幅画的美，我们要把这幅画与圆满的图样进行比较，我们才知道这幅画所达到的水平，才能进行鉴赏。只有认出这些圆满，我们才能在上帝的理性灵魂的指引下去行为，从而才能不违背自然规律，以免被自然惩罚。只有认出这些圆满，我们才能追求与圆满相配的美德，才能过幸福而充实的人生。那么怎么才能"认出"圆满的普遍性呢？就需要有抽象思维能力，而抽象思维能力就是推理能力。哲学思维是与推理能力并存的。没有推理能力，就没有哲学思维能力，就认识不了普遍性这种"科学"。推理的方式有两种：一种是归纳推理；一种是演绎推理。

（一）从最特殊的"一"上升到最普遍的"一"

归纳推理的任务是把具有普遍性的圆满抽象出来。归纳的方式是先在同一类事物中抽一些个体进行比较，看它们有什么共性。在共性中做减法，看把什么共性减掉，这个类就没有特点了，就没有存在的必要了。我们是根据事物的本质或圆满的图样来进行分类的。在我们的思维中，我们先把所有事物安排在范畴体系中。在范畴体系之下，又设了属、种和个体事物。个体属于种，种又与属相联系。虽然划分范畴或分类是一种思维活动，但这些范畴是存在于头脑之外的事物之中的。代表着圆满的普遍性概念，用语言表达出来的话就是全称判断，就是对一个概念的定义。而每个概念都代表着一个类。通过归纳，可以给每个概念进行属加种差的定义。属指的是最邻近的属，比如说，人是属于动物这个类的，人也属于有生命的事物这个类，而动物就是最邻近的属。种差指的是在一个类的所有种里，这个种有什么独特性。比如说，人这个种与其他动物的区别是只有人才是有理性的，有理性才配做人。亚里士多德认为东方的野蛮人没有理性，所以不能被当成人看，要像对待动物和植物一样对待东方的野蛮人。

从最特殊的"一"，一层层往上抽象，可以到达最普遍的"一"。每向上抽象一层就采用一个概念，并对这个概念进行定义，就能形成一个完整的有层级关系的概念体系。这个概念体系反映的是客观存在的各类事物的各个层级内部的普遍性和各个类之间的从属关系。一个可以用形式逻辑加以定义的概念，既是下级，也是上级。无法对个人加以定义，因为个人不能代表一个类，是一个特殊的存在物，不能充当一个属，下面不能再分出种来，所以也就不存在种差。在概念体系中，个体只能是一个下级，不能做上级。我们也无法对最抽象的"一"进行定义，因为它只是上级，不做下级，在它上面没有属。从最具体到最抽象的过程，就是从最具体的"一"到最抽象的"一"的过程。没有归纳能力，就没有形成概念的能力。如果"上不去"，就不存在"下得来"的问题。每个具体的学科，都上到自己的种类那里就不再往上抽象了，而哲学则一定要上到最抽象的"一"才能结束。

（二）从最普遍的"一"下降到最特殊的"一"

而上去以后，还要下得来，而且要一步步地下来，这就是演绎推理的过程。亚里士多德首先把演绎推理的过程归纳为"三段论"。三段论是一个对话式的推理过程。哲学的演绎要从最抽象的概念开始推导。从最抽象到最具体的过程，就是从最抽象的"一"下到最具体的"一"的过程。

把最抽象的概念展开为一个全称判断，把这个全称判断作为三段论推理的大前提。大前提说明的是一个类具有什么样的共同属性。小前提就是把某个事物划到这个类里。结论就是既然这个类都有这种属性，那么某个事物属于这个类，就肯定会具有同样的属性。比如说，所有人都是会死的。这是大前提。这个判断要正确，必须保证所有人都会死。而通过统计是无法说明人都会死的，只能通过说明人存在的目的和功能，通过构成人的物质材料，来分析出人都会死的结论。

大前提的判断是共同属性就行，不一定是本质属性。本质属性肯定是共同属性，但共同属性不一定是本质属性。如果能把大前提的主语和谓语颠倒，颠倒后还是真的，就说明原来的谓语所说的属性，不只是共同属性，而且是本质属性。比如说，会死的都是人，这就不对，所以说会死只是共同属性，而不是本质属性。苏格拉底是人。这是小前提。这个判断要正确，苏格拉底必须是人，要具有人的本质属性。如果苏格拉底是神，那就不能套到大前提中去。如果大小前提都是正确的，那么苏格拉底是会死的这个结论就必然是正确的。这种推理也可以反着用。如果推导出了一个荒谬的结论，那就说明大前提或小前提出问题了。哲学家的机智和幽默很多就体现在对三段论的使用上。

（三）先"沉思"完美再"考虑"可行性

那么为什么亚里士多德要强调上得去，还要强调下得来呢？上去的目的是干什么？下来的目的又是干什么呢？上去要上到圆满那里，下来则要下到个体那里，在个体中认识圆满的存在。只有认识了圆满时，才称得上有智慧。而圆满的本质就是"好"和"善"。人知道了万事万物的圆满，才能分清楚好坏，才能知道正确的努力方向。这种纯粹的对圆满或完美的思考，他称为"沉思"或哲学的思考，思考的结果是按形式逻辑的方式准确地表达出来的哲学智慧。如果人学会了哲学思考，就能够享受到一种最高级的幸福。而我们认出圆满的目的是要为了去实现圆满，这时就需要具体地考虑可行性，即在目前的条件下，能够在多大程度上实现圆满。他把实现圆满的智慧，称为实践的智慧。这样的思考，他称为"考虑"。实践智慧的领域比较复杂，很难做到像研究数学和物理学那样精确，但也不是没有原则可循的。他的伦理学也称为道德哲学，研究的就是人怎么才能实现圆满，从而获得幸福。

三 追求美德的人才能充实和幸福

（一）有追求圆满的理性的人才配做人

亚里士多德认为，有灵魂才有生命，而人的灵魂具有三重性：植物性的灵魂、感觉性的灵魂和理性的灵魂。第一种生命只是活着，这样活着的人就相当于植物；第二种生命既能活着还能感觉，这就是动物，这样活着的人相当于动物；而第三种生命既能活着、又能感觉、还能思考，这就是人。植物性的灵魂既是自然的，又是必要的。凡是天生的，都是自然的。人生来就有对于营养的需求，而且必须去满足它，否则就不能健康地活着。动物性欲望是自然的，但不是必要的。也就是说，人的身体生来就有好舒服的欲望，但是只要满足植物性的营养，身体没有痛苦，舒不舒服是可有可无的。虽然人具有植物性和动物性，但它们不是人能成其为人的理由。人能够与植物和动物区别开来，因为人具有植物和动物都不具有的理性能力。理性能力就是能够认识圆满，并自觉地向着圆满的目标努力的能力。人的活动都是有目的的，而目的可以分成两种：一种是工具性的目的；另一种是追求圆满的目的。工具性的活动不会让人有充实感和幸福感。追求圆满的活动才会让人感觉充实和幸福，因为人在努力变成完美的好人。人找到自己的圆满的追求目标，越接近这样的目标，自己就越感觉充实和幸福。

（二）有的行为可以不负道德责任

而人要实现圆满，就需要具有美德。美德就是道德与智能完美地配合起来去追求圆满的能力。而美德要在活动中才能显示出它的优秀。比如说，人们不会把桂冠戴在一个又壮又高的旁观者头上，而是戴在那位参加奥林匹克运动会的优胜者的头上。所以，不是具有静态的美德就能幸福了，还要养成按美德的要求去选择和行为的习惯。人是有自由的选择能力的。人不仅可以选择做好事，也可以选择做坏事。人是可以明知故犯的。人在做事之前，需要思考，然后做出选择。他按追求圆满的理性的要求进行了选择，他能够得到心灵上的幸福，反之则会是心灵上的痛苦。上帝的理性灵魂并不强迫人按理性的方式行为，但是用选择后的痛苦的结果来教导人。强制的行为，无论是好或坏，都不具有道德价值。如果一个人被迫做好事，虽然他做了好事，但他并不是一个高尚的人，因为在没有外力所迫的时候，他不一定会选择做好事。如果一个人被迫做了坏事，那么也不能说这个人不高尚。在如下三种情况下做的事，不能做道德判断：首先，在不知情的情况下做的事；其次，在外力胁迫下做的事；最后，为了避免更大的恶而做的坏事。道德责任表现在自责或他人的谴责上。自责或他责都能让人感觉到内疚的痛苦。

（三）要有好心并能办成好事

在亚里士多德看来，人不仅应该选择不做坏事，而且不能把好事给做糟了。为此他提出了黄金律。黄金律的精髓是做事要做得恰到好处。黄金律与柏拉图所说的"正义"有相似之处，又有所不同。相似的是，它们都追求"正好"，而正义通常可以用一些原则来表达，追求一种整体的正好的效果，而黄金律则难以用原则来表达，它要求事事都做得恰到好处。就勇敢这种美德来说，过之或不及都不好，懦弱是不及，而愚勇则是过之。怎么把握好度呢？这就需要实践智慧了。只是有一点是肯定的，那就是走极端肯定是不好的，但在极端之间的那个点上最合适，要靠非常具体的实践智慧来把握。不是说把两端去掉，取其中就是恰好。如果事情做得恰如其分，就会让自己感觉很惬意。一个好人是能够用追求圆满的理性来控制激情的人。不是要对激情加以否定或拒绝，而是要把激情限制在合理的范围内。追求圆满才能幸福，而要实现圆满需要拥有美德。美德又可以分为两种：智能的美德和道德的美德。智能的美德指的是哲学的智慧，追求的是对圆满的认识，来源于教育和学习。而道德的美德指的是不仅要学习关于圆满的知识，还要在实践中去追求圆满，而且要形成追求圆满的习惯。在柏拉图倡导的智慧、勇敢、节制和正义这四种主要的美德之外，亚里士多德还强调了崇高、慷慨、友谊和自尊。

（四）艺术可以让圆满感动人

那么怎么才能使人们去追寻与圆满相配的美德呢？要感动人。上帝这个"不被推动的感动者"具有感动人的力量，但我们看不见这个感动者。要把这个感动者变成一个活生生的人，变成英雄，用榜样的力量来感动人。亚里士多德认为史诗、悲剧、喜剧、酒神般狂热的诗歌和音乐都是模仿性的艺术，是对自然的圆满的模仿。这些艺术形式之间的区别主要在于模仿所使用的媒介、模仿的对象和模仿的方式不同。他认为，艺术具有表达带有普遍性的圆满的功能，而历史则做不到。艺术可以往完美的方向虚构，而历史人物则不能虚构。写实的历史人物都是有缺点的，而受历史条件的限制，不足以伟大到让人产生信念的高度。而艺术通过合理的虚构则可以表现圆满。他很重视悲剧通过宣泄来净化人的灵魂的作用。古希腊的悲剧的主人公要做的事都是伟大的和有意义的,代表着一种对圆满的追求。而实现这个圆满的过程是艰辛和充满挫折的。但主人公的即使被毁灭也不放弃美德的精神,则会让人在毁灭中看到崇高。观众在观看悲剧时,会消除自己内心对于挫折的恐惧,并为伟大人物的毁灭而感到惋惜,从而激发自己追求美德的动力。

四 政府要大公无私地追求圆满

亚里士多德认为,伦理学是针对个人的幸福而论的,而政治学则是针对城邦的幸福而论的。城邦应该是一个自然的共同体。从重要性上看,城邦高于家庭,家庭高于个人,因为总体比部分更具有必要性。政治学应该把城邦当成一个有机体,而不是一架机器。人之所以在追求圆满时会有挫折,就因为人生来就受社会的制约。从这个角度上看,人在本质上是一种政治动物。这里的政治指的是人必须在社会中生活,而社会必须是组织起来的系统,政治的功用就在于赋予社会以一定的秩序。能离开社会生存的,要么是野兽,要么是神。由于人的个体的脆弱性,使得他必须依赖社会,所以社会对于个人的存在来说是必要的。他反对解散家庭,也反对财产公有制。他认为,财产公有制会摧毁人的一些最基本的快乐,还会导致无效率和无休止的争吵。

政治的组织功能是由政府来实现的,那么什么样的政府才是好的政府呢?好的政府要能够让每个人都有机会去追求来自于自然的圆满,让人感觉充实和幸福。衡量政府好不好,只有一个标准,就是"大公无私"。大公无私指的是政府一定要为所有人的共同的善服务,不能追求某个人或某个利益集团的私利。根据这个标准,可以把政府区分为真正的政府和堕落的政府。根据权力集中在一个人、几个人或多个人手中,可以把政府划分为君主制、贵族制和共和制,相应的腐败形式是个人专制、寡头制和民主制。每种政体在堕落后,都会产生革命。为了防患于未然,在君主制中要避免专制行为;在贵族制中要避免少数富人在统治中只为富有阶级的利益服务;在共和制中要让比较能干的人有更多的时间参与政府的工作。任何一个国家最需要珍惜的就是服法精神。如果一个国家不能按人们认为好的生活的方式为他们提供相应的生活条件,从而让他们能够追求圆满的幸福,肯定会遭到批判的。

一个人当政的君主制是最好的和最有效率的，但这个君主必须是一个非常贤能的君主，既要有哲学的智慧，又要有实践的智慧。只是从现实性上看，产生这样的君主的概率比较小，因此不是很现实，容易堕落为个人专制。次好的政府是现实中可能实现的最好的政府，那就是由几个精英组成的贵族政府，他们集合起来共同实现哲学的智慧和实践的智慧的统一。不能把不同的价值观杂合在一起来统一思想，也不能通过强制来实现思想上的统一，而是要通过追求圆满的理性或对圆满的信仰来统一思想。要抽象到哲学高度的把握了圆满的理性，才具有统一性和普遍性，因此参政之人必须懂哲学，否则贵族制就会堕落为寡头制。贵族制中的几个精英，要有一定的财产来保证他们有比较体面的生活，这样才能使他们不贪共同的财产，但只有财产是不够的，他们必须有为全体人的共同的善服务的美德。而寡头制政府就是几个人琢磨着如何通过公共权力来牟取私利的政府。

　　共和制是通过很多人的集体智慧的结晶来共同实现哲学的智慧和实践的智慧的统一。最好的共和制是人人都参政，但人人参政的目的都是为了服务于共同的善而不是私利，这样就能够发挥大家的智慧。如果缺乏哲学的智慧，就会缺乏统一的思想。在这种情况下，人越多就会矛盾冲突越多，容易把政府变成一盘散沙，因此会导致低效率或无效率。如果在共和制中，人们的思想观念不统一，各自参政的目的都是追求个人利益，就会堕落为民主制。而人人参政的民主制，则是人人都为自己的利益参政，一个人在不同的事情上，在不同的时间里，都会根据自己的利益改变观点和立场。每个人都只看到自己的优点，看不到自己的缺点。在一方面有优点，就认为自己身上全是优点。看到别人在一方面有缺点，就认为人家一无是处。如果人们抱有绝对平等或绝对不平等的成见，只要现政府没有满足他们的要求，革命就会像喷泉一样到处发生。革命的主要原因在于有的人认为他们与其他人是平等的，但其他人的所得比他们多。傲慢和贪财、恐惧和耻辱都会引发革命。

　　从亚里士多德的思考中，我们可以得出如下哲学观念：社会秩序是建立在圆满的"一"的基础上的。上帝是圆满的"一"的代表，在上帝那里存在着等级体系的圆满的统"一"体。上帝拥有圆满，所以是静止不动的。而上帝又能使万物动起来，因为上帝是一个感动者，上帝的圆满对万物都有吸引力，因此万物都会追求圆满。上帝的理性灵魂，把圆满的种子种在万物之中，使得万物都具有按理性的方式追求圆满的潜能。无生命的事物没有选择的自由，完全按理性灵魂的安排去追求圆满。有生命的事物则具有一定的自由：植物可以选择吸收符合自己需要的营养；动物既可以选择营养，也可以选择快乐；人则可以选择营养，选择快乐和选择幸福。人要幸福就得按照理性的要求去追求与圆满相配的美德。好的社会是由好的政府造就的，而好的政府是一个大公无私的政府，能够给每个人提供追求圆满的条件，让每个人都感觉幸福。

第四章 理性完美哲学的危机

——是不是要坚持追求完美?

原来的希腊哲学家,因希腊太乱和太自由而烦恼,力图用理性完美哲学来形成一个正义的和谐的社会秩序。而在伯罗奔尼撒战争以后,雅典衰败了。随着亚历山大的征服,希腊变成了不断壮大的罗马的一个省份。这段时期的哲学有什么特征呢?希腊人已经左右不了国家的政治秩序。这时希腊人只能是逆来顺受,罗马要弄什么秩序,就是什么秩序,好与不好说也白说。罗马社会给希腊人的感觉不是那么友好,而且充满了隐患,人们生活在恐惧之中:怕神的惩罚;怕死亡;生活状态变动不居;想追求名誉、权力或财富,但这些东西已经不是通过正常渠道就能很有尊严地获取,而是意味着屈从和麻烦。这时的希腊哲学家依然在谈哲学,但目的是要教人们如何在既定的政治秩序中获得个人的自由和幸福。

第一节 伊壁鸠鲁学派:活得简单些,别那么麻烦

伊壁鸠鲁(Epicurus,公元前342年—前270年)出生在希腊爱琴海中的萨摩斯岛。他的父亲原来是雅典的公民,比较富有。他不喜欢与穷人来往,怕穷人有太多的需求和问题要麻烦他。他的思想对希腊当时的有身份的人影响比较大。他在自己的花园里成立了一个与世隔绝的学术共同体,被称为花园学派。在这个花园里有奴隶,妇女平等地参与学术活动。他交朋友没有什么功利目的,朋友之间有很深的感情和互相尊重。他患有非常严重的肾结石和痢疾。面对令他绝望的罗马的政治秩序,他认为他的哲学是医治灵魂痛苦的良药,他是理性完美哲学的反对者。

一 不要怕死:活时,死不在;死时,活不在

伊壁鸠鲁关注物理学的目的是要告诉人们不要怕神和不要怕死。他认

为宇宙是无限的,因为原子是无限的。宇宙中除了原子和虚空外,什么也没有。原子是不可分的最小的物质的微粒,它们不仅大小和形状不同,而且有重量。原子最初的运动是像雨滴一样做垂直运动。但是,因为存在偶然性,有的原子做了偏斜运动,与其他原子碰撞,并且反弹,就这样形成了各种原子串,这就是世间的万物。因此万物的产生是纯偶然的,没有什么目的可言。它们按一些机械原则离合聚散,造成了万物的生灭。如果神存在的话,神也是由原子构成的,它才不管人间的事情呢,更谈不上奖惩,所以活着时不用害怕神。人的身体和精神也都是由原子构成的,只是构成身体的原子体积比较大,而构成精神的原子体积比较小、比较光滑、运动的速度比较快。人死的时候,原子散开了,去构成新的事物了。所以,人死就死定了,死后没有灵魂,没有意识,没有感觉,没有来生,也就更不用怕神了。而且活时,死不在,死时,活不在,又有什么必要怕死呢?

二 安静的愉快:身体无痛苦,精神无纷扰

虽然人的肉体的运行要遵循机械原理,但人是有意志自由的,具有选择的能力。追求愉快是人的行为的唯一原则。人生是有限的,而愉快的种类是无限的,为了不耽误时间,我们就要对愉快进行选择。在他看来,我们生来就像被放到了一个五花八门的大超市里,每人能够选择的东西是有限的,因为人生有限。这样我们就需要有个选择愉快的原则。有的愉快是有恶果的,先舒服,后痛苦。有的愉快则能带来宁静和安详。他反对人变成一个暴食者、酒色之徒或奢侈挥霍之人,而且也不是说人生只要有吃、有喝和开心就好。什么是不带痛苦的愉快呢?

伊壁鸠鲁仿照亚里士多德,把人的欲望分成三类:第一类与亚里士多德所说的植物性的欲望类似,需要营养的滋润,这是生来就有的,而且是必须的。满足这种欲望,才能健康地生活。但是他认为吃简单的食物就能活着了,所以他总吃面包。第二类与亚里士多德所说的感觉性的欲望类似,即动物性的欲望。伊壁鸠鲁认为这类欲望是生来就有的,但不是必要的,比如说,性爱。但是他对有节制的、容易实现的感觉是赞许的。他认为人的精神的愉悦和肉体的愉悦都依赖于感觉,人活也就是活个感觉。人死了,没有感觉了,精神也就没法幸福了。第三类与亚里士多德所说的理性欲望不同。伊壁鸠鲁认为自然界生来是偶然的,没有什么目的性,因此

不存在根据目的来设计出的完美，所以人并不具有追求完美的理性能力。他说的第三类欲望是对于荣誉、权力和财富的欲望。他认为这类欲望不是天生就有的，也不是必要的，追求这类东西不仅会带来麻烦，还会让人嫉妒。人要通过冷静的理性思考把欲望降到最低限度，从而把麻烦降到最低限度。欲望越少，越容易满足，越容易感觉幸福。所以，他认为幸福就是身体无痛苦，精神无纷扰。

三 尽想好事：人活就活个愉快的感觉

伊壁鸠鲁把愉快分成两类：动态的愉快和静态的愉快。动态的愉快是激烈而短暂的。人要产生激情，首先要有渴望的痛苦。越是渴望，满足时越是充满激情，但激情的温度难以持续，必然要有回落。而回落的过程是幸福感消退的过程，相对于激情高涨时的状态也是一种痛苦。动态的愉快总是在渴望、激情和惆怅之间来回折腾。而静态的愉悦则是一种恬静的零度状态，不特悲也不特喜，精神处于轻松的休闲状态，而且可以持续地存在。他认为静态的愉快高于动态的愉快。

我们的人生应该这样度过：每天吃点容易满足的简单食物，能活着就好。欲望越是容易满足，越容易得到幸福感。不要去想那些不着调的完美和崇高，每天只想好事，只谈论好事，只回忆好事，避免因为谈论他人的不好的事而引起他人的痛苦。自己能让自己感觉愉快就是善，自己能给予他人愉快也是善。自己让自己痛苦或让他人痛苦都是恶。正义就是在追求自己的愉快的时候不要让别人不愉快，因为这么做会遭到报复。国家存在的必要性只在于制止让人不愉快的事件发生。个人只对自己的愉快负责，不用关心什么社会责任。如果生活在一种并不是人所希望的政治秩序中，又何必要在其中扮演一个角色呢？所以，在花园学派的门口的大牌子上写着：陌生人，在这里逗留会很好，这里的最高的善是愉快。

第二节 犬儒学派：权力、财富、名气和性爱带不来心灵的幸福

犬儒学派的三位著名的代表是：安提斯泰尼（Antisthenes，公元前445年—前365年）、锡诺普的第欧根尼（Diogenes of Sinope，公元前412年—前323年）和底比斯的克拉特斯（Crates of Thebes，公元前365年—

前285年）。犬儒学派中的犬儒这个词来源于古希腊语，原意是"像狗一样的"，有"愤世嫉俗"的意思。犬儒学派擅长于辛辣的讽刺。克拉特斯放弃了大量的财富在雅典过着犬儒学派的贫穷生活。他们用自己的生活方式来捍卫理性完美哲学。

一 只要有美德就能幸福

犬儒主义的集中爆发时期是希腊人刚被马其顿征服的时期和罗马帝国刚建立的时期。这都是哲学家们感觉绝望和非常痛苦的时期。在这样的社会中，他们找不到对于人的才华和美德的肯定，看到的是物欲横流，看到的是人们的普遍的不幸福的状态。犬儒学派认为，只要有美德就能幸福，反之，失去美德就不会幸福，他们要过一种与自然相协调的有美德的生活。而财富、权力、性爱和名气与美德是不对应的，人在追求满足这些世俗的欲望的时候，会失去自由，被这些虚浮的东西所控制。他们不认为按世俗的方式用权力、名气和财富来判断人的"好"是真的好。这些"好"，只是看上去好，似乎好而已，因此是虚荣，无法给人带来真正的幸福。他们以极端的方式来破坏这种世俗秩序，目的是要告诉人们放弃这些虚浮的追求才能获得幸福。

二 不因为没有世俗的风光的标识而感到耻辱

虽然他们告诉人们，要有追求完美的"美德"才能幸福，但是要先破才能立，而破的对象就是要人们放弃对世俗的财富、名誉和权力的追求，不要被这些东西所拖累。由于要破的目标太难，因此他们的主要火力都放在破上。有的犬儒学者因为破惹怒了当局而牺牲了自己的生命。他们都很有智慧，口才很好，并不是为了破而破，而是胸怀着追寻美德的理想来破。他们用他们的"狗"一样的生活方式来传道。他们像狗一样不在乎人们怎么看他们。他们不因为没有世俗的风光的标识而感到羞耻。他们也不受礼节约束，可以当众放屁、当众做爱、吃生肉、光着脚走路、不要家庭、不要财产，靠给人讲道理来行乞维生。他们通常睡在十字街头。据说第欧根尼曾住在雅典的大街上的一个桶里。他们像狗一样能够分清朋友和敌人。他们对朋友很好，可以在一起传道和行乞。而对于敌人，则会使用刺耳的讽刺，正如狗吠一样。他们按苦行主义的方式生存，经过非常严格的修炼，过着一种简单的、自足的生活。他们能够像狗一样坚守他们的哲学信条，不因为敌人的强大而放弃自己的守候。对于敌人，他们表现出十足的傲慢。

第三节 斯多亚学派：别让烦心事往心里去

斯多亚学派的第一创始人是季蒂昂的芝诺（Zenon of Citium，公元前334年—前262年），生于塞浦路斯，早年到雅典求学。他的思想主要来源于犬儒学派。斯多亚学派的主要的代表人物有克里尼雪斯（Cleantlies，公元前331年—前232年）、克吕西甫（Chrysippus，公元前280年—前206年）、西塞罗（Cicero，公元前106年—前43年）、塞涅卡（Seneca，公元前4年—65年）、爱比克泰德（Epictetus，55—135年）、奥勒留（Marcus Aurelius，121—180年，罗马皇帝）。令人震撼的是克吕西甫一个人写出了700多卷作品，其中有300卷为逻辑学，被称为该学派的第二创始人。奥勒留有哲学帝王之称，他的《沉思录》影响力非常大。他有很多著名论断，比如说，自由不是对欲望的满足，而是消除欲望。

斯多亚学派又称为画廊学派，因为他们的学术活动是在离繁华的闹市很近的画廊里进行。它是希腊化时期存在时间最长、影响最广泛的学派，深受希腊化世界和罗马帝国的有教养的精英以及罗马皇帝们的推崇，可以说是一种认同程度很高的"官方哲学"，是"罗马精神"的体现。它要解决的问题同样是在一个无法改变的强大的罗马的政治秩序面前，个人怎么才能有幸福感，怎么才能不害怕死亡。它捍卫理性完美哲学的观点，认为要幸福有美德就足够了，并从命运的角度来改造理性完美哲学，说服人逆来顺受。

一 听从命运：愿意的牵着走，不愿意的拖着走

斯多亚学派认为，要让人遵守绝对的社会秩序，首先要让人先想通了自然界的秩序是哪里来的，因为人是自然界的一部分，因此人要选择遵守自然秩序，才能幸福地活着。这个学派认为，存在着一个至高无上的神，由这个神通过流溢的方式创造出世界秩序和世间万物。这个神也被称为大写的"自然"。神是由纯粹的火构成的。而万物的灵魂是由火与以太混合在一起的精气构成的，具有火的性质。这种精气是主动的，而物质是被动的和懒得动的。当精气进入物质中时，就让物质运动起来。在精气中包含

着天命、规律和运动的动力。灵魂使各种元素结合为一个整体，去实现一个特定的目的。目的实现了，使命完成了，人的灵魂就死掉了，但神依然存在着。人的精气存在于心脏之中，并随着血液流淌。万物都具有神性的火花，因为神存在于万物之中，而灵魂就是神的体现。这个神还被称为大写的"天命"，而天命就是神要完成的任务。神把天命藏在生成万物的种子之中，让万物都具有"种子理性"，生来就负有责任，要去履行自己的天职。神靠规律来控制万物，使万物能够按自然秩序来完成自己的使命。

整个宇宙就好比是一个大的电话系统，神是主控者，规律就是总线路，而每个人通过分机与总线路联系在一起。整个宇宙中没有偶然现象，全都是神安排好的。神就像是总导演，而整个宇宙在上演着一场戏剧，每个人扮演什么角色，是神事先安排好的。人想要幸福，就一定要分清楚，什么是自己可以控制和改变的，不要枉费心机去做傻事。每个人的种子里藏着的天命，这就是自己的命运，命运以一种有智能的以太或一种初始的火的方式存在。人只能听从命运，愿意就拉着走，不愿意就拖着走。我们不能抱怨说，为什么他演英雄，我只能演穷人、瘸子或奴隶，为什么化妆师要在我脸上弄一个很难看的鼻子。抱怨、悲伤、嫉妒或感觉很受伤，这都没有用，这是命定的。"斯多葛"这个词就是用来指不在意喜、怒、哀、乐的人。人要不遭受痛苦的袭击，就要去掉喜、怒、哀、乐这样的激情，要有自我控制力和忍耐力。激情这个词的来源就是"苦恼"和"痛楚"。我们要通过修炼，让我们的心不受到激情的干扰，让人不动情，实现灵魂的没有激情的宁静。人要听从命运才能不愤怒、羡慕和嫉妒。

二 人可控制态度：如果你不幸福，原因全在你自己

个人怎么才能认识自己的天命呢？要学习哲学中的物理学、逻辑学和伦理学。如果把它们比作一个动物的组成部分，那么逻辑学是骨骼和肌腱，物理学是肉，伦理学是灵魂。如果把它们比喻为一棵树的话，逻辑学好比树干，物理学好比树叶，伦理学好比果实。如果把它们比成果园的话，逻辑学是篱笆，物理学是土壤和果树，伦理学是果实。如果把它们比喻成鸡蛋的话，那么逻辑学是蛋壳、物理学是蛋白、伦理学是蛋黄。总之，伦理学是哲学的核心，因为它教我们怎么获得幸福，而这是人生的目的。

我们学习的目的，就是要认识到自己的命运，认识自己的角色。我们

改变不了自己的命运，但是可以改变对于命运的态度，可以尽力演好自己的角色。人对待事物的态度完全是自由决定的，所以痛苦都是自找的。只要自己在努力尽自己的天职，不要在意别人的评价。奥勒留说，是不是你的名声给你带来了烦恼？那看看我们都多么的健忘吧！无尽的时间的深渊会吞没一切，掌声都会变成虚无。人只要自己想幸福，在任何时候都是可以幸福的。用爱比克泰德的话说，就是：无论是在病痛中，威胁中，死亡中，流放中，还是屈辱中，都依然能感觉幸福。塞涅卡说，让我们在面对任何事情时都很开心和勇敢。奥勒留说，如果有任何人感觉不幸福，那就让他记住，不幸福的原因完全在于他自己。别做判断，别说我伤心了，你就能消除伤心本身。

我们是通过感官来接受外部信息从而认识天命的。外部事物就像是一个印章，我们的头脑就像是一块蜡板，事物不断通过感官在我们的头脑中留下印象，于是我们有了记忆。我们的头脑通过思考，把意见挡在心外，不让它们烦扰我们的心灵。只让我们确信的东西进入心中，然后我们再对这些确信的东西进行论证，论证的方式是借用同时代人和人类已经留下的知识，从中找到必然性和完美。天命就是通过这些必然性和完美显现的。这样我们既学会了保护心灵，设置心理上的屏障，不让麻烦事往心里去，又能分辨出指引我们前进的完美。圣人在道德上和智能上都是完美的，就是因为他们是知天命并按天命行事的人，所以能够不动情，能够享受灵魂的宁静。每种天命中都包含一定的完美。我们每个人演好自己的角色，都能有一个充实而恬美的幸福生活。邪恶的人不懂天命，肆意妄为，因此必然遭致不幸，必然会感觉痛苦。

奥勒留说，一早就对自己说，今天我将会遇到不知感恩的、狂暴的、奸诈的、嫉妒的、无情的人，他们分不清好坏，我不要与他们一般见识，不要生他们的气，不要恨他们，因为他们都是我的同伴，我们来到这个世界上的目的是一起工作。他们演不好他们的角色，自有神去惩罚他们，给予他们痛苦。他还说，对于发生在我们生活中的任何事情感觉惊讶，都是很可笑和很奇怪的！由于幸福是人活着的目的，当人的身体因为疾病而处于无法挽回的激痛之中时，或者人只有通过死才能逃脱被羞辱的状况时，是可以自杀的。塞涅卡说，关键不在于我们能活多长，而在于能多么高贵地活着。但一个人不能因为不想履行自己的天职而自杀。人死了就彻底死了，所以不用害怕死亡。

三 宇宙大同主义：每个人都是一个世界公民

斯多亚学派提出了宇宙大同主义。他们认为宇宙中的万物是有限的，而宇宙中的虚空则是无限的。宇宙间的一切都是神安排的。宇宙是一个按神定的自然法运转的和谐世界，因此我们每个人都是平等的宇宙公民，我们都要遵守神定的自然法而不是每个国家自己制定的法律。我们之间要有兄弟般的爱，要乐于互相帮助。我们有着同一个宇宙和同一个梦想，我们都要努力实现宇宙的完美与和谐。爱比克泰德说：每个人首先是自己的共同体的一个公民，但同时也是由神和人组成的这个大城市的成员，政治性的城市只是这个城市的副本。正如锡诺普的第欧根尼所说：我不只是一个雅典人或科林斯人，还是一个世界公民。虽然我们演的角色不一样，但我们都是兄弟，要博爱，要仁慈。对待奴隶也要和蔼，要面带微笑。男女之间的关系应该是平等的，自由结合为家庭。人要孝敬父母、尊重兄弟、热爱朋友、忠于共同体，要有节制、勇敢、智慧和正义的美德。

从斯多亚学派的思考中，我们可以得到如下哲学观念：神按自然法来造出自然秩序，给宇宙中的万物都安装了天命；当万事万物都尽职尽责地去完成自己的天命时，就会分享到一定的完美，从而得到自己该得的幸福；我们改变不了命运，但是可以改变对于命运的态度；我们通过学习物理学、逻辑学和伦理学就能知道必然性和完美，就能知道自己的命运，当人认命了，按命运的指引扮演好自己的角色，就会感觉幸福；不要多管闲事，自己管好自己就可以，管不好自己的人，会有神来管，神是会让他们痛苦的；我们到世上都是来合作完成神的使命的，我们是平等的伙伴关系，是世界公民，要互相帮助和互相爱护。

第四节 怀疑主义：怀疑一切就可以包容和不产生矛盾

爱里斯的皮浪（Pyrrho of Elis，公元前360年—前275年）是怀疑主义的最初的倡导者之一，所以哲学上的怀疑主义又称为皮浪主义。怀疑主义同样是要教人们怎么才能保持心灵的安宁，不那么烦从而感觉幸福。它通过让人的心灵获得自由来实现这样的幸福，而方法就是帮人们清扫出所有的"一"。怀疑主义是一种总体的方法，主张对任何东西都持有质疑的态度和怀疑的倾向，甚至怀疑他们的感官的可靠性。它让人们不要做出关于完美的真理的论断。它主要继承了智者派的传统，用怀疑的态度来对待理性完美哲学。

一 通过悬疑摧毁所有的"一"

怀疑主义认为，对待事物，我们可以持有三种态度：对、错、悬疑。它认为无论进行对或错的判断，都太绝对，都会导致专断论。在我们认识任何一个事物或做任何一件事的时候，我们非要做出对与错或好与坏的判断，都必然要惹来麻烦，让心不静。因为无论你做出对还是错的判断，都会有同样有力的证据来说明这种判断是不可靠的。怀疑主义不对任何事物下判断，在研究中搁置判断，只寻求研究、分析和批判，系统地怀疑和不断地试验，目的在于解构而不是建构，所以不给出结论，让结论永远"挂"起来，这样可以做到包容和不产生矛盾。它认为知识是有局限性的，在利用智能时要小心翼翼。它也在探究和寻求，但目标是怎么把人们头脑中的固定的"一"的观念给消除掉，探究的是如何解构已经存在的力图建构心灵的秩序的哲学体系。

二 关于对错的争论都是没有结果的

这个世界充满了不确定性，任何确定的判断都会被质疑。哲学家们争论不休。他们的思想都不一样。而且他们争论的都是看不见摸不着的东西。他们用的逻辑中的命题都需要进一步证明。对于任何一个命题，往前和往后都可以无限问下去，找不到一个绝对的起点和绝对的终点作为推理的开始或结束，还可能导致循环论证。哲学家的理论都无法验证，只能是假说。而看得见摸得着的东西，也会被表象所迷惑。一支船桨放在水里看上去是弯的，拿起来看则是直的。画家在一个平面上画的画，通过幻觉会让你感觉到是立体的。甜的东西在有的人的嘴里是苦的。所以，我们要想，但要想得现实、具体，要去掉幻觉。我们不要多想，不要去想那些绝对普遍的完美的真理。对于想不清楚的事情，就挂起来，不要自寻烦恼。

三 做事只需考虑习惯、法律和自己的感受

人的认识不可能那么精确，但是可以把握个大概，寻找到或然性就可以。我们的行为的指导就是自己所生活的国家的习俗、法律和自己的感觉。想问题的步骤可以是：按习惯是怎么办的，法律上有什么规定，做这

个事感觉好不好。就凭相对明晰的经验办事就可以。虽然要遵从这些秩序,但不去探求这种秩序的合理性,也不在心灵中安装这样的秩序。到不同的国家遵循不同的道德和法律就可以。这是一种极端的经验主义,具有比较大的灵活性,容易适应环境。如果说崇尚智慧的人在于找寻确定性的话,那么放弃对确定性的找寻就是放弃智慧,只是在找寻生活的技巧。

从怀疑主义的思考中,我们可以得到如下哲学观念:在整个世界中充满着不确定性;我们的认识具有局限性,没有能力认识确定性;哲学家关于对与错的争论永远没有结论,因为说对或说错都有同样多的理由来加以论证;无论是关于完美的论断还是关于我们看到的现实的判断都会导致独断论,都会给自己惹来麻烦,让自己的心灵无法得到安宁,而且还会得罪人,遭到报复,自寻烦恼;对于事物我们就想个大概其就可以了,不用太较真儿;做事情时,只是想想所在国的习惯、法律和自己的感受就行,不要想这些东西合不合理,入乡随俗,遵纪守法就行。

第五节　新柏拉图主义:完美像太阳一样放射出万物

新柏拉图主义的创始人是普罗提诺(Plotinus,204—270)。他出生在埃及。他没有结过婚。他在亚历山大城找到自己心爱的老师阿摩尼阿斯·萨卡斯,后来到罗马创办了自己的学校。他的学生来自不同的行业,有男有女,还有当时的罗马皇帝夫妇。他曾想按柏拉图的《理想国》造一个称为柏拉图城的计划,但这个理想没有能够实现。他写了54卷专著,但他不喜欢编辑,他的手稿笔迹很潦草难认,拼写也不准确,由他的学生编辑成六部《九章集》。普罗提诺在罗马之时,正是罗马的道德和社会混乱之时,没有一个学派能够征服其他学派,各种宗教和宗派林立,不少人采用杂拼的方式构成各种宗教和学派,出现了各种崇拜现象。基督教也开始流行,但还没有太强大的力量。普罗提诺在柏拉图的理性完美哲学的基础上继续前进,成为新柏拉图主义的创始人。他的目的在于为人们的心灵安装上让人舒适和幸福的追求完美的秩序。

一　越接近完美就越幸福

普罗提诺认为世界产生于一个超越有和无的完美的"一",它是绝对的一,其中没有多,绝对静止,永恒存在。它不是物质的,不是有限的,不是可分的，没有具体的图样。它不变化，没有多样性，没有复杂性，不是被创生的。它就像太阳，是绝对的善和绝对的美的代表，是一个绝对的完美的统一体。无法用语言来表达它。它像太阳放射出光芒一样，放射出万物。万物来源于完美，又回归到完美。但是因为太阳放射出万物的顺序不一样，离它越近的就越完美，离它越远的就越不完美，光线就越来越暗淡。没有光的绝对黑暗就是恶。完美的"一"首先放射出的是理性，再放射出世界灵魂，因此理性离完美最近。离完美最远的是物质，因此物质最为暗淡。但是，因为物质也来源于完美的一，因此具有灵光，也是灵魂的居所，受灵魂的指引，因此具有理性。每一种善的图样都有一种灵魂。这种灵魂存在着向上看和向下看两种潜能。比较高级的存在物对理性的法则具有敏感性，而比较低级的存在物则无目的的乱动，因为不机灵而造成不和谐，导致这些存在物的冲突和消亡。当物质突破了边界，就进入绝对的黑暗之中，从而消失变成无。从事物的结构和秩序中，可以看到灵魂的所在。绝对的一就这样产生了一个有等级的自然界。人越是阳光，离完美越近，就越是幸福。当人与完美的"一"合二为一时，能够有一种神秘的迷狂的幸福感，感觉自己就像神一样，也处于绝对静止状态，也能放射出光芒。

二 一旦幸福就不再悲伤

人的灵魂与物质的肉体相结合就形成了人，人是灵魂堕落的产物。人的肉体继续向下努力，走向黑暗。当人完全进入黑暗之中时，就产生了恶。恶的存在是合理的，就像因为有阴影，我们更能看清一张肖像的美。为了不陷入黑暗之中，人就要转过头来向着完美的方向飞翔。这个上升的过程是艰难和痛苦的。要陶冶走上完美的阶梯的能力，就要修炼人的道德和智能的美德，要通过严格和正确的思维训练，最后能够超越个体性，走向普遍性。一旦人的灵魂进入完美世界之中，他就不会再痛苦，就会总是感觉很幸福。一个幸福的人不会一会儿感觉幸福，一会儿感觉悲伤，因为幸福是一种纯精神的状态。当人的灵魂进入这种状态时，因为有过堕落的经验和悲伤，它就不会再次堕落，从而能够停留在完美世界里。这时无论是病痛、折磨还是死亡都不会影响人的幸福感，因为能够被折磨的只是肉体，与灵魂无关。灵魂不是一种实体，因此无法被折磨。而且当灵魂飞到了太阳的近处时，虽然肉体还在俗世，但灵魂已经像风筝一样飞到了天上。当死亡来临的时候，灵魂就彻底回到了太阳那里。堕落后回归的灵魂，就不再会堕落，只是呆在完美那里。人向着完美飞翔的过程，就是一个灵魂救赎和奔向永恒的幸福的过程。

从普罗提诺的思考中，我们可以得到如下哲学观念：完美的"一"是绝对的一，不能说它是什么，但可以说它不是什么，我们通过知道它不是什么来认识它是什么；完美的一先放射出完美的理性图样，再放射出世界灵魂，而灵魂具有向上看和向下看两种潜能；根据完美的一放射的顺序不一样，完美的程度就不一样，因此形成了一个有等级的自然秩序；人是有理性的，可以让自己转身飞向太阳；即使有肉体的拖累，人的灵魂也可以与太阳相遇，从而感受到迷狂的幸福感，因为灵魂可以向风筝一样飞到太阳的近处；灵魂没有实体，所以不可能被凌辱；当人的灵魂再次回到完美那里时，因为它经历过不完美的悲伤，因此再也不会离开完美世界，可以永远处于绝对静止的完美的"一"之中。

第五章 信仰理性完美哲学

——为社会秩序而寻找"信仰"的"一"

奥古斯丁生活在罗马被洗劫，罗马共和国出现解体迹象的时代。那时的罗马共和国，思想混乱，出现了很多种宗教和学术派别，而谁也征服不了谁。那时的柏拉图学园已经变成了怀疑主义的基地，认为人生充满了不确定性，让人怀疑一切，从而让人什么也不信。有很多人说因为天主教倡导世界主义，削弱了爱国主义，所以使得罗马共和国变弱了。而奥古斯丁则认为，罗马共和国的衰弱主要来自于思想上的混乱。奥古斯丁说，把普罗提诺的哲学改几个字，就能把他变成一个基督教徒。奥古斯丁就这样改了，从而把柏拉图的理性完美哲学，通过普罗提诺搭起的桥梁，变成了能够为大众接受的信仰理性完美哲学。信仰理性完美哲学就是让信仰和理性合作来证明绝对完美这个"一"的存在，再通过绝对完美来建构社会秩序的哲学。

奥古斯丁在力图解决自己的心灵的焦虑不安的过程中，为人们找到了知识上的确定性和人生的信仰，使得人们能获得精神上的平静的幸福。信仰理性完美哲学的建构从奥古斯丁开始，到阿奎那那里达到顶峰，其中经历了黑暗时期和唯名论与唯实论之争的考验。同时，伊斯兰教和犹太教也在利用亚里士多德的哲学构建信仰理性完美哲学，并影响到了基督教世界的哲学。在13到14世纪，司各脱、奥康和艾克哈特都认为对绝对完美的信仰还是需要的，但是要把信仰与理性区分开来，人可以选择是否信仰绝对完美，而且没有办法通过理性的说服而只能靠启示或人的情感需要来走向信仰。这时已经萌发出了信仰理性完美哲学的危机。

第一节 奥古斯丁：哲学为什么要求助于信仰？

一 干坏事为什么会感觉好玩？

奥古斯丁（Augustine of Hippo，354—430）出生在非洲的努米底亚的塔加斯特城。他的家庭属于上流社会，父亲是异教徒，而母亲莫妮卡是虔诚的基督教徒。她的母亲非常爱他，首先灌输给他的是基督教的信仰。他在十一岁的时候，被送到了他的家乡附近的一个小城学习。他在那里接触到了拉丁文学、异教信仰和实践。他的第一次罪恶感来自他和几个朋友一起偷了邻居家的水果，而偷的目的不是为了想吃。这件事情一直成为他的心结。因为如果他们是饿了需要吃水果，还情有可原。而他们是为了偷而偷，感觉偷着好玩。于是他在思想上陷入了深深的道德混乱之中。为什么人会把干坏事当作好玩的事呢？而他干了坏事后，感觉灵魂不得安宁，怎么才能救赎自己呢？

西塞罗的作品燃起了他对哲学的兴趣。后来他被送到迦太基去学习修辞学。那是一个港口城市，有淫乱之风。与一些年轻人交往，让他开始放荡起来。那些年轻人向没有性爱经验的人炫耀他们在性关系上如何优秀，而且奚落没有性经验的人。于是，没有性经验的人就产生了尝试性爱的驱动力。即使没有性经验，也会编些性爱故事来让自己免于被嘲笑。那时他的最著名的祷告是"请赐予我贞操和节制，但现在还不是时候"。

于是，奥古斯丁有了情妇。他的母亲要他娶门当户对的女子，因此不同意他结婚。这时他感觉自己在道德上处于混乱状态。不该偷水果，他偷了。不该有情妇，他有了。他有罪恶感。他需要解释这种罪从哪里来的？于是他接触到了摩尼教。这种宗教相信二元论，认为世界里既有善也有恶，善有善的规则，恶有恶的规则，二者都具有同样大的力量，而且永远存在。但他的问题是他不想作恶，但是他却改不了，怎么办呢？

在罗马，他接触到了新柏拉图学园的怀疑主义，相信人生中找不到确定性，没有什么好坏的标准。而他的道德问题依然没有解决，他依然生活在烦恼之中。后来，他先到了罗马，不久到了米兰，在那里成了一名在皇宫里讲授修辞学的教授。他三十岁时便拥有了在拉丁世界里的最显要的学术地位。那时，从这个位置走上从政之路是很便捷的。在这里，他受到了后来成为米兰主教的安布罗斯的影响，开始对基督教产生兴趣。安布罗斯原来也是教修辞学的，但比奥古斯丁大。奥古斯丁与第一个情妇同居十三年后，生了个儿子。他儿子十七岁时，他母亲给他安排了一个年龄很小的未婚妻，要等两年后才能结婚。这时他抛弃了他原来的情妇，又有了新的情妇。

也是在米兰，他接触到了柏拉图主义，尤其是普罗提诺的新柏拉图主义。当他用这种哲学来解释基督教时，他发现可以找到完美，可以帮他解决他的道德混乱问题。就这样，他和他的儿子一起接受了洗礼，成为天主教徒。"Catholic"这个词不仅有"天主的"意思，还有宇宙的、全人类的、世界的意思。后来，他回到了家乡，同年，他的母亲去世。他继承了很多家产。再后来，他的儿子去世。他只留下了一所自己居住及朋友们在一起修道的地方，卖掉了其他祖产，把钱给了穷人。后来，他虽然没有住在修道院里，但完全过着心灵宁静的基督教的单身生活。他担任天主教堂的主教，吃得很简单，在财务管理上非常节俭。

他的三部追求完美的著作分别是：《忏悔录》，因为追求人生的完美而忏悔；《订正录》，为了追求学术的完美而在临终前回顾修正了自己的早期著作；《上帝之城》，一个他热爱的完美世界。他认为一个幸福的人需要生活在一个幸福的社会之中。世俗之城应该是上帝之城的摹本，但往往是不完美的，要以上帝之城来衡量一个世俗之城的好坏程度。当希波正处于一个德国的野蛮部落汪达尔人的包围之中时，他让人把大卫的忏悔词挂在他能看到的墙上，他在祷告和忏悔中去世。他去世后，汪达尔人除了他的大教堂和图书馆外，毁掉了整个希波城。

奥古斯丁在研究理性完美哲学时，发现了理性完美哲学的无法克服的逻辑前提问题，因此导致了怀疑主义的盛行，所以他要求助于信仰，让信仰与哲学合流。另外，因为他是一位修辞学专家，能够写出非常优美的文字，掌握了非常恰当的传道的教学方式，从而使得他的信仰理性完美哲学在基督教的帮助下大众化了。他的信仰理性完美哲学提供的不仅是具体的知识，而且是获得心灵幸福的方法，因此既能帮助解决社会秩序的混乱问题，也能够让人们获得心灵上的宁静的幸福感。

二 让哲学思考有一个确定的起点

奥古斯丁在哲学中把信仰与理性结合起来的动机是要解决自己在道德上的混乱。他想要找到确定性，让自己的心灵能够恢复平静，从而感觉到幸福。他通过严密的推理发现，在怀疑一切的怀疑主义之中，也存在着判断，即存在着确定性。不分好坏本身也是一种判断。而且从睡着了的或做梦的或处于怀疑状态的人中，我们也能做出判断，那就是这个人是存在着的并且是活着的。所以，他认为确定性肯定是存在的，问题在于如何找到确定性，尤其是如何找到最终的确定性，也就是完美，因为人的心灵只有到达那里才能感觉安宁。这样，他就开始构建他的信仰与理性合流的信仰理性完美哲学。

他认为，在万物产生之前，存在着一个有自由意志的完美的上帝。他之所以要么么说，为的是克服哲学中的无限问下去的困难。找不到一个确定的起点，就无法进行哲学思考。他认为不把信仰与理性结合在一起，就不可能有真正的哲学。要把人们继续问下去的思维给截断，在哲学中找不到办法，只能让人通过信仰先相信有这么一个完美的上帝的存在，然后再进行哲学推理。而获得信仰的方式在于通过"启示"让人相信完美的上帝从无中同时创造了世界上所有的物种，显示出上帝的优雅。根据当时的经验资料，人们还没有能够发现从一个物种中长出另一个物种的证据。

他要让这个推理的起点尽量简单化，不要在这个起点上节外生枝。这样他就开始了他的哲学推理。因为上帝造万物，凭的全是自由意志，所以不要去问，上帝造物的原则是什么，上帝是从哪里来的。所有描述上帝的概念都是一样的，在此他使用了关于上帝的"三位一体"的概念：圣父、圣言、圣灵。上帝是完美的代名词，它只会造出善，而不会造出恶。所以，世界上不存在恶。但上帝造物时，在其中安装了种子法则，这种法则表现的是一种潜能，还需要自己去生长。每个物种，都只能是在某个方面能做得比其他物种都好。这就是每个物种生长的方向。它只能向着自己的这个类的最完美的程度去努力，而不可能长成另外一个物种。完美的上帝，要造成一个等级的体系，让各个物种要有区别，还要各就各位，这样才能形成一个和谐的完美的宇宙体系。

虽然这个体系是等级化的，但是如果各个物种都不知道存在这样一个等级体系，各自就会满足于追求自己的类的完美，就不会出现秩序紊乱的情况。但是，当上帝创造出了第一对人，亚当和夏娃后，情况就变了。亚当和夏娃，比喻的是人的灵魂和肉体。亚当代表着理性，而夏娃代表着激情。蛇引诱了夏娃，让夏娃吃了智慧果，使夏娃意识到了上帝安排的等级体系，于是变得骄傲起来，因为她知道了人是最高级的。因为夏娃是亚当的妻子，亚当为了陪伴夏娃，不让她孤单，因此陪她吃了智慧果。上帝发怒，把他们贬到世界上，目的是要惩罚他们。这就是奥古斯丁首先提出的原罪说。人在干坏事的时候，不光是肉体犯错了，灵魂也犯错了。他也是用这个理由来解释他小时候偷水果的罪的。于是，人类的子孙就生活在了世俗的世界上。

上帝赋予了人自由意志，也就是说，面对善恶，要自己做出选择。选择善的，才能回到完美世界里。而选择恶的，就要被毁灭。世界末日就是上帝惩罚人类的终结之日。在那一天，所有的人都要经过上帝的审判。那时人类会被火烧灭，但是真诚地选择善的人会复活。奥古斯丁说，这样的创世说，具有比喻的寓言性质，主要是帮助人们去理解不容易懂的道理，不能从字面上简单地加以解释。如果人们能够从中转变了自己的看法，选择了善，走向完美，让自己的心灵感觉宁静而幸福，就达到了目的。

三　让每个人的心灵中都有一个完美的太阳

那么人要怎么想才能想出完美，怎么才知道自己想的东西确实是完美的呢？那就要从感觉开始。因为万物都是完美的上帝造的，因此在万物中都包含着某种完美，只是我们要有一双识别完美的眼睛而已。万物进入我们的头脑中的方式，不是像印章刻在蜡板上一样，因为根本不存在蜡板。灵魂是无形状的，不是一个物质实体，不能在上面刻东西。进入我们头脑的只是影像。只是当这种影像进入人脑后，要对它进行判断。比如说，看到一个女子，这个女子的影像进入了人的头脑，这时我们还会对她进行判断，说她是个美女。

那么问题就出现了。我们认识的对象，那个美女，是会因衰老而变得不美的。我们的眼睛也是会随衰老而变化的。她年轻的时候是美的，老了就不美了，那么她到底是美的还是不美的呢？如果我们把船桨放一半到水中，看上去是弯的，拿起来又会是直的，那么船桨到底是直的还是弯的呢？奥古斯丁认为，对于这样的具体的事物的判断，不要进行概括就具有确定性。在具体的时间和空间中来对事物进行具体的判断，就不会有问题。比如说，船桨放一半在水中就是弯的，在空气中就是直的，就这样判断不就确定了吗？！

那么还存在一个问题，我们怎么知道美的概念呢？什么是美？我们为什么会说她们都美，只是美得不一样呢？我们为什么会说一个女的比另外一个女的更美呢？美的标准是什么呢？奥古斯丁认为，我们能够看清楚事物，因为有太阳的光芒。同样，我们要在心灵中看清楚一个女子美不美，依然需要一个类似于太阳的东西，它能让我们全方位地看清楚这个女子。这个太阳就是完美。如果找到了完美，我们的心灵中就有了太阳，我们的心灵就是透亮的，看什么都看得明明白白，清清楚楚。所谓启蒙，就是让人的心灵中有一个完美的太阳。有了这个太阳，才有智慧。所以，我们的认识活动至少要包括四个要素：可感知的具体对象；能感觉的器官；头脑中形成的影像；完美的标准。

四 传授"信仰"的教育是不分专业的

传道的智慧教育与传授知识的智能教育不同，传道要让每个人的心灵中都有一个完美的太阳。他把学道的学生和传道的老师都进行了分类。他认为学道的学生有三种，要通过三种不同的传道的方法来进行教育。这就是因材施教的方法。学道是无所谓专业的，目的是要通过不同的方法让学生找到心灵中的完美的太阳。由于他是职业的修辞学家，因此采用的方法很有效果。第一种学生是原来受到了比较好的教育的学生。学习习惯比较好，知识面比较广的学生。对于这种学生的教育，不能重复讲他们知道的东西，而是要让他们全面地理解他们知道的东西。第二种学生是没有受到过太多教育的学生。对于这种学生，要耐心，要用不同的方式重复，帮助他们理解。第三种学生是学糟了的学生。这种学生最难教，关键在于很傲慢，总以为自己掌握了真理。这种学生最大的问题是虽然涉猎面广，但全都浮于表面，只是了解字面意思，不知道语言背后的真实的含义。传道的老师则分为两种：一种老师是复杂性的老师。怎么复杂怎么讲，用最浮华的语言来讲。而另一种老师则是采用重点讲授法。他讲的东西很简单，但能够激荡人的心灵，直逼人心，能够真正起到启迪的作用。他认为传道的最好的讲授方法是对话式的讲授方法。一位老师不要怕学生打断自己的思路，要及时回答问题。认识完美的方法主要有：学习那些追求完美的人的思想转变的经验；理性上的求索；在一个共同体中一起探究；形成追求完美的习惯。

五 人注定要爱但是不能乱爱

奥古斯丁认为，人注定要爱，因为人是不完美的，表现为不完备和不自足。世界上的所有事物都是善的，因为都是上帝造的。没有什么东西本身就是恶的，所以万物都可以成为爱的合理的对象。恶不是某种存在的事物，而是缺少某种事物，所以叫缺点。说人有什么不好，就是说他缺什么，补什么就好了。有一种爱，奥古斯丁称为乱爱，就是爱的期望值超过了事物本身所具备的好。万物各有各的好，人只能期望得到他所具备的好，而不能要求一个事物或一个人提供所有的好。一个自己认为自己完美的人，会变得狂傲，扰乱秩序。而被这样的人爱是毁灭性的，因为他要求他爱的人是完美的，而其实没有一个人是完美的。骄傲居万罪之首。

人的脆弱性也使得他必须要爱。他要爱物，因为这些物用各种好来弥补他的不足。我们可以从物那里得到营养、得到物质享受。他要爱其他人，因为其他人可以用各种好来弥补他的不足。我们可以从他人那里得到情感上的满足，得到伴侣感。他要爱自己，因为不爱自己，就无法生存。而这些爱都是一种索取性的爱，希望拥有的爱。只是如果自己有爱，却没有什么人爱自己，那就是个悲剧。自己无法用自己独特的好弥补他人的不足，就会感觉自己多余，感觉没有自尊。那怎么才能让自己成为人们的所爱呢？那就是要热爱完美，追求完美，向着完美的高度飞翔。在这个过程中，会铸造出自己的美德，使得自己的好也能够为人所爱。而且，人虽然是有限的和不完美的，却梦想着无限、永恒和完美。一个精神生活丰富的人，就是能够在思维和想象中达到无限、永恒和完美的人。

六 最好的社会和最适合的社会

奥古斯丁把人组成的社会分成两种城：上帝之城和世俗之城。这种"城"具有比喻性质。爱完美的人的精神生活在上帝之城中，而爱自己和爱世俗世界的人的精神生活在世俗之城中。追求完美的人，无论他们在教堂里还是在俗世中，都属于上帝之城的人。他们都有梦想、理想和信念，能够坚定不移地向着完美奔去，没有时间无聊，有充实的人生。而不追求完美，只是追求物质享受的人，即使在教堂里，也依然找不到人生的目标，生活在灵魂的空虚之中，这种人生活在世俗之城中。一个公正的社会是依法行事的社会。而一部法律是否公正的依据来自于上帝。上帝可以自由地造出好的东西，因为上帝是完美的。完美的上帝造不出恶，因此他有完全的自由。完美的本质就是纯粹的善。所以，一部法典的基本精神就是求善去恶。凡是能够更好地增进善和克制恶的法典，就是好的法典。上帝之法是永恒的法，而自然秩序是上帝造出来的，因此自然法具有典范作用。遵从自然秩序或自然法，就是遵从上帝的具体表现。违背求善的精神，违背自然法，就是不公正的法。

上帝之城是最好的社会，但它潜在地存在着，需要不断向着完美演化。与各个演变阶段相适应的社会，是最适合的社会，而背离完美方向发展的社会则是在倒退。在历史中我们可以看到哲学，因为当历史背离追求完美的方向时，社会就会出现不公正，出现混乱和崩溃，从而让恶盛行。

当社会长了经验，转向追求完美时，社会又会恢复比较公正的秩序，使得国泰民安。人只要能够活着，社会的治乱就与经济状况没有太大的关系，而主要看人们是否有追求完美或崇高的志向，社会是否公平。现实中的法是与时俱进的，具有时间性，被称为暂时法，具有世俗性。凡是世俗的东西都会随时间和地点的变化而变化。世俗的法律是一种集体的公正，但集体的公正离不开对个人的公正。奥古斯丁肯定地说，从个人和哲学的角度上看，天主教徒是和平主义者。但是，在面对一种很严重的错误，只有用暴力才能制止时，保持和平就是一种罪恶。自卫和保护他人是必须的，尤其是在得到一个合法的权威授权时。这种战争不能是先发制人的，而是防卫性的，目的在于恢复和平，即为和平而战。

从奥古斯丁的思考中，我们可以得到如下哲学观念：人要对完美进行哲学思考，必须有一个确定的起点，为了不让人们在起点上争论不休，最简单的办法就是通过启示给人以信仰；启示要简单和容易懂，因此可以采用比喻的方式来象征性地加以说明，人们不能从字面上来理解从而感觉幼稚和可笑，而是要理解启示中的象征意义；在信仰上找到确定的起点后，我们就可以从经验开始思考了；我们要知道一个人为什么是美的，就要知道美的标准，而这个标准只有在完美的太阳的照耀下才能看清，因此每个人的心灵中都需要有一个完美的太阳；把完美教给人的哲学就是传道的哲学，这种教育是不分专业的；当人认识到自己是不完美的时候，就会热爱完美，而且会因为热爱完美而爱事物、爱他人和爱自己，而自己要让他人所爱，就需要追求完美；爱完美的人无论是不是在教堂，都生活在追求完美的上帝之城里，而不爱完美的人无论是不是在教堂，都生活在不完美的世俗之城里；世俗之城是否好，要用上帝之城的标准来衡量；人只要能活着，经济问题就不是太重要的问题，所以看一个社会好不好，要看这个社会是不是在尽可能地追求完美；从历史中可以看到哲学，可以看到一个不追求完美的社会必然会崩溃和倒退。

第二节 黑暗时期的哲学：社会黑暗而哲学明亮

在公元 476 年，罗马帝国覆灭。这个事件在西方人眼中是野蛮人摧毁了西欧的文化机构，西方的古代文献基本上失传，只有古希腊哲学在基督教学者的庇护下生存了下来。黑暗时期持续了五到六个世纪。这时的社会秩序强大得让人窒息。在中世纪中生活的人，对于改变社会秩序的可能性已经感觉绝望，但还是要活下去，还是要找到生活的意义，就只能在上帝的庇护下继续通过追求完美来获得精神上的幸福。中世纪离开代表着完美的上帝会怎么样呢？个人的精神会崩溃，社会的秩序会瘫痪。基督教的信仰理性完美哲学家就是在这样的处境中为人们寻求心灵上的幸福，他们要解决的是怎么说明人们能够认同的完美程度不同的等级，怎么能够克服恶而走向完美，怎么能够在俗世中找到完美的天堂。当他们的思想不符合正统时，就会被残酷地对待，因此出现了基督教的殉道者和烈士。

一　波爱修：哲学就像一位高贵的妇女

波爱修（Anicius Manilius Torquatus Severinus Boethius，480—524）是一位基督教的烈士。他出生于贵族家庭，父亲是位执政官，早逝。他的养父也是个贵族，送他到雅典学习，在那里，他学会了当时很少有人懂的古希腊语，并学习了亚里士多德主义、新柏拉图主义、斯多葛等学派的学说。他曾下决心要把柏拉图和亚里士多德的作品翻译成拉丁文，未遂。他自己也成了一位执政官，娶了自己的养父的女儿为妻。两个儿子也都当了执政官。只是他因持有不同政见，而遭人陷害，被当成叛国者，长期被关押在监狱里，最后被杀害。据说他是被绞死的。绳子勒在头上，先是眼睛冒出，然后脑壳崩裂，就义。后被列入罗马的殉教谱之中。

他在监狱中以虚拟的对话的方式写下了《哲学的慰藉》一书，此书在中世纪和文艺复兴中期广为流传。这本书的写作帮他克服了在狱中的郁闷和焦虑，他要告诉人们在恶劣的环境中依然能够通过哲学获得精神上的幸福。他在想象中，把哲学人格化成一位高贵的妇女。他认为你看不出这位妇女的年龄，以此比喻哲学揭示的完美是永恒的，没有岁月的痕迹，因此可以不朽和穿越古今和未来。从这位贵妇的眼睛中，你可以看到敏锐的目光。因为她知道什么是完美，所以敏感，所以能分清好坏、是非和善恶。她的长袍上有两个希腊字母。一个是 φ，象征实践哲学，要做到恰好，追求最适合；一个是 θ，象征理论哲学，要追求最好。它们之间有一条通向智慧的阶梯。而智慧是一种客观的实在，其主要特征是不以人的意志为转移。拥有完美才能拥有智慧，因此哲学的爱智慧就是爱完美。人的共同梦想就是完美，而现实就是走向完美的不同的阶段。

波爱修把人文学科进行了区分。一类人文课程由四门课组成：算术、几何、天文学和音乐,他称为"四合一";另外一类人文课程由三门课组成:文法、逻辑和修辞学,他称为"三合一"。传授这些课程的目的都在于让人更好地认识和表达完美。中世纪的基督教哲学家都很注重逻辑学,因为他们一直在努力用逻辑证明完美是存在的。他们想要通过逻辑思维的力量消除一切疑惑,让人们坚定不移地相信完美,不顾一切地向着完美的方向努力,从而把理性与信仰紧密地结合起来。

二 伪狄奥尼修斯:一个复杂的社会需要合理的等级

(一) 所有存在物都各有各的好

在五世纪时,出现了一大批非常有影响力的新柏拉图主义的作品,至今人们都不知道这些作品的真正作者是谁,而笔名是狄奥尼修斯,因此这些作品的作者被称为伪狄奥尼修斯。这些作品在整个中世纪的影响都非常大。从这里可以看出,作者只是一个代号而已。伪狄奥尼修斯的作品主要有助于解决三个问题:世界的来源;人如何认识完美;恶来自于什么地方。他很注重阐释等级,因为越想把复杂的社会体系组织得有序,就越需要等级,而这样的等级又需要得到人们的认同。他力图把新柏拉图主义和基督教神学系统地结合起来。伪狄奥尼修斯认为万物都是从完美那里放射出来的,就像从太阳那里放射出光芒一样。但是,他并不认为万物都是直接从完美那里放射出来的,也不认为上帝具有自由意志,可以随便放射。所有的事物都来源于完美的上帝,但万物与上帝之间是有一个等级体系的,因此走向上帝需要有阶梯。从最低等级走向上帝这个最等级需要经历很多级台阶。离上帝越近的存在物越完美。在各个等级之间存在着连续性,而且任何实际存在的东西都是善的,只是善的程度不同而已。

(二) 缺点是缺少什么而不是有什么

伪狄奥尼修斯认为,我们可以通过两种方式认识完美:一种是肯定的方式;一种是否定的方式。通过肯定的方式,我们看到的都是正面的、阳光的东西,看到构成完美的各个方面,比如说、善、光明、存在、统一性、智慧、生命。肯定的方面都是实际存在的,都来源于完美,而且归于完美。而否定的方式则是告诉我们什么是不完美的,什么与上帝无关。任何被创造出来的事物都是有限的,都不完满,都有缺点,都缺什么。而我们缺的,完美的上帝并不缺,所以我们要把人无意识强加给上帝的人的局限性从上帝那里移除。我们不仅要看到完美的上帝与人之间的相似性,也要看到我们与上帝的不同。走向完美的过程,就是走向统一,去除人的缺点的过程。伪狄奥尼修斯更为系统地阐述了恶并不是一种实际存在的观点。我们说一个人恶,并不是因为他有了什么不好的东西,而是他缺乏什么好的东西,所以任何恶都是可以补救的。比如说,一个人丑,不是因为他多有了什么丑的东西,而是他在形态上缺了什么东西。比如说,一个人得病了,也是缺了什么东西,吃药就是在补缺的东西。从这个角度上看,任何恶都是可以克服的。如果人缺了某种美德,也是可以补的。人可以向完美的方向努力,但人的生命的有限性和受永远处于变动状态的物质的限制,任何一个人都不可能完全实现完美。

三 爱留根纳:哲学和宗教是一回事儿

(一)有美德的人就生活在天堂里

爱留根纳(John Scotus Erigena,815—877)是一位僧侣,是中世纪的著名的宗教哲学家。他出生在爱尔兰,懂得当时很少有人懂的古希腊语。后来成为法国的宫廷学校的首领。他活着的时候,他的思想几乎没有得到什么关注。他死后,他的理论在中世纪很有影响力。他的最有名的作品是《论自然的划分》。他对波爱修的《哲学的慰藉》进行了评注,翻译了伪狄奥尼修斯一些作品,也做了评注。后来因为他的哲学具有泛神论的味道,他的书被罗马教皇下令公开焚烧。他依然是在寻找人们的心灵能够认同的有等差的等级,从而找到幸福。他认为哲学和宗教是一回事儿,都是在寻求完美。圣餐是象征性的和纪念性的。天堂和地狱也是象征性的。人有了美德就能够得救,从而生活在幸福的状态之中,天堂就是幸福的象征。而人沉溺于罪恶之中,就生活在痛苦之中,地狱就是痛苦的象征。人之所以要追求完美,是因为人来源于完美,最后又复归到完美。

他认为,我们的认识可以分成两个过程,一个是划分的过程,一个是分析的过程,而这两个过程都是可以通过概念来进行的。划分使得我们能够认识到人与完美的上帝之间的区别,注重的是认识事物之间的差别,而分析的过程则是帮我们找到相同性,从而回到完美的上帝那里。他认为上帝和他创造的世界都是实在的,因此都是实体。这种实体可以区分为有形的、物质的实体和无形的、非物质的实体。非物质的实体又可以分为有生命的和无生命的。上帝从无中创造出世界,因此世界都是善的。因为他认为上帝存在于万物之中,因此有泛神论之嫌。是他引发了唯名论和唯实论之争。唯名论只是把上帝看成一个观念，并不实际存在。而唯实论则认为上帝是实际存在的。他认为完美是实际存在的，但只存在于上帝那里。具体的事物只是分享了完美，因此不可能完美。上帝创造世界的目的是要显示他的完美。他把他的完美展示为各种各样的美，而他则是多样性的美的统一体。

（二）从完美那里来再回到完美那里去

爱留根纳把上帝和世界的存在都称为大写的自然，并对这样的自然进行了划分：

第一种自然是完美的上帝。这种完美的自然能够创造万物，但自己不是被创造的。任何创造物的特征都不能归结到它那里，因此无法对完美进行定义。它是超越的智慧和超越的真理。完美的上帝创造了万物，因此上帝存在于万物之中。在任何事物中都存在的完美的普遍性就是上帝存在的证明。从这个意义上说，如果承认绝对的普遍性的存在，就承认了绝对完美的存在，从而承认了上帝的存在。

第二种自然是神圣的完美的图样。这种完美的图样是被创造的同时也能创造。这些图样是被创生的所有事物的原型，是所有物种仿效的原因。从逻辑上而不是从时间上看，通过分享这些完美的图样就能把被创生的万物与完美的上帝联系在一起，而且是一种永久的联系。

第三种自然就是我们能够体验到的世界。这种自然是被创造的而自己不能创造。这个世界无论是无形的，比如说，天使或智能，还是有形的，比如说，人和事物，都分享神圣的太阳之光。他比喻说，完美就像光，照在孔雀的羽毛上变成各种不同的颜色，而颜色是依赖于羽毛而存在的。

第四种自然依然是完美的上帝。这时的上帝代表着被创生的世界的秩序的目的和终点。这种自然既不创造也不被创造。在这里我们又回到了完美。他采用了亚里士多德的比喻，就是这里的完美是被爱的对象，它本身是不动的，但是能够感动万物。因为恶是一种欠缺，所以当人再回到完美的时候，就不再有欠缺，因此不再有恶。

第三节 唯实论与唯名论之争：完美是不是真的存在着？

在查理曼大帝的统治下，学术曾以猛烈之势复兴。八世纪晚期至九世纪的欧洲人，除了教士外，普遍处于文盲或半文盲状态。查理曼大帝杀异教徒，捍卫基督教信仰，要求被征服地区的人改信基督教，教皇的地位很高，出现了短暂的通过天主教堂来实现的卡洛林文艺复兴时期。查理曼还进行内部改革，要求形成统一的欧洲标识。但真正的基督教的传播是通过说服而不是通过武力实现了。后来的英国人和斯堪的纳维亚人都是自愿改信基督教的。但是，随着查理曼大帝的去世，封建帝国分裂，再加上蒙古人、阿拉伯人、挪威人的入侵，教皇的影响力降低。在十世纪的整个一百年间，几乎没有人谈论哲学。到十一、十三世纪，哲学再次复兴，但这次的重点集中在对于完美是否真的存在的争论之上。这个争论关系到人们的信仰问题，从而关系到社会秩序的治乱和人是否幸福的问题。

一　波菲利与波爱修：普遍性是否存在？

（一）波菲利之问：关于普遍性的三个问题

这里我们需要谈一下波菲利（Porphyry，234—305）这位哲学家。他的父母是腓尼基人。他出生在提尔，现属黎巴嫩。在雅典时，他的启蒙老师朗吉努斯给他取的名字，意思是"紫色之衣"，其中的紫色是双关语，既表紫颜色，又因为紫色也是皇帝的长袍的颜色。他跟着这位老师学习了文法学和修辞学。在罗马时，他被普罗提诺的声望所吸引，跟着他学习新柏拉图主义。他的最著名的作品是《亚里士多德的范畴论导论》，他把亚里士多德的逻辑学引入了新柏拉图主义。他把哲学的实体概念分解为五个组成部分：属、种、差别、本质属性、偶有属性。波爱修把波菲利的《导论》翻译成了拉丁文，这个拉丁文本在中世纪时是逻辑学方面的标准教材。在这个作品中，波菲利就很关注普遍性的问题，认为如果不存在普遍性，就不存在完美，普遍性是从经验走向完美的阶梯。这里就提出了属、种与具体对象之间到底是什么关系的问题。波菲利把这个问题具体化为：首先，自然界中是真的存在着属和种，还是说它们只是人的思维的创造物？其次，如果它们是实在，那它们是物质的还是非物质的？最后，它们是离开可以感知的事物单独存在着还是以某种方式存在于可以感知的事物之中？

（二）波爱修之答：思维中与现实中的普遍性是统一的

波菲利只是提出了问题，并没有回答。而波爱修对他的三个问题的回答，引爆了长达五个世纪，并且到今天西方哲学家依然在争论的唯实论与唯名论之争。从泰勒斯开始哲学家们就开始寻找最初的"一"。此后的古希腊哲学家都在这个问题上纠结。波爱修把这个问题进一步具体化，成为以后的哲学家在探求完美时必须回答的问题。这时在信仰理性完美哲学中争论得非常尖锐的问题是普遍性是否客观存在着的问题。凡普遍的都是完美的，因此才能找到完美的"一"。"人"这个概念只有一个，就是在人的定义中包含着完美的人的概念。

波爱修说当我们被问到人的观念与外部的实在是否一致时，也就是说，我们的观念是否具有真理性时，我们马上就会想到，我们脑袋里的东西，并不一定都是客观存在的。比如说，古希腊神话中的人面马身的怪物，人们认为是不存在的，因此我们说它是假的。而在几何学中，我们可以想象直线，但现实中是不存在绝对的直线的，但我们却认为几何学中想象的直线是真的。为什么同样是想象，同样是现实中不存在的，我们却把一种称为假的，而另一种称为真的？他认为人的思维形成观念的方式有两种：一种是合成，就是把不同事物的部分合在一起，比如说，人面和马身；另外一种是抽象，就是把具体事物的某种特性抽象出来，形成全称判断。合成的是假的，而抽象出来的类或种的概念是真的。所以波爱修认为，普遍性既具体地存在于具体事物之中，与一定的实体相对应，又以类和种的方式存在于思维之中。思维中的普遍性是真的，因为它与具体事物中的普遍性的实体是相对应的。

这个问题在五百年以后，宗教哲学家又开始继续争论。这个问题看上去是无关重要的，而实际上却关系到宗教和哲学的基本问题，也关系到一个社会是否能够有公认的秩序的问题。完美虽然能给人带来幸福的感觉，但如果完美是假的，是骗人的，人就会很受伤。而如果完美是观念性的，每个人就可以自由地决定什么是完美什么是不完美，那么又会出现找不到统一的标准的思想混乱现象，社会秩序又会出问题，人又会再次陷入迷茫和混乱中，从而找不到幸福。找不到完美，就找不到普遍性，就无法对事物进行分类，就无法构成一个完美程度不同的等级秩序，就无法实现公正。从感觉上来说完美存在不存在比较容易的，但要对完美是否存在进行论证则是个难题。哲学家就是因为解决不了这个问题而被迫走向信仰。而这个时候光靠信仰便不行了，还需要用理性来论证信仰。于是，就出现了解决这个问题的各种论证方法，其中最主要的有三种：极端的唯实论、唯名论和温和的唯实论。

二 极端的唯实论：安瑟伦对于完美存在的证明

安瑟伦（Saint Anselm of Canterbury，1033—1109）出生在现今的意大利的一个非常富有的贵族家庭。他的父亲很严厉，母亲则很贤惠。他十五岁的时候就想到修道院里修道，但是他父亲不同意。他由于受挫失望而得了精神病。康复后，他开始过一种什么都不在乎的生活。他母亲去世后，他再也忍受不了父亲的严厉。二十七岁时他成了一位本笃会的修道士，开始了新的生活。后来他成了坎特伯雷的大主教，经院哲学的创始人，有教会博士的称号。他两次遭到放逐，其中一次卷入了中世纪的欧洲的教堂与国家的授权仪式之争，也就是教皇与国王谁是最高的权力拥有者的问题。安瑟伦力图通过证明完美的存在来证明合理的秩序，并把这种完美作为衡量自然界的万事万物的好坏的依据。

（一）先相信才能理解

安瑟伦力图把信仰和理性结合在一起，形成一个精致的信仰理性完美哲学体系。他的思想体系与新柏拉图主义是一脉相承的。他认为在哲学和神学之间不存在明确的界限。真理是完美的代名词，找不到完美就找不到真理。而要发挥理性的力量来寻找完美，就需要推理，而推理需要前提和起点，对于这个前提和起点，我们只能先相信，才能通过推理去理解。而当人理解了以后，就可以依赖理性而不是信仰来相信完美的存在了。奥古斯丁采用了通过信仰来寻求理解的方法即不是为了相信而寻求理解，而是先相信才可能理解。安瑟伦赞同这个观点。安瑟伦坚信存在着绝对完美的上帝，所以他支持极端的唯实论和反对唯名论。他认为万物都享有部分的完美。人之所以能够想象和认识完美，就因为存在着这样的完美。思想中存在的完美是对外部存在的完美的反映，二者是完全一样的。这样人的思想与万物才是相通的，才能够互相理解。那么，怎么才能找到这个完美作为理性推理的起点呢？

他的证明是这样的：首先，人寻求享有他们认为好的东西。在经验世界中，我们可以体验到什么事物是好的，什么事物是不好的。在好的事物中，我们又能体验到好的程度是不一样的。这就说明一定是存在一个最终的区分好坏的标准的，这就是最好，而这个最好必须是好本身。我们是以最好作为一个标准来衡量事物的好的程度的。这种推理也适用于对于伟大的认识，伟大指的是所有事物中的最好。其次，每个存在着的具体事物，要么是有中生有，要么是无中生有。很明显，任何一个事物都不可能是无中生有的，因此必须是从有中生有，而我们说事物互生也是荒谬的。最后，事物存在的完美程度是不一样的，比如说，动物比植物高级，人是所有动物中最高级的。除非我们无限地推理下去，否则我们一定会达到一个顶点。这个顶点就是最完美的事物，没有比这个事物更完美的事物。这样，他就认为语词是有所指的。有限的事物不只是分享一个词，而且是分享着完美的实在，它们都多少具有可以用最完美来衡量的特征。一个存在着的具体事物，一定要有某种程度的好才能存在。

（二）外在的完美是衡量思想中的完美的依据

为了让论证更为简单，安瑟伦采用了归谬法。首先，我们要把思维中的空间看成是一个房间，用信仰的力量来排除杂质，只留下完美和能够帮助我们认识完美的观念。其次，我们可以这么想：完美就是一个人能够想到的最伟大的事物了，也就是说再没有比这更伟大的事物了。当我们在这里达成一致意见后，下一个问题就是：完美真实地存在于外部世界之中吗？怎么在思维和外在的事物之间搭起一个桥梁呢？那些可以感知的事物很好办，我们可以通过经验验证。但是对于这种无法感知的绝对完美，怎么才能确实知道它是否真的存在呢？如果我们能够从一个前提出发，按照严格的逻辑，推理出一个荒谬的结论，我们就能证明这个前提是错误的，同时证明与这个前提相对立的判断是正确的。安瑟伦引用了《圣经》旧约中的诗篇（Psalms 14：1）中的一个句子："愚蠢的人在他的心中说：不存在完美。（The fool has said in his heart：There is no God）"为什么这么说就能说明这个人很愚蠢呢？因为这么说会导致一个显而易见的矛盾。

当这个愚人听到"完美"这个词时，他是能够理解这个词的，也就是说，他承认存在着一个人能够想象到的最伟大的事物，而完美是可以在他的理智中存在的。但在理智中存在的不一定在现实中是实际存在的。比如说，一个画家，在画画时他会想象一下他要画什么。这个画像在他的理智中存在，因此他可以理解这个画像，但是他还无法理解真正画出来的那个画像。但是，当他完成这个作品时，他既能够理解他的理智中的画，也能够理解已经完成的画。这就是说，在一个事物诞生之前，它就可以存在于我们的理智之中。推导到这里，出现了安瑟伦的论证的关键点。他认为，愚人认为完美只是作为一个观念存在于人的理智中，认为这个观念是我们能够想象到的最伟大的事物。而实际存在着的完美比观念中的完美要更伟大，这就产生了矛盾。也就是说我们想象中的最伟大的事物并不是最伟大的事物。要解决这个矛盾，就必须承认我们能够想象的最伟大的事物就是实际存在着的最伟大的事物，这就是一个东西。推到这里，就无法验证只能相信了。

总而言之，最好就是完美。完美就是我们能够想象到的没有比这个存在更伟大的存在。如果说我们想象到的存在只存在于我们的理智之中，而不存在于我们的理智之外，那么就可能存在两个完美。一个是外在的完美，一个是内在的完美。而外在的完美要高于内在的完美，就说明我们还没有想出最完美，还有更伟大的存在。因此，当我们想到最好的存在时，理智中的最好的存在与外在的最好的存在就是一样的。外在的完美是衡量思想中的完美的依据，否则就会出现"公说公有理，婆说婆有理"的现象。如果我们没有找到这样的完美作为一个起点，我们就不得不无限追溯下去，对于无限的东西无法开口，就会使得思想变成不可能的事。

（三）原罪说：怎么才能让上帝感到歉疚？

安瑟伦所说的"三位一体"的完美的上帝是这样的：他认为上帝是有自我意识的，而这种意识具有独特的双重性，其中记忆和智能的关系就像是父亲与儿子的关系一样，靠相互的爱而结合在一起，而这种爱就是圣灵的体现。而要让三位一体说成立，必须有唯实论的支持。如果否定了在三个成员中存在着完全一样的实体，三位一体就会变成三神论，也就是说有三个互相分离和互不相同的神。因为存在着代表完美的上帝，才存在原罪。他的原罪说具有寓言性质。原罪说要说明的是人损害了上帝的尊严，不听上帝的话，得罪了上帝，对上帝不公正了，而不公正的行为是要通过惩罚来恢复正义的。人生来就要对上帝尽义务，要听上帝的话，要走向上帝，就是在赎罪。如果不赎罪，人的灵魂就会感觉痛苦，感觉内疚，感觉对不起上帝。所以，救赎的过程就是走向完美的过程。越完美，离上帝越近，心灵就会感觉越幸福，否则心灵就处于焦虑和痛苦之中。这就是安瑟伦所说的神人之间的需要对等的报偿理论。

如果我们生来就欠上帝的，我们都是有罪的，我们的努力都是应受的惩罚，因此即使都做到了，依然只是恢复到了零的状态。若要让上帝感觉欠着人，让上帝感觉歉疚，就需要耶稣基督的救赎。耶稣既是神又是人，他是人的救世主。他是没有罪的，因为他是神，因此是可以不死的，可以不受惩罚的，但他又是人，他对人有怜悯，他愿意代人受过，因此有牺牲精神。他选择自愿代表人去牺牲，对于上帝来说，耶稣的回报高过了应得的惩罚，因此具有崇高的意义。

陶奈的奥多（Odo of Taurnai，1060—1113）是一位生于现今的法国的主教，曾因为拒绝皇帝授予的十字架和指环而被流放。他的著作大多失传，但是他的极端的唯实论的观点流传了下来。他认为，要让原罪说成立，必须承认存在着一个普遍的实体，万物都因为分有这种实体而具有统一性，从而可以形成统一的秩序，否则宇宙进而社会都会是毫无统一性的、互不相干的和杂乱的。所以，他认为类和种都是实在的，所有的单个事物都分享着这样的普遍性。因为他谈论这个事情的目的是为了建构社会秩序，所以落脚点放在人性问题上，说明人生来就分享着这样的完美的普遍性，因此能够形成人们认同的社会秩序。

（四）高尼罗的反驳：愚人的观点是对的

高尼罗是十一世纪的中世纪的本笃会修道士，他以反驳安瑟伦的关于完美存在的证明而著名。他维护愚人的观点，认为在现实中不存在完美。他认为依照安瑟伦的逻辑方法进行推理，会让人不得不承认很多不存在的东西是存在的，而这样的结论是荒谬的。他是一位经验主义者，他认为在我们的理智中只可能存在通过经验能够感知的东西。他采用了安瑟伦的归谬法来反驳安瑟伦。他以"证明"一个神话中纯虚构的"已消逝之岛"为例来反驳。这个岛被想象为最伟大或最完美的岛，但我们明确地知道这个岛纯属虚构。安瑟伦的推理步骤是这样的：首先，完美是我们能够想象到的最伟大的观念；其次，现实中存在的完美比一种纯观念的完美要更伟大；再次，如果完美不存在，我们就能够想象一个更伟大的真实的存在；然后，因此完美必须真实地存在；最后，所以完美是存在的。

高尼罗的反驳步骤是这样的：首先，"已消逝的岛"是我们能够想象到的最伟大的岛；其次，实际存在的岛比只是作为一个观念存在的岛更伟大；再次，如果"已消逝的岛"不存在，人就能够想出更伟大的岛；最后，所以"已消逝的岛"就是真实地存在的岛。安瑟伦对高尼罗的回答是这样的：第一，我们可以赞同愚人的方法，就是通过比较现实中存在的不同事物的完美程度的不同，向上努力，就能得出最好的观念，那就是没有比这更好的观念。第二，安瑟伦认为高尼罗的论证没有能够理解他的论证的着眼点。只有对于我们无法通过感官把握的完美的存在的论证才有必要采用这种论证方法。我们无法把不存在的东西作为思考的对象。我们要思考完美，完美就必须得存在。而岛属于具体的存在，它属于暂时性的存在，而不是像完美这样的永恒的存在。

三 唯名论：洛色林认为不存在普遍性

洛色林（Roscellinus，1050—1125）是一位法国宗教哲学家，是唯名论的创始人，是阿伯拉尔的老师。他的最典型的观点是：我们所说的普遍性或完美，只是一些声音而已，由音节、元音和辅音构成，并不具有实际意义，是空洞的词汇。他所说的实体指的是东西或事物。他认为，所有的普遍性都不是东西或事物，只有个体是存在着的。洛色林其实是要通过唯名论来进一步论证他的其他的理论。他认为三位一体中的圣父、圣子和圣灵可以是三个完全不同的神，只是共同有一个名字，可以用一个词表示，但这个词是没有任何实质意义的。他的这种三神论观点被认为是异端，受到了被逐出教会的威胁，因此他不得不放弃了这种观点。但是他坚持认为，我们不可能把普遍性或任何种类的抽象变成一个事物，这点是偏离极端的唯实论的看法的。

洛色林以攻击安瑟伦的观点而有名，是挑战中世纪的极端的唯实论的始祖。他的核心的论点是自然中只存在个体事物，种和属都不是真实存在的事物。表达普遍性的术语只是一个词而已，不指代任何事物。逻辑学只是和词打交道，所以关于普遍性的讨论，只是在讨论词而不是在讨论真实的事物。纪尧姆（Guillaume de Champeau，1070—1121）反对洛色林的看法，他坚持说普遍性或者说完美是存在于它所涵盖的所有的成员之中的，而且是完全一样的。比如说，人性就是作为一种普遍性的整体的实在存在于每个人之中的。简爱和约翰的区别是来自于某些偶然的因素，这些偶然因素对人的本质或实体进行了一些修改。

四 温和的唯实论：富有魅力的阿伯拉尔

（一）学生们在荒野里搭起帐篷听他传道

阿伯拉尔（Peter Abelard，1079—1142）是一位法国的经院哲学家、神学家和著名的逻辑学家，还是一名重要的诗人和作曲家。他出生于一个军人家庭，从小学东西就很快。他的父亲鼓励他学文科，他的辩证法这门功课学得特别好。当时这门课的主要内容是拉丁版的亚里士多德的逻辑学。他的生活是大起大落的。开始时他遍访名师，但最后激烈地大胆地批判他的老师们。他用他的温和的唯实论与占主导地位的极端的唯实论进行了长期的决斗，最后极端的唯实论垮台。

他曾是安瑟伦的学生，但是没有经过多少特别的培训，就得到了神学界的承认，超越了他的老师，享有很高的声望。他说安瑟伦的理论只长树叶不开花，像一个只冒烟而不着火的炉子。他在一座凌驾于巴黎大教堂之上的山上建立了他的教堂。他的形象和风度都很出色，所以经常被围观，有数千名学生从不同的国家前来求学。很多学生奉上了捐助，他也享有了普遍的敬仰。他把神学看成是科学。在他献身于科学的时候，他的生活方式很规范，主要专注于哲学上的辩论。当时他称自己为世界上唯一不可战胜的哲学家。

就在他的声望处于巅峰时，他遇到了浪漫的爱情。他与爱洛依丝的爱情悲剧成为一个传奇故事，二人的情书流传了下来，成了文学经典。他在巴黎圣母院的学校当教师时，与他的导师的侄女爱洛依丝相爱。爱洛依丝通晓古典文字，她的拉丁文、希腊文和希伯来文都很好。他们私会，生子，秘密结婚。导师怒，派人将他阉割，爱洛依丝不情愿地当了修女，他变成了修士。

他的作品因为坚持理性先于信仰而被作为异端焚烧。后来，他隐居乡间，慢慢地忘掉了悲伤，专注于研究，很多学生再次慕名而至。后来，他在荒野用残枝和芦苇盖了一个简陋的小屋居住。当他的静修地被发现后，学生们从巴黎蜂拥而至，在周围的荒野里搭起了帐篷、盖起棚屋听他传道。他怕再次遭到迫害而离开了那个地方，搬到了一个不适合居住，有歹徒出没的地方。那里的房子很破很原始，他在那里住了十年。再后来，他为爱洛依丝建了一所女修道院，她当上了院长。后来他和爱洛依丝的遗体被合葬在巴黎的拉雪兹神甫公墓。他因为多才多艺和精细敏锐而被誉为"高卢的苏格拉底"。

（二）普遍性是从个体性中抽象出来的

阿伯拉尔的哲学观点，在后来得到了承认。他使得宗教界更加重视亚里士多德的理论。在伦理学上，他认为应该根据人的主观意图来断定人的行为的道德价值。在神学方面，他提出了地狱边界论。他认为，没有经过洗礼的婴儿不会直接被送到地狱里去，但是他们享受不到超自然的幸福，而是呆在地狱的边界那里，不会有痛苦，只是享受着自然的幸福。他反对纪尧姆认为人性的完美完整地存在于每个人之中的观点，他认为这样的观点会导致泛神论。极端的唯实论与唯名论都过于极端。阿伯拉尔的温和的唯实论介于二者之间。他认为，普遍性都需要用词来表达。当我们说一个词是具有普遍性的，指的是这个词适用于这个类中的所有个体。"苏格拉底"是专有名词，只能指一个人。而"人"则是一个普遍名词，可以适用于所有的人。普遍术语的功能是能够以一种特殊的方式表示个体的事物。那么这些普遍术语是怎么形成的呢？

他认为，某些个体，由于它们具有类似的生存方式，使得每个观察它们的人，都能够意识到这种相似性。而这种相似性不是极端的唯实论所说的本质或实体。当我们体验一个个的个体时，我们可以看到这种相似性，也可以思考和理解这种相似性。思维和眼睛不一样。眼睛要看东西，必须有一个可以看的对象。而思维却可以形成观念。思维可以做两件事：一个是它可以形成关于个体的观念，比如说，苏格拉底或柏拉图；也可以形成关于普遍性的概念，比如说，"人"。关于个体的观念是清晰的，而关于普遍性的概念是模糊的。我们知道普遍性是什么，但是无法精确地说明它的意思。我们的思维里的普遍性可以离开具体事物而存在，但表达这些普遍性的词只能适用于具有这些普遍性的个体。普遍性是从个体性中抽象出来的。概念表达着某种实在，即某类个体之间的相似性或属性，但这种实在又不是一个东西。这样，他的普遍性的概念就既区别于极端的唯实论，认为普遍性是作为一个事物存在的，又不同于唯名论，认为概念只是主观的语词，与真实没有关系。阿伯拉尔的观点击败了极端的唯实论和唯名论，被阿奎纳所采纳。

第四节　伊斯兰和犹太学者对亚里士多德哲学的阐释

不仅基督教学者而且阿拉伯学者和犹太学者也创立了信仰理性完美哲学。他们都把自己的哲学建立在古希腊的理性完美哲学之上，只是在每个时期他们能够接触到的古希腊哲学不同。而且即使他们接触到同样的古希腊哲学，他们得到的阐释版本也不一样。在九到十二世纪，穆斯林帝国曾经鼓励学者对古希腊哲学进行阐释和研究，其研究中心在波斯和西班牙。那时的阿拉伯世界和犹太世界的学者对于亚里士多德的研究都比基督教世界要先进，其中的代表人物是阿维森纳、阿威罗伊和迈蒙尼德。阿维森纳是波斯人，而阿威罗伊是西班牙人，但他们都用阿拉伯文写作。迈蒙尼德是犹太人。他们对亚里士多德的阐释都传到了基督教世界，让基督教学者认识到亚里士多德的重要性。基督教世界使用的最初的拉丁文本的亚里士多德的著作，是从阿拉伯文翻译过来的。基督教学者发现，这种文本的亚里士多德的思想，与基督教的教义是有冲突的，因此有的学者倡议拒斥亚里士多德哲学。而阿奎那则从其他的渠道获得了希腊文的亚里士多德的著作，他用一种兼容的方式阐释了亚里士多德的思想，从而使得基督教的教义与亚里士多德的思想很好地结合起来。而阿拉伯学者的研究则传播了亚里士多德的思想，并且引起了基督教学界的一些争论。

一 阿维森纳：每个人的智能都是一样的

伊本·西纳（Ibn Sina）的拉丁名字为阿维森纳（Avicenna，980—1037）。他是波斯人，是一位虔诚的穆斯林，信仰伊斯兰教。他出身于贵族家庭，父亲是从政的。他非常聪明，记忆力也很好，学习非常刻苦。他十岁时就能把《古兰经》全部背下来。少年时开始学习亚里士多德哲学，但怎么学也学不懂，做梦都在想问题和解决问题，成年后才有了自己对亚里士多德哲学的理解。他十六岁时开始学医，十八岁时就成了一名合格的医生，免费治好了很多人的病。他曾经做过御医，并因此有机会借阅皇家图书馆的书。不久这个图书馆被烧。他曾经生活非常困难，到处寻求避难所，也曾被监禁。他去世前每隔三天就读一遍《古兰经》，并且把财产赠给了穷人，释放了他的奴隶。他是名副其实的医生，精神和肉体兼医。他的最著名的著作有《疗伤的形而上原理》和《医典》，希望帮助人获得精神上的幸福和肉体上的舒适。而他本人的身体却不是很好，患有疝气，痛苦难当。他教人锻炼身体，而他自己却不是很注意身体，也不在意是否长寿。他说，短暂而丰富的人生好于长寿而狭隘的人生。

（一）人的灵魂推动人走向完满

阿维森纳力图把亚里士多德、新柏拉图的思想与伊斯兰教的《卡拉姆·安拉》即《古兰经》融合在一起，使信仰与理性相结合。他认为伊斯兰的先知是高于哲学家的。他认为存在着一个完美的上帝，上帝本身就是必然的存在，他不属于任何一个类，不可以给他下定义，没有与他相当的对应物，没有对立面，不具有物质性，没有质量和数量，没有居所，不在任何处境之中，没有时间。这个上帝永恒地处于自我运动之中，永恒地在创生着万物，因此万物的创生没有起点也没有终点。上帝先创造出具有智能的天使，而天使又生出天使，天使再生出天使，共生了九个天使，他们离上帝越来越远。第十个天使是作为动力因的天使，他创造出人的灵魂和放射出完美的图样，从而产生出人。人有智能和图样，但是没有作为动力因的天使，就无法把完美的图样与物质结合在一起，也找不到生长的动力。他认为关于事物的存在可以分为三种情况：不可能性、偶然性和必然性。没有完美的图样的东西属于不可能存在的东西，有可能性的东西是有完美的图样的东西，所以可以存在。偶然性本身属于潜在的存在，因为他们有类似于种子的图样，但具有偶然性，需要动力因来把图样变成现实，这样事物才能成为完满的存在。作为动力因天使以人的灵魂的方式存在于所有的人之中。在人死之后，动力因天使都会回到上帝那里。

（二）用飞人试验说明灵魂可以独立存在

人具有认识完美的智能，但不一定就能够认识完美。人的认识包括具象认识和抽象认识。具象认识是人通过感官感觉外物而形成的图像，通过记忆留在人的思维之中。而抽象认识则是从具象认识中抽象出来的普遍性。这个抽象需要得到智能的帮助。智能通过放射出神圣之光，照亮人的头脑，才使得这种普遍性得以认识。由于每个人的头脑中的智能是一样的，因此人们对普遍性的认识是一样的，能够保证这些普遍性认识的真理性。阿维森纳做了一个飞人或悬空之人的思想试验，目的是要说明人的灵魂具有自觉性、实在性和非物质性。灵魂是完美的，独立于身体，是一个非物质性的实在，就像是一个飞着的人。飞着的人的想要认识的第一个问题就是我是什么，以此来确定自己的图样。我是谁与我是什么的问题是不同的。我是谁，认识的是一个人的个性，而我是什么是指自己属于什么类，具有什么类的图样。我们可以把人隔离起来，让他完全不接触外在事物，甚至不接触人的肉体，想象一下生活在空中，人依然可以想象出世界的创生。他的思想与当时的基督教的思想有这样一些区别：基督教的上帝是按自由意志创生万物的，且万物的创生是有起点的，而他的创生论是没有起点的；基督教所说的灵魂具有个性，而他所说的灵魂很难区分出个性，因为在每个人生命中的智能都是一样的；在他的创生论中，每个人都离上帝很远，无法与上帝亲近。

二 阿威罗伊：可以用宗教来传播哲学思想

伊本·鲁世德（Ibn Rushd）的拉丁名字是阿威罗伊（Averroës，

1126—1198）。他出生在现今的西班牙境内。他的爷爷、父亲和他都做过法官。他还是一名医生。他学过很多东西，其中包括《穆罕默德言行录》，而且以能够细致地品评亚里士多德的著作而著名，有欧洲的头号哲学评论家之称。他的思想在伊斯兰圈里有争议，被认为冒犯了伊斯兰教，他曾因此而被驱逐。而他的思想在西欧思想家中则产生了很大的影响。一方面，他的作品促进了亚里士多德的思想的传播，他认为亚里士多德是所有哲学家中最伟大的哲学家，是人的完美的典范。另一方面，他被当成是近代西欧世俗思想的奠基之父。在十三世纪曾掀起了一场以阿威罗伊的作品为基础的哲学运动，被称为阿威罗伊运动。

阿威罗伊的思想与阿维森纳有所不同。他认为根本不存在创生这一说。人的灵魂是人的图样，但这种灵魂是物质性的，与肉体一样，都是会死的。灵魂与肉体是一体的，只是为了认识才把它们做了逻辑上的区分。人死了就全完了。人靠知识与代表普遍性的智能相联系。人与动物的不同之处在于人能够通过知识认识普遍性。他认为宗教与哲学是两码事，虽然他们的目标是一样的，但内容是不一样的。它们不必然发生冲突，只是各有各的功能而已。他把人分为三种：大众无法通过理性而只能通过想象来让他们遵从美德，形成社会秩序，因此要靠恐惧的力量来征服他们；而口才好的传道者就是用这种方式让大众遵守秩序的；神学家是一些有着共同的宗教信仰的人，他们力图通过哲学来为他们的信仰做论证，但是因为他们的假设前提缺乏灵活性，因此会背离理性和产生偏见；哲学家属于少数人，他们可以靠理性直接认识完美，不用依靠宗教。由于大众没有理性能力，因此可以用宗教来传播哲学思想。

三　迈蒙尼德：宗教与哲学都追求理性上的完美

摩西·迈蒙尼德（Moses Maimonides，1135—1204），又称为穆萨·伊本（Mūsā ibn），出生在西班牙的一个犹太大法学家的家庭，他是中世纪杰出的西班牙系犹太哲学家、法学家和医生。他一生颠沛流离。当时西班牙由穆斯林统治，所以侮辱犹太人。犹太人要么必须改变自己的信仰，变成穆斯林，要么就会被处死或流放。有的犹太人为了生存，假装变成穆斯林。穆斯林发现这种情况后，要求新改信的信徒穿上有特别标识的衣服。他的家庭选择了流放。犹太人主要靠经商维持生计。他结了婚，有两个儿子。他迫于生计，当了医生，变得非常有名，成为御医。他自己的身体不太好，曾长了非常疼痛的疖子，且由于过于勤奋而过劳死。他反对诗歌，认为诗歌纯属捏造。

迈蒙尼德提出了后来被广泛接受的犹太教的"十三个信条"：完美是存在的；完美是一个统一体，不能分解成元素；完美是精神性的，没有形体；完美具有永恒性；只有完美才能作为崇拜的唯一的对象；人通过上帝的先知的启示来认识完美；在所有的先知中，摩西最为杰出；《旧约全书》是由上帝口授给摩西的；摩西的《旧约全书》不能被替代，更不能添加或删节；上帝知道每个人的行为；上帝是奖善惩恶的；犹太人的救世主必将到来；在最后审判日时，所有的死者都将复活。他提出的理论在生前有争议，但死后被犹太世界广泛接受，并且影响到了阿奎那。他认为信仰和哲学并不冲突，他努力使犹太教的《旧约全书》与亚里士多德的哲学相结合。他对亚里士多德的了解，主要来自阿拉伯文本的资料。他对后来的基督教的思想家很有影响，因为他们都信仰《旧约全书》。

他认为，宗教和哲学并不冲突，但是它们各有自己的领域和内容，并不是每一个宗教观念都能通过哲学进行解释。在创世说方面，通过哲学是无法解释的，因为完美存在与不存在的理由都同样充分，因此宗教信仰必然占主导地位，但并不与哲学冲突。他先于阿奎那提出了对于完美存在的三个证明。他从第一感动者、必然性和最初的原因来证明完美的存在。他与阿奎那的区别在于，他反对用肯定的特征来描述完美。他认为只能说完美的上帝不像什么，而不能说完美的上帝像什么。

宗教与哲学的冲突主要由两个问题引起，从而让人感觉迷惑。一个问题来自宗教的拟人化语言，另一个问题是宗教以一种无序的方式来讨论信仰。要解决这两个问题，就需要在方法上进行培训。在追求理性完美方面，宗教和哲学的关注点是一样的，因此是和谐的。走向信仰，要一步步来。要先学习数学、自然科学、上帝之法学，再学习理性完美哲学。而理性完美哲学就是一种通过技术来表达的哲学上的神学，要把握理性完美哲学的范畴体系，这样才能够理解很多《圣经》语言中所具有的寓言性。

在人性的结构方面，他认为人只具有被动的图样，需要积极的智能的动力才能走向个人的完满，但个人的完满程度取决于人功德的完满程度。人死后，灵魂也就死了，只有智能能够幸存，并且能够回到上帝那里。他认为人生的目标就是追求适当的完美。他把完美分成四类：通过拥有财产来让自己在社会的等级结构中向上攀登；体格和形态方面的完美；道德上的完美；最高级的是理性上的完美。理性上的完美让人能够认识到最终的、最真实的完美，关心的是最神圣的事物，因为有这种完美的追求，人才成其为人。

第五节　阿奎那：绝对完美能给人带来持久的幸福

圣·托马斯·阿奎那（St. Thomas Aquinas，1225—1274）是中世纪最有影响的神学家和经院哲学家，是罗马天主教堂的模范教师，终年四十九岁。他出生在现今的意大利，他的父母是伯爵和伯爵夫人，希望他以后能够成为基督教的本笃教派的修道院院长。他五岁开始到修道院学习，十四岁时上了那不勒斯大学。十九岁时痴迷于多米尼加教派，并决心投身于此教派。在巴黎大学，他认识了大阿尔伯特。大阿尔伯特是个百科全书式的神学家和哲学家，但缺乏创造性。那时的宗教哲学家被称为经院哲学家，因为他们主要是把以往的哲学整合为一个体系，而不是在追求原创性。

他们采用的主要是严格的逻辑演绎和辩论法，探讨的是完美的普遍性是否真的存在的问题，其实争论的重点主要是用柏拉图的哲学还是亚里士多德的哲学作为信仰的基础。那时在牛津大学柏拉图主义和奥古斯丁占主流。阿奎那是亚里士多德哲学的支持者，但是他综合了以往的主要的哲学学派的思想，包括伊斯兰学者和犹太学者的思想，因此我们从他的哲学体系中可以看到其他哲学家的思想的影子。他创造性地完成了一个庞大的经院哲学体系，把信仰和理性紧密地结合了起来，被称为"天使般的博士"和托马斯主义之父。

一　什么样的爱会让人迷狂？

（一）美德让人享有没有恶果的幸福

阿奎那认为，人生的目的是追求幸福，而伦理学或道德学的目的就是要告诉人们怎么才能得到幸福。那么什么是幸福呢？幸福与人生的目的紧密相关。人要能够实现他的人生的目的才能幸福。人是由肉体和灵魂组成的，肉体就是构成人的物质，而灵魂就是把这些物质元素以特定的方式排列组合起来的图样，所以也可以说人是物质和图样的结合，二者缺一不可。人的道德机能由感性、欲望、意志和理性构成，人可以自由选择。肉体的最关键的欲望是需要生存，因此需要营养充足，需要生育。直接驱动人去谋食和谋生的是愉快和痛苦的感觉。人在享受愉快的时候，会忘记原初的目的，把愉快作为追逐的目标。而人具有自由选择的能力，因此他可以选择过度愉快，结果导致得病的痛苦。

人要得到恰好的愉快和健康的身体，就需要具有节制的美德。要享受吃的舒服，但不能吃多了。为了生孩子，要有性生活，但不能通奸，要在家庭里生育孩子。只有节制才能给人带来不产生恶果的愉快。人不仅要在享受愉快的量上加以节制，要做到恰好，不多不少，而且在愉快的种类上也要加以区分。人的寿命是有限的，而且经常不能同时享受多种愉快。有时获得了某种愉快，就意味着另外的愉快的丧失或减少。这时人就需要有审慎的美德。人的肉体的生存需要物质财富。而物质财富是在社会中获取的。人只获取自己应该获取的物质财富，享有自己应该享有的社会地位，这就需要具有公正的美德。当自己有了恶的念头，想要贪图不公正的所得时，自己要能够控制住自己，放弃这种念头，这就是勇敢。因此，人要能让自己的肉体愉快地生存下来，就需要有节制、审慎、公正和勇敢的美德。有这些美德的人才能愉快。

而人除了有肉体生存的需要外，更重要的是有灵魂的愉悦的愿望。人不能像动物一样地活着，因为人能够自愿地追求"好"。人越是做得好，人的灵魂越是感觉幸福，没有机会做好，就会感觉遗憾，做得不好，就会感觉郁闷。每个人都追求自己的好，这个好就是人的理想，给人以希望。人找不到自己有什么好，没有努力的方向，就会感觉活着没有意义。另外，人不仅追求好，而且会欣赏好。自己做不到的，别人做到了，一个好的人，就会欣赏别人的好。阿奎那把这些追求称为自然的目的。

（二）怎么才能过上"最好"的生活？

他认为，人还有超自然的目的。就像一个好的人不仅自己追求好，而且可以欣赏别人的好一样。人类也具有欣赏绝对完美的好的愿望。人的生命是短暂的，但是他却希望得到永恒。人的世界是有限的，但是他却希望得到无限。个人能够实现的好，只是一种相对的好，即使追求到了完美，也只是某个方面或某个点的完美，而人却希望获得绝对的完美。人的这种超越自我的有限性的愿望，就体现在人要有理想，可以留一个愿望让自己想象。从这里，人产生了纯粹的爱，就是爱绝对的完美，一种欣赏性的爱。于是人产生了对于永远的希望，就是永远可以去追求，永远也达不到的目标，而这个目标让人永远都不停歇追求的脚步，让人生感觉充实。人产生了永远的信仰，就是人坚定不移地认为绝对完美永远是人追求的目标，人类因为能够不断靠近绝对完美而感觉幸福。这就是人的精神世界。

凡是能实现的都变成物质的，只有永远不可能实现的才是精神的，才构成精神享受。这是人独有的，其他动物没有。在这样的追求中就产生了三种超自然的美德：信仰、爱和希望。人们可以在哲学和艺术中从精神上体验到这种绝对完美的存在，从而去欣赏它，因此爱上哲学和艺术的人才会那么迷狂。就这样，阿奎那把人的自然的或世俗的追求与超自然的或神圣的追求结合在了一起。他认为人生对于幸福的追求目标是有等级的。富有、愉悦、权力和知识，都是好东西，都是合理的追求目标，但这些东西不能给人带来最深层次的幸福。最高级的追求是超自然的追求，其次就是对于好的追求，然后才是对于肉体生存的追求，也就是说灵魂的幸福高于肉体的愉悦，但肉体是灵魂的载体，对肉体欲望的满足也是合理的。从这样的幸福观里就引发了三个问题：绝对完美真的存在吗？为什么灵魂的幸福高于肉体的愉悦？怎么判定什么样的社会才是公正的社会呢？

二 怎么证明绝对完美是真的？

（一）五种证明：有结果必然有原因

绝对完美是否真的存在？绝对完美只有真的存在，才能成为人的信仰的对象，而上帝是绝对完美的化身，这样就引发了阿奎那对于上帝或绝对完美存在的五个证明。为了让人们容易理解，他从人们的经验出发，吸纳了亚里士多德的思想，推导出绝对完美的存在。他在论证中贯彻的一个基本原则是：每种结果的产生都必然有某种原因，不可能无中生有。

第一，绝对完美是第一感动者。它是纯粹的现实，不存在潜能，就好比它一直就是花，没有从花蕾变成花的过程。这个证明被称为"来自运动的证明"，因为他是从万物的运动中推导出了绝对完美的不运动。亚里士多德认为，为了说明运动，必须假设存在第一感动者，这个感动者本身是不动的，但是能够引起世间万物的运动，因为绝对完美是万事万物追求的目标，因此向着他的方向奔来。阿奎那认为，人们可以从经验中认识到，万事万物都处在运动变化之中。这种运动不仅是位移，而且包括各种变化。虽然纯粹的位移与变化不一样，但变化中必然有位移。他认为产生和创生也属于运动。而任何的位移都是需要外力的推动的。就像是多米诺骨牌，没有第一推动者，这些牌只是静止的，虽然存在运动的潜能，但不会变成实际的运动。如果我们不是无限地推导下去的话，我们就会承认一定存在着第一推动者。阿奎那认为这个第一推动者本身是不需要推动的，但他一直在自动，而且永恒地运动着。而第一推动者是被绝对完美感动而动的。

第二，绝对完美是造物主。这个证明被称为"来自动力因的证明"，因为他是通过万物的产生都要有动力因来证明的。阿奎那认为，从我们的经验中，我们知道凡是存在的事物，都是被创造的。有结果就有原因，原因先于结果。雕塑是被雕塑家创造的。我们是被父母创造的。我们的父母是父母的父母创造的。如果我们不是永恒地推导下去，我们就会得出有最初的创造者的结论。而这个创造者，就是绝对的完美。

第三，绝对完美是必然性。这个证明被称为"来自必然性存在对可能性存在的证明"。阿奎那认为，从我们的经验中，我们知道，具体事物的存在都是可能性的存在，也就是说它们可能存在，也可能不存在。所谓可能性的存在，就是它们本来是不存在的。它们从无变成有，存在一段时间，再从有变成无。它们的存在是可能的或偶然的，就是说它们并不总是存在。它们是有生有灭的。比如说，任何一个人都可能出生，又可能不出生。出生以后还必然死掉，也不知道会怎么个死法。但是，我们知道其实任何事物都不可能是从无中生有的，只能是从有中生有。任何具体事物，就其本身来说是从无到有，而从一个存在的链条中来看，它只能是从有中生有。所有可能性的存在都可以是"不存在"。它们的存在的原因也不是来自自身。这样我们就必然会推导出一个由它产生万物，而它本身是不需要被生的，它的存在是永恒的。这就是绝对的完美。

第四，万物的"好"来自于绝对完美。这个证明被称为"来自完美的不同程度的证明"。从我们的经验中，我们知道有的事物比较好。而我们之所以能够评价这个事物比较好，就因为有一个最好作为标准。万物都可以分成各个类，而各个类都有自己存在的目的，都体现了某种好，都发挥一定的功能。我们能够区分出人与树来，就因为人与树各有各的好。一个类中的事物，都多少要具有这个类的事物的好，才能被分在这个类里。每个类的最好就是那个类的所有事物存在的原因。而绝对完美就是整个宇宙存在的原因。

第五，事物的秩序来自于绝对完美。这个证明被称为"来自宇宙秩序的证明"。从我们的经验中，我们可以看到，没有智能的事物，也会按一定的秩序和以一定的方式行为。构成整个自然界的部分或人的身体的部分，不具有智能，却会以某种有序的方式行为。这些行为总是在以某种特别的和可以预见的方式去实现某种目标或功能，它们总是以同样的方式来实现最好的效果。这种行为方式不是偶然的，而是设计好的。比如说，水总是往低处流。人体的手和脚，本身是没有智能的，却总是以某种特定的方式行为。事物内部和外部都呈现出一种秩序。而安排这个秩序的就是绝对完美。

（二）没有精神就没有精神产品

阿奎那认为，通过上面的五个论证，我们就应该承认绝对完美是存在的，否则我们就无法解释我们经验中存在的这些现象。哲学家的习惯就是不能允许有什么东西是不能解释的。人们对不能解释的东西都具有好奇心，因为不能解释的东西给人带来不安全感。能解释就能把握住这种事物的行为习惯，也就是能摸到这个事物的脾气，就不会害怕了。从这个角度上看，什么都知道或以为自己什么都知道，就会有安全感，这也是一种幸福感。只是阿奎那说，通过他的论证，我们知道绝对完美是存在的，因此可以把绝对完美作为我们追求和欣赏的目标，但是我们无法给绝对完美下定义，不能说他是什么，只能说他不是什么。而在说他不是什么的时候，我们从他的对立面，就能够知道一点他是什么。

绝对完美是唯一的。如果还存在另外一个绝对完美，就说明这个绝对完美还不完美。绝对完美是简单的，就是说它的内部不能分成部分，不能是合成的。如果它需要合成，说明它本身是不完美的，它必须是单一的才纯粹。它没有肉体，不是物质性的。绝对完美不能是变化的，因为变化本身就是不完美的体现，因此绝对完美是绝对静止的。绝对完美不是被创造的，如果有创造者，就说明还有比它更完美的。绝对完美的本质和现实是合一的。它就是它自己。本质类似于种子，现实类似于树。现实中的事物都是先有本质，然后变成现实的，因此有个成长和变化的过程。而绝对完美一直就是现实，而且永远是现实。它的本质就是它的存在。这样它就以哲学论证的方式解释清楚了人的超自然追求绝对完美的目标，并把绝对完美作为人的信仰的基石。哲学家可以把这种绝对完美作为思想倾注在书里，画家可以把这种绝对完美倒在画布上，宗教家可以把这种绝对完美引到教堂里，让人们在教堂里敬仰绝对完美的崇高。人类的一切精神产品都因为多少接近完美而具有穿透时空和恒久不变的魅力。越是接近这样的绝对完美，人的灵魂越是能感觉到自己的好，越是感觉自信，越是感觉幸福。

（三）人的语言是否能够表达绝对完美？

阿奎那认为，人所创造的表达普遍性的语言是用来对具体事物进行分类的，而具体事物都是有限的，因此我们把用于描述有限的事物的特征的语言用到绝对完美这样的无限性上，必然会产生误解。所以，我们只能借助这种人工的普遍性的语言来进行类推。他认为人与绝对完美之间可能存在着三种情况，我们可以用排除法来看人与绝对完美之间到底是什么关系。第一种情况，我们可以说在本质上绝对完美与人是相像的，因此可以用完全一样的单义词来表示，比如说，人和绝对完美都是有智慧的。而这种关系是不存在的，因为人是有限的，而绝对完美是无限的。人想问题和说话时爱东拉西扯，一次只能说一个词或表达一个观念，而绝对完美则同时知道所有的事物。第二种情况，我们也可以说人与绝对完美根本不同，因此用人工语言来表示绝对完美就是模棱两可的。这种情况也是不可能的，因为人是由绝对完美创造的，因此人能够以不完美的方式部分地反映绝对完美的本质。第三种情况，我们可以说人与绝对完美既不是完全不像，也不是完全像，所以可以用人工语言来进行类推。对于阿奎那来说，类推指的是某些性质存在于绝对完美之中，也同时存在于人之中，而不只是一种暗喻或明喻。换句话说，人与绝对完美"相像"是因为人的存在本身是从绝对完美那里演化而来的。在人的思维中不具有与生俱来的观念，只具有获得知识的潜能。我们从对具体事物的感性经验中来抽象出普遍性的本质。哲学没有办法进一步解决的问题可以交给宗教信仰。哲学和宗教的努力目标是一样的，二者有重合的部分，都是在寻找绝对完美，但是它们关注的问题不一样，宗教关注的主要是通过救赎来使人获得精神幸福。

三　好的法律和好的政府是什么样的？

人要幸福还需要有一个公正的社会来保证。那么什么是一个公正的社会呢？任何一个社会都是需要有秩序的，而秩序都是等级性的，都要分先后和高下。人不怕分秩序，就怕乱分秩序。阿奎那认为可以用四种法来划分秩序。第一种法是永恒的法，来自于绝对完美。绝对完美创生了世间万物，同时创生了世间万物应该遵循的秩序。绝对完美就是"好"本身，就是纯粹的善。因此，即使它是自由地放射出万物的，也不会创造出恶来。在万物产生之前，只存在绝对完美。至于绝对完美是什么时候创造出万物的，这个问题只能通过宗教信仰来解决，无法从哲学上加以论证。而宗教信仰来源于启示，而不是论证。启示来源于《圣经》。根据《圣经》所说，绝对完美是在某个时候创生了世界的。《圣经》的语言是人创造的语言，最初是用来说明具体的事物的。具体的事物都是有限的，而绝对完美是无限的。因此，当我们借用人创造的语言时，必须具有类推的能力，不能按字面的意思来理解《圣经》和圣经故事，要把圣经故事看成是寓言，要通过"悟"才能得到启示。

绝对完美之下是天使。天使只有智能，没有肉体，因此天使都是完美的，只是代表着不同类的完美，而且每个类只有一个天使。天使以道、力量、六翼天使等方式存在，可以通过启示或理性来认识。在天使之下就是人类。人类具有天使的智能，但是却与肉体相结合，因此既是精神的又是物质的。而肉体是一种会生会灭的物质，所有的物质都是不完美的，因此使得人也不完美。根据智能的高下，可以把万物分成人类、动物、植物和四种基本物质，即气、土、火、水。在绝对完美的创造物中，人具有最高级的智能，因此人最高贵。从这个角度上看，在人类中，也是智能最高的人最"好"，具有更多的灵魂的幸福。当然这种好是以善为前提的。因此，人都要在追求绝对完美中，把自己的智能发挥到最大限度，从而获得最高级的幸福。阿奎那认为，各个层次之间是交叠的，互相联系，形成一个"存在之链"。绝对完美造出的万物都是有局限性的。所以，一个最好的世界指的是各类创造物之间的最可能好的安排。一个公正的社会首先要遵守绝对完美设定的秩序，这就是永恒的法。绝对完美是永远不变的，因此这样的法也是永恒不变的。

第二种法是自然法，也称为道德法。"行善避恶"是道德法的基本准则。人生来就具有自己的自然的义务，就是要保护自己的生命和健康，不能自杀，不能粗心大意。人还有在家庭中繁衍后代的义务，有遵守秩序与和平共处的义务。第三种是人为法，指的是政府的具体法规。人的肉体的欲望是不变的，因此规范人的肉体的欲望的美德也是不变的，因此人为法必须建立在道德法的基础上，否则就歪曲了法的精神。但这种法要根据现实情况进行调整，目的是具体地实现公正。这样的法只有通过了立法程序才有效。比如说，规定开车不能超速。这种法是习俗性的，在规定生效之前就不算数。政府要大公无私,追求公共的善,不谋私利。公共的善由具体的个人的善组成,必须具体考虑每个人的善。对每个人都善才是真正的公共的善。第四种法是超自然的神圣之法。这种法保证人们能够自由地追求绝对完美,丰富人们的精神生活,给人永恒的幸福。阿奎那认为,教堂和政府各有自己的领域,互相各负其责,不能相互干涉,但教堂高于政府。法律的必要性在于扬善惩恶。阿奎那认为,恶不是一种存在,而是一种缺少,其中包括不恰当的行为方式。比如说,盲是因为缺少视力,而通奸是因为缺少对自己的行为的适当的控制。人是自由的,指的是人可以自由选择。人选择时是想选择好,但是实际上会选了恶,这是因为无知。比如说,一个选择了通奸的人,他认为通奸能够给他带来某种好,忽视了这种行为可能带来的危害性。人,只有真的感觉自己好,才会真的感觉幸福。

四 对阿奎那的理论的批评:司各脱、奥康和艾克哈特

在阿奎那的理论提出来后的一个世纪里,出现了对他的理论的各种批评。阿奎那要把宗教和哲学结合起来,认为可以通过理性来认识绝对完美。而司各脱、奥康和艾克哈特却要在宗教和哲学之间打个楔子,把它们分开来,尽管他们的观念在总体上与阿奎那是一样的。这些思想是从中世纪的信仰不自由走向现代的信仰自由的先导。

(一)唯意志论:绝对完美是绝对自由的

司各脱(John Duns Scotus,1265—1308)是苏格兰人,曾受教于牛津大学。他的思想对天主教和世俗思想都有很大的影响。他认为,绝对完美是绝对自由的,表现为它的意志是绝对自由的,不受任何理性标准的限制。它下的命令是任意的,不用讲什么道理,它说什么是道德的,什么就是道德的。如果它说谋杀和通奸是道德的,谋杀和通奸就是道德的。它可以任意地奖罚。对于绝对完美的任意的指令,我们只能相信和接受,我们只能通过启示认识绝对完美的意志。哲学的理性只能认识经验世界,与绝对完美无关。他的这种观念在十九世纪被称为唯意志论。而阿奎那的观点则被称为唯智论,即认为绝对完美是按理性标准行为的,理性高于意志,不是说绝对完美就可以任意行事。此后很多个世纪,在宗教家和哲学家里还一直存在着唯意志论和唯智论的论争。

(二)新唯名论:奥康的剃刀

奥康的威廉姆(William of Ockham,1287—1347)是英国圣方济会的

修道士、经院哲学家和神学家，新唯名论的创始人。他因提出了一个被称为"奥康的剃刀"的方法论原理而著名。他曾就读于牛津大学。他被称为不可被征服的教师。那时神学家彼得·兰巴德的《箴言》一书已经成为神学方面的标准的著作，很多神学方面的学者都写了评论，但他的《〈箴言〉评注》成了争论的对象，因此被圣方济会监禁了两年，他的作品被判为异端。因为怕被关押和判处死刑，他逃到了神圣罗马帝国，被逐出教会。死后得到昭雪。

1. 普遍性只是一些术语

奥康被称为现代认识论的鼻祖，因为他力图把信仰和哲学区分开来，对中世纪的秩序起到了摧毁作用。他的理论属于双重真理说。他认为上帝到底存不存在，是人无法通过理性去证明的。这样的真理只能留给启示，通过阅读《圣经》来获得。我们无法通过推理来说上帝是什么，因此关于上帝是否存在的论证需要简约化。现实中除了存在个体事物以外，并不实际地存在着一种普遍性的东西。普遍性是人脑从个别事物中抽象出来的产物。比如说，当我们说简爱和约翰都是人时，并不是说在他们之中真实地存在着什么"人"的实体。我们头脑中的普遍性只是一些普遍的术语或符号，用来对个别的事物进行有序的分类，以免让我们的头脑感觉乱七八糟的。普遍性是人的思维对个别事物反映的结果。个体事物引起了人的思维中的概念的产生。我们把具有某些相似性质的东西通过普遍性术语分成各种类，这样便于我们的头脑把握个体事物。人的理性能够认识的也就是这样一个经验的和个体的世界。

2. 思维中的经济原则：能少用就不多用

人的思维遵循简约原则，这就是他的著名的"奥康的剃刀"原则。在思维过程中能少用概念就尽量少用，能简约化的就不复杂化，能用较少的原则说明的就不多用。罗素把这条原则归纳为：如果一个人不用假设存在什么就能解释一种现象，就没有必要做这个假设。我们要清理一下脑袋里的东西。清理的办法有三条：首先，留下直觉的认识。留下可以通过直觉验证的真实，通过经验证据来加以说明。属于经验的认识，需要确定一个句子的主语所指的对象是真实的，要判定对象存在或是不存在。其次，留下抽象的认识。自明的真理不需要通过经验来对照，自己就有存在的合理性，这种合理性是通过逻辑来证明的，表达的是事物之间的逻辑关系。最后，留下来自启示的信仰，证据是《圣经》，主要通过引证来确立其权威性。信仰与哲学不相干，信仰和哲学揭示的双重真理。它们所持的观点有时甚至是矛盾的，但是这没有关系，因为它们各自有自己的领域和功能，不能互相否定。绝对完美与个人之间的关系是偶然的，个体的存在也是偶然的，个体之间的关系依然是偶然的。虽然我们可以说求善是好的，作恶是不好的，但人有自由意志，可以选择求善或作恶，并承受求善的幸福和作恶的惩罚。

（三）神秘主义：与绝对完美在灵魂深处相会

艾克哈特（Johannes Eckhart，1260—1327）是一位德国的神学家、哲学家和神秘主义者，出生于贵族家庭，被判为异教徒。他受新柏拉图主义的影响很大。他反对阿奎那关于绝对完美存在的几种证明。他抛弃理性，走向感情。他认为，我们要用一种神秘的方法，忘掉现世存在的一切具体的事物，超越感性知识。在灵魂的最深处与绝对完美相会。在相会之时，人变成了绝对完美本身，实现了合一，就像在教堂里举行圣礼时面包变成了绝对完美的身体一样。这样的相会，只能靠绝对完美的恩典和启示，不能靠理性。他与其他人分享了他的非常丰富的与绝对完美相会的体验。这时靠的是关于绝对完美的隐喻式的描述和我们个人的体验。

第六章至第十章之间的逻辑线索

——经验科学快乐哲学的萌芽、诞生、危机以及对它的反抗和超越

在后面的第六到第十章中出现了很多哲学家，显得很乱。本人通过总体性研究，从中拉出了五条逻辑上继起的线索：首先，出现了信仰理性完美哲学的危机；其次，在危机中产生出了经验科学快乐哲学；再次，经验科学快乐哲学发生了危机；然后，出现了反抗快乐哲学的完美哲学；最后，由于完美哲学只是在精神领域中战斗，无法让人在现实生活中实际地追求完美，因为资本主义社会中存在着严重的不公正，于是出现了走向实践科学人格完美幸福哲学的趋向，这种实践哲学要在改造自然和社会的基础上来追求人格完美。由于经验科学快乐哲学的诞生与信仰理性完美哲学的危机交错在一起，而经验科学快乐哲学在建构时就开始出现危机，所以与反抗快乐哲学的完美哲学又交错在一起。完美哲学的空想性使得实践科学人格完美幸福哲学另辟蹊径超越快乐哲学，同时超越完美哲学，这样就出现了快乐哲学、完美哲学、实践哲学的交错重叠现象。从逻辑上的继起线索更容易看清哲学的发展趋势，因此本人把哲学家们的思想从逻辑上进行了分类和概括。

第六章　信仰理性完美哲学的危机

——是否依然要坚持追求完美？

在中世纪的基督教的教堂中，信仰理性完美哲学逐步衰变为具有强制性的意识形态，维护着封建特权，产生出让人感觉窒息的僵硬的秩序。本来追求完美是人们的心愿，而当人们被迫以教堂规定的正统的方式去追求完美时，人们就失去了精神上的自由，从而让追求完美的活动不再让人感觉幸福，而是感觉枯燥和烦闷。到十五和十六世纪，在欧洲发生了文艺复兴，宣告了中世纪的结束。所谓文艺复兴，就是古希腊学问的再生，主要包括古希腊哲学和其他伟大古典作品的复活。在古希腊时期，哲学是自由的，哲学家虽然冒着生命危险，但是可以自由地游走，可以自由地探究完美，可以自由地组织学派和成立学术机构。而在中世纪时期，哲学被当成宗教的婢女，用来证明人格化了的完美的存在；研究机构限于教堂，并且教堂成为了主宰的力量；人被迫信教，被迫追求完美，信仰不自由。于是，出现了宗教改革运动，目标是反对罗马天主教会的绝对权威，各国的作者都开始用本国语言而不是拉丁语写作，导致了语言学热。比如说，休谟用英文写作，卢梭用法文写作，而康德用德文写作。

十五世纪中期，活字印刷术被发明和广泛使用，使得书籍比较方便携带和便宜。古希腊作者的手稿直接从雅典输入了意大利，人们可以直接看到原来的文本。在意大利的佛罗伦萨出现了主要研究柏拉图作品的学园。在那不勒斯和罗马也出现了类似的学园。作者们开始采用一种新的写作风格。这种写作方式不是很正规，而是用轻松愉快的白话文写作，传播比较广泛。用白话文写作的《圣经》产生了广泛的反响。在文艺复兴时期，作者们开始注重原创性，而不是像中世纪时期，主要是在做"学术"和当"学者"（scholars），研究和注释前人的作品，因此出现了很多"思想家"（thinkers）。学者主要是在研究原创思想家的作品为什么好，怎么产生出来的，注重对这些作品的阐释、鉴赏和品评，而思想家则是原创性思想作品的作者。哲学开始恢复自己的自由。此时复兴的哲学主要是柏拉图的哲学，相伴着被点燃的还有伊壁鸠鲁学派、斯多葛学派、怀疑主义等，主要目的是稀释亚里士多德哲学的影响，并且把哲学和宗教截然分开。

这时兴起了一种新的哲学即人文主义。人文主义并不反对宗教，但主张不再借助信仰，而是力图用人的理性来寻找完美，来说明社会共同体应该有的社会秩序。从这里产生了人文学科。当时还发生了科学革命，科学家开始用非宗教的视角来探究物质世界的构成，从这里产生了自然科学。这样大学的学科设置就发生了变化。大学原本是从教堂的学校演变而来的。"university"（大学）这个词的词源由 uni + varsity 构成，而"uni"就是"一"，而"varsity"源自拉丁语的"varius"和中古时期的法语"varieux"，指的是多样性。所以，"university"这个词就是"多样性的统一"的意思，主要研究的是"普遍性"（universals），因为"普遍性"是走向完美的理性阶梯。

大学中原本设立的主要是宗教、医学、法律和艺术学科。宗教讲的是信仰和理性，启迪人的灵魂追求完美；医学讲的是人的肉体的健康，追求的是身体的完美；法律讲的是如何建构追求完美的社会秩序；而艺术则是要通过感化的力量来让人追求完美。文艺复兴后，欧洲的大学改由三个部分组成：宗教、人文学科和自然科学，追求完美的宗教开始与越来越走向实用的人文学科和自然科学分离开来。这些变动导致了以皮浪和恩培里克的古希腊怀疑主义的兴起。很多读者感受到了恩培里克的魅力，而有的读者则对他对于人类的理性的攻击感到恐怖，被迫反击他的观点。从此之后，在西方哲学界里，怀疑论与非怀疑论之间展开了长期的智慧拉锯战。在信仰理性完美哲学的危机中，存在着经验科学快乐哲学的萌芽。

第一节 宗教改革运动：让信仰变得简单而生动

一 路德：个人要绝对服从国家的法律

（一）点燃新教改革运动之火

马丁·路德（Martin Luther，1483—1546）是一位德国的修道士、神学教授，曾经是一位天主教牧师，是新教改革的火种级人物。他的父亲是一位铜矿和熔炉租赁人，希望他成为一名律师。他进了法学院后，很快就厌倦了法学，因为他认为在法学中充满了不确定性。为了找到一个确定的生活目标，他开始迷恋神学和哲学。他对亚里士多德的哲学又爱又恨。恨的是他认为通过亚里士多德的哲学无法认识绝对完美。爱的是他认为理性能够帮助人理解一些问题。他开始对伟大的思想家也抱怀疑态度，一切都要他亲自通过自己的经验来检验。

他之所以成名是因为如下事件。罗马天主教会要建一所新的教堂，派人到德国来卖赎罪券，并宣称要做慈善和有善举才能被救赎，而所谓的慈善或善举就是要捐钱给教会。路德反对这种做法，认为这是在滥用权力。他1517年10月31日在威藤堡的万圣教堂门口钉了一份抗议书，这就是著名的"九十五条论纲"，因此点燃了新教改革运动之火。这份抗议书不到两周就传遍了德国，不到两个月就传遍了欧洲。随着他的作品的广泛传播，很多学生蜂拥而至，来听他的演说。"新教"这个词的字对字的翻译就是"抗议者的基督教"。此后德国的基督教堂断绝了与罗马天主教会的从属关系。欧洲的一些国家也都纷纷响应。他们抛弃了中世纪的整个思想传统，代之以古希腊的理论，并加入了新的内容。路德的学说曾被当成异端，他本人被逐出教会，被罗马皇帝判为罪犯。

他反对暴力，认为造反是罪恶的，强调基督教的美德，比如说，爱、忍耐、慈善和自由。他以白话文的方式把《新约圣经》从希腊文翻译成德文，德语的标准语言由此产生。他反对教士的独身主义，使得教士被允许结婚。他曾经想让犹太人改信基督教，因此说基督耶稣原来是犹太人，目的就是要带领犹太人变为基督教徒。犹太人不买他的账。于是他开始恶毒攻击犹太人和犹太教，认为这个民族是被上帝抛弃的民族，很邪恶，为了钱财而出卖了耶稣，是叛徒、亵渎者和说谎者，因此应该摧毁他们的教堂、烧掉他们的经书、剥夺他们的自由权。而且他们的钱都来自高利贷，所以应该全部没收。他对其他不信基督教的民族也抱有类似的态度。他在晚年得了很多种病，在去世时受着胸痛的折磨。由于病痛的折磨，使得他的脾气很坏，语言粗俗。

（二）政府拥有上帝赋予之剑

路德受奥古斯丁和奥康的影响很大。他赞同奥古斯丁的原罪说，认为人生来就是有罪的，而不是因为无知或理性不发达，所以要赎罪靠理性是无法实现的，只能通过信仰。要得到上帝的宽恕才能克服罪恶的困境。为什么非要赎罪呢？因为有罪的感觉是不幸福的，而人是要追求幸福的。有罪的人就像是灵魂被关在监狱里的人一样，要获得解放，才能有自由的幸福。路德也赞同奥康的观点，认为不能通过理性来证明绝对完美的存在。说绝对完美是什么，不是什么，存在不存在，都是没有必要的，只要相信耶稣基督是大救星就好。上帝还是绝对完美的，但这里的上帝主要是一种权威的象征。因为人性中都有做坏事的动机，所以要使得人想做坏事也做不成，只能靠一个强大的统治者，靠政府制定的法律来约束。政府的权力来自上帝，拿着上帝赋予之剑，代表上帝来保证社会的和平与秩序，否则以自我为中心的个人组成的社会就会呈无政府状态，从而陷入混乱之中。

个人必须绝对服从统治者的指挥，即使遇到腐败而残酷的暴君也不能起来造反，因为暴君能够夺走的无非是人的生命和财产，而这些都是小事一桩。真正的大事是人的灵魂要赎罪，而灵魂是外力不可及的。暂时的权力腐败也是很小的事情，犯不上与它较劲。路德在绝对顺从这一点上与中世纪的观念有着天壤之别。阿奎那就认为不能服从违反了自然法的人为法。通过路德的宗教改革，信仰基督教变成了一件非常简单的事情，只要信就可以了。所有方式的善举，所有与灵魂相关的活动，比如说，思考和沉思都是徒劳无益的。而且也不用考虑政府制定的法律是否正义的问题，只要遵从法律就可以了，法律具有最高的权威。人都是平等的罪人，没有谁比谁更高贵，没有什么人能够高尚到不受法律的限制就能一直做好人的程度。人生就是那么简单，信基督教、遵守法律、干自己愿意干的事，轻松愉快地活着，不用再多想什么了。

二　伊拉斯谟：要采用优美和有生命力的语言

（一）研究《圣经》应懂古希腊文

伊拉斯谟（Desiderius Erasmus Roterodamus，1466—1536）出生在荷兰的鹿特丹，是位著名的社会批评家和荷兰文艺复兴的人文主义者。他能用纯粹的拉丁文的风格写作，支持宗教信仰自由。他有一个绰号，叫"人文学者的王子"。他的父亲是位牧师，他的父母没有在法律上正式结婚，所以他是非婚生子。他感觉这是一个污点，因此在年轻时曾放烟幕弹进行掩盖。小时候被送到修道院。他蔑视修道院的繁琐和苦行，感觉没有精神上的自由。后来他成了主教的拉丁文秘书，被送到巴黎学习。在巴黎他依然讨厌经院哲学的教学方法，开始对古希腊文献感兴趣，并以格言的方式写出了一部很有名的著作。后来他到了英国，发现英国的学者不懂希腊文，却在那里讲《圣经》。

于是他没日没夜地强化学习了三年的古希腊语,并直接从希腊文翻译出拉丁文本的《新约圣经》。后来他受聘于剑桥大学,成为玛格丽特夫人的特聘神学教授。但是他不太尊敬他的英国同事,把他们称为"塞浦路斯的公牛和吃大粪的人"。他也不喜欢英国的啤酒和气候。他曾经拒绝过各种学术荣誉和利益,只是保留了不是很稳定但足够让他从事学术活动的薪酬。后来他移居到巴塞尔,因为瑞士是一个他可以自由地表达其思想的庇护所。在那里有很多人慕其名而来,他周围有了很多忠实的朋友。他曾经爱上过一个教士,称她为"我的灵魂的另一半"。他痛苦而执着地追求过她,他赞扬婚内的性爱。

(二)因走中间道路而两面受敌

如果说路德是在建构,伊拉斯谟则是在批评。虽然他是经院派神学的敌人,但他是认同教皇的权威的,终生都是天主教堂的成员。他强调走中间道路,尊敬传统的信仰、虔诚和慈悲,建议从内部进行宗教改革。他的这种走中间道路的做法,让两个阵营的学者都感觉失望,甚至有的学者感觉很愤怒。他最大的特征是采用了一种清新的文风。他反对教会采用的繁文缛节,反对教会的吹毛求疵的逻辑学,认为应该让基督教信仰纯粹化和简单化,别用一些过于难懂的行话把福音书的真谛弄得含糊不清。他力图用古希腊文献中的宝库来把福音书变得清楚明白。他看到了柏拉图哲学与耶稣的教诲之间的相似性,他力图把教堂的说教与新的人文学联系起来。

他反对采用没有生命力的语词。他热爱文字,花很多时间来选择恰好的、简洁的和优美的措词来表达他的洞见,就像画家通过色彩的运用来展示他们的天才一样。他认为真正的宗教关心的是人的心脏而不是脑袋。人的心灵有自己的追求,只有满足心灵追求的理由,才能够被心灵接受。他不同意路德的看法,认为虽然人生来是有罪的,但通过教育是可以改变人性的。人有的时候做错事,确实是因为无知,通过教育可以克服人的愚蠢。而路德否认人性可教的看法,并且把伊拉斯谟说成是唠叨的人和怀疑论者,还说他是一只来自伊壁鸠鲁的猪圈里的阉公猪。伊拉斯谟在努力把古希腊的文本与简化的基督教信仰相结合,而路德则是高扬信仰,这样的分歧引发了很严重的怀疑主义观点的流行,他们怀疑人的理性是否有能力帮助人获得救赎。

第二节　人文主义：自由的人和限制自由过度的国家

文艺复兴首先以艺术运动的方式开始于意大利。中世纪早期的艺术是具有宗教象征意义的，象征的是绝对完美的世界的美好，也就是说在以各种方式，让人们相信和遵循人格化的绝对完美的指引，绘画和雕塑都在以某种方式教给教区居民《圣经》的故事和教义，而不是在追求逼真地描绘他们所刻画的对象。中世纪晚期的艺术则开始采用三维技巧和人体解剖的知识精确地描述自然界的事物，目的在于赞扬人间的魅力。艺术家用精确的手法来细致刻画风景和人的形体与力量之美，并超越人的表面之美来刻画人的细致入微的精神气质；文学家用他们的作品来刻画人性，描写人经常体验到的喜怒哀乐；历史学家则把人的生命注入历史事件。艺术家的主要代表人物是米开朗琪罗和达·芬奇，而文学和历史学的主要代表人物是彼特拉克。哲学上的人文主义的主要代表则是皮科和马基雅维利。

一　皮科：人的尊严来自于他的自由选择

皮科（Pico della Mirandola，1463—1494）是意大利的伯爵。他是文艺复兴人文主义的最生动的代表。他很早熟，记忆力超群。十岁就成了教皇的首席书记官。通拉丁语、希腊语、阿拉伯语和希伯来语。他企图调和柏拉图和亚里士多德的理论。他的作品曾被教皇当成异端批得一无是处，并因此被投入监狱。后来，他决意成为一名修道士，捐出了财物。在他二十三岁时，写出了"关于人的尊严的演讲"，被称为"文艺复兴的宣言"。他用一种独特的和人们容易接受的方式，说明了人是绝对自由的。人的尊严就在于他能够自由选择。对于中世纪的"存在之链"，他给予了新的解释。中世纪的"存在之链"说认为，上帝创造了没有肉体只有智能的天使。在天使之下是人，然后再创造了动物、植物，最后再创造出水、气、土、火。

人在所有的创生物中是最高贵的，因为具有像神一样的理性，所以人在自然界中的位置生来就已经定下了。人只有追求过理性的生活才是好的生活。而皮科说，人格化的绝对完美把人之外的事物都按一定的等级结构创造出来，构成了自然的等级秩序，这些事物就完全按它的意志行事，所以呈现出有规律的秩序。绝对完美最后才造人，这时链条中的所有位置都被占满了，找不到人的合适的位置，因此就给了人以绝对的自由，让人可以在这个"存在之链"中毫无界限地随意选择自己的存在方式，因此显示出很特别的人性。人可以选择道德上的无私，活得像神一样，也可以忽视理性和礼貌，选择像动物一样生活，也就是说可以选择自己的命运。在自由选择中，显示出人的尊严，因此我们应该为此感觉自豪。

二 马基雅维利：目的的善决定手段的正当性

马基雅维利（Niccolò di Bernardo dei Machiavelli, 1469—1527）出生于一个律师家庭，曾在意大利的佛罗伦萨共和国做官，负责外交和军事。曾因被指责搞阴谋诡计而被投入监狱。在监狱中，遭到了残酷的折磨，手肘和后背被吊起来，导致胳膊脱臼。即使如此，他也拒绝承认搞了什么阴谋。晚年热衷于写作，主要是写政论文。终年五十八岁。他本人是个好人，而且是一个人文学者，尽管他写的《君主论》的名誉很坏。他生活在一个动乱的时期，教皇总是在发动反对城邦国家的战争，政治领袖们则唯利是图地投靠有利的一方，很多短命的政府起起伏伏。

当时的意大利由于社会的巨大变革导致了严重的信仰危机。当人们没有信仰的时候，权力和金钱就成了人们追求的主要对象，无论是政治界还是宗教界的道德腐败都极为严重。在马基雅维利看来，那时的人民也已经成了邪恶的人民，他们不择手段和只顾自己，具有很多种恶劣的品质，比如说，忘恩负义、变幻无常、虚伪、懦弱和贪婪，态度随时在改变，谁成功就支持谁，谁失败就背弃谁。在这样一个腐败了的邪恶社会中就需要一个强大的政府。这时君主就要学会欺骗术，在必要时什么手段都可以用，诡计高于道德信念。而只有最精明和最巧妙的君主才能把握充满变数的统治术，能够具有快速的适应性。在马基雅维利二十九岁时，萨伏那罗拉被处决。当时萨伏那罗拉建立起了很成功的民主政府，虽然他很有美德，而且按追求美德的方式进行了努力，但是因为与宗教界和政治界的官员发生了冲突，最后被判处死刑。

在同一年里，马基雅维利写了两部作品，但是在他死后才出版。其中《论李维》倡导罗马的共和制，公开解释清楚了共和制的优点，主张给予人民自治权和自由；而《君主论》则倡导绝对的君主集权制。他认为理想的社会应该采用共和制，但根据当时的现实情况，只有独掌大权的君主才能保住权力。他认为先要用《君主论》中的观念来稳定国家。一个新的君主与世袭的君主不一样。世袭的君主主要是做人们习惯做的，维持住就好，他不用担心稳定问题。而一个新的君主，首先要关注的就是稳定和安全，因此有必要先用暴力来进行强制，要消除对手，强制抵制的人群听话，清洗潜在的夺权者。君主为了保住权力，不应该受任何道德上的限制。当然嘴上要说道德的话，要哄骗人民，要伪装自己，要成为一个高超的伪君子，让人民感觉他很有道德，而其实没有。为了保住权力，要不择手段，甚至可以采用非常残酷的手段，比如说，有个君主杀了人后，暴尸于广场，旁边还放着血淋淋的斩首用的刀板。这种野蛮的景象会让人们顿时失去造反的勇气。这时君主不能考虑自己的名声，要采用必要的手段，目的的善决定手段的正当性。

他认为，应该采用双重的行为标准，因此应该有两种道德：公共道德和私人道德。对于群众来说，要用私人道德，要让他们遵守基督教道德，这样比较听话，不容易闹事。不要管宗教是真的还是假的，而是要看到它在稳定社会秩序中的实用性。而对于统治者来说，要用公共道德，要抛弃倡导谦虚和低调的基督教道德，因为这种道德让人变得软弱，容易成为坏人的猎物。统治者应该像古希腊和罗马英雄那样，追求灵魂的伟大和身体的健壮。统治者不能根据想象，而是要根据经验和事实来决策，所以他被看成是现代政治科学的奠基者。他认为要研究人的实际的生活方式和生活追求，把政治建立在符合这样的生活方式的基础上。从事实上看，并不是所有追求美德的人都能得到幸福。他要把政治科学与政治哲学区分开来，先不研究应该是什么，而是先研究实际上是什么。这种政治科学在后来的政治领域影响很大，被称为马基亚维利主义，属于政治现实主义。但是马基雅维利并没有停留在稳定这个阶段，因为这样的社会是一个坏的社会。稳定了局势以后，就要按《论李维》中的观念，通过制衡来建构一个好的共和国，而共和国的人大多很优秀和很有自豪感。

第三节　科学革命：宇宙和人都是机器

在文艺复兴时期弥漫着科学发现精神，影响到所有的知识门类，带来了科学革命。哥伦布（Christopher Columbus，1451—1506）发现了新大陆；哥白尼（Nikolaj Kopernik，1473—1543）发现了地球围绕太阳转，粉碎了地球中心论。科学家们开始质疑古典文本，认为古典文本只有通过经验的论证和检验才能知道是否真实，否则就只是猜想。而且他们不仅关心宏观的星球，也关心事物的微观结构。他们想发现的是事物运行的法则和规律，而检验的方法就是观察。而只通过肉眼观察是不行的，因此要有科学仪器。科学家们在1590年发明了复显微镜；在1608年，发明了望远镜。而有的东西太大，不好观察；有的东西是以前发生过的，现在没有，无法观察。这样就需要试验。试验就是把原来的文本中写的东西作为假说，或根据新出现的情况提出假说，再根据假说的要求，把试验环境纯粹化，然后来试验。在试验过程中进行观察。

比如说，空气泵的发明就为创造真空环境提供了条件，使得这样的假说能够进行试验：不管多重的物体，只要是在同样的高度上落下，如果没有空气的阻力，都会同时落地。在真空环境下试验，情况果真如此，于是就证明了新提出的假说的真实性。而通过几何模型，可以把大的物体同比缩小，小的物体同比放大，就可以在人能够观察到的范围内来进行试验。如何把试验的结果上升到普遍性呢？这时科学家不是采用演绎推理的方法，而是采取归纳的方法。而在归纳中采用了微积分，也就是说通过微积分来实现从有限数据到无限的普遍性结论的跳跃。数学保证了我们对事物的认识的精确性。就这样，一个典型的科学研究的过程就出现了：先提出假说；再构造一个纯粹的环境，比如说，试验室；让物体进行运动；通过仪器观察，从而获得准确的信息；用归纳的方法，通过数学的微积分得出公理；一个理论体系就是一个通过试验验证的公理体系。

牛顿（Issac Newton，1642—1727）和莱布尼兹（Gottfried Wilhelm Leibniz，1646—1716）各自独立地发明了微积分。微积分研究的是变化，讲的是无限的数列或无限的级数向着一个极限集合，从而变成一个集，成为一个函数，发挥着某种功能。整个宇宙都是在一个有最高层级的极限中运行的，它的无穷大的极限和无穷小的极限，形成了一个平衡的对立，从而使宇宙在总体上处于一个相对静止的状态。而作为最高层级的无限大的极限就是大写的"一"，即绝对完美。各类事物的完美层级是不一样的，越是接近最高层级的"一"的类，越是完美。而在一个类中，越是接近这个类的上限的，越是完美，这就是相对完美。

在事物追求上限的完美的同时，必然会产生向下限滑落的现象。因为一个追求上限的事物，必然要吸纳外面的物质或能量，所以，一个事物的生，意味着其他事物的死。而当一个事物吸纳到它的极限时，它无法再更新自己的机体，但又不断在运动之中，因此必然要磨损自己的物质实体或消耗能量，从而向下限滑落，导致个体的死亡。事物的外部和内部的平衡，都是通过运动来实现的，要么是被动运动，要么是主动运动。而万物之所以追求平衡，因为平衡的东西才拥有存在。体积越小，运动速度越快的事物，寿命越短。世界中的万事万物因为积极走向和谐和存在，从而消极地走向冲突和灭亡。求生的活动是积极的，是通过动走向静的，在动的过程中就会消耗物质或能量，从而消极地走向死亡。如果人为地非要达到一个目标，就会产生冲突。这里的积极指的是主动想要做什么事，消极指的是不得不接受的事。

用微积分可以解决从有限到无限的跳跃，从特殊性到普遍性的跳跃，从相对完美到绝对完美的跳跃。算术只能做有限的加减乘除，几何学只能解决固定的形状的体积问题，而代数则能帮助我们进行运算，从而得出等式。通过等式，我们可以等比放大或缩小。但是如何运算变化中的物体的数量和体积呢？从哲学的角度说，就是如何判断一个类是否产生了？在这个类的无数个体中谁更完美呢？怎么把无数种实现完美的方式整合在一起，看到其中的丰富性呢？微积分也能解决这个问题。比如说，我们要做一个产品，这个产品对我们是有用的，是善的，因此它具有一定的功能。

而实现同样功能的产品可以有不同的种，也就是说可以通过不同的方式去实现同一种功能。比如说，一个凳子，可以是圆的，也可以是方的。哪种功能更接近原来的目的，哪种就更好一些。而我们把实现同一功能的不同种的东西归纳在一起，就形成了一个集合。在这个集合中，包括的种类越多，就越丰富；越接近上限的那个种，水平就越高。而一个类中还会产生出衍生物，可以用导数来表示。这种衍生物，就是一个类复杂到一定程度而产生的总体功能。当一种总体的向上限发展的衍生物产生时，事物就发生了质变。当这个总体功能产生后，原来的类就在更高的层次上产生了一个数列。把最初的数列与衍生的数列放在一起考虑就产生了级数。把复杂程度不一样的数列放在一起，就会形成更加复杂的集合。也就是说，各个类的事物都有自己的完美，又能不断突破自己的完美，向更复杂更高级的完美进军。事物就是这样从低级向高级发展的。

伽利略（Galileo Galilei，1564—1642）强调，必须把表象和实在区分开来。他认为物体具有两种性质：一种是基本性质，指的是构成物体的物质本身的性质，比如说，尺寸、密度、位置、运动等，这些性质都是可以用数学的方法精确测量的，代表着实在；而一种是次级性质，这些性质是依赖性的，代表着表象，也就是说没有第一类基本的性质，这类性质就会归为零，比如说，颜色、味道、声音、情感等。人也就是由物质器官构成的物体。牛顿认为，上帝创造了宇宙这架大机器，其中的运行原理和规则就是机械原理。宇宙只不过是由运动中的物体构成的。这样，整个世界就都是按机械必然性，有序地和有规律地运行的。因此，我们可以预测事物发展的未来和趋势。

科学革命的结果，冲击了宗教和人的尊严与价值。哥白尼本意是不想取消绝对完美的，他本人是一位虔诚的基督教徒，他只是想重新构成一个与科学发现的事实不抵触的宗教体系。但是新构宗教不是件那么简单的事情。保守的基督教徒害怕的是旧的宗教被冲垮了，新的宗教还没有建立起来，结果导致信仰危机，从而导致社会的混乱。而牛顿把人也看成是完全受机械原理支配的，那么人有什么特别的尊严吗？人有什么特别的价值吗？人没有了自由意志，就不用承担道德责任了，那么怎样规范人的行为呢？如果不规范人的行为，冲突是否会毁掉社会呢？这些问题都是后来的哲学家不得不来解决的问题。哲学家不能拒绝经验科学，又不能不维护人的尊严，不得不解释怎么才能在经验科学的基础上构成统一的社会秩序。

第四节 积极的怀疑论：在日常生活中寻找确定性

一 蒙田：想把自己变成天使的人常变成了野兽

（一）我到底知道什么？

蒙田（Michel Eyquem de Montaigne，1533—1592）出生在法国，是一位天主教徒，现代怀疑主义之父。他的家庭非常富有，靠做商人起家，具有犹太血统。他的父亲在他很小的时候就按部就班地设计好了他的教育模式。他刚出生就被送到乡下，有三年时间与农民生活在一起。他父亲说，希望通过这种方式让他亲近人民，了解需要我们帮助的人民的生活条件。接回家后，开始在一种纯粹的环境中学习拉丁语。他的拉丁语老师来自德国，不会说法语。蒙田的仆人都是会说拉丁语的，他父亲规定仆人们只能与他说拉丁语。他的希腊语是在游戏、对话和独立思考中学会的，而不只是靠书本。在这种学习方式中，他体会到了自由和快乐，按自己的意志行事，不受严厉的限制。每天早起时由一位音乐家换用各种乐器的演奏来唤醒他，以免他感觉无聊和乏味。

父亲去世后，他继承了家产，成为爵士。在他三十八岁时，由于厌倦了在法院的工作和公共事务，几乎与世隔绝。他在自己的城堡里隐居了十年，这个城堡就是他的"避难所"。他只呆在自己的书房里，享受自由、宁静和悠闲的生活。在法国的天主教与新教开战时，他属于调和派，两边都很尊敬他。后来被选为市长。他把自己看成是一个"没有预谋的哲学家"，也就是说他的写作不受任何僵化的条条框框的限制。他把杂文或随笔当成一种文学种类，这种文体得到了广泛的传播。他能够很自然地就把很严肃的思想活动与很随便的趣事和自己的生活经历结合在一起，看上去是在漫无边际地漫谈，其实却有深刻的含义。在写作时，他很放纵自己，他的典型观念是：我的书，我做主。他的怀疑主义的名言是：我到底知道什么？他认为要相信自我的判断力，才能获得灵魂的宁静。

（二）内心的浮躁会导致社会的混乱

蒙田表达的是一种很有魅力的古典怀疑论，他从中发现了一种新的看待日常生活的方式。有一种怀疑论说的是怀疑一切的态度，并因此对人生中的漂浮不定的事件漠不关心。而蒙田的怀疑论与皮浪的怀疑论类似，他是要营造一种探究的氛围，目的在于要过一种真正的人的生活，他是要通过怀疑来让人获得心灵的静谧的幸福。他认为皮浪的理论不是想把他自己变成石头，而是要让自己做一个活生生的人，要讨论和推理，也要享受所有的愉悦和自然的快乐，在使用自己的身体和精神器官的时候，要有所节制，要用得恰到好处。蒙田认为不确定性让人感觉浮躁，而人们的心灵普遍浮躁的外在表现就是社会的混乱。而不确定性的主要来源就是让人们超越自己的能力，去想那些根本想不明白的普遍性问题。对于蒙田来说怀疑主义是一种解放的力量，把人从僵化的哲学框框中解放出来，包括从怀疑主义本身中解放出来，因为怀疑主义会导致对怀疑的过程本身的怀疑。我们永远都不要对任何一种学说许下永久性的承诺，而是要采用一种永久性的探究的态度。人只有在心灵感到宁静的时候，才可能有满足感。从人的日常生活体验来看，人们的感觉是有确定性，他知道爱是什么，知道他在干什么。而写在哲学家的著作里的爱则让人难以理解，让人感觉莫名其妙和摸不着头脑。我们要拒绝行话带来的晦涩。

他认为好探究确定性，好探究绝对完美，那就探究好了，在探究中产生了些新想法就挺好。但是最可悲的是对自己探究的东西下绝对的和最终的结论，因为这样容易产生狂热或教条主义。狂热的恶果是导致战争和凶猛的宗教迫害。很多问题都是没有明确的结论的。教条主义对社会来说是很危险的，因为认为找到绝对完美的人，会贸然地、激进地进行社会变革，在这个过程中会出现特别残酷的行为。混乱、残忍、丧失人性、变节大多与狂热之火有关。人要明白人的智能的局限性，不要期望做超出自己的智能的局限性的事情。一个过于自负的人造的孽比一般人要多。人不想做人而是想做高于人的神，就会变得愚蠢。一个想把自己变成天使的人往往是把自己变成了野兽。他认为怀疑主义并不是一种悲观主义，而相反是对人的生活的所有方面都给予积极的肯定。持有一种建构性的怀疑主义的态度可以防止狂热的残酷行为的发生，因为它把人的精力引向可以实现的目标，只是关心我们眼前的事情，而不是在宇宙及其命运之谜这样的问题上纠结。

（三）把人做好就很俊

生活的艺术就在于要知道什么是人，把人做好就很俊。一个有智慧的人会接受生活本来的样子，看到人生本身的丰富性。而高估自己的能力就会让自己的人性变丑。我们会看到一些唱着高调做着卑贱的事情的人。人应该把自己的认识限制在日常领域，根据日常的经验和感知来认识世界的行为方式，通过分析和评价所有的可能性的优劣，做出的判断来告诉自己应该如何行为。他高度赞扬人的评价能力。他认为我们可以通过评价的指引来有意识地对各种选择的好坏和利弊加以权衡，进而控制我们的行为。他把经典的怀疑主义概括为一个公式：我停下—我思量—我选择，我按世界的实际运行方式和我的感觉经验为指导来进行选择。我们的感官能够给我们提供关于我们自身和我们生活于其中的物质世界的信息，这些信息是可靠的，而且足够让我们的肉体能够生存下来，并且能够感觉到真正的愉悦。

对自己有用的对他人也同样有用，这样就可以推己及人。人能够把握自己的需要，也就能够知道他人的需要，就能够更好地适应生活。为了有一个稳定的社会秩序，需要有政治和宗教。否认法律和宗教的作用，就像站在悬崖边上还说自己一点危险都没有一样。好的政治需要有好的判断力。我们要对各个国家的生活条件和内部结构做出恰当的判断并接受它们。对我们的生活的限制，有的是恰当的，有的是不恰当的，我们要做出很好的区分。把我们领向革命或无政府状态的东西都是不好的。最好的政治是顺应习俗，跟着习俗走，不要硬性地做激烈的和突然的社会变革。符合习俗的政治，才能得到人民的拥护。因为无法确定绝对完美，因此社会没有必要走向什么特定的目标，因此不要强迫社会向什么方向走。宗教享有传统性的权威，要看到宗教在社会稳定中的重要作用。

二　帕斯卡尔：信还是不信？用赌徒的方式来解决

（一）病痛是基督徒的自然状态

帕斯卡尔（Blaise Pascal，1623—1662）出生于法国的一个小城市，是一位数学家、发明家、散文家和宗教哲学家。他很早熟，是一位天资非凡的神童。他的母亲在他三岁时去世。他是一位詹森教派的教徒，国王下令把他的书撕碎烧掉。他去世前几年，拒绝就医，他说：病痛是基督徒的自然状态。他终年三十九岁。帕斯卡尔的主要贡献是：奠定了微积分的基础；与一位科学家共同提出了概率论；发明了机械的计算机。据说他提出概率论的原因在于他的两个朋友在赌场赌博，因为要提前退出赌局，于是产生了预期价值的问题，也就是说要估计一下，在剩余的时间里，输赢的概率有多大，再根据这个原理来看如何按预期价值来公平地分配赌金。帕斯卡尔通过与一位科学家写信交流，共同提出了概率论的原理。这个原理说明，在随机事件中，其发生的数量是有规律可寻的。如果随意投掷一枚银币，投掷的次数越多，越能够呈现出正面和反面出现的机会相等的情况。他的父亲是一名税官，而由于不断有起义，那时的用来收税的账簿非常乱。为了帮父亲算账，他不到十九岁就发明了主要用来进行加减的机械的计算机。由于价格太贵，当时没有被普遍使用，但是欧洲的一些非常富有的人收藏这样的计算机当玩具，主要是作为一种身份地位的象征。

（二）公理只能靠直觉能力来获得

尽管他在正式场合与当时兴起的怀疑主义保持一定的距离，但还是受到了怀疑主义的很大的影响。他认为科学都是要从公理出发来进行推理的，但人类的理智没有能力解决第一原则的问题，也就是说无法论证这些公理是如何推导出来的，只能靠直觉来获得公理。他用情感来替代理性或严谨的思考。他认为是心把人带到完美那里的，他说的"心"指的是人的直觉能力，即本能的、瞬间的、非理性的捕捉完美的能力。也就是说，我们可以通过一种特别的洞察力，能够找到普遍原则，而这些原则是我们无法证明的基本命题。比如说，在几何学中，我们一下就能意识到几何学原理；在伦理学中，我们可以不假思索地把握善恶；在宗教中，我们一下就能热爱上帝。这些都是由心生的，不用讲道理。一较真儿，反倒不清楚了。是梦是真，我们也只有通过心才知道。而对于具体事物的真假，我们则可以把事物放到特定的处境和视角中去加以判断。他把定义分成两种：一种是按传统的惯例来定义，这种定义需要弄清楚一个定义的成长过程，适用于科学和数学；另一种则是自然语言中的定义，这种定义用的是当下人们在使用的定义，适用于追求本质的哲学。

（三）心有自己的理由而脑是不明白的

帕斯卡尔认为社会既需要宗教，也需要科学，而宗教的地位是高于科学的。科学和宗教应该合作来解决人类的问题，但二者的重要性是不一样的。科学活动太世俗了，而宗教更有意义。由于他认为人类的理性是无法找到第一原理的，而要论证绝对完美的存在又需要找到第一原理，所以他认为理智无法帮我们走向绝对完美。绝对完美是用来满足人心的需要的，而满足人心的理由与满足头脑的理由是不一样的。他的名言是：心有自己的理由而脑是不明白的。人心需要什么，只要这个需要在，用头脑能够理解的道理说多少遍，都没有用。他用赌徒经常用的概率论的方法来论证我们应该信仰绝对完美。他说，一个赌徒要赢得未来，就要承担风险。未来的收益是不确定的，而我们要承担的风险则是确定的。我们信不信绝对完美，是在用我们的生命打赌：一边是永恒的和幸福的生活；另一边是有限的和不幸福的生活。面对这种情况，绝对完美存在或不存在，从总体上的几率都是同样的。我们怎么知道绝对完美到底存在不存在呢？谁也不知道。那我们只能用打赌的方法来解决这个问题。

对于赌徒来说，下不同的赌注，可能产生四种不同的结果：第一种情况是绝对完美确实存在。如果绝对完美确实存在，那么我们信仰绝对完美，就能够得到无与伦比的奖赏。为了这个奖赏，我们就应该信仰绝对完美。第二种情况是如果绝对完美确实存在，而我们却不信仰它，那我们就会失去获得这种无与伦比的奖赏的可能性，而且还有可能遭到无与伦比的惩罚，所以还是选择信仰绝对完美比较保险。第三种情况是绝对完美不存在，我们相信它，那么得不到什么好处，也不会有什么坏处。第四种情况是绝对完美不存在，我不相信它，那么也得不到什么好处或坏处。他认为，通过权衡这四种可能性，我们从心理上还是倾向于认为，信仰绝对完美比较好。这样就能把我们领上信仰之路。再通过一些机械的方法控制住激情，在宗教习俗中养成宗教美德，并把我们浸泡在宗教传统之中，真正的信仰就会自然产生。

第七章　经验科学快乐哲学

——在经验科学哲学的辩护下追求快乐

经验科学快乐哲学是由经验科学哲学和快乐主义哲学合成的，所以本章分成两节进行论述：快乐主义哲学和经验科学哲学。经验科学快乐哲学又称为自由主义，即自由地追求快乐的主义。当自然科学的经验方法被用来解决社会秩序和人的心灵秩序的问题时，就变成了经验科学哲学。开始时，经验科学哲学是用来解放人的肉体欲望的，后来演变成结构主义时，则是用来形成社会秩序的。快乐主义哲学把追求快乐作为人生的唯一目标，而这种追求的合理性是通过经验科学哲学来论证的，所以合称为经验科学快乐哲学。经验科学快乐哲学出场时是反抗封建等级制的，是反抗基督教对人的精神强制和肉体欲望的压抑的，具有强大的解放力量，为大众普遍欢迎，而且极大地促进了生产力的发展。

第一节说明的是快乐主义哲学的诞生过程。在信仰理性完美哲学的危机中，产生出了自由。人可以自由地选择追求还是不追求完美。在快乐主义哲学中，快乐这个唯一代替了追求完美的幸福这个唯一。幸福只是快乐的一种，主要指的是精神上的快乐。而快乐可以是精神上的，也可以是肉体上的。幸福的人是快乐的，而快乐的人不一定幸福。在快乐主义中，追求完美的精神幸福从"唯一"蜕变成了"之一"，而且被淹没在人们的追求肉体快乐的汪洋大海之中。快乐主义也谈论完美、美德或宗教，但主要不是从人对完美、美德或宗教本身的需要出发的，而是从它们能够给社会或个人带来"好处"的功用主义的立场出发来谈论的，因此人需要时可以拿来用，不需要时就可以抛弃，成不了人们始终坚持的信仰。快乐主义哲学从人都是自私地追求快乐这个角度上说，人都是同样的，具有同一性，因此在人格上是完全平等的，没有谁比谁更高尚，"高尚"的人被看成是假的或装的或有什么更隐晦的功利目的，因此没有必要再探求人的行为的动机，而是要看人的行为的结果，对人的评价就可以只看业绩。

所以，人们不再把有宗教信仰的人、从事学术活动或思想活动的人看成更高尚的人。没有了对于完美的追求，社会中就不再有追求高尚的事业，而只有追求利益的职业。在具有压倒性的经验科学快乐哲学的影响下，在西方发达资本主义的主流学界，出现了学者的兴盛和学术的兴盛，而伴随着思想家的匮乏和思想的匮乏的危机。美国学者斯通普夫和菲泽分析了当代西方哲学界的发展状况。他们指出，从二十世纪中期开始，哲学的发展经历了急剧的变化。最明显的是很多人都在撰写哲学作品。由于世界人口的增长和上大学的人越来越多，大学中的哲学教授急速增长。不仅是哲学教授们在写作，而且希望当哲学教授的人也在写作。有一句名言在流传：要么发表作品，要么被淘汰（publish or perish）。哲学作品也高度专业化。一个哲学家已经不太可能在不同的哲学领域中都有创新。像康德那样能够单枪匹马地改变普遍性哲学、认识论、伦理学、美学和宗教学的发展方向的哲学家已经绝迹。目前最有创造力的哲学家顶多也就能在两个领域中有所创新。在一个研究领域很有名气的哲学家，另一个研究领域的人可能对他毫不知晓。就像其他学科一样，哲学家们已经不是在创造伟大的思想体系，而是在研究学科内的重大问题和思想运动。这个时代没有产生出像笛卡尔、休谟和康德这样的思想巨人。

人最大限度地挣钱，最大限度地花钱购买能够满足自己欲望的产品和服务，人们靠不断消费产品和服务来获得短暂的快乐。人有完全自由的选择权，甚至可以选择作恶，只是要接受法律的惩罚而已。每个人都是"坏"人，只是违法的人坏得比较过分而已。法律是至上的，依靠法律来规范人们的行为，形成一定的社会秩序。民主要寻找的不是自由，而是要在过分自由的社会中寻找到共识，用这种共识来作为国家的法律这个需要人们绝对服从的代表着秩序的"一"的基础。最大多数人的最大幸福是个集合体，而国家却是一个整体。在集合体中，每个人都可以是自由和平等的，而在整体中则存在等级，个人与整体之间是部分与整体的关系，而整体高于部分。这样快乐主义就从自由阶段衰变到了秩序阶段。

快乐主义哲学的建构逻辑是这样的。快乐主义哲学把个人快乐作为人生的出发点和归宿。第一，自私的个人主义的产生。个人的快乐只有自己才能体验，我们不能托人帮忙吃饭，托人帮忙谈恋爱。所以，追求快乐的人是自私的。第二，不能动摇的私有制。自私的人是不愿吃亏的，因此采用公有制不可能产生出劳动积极性，所以要采用私有制。第三，自由主义的产生。追求快乐的个人需要生活在社会中，社会需要秩序，而个人追求的快乐的种类是不同的，怎么能够既形成秩序又保持个人选择快乐的种类和追求快乐的自由呢？这就产生出自由地追求快乐的自由主义。第四，功用主义的产生。自由主义的秩序是通过功用主义哲学来实现的。功用主义用最大多数人的最大快乐来形成自由地追求快乐的秩序。第五，人文宗教的产生。快乐主义不再把宗教信仰当成人的唯一的信仰，而只是人可以选择的一种获得快乐方式。人文宗教力图把基督教变成一种世俗的追求快乐的生活方式，而不是原来的追求完美的信仰。第六，民主制度的产生。怎么才能知道最大多数人的最大快乐是什么呢？那就需要调查，调查的方式就是民主，让大家说说看，你要追求什么样的快乐。民主的结果不可能得出完全一致的共识，也就是说大家不可能都同意追求某一种快乐，这样就需要考虑社会的总体的福祉，而代表总体的是大多数而不是少数，因此就要牺牲少数服从多数。第七，社会契约论的产生。大多数的共识需要固定下来加以维护，维护的方式就是个人把自己的权利让渡一部分给国家，个人与国家订立社会契约，说明权利与义务。第八，宪政主义的产生。为了保障社会契约的执行，就需要宪政和相关的法律。宪政说明了个人让渡的权利的范围和应尽的义务，国家不能擅自修改权利和义务。第九，法律至上论的产生。法律就是用强制手段来让每个人都平等地享有权利和尽义务。第十，社会公正论的出现。哲学家们发现，按快乐主义哲学建构起来的社会，出现了严重的社会不公正，力图用社会正义论来纠偏。第十一，美德理论的出现。哲学家们还发现，快乐主义哲学给社会带来了严重的信仰危机，出现了严重的道德沦丧现象，于是力图用美德理论来纠偏。

第二节阐明的是经验科学哲学的建构逻辑。经验科学哲学的出发点是要把人类的全部知识进行清洗，以便清除完美哲学的影响，为快乐主义哲学的运行提供主观方面的运行环境。而完美哲学最初是建立在普遍性哲学的基础上的，因此经验科学哲学的主要目标就是要清除全部的普遍性观念，让人能够轻松自在地追求快乐。用来论证快乐主义的合理性和把快乐主义普遍化的哲学是经验科学哲学。经验科学哲学可以分为狭义和广义两种。狭义的经验科学哲学探究的是事实，需要弄清楚什么是真的什么是假的，采用的方法是证实原则或证伪原则，主要包括实证主义、分析哲学和证伪主义。广义的经验科学哲学的研究则冒出了"事实"领域，不仅研究事实，更关注对于意义和行为结果的研究，主要包括结构主义和实用主义。这些研究也属于经验科学哲学，因为它们都是在研究可以体验到的载体，要么是语言，要么是行为，这些都是经验依据。所以，第二节分成两个部分论述：第一部分是狭义的经验科学哲学；第二部分是广义的经验科学哲学。

狭义的经验科学哲学的阐述逻辑如下：首先，实证主义的产生。狭义的经验科学哲学起初是建立在证实基础上的。要让知识体系中只留下经验"事实"。那么，我们怎么才知道什么是事实呢？那就要证实。怎么证实呢？我需要观察，你要把事实指给我看。这就是观察法。那么，对于一类事实怎么办呢？你无法把一个类的全部事实指给我看，那你就要归纳，就要把这些事实的共性归纳出来告诉我。这就是归纳法。所以，实证主义的方法就是观察法和归纳法。其次，分析哲学的产生。分析哲学从分析语言入手，希望在语言中筛选出事实，抛弃与事实不符的普遍性观念，而筛子是实证主义，要能够通过经验证实的才是事实。知识的载体是语言。要清洗知识，就要对语言进行分析，从中找出事实，排除普遍性观念的"胡说"。理想语言学派想建立起像数学一样精确的逻辑语言体系来替代日常语言。而日常语言学派发现，这样建构起来的语言是死的，还是要在日常语言中寻找事实。而美国的分析哲学家们发现，在日常语言中找到的事实是有意义的，而意义与行为又相关，在意义和行为的纠结中，开始重新逐步意识到普遍性哲学的作用。最后，证伪主义的产生。证伪主义者发现，在归纳中总是存在跳跃，不可能穷尽一个类中的所有个体来进行归纳，所以只能采用证伪而不是证实的方法来清除虚幻的普遍性观念。比如说，我们无法证实所有的天鹅都是白的，但如果发现了一只天鹅是黑的，我们就可以得出所有天鹅是白的这个命题是假的。

广义的经验科学哲学的阐述逻辑如下：首先，结构主义的出现。在对语言的研究中，结构主义者发现事实是有意义的，而意义是看不见的，对意义的解释需要结构。当结构主义变成一种遍及所有领域的哲学时，就成了建构社会秩序的工具，从而出现了结构主义对自由的压制，所以引发了解构主义的反抗。其次，范式和反范式理论的出现。范式哲学家发现，寻找事实的经验科学的研究是有规律可循的，科学研究发展的过程就是范式转换的过程。而反范式的哲学家则认为科学研究是一项无政府主义的事业，研究的范式不是一元的，而是多元的。一元范式是因为经验科学的意识形态化导致的。最后，实用主义的出现。实用主义者从经验科学家们刚开始在语言中寻找事实和讨论真假问题时，就感觉到只在意识领域中讨论真假是没有结果的，难以统一思想，导致的是争论不休。他们搁置了真假的讨论，认为既然人生是在追求直接或间接的快乐，又有什么必要那么较真儿呢？只要效果好，能够实现目的就可以了。就这样，从放弃对完美的追求开始，在从功用主义到实用主义的演变过程中，人退化到了只追求快乐，只看利弊，而不再分辨真与假、善与恶、美与丑的地步，所以在人们的生活中出现了堂而皇之地存在着的假、恶、丑，而且这样的东西成为一些人追求利益最大化的工具，最后导致了严重的道德危机和人的精神萎靡的痛苦感受。

经验科学快乐哲学在发展过程中，不断被资产阶级当成意识形态，成为一种资产阶级对大众进行全面控制和压抑的非常隐蔽的工具。随着全球化的推进，经验科学快乐哲学变成了大众的想当然正确的观念，并通过大众文化的传播，变成了人们的习以为常的"正常"的生活方式。因为借用了"经验科学"的旗帜，所以让人们感觉很"客观"、很"真实"、很"先进"、很接地气，让人们能够心悦诚服，对人们的实际生活产生了巨大的影响。而正如奥地利出生的当代美国著名的哲学家费耶阿本德所说，当资本主义的国家与经验科学联合在一起时，经验科学就变成了一种意识形态，成为最新、最富有侵略性和最教条的宗教机构。

第一节　快乐主义哲学的建构：人生追求的就是快乐

从时间顺序上看，经验科学哲学的产生先于快乐主义哲学，而从逻辑上看，快乐主义哲学是经验科学哲学辩护的对象，因此我们要先阐明快乐主义哲学。这样看来，似乎出现了逻辑与历史的矛盾，而其实不然，因为虽然快乐主义哲学产生在经验科学哲学之后，而追求快乐的实践与经验科学哲学的产生几乎是同步的。如果没有经验科学哲学的支持，无法把追求快乐的行为合理化，因此快乐主义哲学产生在经验科学哲学之后。快乐主义哲学是在功用主义中诞生的。这种哲学把个人的快乐看成是人生追求的"唯一"。由于快乐的种类很多，因此每个人又有自己追求的具体的快乐。为了防止混乱，就需要对个人的快乐追求进行有序整合。实证主义、社会契约论和宪政主义都在力图进行这样的整合，以便为个人的快乐追求提供指导性的方向和社会运行的环境。即便如此，在快乐主义的实际运行中还是出现了很大的问题。从社会的角度上看出现了严重的不公平现象,正义理论力图对此进行矫正;而从个人的角度上看,出现了严重的道德危机,美德理论力图对此进行矫正。

一 功用主义:追求最大多数人的最大快乐

在休谟那里出现了主张快乐主义的功用主义的萌芽,而边沁建构了系统的功用主义哲学。密尔发现了其中存在的忽视道德价值的问题,对边沁的理论进行了补充。西季维克继续在功用主义的道路上前进,提出了普遍快乐主义理论。

(一)休谟:用怀疑主义逼上帝退位

休谟(David Hume,1711—1776)是一位苏格兰的哲学家、历史学家、经济学家和杂文家。他的父母希望他成为一名律师,但是他个人对文学更感兴趣。那时在英国,上大学的年龄通常是十四岁,而他十二岁就上了爱丁堡大学,但没有毕业就离开了。他不是很尊敬他那个时代的教授,他认为听教授的课还不如自己看书。他是一个固执的绅士,只对哲学和研究普遍性的学问感兴趣。后来,他做了英国大使的秘书到了法国。他在法国有很多朋友,其中包括卢梭。后来他回到英国,他的家成为名人聚会的中心。他很富有,没有结过婚,他生活在朋友和敬仰者的圈子里,其中包括亚当·斯密,活得宁静而充实。他吸纳了洛克和贝克莱理论中的经验主义的因素,清除了其中的关于信仰绝对完美的因素,用他的彻底的经验主义导致的怀疑主义来逼上帝退位,并力图解决他在文学中发现的各种相互冲突的观念。他最重视的研究领域是伦理学,但是他认为当时的伦理学就像是哥白尼的理论出现之前的天文学,需要重新思考,要把伦理学彻底置于经验主义的基础之上,要排除事实和观察外的所有内容。他通过讲人的认识的局限性走向怀疑主义。通过怀疑主义把上帝晾在一边,进一步把上帝逼出伦理学领域,为无神论的快乐主义的产生开辟了道路。

1. 上帝是否存在?不知道

休谟认为,人的知识的唯一源泉就是感觉和经验。人通过感觉产生印象,对印象进行复制,就产生了观念。印象和观念之间的区别在于,印象比观念更鲜活和清晰。由于人的思维具有把观念进行组合、置换或减少的机能,因而会产生一些与印象不符合的观念。比如说,飞马和金山是不存在的,但构成它们的原料是存在的。我们把飞与马组合起来,把金与山组合起来，就产生了这样的观念。我们要验证一个观念是否正确，就是要看它是否与某种印象相符合，不能相信找不到印象的观念。而且人能够知道的东西也就局限于人的认识即人的印象。在我们的主观印象之外，无法从理性上证明在我们的外部有什么连续和独立的存在。印象只是一种内部的主观的状态，无法明确证明外部的实在。我们看着某个事物，我们说有对它的印象，这时我们无法验证它是否独立存在。但是我们有两种习惯性的想象会把印象联系起来：持续性和连贯性。我们闭上眼睛，看不见这个事物的时候，我们更不知道它是否存在。我们每天打开窗户，我们一再看到同样的景象出现，我们就相信这个景象是存在的，但其实我们无法证明这个景象的存在。我在火上放了一根柴火，我出去了，回来的时候，我看到柴火快烧光了，我就认为这根柴火有个必然的变化过程，但是你怎么知道在这段时间里，究竟有什么事发生在这根柴火上了呢？

我们在头脑中会按照三种方式把观念组合起来，这就是思想的过程：一种是相似性。比如说，我们看一幅画是否与原作相似，通过这种方式把画和原作联系起来。一种是在空间和时间上很邻近。我们看到一个建筑中的一套公寓，我们就会联想到其他的公寓。另外一种是因果联系。比如说，我们一看到伤口，就会联想到疼痛。他认为最重要的组合是因果关系。如果我们在因果关系上找到瑕疵，那就会导致不确定性，就会导致怀疑主义。他认为在因果之间存在两种关系：一种是空间上的紧密性，有的东西在空间上总是在一起，比如说，我们看到的窗外的景象。还有一种是时间上的先后关系，A 总是出现在 B 之前。但这两种关系都不是必然联系，只是因为它们一再重复，让我们产生了把它们联在一起想的习惯，给了我们它们之间有必然联系的印象。比如说，氧和氢放在一起产生水。如果我们把二者分开来，从氧和氢中都找不到水，怎么能够说它们之间的关系有必然性呢？

同样的理由，我们在证明上帝存在的时候，我们是通过类推来证明的。我们看到，我们的头脑可以把秩序加在无思想的材料上，然后"设计"出产品来，比如说，一个表匠把一些钢铁组合起来，设计出了表；而一个建筑师把一些材料组合起来，设计出了建筑物。于是我们看到大自然具有那么美的秩序，我们相信无思想的材料是无法形成这么样的美妙的秩序，这样我们就推理出一定存在一个有精神的上帝，并把上帝看成是整个世界的设计师。

休谟认为，这个推理是超出我们的经验的。我们无法把上帝这个观念对应于一个我们从经验中获得的印象。而且类推中也存在问题，比如说，我们设计建筑物时是有好多位建筑设计师的，这些建筑设计师是不一样的，那么我们是否能够推出存在着多个神呢？如果只能有一个神，那么这个神到底是类似于哪一位建筑设计师呢？再有一个建筑设计师是有草稿和终稿的，那么上帝是按草稿还是终稿来造世界的呢？有的时候，人做一个东西，并没有目标，也没有设计图，是瞎做的，那么上帝是否也会瞎做呢？因此他认为上帝存在还是不存在，不是人的智能能够解决的，只能持怀疑态度。

而且他认为，"自我"和"实体"都是不存在的。如果说"自我"指的是一个连续的和具有同一性的实在，我们是不可能对此产生印象的，我们能够感觉到的"自我"只是一个由多方面的印象或观念构成的集合，比如说，热、冷、爱、恨、幸福、悲伤等。休谟认为人的思维就像一个剧院，几种印象连续上演，产生了现象，然后就消失了。我们无法说"自我"是什么。如果说"实体"指的是某种东西也是无法感知的。我们能够感知到的只是从不同的角度看到的事物的不同的侧面，同样是一个印象的集合体。其实休谟就是在否定事物的"总体"的实在性。我们无法通过经验感知任何一个事物的"总体"的存在，它是看不见，摸不着的，无法像一个事物的零件那样让我们所感知。

2. 同情：人都有同样的愉悦和痛苦感

休谟认为，以前的伦理学大多是建立在上帝的启示的基础上的。如果上帝遭到怀疑，我们是否还有绝对不变的道德规范让我们遵循呢？如果没有，岂不是太恐怖了，因为社会会陷入混乱之中。而休谟认为没有上帝，依然可以通过经验主义的方式找到确定的道德标准。他力图用物理学的方法来建构伦理学。他认为在进行道德判断时，不仅要用到理性而且要用到情感。理性是用来判断真伪的，让我们知道某些事实，而善恶评价必须发生在事实判断之后。比如说，我们对一个杀人事件，先要弄清楚事实的真假，于是我们要知道整个作案细节及其真实性。而给这个杀人犯定性却是需要进行善恶评价的，这样我们才能分清他是在谋杀、在自我防卫还是在执行死刑。道德评价不是对于真假的判断，而是对于事物的情感反应，所以从事实中推不出善恶来，我们也无法让人指出"恶"的存在给我们看，我们能够发现的只是激情、动机、意志和思想，只是我们的反感。所以，道德评价来源于你自己而不是你评价的对象。

他认为，是欲望而不是理性控制着人的行为，理性是也应该是激情的奴隶。那么确定善恶的标准是从哪里来的呢？这就是人所具有的共同的情感即同情。这种情感虽然是主观的，但每个人都具有共同的愉悦与痛苦的情感。你看到邻居家有盗贼，你会产生与邻居一样的痛苦的情感，从而对盗贼进行道德谴责。你看到一个人做高尚的事情，你会与这个人一样，产生愉悦的情感。那么人是否会以自己的利益或自爱来进行道德评价呢？不会。人只会对行为的结果对自己是否有利来进行自私的评价，但人们的道德情感是一样的。人们会对离自己非常遥远的、与自己毫不相干的人或事进行道德评价，从而会对恶产生愤慨，会对高尚的事物给予赞扬。即使是对手，人们也会赞扬这个对手身上所具有的美德。那么什么样的品质就会被当成美德呢？就是对自己或他人有用的或契合人意的。这个思想诱发了边沁的以"功用"（utility）这个概念为基石的功用主义。康德也说是休谟把他从教条主义的睡梦中唤醒的。休谟的思想提出来后，一度遭到冷遇，后来被激烈争论，最后得到很多经验科学哲学家的承认。

（二）边沁：人都是自私的和趋乐避苦的

1. 不踩高跷，不写落不了地的理论

边沁（Jeremy Bentham，1748—1832）出生在伦敦的一个富有家庭，是功用主义哲学的奠基者。据说边沁是个神童，他刚学会走路，就知道跌跌撞撞地坐到父亲的书桌前读多卷本的英国历史。他三岁开始学拉丁文，八岁上了威斯敏斯特中学，他很讨厌那里的授课方式。他十二岁入牛津大学皇后学院学习。在那里他过得不是很开心，因为他感觉同学们有很多恶习，而且很懒散。他的父亲希望他成为一名律师。为了满足父亲的愿望，他开始接受一些法律方面的培训，并回到牛津听法学方面的课。在听布莱克斯通的课时，他听得很专注，并且发现了自然法权学说的漏洞。他十八岁获得硕士学位，二十一岁被获准当律师。他看着那么复杂的英国法典，感觉很烦人，并且认为里面有些骗人的鬼把戏。

他一直都没有做律师，而是在从事写作和改革。他想通过道德来解决当时的社会秩序混乱的问题。他的第一本著作是《政府片论》，它把布莱克斯通的理论和美国的《独立宣言》中的自然法权思想作为攻击对象，认为整个《宣言》就是一堆荒谬的、乱七八糟的东西，其中的自然法权说是些"踩高跷"和落不了地的废话。他的最著名的著作是《道德和立法原理导论》。他写过些提案,但是发现贵族集团为了自己的利益,搞些阴谋诡计来违反公共利益,因此他开始推动改革,反腐败,并且获得了较大的成功。他主张个人自由、经济自由、言论自由、离婚自由、政教分开、男女平等、宽容同性恋行为、废除奴隶制、废除死刑、废除刑法中的体罚、废除家庭中对孩子的体罚、保护动物的权利等。由于他的著作影响很大,他参与的改革的影响也很大,所以他成名之后就一直是很有影响力的公众人物。他去世前一个月还在写作,终年八十四岁。根据他的遗愿,他的头颅被做成了木乃伊。

边沁的功用主义不仅对西方哲学的影响非常大,而且对大众有着经久不息的巨大影响,主要原因在于它的原理非常简单,而且只是对大多数人已经相信的东西加以确认。在当时的哲学界,理性完美哲学家比较忽视经验事实,经验科学哲学家比较忽视人脑组织经验的机能,而以康德和黑格尔为代表的观念完美哲学家则力图把经验和人脑的机能结合起来。边沁的功用主义认为经验科学哲学更真实一些,但他反对通过直觉来获取知识,他力图把数学原理用到功用主义中,以便把经验科学哲学精致化,提出了整理和评估感性经验的技巧。霍布斯已经提出了要围绕人的自私性这个"一"来建构一门科学,要重视人对于自己的快乐和自私的关切,要通过同情心来让人们的思想和情感保持一致。所以,边沁的思想并不是原创的,他能够获得那么大的名气,主要是他把功用主义的原则与那个时代的很多重大问题联系了起来。他不仅提供了一种道德思想,而且根据这些思想对现实进行了变革,所以实现了功用主义哲学的大众化。

2. 所有人追求的都是快乐的最大化

边沁说,自然界通过两个最有权威的君主来控制人类,一个是痛苦,一个是快乐。人都是按自私的趋乐避苦的原则来决定自己应该做什么和下决心做什么。而趋乐避苦的原则是我们所有人都承认的事实。功用主义原则就是权衡幸福是增加了还是减少了的原则。一个能够带来幸福的行为就是好的行为,就是对的行为。他并没有对功用主义原则加以论证,这不是他的疏忽,而是他认为这样的论证既无可能也无必要。所有的论证都要有个出发点,而人是不可能对这个出发点加以论证的。而且如果大家都认同这个出发点,也就没有必要加以论证了。他认为功用主义原则是最高原则,没有比这更高的原则,因为看上去再高的原则都可以简约化为这条原则,否则就说不清楚道理。人的所有的行为都可以通过功用主义原则说清楚。比如说，当社会契约论解释我们具有遵守法律的义务时，我们就会问，是否真的存在这样的契约？而且其中暗含着最大多数人的最大快乐原则，因为只有这样我们才会遵守法律。又比如说，宗教里说，我们都要让上帝高兴。而上帝既不会说话又不会写字，我们怎么知道上帝要怎样才会高兴呢？所以我们就会做我们感觉高兴的事情，认为只要是我们高兴的，上帝也会高兴。所以衡量行为是否有价值，就是看它让我们更幸福了还是更痛苦了。无论在私人领域还是公共领域，我们追求的都是幸福的最大化。

3. 让人不高兴的四种方法

由于人是追求幸福最大化的，所以我们可以通过惩罚来控制人的行为，让人的行为能够遵从法律。惩罚就是施以人痛苦，主要可以分为四类：物理的、政治的、道德的和宗教的。比如说，一个人的财产或身体被烧了。如果是因为意外事故，那就是天灾，如果是自己不小心，比如说，忘了把蜡烛吹灭了，那就是人祸，财物和身体被毁就是一种物理惩罚；如果被治安条例处罚了，那就是政治惩罚；如果邻居们因为平时厌恶他的道德品质而见死不救，那就是道德惩罚；如果惹上帝不高兴了，具有了罪恶感，那就是宗教惩罚。在所有的这些领域，规范行为的力量都来自痛苦的威胁。在公共生活中立法者明白要让人们遵守某种规则，必须把这些规则与某些明确的处罚结合在一起。违反了这种规则就要承受某种形式的痛苦。所以立法者最应该关心的是要看什么样的行为能够增加社会的幸福，要用惩罚措施来保证人们多做让社会幸福的事。这样他的惩罚的概念就被赋予了义务的含义，也就是说不遵守道德或法律规则，就要接受痛苦的惩罚，就要故意让你不高兴。

4. 怎么进行比较精确的苦乐计算？

每个人和每个立法者关心的都是趋乐避苦。而快乐和痛苦都有不同的种类，怎么才能够通过数学来精确地计算痛苦与快乐呢？他把快乐和痛苦都分成了份额。他建议人在行为前都要先计算一下，预测一下行为的结果总体上是痛苦大于幸福还是幸福大于痛苦。在计算快乐的份额时，要考虑如下几点：强烈程度、持续长度、可靠与否、能否很快实现。而且我们不仅要考虑快乐本身，还要考虑它可能带来的进一步的结果，比如说，快乐的丰富性和纯度，引发更多快乐或痛苦的可能性，这个行为会影响到多少人等。我们可以做一个量表，把痛苦的份额列在一边，把幸福的份额列在另一边，看差额是幸福更多还是痛苦更多。选择幸福更多的行为就对了。他只考虑幸福的量的方面。在量上一样的幸福都是同样的，没有质量上的高低之分。人都在算计，只是有的人算得精细一些，有的人算得比较粗枝大叶罢了。

5. 结果比动机更重要

康德很重视行为的动机，而边沁则重视行为的结果。边沁承认有的动机更能够增加幸福，但还要看结果是不是实际地增加了幸福。法律只能惩罚那些实际上造成了痛苦的人，而不能惩罚只有伤人动机的人，行为的结果比动机要更重要。立法者怎么知道应该鼓励什么样的行为和劝阻什么样的行为呢？在立法前首先要对一个行为的危害程度进行衡量。带来痛苦的行为就是恶的，要阻止这样的行为发生。从行为的结果中可以判定危害的程度。对于立法者来说，他要考虑两种恶果：一种是原发的恶；一种是引发的恶。强盗抢了别人的钱，这是原发的恶。如果不制止这样的恶，就会给人们一个信号，抢钱是件很容易的事情。这样的暗示就会削弱人们对于财产权的尊重，从而让人们失去安全感。从立法者的角度看，引发的恶比原发的恶更值得重视，因为这样的恶会影响到整个社会的安全和稳定。法律关切的是增进共同体的总体的幸福感。犯罪行为指的是给共同体的幸福带来危害的行为。大多数的政府行为都是通过惩罚犯罪行为来实现的。他认为政府应该根据功用主义的原则来衡量什么是犯罪。如果根据这条原则来衡量，他那个时代的很多非法行为都变成了个人的私事，只是与私人的道德有关而已。他认为他提出的方法不仅简单明了而且更为有效。

6. 如何能够惩罚得当？

边沁认为，所有的惩罚本身都是恶的因为它给人带来痛苦。同时法律的共同目的是要增进共同体的幸福。所以只有当惩罚能够制止更大的痛苦发生时，惩罚才是正当的。社会不是为了惩罚而惩罚，也不是为了要给社会带来更多的痛苦，更不是要鼓励报复打击。在如下四种具体情况下，不应该采取惩罚措施：首先，没道理的惩罚。比如说，犯事人已经答应赔偿，而且确保即将赔偿。其次，无法制止恶的行为发生的惩罚。比如说，当法律已经制定但尚未生效时。再者有的法律对幼儿、精神病人和醉汉是无效的。再次，不起作用的或太昂贵的惩罚，它产生的恶比它防止的恶还要大。最后，没有必要的惩罚。比如说，不用采取惩罚措施，已经自动停止或不会再发生的事情。比如说，传播一些有害信息。这种情况通过说服比通过强制更有效。

什么样的行为应该用私人的伦理规范，什么样的行为要通过立法来规范呢？如果立法会造成更大的伤害，那么就不如留给私人伦理来规范。比如说，性方面的不道德行为，需要错综复杂的监督，而且难以奏效。再比如说，忘恩负义和粗暴无礼的行为，很难界定，难以让法官来判决。我们也不能强迫人乐善好施和助人为乐。另外惩罚的力度要恰当：惩罚必须大到让罪犯得不偿失；罪行越大，惩罚越严重，如果二罪并发，重罪要重处；尽管原则上是同样的罪必须给予同样的惩罚，但是也要留下根据具体情况进行灵活处理的空间；惩罚的力度不能超过能够生效的最低限；越容易逃脱的犯罪，惩罚力度应该越大；习惯性的犯罪，不仅要让被抓住的这次得不偿失，还要算总账，涵盖没有被发现的罪行。根据上述情况，他归纳出了一些需要遵循的原则：惩罚应该是具体情况具体处理；同样的罪行给予对等的痛苦；不同种类的罪行惩罚的比例要得当；要能遏制潜在的犯罪；惩罚不能过度；应该通过教化的方式来纠正错误的行为；要使得罪犯失去继续犯罪的能力；要补偿受害人等。

7. 统治者为什么常常知错不改？

边沁发现英国的法律和整体的社会结构与功用主义原则是格格不入的。他想要让立法程序严格地遵守功用主义原则，就像行星严格地按万有引力定律运行一样。他想要让系统的思想产生系统的行为，让思想和行为完全保持一致，因此积极主张改革。他找出了法律中存在的诸多恶，并严厉批评了当时的法官。他说法官就像是一个给狗制定规则的人。等着狗犯规然后就打。他揭露出一个又一个巨大的恶，与一群志同道合的功用主义者一起，热衷于改革。那么为什么他已经指出了这么多的恶，而当权者却视若无睹呢？那就是因为当权者要保护他们自己的利益，保护统治阶级的利益，为此他们不愿意追求最大多数人的最大快乐，使得他们的自我利益与政府本身应该有的功能发生了冲突。解决这个冲突的方式就是要让人民来统治。只有统治者和被统治者都是人民，政府的利益与人民的利益才是一致的。君主政体关心的只是君主及其周围的利益群体的利益，所以要废除君主制、上议院和国教会，要以美国为样板来建立民主制。值得注意的是，所有形式的政府本身都是种巨大的恶。政府存在的合理性在于它能够防止或排除更大的恶。

(三) 密尔：向着完美努力，人才能变得更好

1. 情感在人的教育中的重要性

密尔（John Stuart Mill，1806—1873）是一位英国哲学家、政治经济学家和公务员，出生在伦敦。他的父亲是苏格兰的哲学家、历史学家和经济学家，他是家里的长子。他的父亲在边沁的建议和协助下对他进行了非常严格的教育，不让他与同年龄的孩子们和他的兄弟姐妹们在一起玩。他的父亲和边沁想要培养出一个天才，让他来继承功用主义的事业。因此在三到十四岁之间，密尔接受了一种严格的"教育试验"，他的学习计划比别人要提前二十五年。这种强化训练不仅强调背诵，而且强调分析和评价。他三岁的时候开始学希腊文，到八岁的时候读了一些古希腊的文学、历史和哲学书籍，其中包括柏拉图的对话录，还学习了算术、物理和天文学。他八岁开始学拉丁文、欧几里得的著作、代数，被指定为家里的小孩子们的学监。

他十二岁开始学习逻辑学，同时用原文读亚里士多德的逻辑学著作。十三岁与他的父亲一起学习亚当·斯密和大卫·李嘉图的政治经济学，后来完善了古典经济学的生产要素观。他的父亲与李嘉图是好朋友，并支持李嘉图的观点。十四岁他在法国呆了一年，从此终生都喜欢山的风景。在那里他学习了化学、动物学、高等数学等。他在巴黎认识了很著名的经济学家和许多自由党领袖，还认识了圣西门。这样的强化学习影响了他的心理健康。因为对他的教育计划是违反了人的天性的，在二十多岁时，他的神经系统麻木，变得非常呆滞，主要是因为小时候该发育情感的时候，他却承受了太繁重的思维训练。当时的社会环境低估情感表达的重要性，边沁就说过，所有的诗歌都是歪曲的表象。当分析成了习惯的时候，感情就会被消解，就像是自己有了很好的船桨，但是在起航时就搁浅了。后来他慢慢地好了，开始学习诗歌和文学，并且说明情感的培育是他的哲学和伦理学信条的主要支点。

密尔没有在牛津或剑桥大学学习过，因为他拒绝承认英格兰教堂的三十九条信纲。他与他的父亲一起在东印度公司工作，期间在伦敦听过大学的课程。密尔与泰勒当了二十一年的密友，在四十五岁时结婚。他们认识的时候，泰勒已经结婚。他们的关系很密切，但是在她丈夫去世之前，他们保持了很纯洁的关系。泰勒是一位才华横溢的女子，是靠自己的力量获得承认的女哲学家，对密尔的思想影响很大。他们之间的关系使得密尔更

加坚定地支持给予妇女平等的选举权。他们结婚七年后，泰勒死于肺病。他支持多项社会改革，比如说，支持工会组织、支持农村的合作社。他是哲学家罗素的监护人。他是位无神论者。他死后与他的妻子合葬，终年六十七岁。

密尔是功用主义者中最能干的倡导者之一。他的父亲培养了他和几位年轻人来传播边沁的功用主义。在读边沁的著作时，密尔感觉边沁的思想直接流入了他的心田，在情感上有很大的冲击力，是边沁的功用主义原则让他的思想不再是碎片，而是成了一个系统。密尔认为边沁确实超越了前人，开创了一个思想的新纪元。边沁去世的时候，密尔二十六岁。密尔是边沁理论的辩护者，但是在为边沁辩护的过程中，他有了自己的看法，提出了边沁的功用主义的升级版。他与实证主义和社会学的创始人孔德是笔友，是这种哲学帮助密尔修正了边沁的功用主义。他为了补救经验科学中采用的归纳法引发的问题，针对经验科学强调的证明法，也就是证明什么是对的，他提出了证伪法，也就是证明什么是不对的，通过证明什么是不对的，来说明其对立面是对的。他支持自由主义的政治哲学，他的自由观论证了个人自由的合理性，对政府的作用加以了限制。

2. 做一个不满足的人比做一只满足的猪要好

密尔是完全赞同边沁的功用主义原则的。他认为道德的行为就是追求最大幸福的行为，增进幸福的行为就是正确的行为，而带来痛苦的行为就是错误的行为。他认为幸福指的是自己想要的快乐，是一种没有痛苦的状态；而不幸福就是痛苦，是一种缺少快乐的状态。在这点上密尔与边沁没有分歧。而接下来的理论则与边沁有了很大的不同。边沁强调的是快乐的数量方面的特征，而密尔则强调快乐在质上的差别。按照边沁的理论，玩游戏和欣赏诗歌，只要获得的幸福的量是一样的，它们就没有什么区别。边沁还说应该制造出一种道德温度计，用来测量幸福或不幸福的程度。边沁说就像烧煤、柴火或油都能产生出热，只是热度不同而已。只要热度的总和是一样的，那么玩游戏和欣赏诗歌就是一样的。边沁的功用主义产生的后果是，人们的思想是解放了，每个人可以去自由地追求自己的快乐，但是好坏不分了，容易导致社会的浮躁和无信仰状态，容易把社会变成一盘散沙，谁都在追求幸福，但谁也幸福不起来了。

于是密尔从质上来矫正功用主义。密尔说他宁愿做一个不满足的苏格拉底，也不愿意做一个满足的傻子；做一个不满足的人比做一只满足的猪要好。人不能自跌身份，不能变得和动物一样，只享受与动物一样的快乐。由知识和想象力引起的快乐比感官快乐要高级。当一个人意识到在求知的过程中包含着艰辛和痛苦，他依然放弃了那些唾手可得的感性幸福，这个人就显示出了他作为人的高贵性。所以当我们寻找真正的幸福的时候，从质的方面来寻找幸福的时候，快乐的量就不是那么重要了。真正的幸福是要把人的高级机能调动起来，获得充实的感觉，这才是真正的幸福。这样密尔就超越了数量上的享乐主义，进入了有质量的享乐主义之中。密尔认为高级的幸福是人类共同追求的目标，要尽量离痛苦远一些，尽量让享受更丰富一些。

3. 通过教育能让人在做坏事时有内疚感

密尔认为，快乐在量上和质上都是无法测量的。要让我们在两种快乐或两种痛苦中选择一样，我们必须先要体验过这两种快乐或这两种痛苦，这样我们才知道哪种快乐更强烈一些，哪种痛苦更尖锐一些。我们靠经验而不是靠计算来表达我们的偏好。而且正高兴呢，还要暂停一下，算计一下是不是快乐更多，活得多累啊！他说我们很少会去事无巨细地考虑所有的具体行为的结果。我们只是遵循一些大概的行为原则，也就是一些总体的道德原则，比如说，不杀人、不偷盗、不说谎。我们信任这些道德原则，因为人类长期以来的文明史已经告诉我们，遵循这样的原则，更能促进总体的幸福。有时候我们确实是会陷入一些道德冲突之中。比如说，我很穷，我的全家都处于饥饿之中，我是不是要到附近的商店里去偷一条面包呢？这个时候就会有两条道德原则在打架：我应该给我的家庭提供食物；我不应该偷盗。这时我的行为原则就是要看怎么样做才能够带来最大的幸福。

边沁认为我们在追求自我的最大幸福时，自然就会成全他人，因为这样我们才有安全感。而密尔则认为我们还需要设立各种社会机构来提升我们关心他人的水平，为此我们要注意两点：在法律和社会安排中应该考虑到每个人的幸福，也就是考虑到每个人的利益，并且尽量使每个人的利益都与整体利益相和谐；要关注教育和舆论，因为它们对人的品格的形成具有很大的影响。要充分通过教育和舆论，让人意识到自己的幸福与社会整体的幸福是息息相关的，要让人们养成习惯性的行为动机，能够不假思索地选择促进公共利益的行为。

我们能够证明幸福是人生的真正目的吗？我们能证明人的行为是由幸

福驱动的吗？真的是人人想要幸福吗？除了观察以外，没有别的办法可以证明。我们可以体验和看到人们都在追求幸福。苦乐对人的行为的约束，既包括外部的，也包括内部的。当我们追求大家的幸福时，我们会被他人赞扬，而我们给大家带来不幸时，我们就会被他人反感。这就是外部的约束力。而最重要的约束力还是来自人的内部情感。当我们做违反义务的事情时，我们就会感觉内疚。这种感情最初来自教育，比如说，父母、老师、教堂和同伴的教育。这种情感约束还会来自人的同情心、爱心、恐惧感、宗教情感、童年的或过去的经验、自尊心。人还需要被人尊重，有时还需要克服自卑，这些情感都会约束人的行为。如果教化得当，我们就都会具有难以抗拒的责任感。

4. 在民主制中存在着某些难以克服的危险

尽管密尔认为民主制是最好的政府形式，但是他认为在民主制中存在着某些难以克服的危险，其中最大的问题就是会出现大多数压制少数的情况，还会出现舆论暴政。因此即使是在民主制中，也需要设置保护措施，以便保护个人自由。但是要设置政府行为的限度，政府只能干预公共领域的事务。单个人或集体都具有自我保护和不受他人干涉的权利。他的理论中最著名的是他提出的自由原则：只有当一个人的行为关系到别人的时候，权力才能干预。只是与他自己相关的部分，他具有绝对的、独立的权利，这时个人是支配他的思想和身体的最高主宰。我选择伤害我自己，我选择从事只是对我自己危险的活动，这是我个人的事情，由我做主，用不着别人管。在一个公民社会中，只有要防止一个人伤害他人时才能用强力制止。在如下三种情况下，政府不应该干涉个人的意志：如果个人能够做得更好的事情，就留给个人去做；有的事政府能够做得更好，但个人愿意做，在做的过程中，个人的能力能够得到培养，而且能够受到教育，就应该留给个人去做；要避免政府的权力过于集中。没有必要非得要政府做的就留给个人做。密尔是从个人主义的角度来为自由辩护的，要让个人以他们自己希望的方式来追求幸福。即使在观念领域，我们必须具有表达自我的思想和信仰的权利，因为当人们具有驳斥虚假观念的权利时，才能够更快地发现真理，我们不能不争辩，就假设什么观念为真理。认识真理非常重要，因为真理代表着完美，向着完美努力，才能让人变得更好。

（四）西季威克：要追求人类和动物的快乐最大化

西季威克（Henry Sidgwick，1838—1900）是英国的功用主义者。他采用了康德的绝对命令，继承了密尔的功用主义。他提出了进行伦理判断的新方法。他认为，我们可以把做出伦理判断的理论归纳为三种：自我主义、功用主义和直觉主义。自我主义以行为是否给我带来快乐为伦理判断的依据，功用主义则寻求给所有与某个行为相关的人都带来快乐，直觉主义者则认为要把目的而不是快乐作为伦理判断的依据。他认为，以上三种理论都不能作为理性行为的基础。要说服自我主义者不要只追求自己的利益，要告诉他们，违反普遍快乐原则来追求自己的快乐，会遭到什么样的惩罚；也要告诉他们，自己的快乐并不比任何其他人的同等的快乐更重要。要说服直觉主义者，告诉他们，直觉主义坚持的原则是模糊的。直觉主义者把自己的行为规则建立在道德公理之上，但是他们所说的道德公理还需要更高级的原则来加以说明。比如说，人要说真话这条公理，需要更高的原则来说明我们为什么要说真话。道德公理之间还会发生冲突，人们对道德公理的理解还会不一样。他提出了"普遍快乐主义"理论。这种理论与康德的绝对命令类似，他想要解决个人的快乐与他人的快乐之间的冲突问题。他认为，客观和正当的行为应该把自己的快乐、所关系到的所有人和动物的快乐都考虑进去，实现最大的整体的快乐。不仅要包括同时代的人和动物的快乐，也要包括人类的后代和动物的后代的快乐。要用快乐的量减掉痛苦的量，从结果上追求剩余快乐的最大化。

二　实证主义：孔德的快乐主义的人文宗教导向

孔德（Auguste Comte，1798—1857）是法国哲学家，是社会学和实证主义的创始人。"利他主义"这个词是由他创造的。他出生在法国蒙彼利埃的一个中等官吏家庭。他上学时，法国人的理想是共和主义和进步，他受到了这种思想的影响。刚入大学时，他的专业是医学。在大学时期，他很快发现在他的天主教信仰与君主专制式的家庭之间存在着不可逾越的鸿沟。后来他还发现大学中出现的过于专业化的倾向。他在巴黎时，住在公寓楼里，以打零工为生。他当过乌托邦社会主义者圣西门的秘书。因为与圣西门的思想有分歧，他离开了圣西门，出版了自己的著作。他一直没有能够找到一个学生岗位谋生，他的日常生活主要靠朋友接济，过着贫困的生活。

他二十六岁时结婚，二十八岁时进了精神病院，没有能够治愈。在能够保持情绪稳定并能够继续写作时，他便出院了。二十九岁时他企图跳巴黎的艺术桥自杀，未遂。他四十四岁时离婚。在自杀和离婚这十五年间，他完成了由六卷作品构成的《实证哲学教程》。他四十六岁时与一位女子产生了柏拉图式的爱情。这位女子两年后去世，孔德把这种爱转化为一种准宗教的爱，与他的好友密尔一起，创立了"人文宗教"。他死于胃癌，终年五十九岁。他计划写的一些著作尚未完成。孔德承认他的早期观点和晚期观点是有区别的。他认为他早期时是一个亚里士多德主义者，偏向于理性，而晚期时则偏向于情感，甚至让人感觉古怪，常招来嘲笑。

（一）政府怎么才能得到人民的衷心拥护？

孔德生活在法国的知识界混乱和社会动荡的时期。当时的法国一方面受到内部政治事件的影响，另一方面又受到外部思想体系的影响。对孔德和密尔来说，法国革命都是社会动荡和社会无政府主义状态的典型。法国革命之后，法国思想界在社会理论上出现了很大的分歧。有的理论是反对法国革命的，认为这场革命其实是场权力斗争，摧毁了政府和教堂的合法权威，其结果是将进一步摧毁家庭和私有财产这些社会机构。其他思想家则认为社会应该建立在被统治者认同的基础上，也就是要建立在社会契约论的基础上。在法国内部发生这样的分歧的时候，其他国家传来的思想体系也在逐步发挥越来越重要的作用。这些外国哲学家的思想体系，不仅在讨论社会哲学，而且还在讨论知识论和理性完美哲学，于是出现了哲学界的非常活跃的大辩论。法国人主要在读德国人的著作，其中主要包括康德、黑格尔、费希特、谢林、施特劳斯、费尔巴哈和歌德等。

他力图用他的实证主义哲学来医治法国革命带来的创伤和萎靡不振，寻求把社会学说建立在经验科学之上。他的理论的主要目标是要重构社会秩序。他认为重构理论是重构社会秩序的先导。他认为由伽利略和牛顿的科学发现引发的科学革命，遍及医学、化学、生理学、生物学、动物学等经验科学领域，而且已经渗透到社会、政治、道德和宗教等思想领域。经验科学革命的成果得到了人们的普遍尊重，主要原因在于他们能够直接用于解决人们的日常生活中出现的问题，极大地改变了人们的生活状况。经验科学以它的壮观的成就获得了权威，从而给思想领域带来了巨大的挑战，尤其是在如下几个方面出现了很大的张力：经验科学与宗教、必然与自由、经验科学与理性完美哲学、道德原则的客观性与主观性等。

他力图把经验主义精致化，他采用的是实证主义的方法，强调一切研究都必须建立在直接观察之上，否则都是虚妄的。尽管孔德是实证主义哲学的奠基人,但密尔认为实证主义不是孔德发现的,而是十九世纪的普遍的"时代特征"。孔德力图建立一种社会科学,力图用实证主义来克服政治上和思想上的混乱状态。他要解决的主要问题是:在宗教信仰已经没有能力再支持政治权威的时候,怎么样才能保持社会的统一和稳定。他相信当人们没有共同的信仰,而且由于观念的混乱导致社会混乱的时候,必然会出现靠强力征服社会的独裁专制。这个时候只反独裁是没有用的,到以往的政治和思想领域中寻找权威也是不可行的,因为历史前进的步伐是无法阻挡的。提倡民主也没有用。诸如平等、自然权利、人民主权这些观念,都是些非常抽象的说教,即使好也没有办法实现。唯一能够保证社会统一和稳定的方法就是实证主义的方法。要先用实证主义来统一思想界,再用思想界来统一社会,从而把政治权威建立在统一的思想上,于是消除了政府的强制,让政府被人们真心拥护。

(二) 除了现象以外我们什么也不知道

实证主义的最响亮的口号是由孔德明确提出的,其大意是:只有能够简化为特殊的或一般的事实的命题,才是真命题。而密尔则归纳出了实证主义的概貌:除了现象以外,我们什么也不知道。而且我们对于现象的认识是相对的,而不是绝对的。我们弄不懂事物的本质,也不知道任何事实产生的真正的方式,只能够知道一个事实与其他事实之间的承接关系和外部联系。这些联系具有恒常性,也就是说,在同样的情况下总是具有同样的联系,有着前后之分,把现象联合为一个整体。我们就把这种固定的关系称为规律。而至于事物的本质、最终的原因、动机和目的,都是我们无法理解的。实证主义包括否定的一面和肯定的一面。否定的方面是要说明它反对什么,肯定的方面则是要说明它支持什么。从否定的方面来看,它反对假设自然界是因为某种最终的目的而存在的,它放弃了探究事物的"本质"或事物产生的神秘的原因。

从肯定的方面说,它力图观察事物之间存在的恒常关系,只有从现象中发现的恒常关系才是科学规律,这就是孔德所说的科学精神。他认为,牛顿、伽利略、傅立叶等科学家就是只研究现象而不研究本质的。生物学家居维叶就认为,这种经验科学的精神,不仅适用于自然科学领域,也适用于社会领域,从而可以产生出社会科学。孔德及其追随者就是在这样的经验科学精神的指导下来研究社会和宗教的。孔德认为所有的经验科学方法都应该是一样的,而且探索的目标都是真理,而真理就是事物之间的固定的联系，这种固定的联系就是规律。只有这样我们才能够统一思想，才能够使我们的社会生活具有统一性，社会秩序才不会乱。而这种方法的假设前提是，在自然界中存在着一种秩序，而这种秩序就是我们要去发现的规律。

奥地利的实证主义哲学家马赫（Ernst Mach，1838—1916）继承了英国的经验科学的传统，反对普遍性哲学，主张把人类知识建立在实证科学之上。他认为，所有的知识都来源于感觉，而感觉的对象是现象。把我们的感觉经验或观察结果，用概念组织起来，就构成了知识体系。只有经验证实过的论断才是科学。衡量科学的标准就是可证实性。因此，他拒绝普遍性哲学体系中所说的绝对的时间和空间的概念，这为爱因斯坦的相对论的提出开辟了道路。他还提出了一条物理学定律，即马赫定律，对惯性现象进行了解释。他认为，在现实中，我们会发现，静止的物体保持静止，而运动的物体一直向着同一个方向运动。产生这种现象的原因在于一个物体与宇宙中的所有其他物体之间的相互作用。物体之间，无论相隔多远，都存在相互作用的关系。这条定律对爱因斯坦的相对论的创立也产生过影响。

马赫只承认自己是经验科学家，不承认自己是哲学家。他要把普遍性哲学全部排除掉。他认为普遍性哲学是多余的，不符合经验科学所要求的经济原则。所谓经济原则，就是节约原则，能不用的就尽量不用。马赫的哲学建立在要素一元论和思维经济原则之上。他认为，世界上的一切都可以分解为共同的感觉要素。找到感觉要素之间的关系，就能够解释整个世界。人对于物质世界的感觉经验，与人对于自己的心灵的感觉经验在复杂程度上是一样的。外部的物质世界，其实就是颜色、声音等要素的结合。通过认识这些要素，就能够彻底地认识外部世界。而心理现象就是情绪、意志等要素的结合。通过认识这些要素，也就能彻底认识心理现象。物理现象和心理现象是相互联系的。比如说，当我们看到颜色时，如果看到颜色的载体，就会去看光源，而研究光源与颜色的关系，就是物理学研究的对象。而当我们注意到颜色对于视网膜的依存关系时，我们就会去研究感觉，这样我们就进入了心理学的研究领域。我们把物理现象的载体称为"物体"，而把心理现象的载体称为"自我"，只是出于思维经济的需要，这样叫更简便和节省而已。通过感觉要素，我们就可以建立起统一的经验科学体系，不需要抽象的普遍性哲学帮忙。

（三）要把人脑转化为一面完美的镜子

孔德还强调，如果要克服主观性给我们设下的圈套，我们还必须把人脑转化为一面完美的镜子，能客观地照出外部世界的秩序。通过对观念发展的历史和各种科学发展的历史的研究，他对认识的客观性抱有乐观的态度，他坚信通过实证主义可以发现必然性和有效性。他认为观念主要经历了三个发展阶段，每个阶段都代表着一种不同的发现真理的方式：第一个阶段是神学阶段，人们通过神的力量来解释现象产生的原因；第二个阶段是理性完美哲学阶段，人们不再用人格化的神，而是用非人格化的和抽象的理性来解释现象；第三个阶段就是实证主义阶段或者叫经验科学主义阶段，人们只探讨现象之中的恒常的联系，不再用任何超越经验的力量来解释现象。他相信在观念史、科学史和政治史中，都存在着发展规律，而社会结构反映着一个时代的哲学倾向。

哲学思想的重大变革会引起政治秩序的重大变革。比如说，在古希腊的神话时期和传统的基督教时期，我们会发现诸神干政的情况。于是在政治理论中相应地出现了国王具有神权的理论。在理性完美哲学替代了神学的时期，在哲学界就出现了一种用"必要的实在"来解释具体事物的存在的理论。这种理性完美哲学是抽象的和非人格化的，但是确实克服了强加在自然界之上的神的任意性，从而克服了借神之名而行使的独断性。于是在政治理论中相应地出现了一些抽象的原则，并从这种抽象原则中引申出了关于自然权利和人民主权的理论。孔德坚决地拒绝在这两个阶段建立起来的政治结构。他认为在神学阶段建立起来的是奴隶制和军事大国，在理性完美哲学阶段上提倡的是所谓的人人平等的民主制。而我们发现的明确的经验科学的事实是人与人就是不平等的，人的能力就是有大小的，所以他们在社会中所发挥的作用就是不一样的。基于这样的事实，我们必须建立社会科学，并把政治秩序建立在这样的社会科学之上。

孔德认为人的认识过程是从一般性向复杂性、从抽象到具体的发展过程。从五个主干学科的发展中，就可以看到这一发展过程。这五个学科依次是数学、天文学、物理学、化学和生物学。数学是从一般意义上来研究数量，天文学在数量的基础上加上了质量和吸引力原则，物理学在研究重力、光和热的时候对各种力进行了分类，化学在对材料进行数量研究，生物学则在研究有机结构和动物生命与物质秩序之间的关系。他认为第六种科学就是社会科学。社会科学研究的是社会中的人与人之间的关系，这是经验科学发展的必然结果，是知识之巅，它把以前的所有的知识都用来建构一个和平和有序的社会。

（四）为了社会稳定而不能摧毁家庭、私有财产和宗教等

当时法国的支持革命的思想家都非常激进，呼唤对社会秩序进行重构；德国的从观念出发来建构理性完美哲学的思想家在倡导建立乌托邦式的共同体，而孔德则力图把自己的理论与经验科学和实际的历史发展条件联系起来。他认为在社会中存在着动态和静态两种因素。静态的因素是固定不变的，能够保持社会的稳定，不能对它们进行变革，比如说，家庭、私有财产、语言和宗教。动态的因素指的是进步。进步的目的不是要改变静态的因素，而是要知道怎么才能使这些静态的因素变得更完善。比如说，我们的认识从宗教阶段发展到理性完美哲学阶段，再从理性完美哲学阶段发展到最后的经验科学阶段，就像星星和星座并没有变，只是我们解释它们的行为的方式发生了变化一样。

家庭就像构成社会的砖块和社会稳定的基础，我们只能对家庭加以完善。比如说，要提高妇女的地位，但不能消灭家庭。同样，财产权不能变，但财产应该用来激发人的最高层次的利他本能，而不能用来刺激起人的贪婪和嫉妒。宗教是整个社会系统保持稳定的关键因素，但我们应该放弃对一种超自然的存在物的崇拜，而崇拜人文精神。一个政治组织应该同时用好宗教和非宗教的制度，让它们之间不发生冲突而且能够和谐相处，通过互补来维持社会稳定。孔德认为中世纪就是很好地把社会的静态因素和动态因素调和起来的典范。尽管他反对采用中世纪的宗教，但是他把中世纪的社区组织形式作为他构建新社会的样板。让他感到震撼的是，中世纪的欧洲能够把宗教和社会之间的内在关系调节得那么好，也就是把一种思想体系与社会结构搭配得那么好。人们有着一整套共同的信仰，这些信仰让家庭、财产和政府都存在得很合理，人们就不会去想要消灭这些静态因素。他认为在十九世纪，社会确实进步了，但是不能摧毁旧社会的静态因素来建立新的社会，只是要改善和更新而已。如果要重新建构宗教和社会机构之间的关系，必然会导致社会混乱。

（五）通过人文宗教来统"一"所有人的思想和生活方式

孔德不同意早期神学家对人性做出的判断，即人性是堕落的，利他主义是违背人性的。对孔德来说，人具有利他主义的本能，这是一个科学事实。在这里他引用了德国解剖学家和颅相学的创始人加尔的观点，认为在

人脑中存在着一个专门负责仁慈的器官。孔德认为当时的知识界和政治界的混乱，主要是因为经验科学的兴起引起了宗教权威的溃败。要让现代人重新相信以前的宗教已经不可能了。启蒙运动导致的结果是人人都对自己的观念感到洋洋得意，谁也不服气谁。在这种情况下是不可能有社会的统一和稳定的。我们的唯一出路是创立一种新的宗教，通过这种宗教来统一所有人的思想和生活方式，从而使社会成为一个统"一"体，这样才能保持社会稳定和人民幸福。当时的欧洲，虽然已经产生了基于经验科学的实证主义，但没有相应的社会组织与之相配套。虽然经验科学已经严重地动摇了神学的基础，但并没有完全把神学消灭。经验科学和宗教之间的辩论导致了知识和情感之间的关系的辩论。孔德认为他的任务就是要在经验科学的基础上来重构宗教，从而实现宗教与社会机构的统一，知识与情感的统一，给每个人的行为注入一种目的和导向。

  人文宗教的成功取决于家庭的稳定、利他主义精神和爱。在他的新的社会中，"爱是原则，秩序是基础，进步是目的"。他首先说明了他所倡导的新社会不是什么样的。他认为神学阶段虽然已经过时，但理性完美哲学弄出来的新的教条还残留着。为了建构新社会应该放弃所有旧的虚假的东西，比如说，神学的上帝和抽象的平等及人民主权。思维只能是事物的真实状态的写照，所以新的宗教的来源必须是真实的、客观的，也就是来源于人文精神本身。物质世界、知识领域、精神领域和道德领域都可以通过人文精神加以解释。他的新宗教有点像天主教的世俗版。他用人文精神来替代了上帝，并把人文精神称为最高的实在。他把自己当成是大主教，还列出了一个圣人表，其中绝大多数都是著名的经验科学家。他还创作了一本教义问答手册，把圣礼也变得社会化了：首先要进行洗礼，十四岁进行启蒙；二十一岁准入，有权为人文精神服务；二十八岁选定自己的事业目标；六十三岁退休。男子满二十八岁、女子满二十一岁可以结婚。

  孔德的实证主义的最初的目标无疑是想建立一种健全的哲学，作为他的真正的宗教的理论基础，但是他的后期作品受到了他的情感危机的影响。他遇到了他心目中的"无与伦比的天使"，热恋了两年，结果"天使"去世了。这件事让他充分认识到了情感对于人生的重要性。他最早强调的是理智的重要性，此后便认为情感具有至高无上的地位。他在高扬情感的前提下认为，实证主义的功能在于要让我们的私人生活和公共生活中的感情、理性和活动处于一种永久的和谐状态之中。因为爱是最高的道德原则，我们的所有思想或理智的行为都要从属于爱，从而使经验科学家变成哲学家，再使哲学家变成牧师。人的全部生活就是一次持续的和强烈的崇拜行动，而真正的道德标准就是我们要为他人而活着。应该由经验科学家来组织和统治社会，由哲学家兼牧师通过大众的崇拜和教育来对社会产生影响力。他认为可以用这种方式来实现政教分离，也可以通过这种方式，让宗教独立出来，但依然能够对政治和经济秩序施加建构性的影响。

公民社会的秩序的变动同样反映出了动态的进步的力量，尤其是在这个过程中反映出了从以军事为基础到以工业为基础的变化。孔德认为军事发展阶段与工业发展阶段及现代国家的组成方式是息息相关的。特别要提到的是军事力量迫使人为了生存而把分散的物质资源和劳动力集中了起来。现代工业和纪律都必须用来建构和平、内部秩序和文明。科学家帮助我们理解自然，这样我们才能改变它。我们崇拜的人文精神这种新的宗教，不像从前那样只是静穆地待着，而是要积极地作为，所以是一种积极的宗教。我们所崇拜的人文精神是相对的、可以改变的和可以完善的。我们要通过崇拜的力量来进步，在爱的影响下来进一步完善原有的秩序，其中强调的是人的努力，而不只是听天由命。我们必须持续不断地努力，因为我们是可以改变我们的天命的。

他认为，有四种天命，分别由四种人来负责：妇女负责提供道德，牧师负责提供理智，资本家负责提供物质财富，工人从事一般的工作。妇女代表着人文精神中的同情心，而哲学家代表着人文精神中的理智，资本家代表着营养品的囤积。只有把物质财富集中在少数人的手里，社会才能有效地创造财富。但是只有道德信仰才能规范他们的愚蠢的和不道德的骄傲。每种人都需要安分守己地从事自己分内的工作。在社会中知识精英应该具有最高的地位，因为管理这样一个复杂的社会是需要技术的，只有他们才弄得懂这些技术问题。出于这个原因，他认为让群众就社会和政治管理问题自由地发表意见是毫无意义的，这就像让他们就化学中的技术问题发表意见一样。在社会和政治管理这两个领域中，群众都是缺乏足够的信息的，因此他呼吁废止个人思想的流浪式的自由。妇女在家庭中能够创造性地发挥作用，她们能够很自然地发挥自己的理性的和想象的机能，把自己奉献给感情。对于他来说，人文宗教的象征符号就是一个年轻的母亲抱着自己的婴儿，这点与基督教非常相像。

三 社会契约论：霍布斯认为自我具有"自私"的"同一性"

霍布斯（Thomas Hobbes of Malmesbury，1588—1679）出生在英国的一个牧师家庭，活了九十一岁。他出生时正遇到西班牙无敌舰队攻打英国，他母亲听说后在惊恐中生下他，因此他是个早产儿。他说，他母亲生下的是双胞胎：他和伴随着他的恐惧。在大学时期，他主要靠自学。他学过亚里士多德的哲学，但感觉他的逻辑学太枯燥乏味，喜欢古典文学。后来他成了一位伯爵的家庭教师。因为有伯爵家族的经济援助，使得他能够到欧洲大陆访问了不少当时著名的思想家。他在巴黎呆了很长时间。在英国内战时，他写下了最著名的作品《利维坦》，为的是解决秩序混乱的战争和冲突问题。利维坦指的是一种令人恐惧的人造的怪兽。他的作品经常还没有出版就被传扬，还有盗版，因此在哲学界享有了自己的名望。因为他的作品有无神论倾向，因此英国和法国的天主教势力都容不下他。他的一位学生做了英国国王，出面保护他，每年付给他100英镑的退休金。尽管如此，他的名气依然很大，很多外国来的达官贵人都忘不了来拜访他。霍布斯把人的"自私"看成人的不可更改的"同一性"，在此基础上建立起关于人和社会的经验科学哲学。

（一）认识是人脑对外界的事实或规律的反映

霍布斯属于经验科学哲学家，他的学问的最大特点在于，他想把当时的经验科学精神通过几何学一以贯之地贯彻到整个思想体系之中，以解决当时的政治秩序的混乱问题。他把政治哲学看成是物理学的一个变种。当时的战争和冲突表现为政治思想不统一。他想通过统一思想来建构社会秩序。而统一思想又不能靠强制。所以，他想借助经验科学的权威来快速地使得人们真正认同一个统一的思想体系。霍布斯认为，绝对完美是存在的，但绝对完美是什么，我们无法知道。哲学只研究有形的实体而不研究绝对完美。他把实体分成三种：物体、人体和政体。他认为这三种实体都是在运动中的实体，都遵循同样的机械规律。也就是说，任何运动或变化都是有原因的，不会出现无缘无故的运动或变化。如果没有外力的作用，静止的东西不会发生位移，运动的东西不会停止运动。运动或者位移就是不断放弃一个位置而走向另外一个位置。他用各种力来说明事物的运动变化，比如说，推力、动力、阻力和努力。

他认为事物内部的变化也是如此。有两种运动是比较独特的，只有人或动物才能进行这两种运动：生命运动和随意运动。生命运动从生到死都有，比如说，呼吸。这种运动不需要想象力帮忙。但是所有的随意运动，比如说，说话或做事都需要想象力。而想象力又不是从脑袋里自己产生出来的，而是对外界事物的事实或规律的反映，因此人的思想活动也是有规律可循的。我们对事物的认识就是指关于事物的事实和因果关系的认识。人的认识活动包括四个环节：感知、想象、记忆和思考。人通过感觉器官与外部世界发生感应，然后在头脑中获得影像，再记住这些影像。

思考过程就是把影像取名字、符号化和变成语言的过程，再通过语言来帮我们回忆我们的感觉经验，使得它们能够在我们的头脑中再现。所以我们的思考是对外部事物的思考而不是在玩文字游戏。比如说，我们看到一棵绿色的树，我们会得到两种影像：绿色和树，绿色是一种属性，而树则是一个客观对象。就像风吹动了海浪，风停了，浪还在一样，外在的客观事物不在了，但是影像还留在人的头脑之中。思考的顺序与外部事物的顺序是一致的。如果我们过多地关注某个点，是因为这个点比较突出。因此，人脑的活动无非是外在事物的活动在人的头脑中的反映而已。因为外部事物的事实和规律是同样的，人的思想不过是这些事实和规律的再现，因此人们的客观的认识结果也是一样的，这样就能达成共识。

（二）所有的"自我"都是"自私"的

在解释社会时，霍布斯不再用历史的方法，而是采用了逻辑分析的方法。他不只是关心社会历史是什么样的，而是关心为什么会有这样的社会。他力图通过假说的方法来推理和解释构建社会的原理。他先从逻辑上假设存在一个自然状态，以便解释公民社会产生的原理。他先假设人处于无政府的自然状态，每个人都是平等的，都有平等的权利采取必要手段追求生存，这里的权利指的就是自由。在这样的绝对自由的状态下，人是孤单的、贫穷的、下流的、野蛮的和唐突的。人最恐惧的是死亡，尤其恐惧被暴力杀死。人会采取一切措施来使自己生存下来。人有一种二合一的力量在驱动着自己：爱好和厌恶。这时的人是以自我为中心的和完全自私的，没有什么道德或义务的观念。凡是对自己的生存有利的，就是好的，就是自己爱的，反之，就是坏的，就是自己恨的。这样，好坏和爱恨都是分明的，完全与自己的生存需要为标准。于是就会发生所有人对抗所有人的战争。这样的状况对所有人来说都是没有安全感的。因此，人们都希望有和平，希望停止战争。这样人们就会产生互相约定、保持和平、互相帮助和互不侵犯的动机。这时人也是以自我利益为中心来进行合作的。

（三）社会契约与绝对君主的搭配

霍布斯认为，这时的理性不再是追求完美的理性，而是追求利益和做利弊判断的理性。通过这种理性的力量，我们相互都会同意，如果对方放弃了敌对的权利，那么我们也同样可以放弃敌对的权利，因为这样对大家都有利。如果人们虽然这样约定了，但是有的人不守信用，使得守信用的老实人就会吃亏，并且成为不守信用和不守规矩的人的猎物。这样我们就需要有一个社会契约，由一个强有力的君主来使得人们都按这个契约行事，这样国家就产生了。国家的概念就是共和国的概念，就是共同富裕的概念。没有君主来维护社会契约的话，这种契约就是一张废纸。只有经过人民的同意，国家才有权力统治人民，人民才有义务服从君主。这样我们大家就要通过民主把自己的自由权让渡出一部分给君主，并且这种让渡不能反悔，让渡完了就要绝对服从君主。宗教和教堂也要服从于国家。他认为，法只有好坏之分，而没有公正与不公正之分，因为要先有法才能依据法来判定公正与否。君主是人民的"代表"，代表人民维持社会秩序。而且在法律许可的范围内，个人具有充分的自由权利，国家不能干涉。这样就引发了后来的政治哲学家把公民社会和国家之间区分开来的想法。人民的目标是要求和平，如果我们反对君主，就会带来动乱，因此君主要具有绝对的、不可撤回的权力，这样才能把众多的意志变成一个单"一"的意志，以保证社会处于合法和有序的状态。

四　宪政主义：洛克的天赋人权论

（一）美国《独立宣言》的奠基人

洛克（John Locke，1632—1704）是一位哲学家和医生，也是位社会契约论者和古典共和主义者，是古典自由主义之父和宪政主义之父，他的理论影响到美国的《独立宣言》和美国宪法的制定。洛克出生在英国的一所乡村教堂附近的小茅屋里。他的父亲是位乡村律师，父母都是清教徒。他在出生那天就接受了洗礼。他继承了清教徒的传统，工作勤奋、生活简朴。他在牛津大学获得学士和硕士学位。他虽然学习了亚里士多德的逻辑学和哲学，但对正在发展的试验科学很感兴趣，波义耳对他有很大的影响。后来他学了医学，成了开业医生。后来做过沙夫茨伯里伯爵的私人医生和枢密顾问，这位伯爵是伦敦的一位具有影响力的政治家，是辉格党运动的奠基者之一。这位政治家到牛津来看肝病，认识了洛克，并说服洛克做他的随员。后来洛克成功地为他做了肝囊肿手术，成了伯爵的救命恩人。洛克因为莫须有地被怀疑参与了一项阴谋而逃到荷兰。后来又返回英国出版了他的两本著作：《人类理解论》和《政府论》。他在培根的思想的基础上继续前进，但他看到了如果人不追求绝对完美就不会幸福，因此他在经验科学的基础上保留了代表着绝对完美的上帝。他认为，对于人类的知识只要清理一下，把其中的垃圾去除就可以了。他在人是自私的基础上，提出了作为自私的人的自私的基础和生存方式的私有财产不可剥夺。

（二）人类的知识全部都来自于经验

洛克认为，代表着绝对完美的上帝是存在的，而且公民社会需要依据上帝的神圣法来制定舆论法和公民法，这样人们才能够普遍感觉幸福。那么怎么才能认识绝对完美呢？他认为所有的观念都来自于经验。我们生来不带有任何天赋观念，人的头脑都是一张白纸，只有经验才能在上面写字。我们认识的对象都有两种性质：一种是实际存在的，称为基本性质；一种是不实际存在的，但是由认识对象的能量引发的，这种是次要的本质。比如说，雪球是圆的和在滚动，这两个属性是实际存在的。但雪球是白色的和冷的就是不存在的，因为在雪球中找不到白色和冷，你不能把白或冷单独拿出来给人看，只是雪球有一种能量，引发了我们的这种感觉。我们通过感觉就能够得到一组简单的观念，比如说，雪球是圆的、硬的、白色的，分别来看就是简单的观念，组合起来看就是复杂的观念。复杂的观念是由简单的观念组成的，因此观念产生于感觉经验。我们还可以对这样的感觉经验进行反映。知觉、思考、怀疑、信任、意志、推理、了解等活动都属于反映活动。当我们的头脑脱离实际，根据想象把一些简单观念按自己的需要重新组合起来时就形成了幻想。而与对象和经验相吻合的观念就是有效的知识。获得知识的方法有三种：一种是把观念按事物原来所具有的属性结合起来而不是乱组合；一种是把几种观念放在一起，目的是要比较，找出事物之间的关系，比如说，通过把草和树放在一起，比较出草比树要绿的结论；一种是抽象，通过概括得出与对象不同的概念，比如说，我们把玛丽和约翰概括成人。所以，知识其实就是认识，认识的对象是我们的任何观念之间的一致性或矛盾性。

认识可以分成三种，每种认识对实在的把握程度是不同的：第一种是直觉性的知识，这种知识是具有确定性的，这是人想都不用想就能得出的结论。比如说，圆不是方，6不是8，因为回答是的话就会产生矛盾。我们也可以通过直觉知道我们是谁，我们是存在的。这些知识也是来自经验的，靠人的直觉能力来把握，人们毫不怀疑它们的真实性。第二种是论证性的知识。我们在论证时每一步都要尽量建立在直觉到的确定性之上。比如说，运动一定是某种东西在运动，所以从运动现象就能推出某种事物存在着。思想一定是什么东西在思想，所以从思想现象存在着，就能推出存在着一个思想的主体。通过这种方式，我们可以推出代表着绝对完美的上帝是存在的，因为万物的存在呈现出思想性，否则就不会那么有序。我们对于上帝的知识，有的来自推理，有的来自启示。我们也可以推出实体是存在的。事物靠实体的支持所以能够组合在一起，因此是实体让我们对事物的认识具有规律性和一致性。第三种是感觉性的知识，这种知识是不确定的。我看见玛丽的时候，我确定她是存在的。但是我离开玛丽后，我就不知道她是不是存在了。

（三）公民政府的权力来自于人民的认可

洛克认为，由于上帝是存在的，因此存在着神圣法，因此存在着天赋人权或自然权利。我们生来就是平等和独立的。在人处于自然状态的时候，都具有生命、健康、自由和财产，他把这些权利都概括为私人所有权，其中的自由用的是"freedom"这个词，而不是"liberty"这个词。"freedom"是野的、不受拘束的自由，而"liberty"则是文明的、受人们认同的秩序所限制的自由。他特别强调人的私有财产不可剥夺。他认为私有制是建立在劳动基础上的，因此是合理的。而且私有财产是可以继承的。在自然状态中没有权威，但人与人之间有义务。人本来可以通过自然之光，认识到神圣法，从而遵守相应的道德法。但是由于人们漫不经心，因此不总是能够认识得很清楚。在出现争端时就需要一个独立的第三方出现，否则任何一方都会偏向自己一方，所以需要有一个最高的绝对的统治者的出现。公民政府与独裁专制的区别在于，公民政府的权力来自人民的认可，要得到人民的信任。他认为人民指的是一个共同体中的大多数人，只有得到这些人的支持，政府才能够有效地行使权力。人民认同的观念要写入宪法，这就是人民做主的标志。立法和执法机构都不能违反宪法。他不认为人民转让给最高统治者的权力是不可撤回的。当违反宪法的情况出现或者在政府因为牟取私利而腐败时，人民就可以造反，这是人民通过决断来行使任免权。

他认为，存在着三种法：神圣法、舆论法和公民法。神圣法来自上帝，是最高的和不能违反的法，是舆论法和公民法的根本依据。我们可以靠自然之光即理性或启示来找到与上帝的法一致的道德法则，这是道德是否纯正的试金石。舆论法是一个共同体认同的法，它普遍地指导着人们的走向幸福的行为，具体体现为美德。在不同的共同体中，可以有不同的舆论法。公民法是为了公共利益而制定的法，由法院来执行。这种法在大多数情况下是建立在舆论法的基础上的。而这三种法都服务于个人的自私的"善"。洛克把道德观念划分在可以证明的知识类别之中，认为对道德的研究可以像数学一样精确。他把"自我"定义为一系列具有连续性的意识现象，因此具有同一性。每个人都知道什么是善，什么是恶。凡是能够给个人带来愉悦、增加个人的愉悦或减少个人的痛苦的，就是善的。个人都是追求自私的善的。三种法会产生矛盾，而矛盾的原因就是因为人民普遍都更倾向于选择即刻就能带来的愉悦，而放弃了更能够持久带来幸福的价值。而能够符合天赋人权的要求，能够按神圣法来行为的政府，就是能够普遍地给人带来公共的善，从而普遍地给人带来幸福的政府。

五 正义理论：从社会公正的角度对快乐主义进行矫正

（一）罗尔斯：正义的社会才是好的社会

罗尔斯（John Bordley Rawls，1921—2002）是美国哈佛大学的哲学教授，他因提出政治哲学中的公平正义论而著名。他提出了理想的正义原则来对发达资本主义的社会和政治制度进行批评，但批评的目的是在承认现行制度的合理性的前提下进行改善。在西方政治哲学领域中，自十九世纪中叶以来，快乐主义的功用主义哲学处于主导地位。在二十世纪七十年代初，罗尔斯在他的《正义论》这本书中提出了"公平正义论"，对功用主义发起了攻击，恢复了社会契约论。在《正义论》出版后，罗尔斯意识到一个问题，就是他把公平正义原则既作为一种政治哲学的原则，又作为一种道德哲学原则，这就意味着在一个公平正义的社会中，人们具有同样的道德信仰。而在民主社会中，人们是有不同的道德信仰的。所以，在《政治自由主义》一书中，他只是把公平正义原则作为一种独立于各种哲学、宗教和道德学说的政治原则。

1. 功用主义只关心社会成员的总体福利

罗尔斯对以西季维克为代表的功用主义进行了尖锐的批评。西季维克认为，如果一种社会制度能够实现总计的个人满足的最大净余额，这个社会就是合理的和正义的。而罗尔斯认为，功用主义的原则就是扩大了的个人的选择原则。个人选择的原则就是要尽可能大地增进自己的福利。为了实现未来的较大的利益，个人总是能够做出某种自我牺牲。通过类推可以得出，社会的选择原则是最大限度地促进社会成员的总体福利，可以牺牲个人的利益。所以，功用主义关心的只是福利的总量，而不关心如何在个人之间合理地分配福利。罗尔斯认为，社会的每个成员都具有不可侵犯的自然权利。社会不能为了让一些人享受较大的利益而剥夺另一些人的自由。功用主义是一种目的论，把好处当成是独立的追求对象，认为不断地接近好处的行为就是正确的行为。在古典的功用主义看来，好处就是对欲望的满足，正确的分配就是产生最大满足的分配。而罗尔斯认为，正义优先于好处，正义原则使某些满足没有意义。功用主义认为，能够对社会资源进行有效的管理，能够最大限度地满足总的欲望体系，这样的社会就是好的社会。而罗尔斯认为，好的社会应该是一个互利互惠的合作体系，应当是一个公平的社会，只能在公平的前提下来追求社会成员的需求的最大满足。

2. 要改造或废除有效率但不正义的社会

罗尔斯认为，正义包括着社会正义和个人正义两个方面。社会正义涉及的是法律、制度和社会体系，而个人正义涉及的则是个人的态度、气质和品格等问题。他关心的主要是社会正义问题。他认为，判断一个社会是否合理的首要标准就是正义与否。不管一个社会多么有效率，如果不正义，就要加以改造或废除。人们为了在合作中实现互相间的利益而聚成社会。在社会中，既存在着利益一致的方面，也存在着利益冲突的方面。从利益一致的角度上看，社会合作使每个人都能过上比单个人努力更好的生活；从利益冲突的角度上看，合作者们都希望在利益分配中得到更大的份额。为了解决这些利益冲突，就需要在一系列的原则指导下来达成分配契约。这些原则就是社会的正义原则。在一个社会中，如果每个人都接受同样的正义原则，并且知道别人也接受同样的正义原则，基本的社会制度也能够普遍地保障这些正义原则的要求，这个社会就是一个好的社会。

3. 每个正常的成人都是有正义感的

罗尔斯认为，正义原则要解决的是社会不公平的问题。在任何社会中，人与人之间都不可避免地存在着社会地位的不同，使得出生在不同家庭的人，起点就不一样。那么，用什么方法来建立正义原则呢？他认为，正义原则必须建立在可能的假定、普遍的事实和人们实际具有的正义感之上。他假定，在正常的社会环境中，每个人活到一定的年龄，具有必要的理智，都会具有一种正义感。正义论就是对人们的正义感的描述，表现为一系列的原则，这些原则就是我们感觉一个社会是正义还是不正义的理由。在现实生活中，会出现一些犹疑不决的判断、信心不足的判断、在受惊吓的情况下做出的判断、过分固执私利而做出的判断。我们要选出那些在有利于正义感的条件下做出的判断，但即使这样的判断也会受到一些偶然因素的影响。如果我们提出的原则符合一个人的正义感，他就可能会修正他的判断。我们把各种正义观提供给一个人，他会根据自己的正义感来衡量哪种是对的。他认为，他的达成正义原则的方法无法完全避免对直觉的依赖，但是应该努力减少对直觉的依赖，限制直觉的作用。他把正义原则看成是在一定条件下的社会各方达成平衡的一种契约，它是人们自愿选择的结果。他把相互冲突的情况排了顺序，用优先原则来指示遇到利益冲突时应该采取的步骤。

4. "不知情之幕"后的人的判断是公平的

罗尔斯认为，要在公平的状态下才能达成社会正义原则。社会正义原则的制定者是那些想追求自己的利益的、自由的和有理性的人们。他们处在一种平等的原初状态之中。他们要通过正义原则来确定他们合作的基本条件，最后达成契约。这种原初状态不是一种实际的状态，而是一种纯粹假设的状态。在这个假设状态中，每个人都存在于"不知情之幕"（veil of ignorance）后。首先，每个人都不知道自己在社会中将属于哪个阶级，将出生于什么家庭，也不知道自己将有什么样的天赋。其次，每个人都不知道自己会追求什么，有什么样的特殊性，有什么样的心理倾向。最后，每个人都不知道这个社会的经济或政治状况，也不知道这个社会能够达到什么样的文明和文化水平。

他认为，这样的假设可以保证每个人在选择正义原则时都可以不考虑自己的利害得失。每个人的处境都是相似的，使得每个人都不可能设计出有利于他的特殊情况的原则。这样得出的正义原则就是一种公平协议的结果，即在公平的状态中得出的一致同意的正义原则。在"不知情之幕"后，个人只是不知道自己的处境将是什么样的，他会知道这个社会将是受正义约束的，他也会具有关于社会的一般性的政治、经济、心理学法则方面的知识。各方都被设想为有理性的，即会采用最有效的手段来实现既定的目标。各方还被设想为互不关心他人的利益，这样就不会偏向任何一方。在这样的原初状态下，合作各方不会选择权衡利弊的功利原则。各方之间的关系是平等的，有同样的资格相互提出要求，因此不会同意为了让某些人享受较大的利益而损害另外一些人的利益。每个人都希望保护自己的利益，不允许别人为了总体利益而不断伤害自己。

5. 我们不能因为要提高效率的缘故而不开放职位

于是，人们将会选择两条正义原则：第一条是"平等的自由原则"。每个人都是平等自由的。他们有选举和被选举权；他们有言论自由和集会自由；他们有思想自由；他们有个人自由；他们有保障个人财产的权利；他们有不被任意逮捕和剥夺财产的自由。每个人应该享有的自由就是每个人应该享有的基本的权利。第二条是安排等级体系的原则，其中包括"机会公平原则"和"差别原则"。"机会公平原则"指的是虽然财富和收入的分配无法做到平等，但权力地位和领导职务应该向所有人开放。"差别原则"指的是等级体系必须合乎每个人的利益，让最少受惠者得到最大利益。其中第一条原则优先于第二条原则。有自然天赋的人不应该在分配中占优势；家庭出身不同的人也不应该在分配中占优势。

每个人的福利都依赖于一种合作体系。利益分配应该让每个人都自愿地加入到这个合作体系之中，其中包括那些处境较差的人。要找到令人满意的最小值，让人即使处在最坏的情况下，也能得到最低限度的满足。我们不能因为要提高效率的缘故而不开放职位。如果职位不开放，即使一个人在别人的领导下受益，他依然有抱怨的理由，因为他被剥夺了一种自我实现的方式。要实现机会公平，需要设计出能够实现正义的程序。比如说：切蛋糕的人应该最后取自己的那一份。只要遵守了完善的程序，无论产生什么样的结果，都是公平的。比如说，在赌博中对程序的遵守。两条正义原则是立宪的基础。在选择了两个正义原则后，就可以召开立宪会议，制定出宪法。再根据宪法来制定具体的法规。法官和行政官员们要把具体的法规运用到具体的案例之中，公民们则应该普遍遵守这些规范。

（二）诺齐克：最好的国家只是提供保护职能

诺齐克（Robert Nozick，1938—2002）是美国哈佛大学教授。他的父亲从俄国移民到美国，是一位商人。在《无政府、国家与乌托邦》一书中，诺齐克对罗尔斯的观点提出了尖锐的批评。

1. 人们的自愿行为会颠覆所有的分配模式

诺齐克认为，不仅在社会合作中有分配正义的问题，在非社会合作的状态中，每个人都有权持有通过自己的努力而获得的所得物，这也是一种正义的要求。才智较高的人与才智较低的人合作，双方都会得益，而且才智较低的人会比才智较高的人得到更大的利益，所以没有必要再规定让才智较低的人甚至还要得到更多。他认为在分配中不应排除天赋的因素，应该用"所得物的正义"来代替"分配的正义"。他认为，应该考虑所得物的获得、转让和矫正。如果一个人是按正义的原则获得某种东西，他就对那种东西拥有权利。如果一个人是按正义的原则得到转让的东西，他就对那种东西拥有权利。如果一个人不是按正义的原则获得或转让某种东西，就需要进行矫正。

要历史地考虑正义问题。我们不能仅因为某些人因犯罪被关在监狱里，就说这种做法是不正义的。不能把分配正义的原则模式化。人们的自愿行为会颠覆所有的分配模式。为了维持一种模式，就得不断地进行干涉。而再分配会严重地侵犯人们的权利。拿走他人的劳动果实，就等于拿走了他的时间，使得他被强迫劳动。在追求自己的目标时，要禁止违反某些基本的道德约束。一个人除非自愿，否则就不能被牺牲或被使用来达到其他的目的。不能因为社会利益而牺牲个人利益，因为社会利益其实可以变成某些人的利益。国家和政府没有权力牺牲个人的利益。但是，人是能够考虑自己的长远利益的，因此能够约束自己的行为。人会按照一种全面的计划来塑造自己的生活，要赋予他自己的生活以意义，因此他也会约束自己的行为。

2. 乌托邦社会是可能世界中的最美好的世界

在自然状态中，人是具有自由意志的，不用听命于任何人。如果一个人侵犯了另外一个人的权利，受害者就可以从侵犯者那里得到相应的赔偿，按自然法来衡量惩罚的程度。但是，在争执中，当事人总爱假设自己是正确的一方，还会过高估计自己的受伤程度。尤其在激情状态下，会过度地惩罚他人或索要过分的赔偿。还会产生出世仇和宿怨，导致无休止地报复和索取赔偿。弱小的人无力从较强的敌手那里索取赔偿。这时，缺乏力量的人就会请他人来保护自己。在个人的联合中，就可能形成相互保护的社团。但是，保护性社团会面临一些困难情况，比如说，无法保证随叫随到；有的人脾气恶劣，会在自卫的幌子下去侵害他人；社团内部可能出现争执。在出现争执的时候，就需要采取某种程序来判定是非。为了克服不能随叫随到的情况，就需要有一些人被雇佣来执行保护性职能。有些发起人做起了出卖保护性服务的买卖，这样保护性职能就会慢慢地由代理人或机构来行使。

最开始，在一个地区同时存在着几个保护性社团，它们之间会发生冲突。最终会出现一个占支配地位的保护性社团。这种私人的保护性社会团还不是国家，因为它允许某些人强行自己的权利，它也不保护不付钱的人。国家的特征是它对某个地区内的所有人都提供保护，而且不允许个人强行自己的权利。有的国家只对付钱的人提供服务，而有的国家则用税收来担保所有的人都得到保护。他认为，只有提供保护职能的国家才是最好的国家，可以在这种国家里实现乌托邦的社会理想。乌托邦社会是一种鼓舞人心的理想社会，是所有的可能世界中的最美好的世界。对所有人最好的世界应该是这样的：存在着多种多样的联合体，人们可以按自己的意愿加入或退出；联合体的社会形式由成员的意愿决定，可以进行各种乌托邦的试验，可以有不同的生活方式，人们可以个别地追求某种善或共同地追求某种善。

乌托邦的理想社会之所以是美好的，原因在于：首先，人都是有个性的。人们有不同的天赋和不同的价值观念，需要在不同的共同体中生活，因此要有不同的共同体。人们可以在不同的共同体中进行乌托邦试验。其次，所有的善不可能同时实现，这就需要让各种善的实现都具有同等的机会，因此要给人们提供多种选择的可能。最后，即便只有一个社会对于所有人来说是最好的社会，我们也无法预先知道这个社会是什么样的。对于所有的观念，我们都需要试验一下，那就需要有试验不同观念的共同体。在试验中，人们会抛弃他们不喜欢的共同体，修正他们发现有缺点的共同体。在不断的试验中，最有可能发现对所有人都是最好的共同体。他所说的只提供保护职能的国家就具有这样的乌托邦性质。它不像帝王那样强迫人服从，也不用传道士的方式说服人服从，而是让每个人都生活在自己希望的共同体之中。在这里，每个人都是有个人权利和个人尊严的，通过尊重个人权利来尊重每个人，允许我们选择与我们愿意联合的人在一起，允许我们选择适合自己的生活方式，允许我们实现我们自己的目标，允许我们有自己的观念。

(三) 社群主义：强调公益集体权利优先

社群主义者认为，人是生活在社群之中的，个人的行为是受社群制约的。美国哈佛大学的政治学教授桑德尔（Michael J. Sandel, 1953—）是社群主义的代表人物之一。他的思想说明了社群主义的共同立场。他不是要批判整个快乐主义的自由主义，而只是对罗尔斯的道义论的自由主义和政治自由主义提出了批评。他认为，道义论的自由主义认为，在社会中生活的每一个人都是不一样的，都有自己的目的、自己的利益和自己的善恶观念。每个人都有捍卫自己的独特性的正当权利。最好的社会不是追求社会福利的最大化，而是要保护每个人的正当权利。只要保护了每个人的正当权利，可以不计效果是否能够给社会带来福利的最大化，也不能为了人类的利益而牺牲个人的正当权利。而桑德尔认为，人无法把自己从社会中剥离出来，把自己看成是完全独立的人。我们是某个家庭、某个共同体、某个国家或某个民族中的一员。不受任何约束的人，其实是没有任何规定性的，因此是空的人。因为我们与他人共享着同样的历史，所以我们对自己的认识也不只是个人的私事。更了解我自己的可能是我的朋友。通过友谊，我们不仅可以互相喜爱，而且还可以互相帮助和认识自我。社群主义的其他代表人物主要有麦金太尔、泰勒、沃尔泽和米勒等。由于麦金太尔的美德理论和泰勒的道德框架论主要在讲道德，因此将在后面的美德理论中加以阐述。

1. 沃尔泽：通过权力分散来保护人的尊严

沃尔泽（Michael Walzer, 1937—）是美国哈佛大学教授。沃尔泽认为正义的原则不只有一种，他提出了"复合平等论"。

（1）金钱并不能买到一切

沃尔泽认为，人类社会是一个分配性的社会，人们聚集到一起是为了分享和交换。分配的内容是多种多样的，其中包含成员资格、权力、荣誉、爱、知识、财富、身体安全等。针对不同的分配物品，有着不同的分配程序、分配机构和分配标准。从来不曾存在过任何一种普遍使用的交换媒介。金钱并不能买到一切。也从来不存在单一的控制所有分配的机构。国家政权并不能控制所有的分配，比如说，家庭网络、秘密的政治或宗教组织等，就是国家政权无法控制的地方。同样，也不存在一个适用于所有分配的单一的标准或一套标准，比如说，功绩、资格、出身、友谊等，都有自己的标准，并且都与其他标准不那么和谐地并存着。由于分配的物品具有多样性，所以分配正义也具有多元性。分配正义所关注的所有物品都是社会物品，所以不能按个人癖好来对这些物品进行估价。

　　他对供分配的社会物品进行了分析：第一，同样的物品在不同的社会中价值不一样。有的东西在一个地方被人们所珍爱，换个地方则可能变得一文不值。第二，可分配的物品不是人们头脑中想象的物品，而是实际的物品。这些物品是人构想和创造出来的。物品之间的关系表现着人与人之间的某种关系。第三，不存在唯一一组能够满足人的全部精神和物质生活的物品。即便是必需品，其种类也是很多的，而且重要性也是不一样的。第四，如果我们理解了一件物品是什么，对需要它的人来说为什么重要，我们就能知道应该由谁来分配和怎样分配了。第五，物品的社会意义具有历史性，因此分配的正义与否也会随着时间的推移而变化。第六，在弄清除物品的社会意义之后，每一种物品就构成了一个分配领域，有特定的相对合理的标准。一种物品的社会意义在任何社会中都不是完全清楚明确的，而且一个领域中的分配会影响到别的领域中的分配，因此只能寻求相对的自主性。

（2）在意识形态的帮助下能够产生出垄断性的善

　　为了分析分配正义，沃尔泽把善区分为"支配性的善"与"垄断性的善"。当一个人拥有某种善就能支配大量的别的物品，这种善就是支配性的善。当一个人或一群人随时能够成功地用某种善来对抗所有的敌手，这种善就是垄断性的。体力、家庭名誉、宗教或政治服务、资本、技术知识等物品，都曾经是支配性的善，有的曾是垄断性的善。比如说，在资本主义社会中，资本是支配性的善，而且容易转化为权力。在专家治国的社会中，技术知识就是支配性的善。当一种支配性的善被垄断，就会造出一个统治阶级，他们的成员就能在分配体系中处于优势地位。从来没有一种社会的善能够始终支配所有领域的物品，而且垄断总是不完美的，因此每个统治阶级的统治都是不稳定的，总是会遇到别的群体的挑战。要把一种支配性的善变成垄断性的善，就需要意识形态来帮忙。意识形态的标准形式就是用一种哲学作为中介，把合法占有某种善与某些人的个人品质联系起来。在贵族阶级统治的社会中，贵族通常垄断着不动产财富和家族名誉。在神权至上的社会中，神职人员垄断着神恩和宗教职务。资本家是流动资产的垄断者，他们愿意拿自己的钱去冒险。这些群体是在相互竞争中夺取最高权力的，没有也不应该有最终的胜利者。

(3) 不允许特定的物品能够普遍地转换

沃尔泽在区分了支配性的善和垄断性的善的基础上，区分了简单平等论和复合平等论。简单平等论者主张，应当重新分配支配性的善，这样人们能够平等地或至少更广泛地享有这种善。而沃尔泽认为，即使重新平等地分配了支配性的善，在进一步的发展和市场的自由交换中也会产生出不平等。比如说，打破金钱的垄断，让金钱的支配性无效，别的善就会介入，就会产生新的不平等。如果每个人都有同样多的钱，人们都认为投资教育比较好，就会把钱都投入教育之中。学校就会成为竞技场，天才、家庭教养好的人或会考试的人就会代替金钱成为支配性的群体。这个群体就会主张把他们掌握的善在整个社会中都变成支配性的善，职务、头衔和财富等都应当由他们来控制。

如果要限制这些人的垄断权力，就需要国家出面，那么国家权力又会成为被争夺的对象，使得国家权力成为一种支配性的善。要限制国家权力，就需要民主决策。而民主决策又会受具有垄断性的文化观念的影响。这样又需要让国家权力集中来克服这样的垄断。沃尔泽支持复合平等论。复合平等论将把注意力从打破垄断转移到减少支配上。在一个复合平等的社会中，不同的社会物品是可以被垄断的，但不允许特定的物品能够普遍转换。在这样的社会中，尽管会存在着很多小的不平等，但这种不平等不会被扩大。在某些领域掌握着某种善的公民，可能会被剥夺在其他领域的善。比如说，只要职务不是一种支配性的善，不能广泛地转换，持有职位的人就会与他们所治理的人们之间处于一种平等的关系之中。

(4) 不同的分配领域要有不同的分配原则

沃尔泽认为，自由交换是不受限制的，无法保证特定的分配结果。从理论上说，货币只是交换的中介。人们是自由地在市场上进行交换的。而在实践中，金钱却是一种支配性的善，为那些具有特殊的买卖才能的人所垄断。如果存在着一个可实施奖罚的中立机构，按应得的原则来进行分配，分配的结果也是多变的和无法预料的。比如说，我们可以说某个人很值得爱是可以的，但说他值得某个特定的女子去爱就不合理了。男女之间的爱情，只能由他们自己来分配。而且在爱情中，人们很少会考虑应得。在自由交换中，如果一个人善于讨价还价，就说他所购买的艺术品就是他应得的，这样说也不合理。如果指定某些人来做应得的公断人，那么很快这些人就会用他们预先安排好的一套价值观来决定什么是最好的和最有价值的东西，于是应得就不再具有多元性，人们面对的将是一群新的暴君。

按需要来进行分配也有局限性，比如说，权力、名誉、珍贵的书籍等，并不是人人都需要的。他认为，应该对社会中存在的不同的善和不同的分配领域进行实质性的解释。复合的平等论力图用权力分散来反对现代极权主义的暴政。现代发达资本主义中的暴政的特征就是把社会中分离地存在的各种善和生活领域进行一体化和系统性的协调。沃尔泽强调各个领域在分配上要实行自治，不主张在各个领域之间进行协调。不同的领域要有不同的分配原则，这样可以最大限度地分享社会中的各种善，这样才能把统治的满意度传播得更广。这样做可以免于支配性的统治对人们的尊严造成公开的侮辱，能够保持人的自尊和相互之间的尊重。

2. 米勒：保持正义原则的多元性

米勒（David Miller，1946—）是英国牛津大学的教授。他认为，结果正义优先于程序正义。程序正义的目标是要产生出实质性的结果正义。

（1）程序正义的目标是要产生出结果正义

米勒把人类的基本关系模式分成三种：团结的联合体、工具性联合体和公民身份联合体，适用的社会正义原则分别是需要原则、应得原则和平等原则。在"团结的联合体"中，人们之间有着相互理解和相互信任的关系，他们把自己的命运看成是交织在一起的，因此互相之间有着很强的责任感。在前现代社会中，村落就是这样的团结的社群。在现代社会中，这种社群的主要形式是家庭，而俱乐部、工作小组等则是松散的形式，民族则是一种间接的形式。在团结的社群内部实行的社会正义原则是按需分配。这里的需要指的是最低限度的必要的需要，以资源相对匮乏为前提。在这种分配中，常常是最需要的人具有优先权。

在"工具性的联合体"中，人们之间的关系主要是经济关系，人们因为追求功利而联系在一起。人们之间是买方和卖方的关系，或者是彼此合作生产商品的关系。参与者是为了特定的目标而进行合作的，相互之间是陌生的关系。这里的正义的分配原则是按应得分配，他的所得应该与他的贡献相等。在这里，分配的根据是行为和业绩，而品德只是派生的次要的依据。在"公民身份联合体"中，公民的地位是平等的，每个人都享有平等的自由和权利，所以平等原则是首要的分配原则，但需要原则与应得原则可以作为补充。在现实生活中，由于如上三类关系经常是交织在一起的，因此在实际使用时会出现三种原则的冲突。

(2) 社会正义要发挥作用，需要一定的社会环境

米勒认为，构造社会正义理论的方式主要有三种：第一种方式是在人们认同的潜在的或活跃的直觉判断中抽取一些抽象的原则。人们容易在这样的抽象原则上达成一致意见，但在抽象过程中抛弃了具体情况，用来指导实际活动就比较难。但是，这种方式是人们通常使用的方式。第二种方式是怀疑论的方式，这种方式的基调是认为在社会正义理论方面不存在客观性，因此难以达成实质性的一致。在这种情况下，在程序公平上还是能够达成一致的。米勒认为，如果在实质性上分歧太大，程序正义的共识也是难以达成的。米勒提出了第三种方式，就是不把直觉性的信念变成抽象原则，而是直接对这些直觉性的信念进行分类，保持正义原则的多元性，确定每一种原则的适用范围。

他认为，要让社会正义发挥作用，必须提供一定的社会环境。这种社会环境需要满足三个条件：首先，这个社会有确定的成员和确定的边界，能够形成一个分配领域；其次，要有一套可认定的制度，这个制度是按正义原则来制定的，能够明确地说明这样的制度对每个人的生活机会的影响；最后，存在着某些机构，它们能够或多或少地按成员们赞成的理论来改变制度的结构。社会正义原则可以普遍地应用到社会、家庭和车间等。民族国家具有很特殊的地位。民族国家指的是具有共同的民族认同的公民组成的国家，主要有三个特征：首先，民族国家能够产生出强大的团结的力量，这种力量强大到能够压倒宗教等差异；其次，民族国家中的人有着共同的民族政治文化，因此容易形成共同的分配资源的价值标准；最后，民族国家能够让人们确信它实行的公平原则和程序对每个公民都有效。在全球社会中不存在这样的条件，因此他所说的社会正义原则只适用于民族国家。

六 美德理论：从道德的角度对快乐主义进行矫正

（一）社群主义的道德论：追寻美德论和道德框架论

1. 麦金太尔：发达资本主义社会中的道德灾难

麦金太尔（Alasdair MacIntyre, 1929—）出生在英国，后移居美国，是美国哲学家。他提出了追寻美德论，对罗尔斯和诺齐克的观点进行了批评。

（1）我们似乎是被抛到荒岛上的陌生人

麦金太尔认为，自十八世纪的启蒙运动以来，西方社会在努力发现一

种既合乎理性、又公正、且对所有人有效的道德原则。这种努力已经被证明在总体上是失败的。他认为，罗尔斯和诺齐克的理论的论证过程都是正确的。罗尔斯把需要的平等原则设定为起点，而诺齐克把权利的平等原则设定为起点，而这两种起点代表着社会中的不同群体的观点，这两种理论的不兼容性和冲突性，说明了现实中的不同群体之间的冲突。他认为，罗尔斯和诺齐克的理论都忽视了西方古典道德传统中的美德，在赏罚时都没有把美德考虑在内。在他们看来，我们似乎是一群在海上遇难的人，互不认识，被抛到了荒岛上，于是必须制定若干规则来最大限度地保护每个人。在历史发展中，美德曾经被看成是按一定的社会角色履行自己的义务的品质；曾经是使个人能够不断实现人类的特有目的的品质；曾经是追求一种超自然的善的品质；曾经是获得在尘世中和在天堂里的成功所需要的功用性的品质。

可见，要用美德来实现什么样目的，要根据社会历史发展的条件来定。在发达的资本主义社会中，美德从传统道德的中心地位退到了边缘地带，而道德准则成了道德的中心，美德的内容不得不应道德准则的要求而改变。在这样的社会中，对外在利益的追求压倒了对内在利益的追求。而在亚里士多德的理论中，美德处于中心地位，道德准则只是补充。共同体的生活是建立在共同利益之上的，因此要赞扬有益于公共利益的品质，并把这种品质视为美德。有人格缺陷的人容易犯罪。只有具有正义的美德的人才知道怎样运用法律。在斯多亚学派的道德观中，美德与法律开始分离，而且法律代替了美德在道德中的中心地位。这里，不再有真正的共同享有的善，有的只是众多个人的各种善。因为每个人对自己的善的追求都会与他人的善发生冲突，所以就必然会与道德准则发生冲突。要遵从道德准则，就必然要压抑个人对于善的追求。

（2）只有追求至善才能使人格完美

麦金太尔认为，在发达的资本主义国家里，对外在利益的追求已经成为压倒一切的追求，对内在利益的追求已经变得边缘化。贪欲成了生产活动的动力，劳动变成了实现外在利益的手段。个人的生活不再具有诞生、成长和死亡即开端、中间和结尾的整体性。人的生活被分隔成多种碎片，每个片段都有各自的准则和行为模式。工作与休息、私人生活与公共生活、团体与个人相分离。人的童年生活与老年生活都被扭曲，并从人的生活的其余部分中分离出去。人所经历的都是一些不同的片段，人们的生活不再是一个统一体。对人的教育也就按片段来进行。人的自我已经被消解在一系列的角色扮演之中，人们失去了践行美德的余地。美德被解释为气质。人们不再用共同利益来解释道德，因为已经不存在共同利益。由于利己和利他是分裂的，就只能用道德准则来解决冲突，所以道德准则就开始居于中心地位。他认为，在发达资本主义社会中，由于没有人们认同的共同的道德标准，所以出现了道德灾难和道德危机。人们的道德争论，在逻辑上都是正当的，但是因为他们都用了不同的前提，所以得出不同的结论。而人们在前提上达不成一致意见，就无法判定谁是谁非。人们援引的前提都纯粹是断言，而无法对这些断言进行合理的证明。为了摆脱这样的道德危机，需要建立某些新形式的共同体。

他认为，人只有追求一个至上的善的目的，人的个别的美德才能成为一个整体，才能使一个人的人格完善。在不同的历史阶段，善的概念不同，美德也就具有不同的服务目标。美德的特点是服务于人的内在利益，服务于人格的完善，服务于人对于完美的追求。美德是通过实践获得的品质。人的内在利益的满足，需要得到这种品质的支持。他说的实践指的是追求完美的连贯性的努力。人对外在利益的追求指的是对财产和占有物的追求，比如说，人们对金钱、权力和名望的追求。某个人得到的外在利益越多，意味着其他人得到的外在利益越少。而人对于内在利益的追求，则是要通过实践活动来表现自己的卓越。拥有美德的人必然会获得内在利益，但是在外在利益的获得上可能会受挫。养成真诚、正义和勇敢的品格，往往会让人远离富有、名望和权力。如果在某个社会中形成了追求外在利益的风气，美德就可能被抹杀。

2. 泰勒：道德框架让我们有方向感

泰勒（Charles Taylor, 1931—）是加拿大的哲学家。他批判了罗尔斯的理论，也批判了自然主义。

（1）每种道德框架都有一种最重要的善

自然主义认为，人类所追求的目的的性质都是一样的，因此都是同等重要的，只有量上的区别，因此可以进行量化和计算。而泰勒认为，这种观念是错误的。不同时代的不同的人有着不同的道德观念，因此人们所追求的目的的性质是不同的，不能用同样的标准来进行衡量。他认为，道德观念的产生和维持都需要一定的社会背景。他把这种社会背景称为框架，这种框架具有比较确定的性质。在这个框架内感觉、思考和判断，我们就能找到人生的意义，否则我们就会陷入精神上感到无意义的生活之中。但是，没有任何框架能够为所有人共有，或者能够被当成唯一重要的框架，或者成为一种无可争辩的框架。在我们进行道德判断时，框架能够给我们提供明显的或隐含的背景。只有表述清楚了一定的框架，我们才能做出确定的和有意义的道德判断。但是，框架并不是人们能够根据自己的爱好随心所欲地选择的，也不是人可以随意获取或扔掉的。不同框架之间的差别显示出了不同社会的价值观的差别，表达着人们的不同的生活方式。人们的善恶观念大致是一样的，只是在善的种类的排序上是有差别的。

（2）只有在道德框架中，我才知道我是谁

泰勒认为，每种框架都会把一种善看成是最重要的，围绕着这种善来建立一个框架。最高的善不仅在排序上高于其他的善，而且在某些情况下会与其他的善产生冲突，并且排斥其他的善。在一种新的最高的善产生时，会导致对价值的重估，会激烈地影响到我们对于其他的价值的看法。自我认同的问题通常是通过"我是谁"这个问题提出来的。要知道我是谁，就要知道我站在一个框架中的什么地方，让我在一个道德空间中具有方向感，这样我才能够分清好坏，知道什么值得做什么不值得做，什么重要什么不重要。人只有在与某些对话者的关系中，才能确定自我。而我们的对话和探讨是在一定的框架中进行的。在人们的道德思维中通常有三个轴心：对他人的责任感，对完满的生活的理解，对自己的尊严的保持。在每种文化中通常都包含着这三个轴心，但三者之间的关系和重要性则非常不同。对古希腊的占主导地位的武士来说，最重要的是保持自己的尊严。所以，高贵的人指的是有尊严和有权力的人。为了获得荣耀，一个真正的男人会时刻准备拿自己的平静的生活、财富，甚至生命去冒险，否则就会被看成是有"女人气"的男子。而在现代发达的资本主义国家中，人们关注的主要是日常的工作和家庭生活。

（二）美德认识论：有认知美德的人更容易认识真理

1. 一个负责任的认知者必备的品质

美德理论不仅在伦理学领域复活了，而且还扩展到认识论这个似乎与美德无关的领域。认识论关注的是我们如何获得知识。比如说，"我知道我面前的这辆车是白色的。"通常说来，我们关注的是车的属性，我们关心的是找到车是白的的证据。美德认识论则把关注点放到了人的属性上，关注的是我们的思维的素质。美德认识论大致可以分成两派。一派是美德可靠论者，他们认为人具有很特别的思维机能，这种机能让我们能够以一种可靠的方式认识真理。这样的认识论上的美德机能包括知觉、记忆、反省、逻辑推理。比如说，要可靠地认识我面前的这辆车是白色的，我要有好的视力能看得见，我要有好的记忆力，能够记得住"白色"。索萨（Ernest Sosa，1940—）是美国哲学家，是美德可靠论的早期领军人物之一。他把认知美德看成是稳定和可靠的大脑机能，可以保证我们对真理的认识最大化。认知机能是我们生来就具有的，而且他更注重人的直接认识。还有一派美德认识论被称为美德责任论。他们认为好的智能品质对认识真理来说非常重要，比如说，好问、彻底、公正、开放、细致、坚韧。这些美德不仅对于我们获得知识来说很关键，而且是一个负责任的认知者必备的品质。比如说，好问可以帮助我们扩展认识的领域，彻底可以帮助我们对现象做出解释，开放可以让我们认真思考每种解释的合理性。

2. 认知美德的养成需要先模仿有这样的美德的人

认知美德的概念类似于亚里士多德所说的道德美德。与道德美德一样，认知美德也是修得的思维习惯。扎格泽布斯基（Linda Zagzebski，1946—）是美国哲学家，是认知美德的最主要的倡导者之一。她认为认知美德的养成需要先模仿有这样的美德的人，再通过践行而养成这样的情感和行为习惯。她说，当人们批评其他人，说他们很短见或很固执时，很类似于说他们在道德上让人感觉很唐突和很讨厌。有的时候，我们说一个人很讨厌的时候，其实讨厌的是他的思维方式。很多被人们厌恶的缺陷都来自认知方式，比如说，顽固、倔强、执拗、顽抗、固执、执迷不悟、空虚、浅薄、愚蠢、呆板、糊涂、木讷、迟钝。她认为，具有认知美德的人在类似的情况下会采取同样的行为；有认知美德的行为能够帮助我们认识真理。认知可靠论者认为我们必须努力学习和修炼才能获得认知美德，而且他们列出的美德有助于我们发现新的科学真理。比如说，伽利略在天文学方面很有成就，这不只是因为他视力很好、记忆力很好，甚至不只是因为他的逻辑推理能力很好，还需要思想比较开放、敢于冲破当时的禁区、有坚韧的毅力去发明探究各种可能性的新方法。

（三）美德伦理学：安斯康贝认为做事不能只看功利结果

安斯康贝（Elizabeth Anscombe，1919—2001）是英国哲学家，是维特根斯坦的学生，她受到了他的老师的影响，对精神哲学有很大的贡献。她是美德伦理学的辩护者。

1. 没有了上帝，怎么还有道德法则呢？

安斯康贝的美德论首先出现在她的"当代道德哲学"一文中。她注意到，我们常会用到一些包含着伦理味道的词汇，比如说，你应该、必须、有义务做某些事情。这些术语表达的就是一种道德命令。比如说，如果我说"你不应该偷盗"，我的话暗含着的意思是，小偷的行为违反了某种普遍的道德法则，在道德上是有罪的，应该给予惩罚。那么，这样的道德命令是从哪里来的呢？她认为，这些道德命令来自中世纪的基督教哲学家。他们认为上帝是判断人的行为好坏的最终权威。偷盗这样的行为是有罪的，所以上帝要求我们避免这样的行为。对于中世纪的哲学家来说，所有的道德最终都与服从上帝的指令有关。

后来，休谟和康德对道德的来源给予了世俗化的解释。休谟的理论不再依赖于上帝的权威，他用人性中的情感来解释道德。休谟的问题在于，他不再用上帝的权威，不再把上帝看成是道德法则的立法者，但是他保留了"应该"和"道德法则"的观念。安斯康贝认为，"法"是需要立法者的。没有上帝这个立法者，就无法谈论对于道德法的义务，可是休谟及其后来者，还一直在用"应该"和"道德法"这样的观念。这就好像我们已经废除和忘记了刑事法和刑事法庭，却还在谈论罪犯一样。有的哲学家对道德义务的基础提出了质疑，有的哲学家则承认"应该"已经没有什么实在的内容了。但是，"应该"和"道德法"这样的观念对于当代的道德理论来说又是至关重要的。没有这样的观念，整个道德体系就会坍塌。

2. 不能因为动机好就不择手段

"应该"的问题也不只是一个学术问题，而且还影响到我们的实际生活。结果论是功用主义的修改版，最初来自英国的道德哲学家西季维克。在结果论看来，正确的行为就是能够带来可以预见到的最好结果的行为。安斯康贝认为，结果论混淆了两种完全不同的结果。有的结果关系到内在的善，比如说，诚实和不杀人。有的则是间接的结果，由目的的善来为手段的恶做辩护，即目的是善的，但手段是恶的。比如说，偷面包来给快饿死的家庭成员吃。安斯康贝认为，真正的道德应该关注的是内在的善，不能用目的的善来为手段的恶做辩护。混淆这两种善的结果可能会带来灾难性的后果。她举例说，在第二次世界大战快结束的时候，杜鲁门总统就是用了结果论来论证在日本的广岛和长崎扔原子弹的合理性的。一方面,杜鲁门考虑到扔原子弹会杀死成千上万无辜的日本平民;另一方面,扔原子弹可以很快地结束战争。杜鲁门认为扔原子弹对实现和平的目的来说更有用,所以他决定扔。而安斯康贝认为,不杀平民是我们应该做的,杀死平民是种谋杀,很凶残。

所以,她认为,结果论不仅是一种有缺陷的理论,而且在实践中还会带来很危险的结果。而且,在结果论中,还包含着像"应该"和"道德法"这样的误导人的观念。那么,怎么来解决这个问题呢?安斯康贝本人是一位世俗的道德理论家,所以她不赞成复兴基督教的上帝立法观。她认为,我们不用再谈论道德法与道德义务,不用再谈论"应该"。我们可以从亚里士多德的美德伦理学那里寻找灵感。亚里士多德并没有说上帝是道德立法者,也不谈道德命令,他谈论的是美德。他认为,美德就是规范我们的行为的习惯,让理性能够控制住动物性的欲望。人不是因为他违反了道德法而成为坏人的。坏人指的是没有培养出美德的人,他们身上有坏习惯,比如说,懦弱、不诚实、不贞洁、不公正。如果我们采纳了亚里士多德的美德观,我们就可以抛弃"应该"和道德法的观念,还可以抛弃自休谟以来的道德心理学观念,可以不再谈论"行动"、"意图"、"愉悦"、"需要"等观念。

(四)女性主义:诺丁斯的关怀伦理学

诺丁斯(Nel Noddings,1929—)是美国哲学家和女性主义者。她是美德理论的辩护者。

1. 哲学思想被男性的思维方式所污染

在她的"从妇女的立场看伦理学"一文中,诺丁斯从女性的角度来看美德。她和其他的很多的女性主义者都认为我们的知识遗产不只是由男性创造的,因此这些知识不仅反映了男性看待世界的方式。男性与女性之间的思维方式是有差别的。男性更注重遵循规则,更注重制定出严格的法律,注意把人和事进行分类,找到各类人与各类事物之间的微妙区别。而女性则更注重培育和关心他人。我们从男女主导的不同职业的特征中,可以看到男女之间的不同。在哲学、工程和数学方面,男性处于主导地位;而在社会工作和教育方面,女性则处于主导地位。从某些方面上看,哲学思想被男性的思维方式所污染,所以就连伦理学也被看成是纯理性的责任,就连出于爱的行为也不够格当成道德行为。在尼采的道德哲学中,他很过分地赞扬了男子气概，对妇女及女性的价值加以贬损。有的道德哲学家公然发表性别歧视言论，贬低妇女的理性思维能力，轻视女性的情感。

2. 男子干家务活被认为很女人气

诺丁斯认为，要解决性别歧视问题，就需要用女性导向的伦理学来替代男性导向的伦理学。那么，为什么不能建立一种性别中立的伦理学呢？道德理论是要能够普遍化的，也就是说要能够适用于所有人。只关注一种性别的话，就会破坏普遍性。诺丁斯认为我们不可能在一个完全被性别化的社会中建立一种性别中立的伦理学。我们至少需要用一种女性导向的理论来抵消男性导向的理论，这样在未来才有可能建立起一种超越男性和女性的性别中立的理论。也许有人会说，妇女从事的传统活动与伦理学没有什么关系，所以无法在此基础上建立起一种有意义的道德理论。比如说，妇女干的活通常是养孩子、做饭、洗衣服、打扫卫生等家务活，这都是些卑贱的粗活。男人通常都不干这样的活，而干这样的活的男子会被人看不起，感觉很女人气。很多当代妇女也不愿意干这样的活。而诺丁斯认为，即使在家务活中，也能找到建立女性伦理学的基础。在所有的家务活中都体现着女性的关怀，也就是说，女性具有滋养他人的能力。即使现代女性根本不再做家务活，她们身上依然具有关怀他人的特征。

3. 男性和女性都应具有关怀的美德

诺丁斯认为，应该把关怀纳入美德伦理学。关怀的态度是我们需要修炼的美德，正如勇气、节制一样。美德理论和关怀的态度都能够抵制传统道德理论中的严厉的规则。无论是美德行为还是关怀行为，都可以根据具体的情况做出很自然的反映。但是，我们不能简单地和原封不动地采用亚里士多德的美德理论，因为亚里士多德的美德伦理是建立在精英主义和男性主导的社会观的基础上的，缺乏对妇女和奴隶的关怀。亚里士多德的美德伦理建立在排外的等级和各个等级的相应的活动的基础上。妇女和奴隶不属于受过教育的公民。各个等级有自己的任务，因此有相应的美德。下等人可以采用上等人的美德，而上等人则不采用下等人的美德。男性不能有女性的美德。

所以，我们应该在亚里士多德列出的美德表中加入反映被剥削的群体的美德，尤其是妇女的美德。女性主义者可能还是会质疑，是否要把关怀的态度作为女性的特征？在过去，女性是受剥削的。如果今天的女性还是持有关怀的态度，是否更容易像从前一样被压迫？她们会发现为了养育孩子，自己还是得依附于男性或依赖于福利，有的时候在肉体上会被男子虐待。诺丁斯认为，如果只是妇女采用关怀的态度，对妇女的压迫将会持续下去。如果男子也被逐步灌输了关怀的态度呢？这就要求我们承认，所有人都是不分性别地相互依存的。我们要进行正确的道德教育，要让人人都具有关怀的美德，其中包括防止人们利用给予关怀的人。

第二节 经验科学哲学：全面清除普遍性观念

一 狭义的经验科学哲学：要么证实，要么证伪

（一）经验科学哲学的诞生：经验科学的"知识就是力量"

1. 培根：经验科学的基本方法是观察法和归纳法

培根（Francis Bacon，1561—1626）出生于英国伦敦的一个贵族家庭，是一位政治家、科学家、法理学家和哲学家。他是经验科学哲学的始祖，创立和推广了归纳法，所以这种方法被称为培根法或直接简称为科学方法。他十二岁上了剑桥大学，学的是拉丁文和中世纪的全套课程。十六岁时就在法学界有了很大的名气，最后成了英国的大法官。培根在剑桥学习时认识了伊丽莎白女王，女王很赏识他的早熟。他父亲贷款给他买了很昂贵的地产，但是却突然死亡，使得培根一直处于负债状态。培根曾被控受贿，而他对此供认不讳。被关了几天就放了出来，国王帮他付清了全部罚款。国会规定他再不能从政，此后专注于研究和写作。他热衷于试验。为了证明冷冻可以使肉保鲜，他拿了只开膛刮肚好的鸡，在雪地里往鸡肚子里塞雪。结果因为风寒导致患肺炎而死。终年六十五岁。他看事时很严厉，而看人时却富有同情心。他做事从不出于恶意，从不打击报复，从不说别人的坏话。据说当时收礼是司空见惯的，但是他并不因为收了礼就进行不公正的裁决。从培根开始，经验科学哲学就开始把经验科学奉为衡量一切的标准，信仰开始慢慢地退位，人们越来越陷入日常生活的平庸之中，越来越感觉不到生活的意义。

（1）全部知识体系都要推倒重来

培根的人生追求就是要改革哲学和科学，把哲学经验科学化。他认为当时的学问已经变得陈腐呆板。研究医学的是些文人，由诗人、修辞学家和教士来行医，他们最大的本事就是引经据典。他反对所有的大学，其中包括牛津、剑桥。他反对当时处于主导地位的理性完美哲学流派，认为他

们像奴隶一样地忠实于过去。当时的哲学还没有摆脱柏拉图和亚里士多德的影响，依然笼罩在他们的影子之中。他认为中世纪的哲学不过是亚里士多德哲学的"退化"版。传统哲学是没有用的，就像是蜘蛛们编织的蜘蛛网，人们只是去欣赏这个网的编织的精细，但并没有什么实际的用途和意义。

他认为，人的思维就像是一面镜子，但这面镜子被人的激情和传统哲学的错误给弄成了哈哈镜，缺乏客观性，无法真实地反映自然界的事物，看不到事物的真正的本质，找不到事物发展的真正的规律。学界病了，需要治病。他们要么是在玩文字游戏，在构造与物质无关的幻想，捕风捉影；要么是把过去的一些观点作为固定不变的出发点，争论不休；要么是直接接受过去的哲学的观点，把过去的哲学家当成科学的"独裁者"。要让人清楚地看清事物，就要破除由于人的偶像崇拜导致的假象。

这种假象主要分成四类：第一类来自人们的偏见。人带着偏见去看事物，把自身的希望、恐惧和浮躁等投射到了事物之上。第二类来自语言。有的词语是哲学家发明的，并不实际代表着某种物质及其本质，容易把人引入歧途。第三种来自古典的文本。这些书中的论断并没有经过证实。第四类是哲学家的论文中所写的幻象，是哲学家企图超过自己的认识能力而假想出来的东西。因此，他反对通过学习古典文本来做学问，因为其中掺杂了迷信、胡思乱想和宗教，所以是不妥当的。他敬重德谟克利特并采取了他的唯物主义立场，决心与苟延残喘的传统哲学决裂。他想把人类知识全部擦掉从头再来，他的目标是要完全重构科学、艺术及全部的人类知识，他把这项工程称为重建工程。

（2）通过排除法寻找本质

培根反对亚里士多德的三段论，即反对演绎推理，认为这样的推理并不提供什么新知识，结论已经蕴含在前提之中。他强调观察，强调归纳法。他意识到，只靠列举法是无法得出全称判断的。比如说，我们不能只数了前18匹马，看到18匹马都是黑色的，就得出所有马都是黑色的结论。但是，我们确实可以通过归纳法得出表达事物的本质的全称判断。比如说，我们想要知道"热"的本质是什么，我们就先根据我们的经验列出热的事物。比如说，太阳光是热的。从这个典型的例子中，我们可以直接感受到热的在场，从而寻找事物的本质。再列出类似的事物，比如说，月光。同样是光，但这种光却是冷的。这类属于偏差。最后列出具有不同程度的热的光，目的在于比较，比如说，烧热的铁就比酒精的火焰要更热更耐烧。最后一个环节就是通过排除法发现一个事物的本质属性。本质属性一定是存在于这个类的所有物体之中的。只要在一个类的任何一个物体中没有某种属性，但这个物体依然属于这个类，就说明这个属性并不是本质属性。本质属性出现这个类的事物就会出现；本质属性缺席这个类的事物就会消失。通过这样的归纳，我们就会发现只有运动才能产生热，因此热的本质就是运动。他不强调假设和数学的作用，只强调了观察法和归纳法，而这两点是所有现代经验科学家的特征，因此这就足以使他成为一名现代的经验科学哲学家了。他提出了"知识就是力量"，而其中的知识指的是现代经验科学的知识。

2. 百科全书学派：过去的知识全部需要清洗

（1）可把世代相传的手工艺秘密简单化和机械化

狄德罗（Denis Diderot，1713—1784）是百科全书学派的代表。《百科全书》的主编是狄德罗和达朗贝尔，共出版了三十五卷作品。这套书的目标是要向基督教带来的迷信、不容异议和教条主义开战，其中的很多文章都表达了无神论的观点。这套书出版后影响力很大，巴黎的贵族妇女大多习惯在自己的梳妆台上放两套精装的《百科全书》。狄德罗有着很强大的学术胆量，他要用哲学的理性来审视人类的所有知识领域和所有行业，目的是要让人们的所有知识和行为都毫无例外地接受理性的检验，他不怕伤害任何人的感情，要扫除所有的来自宗教的迷信，要排除古代流传下来的带有孩子气的观点。他尤其是要揭示各个行业协会和手工艺者世代相传的秘密。他相信通过理性可以把这些秘密揭示出来，通过简单化和机械化后，能够快速提高全球人民的生活水平。由于《百科全书》的出版被严格审查，因此稀释了其中对上帝抱有怀疑态度的成分。此后，进一步走向无神论的作品主要由撰稿人的独著来完成的。

（2）无神论：人服从于物质的因果关系

霍尔巴赫（Baron d'Holbach，1723—1789）把怀疑主义推向极端，走向了无神论。他认为上帝是不存在的。宗教是人类的野蛮时期的产物。那时人类处于幼年时期，害怕自然界，因此编出些故事。而宗教领袖们感觉这些故事对于统治来说很有用，因此故意通过恐惧来强化这些故事。人小的时候，思维就像是一块很柔弱的蜡，父母可以在上面打上各种印迹。长大后的人就自然而然地受着这些印迹的影响。整个世界都是按物质的机械的固定法则运行的，人与其他的存在物相比并没有什么特殊的地方。人类不过是因为愚昧和自爱才把自己说成是具有某种特权的存在物。其实物质的世界都是由能量构成的，只是每种事物拥有的能量不一样而已。人以为自己是自由的，但其实是没有自由的。人的肉体和精神机能都是由"物质的东西"构成的，完全从属于因果联系，就像机器一样，都是被决定的。人出不出生，不是由自己决定的。人拥有什么观念和观念会产生什么变化也不是由自己决定的。在任何的观念和观念变化的背后，我们都能够找到引起这种变化的物质性的原因，也就是说都能找到具体的动机。

从百科全书学派的思考中，除了伏尔泰等自然神论者外，我们可以得出如下的无神论的哲学观念：物质必然性是统摄整个世界的"一"；整个世界都是物质的，物质的本质是能量，每种物质都拥有不同的能量，没有精神性的绝对完美，所以人不用追求完美，人不会因为不追求完美而受到惩罚；不追求完美也不会使社会秩序发生混乱，因为物质之间的联系具有因果必然性；人不仅肉体而且精神都受物质必然性的支配，物质关系的变化支配着人的观念的变化，所以人是不自由的，人的动机是可以通过物质性的因果关系来认识的；人与万物一样，没有什么特殊之处，不用追求与其他物有什么不同，就像其他物一样只是生存着就可以；人没有独立的精神特性，因此也没有精神上的幸福可言，只要提高物质生活水平就可以；人可以通过认识物质的运动规律来把各种行业秘密揭示出来，通过简单化和机械化来提高人的物质生活水平。

（二）分析哲学：清除语言中的虚幻观念以留下"事实"的一

分析哲学运动是一场在二十世纪的绝大部分时间里在英语国家中占主导地位的哲学运动。分析哲学家们有着不同的哲学立场，支持着历史上流传下来的不同的哲学学派，而他们的共同点是都把哲学的中心任务设定为：通过对语言的分析来消除语言中存在的虚幻观念，让经验科学体系中只留下事实和事实运动的规律。分析哲学的产生源于对黑格尔这样的哲学家造出的大量的抽象的晦涩难懂的概念的反对，也源于他们对于黑格尔这样的哲学家力图构建一个关于整个宇宙的完整的观念体系的反对。分析哲学家们把哲学的任务设定在解决具体的问题之上。这些问题不仅是简单的和容易把握的，而且都属于同一个类型，都与语言的意思和用法相关。他们认为，哲学家的任务不再是研究实在的本质，不再是建构一些完整的体系对宇宙进行解释，不再是塑造出一套的道德的、政治的和宗教的哲学来规范人的行为。在分析哲学这里，哲学不再是一种主义，而是一种活动。从哲学中产生不出什么伦理命题。哲学家们不再认为自己有本事发现世界的独特的秩序或人的自然本性。他们认为，发现事实是经验科学家的任务。在这个方面，经验科学家已经做得很好，没有给哲学家留下什么地盘。

早期的分析哲学家认为，哲学家要给哲学的活动领域设限，不要四处出击。后来分析哲学家们认为，哲学家能够通过语言分析来解决一些非常复杂的难题，因为这些难题来源于用词不精准。经验科学家是用语言来探讨他们的发现的，而这种语言经常会让人误入歧途，而且非常混乱。在经验科学家使用的语言中，逻辑关系模糊，需要加以澄清。阿耶尔认为，严格的语言分析能够防止我们对语言的滥用，从而避免提出假的问题、做出无意义的假设和推导出假的结论。我们需要用哲学来消除语言的模糊性，这样哲学的事业就与经验科学的事业紧密地联系在一起了。哲学要对经验科学家表达出来的东西进行审阅，看看他们的表达得是否清晰，在逻辑上是否有意义，要对陈述和命题进行分析，发现引起含混的原因。从总体上看，分析哲学家的本意是要帮经验科学的忙，要消除普遍性哲学的影响，只是他们探讨的结果却深刻地暴露出了经验科学的局限性，最后不得不重新重视追求完美的普遍性哲学对于人生幸福的意义。

1. 逻辑原子主义：罗素特别敬慕数学的准确性

（1）新的语言将与"事实"完全对应

为什么哲学事业会发生那么巨大的转向呢？在二十世纪初，还有几位黑格尔派的哲学家在建构他们的观念论体系，其中最著名的有布拉德利、鲍桑葵和麦克塔格特。在剑桥大学，罗素（Bertrand Russell，1872—1970）和摩尔（Geoge Edward Moore，1873—1958）都反对这种观念论倾向。他们对黑格尔派的学者所使用的铺张的抽象的语言表示质疑，怀疑他们以这种方式来解释整个宇宙的意义。尽管摩尔并不想放弃抽象理论，但是他被抽象语言与常识语言之间的差异所困扰。比如说，麦克塔格特提出了著名的命题：时间是不真实的。摩尔认为，这个命题是太超乎常识了。于是摩尔开始对语言进行分析，尤其是从常识的角度来对我们经常使用的语言进行分析。罗素则是一名很有才华的数学家，擅长于精密的思考。他认为，抽象的语言比数学语言要松散和晦涩。他不想拒绝抽象的普遍性哲学，但是他想让抽象的语言更加严谨。摩尔开始分析常识性语言，而罗素则在分析"事实",目的是要发明一套新的语言,即逻辑原子论。罗素认为,逻辑原子论会与数学一样精确和严谨,因为这种新的语言将与"事实"完全对应。但摩尔和罗素都没有放弃对实在的理解,但是他们都不想去发现,而是要澄清,要把意思给说明白。

(2) 使每个陈述句都与对应的实在相匹配

罗素特别敬慕数学的准确性,所以他力图用数学原理来构建他的逻辑原子论,并在此基础上来构建一套抽象理论。他认为,可以从少量的逻辑公理出发来推出整个的数学原理体系,而这样的体系就是一个逻辑体系。而逻辑学又是语言学的基础,可以用逻辑学原理来准确地表达思想观念。整个世界都可以用他新构建的逻辑语言来一一对应地加以表达。在大多数情况下,他的新的逻辑学的词汇都是与世界之中存在的具体的对象相对应的。为了创造这样一套新的语言,他首先从分析"事实"开始,而他所说的"事实"指的并不是具体的事物。他认为,世界上的事物有着各种各样的属性,互相之间有着各种各样的关系,这些属性和关系就是事实。事实构成了事物之间关系的复杂性,所以要解决复杂性的问题,必须从事实入手。他的基本的假设前提是,事实是由部分组成的,因此在某种意义上说必然是复杂的。由于事实是复杂的,描述事实的语言也必然是复杂的。分析的目的是要使每个陈述句都与对应的实在相匹配。

(3) 语言的意思来源于它所代表的事实

罗素认为,语言就是把词语以一种特殊的方式搭配起来,语言的意思来源于它所代表的事实。越能够精准地表达事实的语言越好,与事实完全匹配的语言,是逻辑上最完美的语言。由词语组成句子就是命题,命题中的每个词都要与构成事实的部分相对应。通过分析,我们就能发现某些简单的词,这些词已经不能再分解。我们要理解这些简单的词,只能指着它所指代的东西给人看。比如说,"红"这个词就不能再分解。还有一些词也很简单,比如说,事物的名字是具体事物的代号,也不能再分解。语言的最简单的形式指的是具体的事物及其属性,比如说,一朵红色的玫瑰。当一个事实是最简单的事实的时候,这个事实就是具有原子性的事实。陈述原子性的事实的命题就是原子命题。如果我们的语言只是由这样的原子命题构成,它就是一系列的对于具有原子性的事实的记录。当我们用符号来表示原子命题时,语言的逻辑结构就会比较清晰。比如说,我们用字母 p 来表示"我累了"这个原子命题,用 q 来表示"我饿了"这个原子命题，用"和"或"或"连接起来，"我累了和（或）饿了"就构成了分子命题。那么，我们怎么来验证这样的分子命题是真的还是假的呢？我们首先要看原子命题是不是真的，再看连词用得是否合适。通过把所有语言都还原为原子命题，就能准确地表达世界万物。

2. 理想语言学派：弗雷格在罗素探究的方向上继续前进

（1）语言分析可以清除普遍性哲学中的胡说

弗雷格（Gottlob Frege，1848—1925）是德国数学家和逻辑学家，是现代数理逻辑的创始人，是分析哲学之父，属于分析哲学中的理想语言学派。他对学生和同事都很冷淡。他痛恨民主，热爱君主制。他希望德国驱逐所有的犹太人。他认为自己是个天才，坚信终有一天人们会承认他的成就。只是在他有生之年，并没有得到学界的承认，因此他感觉很恼怒。他很喜欢论战。他的作品具有令人惊奇的原创性，既不借助于过去之人思想，也不借助于当代之人的思想。他先写出了一本用人们很不熟悉的很复杂的符号来表达人们很不熟悉的观念的哲学书，因此很少有人关注。后来，他什么符号也没有用，写出了另外一本哲学书。这本书只有一个人写了书评，而且是讥讽性的书评。他感觉很受伤。他开始发文章。但是，在他有生之年，还是没有多少人认同他的思想。后来，维特根斯坦和奥斯汀都很欣赏他的作品，之后，他才得到了英语世界的哲学家的公认。

他认为，西方哲学史中的很多混乱都来自于混淆了概念与对象。分析哲学的初衷是要通过语言的逻辑分析来说明传统的普遍性哲学都是没有意义的胡说。他认为，概念词的所指是概念，而专有名词的所指是对象。专有名词只能做主语，而概念词可做主语，也可做谓语。概念可以分为一阶概念和二阶概念。比如说，苏格拉底是专有名词，上帝也是专有名词，哲学家是一阶概念，存在是二阶概念。我们可以说哲学家存在，但不能说苏格拉底存在，也不能说上帝存在，因为专有名词必须通过一阶概念，才能与二阶概念联系在一起。他认为，专有名词的意义指的是它们所表达的意思，而它们所指的则是它们的对象。一个词通常既有意义，又有所指。而有的词虽然意义不同，但所指是相同的，比如说，"晨星"和"暮星"指的都是"金星"。有的词则有意义，却没有所指，比如说，"最大的素数"。直接的陈述句是既有意义也有所指的。直接的陈述句的意义就是它所表达的思想，而它的所指就是这个语句是真的还是假的。所有真的语句的所指都是真的，而所有假的语句的所指都是假的。语句或命题才是最基本的意义单元，语词只有在语句中才具有确定的意义。罗素和维特根斯坦也赞同这个观点。

(2) 纯思维的形式语言可以让思维清晰

弗雷格认为，建立在经验基础上的数学不可能具有完全的确定性。他提出了进行逻辑哲学研究的三条基本原则：要把主观的和心理学的东西与客观的和逻辑的东西区别开来；单个的语词的含义是不确定的，要在句子中研究语词的所指；要时刻看到概念和对象的区别。对象、表象和概念是不同的。心理学污染了逻辑学。心理学研究的主要是表象，而逻辑学研究的则是客观的对象和概念。逻辑学是研究自然科学的规律的科学。而传统逻辑是建立在概念基础上的，在概念的基础上进行判断和推理。分析就是要把整体分解为部分，把复杂的东西化成简单的东西，让人们看清楚隐藏着的东西。语言是思想的载体。通过分析语言，就可以让思维变得清晰。

他在哲学和数学的边界线上努力，发现了数学哲学和数学逻辑，发明了数理逻辑。他说过，每个好的数学家至少是半个哲学家，而每个好的哲学家也至少是半个数学家。他构造出了一种纯思维的形式语言，发明了量词和变量的标记法："每个X"和"有的X"。这种语言完全由概念构成，符合严格的逻辑规则，可以进行严密的逻辑推理，从而能够表达精确的意义。他反对亚里士多德的主谓逻辑。他不把命题看成是主谓判断，而是用自变元来代替主语，用函数来代替谓语。比如说，在"苏格拉底是会死的"中，"苏格拉底"是主语，"是会死的"是谓语。在他的命题函项理论中，这句话可以转化为这样一个表达式：（X）（F（x）－＞G（x）），这个式子可以同时用来表达：所有人都是会死的，苏格拉底是人，所以苏格拉底是会死的。他没有使用现在通行的逻辑符号，但是他首先有了这样的思路。

3. 逻辑实证主义：只关注真假不关注善恶

在解释具有普遍性的陈述句时，罗素的逻辑原子主义遇到了难题。比如说，"所有的马都有马蹄"。当我们说"这匹马有马蹄"时，我们很好验证，看看就好了。而"所有马"指的是一个普遍性的事实，我们怎么验证呢？而且逻辑原子主义也无法自圆其说。罗素认为，只有建立在某种原子事实基础上的命题才是真命题，而他却不仅在说事实，而且还在说事实与事实之间和词与词之间的关系。按他的理论来说，这些描述关系的词就是没有意义的。这种说法会让逻辑原子主义本身和大多数的哲学都变得没有意义。维特根斯坦在自己的逻辑原子主义中承认了这个问题。他说，他的命题的作用就像是梯子一样，人们用它爬上去以后，就可以把梯子扔了。逻辑原子主义的最核心的假设是，真实地存在着原子事实，而且这些事实是以某种抽象的方式存在的。分析哲学的第二次浪潮是逻辑实证主义。逻辑实证主义不仅力图扔掉逻辑原子主义的核心假设，而且力图通过永远地扔掉抽象的实体来永远地扔掉抽象的普遍性哲学。

在十九世纪二十年代，在欧洲大陆出现了维也纳学派，该学派主要由数学家、科学家和哲学家组成，其中主要包括卡尔纳普、费格尔、哥德尔、纽拉特、石里克和魏斯曼。他们把自己看成是休谟的经验主义的继承者，坚持严格的经验主义原则，认为图书馆里的书记录的都是诡辩术和假象。他们也受到了孔德和十九世纪的其他实证主义者的影响，认为在经验科学面前，抽象的普遍性哲学已经过时了。他们用来对抗普遍性哲学的新的武器是语言所具有的逻辑的特征。他们把自己称为逻辑实证主义者，以区别于孔德的实证主义；有的时候也称为逻辑经验主义者，以区别于休谟的经验主义。十九世纪三十年代，维也纳学派解体，主要是因为学派的成员分别到英国和美国的大学去教书了。阿耶尔（A. J. Ayer，1910—1989）在他的《语言、真理和逻辑》一书中概括了维也纳学派的主要观点。

（1）阿耶尔：用定义和经验来进行证实

逻辑实证主义者认为抽象的陈述都是无意义的。这样，他们就需要有一个标准，以便判断一个命题是否有意义。于是，他们提出了证实原则。根据阿耶尔所说，证实原则就像是一个分成两个齿的叉子，用来验证一个陈述句是否有意义：一个齿是定义；另外一个齿是可以用经验来加以证实。十八和十九世纪的很多哲学家都把分析性的和经验性的陈述句进行了严格的划分。分析性的陈述句的意义来源于词语或符号的意思。比如说，"所有的单身汉都是没有结婚的男人"。正如康德所说，在分析性的陈述句中，主语已经包含了谓语的意思。如果我们否定谓语，就会产生语词上的矛盾，比如说，"单身汉是已结婚的男人"。这样的陈述句是否有意义，不取决于经验。在分析性的陈述句中，只要前后一致，不出现语词上的矛盾就可以，就是有意义的。它们的意思来自于语言形式，而不是来源于事实，相当于同义词的反复。在逻辑学中和数学中，存在着大量的分析性的陈述。

证实原则的第二个齿是在经验上可证实。这种证实依赖着某种形式的经验性的观察,比如说,"明天太阳将会升起"。在这个例子中,谓语的意思并没有包含在"太阳"中,所以我们否定谓语并不会产生矛盾,比如说,"明天太阳不会升起"。逻辑实证主义并不认为经验性的陈述句要经过验证才有意义,而是说只要可以验证就行。比如说,在冥王星上长着花儿,这就是可以验证的。如果我们想验证,我们可以建造宇宙飞船,飞到那里去看看。我们看过后,就能明确地得出结论,到底那里有没有花儿。而抽象的具有普遍性的陈述句的问题在于,它的定义不是分析的,也没有办法进行观察。

(2)卡尔纳普:逻辑分析的目的是要确定命题的真假

卡尔纳普(Rudolph Carnap,1891—1970)出生在德国,是维也纳学派中的出类拔萃的学者。他曾在维也纳和布拉格任教。后来,他先后在美国的芝加哥大学和加州大学洛杉矶分校任教。他认为,哲学的唯一的任务就是进行逻辑分析。哲学要对所有的知识、所有的科学论断、我们的日常生活进行逻辑分析,让我们的思维变得清晰。逻辑分析的目的是要确定命题的真假。对一个给定的命题,我们要找到证实那个命题的方法。

①普遍性的命题都具有欺骗性

卡尔纳普认为,对一个命题的证实有直接和间接两种方法。如果一个命题断定的是我根据正在看的事物而得到的认识,比如说,我看见一栋房子,那么我就能够依据我的认识来断定这个命题是真的。而有的命题则不可能直接地进行证实,比如说,"这把钥匙是铁做的",就需要采用间接的方式进行证实。我们可以先把这把钥匙放在一块磁铁边上,如果被吸引,我们就说这把钥匙是铁的。这里我们采用了一个已经被证实的原理,这就是磁铁能够相互吸引。如果一个命题是预测性的,比如说,"这块磁铁将吸引这把钥匙",我们就需要通过观察来进行验证。但是,预测性的陈述只能是假说,因为在未来总是存在着发现例外的可能性,所以不能做出绝对确定的判断。

他认为,经验科学的命题,要么断定的是现在的认识,要么断定的是未来的认识。我们要么通过直接认识,要么通过与已经证实的命题建立逻辑联系来加以证实。没有感性认识为依据的命题根本就不是论断。比如说,我们不能因为有万有引力,就推导出有万有飞力。我们通过观察物体的降落,可以观察到重力产生的效果。而我们既没有观察到什么飞力产生的效果，也没有什么经过验证的关于飞力的定律，所以关于存在万有飞力的论断就是空话。如果我们对抽象的普遍性的命题进行逻辑分析，我们得出的结论都是否定的。比如说，泰勒斯的"水是万物的本源"，这是没有办法通过经验证实的。所以，他拒绝抽象的普遍性哲学。他认为，对于普遍性的命题，你无法证明它们是真的还是假的，因为没有可以加以断言的经验依据。它们既不包含着知识，也不包含着错误，它们存在于真假讨论的领域之外。关于普遍性的哲学具有欺骗性的特征，它们给人提供的是假象而不是知识。

②所有的经验科学都会变成物理学

卡尔纳普认为，从总体上看，伦理学和价值判断都属于抽象的普遍性的领域。当他用逻辑分析方法来分析伦理学的命题时，他发现这样的命题全都是空的，没有什么意义。他认为，我们可以用心理学、社会学或其他的有经验支撑的学科来建构伦理科学。而关于道德价值的哲学并没有建立在任何事实的基础上，它的目的是要规范人的行为。比如说，"杀人是恶的"，这个命题采用了断言命题的语法形式，但其实它只是一个命令而已。我们能够看到的效果是人愿意还是不愿意执行，而不存在真假问题，没办法进行证明。而心理学的命题则属于经验科学，正如生物学和化学一样。心理学属于自然科学，应该用它来解决人的精神世界的问题。心理学中的每个句子都是可以用物理学的语言来表达的。所有的心理学的句子描述的都是物理现象，是人和动物的物理行为。

他把心理学看成是物理学这个大理论的组成部分。物理学的语言是具有普遍性的语言。每个句子都是可以转化为物理学的语言，因此所有的经验科学都会变成物理学，心理学的命题也都可以用物理学的语言来表述。比如说，"约翰处于痛苦之中"，可以转换为对约翰的身体的观察状况的描述，如"约翰的身体处于S状态"，然后再进行验证。而关于普遍性的或关于"实在"的理论或关于规范性价值的哲学，都是无法证实的，所以是没有意义的，是在说空话。卡尔纳普早期提出的可证性标准遭到了反对，后来他把可证性改成了确认。他同意，如果想通过证实来得到全称的确定性的判断，那么科学规律就永远不可能被证实。在生物学或物理学的定律所适用的范围中，包括着无数的例证，我们不可能亲自观察每个例证。尽管我们无法证实普遍的科学规律，但是我们能够证实其普遍适用性。我们可以把普遍规律分段，以前证实的和现在证实的就是科学。所以，对科学规律的证实就变成了一个逐步确认的过程。

③经验科学关注的是事物本身而不是对事物的指称

为了让逻辑变得更清晰，卡尔纳普把语言模式分成两种：质料模式和形式模式。他认为，因为在哲学中采用了质料模式，所以导致了抽象的普遍性哲学的模糊不清和错误，产生了无意义的争论。为了克服这种现象，有必要把质料性的习语转化为更精确的形式性的习语。比如说，"月亮是一个事物"，这就是质料模式。我们可以把它转换成："'月亮'这个词被指定来表示某个事物"，这就是形式模式。所有的"某某是一个事物"的句子，都属于质料模式。许多其他的词语，例如性质、关系、数目和事件，都与"事物"这个词有同样的功能，因此也属于质料模式。比如说，"7不是一个事物，而是一个数"，这也是质料模式，而转变为"7这个符号不是一个表示事物的符号，而是一个表示数的符号"，这就变成形式模式。通过这种转换，我们就能够避免质料模式带来的模糊性，因为我们不是把词等同于事物，而是把词看成是对事物的指称，是给事物取的名字。以此类推，我们可以得出对数目的指称、对性质的指称、对事件的指称等。又例如，"他讲到了巴比伦"可以转换成"巴比伦这个词出现在了他的讲座中"。通过把句子转化为形式模式，句子就变成了逻辑学采用的句法。我们在进行逻辑分析时，就是在分析形式上的句法，但是我们也不能忘记每个词所指代的对象。经验科学所关注的是对象本身，是事物本身，而不是对事物的指称。

（3）逻辑实证主义体系的崩溃

很多哲学家都不喜欢逻辑实证主义，因为它竟敢说道德语言是无意义的，这让有的哲学家感觉很惊讶。有的哲学家注意到了证实原则的内在缺陷，逻辑实证主义者很快也就意识到了这个问题。最大的问题是实证原则本身就是无法证实的。"有意义的陈述，要么是分析的，要么是可以通过经验证实的"，这个句子本身就既不是分析的，也不是可以通过经验证实的。逻辑实证主义者辩解说，这条原则更像是一个建议，而不是一个有意义的科学论点。如果这只是一个建议，而这个建议又否定了整个关于普遍性的普遍性哲学，这些哲学家当然就不会采纳这样的建议。逻辑实证主义也给经验科学界带来了麻烦。科学定律经常是用普遍性的形式来表达的，科学预测依赖于定律。那么，怎么证实一个预测呢？我们能够以现在的经验或试验为依据来预测未来吗？"在史密斯的牛棚里有一头黑色的奶牛"，这是可以证实的。而"在没有外力作用的条件下，一个运动着的物体的运动方向保持不变"，这个定律就无法完全证实，因为其中包括的例证是无限的。逻辑实证主义者说，只要可证明就行，而且要不断确认。

另外，证实是由什么要素构成的？当我们说到感觉经验的时候，我们就会问，是谁的感觉经验？我们需要把我们的经验之谈转化为带有普遍性的陈述。如果说经验科学的语言最后都可以简化为观察性的陈述，那么一个观察性的陈述要表达的事实是什么呢？它要表达的是人关于某个物体的主观经验还是纯粹的画面呢？我们是否有可能把一个人的内部体验转化为对物体的陈述，反之，是否有可能把对物体的陈述转化为一个人的内部体验呢？在唯我论者看来，只有我才是真知识的对象，而我的体验是不可能与其他人一样的。因为每个人的体验都不一样，因此所有人的经验与客观的、真实的世界是不一样的。如果证实原则是建立在经验基础上的，经验又是不一样的，因此看同样的东西，得出的结论是不一样的。再有，在普遍性哲学和经验之间，逻辑实证主义者更偏向于经验科学，认为只有指代物体或物体之间的关系的语言才具有认识上的意义。通过把所有的陈述都与物理性的事实相对应，就能够让科学体系具有统"一"性，这样在科学上我们才具有共同的语言。

那么，我们为什么要把感觉经验看得那么重呢？为什么要否定来自于我们的直觉、希望和本真的感情的陈述的意义呢？由于存在那么多的问题，所以逻辑实证主义者才变得低调起来。他们对普遍性哲学和道德的总体性否定发生了逆转，分析哲学家们也开始关注传统哲学的研究领域。阿耶尔认为，普遍性哲学家说那么些奇奇怪怪的话，一定是有他们的道理的。于是，伦理学不再被看成是胡说，而是被看成一门学科。他们对伦理学的语言也进行了分析，看它们与事实有什么关系，看它们指向解决什么问题。由于经典的逻辑实证主义内部出现了那么多无法解决的问题，因此它的体系崩溃了，但他们在语言分析上的优点还是具有很强大的影响力的。

4. 日常语言分析：让日常语言变得清晰

（1）维特根斯坦：在日常语言中是存在确定性的

①他感觉不到幸福

维特根斯坦（Ludwig Wittgenstein，1889—1951）出生于奥地利，后加入英国籍。他的家庭属于奥匈帝国的最富有和最有地位的家族之一。他家有八个孩子，他排行第八。他的父亲是位大富豪，是十九世纪九十年代的重金属产业的一位领袖人物。由于他快退休了，所以希望他的孩子们能到他家的公司里工作。而他的孩子们几乎都各有自己的爱好，各干各的去了。维特根斯坦受姐姐的影响，读了些哲学书。但是他也不能完全违背他父亲的意愿。父亲希望他成为一名工程师以后再到家族企业里工作。于是，维特根斯坦离开欧洲，到了曼彻斯特学习航空学。但是，他无法克制自己对于哲学的强烈的兴趣。在学习工程学的时候，他的最大的兴趣是数学哲学。到底是选择什么职业，哲学还是工程学？这个问题让他感觉很纠结。他需要确认一下自己是否有足够的才能来把哲学当成自己的事业。他让耶拿大学的著名哲学家弗雷格看了看自己的代表作。弗雷格鼓励他去剑桥大学，跟随罗素学习。

罗素对维特根斯坦的认识有个过程。刚开始，罗素认为他很固执、很刚愎自用，但倒不笨。后来，感觉他非常好争论，很烦人，比如说，他竟然不承认他的屋里没有犀牛。罗素把他赶走后，他还回来与罗素辩论，还是不承认他的屋里没有犀牛，认为经验的东西都是不可知的，罗素认为他简直就是个傻子。后来，他们之间的对话变得轻松了，罗素对他有了更多的了解，认为他很聪明。罗素不仅了解到他非常喜欢哲学，还了解到他是个奥地利人，而不是德国人，很爱好文学，很爱好音乐，很文雅。1912年，维特根斯坦到剑桥大学，给罗素看了他假期里写的手稿。罗素改变了对他的看法，很欣赏他的才能。罗素说他的手稿写得很好，给了他很大的鼓励，说他也许能够做出一番大事。在接下来的一个学期里，维特根斯坦努力研究数理逻辑，罗素认为维特根斯坦在这方面已经超过了自己。维特根斯坦与摩尔的关系也很好。

但是，维特根斯坦的哲学道路并不平坦，因为他的性格有些怪癖。他特别喜欢独处。他在挪威的乡村建了个小屋，自己在那里研究逻辑学，他认为自己在这方面能够做出独特的贡献。后来，他继承了大量的遗产，但他都送人了，自己没有留下足够的资金来生活。欧洲进入战争状态时，他带着自己的手稿，加入了奥地利的军队。他退伍时，他的手稿也写完了，便回到剑桥当讲师。在剑桥教书时，他劝说年轻的学者不要像他一样变成教书匠。他劝他们去做体力劳动或手工劳动。尽管同辈们都承认他很有才华，他却感觉不到幸福。后来，他失去了罗素的友谊和支持。

维特根斯坦在世时，只出版了一本著作，那是他早期写的《逻辑哲学论》。这本书的理论与罗素的理论类似，属于逻辑原子论。他主张，要说就说清楚,否则就沉默。在他去世后,他的几本作品出版了,有的是他的手稿,有的是学生的笔记,其中最主要的是《哲学研究》这本书。这本书的观点与他早期出版的《逻辑哲学论》的观点完全不同,这本书真正奠定了他在哲学界的地位。在《逻辑哲学论》出版不久,他自己就基本上否定了这本书的观点。他认为自己错了,错在假设语言只有一个功能,就是陈述事实。他意识到,除了简单地给认识对象照相以外,语言还有很多功能。语言总是在一定的语境中发挥其功能的,而且说话的目的和语境都是很多的。单词就像是一个工具箱里的工具,有铁锤、钳子、锯子、螺丝刀、尺子、熬胶锅、胶水、钉子和螺丝钉。单词的功能就和这些东西的功能一样多。

②只有当语言闲着的时候才让人感觉迷惑

最初维特根斯坦认为语言只有一个功能,主要是因为他只看到语言具有给事物取名字的功能,就像《圣经》里所说的亚当给动物取名一样。我们的智能通过语言把我们给迷惑了。语法上造成的假象,让我们对语言有了错误的认识。我们可以通过语法分析来把握语言的逻辑结构。但是,这是不是就说明所有的语言都遵循同样的规则,具有同样的功能和意义呢?我们假设,所有的语言都是陈述事实的,而且包含着一个逻辑框架。在这个假设中,我们撇开了各种语言的表面上的区别,认为所有的语言都是类似的。维特根斯坦认为,这个假设来自于思想而不是观察,其中包含着瑕疵。他以游戏为例说,我们通常都认为所有的游戏都是有共同点的,否则就不能被称为游戏。而如果我们只是看而不想的话,我们是看不到什么共同点的。

于是,后期的维特根斯坦放弃了构造一种"完美"的语言的想法,而是把注意力放到对日常语言的研究之中。罗素固执己见,反对日常语言学派。而后期的维特根斯坦则走到了日常语言哲学的队伍里,主张在生活的大背景下来研究意义问题。他放弃了罗素和卡尔纳普的做法,向着摩尔关注的日常语言方向前进,用常识来作为衡量语言好与不好的标准。他认为,语言就和生活一样丰富多彩,一种语言就像是一种生活方式。对语言的分析,不是要分析它的定义和意思,而是要非常仔细地描述它的用途。我们要放弃对语言的解释,只关注语言的描述功能。我们必须坚守日常思维的主题,这样才不会迷路,才不会去描述那些没有用途的细节。处于工作状态的语言是不会让人迷乱的,只有当语言像闲着的引擎一样时才让人感觉迷惑。

③不同的日常语言要遵循不同的规则

后期的维特根斯坦关注的核心观念是遵守规则。他认为，在我们的日常生活中，我们需要完成各种各样的任务。在完成各种任务时，都要遵守一定的规则。我们经常会模仿别人的行为。比如说，学跳舞，我们要先学一些跳舞的规则。我们经常也会参加一些仪式，比如说，毕业典礼。那天，我们要穿上特别的衣服，要排队，要发毕业证。同样，在语言的使用中，也要遵守规则。我们在某个语境中说某些事，在组织语言时，要遵循具体的语法规则。我们不仅在口语中，而且在整个的思维活动中，都要遵守规则。语言规则就像游戏规则一样，在不同的环境中是不同的。从这个角度上看，语言是一种游戏。比如说，在正规的生物学课堂上，就要按规矩来提问。那么有多少种句子呢？例如，判断句、疑问句、命令句，句子的种类是数不胜数的，因为我们用数不清的不同的方式使用着"符号"、"词语"和"句子"。这种多样性不是一成不变的，不是可以下定论的。新的语言形式会不断产生，其他的语言形式则会老去，会被遗忘。他用"语言游戏"这个词来强调口头语言是我们的生活方式的组成部分。因为哲学问题是从语言中产生的，我们就有必要熟悉语言的用法。有多少种游戏，就有多少种游戏规则。同样，有多少种语言（即我们在工作、玩耍、礼拜、科研等活动中所使用的日常语言），就有多少种用法。在这种情况下，哲学家的任务就是要提醒人们注意我们使用每种语言的具体的目的。

④最重要的事情常常非常简单

维特根斯坦并不完全否定关于普遍性的陈述。他把研究普遍性的哲学家看成是病人，而不是罪犯，而哲学就是用来给这种普遍性哲学治病的。从关于普遍性的抽象的语言中确实会产生出困惑，而哲学的中心问题就是要澄清这些问题。哲学要通过语言分析来战胜我们的智能造出来的迷惑现象，因为这些迷惑导致了我们的困惑，让我们找不到出路。哲学就是要帮我们找到出路，勘察现场，让词语从普遍性哲学那里回归到日常语言中。哲学并不给我们提供新的或更多的信息，而是要通过认真的语言描述来澄清信息。就像我有所有的积木，我要把这些积木拼成一个东西，我就先要看清楚所有的积木。哲学家面临的问题与搭积木是类似的。我们先要根据日常用法来把语言弄清楚。当我们用一种新的和非日常用法的方式来使用语言时，就会把我们给弄晕乎。对于人们提出的问题，真正的哲学给出的答案不是脆弱的和抽象的。我们要以日常经验为基础，用日常语言来进行解答。我们只看语言的具体的用法是不够的。最重要的事物常常是很隐蔽的，因为它们非常的简单，而且是我们习以为常的事情，很难引起我们的注意。

（2）赖尔：从行为方式中可以知道人在想什么

赖尔（Gilbert Ryle，1900—1976）是英国牛津大学的教授，是分析哲学中的日常语言学派的领军人物。日常语言学派认为，理想语言是虚构的，没有历史和生活基础，而且高度形式化，很难懂。而日常语言并不是模糊不清的，不需要进行逻辑分析，它是意义的最直接的载体。日常语言哲学的兴起，为日渐衰微的分析哲学注入了新的活力。日常语言学家们与其他领域的研究者开始对话，力图把自己的哲学融入整个哲学大世界中。

①机器中的幽灵：精神活动是种秘密活动吗？

赖尔认为，以笛卡尔为代表的传统的精神理论是缺乏根据的，而且与我们日常所体验到的精神现象是相矛盾的。传统理论认为，每个人都有精神和肉体，二者是相互协调的。肉体死后，精神还可以继续存在，并发挥作用。如果真是这样的话，每个人就会有两部历史，一部书写他的肉体的历史，一部书写他的精神的历史。肉体生活在空间里，受物理规律的控制，而精神不生活在空间里，不受物质规律的控制。人的肉体生活是可见的，因此是公开的；而精神活动则看不见，所以是私密的活动。所以，肉体的活动是外部的，而精神的活动是内部的。这样，就暗含着精神也占有着空间。而事实上，精神是不占空间的，所以它不可能存在于某个具体的地方。我们经常只是从字面上来理解外部和内部。比如说，心理学家假设感性刺激来自于外部，导致了头颅内部的精神反映。所有这些观点都在讲精神与物质之间的相互关系，而实际上我们在实验中找不到这种关系。这种观点也意味着精神活动是种秘密活动，我们无法从外部知道这种活动。比如说，我们的与认识、希望、担心、心愿等相关的精神活动都是秘密活动。赖尔把这种传统的理论称为"机器中的幽灵论"。

②你能把"大学"指给我看吗？

赖尔认为，这种理论不是错在细节上，也不是犯了一系列的错，更不是错在其模糊性上，而是分错了类。为了说明这种分类上的错误，赖尔举了个假想的例子。假设一个外国人第一次到牛津大学，他参观了博物馆、实验室和走访了一些学院。看过这些地方后，他提了个问题："大学在哪儿?"在这个问题中,他假设"大学"也像博物馆一样,是一个可以参观的机构。他的错误就是分类错误。他把"大学"与博物馆等看成一个类了,其实大学是各个机构的总体。赖尔认为,机器中的幽灵论就犯了类似的错误,因此出现了人有双重生命(精神生命和肉体生命)的理论。这些理论家认为人的感情、思想和目的活动不能用物理学来加以描述。精神活动与肉体活动是平行的,精神活动有自己的结构和复杂的组织。肉体活动的因果关系是机械性的,而精神活动的因果关系则是非机械性的。

这种分类上的错误是怎么产生的呢?他认为,笛卡尔是主要的肇事者,是他把精神和肉体截然分开来,弄出了精神和肉体的二元论的。笛卡尔认为,任何占有空间的事物都可以用科学的机械原理来加以解释。但是,笛卡尔还是一个宗教信徒,他也关注人的道德。他不愿意承认人的精神活动也像机器一样,只是更复杂而已。这样笛卡尔和后来的哲学家们就弄出了个新词,用精神活动这个词来特指不占用空间的思维活动。笛卡尔与那位到牛津大学参观的人犯的是同样的错误。他把精神现象看成是与肉体现象并列的东西。这种想法带来了成堆的理论问题。比如说,精神与肉体之间的关系是什么?它们如何互相影响?精神现象遵循的法则与肉体遵循的法则是类似的吗?而且,我们只能用否定句来说明精神现象:精神是不占用空间的,不会位移,不是物质性的,不能被观察到。

③从可观察到的行为中认识精神活动

赖尔认为,我们的精神活动主要有认识活动、智能活动、理解活动、想象活动,还有感情和意志活动。那么,我们应该怎样来理解这样的精神活动呢?赖尔提出了逻辑行为主义。他认为,在我们讨论精神活动的时候,我们要讨论的是可观察到的行为。我们是以某种肉体行为的事实为依据来对精神活动进行判断的。当我们概括一个人的特征的时候,我们依据的不是一个人的意识流,因为我们无法看见这样的意识流,它就像是幽灵在活动一样。我们能够依据的是我们可以看到的公开的行为。当我们描述一个人的精神方面的特征的时候,我们说的是他做事的方式,而不是他的私密的精神状态。赖尔认为,我们的所有的精神状态都是可以通过行为来加以分析的,都是可以预见的。比如说,当我谈到人的情感的时候,我依据的不是什么内部的和模糊的精神力量。我要在一定的环境中来观察人的倾向性和情绪。我要听你在谈话中说了些什么,想想为什么你要这么说。我要听你说话的语气,我要听你为什么感叹,我要看你的姿势和表情。

④要让词语所记录的事实和规律能够展示出来

赖尔认为，对于似是而非的陈述，最初的表述者是能清楚地理解它们的意义的。我们容易对这些陈述产生误解，主要是因为其中包含着引人误解的表达方式。他研究了三种似是而非的表达方式。第一种是似是而非的本体论陈述。比如说，把"吃肉的牛是不存在的"表达为"没有任何东西既是牛又是吃肉的"更好，因为这样就不容易误解。只有当我们对日常语言赋予某种哲学意义时，我们才容易误解。在日常语言中，这样表达完全是正常的。第二种是似是而非的关于普遍性的陈述。比如说，把"不守时是应当被责备的"表达为"凡是不守时的人都应该受到责备"更好，因为"不守时"是一个普遍性的概念，不能被责备。第三种是似是而非的描述性短语。比如说，"普安卡雷不是法国国王"，其中没有指称对象的专有名词，容易引诱人们进行杜撰。这些表达式的共同特点是，从语法上看是用来说明所指的对象，而其实并没有所指的对象，所以要从哲学上来重新加以表述。这种重新表述不是替换名词或动词，也不是要让文风优雅，而是要进行句法变形，让词语所记录的事实和规律能够展示出来。哲学的语言分析的全部意义就在于此，这也是哲学的全部和唯一的功能。

（3）奥斯汀：把握微妙的词语能够更好地理解行动

奥斯汀（John Austin，1911—1960）是牛津大学的学者，他也非常关注日常语言。他出版的著作不多，部分原因是他四十九岁就去世了。他有一种很独特的研究哲学的方法。他认为，哲学能够给人带来发现的乐趣、合作的愉悦和认同的满足，而这些情感往往是人们生活中很缺乏的。他用很幽默和轻松的方式告诉人们，通过日常语言和习惯用语就能够研究哲学，而不是非要记得康德、亚里士多德或柏拉图的用语。他把哲学简单化，去掉了哲学的沉闷的风格。他说他谈的哲学既不难也不存在争论，就是要说明或者部分地说明什么是真的而已。他意识到，当我们说"语言分析"、"分析哲学"或"日常语言"时，都容易让人误解，把哲学分析误解为只是关注词语而已。他关注的不只是词语，更主要的是关注我们用这些词语表达的真实。我们用词语来表达我们对于现象的认识。他对批判别的哲学家不太感兴趣，也没有花太多的精力来形成自己的风格。他弄出了一种研究语言的本质的技巧，这种技巧在解决各种哲学问题时很好用。

①要具体分析相似词之间的微妙差别

奥斯汀认为，我们可以用很多种方式"做"哲学。任何一门科学的主题和方法都有严密的组织，而在哲学研究的领域中，没有什么人能够找到解决一个具体的哲学问题的最好的办法。他选出了几个哲学家们有兴趣进行讨论的词语。对于他来说，在"辩解"这个词中就包含着丰富的内容。通过对这个词的分析，他发现一些类似的词语之间的不同程度的区别都与这个词相关。辩解这个词与反抗、辩护和请愿有关。在选择具体用哪个词时要特别小心。总的说来，当人被指责干了什么错事的时候，他就处于一个需要辩解的状况之中。这个错事可能是坏事，也可能是不妥当的事。辩解的目的是要维护自己的行为，说明自己是无辜的。他们先承认他们干了被指责的事情，然后辩解说，在他所处的状况中，大多数人都那么干，所以他的行为是对的、可接受的或至少可以理解的。通过这种辩解，他们要说明自己的行为是正当的。还有另外一种不同的辩解方式。被指责的人承认被指责的行为是坏的，但是如果对他做的事不进行具体分析，这种指责就是不公平的。他做这件坏事也许不是故意的，也许是偶然的，也许是由其他事情导致的。他是否要承担责任与他是否干了这件事和是否能够被谅解是密切相关的。这时，把借口和正当性区分开来就很重要。如果这里指控的是一项杀人罪，为被告进行辩护，就要说他是出于自卫或者说这件事的发生是偶然的而不是故意的。这个时候词语上的微妙区别可以带来从轻发落的效果。如果被告说，我并没想这么做，而是因为我身体中的某种东西促使我做的。这样的由愤怒导致的行为与故意的行为也是有区别的。

②分清词语的目的是要明确行动的责任

为什么要讨论"辩解"这个词呢？因为这个词不仅在我们的实际生活中很有用，而且它对于道德哲学来说，至少有两个用途：这样的分析可以让我们对人的行为的把握更准确；便于我们纠正以前的还不是很成熟的理论。道德哲学研究的是行为及其对错。我们先要看一个人做了什么，再来看他做得对不对。"做了某个行动"，这个表达太抽象了。这样说，我们指的是"想什么事了"、"说什么事了"还是"试图做什么事"呢？我们的所有行动在本质上都是一样的，这样的说法是不精确的，正如把所有的事物都看成是同类的一样。我们不能把赢得战争和打喷嚏这两个行动看成是一样的，正如我们不能把马和床看成是一样的。我们是不是把观看和呼吸称为行动呢？用什么规则来判定用词是否恰当呢？比如说，如果用了某些词来描述某个行动，这个行动就是需要负责的。而用了某些词来描述同样的行动，这个行动就可以被谅解。我们是否能够把行动分成部分，有的部分可以归属于行动者，其他部分则归属于其他人或其他事呢？一个行动是否就是最简单的、不能再分解的了呢？他强调了人的行动的复杂性。仅仅只是身体的移动，也可能包含着意图、动机、对信息的反应、对规则的反应、对肢体动作的有意的控制或者被其他人推动。

奥斯汀认为，上面的问题都可以通过分析"辩解"这个词来看清楚。在辩解这个词中隐含着某个行为做得有点不对了。我们要判定什么是错的，就得说清什么是对的；我们说什么是不正常的，就要说清什么是正常的。通过认真研究辩解这个词，我们就能弄清什么样的辩解是恰当的，什么样的行动是可以谅解的，人的行为中包含着什么样的内部结构和机制，有什么规律可循。对辩解这个词的研究还能够解决道德哲学中的某些习以为常的错误和没有结论的争论，其中最重要的问题就是关于自由的问题。他把自由与真理这两个词进行了对比，他认为真理这个词指的不是论断，而自由这个词指的不是行动。自由这个词是用来评价行动的，指的只是行动的一个维度。

③日常语言是活的、有见识的和有历史的

奥斯汀认为，通过对日常语言的分析，可以让我们更精确地使用语言。通过弄清楚词语与它所指的实在之间的不同，可以把词拿开，看清楚它所指的实在。在日常语言中，很多词语已经活了很多代。在我们共同拥有的词库中，我们可以看到词与词之间的区别，也可以看到词与词之间的联系。这些词都经历了时间的考验，在竞争中存活下来。日常语言还可以给哲学家提供实地考察的现场，使得我们可以把个体从哲学家的僵化的分类中解放出来。他希望有一天，这种方法能够用到非常混乱的美学领域。他认为，在日常语言中也存在着某些问题。日常语言比较"松散"。同样一个词，从不同人的嘴里说出来，意思可能是不一样的。但是，这个问题不像我们想象得那么严重。通过语言分析，我们就能发现，这样的不同非常表面化，主要是因为不同的人说话时的处境不同而已。我们把处境想得越具体，就越能够达到共识，越会同意在那个处境中就应该那么说。有的时候，我们确实会在词语的用法上有分歧，但是通过解释基本上就能解决这个问题。还有一个问题是，我们是否能够把日常语言看成是对事物的

"定论"。日常语言的意义就在于其中的词语都是活的，是有历史的，它们不断吸纳着历史发展过程中积累的经验和见识，尽管这些见识与人们的某些具体的事件相关。在日常语言中会存在谬误和迷信，但是它们在发展中会被补足、改善，甚至被替代。

他认为，在对"辩解"这个词进行全方位的分析时，可以借助于三种资源。在分析其他的词的时候，也可以用同样的资源和方法。首先，可以用字典，简明的字典就可以。我们要看这个词的全部意思，还要列出相关的词语。这并不像我们想象得那么费时间。我们也可以先想象一下，想出自己能够想到的相关词，再查字典，然后再以这些词为线索，把其他的相关词也找出来，列出一个比较全的单子。其次，可以借助法律界的案例。在法律界中，我们可以找到大量的抗辩的案例，从中我们可以看到具体处境中的各种辩解。最后，可以利用心理学的资源。我们可以从心理学的角度看，为什么有的词被补充，有的词被替代。心理学会对人的不同的行为加以分类，并加以解释，其中可以发现一些被法学界的人忽视的或没有体现在日常语言中的现象。有了这三种资源，再有我们的想象力的帮助，我们就能够弄清楚很多表达的具体意思，并能够更好地把人的行动进行分类，从而能够更好地理解人的行动。这就是他所说的要对词语进行"解释性的定义"。

（4）斯特劳森：不能忽视普遍性哲学的作用

①不能孤立地看一个语句

斯特劳森（Peter Frederich Strawson，1919—2006）是英国牛津的分析哲学中的日常语言学派的一位代表人物。在二十世纪中期，他重新燃起了英美哲学家们对于普遍性哲学的兴趣。罗素说，"法国现在的国王是秃的"，这个句子是有意义的，却是假的，因为法国现在没有国王。而斯特劳森说，这个句子是有意义的，但既不是真的，也不是假的，因为"法国现在的国王"这个假设前提是假的。通过这个例子，他挑战了被广泛接受的观点：每个直接的陈述句要么是真的，要么是假的。他认为，罗素没有对语词和语词的使用加以区分，也没有对语句和语句的使用加以区分。如果我们孤立地看一个语句，只要没有犯语法错误，其中的语词就是有意义的。比如说，"法国国王是贤明的"，这个句子是有意义的，但我们从这个语句本身是辨明不了真假的。我们必须把这个句子放到说话时的语言环境中去看，才能做出真假判断。事实上，路易十四是贤明的，而路易十五就不贤明。

②普遍性哲学为哲学做出了巨大贡献

斯特劳森认为，形式逻辑有严密和精确的优点，在分析数学或物理学时比较有用，因为语境对它们的影响不大。但是，用形式逻辑来分析日常表达式就不太适用。他主张用一种日常语言逻辑来对形式逻辑进行补充。他认为，日常语言具有多样性、灵活性和流动性。日常语言逻辑不能停留在描述上，而是要把握日常语言的一般结构。日常语言逻辑不如形式逻辑精确和系统，但比形式逻辑要丰富和复杂得多。他的这种思想对后来的语用逻辑的发展产生了巨大的影响。与很多分析哲学家不同，他对普遍性哲学表示出尊重和同情。他认为，普遍性哲学为哲学做出了无可比拟的巨大贡献，要用"描述的普遍性哲学"来代替"修正的普遍性哲学"。描述的普遍性哲学要对世界的实际结构进行真实的描述，而修正的普遍性哲学则要造出一种更好的结构。当然，在我们对世界进行认识的图式中，必须把个体放在中心位置。不仅要关注个体之间的共性，也要关注个体的特殊性。这些个体既包括物体也包括个人，再精致的思想都来自于这些个体的原形。

5. 美国的分析哲学：在事实、意义、行为之间纠结

（1）塞尔：由经验组成的一幅统一的图景

①言语要有言外之意，需要有一定的语境

塞尔（John Searle，1932—）把英国牛津的分析哲学中的日常语言学派引入美国并发扬光大。他想把人们的经验整理成一幅统一的图景。他反对逻辑实证主义。逻辑实证主义者认为，语言只有一种最基本的用法，就是在言语或写作中描述这个世界是真的还是假的。只有恒真命题或能够被经验确认的语言才有意义。而奥斯汀认为，言语不只是描述性的。言语行为属于社会行为，要受语境的影响。对于大多数的言语行为来说，不能说它是真的还是假的，比如说，我给这艘船命名为"伊丽莎白王后号"。塞尔认为，语言的用法并不像维特根斯坦等人所认为的那样，是无限多样的。他把言语行为分成五类：断定式，说话者以判断的方式说话，要对命题的真理性负责；指令式，说话者力图使听者去做事；承诺式，使说话者有责任去做他承诺的事；表情式，表现出对命题内容持有的态度；宣告式，宣告某个事态的存在。

每种言语行为都可以通过一套规则来进行定义，以便让它真实可靠。

比如说，我们可以给承诺定规则：说话者承诺的是一个未来的对他人的行为，说话者有意向做这个行为，听话者也愿意说话者做这个行为。而在通常情况下，说话者不一定会做这个行为。在有承诺的情况下，说话者就让自己变得有义务做这个行为了。言语行为会在三个方面有所不同：言外之意；言语行为的指向；通过言语行为表达出来的心理状态。他还提出了间接言语行为的概念。这种言语说的是一回事，而目的是要求别人做另外一回事。比如说，"你在踩着我的脚"，说话者的目的是要求听话者把脚拿开。他认为，言语行为不是一种孤立的行为。言语要有言外之意，需要有一定的语境。比如说，"我邀请你吃饭"的言外之意有，说话者知道吃什么，花多少钱，在什么饭馆吃，这个饭馆有什么规矩，怎么个吃喝法。

②每个"我"都要有自己的意向，才能构成"我们的意向"

塞尔认为，言语行为与人的精神状态有关，因此要研究好言语，就需要研究清楚人的精神状态。在大多数的精神状态中都包含着意向，具有指向性。相信一定是相信事情就是那么个事情；想要一定是想要某种东西；想做一定是想做某件事情。塞尔认为，言语交流的最小单元不是符号而是言语行为。每一话语都可以分成"命题部分"和"执行部分"。每一话语都是带有意向性的，都有一定的目的，都要按照一定的规则执行某种行为。所以，研究言语行为，就要研究说话者的意向和言语行为的执行规则。他认为，要完成一种言语行为，必须尊重以下几条规则：首先要让当下的情境处于一种协调一致的状态；其次不能言不达意，要让意思和言说保持一致；最后要抓住本质，把意思说透了，要句句中的。其中最后一条是最关键的。当然，不是所有的精神状态中都包含着意向，比如说，很多疼痛、焦虑、欣喜、抑郁都没有具体的指向目标。

从派生的意义上看，只要言语行为是在表达有意向性的精神状态，其中包含着心理状态和提议性的内容言，这样的言语行为就是有意向性的。我们具有一种神秘的能力，这种能力让我们可以用在言语中提取出来的意向来解释单词、短语和句子，使得言语不仅在指世界上存在的事物，还会产生出纯想象和纯虚构出来的事物。言语行为是在社会环境中发生的，这就使得塞尔很关注社会制度。他用"集体意向"这个概念来解释社会制度。他认为，"集体的意向"就是"我们的意向"。在我们的意向中包括着"我的意向"。每个"我"都要有自己的意向，才能构成"我们的意向"，因为集体并不是一个实体，无法作为集体意向的载体。尽管我们的意向的载体是单个我的意向，但是不能被简化为个人的意向，也就是说，我们的意向并不是一定数量的"我的意向"之和。比如说，足球赛和管弦乐演奏的交响乐这样的合作行为，就不是简单的个人的意向之和。"我们的意向"本来并不存在，而是很多个"我"通过采用"我们的意向"，而把它变成客观事实的。

③心灵的意向性使得意识具有一定的指向性

塞尔认为，尽管不是所有的精神状态都是有目的的，但所有的精神状态都是有意识的，至少原则说是可以有意识的。无意识的精神状态是说不通的。心灵先于言语，因为言语行为首先是一种意向行为。要研究言语，首先要研究心灵。他认为，心理哲学是第一哲学。他的心灵分析法，既反对二元论，也反对唯物主义。他把对精神现象的分析放在第一位。他认为，心灵的最根本的特征是意识。意识是内在的、有性质的和主观的。意识是内在的，因为它是在我们的身体内部进行的，特别是在大脑中进行的。意识是有性质的，因为每一种意识都与一定的感知方式相关。意识是主观的，因为它总是通过第一人称体会到的。意识现象是一种生物学现象，是世界上的一种存在物，甚至可以说是一种"物质"，所以可以用生物学的方式来进行解释。但是意识也有自己的特征，因为它带有"第一人称"的性质，与"第三人称"的物质不同，不可还原成简单的要素。从这个意义上说，它又是精神的。心灵的意向性特征，把我们与外部世界以一定的方式联系起来。心灵的意向性使得意识具有一定的指向性。

④中文房间试验：电脑读不懂小说

塞尔的中文房间试验是有产生的背景的。德谟克利特力图把精神现象归结为物理现象，从而把握精神现象的发展规律。而柏拉图则认为灵魂与肉体是不同的，不能把精神现象物理化，他力图把物理现象精神化。笛卡尔则力图说明灵魂与肉体虽然是相互独立的，但相互之间能够交互影响。他认为我们大脑中的松果腺就像是一个看不见的电话总机，它能够在精神和肉体之间传达消息。此后的哲学家，多接受笛卡尔的观点，把身心隔离开来，再说明它们之间的相互作用。然而，在十九世纪和二十世纪里，生物学家的研究结果越来越表明，把身心割裂开来是站不住脚的。经验科学家的研究越来越支持德谟克利特的思路，也就是说，精神现象不过是大脑这种物质活动的产物。他们研究的不是精神与物质如何相互影响，而是研究大脑活动是怎么产生精神现象的，他们力图用机械原理来解决精神现象。这种观点被称为唯物主义。非宗教性的大学里的经验科学家多接受唯物主义。逻辑行为主义、同一论和功能主义的哲学家都是唯物主义者。他们都是从经验科学走向唯物主义的，他们不关注人是否追求完美的问题。他们的唯物主义遭到了一些批评，其中包括来自塞尔的批评。

a. 心脑同一论：精神活动就是大脑的活动

甲：在输入和输出之间发生着什么？

赖尔的逻辑行为主义把人的精神活动简化为可观察到的行为。他假设，我们可以解释人的所有精神活动，方法是观察感性输入和行为输出的整个过程。比如说，我看见一头狮子（输入），我表现出恐惧的行为，我哆嗦（输出）。这样，我就可以用输入和输出来解释我的恐惧现象。批评者认为这个方法太简单化了。赖尔为了避免犯分类上的错误，忽视了在输入和输出之间发生的事情。我的恐惧主要发生在我的大脑那里，那么怎么来看大脑的作用呢？于是，有的哲学家提出了精神活动等同于大脑活动的心脑同一论，其中包括两位澳大利亚的哲学家斯马特（John Jamieson Carswell Smart, 1920—2012）和阿姆斯特朗（David Malet Armstrong, 1926—2014）。同一论者把人的精神活动等同于大脑的活动。比如说，如果我想要知道我看到一头狮子时的情感状态，我需要观察一下发生在我的大脑中的活动。这样，我对恐惧的体验就要用一系列的神经活动来解释，这些神经活动发生在我的大脑的不同的部位。同一论者力图把人的意识现象纳入经验科学领域，具体地说，就是纳入神经系统科学领域。

乙：精神活动可以用科学仪器观测吗？

同一论也遭到了批评，主要是因为它违反了莱布尼兹法则。莱布尼兹认为，如果两个事物真的是一样的，那么一个事物所具有的属性，另外一个事物也必然具有。根据这个法则，如果精神活动和大脑活动真的是一样的，那么精神活动的属性就等同于大脑活动的属性，反之亦然。但是，随着批评的展开，我们意识到精神活动似乎不能与大脑活动等同，反之亦然。首先，大脑活动时，我们可以找到是什么地方在活动，而精神活动则不然。比如说，我们可以指着大脑的某个区域说，这个地方的神经元正在发信号，但是我们不能指着大脑的某个部位说："我的关于树的观念就存在于这个地方。"其次，大脑活动是可以用科学仪器客观地监测的，而精神活动则不然。精神活动的突出特征是它们总是有指向的、有意图的。比如说：我有一个关于树的观念；我想要一辆新车；我在思考世界上存在的政治混乱。而大脑活动则与具体的事物无关，只是些物理现象而已。顽固的同一论者并没有受到上述批评的影响。相反，他们认为对大脑活动了解得越多，我们越能够指着大脑的某个部位说："有一个想法正在那里发生着。"

b. 功能主义：电脑能够像人脑一样吗？

甲：人工智能可以像人的智能一样

同一论还面临着另外一个批评。具体地说，就是同一论者假设思想和情感这样的精神活动必须是生物性的大脑的活动。那么，为什么非生物性的系统不能有思想活动呢？比如说，硅片。在美国兴起的功能主义是同一论的对手。功能主义认为精神活动主要依赖的是网络、路径和精神活动之间的相互联系，不依赖于构成大脑的物质材料。功能主义并不否认精神活动是种人脑活动的功能，他们只是要打开大门，认为电脑、机器人和其他人造的设备也是可以有精神活动的。人工智能领域的科学家们正在力图实现功能主义的理论，希望通过计算机来复制人的认知能力。曾经有科学家用某种机器的形式来复制过人的思想过程。机器人可以很好地模仿人，看着像真人一样，但其实就像是一个上了发条的玩具。现在人工智能仿制的目标还是人分析感性数据和做出判断的能力，还没有仿制人的情感、意志和审美。人工智能的科学家们大致可以分成两派。模仿派认为，人工智能只能模仿人的认知能力，没有自我意识；而替代派则认为人工智能与人的智能是一样的，而不只是模仿，因此人工智能就像人脑一可以有自我意识。

乙：塞尔认为心灵不同于电脑程序

塞尔认为，身心并不是完全不同的东西。心灵与物理世界是相关的，但心灵现象是无法被简约为物理状态。因为精神状态具有生物性，因此身体的物理变化会产生出精神状态。从身体状态来解释精神状态是很关键的。但是，心灵不同于电脑程序，不是纯形式的，其中包含着精神内容。不能用形式化的符号系统对意识加以模拟或解释，不能用句法学代表语义学。原则上说我们无法造出有意识的计算机。有的计算机科学家夸口说，计算机程序能够像人一样读懂小说。也就是说，电脑能够读出小说中的字里行间的意思来，并能够像富有生活经验的人一样进行推理。塞尔用一种很形象的思维试验来反驳这种观点。假如说把我这个不懂中文的人封闭在一个房间里，给我三组汉字：第一组是一大批按中文语法结构组合在一起的汉字；第二组是小说；第三组是针对小说提出的问题。还要给我一套类似于计算机程序的用英文写成的中文语法规则，以便我能够把这三组汉字联系起来。尽管我根本不知道每个汉字的意思，我依然能够用这些汉字给出正确的答案，而且就连中国人也看不出我不懂中文。即使给出了正确的答案，其实我啥也不懂。所以，即使电脑看上去明白了小说中的微妙之处，其实并不真的懂这个小说。

有的科学家对塞尔的试验提出了反驳意见。如果我们把一个电脑程序安装在机器人里，让机器人自己获取外部世界的信息，而不是我们给它提供信息，它可以与外部世界进行交流，是否能够解决塞尔提出的问题呢？机器人有眼睛（摄像头），还有自己能够动的手和脚。塞尔认为，可以这样获取数据，不过这样获取数据与我们给它直接提供数据并没有什么区别，因为机器人处理数据的方式并没有改变。那么如果我们模仿神经元发送信号的方式，而不是简单地来处理字与字之间的关系呢？塞尔回答说，这依然只是模仿，而不是真的。不管电脑变得多么精致，都无法具有人的认知能力，只有生物性的和有机的大脑才具有这种功能。塞尔认为功能主义者和人工智能科学家做得有点过分。他力图调和同一论和日益变得陈旧的笛卡尔的二元论，提出了生物自然主义理论。他认为，精神活动是比较高级的大脑的功能，具有生物性。精神活动对大脑具有依赖性。我们要研究人的精神活动现象，就要研究大脑。但是，他认为大脑活动与精神活动是不一样的，正如神经元发送信号的方式与我想要一辆新车是不一样的。所以，经验科学家对人脑活动的研究永远不可能代替哲学家对精神现象的研究，各自都只在自己的研究领域是有效的。

（2）克里普克：专有名词的用法具有必然的历史性

①人的必然性知识来自于后天的经验

克里普克（Saul Aaron Kripke，1940—）是美国的逻辑学家和哲学家，擅长于模态逻辑。他的理论导致了分析哲学的日常语言理论及其相关学派的衰落。他把普遍性哲学中的必然性和可能性这两个概念做了认识论上的区分。他认为，人的必然性知识来自于后天的经验，而可能性知识则是先天就有的，独立于经验。分析性的真理包含着意义，而综合性的真理包含着事实。他复兴了古代的本质论。他认为，物体必然具有某种属性，否则它们就不可能存在。有的命题必然是真的，但只能是后天的知识，比如说，"水是 H_2O"；而有的命题则只在有的情况下是真的，具有偶然性，却属于先天的知识。他的这种观点与康德的观点是完全相反的。他认为，像我们现在仍在使用的"亚里士多德"这样的专有名词，此前经历了一长串的用法。这些用法构成了一个历史性的因果链，通过它们，我们可以追溯出这个专有名词的最初用法。而我们通常使用的描述论则认为名字具有一个确定的描述。比如说，我们可以描述说亚里士多德是亚历山大的老师。

②历史沿用下来的专有名词不能随意改变

克里普克提出了历史的和因果的命名理论。罗素认为，一个专有名词就是一个描述词。比如说，苏格拉底是柏拉图的老师。描述词"柏拉图的老师"指的是苏格拉底这个名称的意思，先有意思才有名字。弗雷格把含义与所指作了区分，认为一个专有名词先有含义，然后才有所指。后期的维特根斯坦则认为，"摩西"一词的含义是由一组描述词表达出来的。克里普克认为，不能把专有名词的含义等同于某个或某一组描述词，因为专有名词本身是没有含义的。他认为，一个名称的得来，最初可能是源于某个描述词的意思。比如说，英国的"达特茅斯"这个名称源自这个地方处于达特河口。但即使达特河口改道了，我们依然可以沿用这个名称。他把这种只有所指而没有含义的专有名称称为"严格指示词"。这样的专有名词是指示固定的对象的，具有历史性和因果性。这个名称是沿着一条传递链条沿用下来的，由历史来赋予其意义。这样的专有名词的名字得来是偶然的，但一旦指示关系确定下来以后，它与所指的对象之间的关系就成了必然的。不仅专有名词如此，像"黄金"这样的通用名词也如此。普特南碰巧也提出了类似的命名理论。

（3）普特南：只有上帝才能看清容器中的大脑

①在研究中不断修改自己的理论

普特南（H. Hilary Putnam, 1926—）是美国的犹太哲学家。他的专业主要是数学和哲学。他的父亲是位很积极的共产主义者。早期的普特南是科学实在论的辩护者。他相信，事物外在于我们而存在，具有自身的本质规定性，是独立于人的思维的。概念中包括的是事物的本质。比如说，水指的就是H_2O，这种指称关系是固定不变的。他认为，逻辑、数学和几何学的真理性不是人为制定出来的。如果我们不承认科学实在论，科学的成功就会成为一种很神奇的事情。在语言哲学方面，他发展了指称因果论。在心灵哲学方面，他提出了功能主义。他认为，一种精神状态与其他的精神和物理状态和行为是有因果关系的。比如说，疼就是由碰触或伤口等引起的。相应地，人会感觉恐惧和担心，肌肉会收缩，血压会上升，嘴里还会叫着"哎哟"。后来，他抛弃了这种观点，认为精神状态是人的"内部的"活动，不能用外部世界来解释人的精神状态。他逐渐抛弃了早期的科学实在论，他的思想开始具有了普遍性哲学的特征。他提出了"内部实在论"。他认为，我们永远能把握的都只是"为我"的事物，而不是"事物本身"。他认为，根据集合论的原理，我们可以得出可以存在多个真理的结论，因为可以有无穷多个模型。

②怎么跳出我们的世界来观察我们的世界？

为了应对来自于内部实在论的批评，普特南再次修改了他的理论，提出了自然实在论。他认为，人的认识可以通过多种方式直接认识物体本身。人对物体的认识不需要经验这个界面，因为经验是由刺激产生的，而刺激可以是假的。他提出了著名的"容器中的大脑"（brain in a vat）说。他说，如果一个邪恶的科学家给一个人做了个手术，把他的大脑割下来放到一个装有营养液的容器中，然后把他的神经末梢与一台计算机相连，通过电子脉冲把幻觉传输给神经末梢。然后，这个邪恶的科学家把手术的痕迹全部消除，还让这个人看他自己的故事。他认为，任何一个具体的人都不可能跳出这个世界来观察这个世界。假如我们真的是容器中的大脑，我们绝不可能想到我们就是容器中的大脑，而我们的一切经验都是被模拟出来的。只有通过上帝的眼光才能看清楚这种状况。

（4）戴维森：只有物理事件或状态才实际存在

戴维森（Donald Davidson，1917—2003）是美国的哲学家。他关注的主要是意义问题。有的哲学家认为，一个语句有无意义全看它是否符合逻辑句法，还有其中的语词是否有意义。语词和语句都是实体，都有存在的意义。有的哲学家则认为，语言是因为描述了外在的实在而具有意义的。戴维森反对把意义当作实体。他认为，语言的意义是通过陈述语言的成真条件提供的。而语句的成真条件是：语句只有在说话者和说话时间都确定的时候才为真，并被认为是真的，因为这样的语句是可见通过经验加以检验的。比如说，"我疲倦"要加上时间才能检验。他认为，意义理论是一种经验理论，它必须要能够检验，才可能具有意义，所以意义问题就是真理问题。语句是通过描述实在而获得意义的。心理事件和状态是不存在的，只有物理事件和状态才实际存在。但是，我们在造句时可以用精神性的概念。比如说,"天在下雨"和"我相信天在下雨"是不一样的。精神的东西不能还原为物理的东西。

(5) 罗蒂:在偶然性中寻找共识

罗蒂(Richard Rorty,1931—2007)很年轻时就当上了美国普林斯顿大学的教授。那时的普林斯顿哲学系最看重的是分析哲学,他本人开始时也是一位分析哲学家。但是,后来他对分析哲学的零敲碎打的研究方式不太满意,最后走向了杜威的实用主义。

①分析哲学并没有带来什么哲学革命

罗蒂认为,分析哲学其实并没有给哲学带来什么革命。在《哲学和自然之镜》一书中,他指出分析哲学并不是什么全新的哲学,只是笛卡尔哲学和康德哲学的变种。他们都想为知识找到可以依赖的基础。分析哲学的新意只不过在于确信知识要用语言而不是用精神活动来进行表达,但并没有否认所有人的思维活动都是依赖于一定的思维框架的。在分析哲学中,依然存在着认识主体、外部实在和表象论,描述的是主体对外部实在的认识。我们认识外部实在的方法还是一样的,我们的头脑就像一面大镜子,是对自然的表象的反映,有的比较精确,有的不太精确。然后,我们再用纯理性的方式对这些表象进行研究。分析哲学只不过是想让思维这面镜子在反映表象时更为精确而已,要对思维这面镜子进行检查、修理和抛光。而且,由于某些原因,外部表象也不总是表现着外部实在,所以分析哲学家想要更精确地把握表象背后的实在及实在得以产生的本质。真正的哲学革命则需要抛弃三个假设:思维框架、外部实在、对绝对真理的追寻。

②对杜威的实用主义的认同

杜威的实用主义对罗蒂有很大的吸引力。杜威在很大程度上受到了达尔文的进化论的影响。杜威认为达尔文的进化论给我们带来了一种新的思维方式。生物进化论强调万物都是处于永恒的变化之中的,而且这种变化并不仅仅是对物质成分的简单重组,而且产生了有机的系统和应对环境的创造性活动。所以,知识的对象不再是像柏拉图所说的物质秩序背后的永恒的实在。世界并不是上帝恩赐的产物。哲学也不再研究宇宙的最终的起源和宇宙追求的最终目的。不存在黑格尔所说的自由观念的逐渐实现过程,也不存在马克思所说的人类社会的最终发展阶段。我们的生活不受什么预先设定的目的的影响,所以不用追求什么特定的品质或特定的价值。

世界并不是一种外在的、绝对的、永恒的模式的体现。哲学的思考应该开始于我们当下的具体的生活经验。我们要像亚里士多德一样地看待生活。我们不仅是自然界的一部分，服从于机械原理，我们更是人。我们的独特之处在于我们能够意识到自然界的发展过程，我们能够知道我们的行为方式。我们知道有的行为方式会产生什么样的后果，这些行为支持或挫败什么价值或什么目的。经验告诉我们，什么事情对于其他事情来说是必要的，或者更好，或者更糟。我们不用一些遥远的和抽象的标准来评价事物，而是用有机体中存在的某些更明显的目的来对事物进行评价。在人与环境之间有着密切的联系。我们可以通过环境来实现我们的很多价值和目的。我们没有必要去追求单一的终极真理。真理有很多种，真理是多元的，任何在实践中能产生效果的观念都是真理。

③哲学应该对小说和诗歌进行研究

实用主义让罗蒂从分析哲学划定的研究范围中逃离了出来。他不再认为思维是对实在的可靠的反映，只有忠实地反映客观世界的思想和语言才是真的。罗蒂认为，根本不存在精确地反映实在的思想和语言。只要能够带来成功的陈述，只要有效果，就是真的。我们要把陈述看成是工具，从它们的用途来看真不真。我们可以对陈述进行分类，因此也可以对真理进行分类。以这种方式来看待真理，就能够让很多领域的研究对象回到哲学里来。从这个角度上看，经验科学是与政治学、伦理学、艺术、文学、历史和宗教平行的研究领域。因为存在着多种真理，所以不能把经验科学的方法作为唯一的评价标准。这样，他就把哲学关注的问题扩展到了分析哲学之外。他认为，哲学应该对小说和诗歌进行研究，从中能够找到解决人所面临的问题的洞见。而且，这样做也能够使英美哲学家更容易与欧洲大陆的哲学家进行交流。在克尔凯郭尔、尼采和海德格尔的著作中都弥漫着比较阴暗的主题，比如说，恐惧、焦虑和孤独。这些都是对于生命的最深程度的关切。分析哲学应该通过关注文学研究来关注这些问题。带着这种想法，罗蒂离开了普林斯顿大学哲学系，到弗吉尼亚大学当人文领域的教授。从此之后，他的哲学主要集中在文学和文化评论方面，对小说家和诗人在道德方面的启迪力量给予了肯定。罗蒂对于把哲学系统化不感兴趣，也不参与这方面的活动。他越来越相信，哲学应该注重启迪，关注文化。

④语言表达都或多或少地带有随机性

罗蒂认为，不存在永恒的本质，不存在人的本质，不存在自我的真正的本质，不存在普世的道德法则，因此人的理性也不可能发现这样的东西。在实在中不存在不受时间影响的稳定结构。我们到处面对的都是偶发事件，都是些巧合事件。如果万物的存在都是偶然的，那么又怎么可能找到生命的意义呢？罗蒂认为，我们不要被这种偶然性给吓到。恰好是这种偶然性给我们留下了永远的自我改进和自我创造的空间。这种偶然性普遍地存在于我们的观念世界里，其中包括我们对于语言、自我、共同体的观念。我们通常认为词汇代表着实在。而我们脑袋里的词汇怎么能够代表着外在的实在呢？在我们的思维之外并不存在着固定的和永恒不变的实在啊！

比如说，科学语言。伽利略在描述地球和月亮之间的关系时，创造了一套新的词汇。那么，是不是这种语言上的变化就能说明伽利略的思想更深刻呢？罗蒂认为，情况并不是这样的。当代物理学和生物学对实在重新进行描述并没有让我们的认识更贴近事物的本质。在自然界和语言的变化中存在着偶然性和巧合。偶然性和巧合指的是事物变化的或多或少的随机性。物质世界进化的过程并不是很精确地按照机械原理发生的。兰花的诞生是必然的还是只是偶然的呢？是不是这一切都是上帝安排好的，所以是必然的呢？力图描述世界的人随机地选择单词，导致了语言的产生，所以我们没有必要继承以前留下来的语言。过去的语言确实影响了我们的思维方式，只是如果能够更有效地解决我们新面临的问题，我们应该创造出新的词汇。

⑤我们要通过讲自己的故事来创造出自我

柏拉图给我们提供了两个具有象征意义的世界：一个世界是随时间的流逝而变化着的表象世界；一个是永恒不变的完美世界。我们要进入由理性和沉思主导的完美世界，就要逃离由具体的时间和地点主导的意见世界。柏拉图创造了一套自己的词汇体系，用来描述人性的本质。在他看来，人性都是一样的，所以我们对人性的真实的看法具有唯一性。我们在生活中不得不面对偶然事件，这时我们要用理性控制住情感，从而具有道德上和理智上的美德。神学家们的观点与柏拉图类似，他们激励人向着人的真实的本质而努力。康德也描述了我们的日常经验与我们内部的道德意识之间的区别，激励人们去追求永恒的和普世的道德法则。这两个世界，一个是真实的，一个是骗人的。我们要逃离骗人的世界，走向真实的世界。

柏拉图在讲到人性时，提出了自我的三重结构：肉体、感情和思维，其中思维处于最高地位。他认为我们的思维能够清楚地把握完美，能够克服日常生活中遇到的偶然事件。罗蒂发现，如果我们不假设存在着一个永恒的完美王国，我们对意识的解释就会非常不同。在弗洛伊德的理论中，自我依然是包含着三重结构，而这三重结构却是偶然事件的产物。内疚的来源不是人心中存在的永恒的道德法则。弗洛伊德认为，随着力比多的消退，超我变得格外严厉和无情，自我归顺了超我，于是出现了良心、怜悯和清纯。在人的生命中充满着偶然性，就连人的诞生也是精子和卵子偶然相遇的结果。

而罗蒂认为，柏拉图、神学家和康德都把我们的意识称为"自我"，而且他们所说的真实的自我都是一样的。其实，对自我的定义可以是不一样的。比如说，尼采认为，如果"上帝死了"，那么就不存在什么实在；存在的只是不断涌现出的事件和巧合。也就不存在什么普遍的道德法或"真正的自我"。在这种情况下，怎么才能够找到人生的意义呢？尼采认为，我们别无选择，我们每个人必须自己找到自己的人生的意义，每个人都用自己的语言书写自己的人生目标。每个人都在努力改变着自我。每个人都应该按自己的心愿选择一个新的自我，努力克服旧的自我。罗蒂对此表示赞同，并且认为，我们要通过讲我们自己的故事来创造出我们自己。

⑥自由和平等能够消除人的精神上的痛楚

人们怎么才能够生活在一起呢？也就是说，人怎么才能够团结起来，形成一个共同体呢？罗蒂认为，我们不必把我们的公共生活建立在人性的前提之上。我们无法对人性做出绝对真实的描述。事物的变化具有偶然性，人的语言具有偶然性，自我的存在具有偶然性，所以人构成的共同体也是具有偶然性的。没有什么绝对的理论可以保证我们能够实现公正的社会。自由的民主制度追求的价值观是自由和平等。"你怎么知道社会组织的主要目标是自由呢？"与"你怎么知道琼斯值得做你的朋友呢？"这两个问题在本质上是一样的，都具有偶然性。我们是很偶然地发现了自由和平等能够消除人的精神上的痛楚，让人不感觉难受。自由和平等的价值并不总是那么明显，也不总是被人们所选择的，也无法通过理性来说服人接受自由与平等的价值。把一个自由的社会粘在一起的东西是共识。在这样的社会中，每个人都有机会根据自己的能力大小进行自我创造。我们说什么是"好的"或"真的"，是我们自由探讨的结果。什么是真？什么是善？这些观念是在政治自由之中达成的共识。

(6) 奎因：逻辑实用主义对狭义的经验主义方法的总体批判

奎因（Willard Van Orman Quine, 1908—2000）是美国哲学家。卡尔纳普与奎因的思想交锋，代表着分析哲学与美国的实用主义的交锋，结果产生了奎因开创的把分析哲学和实用主义结合起来的逻辑实用主义。

①我们只能获得需要不断修正的相对真理

到二十世纪中叶，逻辑实证主义运动成为过去，但是很多研究普遍性的哲学家和道德学家依然害怕违反实证原则，不敢离经验事实太远。经验主义的传统可以追溯到培根那里，后来哲学界一直都在讨论经验主义的问题，逻辑实证主义只不过是这种讨论的继续。奎因于1951年发表了一篇论文，题目为："经验主义的两个教条"，指出了经验主义的两个更为致命的问题。这两个问题不只是存在于逻辑实证主义理论之中，而且存在于整个经验主义的传统思想之中。第一个教条：长期以来，把陈述截然分成分析的和综合的两大类；第二个教条：认为每个有意义的陈述都可以被简化成对可以直接感知的经验的陈述。奎因自己就是一个经验主义者。他努力的方向是要抛弃或者至少模糊分析和综合、普遍性哲学和经验科学之间的界限。对于第一个教条，他认为除了几个有限的逻辑陈述以外，"分析性"是非常难以明确的。综合性的陈述也无法完全被证实。无论分析的还是综合的命题，包含的都是些相对真理，都要不断修正。从这个角度上看，并不存在严格的分析与综合的区分。

②我们的知识体系是一个完整的人工制造的网

奎因认为，哲学不可能为经验科学提供一般的本体论基础，而每一种学科又必然要依赖于自己的一套本体论假设。所以，他认为，本体论是需要的，但永远都是相对于某个具体的理论而言的。经验科学的一切证据都是感觉证据，而语词的意义最终也都是由感觉证据赋予的，但是我们不能把每个科学陈述都还原为观察句。我们也不能把任何陈述从一个理论的整体中分离出来。分析的陈述在分析状态下并不是真的。比如说，"没有一个单身汉是已婚的"可以替换为"没有一个未婚的男子是已婚的"。在这个替换中，"单身汉"被定义为"未婚的男子"。而这两个词只有在特定的语境下才是同义的。他认为，任何一个单个陈述的真理都不只牵涉到语言和语言之外的事实，还关系到语境。我们的经验面对的是一个整体，而不只是整体中的个别。我们的知识体系是一个完整的人工制造的网。这个网就像一个力场，中间是逻辑规律，周围是经验陈述，而整个网都要不断地遭到感官刺激的袭击，因此要根据实用的目的而不断更新。

③翻译中存在着不确定的"译不准原理"

奎因认为，本体论问题就是一个语言问题，要说明何物是否存在。我们会用有个东西存在，没有什么东西存在，所有东西都存在来说明这个问题。物的存在不依赖于语言，但我们要说何物存在，就需要使用语言。他反对把意义当成是某种独立存在的实体。他明确主张用"significant"来取代"meaning"。他认为，人最初是在刺激—反应的模式中学会词和语句的意义的。他反对"博物馆神话"。这种神话把意义看成是博物馆中的展品，而词则是贴在展品上的标签，这样词和语句都具有确定的意义。而奎因认为，意义是随着说话者所处的场景的不同而变化的，所以意义是不确定。他把语句分为场合句和固定句。人是否同意场合句，是由当下的刺激引起的。而人对固定句是否同意，是由过去的刺激留下的记忆引起的。场合句中包括观察句，观察句与当下刺激有着最直接的联系。在固定句中存在着恒久句。恒久句最具有科学性，但也是受刺激的影响的。

他还认为，经验科学和逻辑学都是很重要的观念框架，是很有用的工具，要根据新的经验来不断调整。我们不仅要修改最初的陈述，而且要修改相互联系的概念。即使在物理学中，也不存在绝对的确定性。物体这个概念本身就一个观念性的工具，我们假设它是不能再简化的。这种假设的性质与荷马的神没有什么本质上的区别。所指与意义是有区别的，但所指也依赖于意义。因为意义具有不确定性，因此所指也具有不可探明性，所以翻译才是不确定的。于是，他提出了著名的"译不准原理"，即在两种语言系统之间无法实现确切无误的翻译。即使我们要把古代的母语翻译成现代语，也难免会带上很大的武断性和随意性。

（三）证伪主义：用可证伪性原则来给科学划界

1. 波普尔：普遍性哲学和精神分析说都是伪科学

波普尔（Karl Raimund Popper，1902—1994）是出生在奥地利的英国的犹太经验科学哲学家。他认为，普遍性哲学和弗洛伊德的精神分析说都是伪科学，因为不符合可证伪性原则，但伪科学并不一定没有意义。

（1）从单称陈述到全称陈述的归纳推理不具有必然性

波普尔提出证伪主义的目的是要解决归纳问题和划界问题。归纳问题指的是如何从具体的经验事实中归纳出一般的理论。而划界问题指的是要把经验科学与数学、逻辑学和普遍性哲学区分开来。从近代以来，归纳法已经成为经验科学研究的主要方法，并把是否采用归纳法作为划分科学与伪科学的标准。他反对这种做法，并认为这种划界方法会把一些科学理论排除在科学之外。他认为，应当用可证伪性而不是可证实性来确立一种理论的科学地位。归纳推理是从单称陈述过渡到全称陈述的推理，不具有必然性。比如说，无论我们观察到多少只白天鹅，也不能得出"所有天鹅都是白的"的结论，所以可证实原则是无效的。根据可证实原则，只有对经验事实进行判断的综合陈述和从字面上就能判断出真假的分析陈述才是有意义的。而普遍性哲学不属于这两种陈述中的任何一种，因此是没有意义的胡说。他认为，普遍性哲学对于经验科学既有促进作用，也有阻碍作用，因此我们要通过可证伪性来划界。全称陈述不可能从单称陈述中推导出来，但可以与单称判断相矛盾，所以可以通过这种矛盾来证伪。但是，我们不能把可证伪性等同于实际上的证伪，它只是要把经验科学与数学、逻辑学和普遍性哲学区分开来，而且并不认为经验科学以外的理论是没有意义的。

（2）追求知识的过程是不断试错和排错的过程

波普尔认为，我们在科学知识上之所以能够不断进步，是因为我们可以从错误中学习。追求知识的过程，就是一个不断试错和排错的过程，是一个猜想与反驳的过程。我们通过猜想和对问题的尝试性解决来实现进步，而通过反驳来排错。在猜想和反驳中，我们要注意以下几个方面：首先，理论渗透在整个观察过程之中。我们要在理论指导下来选择观察对象，用专门的词语来描述现象，要根据一定的标准来进行分类。我们总是带着问题和猜想进行观察的，观察的结果又是用来答疑或反驳猜想的。其次，我们主动地把规则性强加给世界。我们力图在世界中发现相似性，在此基础上发明出规律来解释世界。我们发明的规律都是可错的，自然常常会拒绝这些规律。此时，我们就会发明出新的规律来。所有的规律都有待批判的检验。再次，试错法采用的是纯粹的演绎推理，目的是要找出理论的弱点。一切定律和理论在本质上都是试探性的学说，要允许自由讨论和批判的检验。最后，科学发展遵循着一定的动态模式。人类的知识是不断增长的。经验科学的探讨是从问题出发的。我们对问题提出有待检验的假说，这就是试探性的理论。我们再通过观察和检验来排错。然后又会出现新问题。我们再反复如上过程。新的科学理论因为具有更高的可证伪度，因此更逼近真理，更具有优越性，所以能够替代旧的科学理论。所有新的理论都是建立在事物之间的新的联系之上的。我们要给予这种预言以时间，不要让它在取得惊人的成绩之前就被驳倒。

2. 拉卡托斯：一个先行理论怎么才能够被证伪？

拉卡托斯（Imre Lakatos, 1922—1974）出生在匈牙利，是位犹太哲学家，主要研究数学哲学和经验科学哲学。他把波普尔的朴素的证伪主义和库恩的历史主义综合起来，形成了精致的证伪主义。他认为，经验科学哲学必须以经验科学史为依托，而经验科学史必须以经验科学哲学为向导。他的主要目标是要建构经验科学研究的方法论。他认为，新理论只有比先行的理论或者与之相竞争的理论有剩余的已证实的经验内容，才能够得到承认。一个先行理论要被证伪，需要具备以下条件：首先，新理论预测到了新的事实，而这种新的事实在先行理论看来是不可能的，甚至是先行理论所禁止的。其次，先行理论的一切未被反驳的内容都包括在新的理论之中。最后，新的理论的剩余内容得到了一定的证明和承认。只有具有这些特征的新理论才是进步的，才应该得到承认，否则就是退化的。经验科学理论从来就不是单独地被提出或单独地被检验的。经验科学研究的单元是研究纲领。每个研究纲领都包括硬核和保护带这两个部分。硬核是一个研究纲领的核心部分，而保护带是由一系列的辅助假说构成的。每个研究纲领还包括两种方法：反面启发法和正面启发法。反面启发法告诉我们要避免走上什么样的道路，而正面启发法则告诉我们要怎样完善硬核及辅助假说。一个科学理论被接受或证伪的过程是非常复杂的，所以科学前进的道路是曲折的，要考虑库恩的历史主义中提出的影响因素。

二 广义的经验科学哲学：对结构和行为效果的关注

（一）结构主义：强调对结构尤其是深层结构的分析

1. 索绪尔：每种语言都是一个封闭的系统

索绪尔（Ferdinand de Saussure, 1857—1913）是瑞士的语言学家，现代语言学的创始人。他曾在法国高等研究学院教授梵语，并创立了法兰西学派。他最早提出了结构主义的研究方法，继而被应用到人类学、心理学和马克思主义研究等领域。正是这种研究方法的确立，使得语言学的研究变成了一门科学，而不再只是对语言现象进行历史性的描述或规范性的研究。结构主义最初只是一种特殊的研究方法，而不是一种系统的哲学理论，但是它的哲学意义不久就显示了出来，与萨特的存在主义相对立。结构主义于二十世纪初兴起的时候，正好是存在主义发展的鼎盛时期。结构主义强调对结构尤其是深层结构的分析，而存在主义则强调个人的独立和以个人为中心。萨特认为个人可以通过自由选择创造自己的本质。个人的本质不是由他们的社会环境预先决定的。而斯特劳斯和其他的结构主义者反对存在主义注重个人的做法，反对其中隐含的主观主义。结构主义者认为，我们不能脱离我们的社会结构来把自己看成是自由的、独立的行为主体。到二十世纪六十年代，结构主义让存在主义黯然失色，成了法国最受欢迎的哲学。

（1）人的自由是受社会结构限制的

当时，有的语言学家认为，在不同的外国语言中存在着一些共同性。这种观点得到了比较多的认同。而索绪尔认为，这种观点是错误的。他认为，每种语言都是一个封闭的系统，有着自己的语言结构，构成一个独立的存在，与其他的语言并没有太大的联系。各种语言中的词所指的对象也没有太大的联系。比如说，英文的词语系统就具有随意性，词语的意思来自于习惯用法。每个词就像是织物中的线一样，它的功能只能与周围的线的编织方式联系起来才能确定。线本身是没有什么功能的。再比如说，一个刚会发声的幼儿说"muck"，这个词本身没有什么意思，也不是大人说这个词时的意思，即"污垢"。机敏的父母会根据对幼儿的了解和幼儿所处的状况，知道这个幼儿的意思是"奶"。语言就是一种随意构成的社会机制，我们要把语言放到更大的社会结构体系中，才能让词语具有意义。他意识到，他的理论具有超越语言学的意义，可以推广到其他的社会约定体系中使用。后来，结构主义被推广到了人类学、心理学、思想史和政治史领域。结构主义运动的统一的主题是任何文化的对象或概念都是从他周围的文化结构中获得意义的。

（2）单个人不能创造或改变语言

索绪尔认为，语言学的任务是要找到一切历史的特殊现象中的一般性，而不只是对语言进行描述和整理它的历史。他首先指明了语言学的研究对象。他把语言（langue）和言语（parole）作了区分。他认为语言学研究的对象不是言语。言语活动是一种很复杂的现象，横跨物理、生理、心理这几个领域。言语不仅属于个人领域，还属于社会领域。语言是言活动中的一个主要的和确定的部分，只包括言语活动的社会部分。单个人不能创造或改变语言。语言是通过社会成员之间的契约形成的，是一种社会产物，是一种社会制度，包括一整套不可少的规则。言语与言语之间可以有质的不同，而语言的性质则是相同的。语言是一种表达观念的符号系统，是语言学研究的对象，所以语言学应该属于符号学。语言符号代表的不是事物或事物的名称，而是概念和声音形象。声音形象不是纯物理的，而是声音给人造成的心理印迹。把概念和声音形象结合起来就是符号。语言符号是任意的，这不是指个人说话者可以自由选择，而是说符号的所指与它指定的事物的本质之间的联系是任意的，不具有象征性，只是约定俗成的结果。

（3）语言学只研究语言的静态方面中的一般性

语言具有静态的方面和动态的方面。研究语言的静态的方面，主要是研究在同一时间里的各要素之间的关系；而研究语言的动态的方面，主要是研究要素的演变情况。语言学只研究语言的静态的方面，力图从中找到一般性。语言是一个纯粹的价值系统，语词之间是有差别的，而正是这种差别决定了语词的价值。因为声音形象与概念之间的关系完全是任意的，因此二者的结合只具有形式上的意义，而没有实质上的意义。语词的实质上的价值完全要由它在语词系统中的相对位置来确定。索绪尔把意义和价值进行了区分。他认为意义指的是概念，涉及的只是声音形象与概念之间的关系，而价值则是由语词之间的横向关系决定的。

语言是一个系统，因此各要素之间是相关的，其中每个要素都因为有其他要素同时存在才具有价值。意义依赖于价值。从概念的角度来说，在同一种语言内部，所有表达相近观念的词都是有差异的，因此才各有自己的价值，比如说，恐惧、畏惧和害怕。一个语词的价值又是由围绕着它的其他语词决定的，相邻语词的变化会引起自己的变化。从声音形象的角度来看，重要的不是声音本身，而是通过声音把一个语词与其他的语词区别开来。字母的价值也在于字母之间的差别。文字的价值在于构成它的一组字母造成的总体差别。从符号的整体上看，语言中包括的是概念的差别和声音的差别。在句子中，一个语词要与它的前后的语词都有区别才有价值。而联想则是人把具有某种共同点的词在记忆中联合起来的想象。

2. 皮亚杰：所有结构都有自己的历史

皮亚杰（Jean Piaget, 1896—1980）是瑞士的心理学家。他采用结构主义的方法来研究发生认识论。他的前期研究工作关注的主要是儿童心理的发展。他认为，尽管结构主义的方法在许多领域的运用具有新意，但是这种方法本身已经有了很长的历史，只是结构主义与演绎和实验的结合比较晚而已。人类的智慧的发展经历了一个从简单到复杂的发展过程。只有人们在分析中遇到越来越大的困难时，才会想到整体的结构。而且结构是看不见摸不着的，只有抽象能力发达到一定水平才能把握。我们应该把结构主义看成是一种方法，而不是一种学说或哲学。结构主义的研究不是排他性的，而是要把各种研究进行整合。皮亚杰、拉康、列维·斯特劳斯、福柯、巴特、阿尔都塞都受到了索绪尔的启发，都认为自己是结构主义者，但是他们对结构主义的方法的理解有很大的差异，而且彼此之间还激烈地互相批评。福柯、巴特、阿尔都塞将在下文的其他部分加以论述。

（1）在儿童的心理发展中，自我调节的平衡作用最重要

皮亚杰发现，儿童的心理发展是具有阶段性的。每一个阶段都由前一个阶段发展而来，并对前一阶段进行改组和超越。在年满十一或十二岁的时候产生的新的结构，将在整个青春期甚至整个人生中持续发展下去。虽然各个阶段的出现年龄会因人而异，但出现的先后次序是不变的。在每一个阶段都会出现一套整体的结构，各阶段的结构不能彼此互换。每一个结构都源于前一个结构，并把前一个阶段的整体结构整合为一个附属的结构。新的结构总是在继续往前发展，或迟或早新的结构都会变成附属的结构。他认为儿童的心理结构发展的动力来自于几个因素：首先，机体成熟的需要。其次，个体对于物体做出动作的需要，在动作中习得经验。再次，获得社会经验的需要。最后，保持内部机制的平衡的需要。他认为，在这几大因素中，对平衡的需要是最重要的因素。这种平衡不完全是遗传的结果，而是具有一个生成的过程。这种平衡不是力的简单的平衡，也不是热力学上的平衡，而主要是一种自我调节能力。对于外部的干扰，要形成一个完善的补偿系统。儿童心理发展的不同阶段的不同结构正是在自我调节的平衡作用中形成的。

（2）人的成长起点是先验的功能性结构

皮亚杰是在儿童心理学的结构主义研究基础上提出了认识论上的建构主义理论的。他认为，认识既不是起因于一个有自我意识的主体，也不是起因于一个外在的客体，认识是在主客体之间的相互作用中形成的。人在刚开始认识世界的时候，还分不清主客体。认识中不断出现的新发现是对

原有的认识结构的不断突破，而每一次新的突破都开拓出了新的可能性。可能性是在不断的建构中不断实现的，但主体完成的一切建构都是建立在先前已有的内部条件之上的。人的建构是要有起点的，而这个起点是一种先验的结构，但这个先验的结构是功能性的。高级的认识结构可以借助于转换而从低级的认识结构中演化而来，而高级的认识结构可以通过整合低级的认识结构而使得低级的认识结构更为丰富。

（3）结构表示的是关系而不是实体

皮亚杰认为，客体是独立于我们之外的，客体本身有着自己的结构，认识是主客观结构同化的过程。客体中存在着人的认识永远达不到的极限。一个结构本身是自足的，就结构本身就能理解结构。尽管结构是多种多样的，但是所有的结构都具有某些普遍的和必然的特性。他认为，一个结构包含着三个特性：整体性、转换性和自身调整性。整体性指的是一个结构是由若干个成分构成的体系，成分之间不是简单相加的关系，而是要按特定的规律构成一个系统。转换性指的是结构的动态性，结构是在动态中构造而成的。自身调整性指的是在转换过程中不会越出结构的边界之外，目的在于更好地保存这种结构，所以结构具有守恒性和封闭性。结构表示的是关系而不是实体。结构是通过建构产生的。结构是在相互协调的过程中产生的，而不是事先决定的。不存在没有构造过程的结构。有构造过程，就有构造的历史，在历史中存在着矛盾的对立和解决。

3. 拉康：主观的实在是欲望的来源

拉康（Jacaueo Lacan，1901—1983）出生在巴黎，是法国的精神分析学家，他采用了结构主义的方法，对弗洛伊德的著作进行了原创性的解释。

（1）主体在否认他人时泄露着自己的无意识

拉康认为，在对无意识进行分析的过程中，被分析者是主体，而分析者是作为他人存在的。而被分析者又不是完全的主体，因为他滔滔不绝地说，但是又不知道自己说了些什么。分析者是倾听者，对于被分析者来说是他人，但是他又被假设为被分析者的无意识的知情者，所以也不是完全的他人，可以在分析者这里发现被分析者的无意识。分析者对被分析者的话语进行整理，把不连贯的连贯起来，把失落的概念补充全，再把这种无意识返还给被分析者。这样，分析者的话语就变成了被分析者的无意识。当主体通过否认来说明他人与自我不同时，他所否认的东西就是他的无意识。这就说明主体是分裂的，分裂为自我和他人。

（2）无意识代表着被压抑的实际的我

拉康认为，主体的形成可分为想象、象征和实在三个阶段。这三个阶段构成了主体的三层结构。想象是由幻想和意象构成的。婴儿在镜子前迷恋自己的映象，不受现实原则的支配，处于虚构自我的阶段，这就是主体形成的想象阶段。在象征阶段，主体采用的象征形式主要有三种：逻辑—数学的象征、语言的象征和社会与文化的象征。在学习语言的过程中，幼儿意识到自我、他人与外界之间的区别。他通过言语活动来表达自己的欲望和情感。掌握语言的过程就是主体的确立过程。儿童在学习语言的过程中，被引入了社会文化关系之中。言语活动是在对话中进行的。在对话中，说者与听者之间建立起一种关系，而这种关系是建立在言语基础上的。

儿童只有掌握了语言，并在语言交际中，才能获得"我"的概念。只是在通过语言产生"我"的过程中，个体自身也被语言给压抑了。在把"我"通过语言符号化的过程中，说话的我与实际的我发生了分裂，导致了无意识的产生。人可以通过语言来表达自我，在语言中建立起一个理性的"我"，同时也不断地把自己的生活经验压抑成无意识。语言中存在的秩序同时也是文化中存在的秩序。实在包括对主体来说是实在的一切。这种实在不属于言语活动，是一种脱离语言的主观实在，是欲望的来源，是不受主体支配的力量，是一种永远存在的实在。这种实在是难以表达和无法言说的。

4. 列维—斯特劳斯：历史总是有目的性的

列维—斯特劳斯（Claude Levi-Strauss，1908—2009）出生在布鲁塞尔的一个法国人的家庭。他将语言学的结构主义应用到了人类学的研究领域。他认为，语言是人的独一无二的特征，因此研究人类的文化现象和人类的全部生活形式，就要到语言学那里去找原型。

（1）神话的目的是要提供一种克服矛盾的方式

列维—斯特劳斯认为，神话不是一种集体梦，也不是一种审美游戏。神话似乎是没有逻辑连贯性的，似乎在神话中什么事情都是可能发生的，而在不同地区搜集到的神话却具有惊人的相似性。他认为索绪尔对语言的结构的研究对研究神话很有意义。语言在时间上是可逆的，而言语则是不可逆的。尽管神话说的总是很久以前发生的事情，但神话的使用价值则是不受时间限制的，可以用来说明过去、现在和未来。神话这种语言是具有独特性的。通过与诗歌的对比，可以看到神话语言的独特性。诗歌是一种言语，不能翻译，否则就会严重扭曲它的意义。而神话则是可以翻译的，因为神话的实质在于它所讲述的故事，而文体则不是很重要。神话的目的是要提供一种克服矛盾的方式。神话的发展是一个连续的过程，而神话的结构却是具有跳跃性的。神话是把不同时期发生的事件用一个结构给组合起来的产物。

（2）原始思维在编织秩序，因此具有严密的逻辑性

列维—斯特劳斯不认为原始人类的思维方式是不开化的，是人类思维发展的一个低级阶段。他认为，原始思维是整合性的，其逻辑的严密性不亚于近代以来的经验科学思维逻辑。原始人对动植物的认识，并不是因为它们有用。而是先认识了以后，才意识到它们有用。原始人认识的主要目的是为了将各种事物进行分类组合，目的是要让它们有秩序。原始崇拜仪式，看上去很繁琐，而其目的是要让各类事物都能各得其所。行巫术的目的是要对客观世界的秩序加以补充。原始思维是在施行"修补术"。人们只能就地选材。周围的东西就是零件，他们相信这些零件总归是会有用的，因此被收集和保存。他们不改造零件，而是把已有的零件进行组合。

历史事实并不比其他事实更确凿。所谓的"历史事实"是历史学家或当事人从复杂的历史中抽取出来的。对历史事实的选择也是具有某种特定的意义的。因此，历史总是带有某种目的的历史，所以具有片面性。历史也是一个编码体系，只是必须有日期而已。他进一步认为，周围的文化结构通常都包含着一个矛盾，比如说，男性与女性、偶数与奇数或光明与黑暗。这些矛盾让系统具有稳定的逻辑结构。比如说，在印度的种姓制度中包含着社会等级体系，其中包含的矛盾是纯洁与不纯洁。再比如说，我脱离我的文化背景来研究我自己的婚戒，想找到婚戒的意义，那注定是徒劳的。我应该对不同的婚戒的内部结构加以研究，看看它们是很张扬的还是很内敛的，这些特征在我的文化中传达着什么样的意义。还可以比较不同的戒指具有的不同的意义。

（二）范式与反范式：一元还是多元？

1. 库恩：范式的中心是某项科学成就

库恩（Thomas Kuhn，1922—1996）是美国哲学家，是经验科学哲学中的社会历史学派的代表人物。他的专业是物理学和哲学。他的范式转换的观念，影响到了政治学、经济学、社会学和商业管理。

(1) 要有范式才有经验科学的共同体

库恩认为,要把经验科学放到它产生和发展的历史背景中加以考察,要关注社会因素对科学发展的影响,要关注科学家的个人心理和情感因素对科学研究的影响。他认为,经验科学正日益成为一项集体事业,经验科学家们越来越需要紧密地联合起来,形成一个个经验科学共同体。他们联合起来的基础是一套共同的信念。"范式"就是某个科学共同体在一定历史时期内共同接受的整套信念。在这个范式包含着必要的本体论承诺,其中包括:组成宇宙的基本实体是什么?实体之间是怎样相互作用的?实体怎样作用于感官?怎样才能够找到实体是什么的答案?这种承诺确定了经验科学研究的基本思想框架。每个范式都要以某项经验科学的成就作为中心。这项科学成就能够把拥护者集中起来,使他们不再进行各种形式的竞争;它也能给新集合起来的科学工作者留下各种有待解决的问题;它还能够为科学研究提供包括定律、理论、应用和仪器设备在内的范例,因此被称为"范式"。任何一个经验科学的部门都以范式的确立作为其成熟的标志。要有"范式"才有"科学共同体"。范式中概括的是一个科学共同体的成员所共有的东西,而在其他方面他们并无任何共同之处。

(2) 发散思维往往能战胜收敛思维

在"范式"和"科学共同体"的基础上,库恩提出了科学进步的模式:常规科学→危机→科学革命→新的常规科学。常规科学的标志是一个研究范式在科学共同体中的确立。常规科学的发展时期,是科学研究的黄金时期,科学家们主要是在解难题,没有原则方面的争吵,努力方向一致,收敛式思维占主导地位,一个个难题被破解,科研成果稳步增长。然而,常规科学的努力目标不是寻求新事物,会禁锢科学家的视野,起初还会压制新事物的产生,具有保守性。随着常规科学研究的深入化和精致化,必然会引起新事物的产生。因为科学家关注的细节越多,越会发现很多无法用现有的范式进行解释的反常现象。当反常现象积累到一定的时期,科学共同体内部就会发生分歧意见。

保守的科学家常常把反常现象纳入现有的范式中解释或者不加以理会。开明的科学家则会在反常领域大胆探索,他们具有发散性的思维,把研究引向不同的方向。这些开明的科学家通常比较年轻,受旧的范式约束比较小。这样就会出现保守与开明的分裂,收敛与发散的思维方式的冲突,从而会出现科学的危机。在科学危机时期,收敛与发散的思维方式势均力敌。冲突的结果，往往是发散思维取得胜利，导致科学革命的发生。经验科学革命不是一个累积的过程，而是一个新旧范式更替的过程，是一个全面重建范式的过程，旧的范式将被彻底地抛弃。在每一次科学革命中，都会推翻一种曾经辉煌的科学理论，因为新的理论与它不相容；新的科学家们会探究新的问题，采用新的衡量科学是否合理的标准；并且会伴随着激烈的争论。这是一次格式塔转换。革命前的鸭子，在革命后变成了兔子。科学革命与政治革命是类似的。当新的范式确立后，将开始新一轮的常规研究，而脑袋转不过弯来的科学家则会落后。

（3）好的经验科学理论的共同特征

库恩认为，即使不同范式的科学理论之间是不可相互衡量的，但我们还是不得不对科学理论进行选择。一种好的科学理论大致有以下几个方面的特征：具有精确性，根据这套理论推理出来的结论应该与现有的观察实验结果相符合；具有一致性。科学理论内部不能自相矛盾，外部不能与公认的理论相矛盾；具有广阔性，一种理论的结论要远远超出对特殊观察、定律和分支理论的解释；具有简单性，理论要能够给现象以秩序，否则现象就会是乱七八糟的；具有有效性，要能产生出大量的新的研究成果，要揭示出新的现象或已知现象之间的未知关系。当我们实际进行选择的时候，这些特征可能会互相矛盾。在科学之外，还存在着社会的和科学家个人的因素。在不同的理论之间进行选择时，客观因素和个人因素，共同准则和个人准则在混合发挥作用。在特殊的时期，科学受着不同范式的主导。经验科学哲学不是要从逻辑上重建科学，让科学完全合理化，而是要对经验科学发展的过程进行历史性的描述。

2. 费耶阿本德：当经验科学成为意识形态之时就成了宗教机构

费耶阿本德（Paul Feyerabend，1924—1994）在奥地利出生，后来在美国的大学任教。他把库恩强调的非理性因素推向极端，认为经验科学是一项无政府主义事业。他认为，尽管在经验科学的每一个历史发展阶段，有的理论处于明显的优势地位，但事实上都是多种理论并存的。因为理论是多元的，所以方法也是多元的和不固定的。唯一不能阻止科学进步的原则是"怎么都行"。这是一条没有原则的原则。他认为，任何一种方法都有适用范围，因此都具有局限性。要求科学按固定的法则进行，会不切实际，因此是有害的。经验科学研究是一项非常复杂的事业，不能用简单的模式去套用，从而泯灭了个性。

经验科学不可能解决人类所面临的所有问题。我们无法用任何一条标准把科学与非科学严格区分开来。而且，科学发展的历史表明，无论多么古旧和荒谬的思想，都可以被吸收入科学之中，用来改善我们的知识。经验科学不可能孤立地凌驾于所有学问之上。经验科学家在确立自己的理论时，其实都在大量地使用着非理性的手段。经验科学作为人类的一种思想形式，要靠宣讲和信念来确立自己的地位，因此与神话和宗教没有本质上的区别。当国家与经验科学联合在一起，经验科学就变成了一种意识形态，成了最新、最富有侵略性和最教条的宗教机构。所以，要让国家与经验科学相分离，把经验科学从神坛上拉下来，让经验科学研究成为完全自由的探索活动。只有在真正自由的社会中，才能有真正自由的科学研究活动。

（三）实用主义：不问真假，只问效果

在十九世纪的欧洲哲学界，主要存在着经验科学哲学与完美哲学之争。经验科学哲学使得人们开始认为人的生命过程与自然物的生灭是一样的，都遵从着机械的发展规律，都是一个机械过程。这样人就失去了自由，被欲望冲动控制着，只是追求自我的享乐，生命也失去了特殊的意义，导致了对人的自我的否定。而完美哲学则继续阐明人应该把完美作为追求的目标。但是，经验科学哲学家认为，所有的完美哲学都是缺乏客观的经验的真凭实据的。而完美哲学家则认为经验科学会给道德信念和宗教信仰带来了危险，会让人找不到生活的目的和意义。从表面上看，美国哲学家原创的实用主义哲学是在调和两大阵营，力图把它们中的最有意义的元素拿出来进行整合。与经验科学哲学家一样，实用主义者认为我们不可能完整地认识事物内部的实在和性质。我们只能围着事物转，只能从不同的视角看到事物的不同的方面，所以我们能够获得的知识是关于一个事物的多个方面的知识，而从不同角度看到的是不一样的。

与完美哲学家一样，实用主义者认为，道德和宗教对人非常重要，不可忽视。而实际上，实用主义还是走在经验科学快乐哲学的道路之上，因为快乐是出发点和最终目的，其他的都是实现这个目的的工具或必要的约束。在这里道德和宗教也都成了有用的工具，而不是人追求的目的，所以与美德无关，与人的执着无关，只要不违法，对于追求快乐的人来说，道德和宗教都可以是有用时就拿来用，而没用时就可以放在一边不管不顾的东西，与其他的东西没有什么两样。实用主义者认为，只有能够以某种方式或多或少地改变人们的日常生活方式的哲学理论，或多或少地能够满足自我的快乐的理论，才是有价值的理论。人是为自我的快乐而活着的，其他的一切都是工具，实用的工具就留下，不实用的工具就抛弃。实用主义的三位著名代表人物是皮尔士、詹姆斯和杜威，他们都来自美国的新英格兰。

1. 皮尔士：在行动的效果上可以达成共识的"一"

皮尔士（Charles S. Peirce，1839—1914）出生在美国的马萨诸塞州的坎布里奇。他的父亲是哈佛大学的著名的数学教授。在十六岁到二十岁之间，他就读于哈佛大学，同时在家里接受他父亲的教育，主要学习数学、科学和哲学。在获得了数学和化学方面的硕士学位后，他在哈佛大学的天文台工作了三年。在后来的三十年里，他主要从事勘测工作。他的个性比较怪癖。由于他没有学术职位，所以他的作品在出版社遭到冷遇，所以他在世时他的作品没有得到出版，更谈不上享有什么名气。他去世几十年后，他的作品才被编辑成几卷出版，人们才认识到他的原创性思想的巨大价值。他在世时，曾面临着经济上的困难，身体也很不好，也得不到社会的承认。帮他克服这些困难的是他的忠实的朋友詹姆斯，而且也是在詹姆斯的努力下，他的原创性思想的影响才得以遍布全世界。他是围绕着信念来建构他的实用主义的自我享乐哲学的。

（1）信念存在于思想和行动之间

皮尔士的理论主要是针对普遍性哲学而论的，他要扫除普遍性哲学中的不切实际的观念，而这些观念恰好是与人的信仰相关的关于追求完美的观念。普遍性哲学家认为，只要观念之间是自洽的，互相之间不矛盾就可以，这些观念就是正确的、有效的，不用与外物进行对照。皮尔士不赞同这种观点。早期的经验科学哲学家力图让人们看清楚普遍性哲学的缺点，但是皮尔士发现普遍性哲学依然活得很好。比如说，笛卡尔认为，我们对事物的毫无疑问的和确定的判断来源于清晰的观念，而清晰的观念又来源于直觉。所以，不用管具体的环境和处境是什么样的，我们只要用思维的力量就能做出确定的判断。

皮尔士则认为，信念存在于思想和行动之间，引导着我们的欲望，塑造着我们的行为。但是，信念却受着怀疑的困扰，所以无法变得坚固。当我们开始怀疑的时候，我们就想弄个明白，就想知道到底什么是对的，想要有信念，所以我们就开始思考。通过思考，加固了我们的信念，这样我们就能放心大胆地在信念的引导下去行为了。他认为,加固我们的信念的方式通常有三种:固执己见、服从权威、求助于理性。固执己见的人我行我素,排斥不同的意见,不听别人的劝说,是非理性的。服从权威的人因为怕挨罚而接受权威们提供的观念,不允许争论。而求助理性的人用理性来验证自己的观念是否正确,但是因为假设前提不一样,就会产生出不同的理论。他认为这些方式都无法真正实现我们想要加固我们的信念的目的,它们都脱离我们的经验和行为。

(2) 经验科学的公共性与个人偏见之间的格斗

皮尔士列出了第四种方法即经验科学的方法。这种方法的优点在于强调经验。前面说到的三种方法的共同点是只在我们的思维中转悠,所以无法被验证,无法达成共识。而经验科学的方法的假设前提是,确实存在着真的东西,而这些真的东西是独立存在的,不受我们的思想的影响的。我们想不想要它们存在,它们都存在着,而且是按它们自己的方式存在着。这些真的东西有规则地作用于我们的感官,它们的作用方式对每个观察者都是一样的,而不会看人下菜碟。所以,真的东西是可以被验证的,对它们的认识是可以固定的,是可以达成共识的。他认为在存在相互冲突的信念的时候,我们就需要采用经验科学的方法来与个人的偏见进行格斗。

经验科学的方法不仅要告诉人真理是什么,还要告诉人们这些真理是怎么得来的。每个人都可以回溯这个过程,一步步地看清楚这个结果是怎么产生的。而这种经验科学的方法的主要特征是:首先,它具有公共性,谁都可以通过这种方法得出同样的结论,而不是对有的人灵验,对有的人不灵验。其次,它具有高度的自我批判精神,它只承认严格的试验的结果。如果出现了新的证据,则要对原来的结论做出相应的调整。我们对待所有的信念,也应该采取同样的态度。最后,经验科学的研究需要科学界的所有成员的高度合作,以免某个人或某个群体按自己的利益来修改真理。科学的结论必须是所有的科学家都能够得出的结论。对于信念也是如此,每个人都应该能够得出同样的结论。

(3) 所有观念都要接受行动的效果的检验

那么,具体地说经验科学的方法的内涵是什么呢?皮尔士认为,我们的思维不是孤立的,总是在一定的时空中发生的。一个观念是用一个词来表示的,而一个词的意思来源于经验或试验,而不是来源于个人的直觉。词意是具有公共性和社会性的,不是一个人说了算的。如果无法对某种观念进行检验，无法得出相应的效果，无法得出人们公认的结果，这种观念就是没有意义的。他认为，要把有意义和无意义的争论区分开来，尤其当存在着两大对立的思想体系的时候。他认为，经验科学要采用科学的语言，而科学语言中的所有观念都要用行动的效果来加以检验。他的创新之处主要在于，他以一种新的方式来解释清楚了一个词是怎么获得它的意思的。他从古希腊文中选出了一个词根"πρᾶγμα"，翻译成英文即是"pragma"这个词根，指的是通过行动做出的事情。在此基础上创造出了"实用主义"（pragmatism）这个新词。他强调一个词语是通过某种行动来获得它的意义的。

我们的观念要变得清晰，就需要把这个观念转化为某种可操作的行动。比如说，"硬的"和"重的"，这两个形容词只有通过行动，并产生出了与此相对应的效果，我们才能够明白它们的意思。如果我们用很多东西去刮一个东西的表面，不会留下什么痕迹，根据这种效果，我们就能说这个东西是硬的。如果一个东西，我们一放手，它就会往地上掉，我们就能根据这个效果，说它是重的。所以，皮尔士强调说，我们是根据行动的效果来明确一个词的意思的。如果我们说一个东西是硬的，一个东西是软的，而我们从效果中看不到二者的区别，就不能把它们区分为硬的或软的。所以，他认为，我们对于任何事物的观念，就是关于其可感知的效果的观念。当我们要看一个观念有什么意思的时候，我们可以套用这样的公式：如果 A 那么 B。也就是说，某种具体的物体出现了，就必然会出现某种具体的效果。如果一个东西出现了，并不会出现某种效果，那么这个词就不具有与这种效果相对应的意思。我们通过行动的效果来获得确定的信念。

2. 詹姆斯：人要有舒适和安全的居所

詹姆斯（William James，1842—1910）出生在美国纽约，在哈佛大学医学院获医学博士学位。开始时在哈佛大学任教，讲授生理学。后来他的研究逐渐从医学转到了心理学和哲学，是哈佛大学哲学系的一名成员，写出了著名的《心理学原理》一书。在哲学方面，他提出了一种新的方法，使得实用主义的原理得到了广泛的传播。他在皮尔士提出的实用主义的基础上继续前进。他认为，对于追求自我快乐的日常生活来说，我们关注的只是实用的真理。我们有自由选择的能力，因为我们会后悔没有做应该做的事，所以我们可以有道德。而相信绝对完美的上帝的存在，可以让我们的心理感觉到踏实,所以我们也可以相信上帝的存在。生命的总的目的就是自我的快乐,而能够有效地实现这个目的的就是好的,不管是真理、道德还是对于绝对完美的上帝的信念。

(1) 要抛弃对我们的实际生活没有影响的理论

詹姆斯认为,哲学要关注的是我们生活中存在的迫切的问题,特别是影响我们现在和未来的生活的事实和行动。实用主义不是一种理论,没有内容,不提供关于人的目的和命运方面的信息,不提供教条,不提供普遍适用的世界观。实用主义提供的只是一种方法。实用主义的假设前提是,人活着是有目的的,所有关于人性的相互对立的理论,都要用这个目的来加以检验。我们的生活很简单,就是追求自我享受,而工作是为了给自我享乐提供条件。而什么能够带来自我享受?人到底为什么要活着?人活着有什么意思?我们无法给出一个单一的答案。怎么来理解人活着的意义,这是我们的思维活动的组成部分。我们想要理解我们周围的事物,我们想要理解我们所处的环境,目的在于我们要在宇宙中安家,要找到一个让我们感觉安全和舒适的居所。

他拒绝理性完美哲学的主要原因是因为它太教条、太独断,企图解释整个世界,企图对所有问题给出确定的答案,却常常忘了我们生活中需要处理的具体问题。在实用主义中,没有教条,没有"主义"。它关注的是我们新发现的生活事实。实用主义认为,无论在科学上、宗教上或哲学上,都无法找到终极的解决方案,只能找到近似值。一种理论是否有价值,主要看它是不是能够解决实际问题,而不是看这种理论是否很自洽,是否在语词上存在相互矛盾的地方。我们要注重结果,每个词都要能够兑现才行。如果有没有某种理论,对我们的实际生活没有什么影响,这种理论就是无意义的,就可以抛弃。

(2) 我们只关心有实际用途的真理

詹姆斯认为,人生的总目标是自我快乐,所以我们并不关心真理本身,只关心能够直接或间接带来自快乐的真理,所以真理只是工具而不是目的。他认为,一个概念有没有意义与这个概念是不是真的,是两码事。比如说,我坚信中央情报局在对我的一举一动都进行监视,这种坚信对我来说是有意义的,因为它会产生一些效果,比如说,中央情报局的特工有活干了,而他们的活动对我的私生活确实会产生某种影响。但是,这并不意味着中央情报局真的是在监督我的一举一动,只是我这么想,导致了对我的私生活的影响。而对真理的检验比对意义的检验要讲究得多、要苛刻得多、要严谨得多。即使如此，实用主义的方法也是可以用来检验真理的。没有什么理论给出了关于真理的标准答案。

他反对真理符合论，这种理论认为，一个观念是不是真的，要看它是不是与客观实在相符合。这种理论的假设前提是观念对客观实在的"复制"。客观实在一动不动地站在那里，让我们的观念能够精确地对它进行复制。观念与客观实在之间的关系是种静态关系。当你的观念得到了这种复制品，你就认为你把握了终极真理。而事情并没有那么简单，因为我们还会问，这种真理能够给我们的实际生活带来什么改变呢？比如说，我们来看一下墙上挂着的钟。我们看钟的时候，不是用观念对钟的形状进行复制。所谓的钟的"实在"指的是钟的内部结构和运行机制，这种实在是我们无法看见的。我们的关于钟的观念由钟的表盘和指针组成，与钟的"实在"没有什么关系。即便我们关于钟的观念是有限的，我们看不见它的"实在"，但我们的有限的观念是真的，因为我们可以通过它来知道时间。从实际结果上看，我们对于钟的观念可以让我们准点上班，准点赶火车。我们也可以用科学的方法来验证我们的观念，比如说，我们把表拆开，看看它的内部结构。只是我们很少这么做。如果我们用表的目的就是要看时间，那么达到这个目的就足已了。

（3）假的信念会把我们的生活弄得一团糟

詹姆斯认为，因为只有依靠真理才能实现目的，所以我们才对观念真不真感兴趣。观念真不真，主要看我们是否能够通过它成功地实现某种目的。所以说，真理是我们的生活过程的组成部分，我们可以借助真理来成功地完成我们的任务。真理是从成功的经验中产生的。成功的过程就是验证一个观念是否是真理的过程。而真理符合论的倡导者相信，真理是绝对的，就好像有一个真的钟挂在墙上，我们看不看钟都无所谓。而对于詹姆斯来说，我们在生活中能够用上钟，我们才会去关注它。而对于钟真不真，我们不是看一次就完了。我们看了它多少次，我们借助它成功地准点把握了多少次时间，我们就有多少次真理。所以，真理不是一次性的和绝对的成功，而是多次的和具体的成功。

他认为，追求真理的方法可以分成两种：刚性的方法和柔性的方法。一个刚性的实用主义者关注的是在追求真理的过程中获得的成功经验，这种经验更具有科学性。比如说，只要我的钟总是能够帮助我准点到达，而且我的钟与其他的钟所指示的时间是一样的,我就相信我们的钟指示的时间是真的。而一个柔性的实用主义者关注的则是在追求真理的过程中所显示出的不太科学的方面。比如说,他不是具体地科学地去分析事物,只要能够帮助他有效地组织他的日常生活就可以了,时间准不准都无所谓。他认为,这两种方法都满足了各自的需要,因此都是有效的。不是所有的人都是科学家,都必须关注真的还是假的。

但是,这并不意味着真理就是变幻莫测的。真的信念会给人带来益处,而假的信念会给人带来破坏性的后果。比如说,我不对钟,只是按自己的想象设定时间。我以为这样能够帮我有效地安排我的日常生活,但实际上会弄得一团糟,因为我的时间与别人的时间不一样。人为什么要追求真理呢?因为真理会给我们回报。就像我们要追求健康一样,因为它能给我们回报,让我们能够健康地活着。实用主义哲学的最大的功用在于可以帮我们解决无休止的争论。我们太需要终止谁对谁错的争论了,因为他们都坚持说自己一方是对的,而双方的观念又是对立的,我们不知道该听谁的,该怎么办。

(4) 如何解释后悔现象和道德现象?

詹姆斯认为,哲学家们一直在争论的问题就是自由与必然的问题。而他认为,我们要问的是,哪种理论更符合我们实际的生活需要。通过我们的生活体验,我们知道存在着后悔现象,也存在着做了不应该做的事情后的内疚现象,而后悔和内疚都影响到自我享乐,所以我们必须关注自由意志的问题。在意志是否自由的问题上,天命决定论者认为,不存在模棱两可的不确定的情况,该是什么样就必定是什么样。人还在娘胎里的时候,就从宇宙那里接受了天命,未来如何,已经预定了,别无选择。机械决定论者认为整个宇宙就像是一个大机器,每个零件都要各就各位,每个齿轮都是互相咬合的。一个零件的轻微的运动就会引起其他零件的运动。在整架机器中,没有什么地方是可以松动的。而非决定论者则认为,人是有一定的自由的,未来如何,是不确定的。这两种观点都有道理,怎么才能解决这个争论呢?他认为,我们能够自由地选择我们的生活目的,还是说我们生来就已经被赋予了某种使命,这个问题是无法用理性来解决的。这样的争论,双方都是有道理的,谁也无法说服谁。而实用主义的方法则可以给这个难题的解决带来希望。他问道:我们为什么非要弄清楚人是不是自由的呢?弄清这个问题对我们的实际生活有什么影响吗?只有对我们的生活很重要的问题,才值得去研究。

我们是被物质力量机械地支配着,还是说我们能够在某种程度上按我们的意志去塑造我们的生活,对于詹姆斯来说,这个问题不只是一个有趣的谜团。他的整个哲学体系的最终目的就是要解决这个难题。他很关注人的行为,希望人们能够选择对这些行为来说具有最高价值的观念。他从帮助人奋发图强的角度来看待哲学,所以他认为哲学是具有普遍意义的。他认为,自由意志指的是人能够进行自由选择。而只有一种可能性,就谈不上选择。因此,自由意志是与多种可能性的存在相关的。一件事,可以这样做,也可以那样做,可能做成功,也可能做不成功,这才让我们有选择的余地。我们不是一架大机器中的零件,因为我们有意识,我们会后悔。比如说,有的人会后悔在高中时没有扛住压力,有的人后悔在大学时没有好好学习,有的人后悔没有好好工作。如果我们是别无选择的,那后悔又有什么用呢?

我们不仅会后悔,而且还会做出关于好坏的道德判断。我们会劝说他人应该做什么和不应该做什么。我们会对人的行为给予奖惩。这些都说明我们是可以选择的。如果行为是被迫的或预定好的,也就是说我们是没有选择的。而在现实生活中,我们可以看到,其他人和我们自己都是容易受伤的。人会说谎,会偷东西,会杀人。我们说这些行为是错误的,不只是在反思,而且认为这样的行为是可以避免的,人不一定非要这么做不可。如果人是没有选择的,告诉人应该怎么做就没有意义。在宇宙中,并不是非要发生凶杀事件不可。凶杀事件是能够发生的,但不应该发生。实用主义认为自由选择理论更有道理,因为它能够更好地解释人的后悔现象和道德现象。

(5)相信绝对完美的存在能带来好处

詹姆斯认为,信念也会影响到自我的快乐,所以我们也需要关注。人为什么要有信念?对于强硬派的经验科学家来说,他们可能认为个人的愿望是什么,对真理的探求是没有什么影响的。经验科学家会说,对于没有足够证据的信念,我们放弃就好啦。比如说,宗教信仰就是缺乏足够证据的。所以,经验科学家会建议说,对于上帝,我们就选择不可知论的观点就可以啦,因为我们说不清楚上帝到底存在不存在。而詹姆斯认为,对于经验科学给不出确定的答案,而我们又迫切需要解决的问题,我们就可以跟着感情走。这时,信还是不信,由我们的感情来决定。但是,我们并不是什么都愿意相信。我们只是在某种具体的处境中愿意相信某些事或某些人而已。否则的话，我们的理性会让我们毫不犹疑地采取中立态度。比如说，我们不相信林肯还活着，因为有很多强有力的理由让我相信他死了。而上帝是不是存在，证明它存在或不存在的理由都是不充分的，因此理性只能够保持中立状态。

他认为，从如下三种情况，我们可以把信念建立在情感的基础上。首先，这种信念必须是活的，而不是死的。人们从心理上能够接受的信念才是活的信念。比如说，让一位原来信基督教的人，转信穆斯林，这个转变从心理上就很难接受。对于基督教徒来说，转信穆斯林就是一个死的选择。其次，这种选择必须是接受或拒绝，在这二者之间不存在第三种选择。比如说，我要么接受绝对完美是存在的观念，要么不接受绝对完美是存在的观念。最后，这个问题必须是一个重要的问题，而不是琐碎的小事。对绝对完美的信仰具有紧迫性，满足如上三个条件，便可以把这种信念建立在情感上。

我们的情感有一个突出的特征，就是不能悬着，一定要做出选择才感觉踏实。即使还没有想清楚，人也必须有个是或否的答案，否则心理上就会感觉难受。所以，当理性无法给出答案的时候，我们可以根据愿望或感情来做出决断。他认为，还没有想清楚就先信了，经常会给人带来好处。这种信念是很冒险的，但这个险冒得很值。假如一个少年想知道某个少女是否爱上他了，假如这个少女确实是爱他的，而他不知道。如果他假设她没有爱上他，他的这种怀疑就会妨碍他去表白，结果她就没有机会表露她的爱。这样，他就会失去认识真相的机会。他选择信，并不会让她爱上他。但是，如果她的爱已经在那里，信就不会错过，不信就会错过。如果这个少年想有足够的证据来证实她是不是爱他，他得不到这样的证据，因为只有他信她爱他，他去表白了，他才能够得到这种证据。在宗教信仰中也一样，我们也许只有先信了以后，才能够发现宗教里的绝对完美。

有的时候，非理性的信念不仅能够帮助我们认识真理，而且还能够创造出一些原本不存在的事实。比如说，我相信我能够被提拔，所以我就一直努力，结果我可能真的被提拔了。又比如说，我相信我的能力，我假设自己有这种能力，所以我敢于冒险，结果可能还真成功了。同样，在竞选中，一个乐观的候选人，相信自己的候选人，能够激发出足够的热情，使他有可能赢得大多数人的选票。再比如说，在一列火车上发生着一桩抢劫案。也许火车上的每个人都是勇敢的,但是每个人都害怕一旦自己反抗就会被枪杀。但是,如果一个人很乐观地相信,他一带头反抗,大家都会反抗。如果一个乘客果然开始反抗了,他就会影响到其他人,结果大家都起来反抗了。

3. 杜威:理智是实现目的的有效工具

杜威(John Dewey,1859—1952)出生在美国的佛蒙特州,曾就读于佛蒙特州大学和霍普金斯大学,并获哲学博士学位。他先在密歇根大学任教,后到芝加哥大学任教。在芝加哥大学工作时,他的实用主义的教育观得到了推广,因此有了很大的名气。那时,他是芝加哥大学的儿童实验学校的主任,他为孩子们创造了一个比较宽松的和有创造性的学习氛围。他放弃了传统的比较正规的学习方式,不只是让学生听讲和记笔记,而是让学生们直接参与到教育活动之中。后来,他到哥伦比亚大学任教。他九十二岁去世。他的兴趣很广泛,但主要关注的是逻辑学、哲学和知识论。他的实用主义关注的主要是社会领域,而不是个人领域。他的最有影响的著作主要与教育、民主、伦理、宗教和艺术几方面相关。他在有生之年重构了哲学体系,对美国的很多机构影响都非常大,其中包括学校系统和一些政治程序。他的思想对日本人和中国人的影响也很大。他的讲座具有经久不衰的力量。他的写作风格非常活泼。他关注的也是总体上追求自我享乐的个人。虽然享乐的目标很多,具体要追求什么样的目标,要到社会实践中去体验。民主能够为我们确立具体的追求目标,而智能则能够给我们提供最合适的手段和工具。

(1) 环境在变,观念也在变

杜威的早期思想受黑格尔影响很大。后来,他从总体上放弃了黑格尔的思想,但依然认为人类是处于发展变化之中的。杜威的思想与经验科学哲学和理性完美哲学都有所不同。经验主义者假设人们思考的对象是事物中的固定不变的本质。每个观念都有一个对应的实在。我们看某个东西,就必然在脑袋里产生一个对应的观念,就像照镜子一样。而理性主义者则反了过来,认为只要我们的头脑里有一个清晰的观念,我们就保证能够在外部世界里把对应的东西找出来。杜威认为,这两个学派有一个共同点,就是把人的思维看成是一个固定不变的工具,具有确定性。自然为一方,人的思维为另一方,通过看就能把二者联系起来。认识活动,就是看的活动。把外物看到眼里,就变成了观念,或者当脑袋里出现了某个观念,就能找到对应的实在。在认识活动中，人就是一个旁观者。旁观者的认识方法是静态的方法，而且太机械。而杜威受到了达尔文的进化论的影响，他把人看成生物学中的有机体。我们的思想和行为会受到环境的影响。如果我和我所处的环境都是变动的，静态的旁观者理论就不适用。正如其他的生物体一样，人也在为生存而奋斗。人与周围的物质世界或自然界处于冲突状态。人是一个动态的生物体，周围的环境是不安全和不可靠的。人与环境之间是通过经验联系起来的。我的思维并不是一成不变的，知识体系也不是由一套静态的概念系统构成的。人的智能使我们的观念能够随着环境的变化而变化。

(2) 我们思考的是生活中出现的难题

杜威认为，思考并不是一个私人的行为，不能把自己与实践中出现的难题孤立起来独自思考。思考是一种积极的智能活动。当我们陷入了困难的处境之中，面对着一些难题，我们就会思考这些难题。而思考的目的是为了解决这些难题，为我们的行动提供指南。所有的思考都可以分成两个阶段：第一个阶段，我们的头脑处于一个困惑的、纠结的、混乱的状态中；第二个阶段，我们的头脑处于一个清晰的、统一的和决断的状态中。他把自己的理论称为工具主义，因为他认为人的思考能力是解决难题的工具。在经验主义者和理性主义者看来，思是思、行是行，二者之间没有什么关系。而工具主义则认为思考的目的是要改变现实状况。我思考的目的不只是要知道单个的事物是怎么回事，还要使我能够更好地与环境周旋。我思考的对象是那些我想知道的、我疑惑的、我感觉危险的事物。我想解决的难题起源于我的生存环境。所以，思考的目的不是要探求完美这种"真理"，而是要协调个人与环境之间的关系。真理不是存在于事物中的静态和永恒的性质。好的哲学能够帮助我们逃离生活中的困境，能够帮助我们成功地解决难题。而工具主义就是能够帮助我们解决难题的理论。

(3) 习惯的形成通常与有用性是相关的

杜威的工具主义理论是围绕着他的人性论建立起来的。杜威认为，人受教育和社会环境的影响非常大，但我们生来还是带有一些本能的。只是我们的本能并不是固定不变的，它们具有高度的灵活性，可以因社会环境的不同而不同。人的性情是可以在与环境的交互作用中加以塑造的。比如说，恐惧可能会变成胆小，也可能会变成敬畏上级，还可以会变得很迷信。某种感情冲动与其他的感情冲动是交织在一起的，而且还与我们的环境给我们提供的发泄方式相关。所以，不能用简单的、机械的刺激与反应来解释人的行为。当某种冲动总是以同样的方式反射时，这种反射方式也不是必然的，而是习惯使然。而习惯只是对刺激的一种反应方式，因而并不是说某种自然的冲动与任何具体的反应之间存在什么必然联系。所有的反应方式都是在人的自然性与文化之间的交互作用中学来的。所以，习惯并不代表着人的固定的行为方式。一种习惯的形成通常与它的有用性是相关的，它能够帮助人成功地适应周围的环境。

他认为，恶并不是来自人的某种本能，也不是来自于人的自然本性中的某种冲动，不是不可改变的。恶是一种文化的特殊的表现方式，是这种文化对人的感情冲动进行塑造和限制的结果。恶来自于人的习惯中的惰性，是后天养成的。智能本身也是一种习惯，我们依靠智能的帮助来适应环境。习惯不仅包括我们对某种刺激进行反应的方式，而且包括我们对于环境的看法。因为所有的习惯都是后天养成的，不是顽固不化的，因此可以通过改变一个社会中存在的各种习惯来克服个人的和社会的恶，其中包括改变人的思维习惯和反应习惯。要重塑社会，教育是最重要的。我们按习惯行为，所以教育就是要为养成有用的和有创造力的习惯提供条件。

他认为，很遗憾的是在以往的历史中，都是在发生了很大的灾难或出现了很大的社会动乱之后，人们才冲破了长期存在的习惯，实现了人类的进步。他希望消除革命，希望社会以一种可控的方式来实现转变，而知识就能够给予我们这种控制力。我们可以通过教育来很巧妙地改变人的习惯，从而实现变革，改造社会。他认为，要利用教育的机会让年轻人改变对流行的思想的看法，改变对流行的东西的追求，这样社会的经济才能够持续地发展，社会风气才能纯正。教育的精神应该是实验性的，因为我们的思维的基本活动是在解决难题、需要探索。我们要尝试成功地解决难题的多种方式，而不是要去追求建构严整的理论体系。他的工具主义是受经验科学掌控的。他认为，正如经验科学一样，教育应该意识到行动和思想之间的密切关系。行动是实验，思想是反映，行动和思想之间的关系就是实验与反映之间的关系。获得知识的过程是一个持续的过程，是在实验和思想的交互作用过程中来努力形成理论。在社会进步中，教育起着关键性的作用。而在实验中，最能够发现解决难题的工具性手段。

（4）每一代人都有自己的具体的生活目标

杜威认为，我们要解决的最关键的难题是目的问题，也就是说，人活着有什么目的？我们要进步，我们先得设定目标。而价值观体系就是我们设定的目标，就是我们要实现的目的。工具性的手段是服务于实现这些目的的。那么，社会怎么才能发现它的发展目标是什么呢？怎么发现它的价值观体系的基础呢？为了解决事实与价值、科学与道德之间的关系问题，他构建了一个新的价值理论。他的价值理论是建立在他的知识论的基础上的。他认为，我们发现价值的方式与我们发现事实的方式是一样的，要通过经验。价值并不是作为一些永恒的实体存在着，等待着我们用理论化的思维去发现。每个人都经历过要在两种或多种可能性中进行选择的难题。假如我们必须选择，那么我们就要知道选择哪种更有价值。我们的很多选择，都是关于手段和方式的选择。也就是说，我们要实现某个目的，就要选择最好的方式去实现这个目的。

当目的已经明确了，我们就能够用严格的科学的方式来选择手段，那么最有价值的行为就是最能够成功地实现其目的的行为。比如说，我的屋顶漏水了。我的目的是要让屋顶不再漏水，我要找到实现这个目的的方法。我就要采取行动了。在我行动之前，我要先想想各种可能性。先想想以前是否干过同样的事情，有什么经验可以借鉴。也可以自己先实验一下。解决这样的问题，我们不需要借助什么复杂的价值理论，不需要知道事物的本质是什么，不需要知道什么超验的永恒的绝对完美。我们需要做的就是通过智能找到实现我们的目的的最好的手段。通过智能可以架起问题和答案之间的桥梁。杜威认为，这种实验性的和工具性的方法，也可以用来解决个人和社会的前途和命运的问题，同样可以用来解决价值理论的问题，其中包括道德、社会政策、政治学和经济学方面的问题。

他很乐观，因为他看到了经验科学的巨大成就。他的理论与功用主义很相似，它们都认为正确的行为就是给社会带来最好的结果的行为。不过，他想超越功用主义。他认为，我们的道德选择开始于我们在实际中想要什么，比如说，我们想要一个修好的屋顶，我们想要一个改好的学校体系。那么我们就把我们的愿望提交给我们的智能，它会给我们找到满意的解决方法的。不幸的是，我们不可能设计出一个现成的理论体系，告诉你实现一个目的的最好的手段。生活简直是太变动了，环境简直是太复杂了，什么样的规则都会失效。想想我们要实现的目标是什么，找到最能够带来满意的结果的方式就好了，这种方式就是最有价值的。在经验中，我们能够发现我们想要追求的生活和行为目标。按他的说法，每一代人都应该在民主的氛围中形成这一代人自己的生活目标。杜威的信仰就是人的智能，而这种智能不只是单个人的，而是存在于民主之中的。知识、智慧和集体活动的行为指南，都来源于个人在集体活动中的合作经验。

第八章　经验科学快乐哲学的危机

——为什么快乐哲学把人带入痛苦的深渊？

经验科学快乐哲学的危机分别来自经验科学哲学和快乐主义哲学的危机，这两种危机构成了这种合成的经验科学快乐哲学的总体危机。经验科学哲学的危机在后两章中有大量的论述，本章主要说明快乐主义哲学的危机。由于经验科学哲学与快乐主义哲学之间有合成关系，所以存在着你中有我和我中有你的现象，不能截然分开，所以从二者的分别的危机中也可以看到对方的危机。怎么会出现追求快乐的哲学把人带入痛苦的深渊的悖论呢？因为追求精神幸福的快乐被淹没在追求肉体欲望满足的快乐之中。在资产阶级采用的经验科学快乐哲学的意识形态的影响和控制下，大众主要在追求肉体快乐，而不是精神满足。而肉体快乐是需要消费物品和服务的，而物品和服务是需要用钱来买的，大众是要通过出卖劳动力来换钱的。

而在出卖劳动力的过程中是充满血腥的竞争的。在激烈的竞争中出现的是强人而不是伟人。在这里，伟人消失了，强人出现了。伟人是强大的人，但是强人不一定是伟人。伟人怀有对人类的悲悯之心，做事先看是不是会伤及无辜之人。而强人只顾自己，做事只看事不看人，对人缺乏基本的仁慈，只追求成功而不计其余。失败者哭得越悲惨，强人笑得越疯狂。而无论是失败者还是成功者，因为他们在意的只是个人的快乐，而个人的肉体又是会死亡的，所以一切终究会变成虚无。在僵化了的结构主义的资本主义社会中，人依从社会就会失去自由，而离开秩序人又会迷茫。就这样，在浅薄的肉体快乐中存在着深度的痛苦。叔本华、尼采、海德格尔和利奥塔分别为我们生动地刻画了在发达的资本主义社会中存在的血腥的竞争中的人、残酷的强人、向死而生的虚无的人和后现代中的遭到权势压制的人的深切的痛苦。

第一节 唯意志论：叔本华的在血腥竞争中的人

叔本华（Arthur Schopenhauer，1788—1860）是一位德国哲学家，出生在波兰的但泽市。他的祖籍是荷兰，但是由于商业同业会的原因而移居德国。他的祖先们享受着荣华富贵。他的父母都来自德国的显贵而富有的家庭。沙皇彼得大帝及皇后访问但泽时，就住在他太爷爷的房子里。他的父亲是位非常富有的商人，希望他能继承父业。他小时候随父母游历过很多国家，因此思想比较开放。他九岁时开始在法国上学，两年后回到德国，他受的教育主要是如何经商，不学习经典。而不久他发现自己特别喜欢哲学。他的父亲对此很不高兴，因为这条路只能让他的儿子走上贫穷之路。他二十一岁时开始上大学，主要学习柏拉图和康德的思想。后来他成了柏林大学的教师。他把黑格尔称为笨拙的骗子。他认为黑格尔不是康德的继承者。他故意与黑格尔在同一个时段上课，结果只有五名学生来上他的课。后来他在《论大学哲学》一文中，表达了他对学术界的愤恨。他说："我比所有的前人把遮住真理的面纱掀得更高。"

他三十三岁时，爱上了一位十九岁的歌剧演员，与她保持了好几年的恋爱关系，但他没有结婚的打算。他说结婚会把人的权利劈成两半，而义务却倍增了。结婚意味着人被蒙面扔进一个麻袋里，希望在一堆蛇中找出条鳗鱼。叔本华与他的母亲的关系非常恶劣。他的母亲与他的性情是反着的，他从小就悲观，而他的母亲则很乐观、好享受。他的父亲去世后，他做了两年的商人，感觉非常无聊，只是为了满足他父亲的心愿。后来他的母亲搬到了魏玛当作家，他到哥达继续他的学业，因为遭到老师的冷嘲热讽而厌恶地离开了，去与他的母亲同住。那时他的母亲已经开了一间非常有名的沙龙，而叔本华不喜欢这种空虚无聊的、单纯讲究仪式的沙龙。他也很讨厌他的母亲那么快就把他的父亲给忘了。

后来叔本华在耶拿大学读博士，写出了他的博士论文《论充足理由律的四重根》。他的母亲告诉他说，这本书根本看不懂，一本也卖不出去。他特别生气地对他的母亲说，他的书将会经久不息，而她写的东西则是"垃圾"，会被人彻底遗忘。歌德很赞赏叔本华的这本书，但书确实卖不出去。在他出版了一本题为《附录与补遗》的论文集后，他才有了名气。本书的主题主要是：论妇女、论宗教、论伦理学、论美学、论自杀、论世界的苦难、论存在的空虚等。从四十五岁开始，他定居于法兰克福，陪伴他的是一系列的宠物。他的身体一直是健康的，但在七十二岁时开始生病。同一年，他在沙发上抱着他的猫去世了，死于心力衰竭。他相信无神论。他采用经验科学的方法，说明人的同"一"性是自私，追求的目标只有"一"个，就是活着。

一　人是没有自由的，因为必然性无处不在

叔本华是一位原创性的思想家，他在二十五岁时写的博士论文中就具有了原创性的思想。他的《论充足理由律的四重根》这篇博士论文要回答的问题是："我能够知道什么？""事物的本质是什么？"这样的问题听上去很宏大，但是他并没有建造一个宏大的体系来完成这篇论文，只是用了充足理由律这一条原则，就把这样的大问题给解决了。充足理由律的最简单的表述形式是：没有什么东西的存在是没有理由的。他认为这条原则不仅在经验科学领域普遍适用，还可以用到人类思维的全部领域。他通过分析人的认识对象和相应的观念来论证必然性是无处不在的，人的动机是有规律可循的，为他进一步说明人的普遍的意志提供了理论基础。他认为人的认识对象可以划分成四种，相应的观念也就可以分成四种：

第一类：物理对象。这些对象是存在于时空中的，是必然相互联系的。我们通过普通的经验就能够认识它们。它们是诸如物理学这样的物质学科的研究对象。他赞同康德的理论，认为我们的认识开始于经验，但不局限于经验。我们的思维会把一些先于经验的范畴，比如说，空间、时间和因果关系带给经验，就像我们是通过范畴这样的镜片来看对象的。这个领域属于现象领域，我们可以通过充足理由律来解释"变成"或"变化"的现象。

第二类：抽象概念。这是逻辑学的研究对象。在这里我们面对的是一堆概念，而概念之间的关系是通过推理原则来建立的。我们通过充足理由律来解释我们认识事物的方式。

第三类：数学的对象。数学研究的对象是时间和空间。几何学是研究空间的，它把空间分成部分，看各个部分所处的不同的位置。算术则是研究时间的，它把时间分成部分来研究。在这里充足理由律被用来解释"存在"，有时间的东西才有存在。

第四类：自我。人是有意志的，知道自己想要什么，有自我意识。在

这里可以用充足理由律来解释人的动机中存在的规律。通过这种分析，他得出了一个令人惊奇的结论，那就是必然性是无处不在的，人的日常生活也是受必然性支配的。人的动机是由性格决定的，人的行为是由动机驱动的，所以性格决定命运。

二　世界就是我的观念

叔本华在他的著名的《作为意志和表象的世界》一书中，写了一句更加让人感觉惊奇的话："世界就是我的观念。"他赋予了"世界"和"观念"不同的意思，因此人们才感觉难以理解。对于他来说，世界指的是整个宇宙。他认为，我知道的太阳或地球，是我用眼睛看到的太阳或用手摸到的地球，所以留在我的脑袋里的只是关于太阳或地球的观念，而且是我的观念。他并不把观念只看成是我们通过思考得来的东西，而是外部世界呈现在我们面前的、我们通过感官或直觉的方式对这些呈现做出反映后形成的观念。没有外部世界的呈现或没有我们的意识和理解都不能形成观念，所以外部世界是以观念的方式存在于我的思维中的。没有一个人对于世界的看法是完美的，所以"我的观念"与"你的观念"是不同的，但我们都可以说"世界是我的观念"。这句话的意思并不是说世界是存在于我的脑袋之中的，我死了世界就不存在了。我死了世界依然存在。他要说的是我能够认识的世界就是这么多。我们的知识全部都来自于感性认识。我们之所以要形成抽象概念，比如说，"树"和"房子"等，是为了实用的目的。通过这些概念，我们可以把从感性认识那里获得的资料进行整理、研究和安排得井井有条。所以有价值的抽象概念不是异想天开的产物，而是依赖于对实际经验的浓缩，否则它们就会像是让你在森林中乱转的小路，无法带领我们从森林中走出来。

三　活着是件很吃亏的事，利润太小而成本太大

叔本华对"意志"这个概念的使用也需要加以澄清。在通常的情况下，我们说的意志指的是对某种行为的有意识的和深思熟虑的选择。康德认为人只能看到事物的外部情况，永远无法知道事物的内部本质，那里存在着不可知的东西，也就是事物本身。事物本身是什么呢？我们无法知道。而叔本华认为，他发现了通向事物的内部本质的唯一的夹道。打开这条道上的一扇特殊的门，就能够走入事物内部。通过经验我们知道人都是

有愿望的，我们的行为就是我们的愿望的体现，行为的过程就是把愿望客体化或具体化的过程，愿望与行为只不过是同一事物的两个不同的方面而已。我们能够意识到，我们不只是一个能够认识事物的主体，而且我们本身的内部本质也需要被认识，也就是说我们要认识自我。而人的愿望最能够体现自我，所以一个人的愿望就是他的本质。尽管我们只能看到其他事物的外部情况，但是我们能够认识我们自己的内部情况。

把这个道理普及到万物，我们就会发现，不只是人有愿望，万事万物都有愿望，其中包括动物和无生命的事物，这样就能得出万物的内部本质都是愿望，整个世界都是在按照万事万物的愿望运转的结论。愿望让万物充满了能量，它们表现为盲目的、无休止的、自发的冲动，让万物总是在奋争，而这个愿望归纳起来，就是要活着，就是生存的愿望，就是不想死去。他认为所有的事物都像木偶一样事先被安上了发条，无论是低级的阿米巴还是高级的人。人的行为就像植物生长那样地盲目。求生愿望是一种生来就有的强制的力量，支配着每个人。我们不能假设说，动物是受本能控制的，而人是有理性的，所以人是高贵的。智能本身也是普遍愿望的产物，所以智能并不比本能处在更高的水平上。而且他认为智能只是愿望实现自己的目的的工具之一，属于人体的一种机能，这种机能是可有可无的。智能的特征是只能工作一段时间，会疲劳，需要休息，而生命则不能休息。在智能休息的时候，愿望还一直在工作着，从而能够维持生命。人在睡觉的时候，智能休息了，而愿望还在工作，所以有机体才在不断运转。有些哲学家在讲人的意志是自由的，而叔本华则在讲意志是无处不在的必然性，全部事物都被它所掌控，人也难以幸免，从这里长出了他的悲观主义。

叔本华认为，从表面上看人是自由的，其实则是由背后的意志控制着的，由生命的愿望怂恿着他在行为，这种求生的愿望具有必然性。所有生物的主要驱动力都是要繁衍后代，它们的生命没有什么别的目的或意义，就是要让生命一次次地循环存在着。求生的斗争必然产生冲突和毁灭，一种元素生了，就意味着某些元素要死，这种斗争是你死我活的，别无选择。他举了一个爪哇岛的例子说，在一个海滩上，你可以看到成片的白骨，让人感觉到战争发生后的恐怖景象。海龟到海滩上产卵，而野狗在那里等着它们，疯狂地掀开它们的龟甲，把它们活活地吃掉。尽管如此，海龟们依然年年到来，为的就是要繁衍后代。

人的世界比动物界要复杂，但基本特征是一样的。对于自然界来说，个人是没有价值的，自然界关心的是人作为一个类的生存。自然界给人以生命，并不是赠给了每个人一个礼物，让每个人活得开心，让每个人只管享受。它给每个人都派了任务，让人做苦差。数百万人联合起来组成一国家，目的是要追求公共的善，但数千人成了这种追求的牺牲品。互相间的战争不是因为政治家的阴谋诡计导致的，而是人们的愚蠢的妄想导致的。在和平时期工业和贸易都很活跃，各种发明在制造着奇迹，航海活动频繁发生着，来自天涯海角的美味佳肴集聚着。我们这么忙活到底是为了什么呢？就是要维持个人的短暂而痛苦的生命。活着是件很吃亏的事情，人遭遇的麻烦和得到的嘉奖是很不成比例的。活着意味着我们要费尽全力去做一些对个人根本没有意义的事情。我们能够得到的无非也就是食色上的满足而已，还有就是一些转瞬即逝的舒服。如果说生命是一场交易的话，利润太小而成本太大。人生根本不存在真正的幸福，所谓的幸福只不过是让痛苦暂时休止一下。有欲望就有痛苦。欲望就是我们的需要或想要的感觉。大多数欲望是根本不可能被满足的。人生是一个没有目标和漫无目的的奋斗过程。每个人的生命其实都是场悲剧，只是在一些细枝末节上具有喜剧性罢了。

四　痛苦是常态，幸福只能偶尔体会到一点

意志是那么的强大和无处不在，人是那么的痛苦。那么人有没有办法逃避这种痛苦呢？叔本华认为，逃避的方法至少有两种：伦理学的方法和美学的方法。通过道德的方法，可以抵抗激情和欲望；通过审美的方法，对着美的东西发呆，可以转移我们的注意力。但这两种方法都是暂时性的，无法根本抵御激情和欲望的连续不断的攻击。因为人要求得生存，这种生存欲望再以无穷尽的欲望形式表达出来，所以产生痛苦的原因就是多种多样的欲望，人生就变得很复杂。如果能够找到某种方式来降低人的欲望的密度，就至少能够给人提供一些人可以把握的幸福的时刻。当然我们一直要提醒我们自己的是，人说到底是一种特别可恶的野兽，其凶残程度不亚于老虎。但我们时而也是可以升华到思想的高度和能够觉悟的，此时的人是高于物的。我们的需求层次是可以不断升华的：第一个层次是对生物欲望的满足。当我们想要占有某种东西或占有其他人时，这些诱惑就会激发我们的欲望，驱动我们的生物功能，让我们产生饥饿感和性欲。第二个层次是对安全感的满足。我们需要让我们的肉体的生存具有安全感，要

能够抵抗暴力,不能被人征服。第三个层次是能够认识普遍的人性。我们能够把个人需要的具体物品与人类的共同需要区分开来,我们意识到人是同类,我们要互相尊敬,这样我们就能够产生同情心,从而出现伦理学中所说的温文尔雅、无私的爱和怜悯。

与此类似,我们的审美享受也能帮我们逃避痛苦。审美活动可以转移我们的注意力,让我们从具有侵略性的生存斗争中逃离出来,去对着那些与个人的生理性的激情和欲望无关的对象发呆。当我们对着一幅艺术作品发呆的时候,我们从一个燃烧着欲望的人,变成了一个纯粹在认识事物的人。在欣赏艺术品时,我们在其中寻找的是具有普遍性的元素,对绘画如此,对音乐也是如此。在绘画中,我们可能看到了人,但不是在看某个具体的人,而是在欣赏我们共同分享的人性的某个方面的体现。这样我们的觉悟就会从世俗的、充满激情的、为生存而奋斗的层次,也就是从普遍意志那里逃离出来,升华到了可以对着美发呆的层次,在这里我们能够得到闲适的幸福感。而即便如此个人依然没有真正的个人自由。无论我们怎么逃避,真正面临具体的处境时,人还是会去为生存而斗争。所以,痛苦是常态,幸福只是偶尔能够体会到一点而已。

第二节 权力意志论:尼采的残酷的强人

尼采(Friedrich Nietzsche,1844—1900)是德国哲学家,出生在普鲁士萨克森州勒肯镇附近的洛肯村的一个乡村牧师家庭。在他四岁时,他的父亲去世。他的家庭由祖母、母亲、姐姐、两位未婚的姑妈组成。他十四岁时上了一所著名的寄宿学校。这个学校管得非常严,他在那里学习了六年。他的古典学、宗教和德国文学学得比较出色。在这里,他开始对古希腊的著作着迷,尤其喜欢埃斯库罗斯的悲剧和柏拉图的思想。后来他上了波恩大学。他感觉同学们的水平太差,所以只待了一年就离开了。于是,他到了莱比锡大学学习古典学和哲学。在莱比锡,他主要学习了叔本华的著作,并接受了无神论和反理性主义的思想,开始反抗和鄙视当时的欧洲文化。在他看来,当时的欧洲文化堕落了。也是在这个时候,他开始对瓦格纳的音乐着迷。他说,有的人需要用大麻来消除难以承受的压力,而他则需要瓦格纳。

他二十四岁时成了巴塞尔大学的教授,莱比锡大学因此面试授予他博士学位。他的就职演说的题目是"荷马和古典哲学"。在巴塞尔期间，他经常到瓦格纳的别墅去拜访他。瓦格纳的思想影响到了他的早期作品，但是他们的友谊没能持续下去。后来他又迷上了意大利的文艺复兴的思想。再后来，他身体不好，加上不喜欢学校给教授们规定的任务，在他三十四岁时辞职。此后的十年，他在意大利、瑞士和德国求医。尽管在1881—1887年间，他的身体很差，但他还是写出了几本比较著名的著作。1889年，他在意大利都灵市的一条大街上犯精神病，被带回巴塞尔看病，后被送到耶拿的一所精神病院，最后由他的母亲和姐姐照顾。在他的生命的最后的十一年里，他已经疯得不可逆转了，所以没有能够完成他的最后一本巨著：《重估一切价值》。尼采带着激情写作，所以他文风非常活泼。

尼采于1900年去世，终年五十五岁。在二十世纪，他的思想的影响非常大。他的人生看上去非常矛盾。他的爷爷和父亲都是路德教的牧师，而他则宣告"上帝死了"，并发动了一场反道德的运动。他在一个女性环绕着的生活环境中长大，他倡导的"超人"却不具有什么女人味道。他认为，人都在追求能量，希望自己变成一个像太阳一样的能源中心，用力量来全面地诠释生命的活力，却又相信自我控制和升华才是人的真正的特征。在他的作品里，他的头脑是清晰的，而在生活中，他却时常处于绝望的疯狂之中。

他既反对宗教的信仰理性完美哲学，也反对黑格尔的观念理性完美哲学，而是希望把道德秩序建立在个人选择的基础上。他不建构思想体系，因为他认为，要建构思想体系，就不得不假设存在一些自明的真理，而这些自明的真理本身就是需要证明的。而且，大多数建构体系的哲学家都想一次把所有的问题都解决掉，把自己看成是宇宙的解谜者。尼采认为，哲学家不应该那么狂妄，不要把太多的注意力放在抽象的体系上，而是应该关注人的价值问题，关注人迫切需要解决的问题。在解决这些问题时，不要受主流的传统文化的影响，要有尝鲜的精神。他爱用简短的格言而不是细致的分析来表达他的观点，提出了很多独特而清晰的见解。他的思想展示出了在经验科学自我享乐哲学的路上继续前进将会出现的残酷道德。追求自我享乐的个体，在找不到自我的意义的时候，又因为坚信人都是自私的，因此不会认为人在道德上有升华的空间，于是就会向强大的方向挺进，从而产生出自私的强大的超人而不是无私的强大的伟人。虽然他强调理性的节制作用，但自私的人从根上是残酷的,因此即使用太阳神也是难以控制的。

一 "上帝死了",世界会怎样?

在十九世纪,很多人关注的主要问题是权力和安全感,而尼采则预见到传统价值观念即将崩溃,现代人需要新的价值观来支撑人们的新的生活方式。普鲁士的军队把德国变成了欧洲大陆的一个强国,在科学方面的惊人的进步激起了人们的乐观主义精神。但是,尼采却大胆地预见说,人类将面临的是权力政治的争斗和血腥的战争。他感觉到人类将陷入什么都怀疑、什么都不信的状态。这种虚无主义的种子已经种下,所以必然会产生结果。他关注的既不是德国的强大的军事力量,也不是科学的巨大发展,而是随着基督教信仰的崩溃而产生的"上帝死了"的问题。尽管他是个无神论者,但是他对上帝的"死亡"抱有很复杂的感情。一旦人们都意识到上帝死了的时候,这种信仰坍塌即将产生的后果,让他想起来就感觉非常惊恐。当他把信仰的坍塌和达尔文所阐述的人类演进的无情竞争思想的泛滥联起来思考时,就感觉更加恐怖,因为人与动物之间的区别将会被摧毁,人类将卷入史无前例的大战之中。同时,对于尼采来说,上帝之死又像是新的一天的黎明,因为这意味着否定生命的基督教伦理将被肯定生命的哲学所替代。我们将面对一个从来也没有那么开阔的属于我们的大海。他把注意力集中在人的价值问题的探讨上,他想为人类预备好一套新的价值观念。一旦人们意识到上帝已经死了,马上就能够有一套新的观念作为替补。

二 好温顺的奴隶道德和好严肃的主人道德

尼采认为,不存在所有人都必须平等遵守的普世道德,不存在绝对的道德体系。人与人是不同的。如果我们构建出统一的道德体系,就会忽视人与人之间的差异性。也不能假设说,人性只有一种,只用一套规则就行。当我们提倡一种普世的道德规则的时候,我们的生命力就得不到充分的表现。在这个方面,犹太教和基督教都冒犯了人的生命力,它们是违反自然的、违反人性的,让生命变得软弱无力,造就出一些笨拙的生命。那么,人是怎么把这种反自然的伦理体系弄出来的呢?尼采认为,人类早期的历史,是善恶分明的历史,于是产生了两种主要的道德:主人道德和奴隶道德。在主人道德中,"好"指的是灵魂的"高贵"或"高尚"。而"恶"指的是灵魂的"粗俗"或"平庸"。高贵的人把自己看成是道德的创造者和决定者。他们按自己的意志行为，不需要得到什么人的批准。他们自己对自己的行为进行评价，不用在意别人怎么看。他们自己为自己感觉光荣。他们的行为出自能够影响他人的力量感。他们不是出于怜悯而帮助不幸的人，而是因为精力过剩。他们以各种方式来赋予力量以荣誉，他们通过让人感觉到具有难以对付的严格和坚韧来获得快感。他们对所有严肃的人和事都感到敬畏，并表示尊重。

而奴隶道德则产生于社会底层。具有这样的道德的人是被辱骂、被压迫、不自信的人，其中以奴隶最为典型。对于奴隶来说，"好"指的是能够让受苦的人少遭罪的一切品质，比如说，同情心、援手、热心肠、耐心、勤奋、谦逊和友好。奴隶道德产生于有用，凡是对弱者和无力量者有好处的都被认为是"好"的。在奴隶道德中，凡是让奴隶感觉恐惧的都是"坏"人；而在主人道德中，要让个人感觉恐惧的才是"好"人。出于报复心，奴隶们把贵族们的美德都称为"恶"。西方主流道德的问题就出在它赞扬奴隶道德，赞扬这种"牧群"的平庸的价值观，对于由力量的冲动产生出的"好"的感觉一无所知，而正好是这些东西才是高级的，才有可能成为衡量万物好坏的标准。让人难以置信的是，"牧群道德"竟然战胜了主人道德，让所有高贵的品质看上去都是恶习，具有这种的恶习的人应该感觉"内疚"，而所有软弱的品质看上去都是美德。

而事实上，人是具有稳定的自然本性的。即使是野蛮人，也有着无法折服的坚强的意志，有着对于力量的欲望。他们也会欺负更为软弱的、更为道德的、更爱和平的种族。起初，高贵的等级总是由野蛮人构成的。他们能够成为人上人，首先不是因为他们有强壮的身体，而是因为他们的心灵的力量很强大，这样的人才是完整的人。本来强大的种族，可以做主人的种族，因为心灵的力量被削弱，从而溃败。为了防止被侵略，弱小的种族开始从心理上加以防范。它们倡导一些新的价值观和新的理想，比如说，和平和平等，把社会运行的真实原则给掩盖了起来。其实，它们就是想破坏强者的力量。于是，弱者就在心理上创造出了一种对待人的最自然的冲动的否定态度。进而，奴隶道德就诞生了。它否定生命，它愤恨强者，它使得一个种族消解和衰落。

三 对于生命来说，剥削属于正常现象

尼采认为，作为强者来说，必须抗拒所有的情感上的软弱。从本质上

看，侵吞、伤害、征服陌生人和弱者、压制、严厉、强制消除怪事，用最温柔的话来说就是剥削，这对于生命来说属于正常现象。剥削并不是件坏事，而且它是生命的一项主要的功能，是人的好强的天性导致的结果。人的求生欲望使得人都很好强，而且人都有这样的内在冲动。人因为好强，而想要控制自己生活的环境。好强的目的不只是要活着，还想使自己的所有本事都得到鲜活的肯定。人的最强大和最高的求生欲望，不是在为活着而痛苦地奋斗的过程中表达的，而是在战争中、在权力争夺中、在征服中得到表达的。在人的生命中，好强处于中心位置，而在欧洲的传统道德体系中却否定了人的好强的本性。所以，他要批判基督教中的奴隶道德。他认为，基督教是人类历史上最致命和最具有诱惑力的谎言，也是最大的和最不虔诚的谎言。跟随着耶稣的是一小撮卑微的流浪汉，而欧洲人竟然会服从他们所崇尚的道德，真是不可思议。基督教的道德很让人反感，因为它导致了文明的退步。基督教要求我们爱我们的敌人，这是反自然的，因为我们的天性要求我们憎恨我们的敌人。

基督教还要求我们首先要爱绝对完美，然后才能爱其他的事物。通过把绝对完美注入我们的情感之中，颠覆了对我们的生命加以肯定的自然的道德标准，稀释了我们的最强大和最有活力的生命力。他承认基督教信仰曾经给遭遇困难的人带来过安慰和勇气，但是欧洲人为此付出了沉重的代价，是基督教导致了欧洲人的退化。传统道德正在死去，那么用什么来替代传统道德呢？尼采认为奴隶道德产生于弱者的愤恨和报复心理。他要重估一切道德价值，而不是要重新创立一种新的道德体系。他只是要向传统道德开战，要对传统道德进行活体解剖。他认为传统道德颠覆了人原有的古典的自然道德，所以我们还是要老老实实地回到好强的自然道德那里。

他认为，自然道德依然是活着的，只是被虚假的传统道德给掩盖住了，人们没有意识到它的存在。我们对传统道德的重估，就是要把自然道德给解放出来。没有必要再制定一套新的道德体系，只是把传统道德反转过来就可以了。现代人认为好的，按传统道德来看，不一定是好的。传统道德掩盖着人的自私和软弱。基督教是一种费尽心思设计出来的心理上的武器，是小人用来驯化合乎自然道德的巨人的。只要消除传统道德的伪装，真正的合乎自然的道德就会出现。所以，欧洲人必须要做的事，是要有男子气概、要征服、要狂妄、要热爱人间的事物。软弱的牧群可以有自己的奴隶道德，但不能把这种道德强加给具有创造力的人。这些具有创造力的强大的人不应该向牧群中的平庸的人看齐，要超越于来自牧群的善恶评价之上。牧群比喻的是像牧人和狗看守的畜群一样的人群。

四　残酷而好强的超人才是高级的人

尼采认为，道德价值必须建立在真正的人性之上，必须考虑我们所处的自然环境。他与达尔文不同。达尔文强调的是外在的环境在物种进化中的作用，而尼采则强调个人的内部力量，强调人是能够塑造和创造事物的，人具有使用和开发自然环境的能力。他认为，万事万物都是好强的，都是通过强大来表现自我。整个世界，除了争强好胜以外，没有什么别的东西。生命本身就是多种力量的集合体，就是一个持续地肯定自己的力量的过程。人生来就具有的心理状态是，强了就高兴，弱了就痛苦。痛苦激励着人去克服困难，消除障碍。一个有创造力的人才是一个完备的人，一个高级的人，也就是他所说的"超人"。"超人"并不拒绝道德，只是拒绝来自牧群的消极的道德。在超人的行为举止中都表现着好强的特征。建立在好强的基础上的道德，才是好的道德。而这种主人道德被奴隶道德所掩盖了。如果说超人是"残酷的"，那么几乎所有的"高级文化"都是在从精神上强化这种残酷。人的这种像"野兽"的方面，从来就没有被杀死过，它一直活着、生长着，它只是被美化了而已。

比如说，古罗马人就在角斗中体验这种来自野性的快感，西班牙的基督教徒体验着斗牛的血腥场面，法国工人则思念着血腥的革命。这都是残酷的各种各样的表现。从主人道德的角度上看，残酷这个词表现的就是人的好强的本性。人都想要强大。人都是被分成等级的，而分等的依据就是力量的大小。所以，在政治方面和社会方面把平等作为理想来追求是没有意义的。事实上，只可能存在力量的大小，不可能存在平等。要实现平等，就意味着要把所有人都变得一样的平庸。人生来就分成两种，一种人是蓬勃向上的，具有旺盛生命力的，而另外一种人则是软弱的、颓废的和腐败的。当然，在高等文化中，总是需要有平庸的牧群存在，而牧群存在的意义只是在于让超人能够出现和成长。超人可以是男人，也可以是女人，他们或她们都需要超越来自牧群的善恶观念，才可能出现。

他认为，不同的等级应该有不同的道德。"普通的牧群"在智能上根本无法达到"精神自由"的高度，也不存在"公共的善"。强大的事物总是留给强大的人来做的，稀罕的事情也是由稀罕的人来做的。超人是很稀罕的，但是在人类进化的下一个阶段必然会出现超人。历史并不是向着某种抽象的人性方向发展的，而是会出现某些杰出的人物。超人就是这种杰出的人物。但超人的出现并不是机械的进化的结果。优秀的人必须有胆量重估所有的价值，让他们的争强好胜之心获得自由，才可能产生超人。人类需要被超越。超人才能够代表人类的最高发展水平，展现出人在肉体上、智能上和情感上的力量。超人将是真正自由的人，体现着对生命的肯定。在他眼里，超人并不是一个暴君。在超人身上，有着酒神的元素，有着动物性，因此他是充满激情的。但是，他的激情是受理智控制的，使得他具有一定的行为方式，而不是变幻莫测的。我们不能把超人与恶霸相混淆。在尼采的头脑中，超人就是像歌德那样的人，像有着基督的灵魂的恺撒大帝那样的人。

五 要有酒神的激情和太阳神的节制

尼采认为，超人是在太阳神控制下的酒神。生命高于理性，但是如果没有理性，任由生命的欲望泛滥，就会导致生命本身的毁灭。尽管太阳神有可能破坏生命力，但是生命需要它的指引。超人是一个激情四射而又能够控制好自己激情的人。而这种超人是具有美学价值的人。他认为美学最有可能填补上帝死亡的空白，只有在美学现象中，人和世界的存在才具有永恒的合理性。他认为，希腊人最早发现了人的追求的真正意义。他通过古希腊人关于太阳神阿波罗和酒神狄俄尼索斯的观念来阐述他的美学思想。他认为，美学的特殊价值在于它把阿波罗的太阳神精神和狄俄尼索斯的酒神精神融合在了一起。酒神象征的是动态的生命之流，它要冲破一切约束，扫荡一切障碍，挑战一切限制。崇拜酒神的人会失足于酒醉的狂乱之中，在生命的海洋中失去自我。而太阳神象征的是秩序，它追求克制，它要有模样，要有范儿。一些放任的音乐形式很好地表现了酒神的豪放，而希腊的雕塑则有力地表现了太阳神的范儿。酒神象征的是生命的总体，个性被生命力所吞没，而这种生命力是比个体更强大的实在，是人类的生生不息的力量。太阳神则是个人主义的象征，它要对生命力进行雕塑，它要塑造出一个有模样的艺术品，它要塑造出人的品格，因此它要具有强大的控制力和约束力。从另一个角度上看，酒神代表着灵魂中的消极的、破坏性的、黑色的力量，如果不加以控制，就会变成令人恶心的骄奢淫逸与凶暴残忍的混合物，显示出最野蛮的兽性。太阳神则代表着力量，它能够驾驭波涛汹涌的生命的能量，并能够把这种破坏力转换成一种创造力。

他认为，古希腊的悲剧就是一种非常伟大的艺术，它象征着太阳神对酒神的征服。人并不是要在酒神和太阳神之间作出抉择。人的生命中必然包含着黑色的和冲动的激情。在古希腊的悲剧中，人并没有放任自我，让自己沉溺于本能、冲动和激情的潮水之中，而是把这种生命力变成了创造艺术品的驱动力。在我们通过节制塑造人格时是如此，在我们把范儿强加给与我们作对的物质材料来塑造艺术品时，也是如此。悲剧诞生的过程，也就是艺术创造的过程，就是太阳神用健康的力量挑战酒神的病态的狂乱的过程。同时，如果我们把酒神的狂乱看成是人性中的唯一的因素或者是主导的因素，我们就会陷入绝望之中，从而对生命采取否定的态度。古希腊悲剧的最伟大的地方就在于它把酒神和太阳神结合了起来，让太阳神作为主宰。而十九世纪的欧洲文化则没有给予酒神恰当的地位。酒神的激情必然爆发，只是或早或迟而已。如果有人问起，生命主导知识，还是知识主导生命，哪个地位更高，哪个主导时，我们当然会说，生命的地位更高、更重要，但是没有约束的生命力必将自我毁灭。只有把酒神和太阳神融合起来，人的生命过程才会被转换成一种审美现象，只有这种方法才能把人们从失去宗教信仰的灾难中拯救出来。

第三节 存在哲学：海德格尔的向死而生的虚无的人

海德格尔（Martin Heidegger，1889—1976）出生在德国。在他十七岁的时候，他的教区牧师送给了他一本布伦塔诺写的哲学书，名字叫《论亚里士多德的存在的多种含义》。虽然这本书非常难懂，却把他引上了哲学之路。他终生都在研究"存在"这个词的含义。在这个追寻的过程中，他也受到了克尔凯郭尔、陀思妥耶夫斯基和尼采的影响。他认为哲学应该关注具体问题。他在弗赖堡大学学习神学。学了四个学期后，因为受到胡塞尔的影响，转学哲学。后来成了胡塞尔的助手，在马堡大学任副教授。在这里，他主要研究亚里士多德，并用一种新的方式来解释现象学。他在这里写的手稿，后来成了他的最著名的代表作。为了帮他晋升为教授，他的院长劝他赶快把手稿出版。结果，手稿还没有写完，就以《存在和时间》的书名出版了。

一年后，海德格尔继任胡塞尔的职位，成了弗赖堡大学的哲学系主任。后来,他被选拔为弗赖堡大学的校长,曾短暂地当过纳粹党的成员。不到一年,他就辞去了校长的职务。后来的十年,他都在教书,批判纳粹对哲学的解释。在海德尔格还没有出版什么著作,还没有发表什么文章的时候,他就被看成是一个卓越的思想家,在德国的多所大学里享有声望。作为一名教师,海德格尔的不寻常的地方在于他没有弄出一个齐整的观念体系或哲学体系,学生们无法快速地理解或记住他的学术观点。他对学者们研究的对象不感兴趣,对理论和书也不感兴趣。他感兴趣的是思考着的个人关心的问题。我们生到这个世界上,以思考的方式来回应我们的所有的经验。我们思考着,所以我们存在着。海德格尔要探究的是我们的思考的最深层次的本质,那就是人不得不面对来自死亡的焦虑。

一 工具在人的目的网中确定自己的用途

海德格尔认为,要从总体上认识存在,必须先认识人类。人类这个词被翻译为"人的存在",而"人的存在"这个观念是很让人迷惑的。在整个哲学史中,对"人的存在"的定义与对事物的存在的定义是类似的。海德格尔不用属性来定义人,也不把人与世界分割开来。他的现象学把人们能够体验到的全部现象作为一个整体加以研究,而不是把它们分成部分。他认为人的存在表现着人自己。他所说的这个存在,与传统理论中所说的存在不同。他创造了一个德语的词语"Dasein"来指他所说的存在。在他这里,人的存在被描述为一种独特的存在。人不是像东西一样存在着,因为人不是东西。当我们回答人的本质是什么的时候,我们不能用某种属性来回答,而是要回答人是如何存在的。也就是说,根据我们的经验来说明我们是谁。

而人的基本经验来自于我们在世界中的存在。让我们来想想我们的日常经验,想想我们每天通常都在干什么。人在世界中的存在,不像是物在物中的存在一样,比如说,水在杯子里存在,衣服在衣柜里存在。人是居住在这个世界中的,与某种东西很熟悉,照看着某种东西。人关注的不是在空间中某个东西与另外一个东西之间的关系,而是想要懂得、想要明白。比如说,"她在爱着",并不是指她的一种空间状态,而是说明她的一种存在的类型,她属于正在爱的这个类型中的人。同样,当我们说人生活在世界上的时候,我们不是在空间意义上来说的,而是要说明人的存在方式,使得他们能够以有意义的方式来思考这个世界。

我们把我们遇到的事物看成是"齿轮"一样的工具。也就是说，我们把事物都看成是工具。我们看到一把锤子的时候，我们首先想到的就是怎么用它来实现某种目的。我用这把锤子的次数越多，我就越少地意识到它是一个东西。看上去好像我与锤子之间已经没有了距离。我也把这把锤子看成了一个项目的组成部分，它帮着实现这个项目中的某些目的。但是，如果这把锤子坏了，我马上就会换一种眼光来看它，它还是一个东西。按海德格尔所说，我们有一种特别的洞察力，我们可以看出某个物品有什么用，可以满足什么目的。我们选择一种工具的时候，我们不是先看它有什么属性，再推理出这些属性能够满足什么目的。

我们首先看的是这个工具的目的，看它是用来干什么用的。也就是说，不是一个事物的属性决定它是一个用具还是只是一个物体。我们要看一个东西担任什么特殊的角色，就要把它放到一个情景中去。一把锤子只有在完成某种任务时，才具某个目的，而且这个目的是与其他的目的相关联的。在做一件事情的过程中，我们无法从某个工具的属性中看出其他工具的目的。比如说，从锤子的属性中，你看不出来，要把钉子钉在屋顶上还需要梯子。任何具体的东西只有与其他的目的联系在一起才有意义。只有把东西放到一个目的网中，我们才能够理解这个东西的用途。我们生来就爱弄出这么个目的网来。由于每个人都以不同的方式设计着自己的世界，因此即使用同样的东西也会构成不同的世界。

二 面向虚无的焦虑是人的存在方式

海德格尔认为，人在世间的存在具有三重结构，使得我们有可能设计出自己的世界。首先，我们根据我们的理解设计出事物的场景和目的。从我们设计出的事物之间的相互关系中，我们可以看到这些事物存在的意义。其次，我们的心情影响着我们对待我们的环境的态度。带着绝望的心情，我们要完成的任务就在绝望中开始；而带着愉快的心情，我们要完成的任务就在愉悦中开始。这不仅是个态度问题，而且还表明了我们的存在方式和世界为我们存在的方式。最后是我们的交谈方式。只有能够用语言来说明的东西才能被理解，才能受我们的心情所支配。我们对事物的最原始和最基本的看法，来自于人在世间的存在方式，但是这并不能包括存在的全部内容。更重要的事实是，我们会对我们遇到的事物很着迷。从某种意义上说，我们被各种事物、任务和关系消耗着。我们从实用的角度关心着在我们的环境中存在着的工具和任务。我们从个人的角度关心着生活在我们周围的人们构成的社区。这种关心成了我们的一个基本属性。

为了理解人的存在方式，我们必须理解我们为什么要"关心"。海德格尔认为，关心由三个因素组成，其中每个因素都能引发我们内心的巨大的焦虑。首先，我们都是被扔到这个世界中来的。我们并没有要求父母把我们生下来。对于过去，我们只能接受。其次，我们具有选择的自由。我们可以通过不断选择来不断实现真正的自我。对于未来，我们可以改变，可以塑造。最后，我们会失去我们的真正的特征。我们的真正的存在要求我们承认和肯定我们独特的自我，我们要对我们的每个行为负责。而我们的现状却是在失去这种真正的存在。我在不知不觉中向着我的不真实的存在漂流。我企图在一个公共的自我中找寻避难所，我也企图在一种非个人的标识中寻找避难所，而这两种企图都是在逃避自我。当我们变成一个非个人化的我，按人们所期望的那样去行为，我就不再是一个具体的我，就不再按我应该做的那样去行为。

我压抑着自己想变得独特和卓越的冲动，把自己降低到一般人的平均水平。我说人家的闲话，反映着我对他人的肤浅的看法。我为了消遣而追求新奇。我越来越不明白我存在的目的是什么。但是，我还是无法不去面对真正的自我。于是，焦虑就会侵扰着我。对于他来说，焦虑不只是一种心理状态，而且是人的一种存在方式。他认为，焦虑和害怕是不同的。害怕是有害怕的具体对象的，比如说，害怕蛇，害怕敌人进攻。而焦虑则是没有对象的，是对虚无的焦虑。焦虑的存在，说明在我的生命中存在着虚无感。人是无法消除虚无感的，因为人必须得死。时间本身也成了我焦虑的原因之一，因为时间的流逝，意味着我将死去。我活着的每个瞬间都是与死亡相连的。我力图要否定生命的短暂性，想要逃脱我的有限的存在的必然性。最后，我必须肯定我的真实的自我，必须看清楚我是什么和我是谁，结果发现我无法掩藏住我不得不死的事实。

第四节 后现代主义：在反抗秩序中走向迷茫的人

美国学者斯通普夫和菲泽认为，解构主义和他们采用的解构方法引起了人们对于整个传统哲学体系的有效性的怀疑。解构主义者只承认我们作为个人对事物的认识，怀疑超出这个范围以外的对世界存在的意义的解释。他们认为,人类努力为世界找到统一的意义的整个历史都是有缺陷的。在西方的文艺复兴和启蒙运动时期,也就是从十六世纪到十八世纪,经验科学家和哲学家们引入了一种新的现代的看待世界的方式,经验科学家想要找到自然界运行的物理规律的统一系统。作为这个经验科学计划的补充,经验科学哲学家们力图描述人的思想的机能,想让人的存在方式和人的文化也纳入这个自然的大机器中,假定世界是一个物质的统一体,因此可以用一个统一的物质的解释体系来解释万物的存在和运行规律。这就是"现代"哲学的特征,被称为现代性。这种现代观从十九世纪到当前都处于主导地位。后现代主义者则认为,这种现代的世界的物质统一论是一个美好的童话,但只是童话而已。我们需要超越这样的现代性观念,走向后现代。

他们还认为,后现代主义不是某个单个的哲学理论,否则的话就是自相矛盾的。它就像是一把大伞,把各种对现代性的批判的观念都纳入这个伞下,而解构主义在其中处于主导地位,因此有的时候后现代主义与解构主义这两个词可以互换。而很多当代哲学家都把现代性作为一个批评对象,所以也可以把他们的哲学称为后现代哲学。比如说,罗蒂拒绝"本质"这个概念,因此也拒绝人性的概念。安斯康贝挑战了现代道德理论背后存在着上帝这个"立法者"的假设。女性主义哲学家拒绝男性为主导的哲学体系把僵化的框架强加给万物。其实在更早的时候,已经出现了后现代主义的迹象。比如说,尼采拒绝建立在群众的喜好基础上的传统的价值结构。美国的实用主义者,比如说,杜威,也拒绝对于哲学问题给出固定的标准答案,认为在整个世界中不存在什么预先设定的规则。后现代主义的影响范围非常广泛,其中包括文学、音乐、艺术、戏剧、电影和建筑,而在哲学领域中还存在着现代性,讲究统一的秩序、对称与和谐。本节主要阐述后现代主义中影响比较大的思想家福柯、巴特和利奥塔。还有一些后现代的思想家因为与马克思主义相关,所以将在第十章里阐述。

一 从结构主义转向解构主义:被权势全面压制的人

(一)福柯:疯癫是社会的产物

福柯(Michel Foucault,1926—1984)出生在法国。曾因抑郁而多次试图自杀,最后因感染艾滋病而去世。福柯的思想大致可以分为三个时期:二十世纪六十年代,他主要研究考古学,结构主义对他的影响比较大；二十世纪七十年代，他主要研究权力的系谱学；二十世纪八十年代，他重新转向个人伦理研究，提出了进行自我设计的各种策略。在后两个时期，他的思想更接近于解构主义和后现代主义。福柯所说的"考古学"的方法强调的是对断裂、界限、极限和转换的研究。

1. 前期的福柯：死亡在游荡，思想灭绝了

（1）考古学要对话语事实进行描述

福柯认为，连续性是人构想出来的，并不是自然而然存在的东西。但是，他并不赞成全盘抛弃表达连续性的概念，他认为要对这些概念进行分析，看这些概念是按什么规则建构起来的，合理的要接受，不合理的才拒绝。要对这些概念进行分析，就需要有一种新的理论。这种理论应该建立在以淳朴的面目出现的话语事实之上。考古学要研究的就是这种话语事实，这种事实属于原始的中性材料。他认为，考古学的研究方法与语言学的分析方法是不同的。语言学想探究的是话语是根据什么规律形成的，而考古学要对话语事实进行描述，想探究话语是怎么出现的。他在研究话语的对象时，关心的是话语的对象是在什么样的社会系统中生存着，受着什么样的规律的整体所支配。另外，当主体使用某一种话语的时候，会采取各种不同的形态。而这些不同的形态，表现的是主体在不同的情况下的不同的身份和位置。

（2）考古学研究的目的在于确定矛盾的所在地

福柯认为，概念的历史不是由一砖一石建构起来的。概念是在一个关系网络中形成的。考古学的研究方法与西方的传统思想史的研究方法是不同的。主要差别体现在如下几个方面：首先，考古学想要确定的是话语本身，而不是话语中隐藏的或显示出的意思。它不寻找话语的寓意，不寻找话语背后的另一种话语。思想史研究会把话语中的表达区分为独创性的表达和平淡的重复性的表达，而考古学则不对话语进行任何价值等级的区分，只是在试图找寻这些陈述的规律性。从陈述的角度上看，一项发明本身就具有规律性，而不是说这项发明缺乏规律性，因此需要重复它和传播它的文本来说明其规律性。

其次，考古学要研究的是话语的特殊性，要对话语方式的差别进行分析，而不是要弄清话语的来龙去脉。思想史则注意研究话语的内在的一致性，力图用最简单的方法来解决最大数量的矛盾。而考古学研究的目的不是要克服矛盾，而是要确定矛盾的所在地，对矛盾的不同类型和层次做出

分析，从而发现各种矛盾所具有的不同的功能。再次，考古学研究的是话语时间的类型和规则，不研究作品存在的理由，不研究创作主体，它要对话语的多样性进行比较分析研究。最后，考古学并不是要揭示话语起源的秘密，并不是要重建说话者当时的所思、所求、所感或所欲，而是要进行再创作。考古学不以克服差别为目的，而是要分析差别，准确地说明这种差别是什么，要研究各种差别的相互转换的现象。

（3）精神病学不应向疯人们显示出居高临下的博爱

福柯认为，在不同的时代，人们的认识方式是不一样的。在文艺复兴时期，认识的基本特征是寻找相似性，人们从相似性的角度来看待词与物之间的关系。在十七世纪，认识的方式转化为再现，人们把词看成是再现物的符号。在十八世纪末，人们开始关心历史，找寻根源，于是产生了以人为对象的人文科学。所以，他说"人"是一种晚近时代的发明。随着认识转向对语言结构的研究，人被语言结构的制约消解掉了，既没有了主体的人，也没有了客体的人，所以出现了"人的终结"。在人所能达到的言语的顶峰之处，人所达到的不是自己的心脏，而是限制人的思想的边缘。在这个区域，死亡在游荡，思想灭绝了。他认为，在蛮荒状态中不可能出现疯癫。疯癫是社会的产物。在中世纪和文艺复兴时期，疯癫是作为一种美学现象或日常现象出现在社会中的。在十七世纪，疯癫被禁闭，经历了从沉默到被排斥的时期。在二十世纪，疯癫被套上了颈圈，被看成是一种自然现象。于是，精神病学向疯人们显示出居高临下的博爱，而在诗人的创作中则可发现抗议这种博爱的激情。这种抗议力图恢复在疯癫体验中显示出的启示意义。

2. 后期的福柯：用解构主义的方法来研究权力

（1）反抗理论的独断，释放被压制的知识

在二十世纪七十年代，福柯对癫狂和监狱进行了研究，他发现一切事物的发生似乎都是以权力为核心的。在二十世纪六十年代，权力往往被看成是一种遏制性的力量，目的在于禁止或阻止人们做某事。而在福柯看来，从根本上看，权力的目的不在于禁止、拒绝或抑制。他把自己研究权力的方法称为系谱学的方法。系谱学要反对的是总体性的话语，反对的是等级体系在理论中的特权地位。系谱学关注的是冷僻的知识和局部的记忆，它要用历史知识来反抗来自理论的、统一的、形式的和经验科学的话语的威胁。它不是要为愚昧做辩护，不是要否定知识，而是要反对科学话语的权力效应,反对理论以真正的知识的名义来进行筛选、划分等级和发号施令,反对理论的独断的态度。

他希望把系谱学作为一种策略,通过它把被压制的知识释放出来。在用系谱学对权力进行分析时应该注意如下几个问题:首先,分析权力时不应该把注意力放在处于中心位置的权力,而是应该关注权力的极端状况和最终归宿。其次,要在权力真正发挥作用的地方研究权力。再次,应该看到权力具有一种链状的结构,是通过网状的组织运作实施的。个人是在权力的线路中来回运动的。然后,应该分析权力是怎样不断升级的,而不是看权力如何从中心向基层渗透。最后,权力会导致意识形态的产生,但权力本身不是意识形态。在权力得以实施时,权力能够发展、组织和传播知识。

(2) 经验科学以"真理"的面目出现来巩固权力

福柯认为,知识、科学、真理和文学与权力的实施都是密切相关的。尽管哲学家和知识分子们总是力图把知识与权力分隔开来,但所有门类的知识的发展都是与权力相关的。人文科学就是随着权力机制的产生而产生的。精神病学的目标从一开始就是要发挥维持社会秩序的功能。在欧洲,经验科学被制度化成了一种权力。经验科学不仅是在对一系列的命题进行证伪,还在作为一种权力发挥作用。作为权力的经验科学在迫使你以某种方式说话,否则就会被认为持有谬见或被当成骗子。经验科学是通过大学制度、实验室或科学试验等设施而被制度化为权力的。真理就这样变成了一种权力。我们被迫或被命令去承认或发现社会所需要的真理。福柯问道:我们为什么要那么迷恋真理而不要谎言呢?为什么要把我们置于真理的绝对统治之下?他指出,资本主义社会的生产和流通都要以真理来维持自身的运转,并通过真理来获得特定的权力。

(3) 看不见的监禁遍及人们的一切领域

福柯认为,权力的模式是变化着的。在十七世纪之前,西方社会的权力的主要形式是统治权,而在十七和十八世纪则变成了监禁的权力。到十八世纪末,监禁变成了对人进行惩罚的基本模式。出现了一整套"管理"技巧,通过各种技术手段,像马戏团训兽一样来对待人。人能够被固定在特定的区域,被强制做出特定的姿势,被要求服从某种特定的习惯。于是,出现了大型的部队营区,大型的基督教寄宿学校和大型工厂。这种新的权力模式的特点是:没有中心,没有单一的管理体制。与此并存的是中心化的警察机构，实施的是永久的和彻底的监禁。在这种监禁中，一切事物都变成了可视的，而这种监禁本身却是看不见的。国家机器被建立在小范围的、局部的、散布的圆形监狱体系之上。这种权力的实施机制主要体现在微观领域。各种权力关系遍布于男人和女人之间、家庭成员之间、教师和学生之间、有知识和无知识的人之间。

（4）如何逃离无处不在的权力的控制？

①"反话语"可以作为抵抗权力的支点

从二十世纪八十年代起，福柯开始关注个体的自我设计和自我塑造问题。他认为，要进行自我塑造，首先就要从权力控制中解放出来。而懂得了某种权力形式是怎么形成的，就可以反抗和取消它。他认为，自己既不是一个哲学家，又是一个哲学家。他不是一个哲学家，说的是他反对基督教哲学，因此他要"逃离哲学"。他又是一个哲学家，因为他要破坏哲学，他要把哲学带入游戏之中，带入疑问之中，然后再回到哲学中去。他要在哲学的墙上凿开各种"出口"和"入口"，模糊哲学与非哲学之间的界限，把哲学弄得滑稽可笑。他要让哲学变成一种运动，使得不再有占统治地位的哲学，而只有许多的哲学活动。我们要通过不确定性、梦想和幻想，改变既定的价值形态，用其他的方式去思维，让自己变成自己不是的那种东西。他认为，在基督教文化中，自我不是自我的看管者，自我被贬抑和抛弃，道德变成了永恒不变的普遍的伦理禁令。他认为，可以从微观政治方面反抗权力，而微观政治主要是由话语政治和生物性政治构成的。在话语政治中存在着霸权话语。霸权话语要求个体服从某种规范性的认同，而反对霸权话语就是要解放差异。在任何社会中，话语都是在权力的支配下产生的，只是当话语产生以后，它们并不是完全服从于权力的。"反话语"可以作为抵抗权力的支点，也可以作为反抗权力的策略的起点。

②要对欲望和快感加以适当的利用

西方非常强调性方面的问题，因为这也是实施权力的一种方式。在西方社会中，性不只是一种种族繁衍的工具，也不只是获取快乐和享受的手段。性被看成是最"深刻"的真理的藏身之所和表白之地。从基督教占统治地位以来，西方人就认为，要知道一个人是什么样的人，就要知道他的性行为的方式是什么样的。在基督教社会中，性一直就被放在核心位置，被审查、被监禁。儿童的性问题也成了权力控制的对象。在精神分析中，人们一蹶不振的原因被解释为在性行为上遭受到了挫折，正在被性方面的禁忌压抑着。只要向医师透露了自己的不幸的秘密，就能获得幸福。福柯认为，这是一个巨大的圈套，导致的是一种可怕的权力控制。当一切都从性出发的时候，性也就变成了一种压抑的工具，成了实施权力的手段。在生物性政治中，个人可以创造出新的欲望形式，从而产生出新的快感形式，以此来重塑身体，摆脱规戒性权力的束缚。但是，这种反抗是来自躯体的快感，而不是来自性欲，因此不应该是性解放。

他真正感兴趣的是一种伦理性的政治。他这里说的伦理是一种自我设计和自我塑造的伦理，关系到自我设计和自我塑造的技术。这种技术可以是自己的办法或他人的帮助，要对自己的灵魂、思想、躯体、行为和存在方式施加影响，目的是要通过改变自我，来达到某种纯洁、智慧、永恒的状态，从而获得愉悦。古希腊罗马的自由的男性公民就是这样做的。他们只是对欲望进行适当的自我控制，但是并不贬低欲望与快感，并不禁欲，而是要对欲望和快感加以适当的利用。他们拥有道德的目的是要让自己生活得优雅、美好和体面，他们要用自我控制和伦理规范来使自己的生活变成一件艺术品。借助这种经验，我们可以把自己构造为自主的主体。在这里，自由就是自我对自我的统治，自我对自我的权力，这样就克服了自我的自主权与权力之间的矛盾。

（二）巴特：要把符号学当成反权势的工具

巴特（Roland Barthes，1915—1980）是法国人，他把索绪尔的语言学结构主义推广到符号学，并主要用于分析文学作品。他认为，符号学就是关于一切记号的科学。符号学希望建立起不同于天然语言的指意系统。

1. 前期的巴特：在指意系统中展示出区别

（1）社会常常把一些日常用品用于指意

巴特同意把语言与言语进行区分。他认为，语言结构是一种社会性的法规系统，是一种集体性的契约，个人无法独立创造或改变语言结构。只有接受语言结构的支配，才能进行语言交流。语言结构又是由一定数目的成分组成的，每个成分都具有一定的功能，因此具有一定的价值，而言语则是一种个别性的行为。说话者把语言结构的代码组合起来，用于表达个人的思想，所以不是一种纯粹的创新行为。语言结构是由个别标记组成的集合体。先有言语现象，然后才产生了语言结构现象。他同意语言学的记号要由表达方式和内容构成。在表达方面和内容方面又都可以分成两个层面，形式层面和实质层面。就形式层面来说，只用语言学的知识就能解决问题，比较简单。而对实质层面的揭示则超出了语言学的范围。他认为，符号本来不具有指意的功能，而社会常常把一些日常用品用于指意。比如说，衣服本来是用来御寒的，食物本来是用来果腹的，而在社会中却具有了指意的作用。指意的目的在于区分。语言中的词项可以连接为言语链，这种言语链具有直线性和不可逆性，词项的意思要根据前后词项的意思来确定。要对言语链进行分析，可以采取切分的方式。而联想的内容则是由一组相似的词构成的，可以通过分类来进行分析。指意可以分成直接指意和含蓄指意。元语言指的是其内容本身就是一个指意系统。他认为，还没有人系统地研究过含蓄指意系统，但是他相信未来必然会出现一门含蓄指意符号学。

（2）语言和言语渗透到一切指意系统之中

巴特认为，语言和言语这对概念可以广泛地应用于一切指意系统之中，比如说，可以用来分析服装现象。我们可以根据服装在社会交流中的作用，把服装分成三个不同的系统：被书写的服装、被摄影的服装和被穿戴的服装。被书写的服装指的是在时装杂志中用语言来描述的服装。在服装的信息交流上，用来表示这种服装的是一种纯粹的无言语的语言结构，是由记号和规则构成的系统。被摄影的服装是按照在服装界人士中产生的语言结构来拍摄的。这种服装总是穿在一个妇女的身上。而这个妇女不是任意的妇女，而是一个标准化的妇女，她因为具有某些典型的特点而被选中，所以她代表着一种固定的言语，不能自由选择。被穿戴的服装指的是按服装的规则，并根据穿戴者的具体情况和要求制作出的衣服。在这里，服装相当于语言结构，而衣服则相当于言语。在少数人组成的服装业团体中产生出服装，而根据服装制造出衣服，所以服装永远是先于衣服的。

也可以把语言和言语的原理用来研究饮食现象。饮食的语言结构是由饮食的禁忌规则和用餐礼仪构成的，比如说，味道的搭配有一定的讲究。每个民族、地区或社会都具有一套沉淀下来的饮食语言结构，但是会随着时代的不同和用餐者的不同而不同。抽象化的统一规则就是语言结构，而个体化的就是言语。与服装业不同的是在饮食业里任何情况下都不存在某个集团的决定作用，可以有纯个别性的"言语"存在。另外，汽车的语言机构是由一套形式和细节构成的，而言语则表现为在相同的档次上可以选择不同的样式等。在家具方面也可以类推。

2. 后期的巴特：语言权势会吞没与之作对的个人

（1）语言结构是权势的家

巴特认为，权势指的是支配性的"力比多"。权势也是一种意识形态现象。权势无处不在，到处都是权势的声音，权势隐藏在一切话语之中。权势不仅存在于国家、阶级和集团中，也存在于舆论、新闻、家庭、私人关系、学校、教学等领域中。权势在社会中普遍存在，在历史中永恒存在。权势寄生的地方就是语言，更确切地说，是语言结构。语言结构是权势的家。语言是一种立法，而语言结构是一种法规。我们通过语言结构来进行分类，而在任何的分类现象中都存在着压制性。在秩序中，既隐含着分配，又隐含着威胁。说话的目的是让人屈服，而不是进行交流。在全部的语言结构中都包含着一种普遍化的支配力量。即便是发自内心的话语，一旦说出，都会服务于权势。语言具有断定性，断定的方式是：否定、怀疑、可能性和终止判断等。构成语言的记号是通过不断地被重复而存在着的。我们只能用在语言结构中闲荡着的记号来说话。当我说话时，我既是主人，又是奴仆。我不想为记号所奴役，所以我不想重复自己已经说过的话。我想要做主人，因此我断言，我反驳我所重复的东西。而在语言结构中，奴役和权势总是混合在一起的。要反抗语言的一般性和群体性，我们只有像克尔凯郭尔所描写的"信仰骑士"亚伯拉罕那样，根本不用语言，就连内心的言语都没有。

（2）符号学家把记号当一种圈套来玩弄

巴特认为，随着符号学的发展，语言学正在解体。语言学变得越来越形式化，正在吸收着越来越多的远离其本来的意义的内容。语言学把语言结构看成是自己的研究对象，把话语排除在外，抹掉了语言的复杂性，对语言进行了不正当的净化。话语在所有层次上都遭到了权势的压制，被规范、被限制。语言结构流入话语之中，再通过话语流回到语言结构那里。符号学吸收了语言中的不纯的部分。语言学抛弃的部分是信息中的变形的部分，比如说，欲望、恐惧、威吓、抗议、借口等。符号学研究的对象就是政治。他认为，符号学是否定性的，因为无法赋予记号肯定的、科学的属性，所以符号学本身既不是一种元语言，也不是一门科学。符号学家把记号当一种圈套来玩弄，它偏爱的对象是各种富有想象力的记号，比如说：小说、肖像、方言等。这些记号表面上是真的，而其实却是不确定的。

（3）用语言来弄虚作假的成果就是文学

巴特认为，对于我们这些必须使用语言的人来说，我们唯一的选择是用语言来弄虚作假，这种弄虚作假的成果就是文学。在文学方面，他关心的主要是"文本"。文学中的自由体现在作家对语言所做的改变上。在文学中包含着科学、模仿和记号。在文学中包含着所有学科的科学知识，因此具有百科全书式的特点。文学还使这些知识发生了变化，它既不专注于某一门知识，又不把知识偶像化，只是间接地使用知识。在文学中可以使用各种各样的社会方言，但是它又为这些方言的多样性的分裂所苦，所以幻想着产生出一种零度语言。文学不只是在利用语言，还要让语言自行表演，因此必须把知识编入一种齿轮机制之中。文学的话语具有戏剧性。在文学中，语言不是一种简单的工具，文学语言的字词都具有投射性、爆发性、趣味性。文学写作把知识转换为一种快乐。文学力图再现现实，但现实是不可能用语言再现的，因为现实是一种多维系统，而语言则是一种一维系统。从这个角度上看，文学具有乌托邦的功能，因为它在力图做一件不可能做到的事情。这种乌托邦性质也并没有使文学摆脱权势。任何一个单枪匹马与语言权势作对的人，都不可避免地被语言权势所吞没。文学具有符号学的力量。它不消除记号，但是玩弄记号。

二 后现代主义：利奥塔反对把人都"同一化"

利奥塔（Jean-Francois Lyotard，1924—1998）是法国哲学家，是后现代主义的代表人物。后现代主义关注的是差异性和多样性，解构主义的思想被更充分地应用到了后现代主义之中。在后现代主义中，利奥塔和德勒兹的影响力很大。

（一）因为图像遭到贬抑，所以要为眼睛辩护

利奥塔力图用图像来颠覆理论观点。他认为，在西方哲学中，话语被赋予了特权，而图像则遭到了贬抑，他要为眼睛辩护。他认为，欲望能够让人们从压抑状态中解放出来，而且能够让人富有创造力，而图像和艺术则是对生命能量的肯定，是表达欲望的最佳工具。在艺术中可以直接找到颠覆传统秩序的欲望。艺术表达的是改头换面了的无意识的欲望。而在话语中，欲望则受到了语言规则的限制，比图像要墨守成规。他弄出了一种"绘图式"的写作模式，力图在言词中作画，希望让图像进入话语中并影响话语。他推崇富有想象力的诗意比喻，把诗歌看成是各种写作类型的楷

模。但是，后来他承认，人们不可能践行这样的美学政治。人们一旦放弃了理智，就只能靠美学来判断是否公正，而美学只能判断什么样的东西能够给人带来快乐，所以必须用其他的方法来解决公正问题。

（二）反对宏大叙事，颠覆话语霸权

1. 不容许把规范普世化

利奥塔认为，所有的话语都是叙事性的，而且是在一定的叙事背景中产生的，不存在具有的特权的叙事。他认为，不存在元理论。所谓元理论，就是关于完美的宏大理论，或关于历史的宏大叙事。理论本身就是一种隐蔽的叙事，因为事情是生生灭灭的，所以就不存在永远有效的理论。他认为"公正"只能是多元的和暂时的，会随着具体情景的变化而变化。所有的话语都是语言游戏中的"招法"，都具有情景性，都是战术性的。关于"公正"的话语，不是描述性的，而是规范性的。人们注定要制定一些规范，因为没有规范，人无法在一起生活。而规范只能是具体的、个别的，必须逐一规定，不具有普世性，不容许被普遍化。要根据具体的游戏，制定具体的游戏规则，被游戏参与者接受的就是好的，就是公正的。

2. 经验科学把自己合理化时出现的困境

利奥塔提出了颠覆话语霸权的策略。他认为，必须进入霸权话语内部，用针锋相对的规则颠覆它。在霸权话语所占领的各个领域中进行归谬推理，制造悖论，瓦解这些霸权话语，同时提出新的规则和生活方式。他把"现代"知识和"后现代"知识进行了区分。他认为，在现代社会中，要想把知识变成经验科学，要想得到科学共同体的重视，就需要得到科学共同体的认同。为了得到这种认同，就要借助"元叙事"来论证这种知识，而这种"元叙事"就是哲学。而在后现代社会中，人们是怀疑和反对这种元叙事的。后现代知识关注的是差异性，认为很多事情之间是没有关系的，不能用来互相解释。每一种知识都有自己的特殊规则。比如说，经验科学知识与民间叙事之间就不能用来互相解释，彼此之间无法互相理解。但是，叙事对经验科学采取了宽容的态度，把经验科学看成是叙事文化中的一个种类，而经验科学却对叙事表现出了不宽容的态度，把没有经过论证的叙事归入无知和空想之中，把这些叙事看成是野蛮的、原始的和落后的。

他认为，在经验科学想把自己合理化时，面临着一种困境：经验科学希望自己陈述的是真理，但却自己无法证明自己就是真理，这样经验科学就不得不借助叙事来把自己合理化。而对于经验科学来说，叙事又不被看成是知识。而没有叙事帮忙，经验科学就只能自己假设自己是对的。经验科学家通常采用两种宏大叙事来证明经验科学的合理性。第一种宏大叙事是"思辨的叙事"，以德国古典哲学为代表。这种哲学借助理性来统帅一切。第二种宏大叙事是来自启蒙运动的"解放的叙事"，在这里全体民众都具有了科学权，有了自我管理的自由。他认为，特别是从十九世纪末开始，这两种宏大叙事都呈现出危机迹象。对于思辨的叙事来说，知识的思辨的等级被一种"平面"的网络所替代，有的学科消失了，在学科之间出现了重叠现象，产生了新的研究领域，而且学科研究的边界总是处于变动之中。而解放的叙事则无法解释很多种差异性。

3. 要倾听来自各方的代表着差异的沉默的声音

利奥塔认为，在后现代的观念中，出现了"非合理化"的意识。在后现代主义者看来，如果把理性分成认知理性和实践理性，而经验科学是一种认知理性，它就有自己的游戏规则，在其中没有管理实践游戏的规则。所以，经验科学的理性与实践理性的地位是平等的，经验科学的话语与实践话语没有共同的元语言，不能相互解释。他认为，后现代主义应当关注的是不确定性、碎片和灾变等现象。在这里，能够发现的不是已知而是未知，没有可以转写和评价一切语言的具有普遍意义的元语言，这样就可以阻止同化现象，保持住了差异性，最终也就阻止了同态性的恐怖。他认为，我们不应该追求普遍的共识，而应该把重点放在意见的分歧之上。他认为，现代话语用真理性的元语言来仲裁具体的歧异，难免会压制弱者和镇压少数话语。我们应该倾听那些来自各方的代表着差异的沉默的声音，允许他们说出与多数话语相反的原则或观点，要容忍差异和走向多元理性。

第九章　用完美哲学反抗快乐哲学

——为什么完美哲学会把人带入痛苦的绝望之中？

完美哲学家们意识到快乐主义哲学把人们拉入了庸俗而痛苦的深渊，让人过得连动物也不如，于是出现了各种花样翻新的完美哲学。无论他们的体系如何宏大，他们要论证的都是人类不能不追求完美。失去对完美的追求，"人"就会死掉，"人"类就会死掉。在完美死去后，追求快乐的人就会变成痛苦的、残酷的、疯狂的、迷茫的人。只是他们的完美世界依然是要回到天上，而登天用的普遍性哲学的阶梯已经被经验科学哲学给折损，让人们难以上天。而且追求完美是一个很长期、很艰辛的过程，但是在浮躁的市场中，树要静，而风不止，人不得不随风而动。所以，追求完美，从理论上说可以给人带来幸福，而在现实中则给个人带来了绝望，让人难以适应社会，甚至导致精神分裂。

不再有时间思考的大众也难以理解，追求快乐有什么不对，追求完美是多么虚和多么累的事啊，不是追求平凡的快乐才是真实的和轻松愉快的吗？而且自然科学的巨大成功，在大众那里建立起了难以撼动的权威。所以，以科学的面目出现的经验科学哲学也获得了难以撼动的权威。人们要说什么是对的，贴上科学的标签就很管用。得大众者得天下。资产阶级通过隐蔽在大众传媒中的意识形态，操纵和把玩着大众，给予大众看上去不虚幻而实际上虚幻的希望，给予大众看上去是自由的而其实不自由的生活方式。在西方资本主义社会中，大众认为，追求快乐没什么错啊！追求科学也没什么错啊！社会是很自由和平等的啊！大众身边不是有靠白手起家成为各路精英的例证吗？大众认为，自己的痛苦与别人无关，只是自己没有本事或自己的机会还没有出现而已。

很多哲学家力图用完美哲学来填补"自我"的空虚，弥补经验科学快乐哲学的不足，并力图构想各种各样的让人幸福的出路，但是都没有能够变成现实。这些思想力图补充的方面，就是经验科学快乐哲学缺少的方面，可以帮助人们看清楚经验科学快乐哲学的弊病，从而看清楚把经验科学快乐哲学当成意识形态的资本主义制度的缺陷。完美哲学家主要是努力让人们继续追求完美和美德。这些思想主要存在于西方发达资本主义国家的学术界里，对大众的实际的生活方式没有能够发生太大的实际的影响，而且通常被大众看成是"不正常"的脱离实际的小众哲学。小众哲学通常只在高雅的学术作品、文学和艺术中有所表现，其影响力主要出现在正式的交往活动中和学术界，主要以辞令、思想或表演的形态存在，与大众的实际工作、日常生活和生活方式关系不大。

而从这些"不正常"的观念中，我们可以认识到原来我们以为自己的痛苦只是自己的事情，而其实大家都与我们一样痛苦，而痛苦的根源在于资本主义制度本身。资产阶级通过他们的深深隐蔽着的意识形态赢得了大众，因此完美哲学只能在绝望中呻吟。在大学中研究出的完美哲学一出校门就得经受资产阶级把控的市场的考验。关于追求完美的书，会在市场中淹没，只能静悄悄地体验被冷落的孤寂。在大学中培养出来的追求人格完美的人，一出校门就面临市场的竞争，难以保全人格的完美。正如美国当代著名哲学家麦金太尔所说，在发达的资本主义国家里，对外在利益的追求已经成为压倒一切的追求，而对内在利益的追求已经变得边缘化。贪欲成了生产活动的动力，劳动变成了实现外在利益的手段。人的自我已经被消解在一系列的角色扮演之中，人们失去了践行美德的余地。

本章归纳出的各种完美哲学形态之间存在着逻辑关联。完美哲学的对手是经验科学快乐哲学。在经验科学快乐哲学的节节逼近下，完美哲学节节防守，最后产生了反弹和革命性的哲学意识。在古希腊时，在柏拉图那里，上帝只是一个匠人，遵照完美世界中存在的完美的图样去创造世界，是完美的仆人；在亚里士多德那里，完美就像种子一样，让人追求圆满，而上帝只具有象征意义，象征着完美就像太阳一样，通过发射出光芒来吸引人们追求完美。在中世纪的时候，上帝变成了像人一样的有意志的主体，而上帝就是完美，可以按照自己的意志左右人的命运。经验科学快乐哲学家们用经验科学的武器杀死了上帝，让上帝不再能够左右人的命运。而完美哲学家们力图从死了的上帝那里拯救出完美。他们认为，可以抛弃人格化的上帝，但是不能抛弃完美，否则人就不能活得像人一样，就会堕落到肉体欲望的满足之中，就不可能再有精神上的幸福。

自从自然科学杀死上帝之后，完美失去了自己在天堂的乐园，在宇宙中到处游荡。完美被经验科学快乐哲学一路追杀和围追堵截，使得完美哲学家们不得不满处为完美寻找居所，这样就让完美散居到了自然、社会和人的思维的知识体系的每个角落，使得我们在每个认识领域都能够发现完美，而且要把握整个知识体系，才能够形成关于完美的世界观。本章把完美哲学大致分为三大类：二元论完美哲学把世界划分为互不相干的两大领域，物质领域和精神领域，让完美居住在精神领域；规范论完美哲学让完美在真、善、美的评价标准中存在；统一论则让完美漫居在世界的每一个角落，因此人可以通过多种路径发现完美的藏身之地。

只是每个领域都遭到了经验科学快乐哲学尤其是分析哲学的清洗，使得完美无处可逃。最后完美哲学家们发现，在发达的资本主义社会中，即使有追求完美的心灵，也无法在现实中追求完美，从而导致知行无法合一的精神分裂的绝望。于是，一些哲学家破茧而出，要摧毁这个让完美无处藏身的由经验科学快乐哲学支持着的资本主义社会，最后把马克思主义作为归宿，力图实现共产主义社会，力图把天上的和抽象的完美变成对于人格完美的追求，让追求人格完美的人能够在那里永久地栖息。完美哲学的各个形态演变的过程，就是完美在流离失所的绝望中走向希望的过程。马克思对于西方哲学中的精神文化的继承，就是继承了追求完美的精神，并把追求天上的或思想上的完美，改造成为可在实践中追求的人格完美，从而实现了浪漫主义与现实主义的合璧。

第一节　二元论：笛卡尔让完美在精神领域中栖息

笛卡尔（Rene Descartes, 1596—1650）是一位法国的哲学家和数学家，被看成是个天才。在他一岁的时候，母亲去世。他的父亲希望他成为一名律师。他大学时先学的是数学和物理，后学的法律。他参过军，业余时间研究数学，曾解开过让数学家都感觉到惊讶的数学难题。后来他回到巴黎，卖掉了全部财产，投资在债券上，此后便有了比较舒适的生活条件。他的成年时代主要是在荷兰共和国度过的，在那里生活了二十多年。他的书曾被教皇列为禁书。在理查德·曼凯维奇所写的《数学的故事》中，有一则关于笛卡尔的编造出来的趣闻。据说，他爱上了一位公主。公主的父母不同意，把他们分开了。笛卡尔每次给她写的信都被父母给拦截了。只是笛卡尔写的最后一封信，父母看不出有什么不妥，交给了公主。

公主看到的是一个数学公式：r = a（1 – sinθ）。而当她把这个公式画成图形时，竟是一个"心"的形状。

实际情况是笛卡尔做了瑞典女王的家庭教师。女王要每天早上五点起来学习，而笛卡尔原来习惯于睡懒觉和在床上工作到中午才下床。这个时间上的改变，让他睡眠不好，而且容易受寒。后得了急性肺炎去世，终年五十四岁。在数学方面，他力图要创造一种方法来打通数学和物理学，从而构造出了解析几何的原理，把数学应用到了哲学之中。他坚信只要有一个确定的点，他就能通过推演打通所有的科学，因为所有的真理都是相通的。他因此成为解析几何之父，他提出了"笛卡尔坐标系"，在代数和几何学之间架起了桥梁。他也是数理逻辑的先驱，认为可以通过这种方法把一般的推理机械化。他还最早提出了机械动量守恒定律。他认为人痛苦主要是因为没有崇高的信仰。他要为人的信仰和社会秩序找到确定性，让人们通过怀疑一切走到相信绝对完美的存在那里。

一　寻宝前先要有个计划

面对当时欧洲的社会混乱和思想混乱，笛卡尔发现理性完美哲学失去权威性的主要原因是其中充满了幻象、寓言和各种说不清道不明以及争论不休的问题。人们对宗教的天启知识的信仰也开始动摇，于是古代的怀疑主义兴起，人们普遍处于迷茫状态。人处于迷茫状态是痛苦的，因为找不到努力的方向，不知道人怎么做才能幸福。必须找到确定性，才能解决迷茫问题。他认为诗人能够通过"想象的力量"给予我们确定的知识，但诗歌创作靠的是天赋而不是学习。他在数学那里找到了带人们从普遍怀疑走向确定性的道路。他要借用数学方法的权威。那个时候人们对于数学的确定性是普遍承认的。他非常欣赏数学带来的清晰性和精确性，于是他把数学作为一个类比的对象，开发出了他自己的一套研究哲学的理性科学方法。他认为研究哲学就像寻宝一样。如果我们满大街游荡，只是想找到路人不小心掉的财物，这种方法效率太低，太不可靠。在寻宝之前先要有一个计划，确定一个行为框架，在这个框架中要有一些坚信不移的原则和观念作为自己行为的指导，这样才能使我们的思维系统和有序。于是他拟定了"二十一条规则"和"四个律令"作为方法论规则。这"四个律令"是：不要把自己不知道的任何东西当成真实的；把困难的问题分解成尽可能多的部分；思考的过程要从简单到复杂；计数时要完全。然后就可以开始寻找确定性了。

二 我思故我在

笛卡尔从怀疑一切开始,要破除所有的权威,完全依靠人的理性的力量来寻找确定性。他认为感性是不可靠的。我们看一块蜡可以知道它有几个特征:它是硬的、芳香的、有颜色的和有大小尺寸的,但是放在火上一烤,这些特征就都消失了。他认为主观的感情和热情在发现完美方面几乎是没有价值的。他对人的理性的力量抱有乐观态度。他在写作《心灵的激情》时说,为了排除权威的影响,他以就像从来没有人写过这个主题一样的心态来写作。他说当我们怀疑一切的时候,我们就会怀疑所有的感觉都是有欺骗性的,怀疑我们的身体是否存在,怀疑自己是梦还是醒,但有一点是不可怀疑的,那就是我是存在的,因为我在思想。于是我们就有了可以确定不疑的第一点:我思故我在(Latin:Cogito ergo sum;French:Je pense, donc je suis;English:I think, therefore I am)。这就是他的哲学的确定无疑的出发点。因为我是存在的,我就可以相信我自己。

我反思一下我拥有的观念,我会发现有的观念是有来由的,有的是我自己想出来,有的似乎是莫名其妙的。有的观念是天赋的,我们的灵魂生来就带有某些真理的萌芽。而且我会发现我会对观念进行判断,有的观念我感觉比较好,有的观念我感觉不太好。而且我发现我知道我是不完美的,但我却有完美的观念,那么这个观念是从哪里来的呢?如果完美并不实际存在,那么我想出的这个完美就没有客观性,就不能作为我判断好与坏的标准。

因为如果完美完全是我瞎想的,我就可以随意想出好多个完美,这样好与坏的标准也就变得不确定了,而我却发现我对于好与坏的判断是确定的。所以,完美这个观念与客观存在就应该是相联系的。就像我们知道三角形,我们就必然知道三角形要具有线和角,点和线就是三角形的构成部分或者称为属性。而客观存在就是完美的属性。我们承认完美的观念就必然要承认完美的客观存在。而完美的代名词就是上帝,所以说上帝是存在的。上帝在创造万物时是绝对自由的。如果上帝是完美的,就意味着上帝没有瑕疵。而欺骗是一种瑕疵,因此上帝就不会欺骗人。那么我看到的万物就应该是实际存在的。我通过对万物的不同完美程度的认识,来让我意识到我的关于完美的天赋观念。

因为所有人都有同样的关于完美的天赋观念，因此所有人都具有同样的对于完美的直觉能力。对于一些简单的、直接的、无法再简约的原则，我们通过直觉就能清楚和直接地承认它们的确定性。这就相当于数学上的公理。这些公理不需要论证，我们一接触就能直接承认它们的真实性。我们就把这样的原则作为第一原则和出发点，再用类似于数学的精确和严谨的方式进行演绎推理找到因果关系就能得出确定的结论。他虽然讲演绎推理，但是他反对亚里士多德的三段论推理。他认为三段论的推理前提是不确定的，来自权威或概念而不是通过直觉得来的确定的事实。而他认为他的演绎推理的出发点是事实，因此演绎过程与数学一样精确。

三　灵魂和肉体是各自独立的

笛卡尔认为，同时独立存在着两个实体：精神和物质。动物属于自动控制器或机器，没有思想，像钟表一样由齿轮和砝码构成，而我们小的时候都以为动物会思想。精神不依赖于物质而存在，物质也不依赖精神而存在。他反对把物质实体分解成物质和完美的图样，也反对借助"目的"来解释自然现象。物质存在是没有目的的，所以也就是没有意义的，是纯机械的。人的精神和肉体各有各的存在方式。精神按自己的原则行事，肉体则与其他物质实体一样按机械的方式行事。精神和物质、心灵和肉体、思想和空间是不同的实体。他把实体定义为不依赖于其他事物，而只依赖于自身的存在物。我们会发现我们精神不想要肉体进行某种活动时，肉体不听我们的。比如说，我们让血液不要流动，它偏要流。我们不想要生病，它偏要生。这些都是违背我们的意志的。

他认为，思想的存在是没有维度的，不需要空间，而物体的存在则是需要空间。肉体属于一种延伸出来的存在，而精神驻扎在脑部的松果腺中。宇宙间的动量是守恒的，而人的心灵只能影响或改变运动的方向，但不会产生出运动的动量。那么精神和肉体之间如何交互影响呢？如果不交互影响，灵魂和肉体又怎么成为一个统一体呢？以前的哲学要么让物质从属于精神，比如说，柏拉图把精神看成是完美的图样，由图样来统帅物质。要么就认为物质规律统帅精神，认为精神世界是物质世界的反映。而笛卡尔纠结的是不得不承认物质世界的机械的运动规律，因为这样的运动规律已为当时的经验科学所证实，又不忍心看到人的精神世界完全被机械化，失去了对人的主观性和自由的承认，让人变得很没有自尊，所以他弄出了二元论。而二元的东西还是缺乏确定性，因此这个问题还有待于其他哲学家来加以解决。

第二节 规范论：康德主义让完美在评价标准中安居

一 康德：头上的星空和内心的道德法则

（一）康德面临的问题：如何把必然性与自由统一起来？

康德（Immanuel Kant，1724—1804）出生在东普鲁士的一个名为哥尼斯堡的小城。他一生从未走出过这个小城，而他的作品却走向了遍及哲学世界的每个角落。他还在世的时候就对很多德国思想家有了很大的影响。叔本华说：一个不懂康德的人，在哲学上就是个小孩子。康德洗礼的时候用的名字是"伊曼纽尔"，而在他学完希伯来语后，就把自己的名字改成了"以马利"，这是耶稣基督的别称。他生来体弱，成人后身高仅一米五八。他的祖辈来自苏格兰，父亲为马鞍匠，子女多，家境贫寒。他的父母属于基督教的虔诚教派，这个教派重宗教精神，轻仪式，对康德的思想和个人生活产生了恒久的影响。他十六岁时上大学，在哥尼斯堡大学读古典学、物理学和哲学。毕业后做了八年的家庭教师，后来在哥尼斯堡大学任哲学系主任。在他的生活中没有什么传奇，也没有什么闪亮的头衔，他也不与政治和社会名流们有什么交际。

他很好客、很健谈、很有魅力。他没有结过婚。他说过，在他想结婚的时候没有条件；等他有条件的时候他又不想结婚了。他的生活方式非常刻板。据说，有一次，他与朋友约好外出，朋友来的时候，他迟到了。朋友虽然看到了迟到的他，依然挥鞭扬长而去。以后他便养成了刻板的生活方式。他每天下午四点半准时出门，准得邻居们可以用他的出门时间来对表。他的头和身子总是歪着的。在他家门口的小道上来回溜达八次。他身上永远穿的都是一套灰色的衣服，拿着一根灰色的拐杖，后面跟着一位永远拿着伞的忠实的仆人。尼采因此讽刺他为"哥尼斯堡的中国人"，因为那时的中国人在德国人的心目中是很刻板的。他非常多产，在五十七岁到七十一岁之间，几乎每一两年就出版一部传世之作。终年八十岁。

康德生活的时代依然是怀疑主义流行、欧洲社会比较混乱的时代。那时英国的经验主义、大陆的理性主义和牛顿的科学主义影响都很大，谁也战胜不了谁，导致了思想领域的混乱。英国的经验主义带来了怀疑主义；

欧洲大陆的理性主义带来了教条主义；而牛顿力学的推广使用则导致了哲学的危机。康德面临的问题可以用他的一句名言来加以说明：有两件事情让我们的头脑总是感到新奇，总是越来越敬佩，那就是我们头上的星空和我们内心的道德法则。如果翻译成哲学语言，这个问题就是科学所需要的必然性与道德所需要的自由之间的矛盾，即秩序与自由的矛盾。康德想要把这两个看上去矛盾的东西调和起来。他力图通过他的原创性的规范哲学来统一思想，力图在不攻击经验科学的前提下来拯救理性完美哲学，力图把确定性和普遍性贯彻到真、善、美三大领域，让人们的心灵不再浮躁，让人们有坚定的信仰，从而造成有序的社会，实现人生的幸福。

（二）人用"应该"判断为本体世界立法

康德把自然的必然性与人的自由统"一"起来的方式是，通过承认现象世界的必然性来承认经验科学，可以用"是"的判断来说明经验科学的知识，而通过承认本体世界来承认人的自由，让人自由地选择理性，为本体世界立法，可以用"应该"的判断来说明本体世界的规范性的知识。而经验科学的知识和本体世界的知识都一样，都服从理性这个"一"，但现象世界的万事万物是被动地服从理性，而人则主动地用理性为本体世界立法，从而显示出人的尊严，也为人能够负道德责任提供了自由选择的前提，我们只能对我们自愿选择的行为负道德责任。这样研究现象世界的学科是经验科学，而研究本体世界的学科就是规范哲学，规范的意思就是人为本体世界立法的意思。

那么什么是现象世界，什么是本体世界呢？现象世界就是我们能够用感官体验的世界，是可以感知的世界，而本体世界则是我们通过理性推理知道它存在，但无法感知的世界。本体指的是本来如此。比如说，我们可以把一个事物区分为事物的现象和事物本身。一把椅子是事物的现象，我们可以感知，所以属于现象世界。而椅子本身我们则没有办法感知，你无法拿椅子本身给我看，属于本体世界。经验科学通过直觉和观察来认识现象世界的"事实"，而规范哲学则通过直觉中的一种由康德首先发现的先于经验的综合判断来为本体世界立法。当时直觉的科学性已经被经验科学界所承认，所以康德就想从直觉中挖出一个坑来，把自己的哲学放到这个坑里，从而通过直觉在经验科学中的权威性来使他的规范哲学能够得到经验科学家的承认。

那么康德是怎么在直觉领域中挖坑的呢？当时的经验科学家已经承认

分析判断和综合判断都是科学判断。康德是承认这两个判断的，并通过他的"哥白尼式的革命"为经验科学家把这两种判断的合理性进一步给说清楚了。而康德的独特贡献在于他从直觉中发现了一种新的判断，那就是先于经验的综合判断。这种判断的特点是能够产生新的知识，而这种新的知识又无法通过经验来验证，但是经验科学家潜在地在用这个判断，并且潜在地认同了这种方法的科学性。康德就是在这种判断上提出了规范性的"应该"判断，并用这个判断来为本体世界的"真"、"善"、"美"立法。在真的领域，用规范性的观念来说明绝对完美、世界和自我的存在；在善的领域，用规范性的绝对命令为道德立法；在美的领域，用普遍性的愉悦为美立法。

深入理解康德的"批判"（Kritik）这个词的词义，就可以推导出康德的哲学属于一种关于评价标准的哲学。后来我发现，我的这个理解与新康德主义者文德尔班的理解类似。德文的 Kritik 和新拉丁文和英文的 criterion 是同源的，均来自古希腊文的 κριτήριον，不仅有"批判"的意思，还有根据"标准"来进行"评判"的意思。所以康德的"Kritik"哲学可以理解为"评判标准哲学"。康德在他的《纯粹理性批判》《实践理性批判》和《判断力批判》这三大"批判"著作中，力图通过纯粹理性、实践理性和审美判断给人们设立能够被普遍承认的"评判标准"，让我们能够分辨真假、善恶和美丑。

（三）纯粹理性：怎么从先于经验的综合判断导出"应该"？

1. 先于经验的分析判断：不产生新的知识

当时经验科学家们企图把所有的东西，包括对人性的研究，都纳入经验科学研究的领域内，把经验科学看成是一个无所不包的统一的机械的体系。他们用归纳法来概括一切，对任何事物都要找到具体的因果关系或必然性，导致了遍及一切领域的决定论，影响到了人的自由和尊严。康德认为，经验科学研究的领域应该局限在经验领域内。我们的认识开始于经验但不是所有的知识都来源于经验。人对于普遍性和必然性的判断都来自纯粹理性，而纯粹理性是通过判断来发挥作用的。他认为一个判断就是人的思想把主语和谓语连接起来的一次操作，其中谓语是以某种方式来说明主语的，没有主语就没有谓语的内容。判断可以分成两种：分析判断和综合判断。分析判断是恒真的，因为在主语中已经包含了谓语的内容，不过是同义词的反复。而谓语的作用则是把主语中的内容进一步展开，让人们更加明确地意识到主语中所包含的内容。比如说，所有的三角形都有三个角。这种判断是通过直觉来进行的，是先于经验的判断。这种判断不是从经验中得来的，是所有人都生来就具有的判断。所有的分析判断都是先于经验的，属于全称判断，即没有例外的判断，其中谓语和主语的位置可以颠倒，在谓语中不包含什么新的内容。

而在综合判断的主语中不包含谓语中的内容，谓语给主语添加了新的内容。如果我们把主语和谓语分开来分析，二者是不相干的，无法从主语中推导出谓语，也无法从谓语中推导出主语，而且主语和谓语的位置也不能颠倒。比如说，这个苹果是红的和所有的物体都是有重量的，这两个判断都是综合判断，谓语都给主语添加的新的内容。他还把判断分为先于经验的判断和后于经验的判断两类。所有的分析判断都是先于经验的判断。这种判断不依赖于我们对于具体事物的经验，也不依赖于观察，比如说，数学。所有的关于必然性和严格的普遍性的判断也都属于先于经验的判断。而绝大多数的后于经验的判断都是综合判断。必须通过观察获得经验后才能进行后于经验的判断。比如说，某某学校的所有男生都是六英尺高。这个判断是有条件的，因为我们先要调查才能下判断，而且我们也不知道那个学校未来的情况。

2. 先于经验的综合判断：可靠的新知识的产生

康德认为，还有一类判断既是先于经验的又是综合的，他称为先于经验的综合判断。这种判断是康德最关心的判断。比如说，$7+5=12$，这就是先于经验的综合判断。这个数学判断既是必然的又是普遍的，但我们分别分析 7 或 5，都分析不出 12 来。12 就是新的内容。又如，在两个点之间最短的距离是直线。在这个几何学命题中，也无法从"直"中分析出"最短"来，"直"说的是"质"，而最短说的是"量"。再如，在物质世界的所有变化中物质的量是保持不变的。在这个物理学命题中，同样包括了既是先于经验的又是综合的判断，因为我们还没有体验完物质世界中的每个变化，我们就做出了这样的判断。为了进行这样的判断，我们就必须依赖于直觉。康德认为既然先于经验的综合判断，在数学和物理学中都可以得到承认，那么用到哲学中也应该得到承认。比如说，人是可以自由选择的。这就是一个先于经验的综合判断。这样他认为通过纯粹理性的先于经验的综合判断，就可以把数学、物理学和哲学统一起来。

后于经验的综合判断可以通过经验来证实。比如说，这把椅子是棕色的。只要我看了椅子就能证实。但先于经验的综合判断是无法完全用经验来加以论证的，比如说，两个点之间的每条直线的距离都是最短的，我们怎么知道我们的判断是有效的呢？我们通过经验能够接触到的只是特殊的、有数量限制的对象，而我们的判断却是包括所有的对象的。而且，我们可以看到，我们所判断的新出现的对象还真是符合我们事先下的判断，因此通过这样的判断我们可以预测新出现的对象的性质，而且具有可靠性。

在这里康德汲取了哥白尼的试验精神。哥白尼在用所有的星体围绕着不动的观察者转这个命题解释不通的时候，他就假设让观察者围绕着不动的星球转。他把"哥白尼革命"反过来理解，形成了他在哲学方面的哥白尼式的革命。他认为，人是一个主体，具有主动性，并不是被动地接受经验，而是让外部经验符合于人的主观的思维结构。康德认为自古以来我们总是让我们的认识围绕着变动不息的和没有确定性的外在事物转，所以找不到普遍性和确定性，而现在我们要倒过来想，让客观事物来围绕着我们的思维结构转。他只要把个人的思维结构弄成是固定的就能找到确定性。

康德的意思不是说外在对象是由思维产生的，也不是说人生来就具有天赋观念，而是说人是一个主体，具有主动性。思维不是被动地接受来自于我们的感觉的印象，而且要对这种印象做出判断，从而主动地把我们的经验组织为"一"个整体。人都具有同样的直觉功能，有同样的思维结构，就像戴着同样的有色眼镜一样，因此能够有同样的知识。他通过主客体之间的关系问题来说明人的知识的来源有两个：感性和理解。感性把对象提供给我们，我们通过理解来进行思想。知识的形成是由认识者和被认识的东西合作完成的。思维的最特别的活动就是能把我们的经验整合为一个整体。思维首先给经验加上的是固定的直觉的形式：空间和时间。空间和时间，既不是从事物中得来的观念，也不是在头脑中存在的概念，而是先于经验的东西，形象地说，就像我们生来就戴着的眼镜一样。

除了空间和时间外，思维中还有一些固定的思想范畴，思维借助于范畴体系来整合我们的经验。思维就是通过这些固定的范畴来进行判断的，比如说：数量、质量、关系和可能性。通过数量的范畴，我们能够进行一或多的判断；通过质量的范畴，我们能够进行肯定或否定的判断；通过关系的范畴，我们能够进行因果判断或主谓判断；通过可能性范畴，我们能够进行可能或者不可能的判断。通过这些判断，我们就能把多种多样的经验整合成一个连贯的单一世界，从而把"多"变成"一"。时间和空间与固定的范畴，都事先就安装到人的头脑里了，构成了我们的纯粹理性。纯粹理性具有客观性，因为每个人的纯粹理性都是一样的。而没有经过纯粹理性加工过的经验是多种多样的、具有个性的、带有个人的主观色彩，所以具有不确定性。通过纯粹理性的直觉和范畴，我们就能获得普遍性和确定性，就能够认识事物的本质，从而把握住具有普遍性的"真"。

3. 规范性观念："我"、"世界"和"上帝"

康德认为，在人的思维中，除了有一些客观的范畴外，还有三个规范性的观念。这三个规范性的观念把我们带到了超越于经验的领域之外，但是我们忍不住要想这三个观念。这三个规范性的观念就是我、宇宙和上帝。我们无法体验到这三个观念，因为它们不是我们能够体验的对象，我们看不见、摸不着它们。它们甚至不是靠直觉产生的，而只是由我们的纯粹理性想出来的。但我们的纯粹理性不是胡思乱想，也不是无必要地乱想。我们之所以要想出这三个观念，动机来自于我们要把所有的经验都整合成为一个同一体，所以这三个观念是靠纯粹理性推理出来的。第一个规范性观念是"我"本身，这个我指的就是人能够思想这种本性，也就是我们的灵魂。纯粹理性力图通过"我"来把我的所有的心理活动都纳入一个同一体。第二个规范性观念是"世界"。纯粹理性通过形成"世界"这个概念来把经验中发生的所有事件都纳入一个同一体。第三个规范性观念是"上帝"。因为我们想把宇宙间的万事万物之间的联系都解释成一个系统，要找到最后的原因，因此构想出上帝。

因为规范性的观念没有对应的客观实在，所以我们无法把它们归为先于经验的形式，比如说，时间和空间，也无法归为先于经验的范畴，比如说，原因和结果。我们之所以能够有科学知识，是因为所有人具有同样的思维结构，所有的人具有同样的理解机能，因此能够以同样的方式理解感性经验提供给我们的东西。而在规范性的观念这里，没有科学可言，因为从经验中我们什么也得不到。经验对于规范性观念来说，只是提供了一种需要。我们需要在最高层次和最广阔的领域中来解释现象世界，所以规范性的概念具有推测的性质。我们可以有关于现象的经验科学知识，但不可能具有关于超越于经验领域之外的科学知识。

如果我们企图在规范性的观念领域找到"实在"，那么注定是要失败的，必然会陷入二律背反之中，也就是说正方和反方都同样有道理。比如说，世界在时间和空间上是有限的或无限的；世界上的每种合成物都是由简单的部分构成的或不存在由简单部分构成的合成物，因为世界上就不存在什么简单的东西；除了与自然规律相符合的因果关系外，还存在着自由；或者世界万物都不是自由的，因为所有事物都是按自然规律发生的；存在着一个绝对必要的存在物，即上帝，或者没有上帝。对这些问题的证明是荒唐的，因为我们试图在描述一种我们无法体验到的实在。

但是，康德也意识到这些二律背反是有积极意义的，因为从这里我们可以推导出，如果世界是存在的，那么世界作为一个事物本身既可以是有限的也可以是无限的。到底哪方是真的呢？无法证明。这样，我们就有了自由，我们可以选择正方也可以选择反方。我们就可以说世界只是一个规范性的观念，这样我们就可以进一步证明人的自由和人的道德责任问题。我们可以用两种不同的方式来思考人：作为现象的人和作为本体的人。我们可以在时空和因果关系中来科学地研究一个作为现象的人。同时，从经验中我们体会到，人是有道德责任的，这种责任显示出人的本体性，其基本特征是自由。所谓本体性就是事物本来就如此，不需要再加以证明。在这里自由也是一个规范性观念，因为这个观念就像上帝是否存在一样，也是超越了感性经验的，无法用数据来加以证明。

4. 以前对绝对完美存在的三种证明是站不住脚的

康德通过说明以前对绝对完美存在的三种证明都是站不住脚的，从而说明人是自由的这样的观念也是无法证明的，所以只能当作规范性的观念来对待。通过对人的理性的能力和范围进行批判性的评估，他认为试图证明绝对完美是否存在是件徒劳的事，因此他拒绝以前对于上帝存在的三种证明：本体论证明、宇宙论证明和目的论证明。他认为本体论证明就是用绝对完美的观念本身来给自己的存在做证明，根本就是在做词语练习，它从我们脑袋里有完美的观念就推导出完美一定是真实存在的。它从人的思维而不是存在的事物出发来进行论证。它在绝对完美的观念中已经把绝对完美的上帝的存在作为谓语植入，但是还是无法说明为什么有必要具有一个作为主语的上帝。如果我们承认绝对完美是存在的又否认它是万能的，那么就又会陷入矛盾之中。如果为了避免陷入矛盾之中，我们承认有一个最高的存在是万能的，而承认这个观念并不能说明这个最高的存在就是真实存在的。而否定上帝存在，不只是否定了一个谓语，而且否定了主语，从而把所有谓语也都否定了。如果我们把主语和谓语都否定了，那么就不存在矛盾了，因为没有留下什么可以矛盾的了。所以，本体论论证本身就是一个麻烦，而且是在耽误工夫。康德比喻说，一个人在知识上想变得富有，只靠观念来帮忙，就像一个商人想增加他的财富，只靠在他的现金账户里添加零一样。

本体论证明是从绝对完美这个观念开始的，而宇宙论证明则是从经验开始的。它的典型观点是：因为我存在，所以一个绝对的必要的完美就存在。也就是说，因为我存在，所以上帝存在。还可以说，只要有事物存在，就必然有创造它的上帝存在。康德认为，这种论证的错误在于它开始于经验，但一转眼就跑到经验之外去了。因果关系只在经验领域里是有效的，有果必有因。我们不能用思维中的先于经验的范畴来描述经验中不存在的东西。我们顶多只能用因果关系来推测出一个规范性的上帝，但是这个上帝只能是观念性的，我们无法证明它是否真的存在。

目的论证明的典型观点是，我们看到世界上有那么多不同的事物，它们之间并不会自己相互合作，但世界却是那么的有序，没有上帝来安排怎么可能呢？因此必然有一个安排秩序的上帝，赋予万物的存在以目的，而上帝的目的就是最终的目的。他认为，虽然我们可以以我们体验到的秩序为基础，推测说存在一个秩序创造者，但并不能证明物质世界中的秩序的存在，非得有一个秩序创造者不可。在目的论证明中，既犯了把因果关系用于超越于经验领域之外的错误，也具有把观念中存在就认为实际中也存在的本体论证明的缺陷。总之，我们不能用超越于经验之外的观念或理论原则来证明上帝的存在。所以，依靠纯粹理性，我们既不能证明上帝的存在，也不能证明上帝不存在。

（四）实践理性：人的行为会涉及道德问题

1. 自由的人必须服从理性

康德认为，人类不能只是盯着外部的事物看热闹，而且也要行动，也是这个世界的参与者。所以，理性不仅关注关于事物的理论，也关注关于实践的行为，而人的实践行为就是人的道德行为。理性只有一个，但是可以分成两种知识：理论的知识和实践理性的知识。我们通过纯粹理性来把握理论知识，而通过实践理性来把握道德行为的知识。在康德那个时代，经验科学发展的潮流是重视在来自于现象的感性经验中找实在性。经验科学家们用因果关系来解释一切，把世界看成是一架庞大的机器，完全按机械原理运作。而人也被看成是这个机械系统的一个组成部分。但是，我们发现人的灵魂既是自由的又是不自由的。如果说人是没有自由的，就无法让人承担道德责任。而如果说人是自由的，人又确实受到自然的必然性的约束。怎么才能避免这样的矛盾呢？

　　他把人分成了现象的我和本体的我。现象的我指的是能够被观察到的我，这个我是受自然的必然性或因果关系约束的；而本体的我或我本身是拥有自由的。康德认为，只有把必然性限制在经验领域，才使得人具有自由的可能性。人有可能得到自由，才能够有道德，就是因为我们对事物本身或者说对本体领域的对象是不可知的。尽管如此，我们是可以思考事物本身的，否则就会很荒谬，因为就会出现有现象却没有本体的矛盾。同样，我无法知道灵魂是自由的，但我可以思考自由。他通过这种方式来拯救道德和上帝。既然不可知，那么我们就可以有自由来进行正方或反方的思考。

　　他认为道德哲学的任务就是要发现对所有人都有约束力的行为原则。而只靠研究人们的实际的行为方式，可以给我们提供一些有趣的人类学的信息，但只能发现人是怎么行为的，而无法告诉我们人应该如何行为。在现实中，我们确实发现我们经常在做道德判断，比如说，我们应该诚实。那么这条规则是怎么得来的呢？他认为，正如经验科学的判断一样，比如说，任何变化都必然有其缘由，这样的原则来自于理性，而不是来自于我们所体验到的对象。正如我们的纯粹理性用因果关系的范畴来解释变化一样，我们的实践理性用义务或"应该"这个概念来解释我们的所有的道德处境。

　　在经验科学和道德哲学方面，我们都采用了超越经验事实的普遍概念。经验的作用在于扣动扳机，驱动我们头脑里固有机能，使得我们能够用普遍性的术语来进行思考。与此相类似，在人际关系中，因为有实践理性的作用，使得我们不仅能够决定当下我们应该如何行为，也能够决定我们应该坚持的持之以恒的行为原则。道德是理性的一个方面，它使得我们能够意识到我们固有的行为原则。实践理性是普遍的，因为它是每个有理性的人天生固有的；它是必然的因为我们无法把这些原则从头脑中卸掉。不管我们愿意不愿意，只要相应的经验出现，它就会被自动驱动，来规范我们的行为。作为一个理性的人，我不仅要问"我将要做什么？"而且会意识到自己的责任，因此还会问自己"我应该做什么？"那么怎么才能知道我应该做什么呢？当我从义务的角度想我必须做什么的时候，我可以想是不是所有人都必须这样做？要能够普遍化的原则才能成为道德原则，我们才能用这个原则来判断善恶。

2. 要有善良意志才是真的好

康德认为，评价善恶的首要的标准是看人的行为是否出于善良意志。是否出于善良意志，这是一个可以普遍化的原则。其他的行为，只有以善良意志为前提，才能是好的。比如说，不能冲动这个原则不能说是绝对好的。在某些情况下，该冲动不冲动，就不好。一个冷血的人，不仅让人感觉他很危险，而且人们还会鄙视他。我们认为善良意志好，是因为我们认同善良意志本身，是纯粹的好的愿望，而不看这个善良意志是出于什么理由或会产生出什么结果，也不看它是否对于实现某个目的有用。一个理性的人努力做他自己应该做的事情，与为了自己的爱好或私利做事是不一样的。一个人的动机，只有出于义务或道德，才具有最高层次的境界。由此，康德说出了一句惊人的话：善良意志是善的，不是因为它有什么成就。康德就这样强调了善良意志在道德中的主导作用。效果好还不足以评价这个行为是道德的，要动机好才是真的好。即使一个人给他人带来了幸福，如果动机不好，依然不是道德的行为。

3. 必须绝对服从道德命令

康德认为，义务指的是我们对于道德法的责任。作为一个理性的人，当道德法给我们下命令时，我们就能意识到这种责任的存在。不是所有的命令都是道德命令，只有适于所有人的命令，具有普遍性的命令，才是道德命令。也就是说，在道德法面前人人平等。而技术性的命令或技巧性的规则，只有我们要实现某种目的时才有必要遵守。比如说，如果我们想要建一座桥，我们必须要选择坚固的材料。但是，我们不一定非要建桥，因为我们通过建水下通道或用船也可以抵达对岸。与此相类似，有的命令是计谋性的命令，比如说，如果我想在某个圈子里受人欢迎，我就必须说某种话和做某种事。但是，我不一定非要受这些人欢迎不可。所以，技术性或计谋性的命令属于有条件的命令，也就是说，只有我们决定要进入某种操作领域，我们才需要遵守这样的命令。而真正的道德命令是绝对命令，适用于所有的人，这个命令本身就具有必要性，具有客观必然性。所谓客观，就是不是以自己的意志为转移的，所谓必然，就是别无选择，即命令人无条件地做出某种行为，它告诉我们应该如何行为。绝对命令的基本公式是：只按道德准则来行为，而衡量道德准则的方式是，看它是否能够变成遍及所有人的普遍法则。自然界中的每件事物都是按法则运行的，而只有有理性的人才具有关于法则的观念和选择按法则行为的机能。理性的人要把准则看成是与自然界存在的普遍法则一样去遵守。从这个意义上说，自由就是对必然的选择。

4. 个人怎么才能找到正确的行为规则？

当然绝对命令并不能给我们提供具体的行为规则。由于人的处境的复杂性，才有必要给人自由，为自己立法。比如说，一个人被迫需要借钱。如果他承诺说他能够在某个特定的时间还钱，就容易借到钱。如果他明知自己那时没有能力还钱，还是做出了承诺，这样的行为被普遍化，承诺就会变成一件荒唐的事，谁也不再把它当回事，承诺就纯粹成了空洞的借口。人还有一点比较特别，就是拒绝和憎恨别人只把自己当成物，而不是人。人希望别人喜欢的是自己本身，而不是喜欢自己具有什么利用价值。人要做目的本身，而不是要成为他人实现目的的手段，总之，大家都希望被人当人看。道德的至高无上的准则就是每个人都值得尊敬。这个准则就是康德的绝对命令的第一个公式：在任何情况下，都要把人当成目的。由此，引发了绝对命令的第二个公式：在任何情况下，都不能只把人当成手段。而绝对命令的第三个公式已经蕴含在前面的两个公式之中，只是需要明白地说出来而已：人根据普遍性原则来为自己立法。也就是说，人的意志具有为自己立法的本事，这就是自律。

康德把自律与他律区分了开来。不是出自于本心的，不是自我愿意遵守的法律，不是自己愿意做的行为，就是他律的。有的时候，这种他律来自于人的欲望或爱好。人要有自由才能自律。自律的意志是自由的和独立的。要独立才能自由，要自由才能独立。为了人的道德，我们必须假设人是自由的。所以，自由也是一个规范性的观念。康德通过自由这个概念把经验科学世界和道德世界区分开来，经验科学世界是一个现象世界，而道德世界是一个本体世界。人之所以是自由的，就是因为人是有理性的，能够自觉地按理性的指导来行为。所以，即使没有外在原因的驱使，有理性的人也能够像自然界一样，选择按必然性来行为。从我们的经验中，我们可以发现，人是具有道德责任的。如果人不能自由选择，就无法让人服从道德命令。

5. 怎么才能保证善有善报恶有恶报？

康德认为，为了道德的缘故，我们还必须假设人的灵魂是不会死的。

人追求的是最高的善,而这个追求必须是德福一致的,也就是说,有美德的人是应该得到幸福的,道德法应该具有造福的能力。而在现实世界中,德福永远不可能一致,但人还是希望追求二者的完美结合。要让这种追求成为一种无休止的进步,就不得不假设灵魂是不朽的。而且即使灵魂是不朽的,也无法保证德福一致,因此必须假设上帝是存在的,这样才能保证德福必然一致。康德认为,因为道德的原因,有必要假设上帝的存在,但不是说没有宗教人就不可能有道德。人因为对道德法本身的敬重,纯粹出于义务,也会具有道德。但是,康德确实认为,如果实践理性要追求最高的善,要追求完美,就必然会走到宗教那里。宗教不是靠惩罚,而是因为它符合人们追求最高的善的愿望,指引人不断向着完美奋进,因此具有神圣性,因此可以成为一种绝对命令,让人永远追随。

(五)审美判断:纯粹的美是具有普遍性的形式美

康德认为,要判断道德上是不是善,可以用一个普遍性或客观性的标准。普遍性的标准才是客观性的标准,因为不是个人的意志可以左右的,不是一个人或一个国家可以随意制定的标准。宇宙是一个统一体,就是因为普遍性的规则是贯穿到一切领域的。即使在美的领域也不例外,没有人能够制定一个原则来强迫人说什么是美。一件衣服,一栋房子,一朵花儿,美不美,靠人的主观体验来说话。一个人看到它们,没有感觉到愉悦,就是不美。但是,我们确实会做出美的判断。我们认为某些事物是美的,而且认为别人也应该认为它们是美的。所以,尽管我们对于美的判断是基于我们的主观情感上的,我们依然把美定义为具有普遍愉悦性的对象。

1. 在审美过程中不能掺杂利害考虑

康德认为,要发现美,第一步可以把美当成是一个人的主观品位。当我们说一个对象很美的时候,我们实际上是把对象当成了一个主体,也就是说,不管它是否有用,而是看我是否喜欢它,我是否能够从它那里感觉到愉快或不愉快。这种感情不是来自于这个对象是什么,而是因为它以某种方式感染了我,触发了我的感情。这种判断是由感情做出的。我们不用认识这个对象,也不必形成对于这个对象的概念,只要看和感受就可以了。比如说,一丛树叶,看上去就很美,就感觉愉悦,并不需要我们认识它的内部结构或性质,也不需要知道它是否有用。所以,关于美的判断,既不靠纯粹理性,也不靠实践理性,就是靠自己的第一感觉。美的判断,要纯粹,必须是独立的,不受任何特殊利益的影响,其中不存在利害关系，不受偏见的影响。没有利害关系的趣味才是真正的趣味。一栋房子美不美，与它的大小无关，与我是否想拥有它无关，只是它的形态触发了我的喜爱的感觉，让我产生了愉悦感。当然我可能会想拥有这栋房子，但是我对它美不美的判断，与是否想拥有它的欲望是无关的。美就是一种独立的让人感觉愉悦的满足感。

怎么才能知道我的审美判断是自由的呢？第一，我表达出我的观点，说明某个对象是美的；第二，我很清楚地意识到，我的这个判断没有受任何利害关系的影响，其中包括没有受到欲望或偏见的影响。这时我就有理由相信，别的人的自由的审美判断也应该与我一样。所以，审美判断也是具有普遍性的。品位这个词并不总是用来指具有普遍性的审美判断。人们在品位上可以是不一样的。如果有个人说："卡纳里葡萄酒是很惬意的"，可能就会有朋友补充一句说："惬你的意。"紫色对一个人来说可能是温柔而可爱的，而对另一个人来说就可能意味着呆板和凋谢。从这个角度上说，每个人都有自己的品位。但是，我们不能混淆惬意和美。很多事物对于我们来说都是有魅力的和惬意的，而当我们说什么东西美的时候，我们是把它放到了一个秤上来衡量，我们的潜台词是每个人都应该认为它很美，都应该从这个事物中感觉到愉悦。如果不是这样，我们就会责备说：你太没有品位啦。那么，怎么才能把一般的品位和美的品位区分开来呢？来自于我们的感官的品位就有个体性，比如说，吃喝上的东西。而能够让所有人都感觉愉悦的事物才是美的品位。

2. 在有的美中掺入了善的内容

康德认为，还可以进一步把美区分为两类：自由的美和依赖性的美。自由的美，不需要对审美对象加以定义，也就是说，不用知道对象是什么东西，直接感受就好了。感觉愉快的就是美的。而依赖性的美则首先要知道那个东西是干什么用的。比如说，一朵花儿美不美，看就得了。植物学家知道花儿是什么，但在对花儿审美时，他与我们没有什么差别。让我们感觉花儿很美的是花儿的形态。绘画、雕塑、园艺、音乐，也是同样的。我们是通过纯形式来感受它们是否美的。而判断人和建筑是否美，就不那么简单了，因为在审美前我们先要想到"目的"，这个人或这个事物是否实现了其目的是我们在审美时要考虑的问题。在这里我们不是只根据感情来进行纯粹的审美判断。比如说，有的人会抱怨某栋房子不适合做教堂，尽管它很精美。

有的时候,我们称一个有道德情操的人很美。这个时候我们的审美判断已经掺杂了理性判断,已经不再是自由的了。康德说的纯粹的美是纯形式的美,是不考虑目的的美。在审美判断中,存在着必然性,而这种必然性与纯粹理性或实践理性都没有关系。尽管我可以声明我的审美判断是具有普遍性的,我也不能够假设所有人都会同意我的判断,因为普遍性的美感是寓于特殊的感觉经验中的,只能举例说明,而不能制定一条普遍的原则来规定什么是美。我们能够体验到的美都是具体的。我的体验是主观的,具有个体性,而我却需要这种感情具有普遍性,对其他人也同样有效。这时我们就必须假设存在着共通感,因此我可以说,每个人都应该同意我的判断,而不能说每个人都会同意我的判断。从这个意义上说审美也具有普遍必然性。

二 新康德主义:文化中的价值问题

(一)弗莱堡学派:不能用自然科学的方法来研究价值

文德尔班和李凯尔特都属于新康德主义中的弗莱堡学派,又称为巴登学派。

1. 文德尔班:理性科学与经验科学的区分

(1)在普遍与特殊之间存在着鸿沟

文德尔班(Wilhelm Windelband,1848—1915)是德国哲学家。他从认识论的角度,把科学分成理性科学和经验科学。哲学和数学属于理性科学,它们不直接认识经验对象。而经验科学的认识对象则是可以感知的事实。他又从一般与特殊的角度,把经验科学分为规范科学和描述科学。规律科学研究的是普遍的自然规律,而描述科学研究的是历史中的特殊的个别事实。普遍规律是永远如此的、可重复的,我们根据普遍规律来制定法则;而特殊事实是一次性的、曾经如此、不可重复,我们根据特殊事实来描述特征。规律科学具有实践价值,可以帮助人制造工具,支配自然。而历史科学具则有文化价值。人是历史的动物,在历史中成长,因此必须背起历史的沉重的书包。他强调说,历史具有单一性和不可重复性,所以不能在历史中寻求普遍规律,不可能在历史中建立自然科学。我们不能用一般范畴来分析个性。对于历史上的个别事件,总是存在着不可理解和无法说明的剩余。这种剩余来自于人的感情。正如我们无法说明人为什么是自由的一样,我们也无法说明感情。在普遍与特殊、一与多、无限与有限之间存在着鸿沟，无法从前者推导出后者。这道鸿沟，只可能被掩盖，而不可能被填平。

（2）哲学研究的是价值的评价标准

文德尔班从哲学史的角度分析了哲学的研究对象的变迁。他认为，在古希腊时期，哲学的研究对象是整个世界。而到十九世纪末，各门科学从哲学中全部独立了出来。现在哲学的研究对象到底是什么？这成了一个哲学的生死存亡的问题。他认为，哲学是研究普遍有效的价值的科学。这些价值不是"存在着"，而是"意味着"。这些价值不是"事实"，而是"规范"。哲学用理性之法来对事实进行评价。他把判断和评价区分了开来。他认为，判断要说明事物是什么，而评价则是说事物应该是什么。哲学不研究是什么，而是研究应该是什么。所以，哲学一定要有标准意识。有了标准意识，才能设立价值标准。有了价值标准，才能进行价值评价。哲学就是关于标准的科学：逻辑学是关于思想标准的科学；伦理学是关于意志标准的科学；美学是关于情感标准的科学。

2. 李凯尔特：自然科学与文化科学的区别

（1）在自然科学中不存在特殊性和个别

李凯尔特（Heinrich Rickert，1863—1936）是德国哲学家。他力图把自然科学和历史科学区别开来。他认为，认识不是对对象的反映，而是对对象的改造。我们能够直接感知的现实，是处于变化过程中的，因此它既是同质的又是异质的，既是相同的又是差异的。理性用概念来概括现实，而在概念中只是概括了相同和同质之处，排除了不同和异质之处，因此概念是无力如实反映现实的。科学概念把握现实的方法是把同质性与异质性区分开来，抓住理性的同质，排除非理性的异质。数学就是这样的理性科学。它只把握同质性，因此只是一个纯粹的量的世界，失去了质的规定性。自然科学和人文科学保持了现实的异质性，因此它们把握的世界比数学更接近于现实世界。科学的方法就是要告诉我们如何对同质性和异质性进行选择，如何形成科学的概念。自然科学的方法是普遍化方法，采用的是普遍概念。在普遍概念中要排除特定的、单一的特殊性和个别性。自然科学要找到普遍因素，发现事物的本质，概括出普遍概念；找出普遍联系，发现普遍规律，做出绝对的普遍判断。自然科学的选择方法就是要通过经验比较把共同的东西通过概念概括起来，把普遍的规律通过绝对的普遍判断表述出来。因此，在自然科学的理论体系中不存在特殊性和个别性。

(2) 在文化的产物中必然存在着目的

李凯尔特强调，历史依赖于对人的过去的经验进行价值判断。而这些过去的经验是无法通过直接认识来核实的。那么怎样才能使我们对于历史的判断具有客观性呢？这就需要采用一套对于历史价值来说普遍有效的系统。他认为，整个世界包括主体和客体两个部分。主体指的是自我，客体指的是自我以外的世界。哲学的任务就是要把主体和客体结合在一个统一的世界之中。他反对把非自然科学等同于精神科学。他认为，不能把精神理解为心灵的存在，从而不能把精神科学的方法说成是心理学的方法。非自然科学指的是文化科学，采用的研究方法是历史方法，因此可以把非自然科学称为历史的文化科学。自然与文化是不同的。自然的产物是从土地里自然而然地长出来的，而文化的产物则是人们播种后才从土地里生长出来的。在文化中必然存在着目的，必然存在着某种价值，必然因为具有某种价值而被保留下来。自然中没有目的，而文化中则存在目的。我们不能说价值存在或不存在，只能说有意义还是没有意义。价值是对人而言的，不能离开人而独立存在。而意义指的则不仅仅是一种纯粹的个人的意义。它或者被大家公认为有效，或者至少被文化人假定为有效。文化指的是承载着人们公认的价值的实在对象的总和。

(3) 历史哲学承担着对文化价值进行评价的任务

李凯尔特认为，文化科学采用的是个别化方法。它不是要形成普遍概念，也不是要提出普遍规律。它表述的是一次性的、特殊的和个别的东西。但它不研究所有的个别事物，而是选择那些在历史上有意义的个别性，要排除无意义的纯粹的异质性。意义和价值使得特殊之物具有普遍的意义。历史的普遍不是普遍概念中的普遍，而是文化价值中的普遍。普遍的文化价值是在一次性的和个别的事物中逐步发展的。个别性是普遍价值的载体。自然科学和文化科学都在研究现实。当我们从普遍性的角度观察现实时，现实就是自然；而当我们从特殊性的角度观察现实时，现实就是历史。也存在着相互交叉的情况。历史的文化科学选择有文化价值的历史题材加以研究，但它的任务不是对这些文化价值加以评价。历史哲学承担着对这些文化价值进行评价的任务。历史的文化科学的统一性和客观性依赖于一套绝对有效的价值体系。这种价值体系应该是建立在普遍的共识基础上的。目前还不存在这样一套体系。但是历史的文化科学家在选择材料时，必须假定存在着这样一套绝对有效的价值体系，并让自己在选材上尽量靠近这样的价值体系，这样才可以期待自己的研究得到相应的承认。

（二）马堡学派：卡西尔关注的完美世界

卡西尔（Ernst Cassirer，1874—1945）是德国的犹太哲学家、教育家和作家，新康德主义学派中的马堡学派的代表人物之一。马堡学派又称为先验逻辑学派。这个学派认为，任何的哲学原理都需要先进行先于经验的论证，目的是要找出逻辑根据。文化的逻辑根据可以被归结为科学的逻辑根据。自然科学以数学为依据，而精神科学则以法学为依据。

1. 人能通过各种意识形态来传承发明成果

卡西尔的哲学主要建立在康德的作品的基础之上。他认为，人是通过概念来把对自然界的印象组成一定的结构的。他认为，康德之后，科学观和文化观都发生了很大的变化，因此有必要对康德的理论加以修正，让它能够容纳人类经验的更广阔的领域。他认为，在人类文化的背后，都存在着思维的影像和功能。他对这些影像和功能进行了全面的研究。他不认为概念是从具体的事物中抽象出来的。他认为，概念是人组织知识的工具，在对具体的事物进行分类之前就已经存在，否则我们就不具有分类能力。他研究了文化表达的各种形式，最后得出结论说，只有人才具有独特的使用"象征形式"的能力。

这些象征形式包括神话、语言和科学。人们通过这些象征形式来赋予人的经验以一定的结构，让我们能够理解我们自己和自然界。他认为，应该超出自然科学和数理科学的界限来研究文化现象，建立文化哲学。不能只看人的社会性，因为这不是人的唯一属性，也不是人的特殊性所在。在动物世界中，我们可以看到有的动物之间有很明确的劳动分工和很复杂的社会组织。人类社会与动物社会之间的区别在于，人不仅会行动，而且有思想和感情；人类社会不仅有社会组织，而且有社会意识形态。科学、艺术、宗教、神话、语言都可以作为社会意识形态的手段。高级动物也偶然会有些"发明"，但它们的发明无法遗传和继承。而人则能够用各种意识形态来巩固、传播和继承他们的发明成果。人不仅过着自己的生活，还要表达自己的生活。通过表达，使得人的生命具有不朽性，当肉体死了思想还依然活着。

2. 人能通过丰富的符号宇宙思考和应对生活

卡西尔认为，人不仅有理性，不仅有意志，而且人还是一种可以被符号化的动物。人和其他动物都具有感受器和效应器。通过感受器，可以感受外部刺激；通过效应器，可以对外部刺激做出反应。其他动物都通过效应器，把自己调试得完全符合外部环境的需求。而在人的感受器和效应器之间还存在着符号系统。有了符号系统，使得人不是对外部环境做出反应，而是进行应对。反应是直接而迅速的，应对则是延缓的，因为人要进入符号之网中去进行复杂的思考。这个符号之网是由科学、艺术、宗教、神话、语言等构成的，其中凝聚着人类在思想和经验中取得的一切进步，而且它变得越来越精巧、越来越牢固。符号宇宙对人的认识和实践都产生着深刻的影响。

人不仅生活在物质性的宇宙中，还生活在符号宇宙中，被符号宇宙所包围。神话是不理性的，但不是杂乱无章的，有着自己的概念系统。语言也不只是理性的语言。与概念语言并列的还有情感语言，与逻辑或科学语言并列的还有诗意的想象的语言。在各种符号系统中，我们要以功能为基础来理解结构。文化符号的创造是有目的的，目的决定功能，功能决定结构。文化系统是一个符号系统。文化概念的内容是人的活动。人是在活动中存在着的。通过记号，人的活动在意识流中被停顿下来，这个活动的片段与记号一起永存。这个片段之所以值得记录，因为它有意义。这些片段就成为符号宇宙的建筑材料。

3. 每种文化都在追求一种动态的完美的平衡

卡西尔认为，每种文化都有自己的文化形式，不能简单地互相还原。每种文化都在功能上具有统一性，都不把自己作为整体的一个部分，而是把自己的文化看成是具有普遍的绝对性的。就是在这种寻求绝对普遍性的过程中，产生了文化的冲突。各种文化不是寻求和平共处地并列前进、相互补充，而是想征服其他文化系统。在古希腊文化中，宗教和艺术是密切联系的。而在宗教的发展的过程中，却变得越来越反对艺术。在不同的文化系统中也确实存在着"看不见的和谐"，它们有着共同的任务，它们都追求着一种平衡，但不是静态的平衡，而是动态的平衡，是对立面斗争的结果。这种看不见的和谐胜于看得见的和谐。

在所有的人类活动中，都可以发现一种基本的两极性：稳定与进化、不变与变、传统与改革、复制与创造、保守与进取之间的斗争。在所有的文化领域中都可以看到这样的对立，只是对立因素的比例不同而已。没有一个诗人能创造出一种全新的语言，他不得不用别人创造出来的语词，不得不遵守语言的基本规则，但艺术家则会对语词进行某种变形、增添新的生命的元素。科学与艺术的不同之处在于，它要抹去所有的个人的印迹。文化的统一性在于人都想要建立一个自己的完美的世界。哲学家的任务在于探索这样的完美的世界的基本的统一性，但并不把统一性与单一性混淆起来。多样性和相异性并不意味着不一致和不和谐。所有的多样性都是相辅相成的。每一种不同都向我们展示着人性的一个新的方面。

第三节 统一论：让完美在宇宙中漫居

统一论完美哲学的总体观点是完美弥漫地存在于整个宇宙之中，而我们无法直接用眼睛看见，因此需要通过各种路径实现对完美的认识，从而形成对于追求完美的坚定的信仰，让人拥有精神生活和能够创造出精神文明。

一 自然路径：上帝创造完世界后就休息了

自然神论的典型观点是上帝创造世界后就休息了，不通过启示或经文来干涉整个世界的事务。自然神论的代表主要有来自英国的赫伯特（Edward Herbert of Cherbury，1583—1648）和廷德尔（Matthew Tindal，1657—1733）。他们的主要作用在于消解了基督教的特殊地位，认为世界上的所有宗教都是一样的，基督教与其他宗教相比，并没有什么特殊之处。赫伯特是位英国贵族，被认为是自然神论之父。他认为我们生来就带有一些直觉性的和本能的"共同观念"，这些观念是普遍真实的，其中有五个这样的共同观念，构成了所有宗教的基础：绝对完美是存在的；我们应该崇拜绝对完美；听从绝对完美做道德的事情；做了不道德的事情应该忏悔；人死后要经过绝对完美的审判，有的人得到奖励，有的人被惩罚。他认为其他的启示，都是宗教领袖为了维护自己的利益而编造出来的。经书中写的是些不足为信的传奇或寓言性的历史。

廷德尔同样来自英国，是赫伯特的追随者，只是他的理论更具有经验科学哲学的特征。他认为绝对完美是存在的，但我们是通过理性而不是经书来认识上帝的。通过理性我们可以认识到：上帝是绝对完美的；人是不完美的；人与上帝和人与其他事物之间的关系是上帝安排好的。除此之外的知识则是由人的理性来把握。他们都认为上帝创世就像是钟表匠做钟表，钟表出了商店，就自己运行去了。伏尔泰（Voltaire，1694—1778）则来自法国，是《百科全书》的著名撰稿人之一，也持有自然神论的观点。他认为宗教编出的故事很荒谬，但是他不赞同无神论，他相信上帝是存在的。他认为，由于宗教具有稳定社会秩序的功能，因此即使没有上帝，也有必要造出上帝来，否则就会导致社会的混乱，但是人不能靠带有迷信味道的启示，只能靠理性来认识上帝。

从自然神论的思考中，我们可以得出如下哲学观念：自然界是绝对完美创造的，因此与绝对完美多少具有相似性；绝对完美创造世界后，就让万物自己去运行了，而不再加以干涉，但是在万物中有着绝对完美的神圣性，所以万物的运行规律不是机械性的；人是绝对完美创造的，绝对完美赋予了人天赋观念；人可以通过理性认识天赋观念，从而知道什么是完美和追求完美；启示中的故事是寓言，不是真的，不足为信；让人们追求绝对完美，才能给社会带来秩序，所以不管能否证明绝对完美是不是真的，为了社会的稳定都应该鼓励人们追求完美。

二　直觉路径：斯宾诺莎认为自然是一个完美的统一体

斯宾诺莎（Baruch Spinoza，1632—1677）是一位具有原创性思维的犹太哲学家。他的父亲信仰犹太教，是一位成功的商人。他在荷兰的阿姆斯特丹的葡萄牙属犹太社区长大。当时的阿姆斯特丹是一个世界主义的中心，商船把各国的人和信仰都带到了这里。斯宾诺莎从小学习就很好，被认为是做犹太拉比的料，但是十七岁时就停学，帮他父亲做进口生意。他二十一岁时父亲去世。他把父母的遗产全部给了自己的妹妹。他二十三岁时被逐出犹太教区，后来天主教区也把他的著作列为禁书。后来他被迫离开阿姆斯特丹，到了海牙从事写作。因为过分劳累和吸入过多的玻璃粉尘而得肺病去世，终年44岁。他的一生主要以静静地磨光学镜片为生，他想自由地追求真理，过着朴素的生活，终生都在拒绝各种奖励和荣誉，包括在大学担任受人尊敬的教职的机会。他懂六门语言，母语是西班牙语，但他喜欢用拉丁语写作。他的巨著《伦理学》在他死后才出版，产生了巨大的影响力。他既有很多的敬慕者，也有很多的谴责者。由于他的哲学成就和品德而被誉为"哲学王子"。他认为人痛苦主要是以为自己是自由的，实际上却不具有自由。他要通过论证绝对完美的存在来说明，人其实是没有自由的，从而造成稳定的社会秩序。

（一）先想清楚完美才能思考哲学

笛卡尔的思想大大地影响了斯宾诺莎，但斯宾诺莎并不只是一个笛卡尔的追随者，他有很多自己独创的想法。斯宾诺莎认为，认识绝对完美是进行哲学思考的前提，因为有了绝对完美才有万物。他认为，绝对完美与自然是同义词，这两个词可以互换，这种观点后来被称为泛神论。他认为绝对完美即是宇宙，而宇宙是一个具有无限性的统一体，包含着万物，有着无限的属性，可以用无限的方面来表现其本质，其中最主要的属性就是思想和实体，这就是上帝的心灵和上帝的肉体。他认为实体就是不依赖于其他事物的存在，而属性就是实体的本质。绝对完美的上帝自由地创造了世界。因为上帝是最高的，不听从任何其他事物的指示，从这个意义上说，上帝是自由的。

上帝创造世界万物的目的是把自己的属性模式化，所以世界的秩序和万物的属性，都是由上帝在造世界时就已经定了的。万物在整个的自然秩序中扮演什么角色，该怎么行为，都不是由自己决定的。因此万物没有自己的目的，都是按部就班地以某种特定的必然的方式行为。事物之间都有着内在的联系，因为都是上帝的属性的不同体现。自然可以区分为两个方面：正在创生的自然和已经创生的自然。正在创生的自然是生的力量，这种自然是一种积极主动的存在，这就是上帝的主动的方面，而已经创生的自然则是一种被动的存在，在上帝的被动的方面包括了存在着的世界的所有"模式"或特征，其中包含着一些普遍的法则，如运动和静止，还有单个的事物，比如说，石头、树和人。

（二）直觉把握的是整体的秩序

我们通过把握三个不同层次的知识来认识绝对完美。第一个层次是想象力，这种认识来自于人的感觉。这种认识是模糊的和不恰当的，因为这时我们还不知道总体的秩序，只能感知到单个事物的存在。如果我们只看一个人，我们会看到很多种特征，但我们不知道什么是人的本质特征。当我们看了几个人以后，我们就能发现人的本质，因为本质必须是每个人都有的，而且没有这个本质特征的话，人就不再能成其为人。但是，我们体验到的单个人的本质是不完美的，因此我们还需要理性来抽象出每个类的完美的观念。这个完美的观念的真实性是我们的理性能够承认的，因为很明显。当我们把握了很多种事物的完美的观念时，我们就能够看到事物的整体。而直觉能力就是把握事物的整体的能力。通过直觉看到的是一个有秩序的整体。这时我们就可以通过直觉把握公理或定理，而且能够把哲学公理安排成一个系统的体系。这个体系不是人的头脑随意安排的，定义也不是随意定义的，而是对于世界的客观秩序和事物的客观本质的反映，这就是一个严密的理性科学体系。这个理性科学体系就像一个几何学体系一样，可以用数学来精确地加以描述。

（三）人的无知在于以为自己是自由的

人最无知和最愚蠢的地方在于以为自己是自由的，以为自己可以有多种选择，其实不然。人生来就有一种表现为嗜好的内在的驱动力，当这种嗜好为人所意识到时就是欲望。是否能够满足这种欲望就形成了我们的愉悦或痛苦的情感。凡是有利于人的生存和完美的事物对我们来说都是好的、善的，反之就是不好的、恶的。当我们能够顺利地满足我们的欲望时，我们就感觉有充实感和成就感，否则就会有挫败感。虽然这些判断看上去是主观的，但由于所有人的欲望都源于同样的内在驱动力，都是天生的，都追求生存和完美，因此对于好恶的判断也就是一样的。激情与情感不一样。如果不了解情感，我们就会成为激情的奴隶。激情让我们执着于一些会死去的个体，让我们有极端的行为。而知识则把我们带向永恒，从永恒的高度来看问题，就能够让我们的行为适度，就能够更好地认识我们的情感，否则我们就会因为无知而成为我们的幻觉的牺牲品。我们对于人的行为的把握也可以做到非常的精确，也可以用数学来描述人的行为。人的精神和肉体不过是上帝的思想和肉体具体体现而已，是一个实体的两个方面，因此是一个统一体。

三 逻辑路径：莱布尼兹认为每个人都是没有窗户的独立存在物

莱布尼兹（Gottfried Wilhelm von Leibniz，1646—1716）是一位德国数学家、哲学家和多产的发明家。他的父亲是莱比锡大学的道德学教授。六岁时他父亲去世，他继承了父亲的藏书。从七岁开始他就能自由地在他父亲的藏书室里学习了。他在学校里学的主要是一些权威经典，而在这个藏书室里他可以提前学到通常要到大学才能学到的哲学和神学著作。这些著作主要是用拉丁文写成的，因此他十三岁时就能用拉丁文像读小说一样地读懂很难的学术论文。他十三岁的时候，参加一个比较特别的学校活动，他一上午就写出了三百首拉丁文的六部格诗。他曾协助一位总统候选人做选举，名声有所提高。他精力非常旺盛，边做外交方面的工作，边从事科学研究工作。

他在巴黎时遇到了一位物理学家和数学家，意识到自己的数学和物理学知识是拼凑成的。他拜这位物理学家和数学家为师，开始自学，很快就在这两个领域里做出了很大的贡献，包括发明了微积分。后来被牛顿指责，说他从自己的没有出版的著作中偷窃了微积分原理。因为得罪了牛顿，而牛顿的名气很大，他因此被冷落。去世时，葬礼非常冷清。莱布尼兹的贡献是巨大的。他改良的二进制数字系统成了数字电脑的基础。他既继承了以前的学术传统又是现代逻辑和分析哲学的先驱。他能够用多种语言写作，但主要是拉丁语、法语和德语。他没有得到过当时的政府授予的任何高贵的职位。他没有结过婚。他很有魅力、很文雅、很幽默和很富有想象力，他在全欧洲有很多朋友和崇拜者。他因为不相信基督耶稣而被当成无神论者。他认为人是自由的，但不是自由地去做任何事情，而是能自由地去追求完美，把潜能变为现实。人因为放弃了追求崇高的完美而陷入痛苦之中。他要通过"单子"来说明绝对完美的存在，说明人的确定不移的追求完美的人生目标，从而造成稳定的社会秩序。

（一）绝对完美创造出了尽可能好的世界

莱布尼兹相信人通过理性可以认识绝对完美，因此他不是从经验事实出发，而是从第一原理和先于经验的定义出发来进行推理。他要通过他的整个哲学来说明整个世界及社会的发展都要遵守一定的秩序而人却是自由的。个人的自由性表现在他是为自己活着的，他是独立的，他要完成的任务是上帝派给他的，也是他愿意去完成的。他的一生的追求的就是尽可能完美地完成他的天赋的任务。他把宇宙看成是一架精神的机器，按机械原理运行，又想要给人留下自由的空间。他认为存在着一个人格化的绝对完美，也就是上帝。上帝在创世的时候尽量让每件事物都尽可能完美，从而造成一个和谐的总体，因此每种事物都被分配了特定的任务，按照特定的方式向着特定的目标发展，因此事物就像几个调准了时间的表，会在同样的时间敲响。我们的宇宙是仁慈的上帝创造的在可能情况下的最好的宇宙。无序和恶都是因为缺少完美，因为每件事物都是有限的，因此总是存在某种欠缺。只有把万物放在一个整体中才能看到它们各自的价值。有的东西孤立地看是恶的，却是某些善存在的前提。比如说，如果我们只是吃甜的东西就会感觉很乏味；如果搭配些刺激的、酸的，甚至苦的就能刺激我们的味觉。一幅油画，如果我们只是显露其中的一小部分，我们看到的似乎只是随意涂抹的一团色块，看不到艺术家的艺术，而看整幅画面时情况就不一样了。上帝是纯善的因此不会创造出恶的实体。

（二）个体都是封闭的却能和谐相处的单子

莱布尼兹认为，上帝创世时创造的是一个个独立的、没有窗户的、互不影响的实体，它们都有自己的运行原则和自己的能量，他称这些实体为单子。他认为所有的事物都是由单子构成的化合物或聚合物。单子不是一个数学上或物理学上的点，而是一个实在的点。它以能量的方式存在，它是万物的灵魂。每个事物都有自己的独特的单子。这些单子不是原子，没有空间，没有形状或大小，是没有长宽高这三维的"力"或"能"。所以，具有"能"这种要素的单子才是构成事物的本质的实体。一个化合物就是一个单子的集合体。"Monas"在希腊文中指的就是"一"（one）或一个统一体（unity）。生命、灵魂、精神都是由有生命的单子组成的统一体，都包含着生命或动力，因此整个自然都充满了生命。在每个单子中都有上帝造它时所预设的目的，因此各个单子都在追求自己的目的，这个目的是永恒的和固定的。

每个事物都在追求以最完美的方式来完成自己的天赋任务，努力造成一个和谐的整体。就像不同的乐师和合唱队组成的队伍，每个人都在做好自己的部分，所以在总体上造成了一个和谐的整体。因为单子之间并不是偶然地搭配在一起的，因此每个人或单子都能从某个特定的视角来反映整个宇宙。人是上帝创造的，因此人具有天赋观念，并具有天赋的任务和目标，因此人的自由不是意志的自由或选择的自由，而是努力向着某个目标生长的自由，是要把自己的潜能变成现实的自由。每个人的同一性都是围绕着一个主导的单子形成的，而这个单子就是他或她的灵魂。人的最基本的属性是思想。人的生命展开的过程就是克服各种让人迷乱的思想，在正确的观念的指导下，把看上去模糊不清的潜能变成现实的过程。我的自由指的是我知道为什么我要做某件事，我也知道我在做什么。

（三）道理上的真要靠逻辑验证

莱布尼兹提出了关于绝对完美存在的新的证明方法。我们知道绝对完美是存在的，因为我们看到的整个世界是和谐的。如果没有绝对完美的上帝的安排，世界就不可能这样和谐。他提出了逻辑学中的充足理由律，就是说如果有什么东西存在，就能推出必然有另外一个东西存在，否则我们就会陷入矛盾之中。他把"真"分成了两种：道理上的真和事实上的真。

道理上的真纯粹要靠逻辑来把握,要通过矛盾律来加以验证。凡是荒谬的,也就是自相矛盾的,都不是真的道理。所有的道理上的真都是自明的,是先于人的经验而存在的,来自于人的天赋观念,所以不需要用经验来验证。从语言学上来说,道理上的真指的是在主语中包含着谓项所指的所有特征,谓项是对主语的有秩序的展开,因此是可以预见的,具有必然性。比如说,三角形这个主语中已经包含了三个边的意思,我们说三角形有四个边就是错误的。"三角形有三个边"这个命题就是同义反复或恒真命题,说的是只要是三角形,就有三个边,否则就会出现矛盾。

道理上的真都是全称判断,都包括了所有的特征,因此道理上的真的命题是分析性质的。分析就像是把一个东西给拆开了,我们只能分解出这个东西所有的零件,不能分析出这个东西本身不包含的零件。而综合性的命题就是我们要做一个东西,并不具有全部零件,我们在现有的零件的基础上,根据这个事物的功能,通过人的想象补足其中的零件,所以这些被我们的想象补足的零件并不是实际存在的,而是我们想出来的新东西。所以在分析的过程中不产生新东西,而在综合的过程中就能产生出新东西。而数学命题就是道理上的真的典范。一个数学命题不能同时既是真的又是假的,不能违反矛盾律。而道理上的真之所以可靠,就因为其中没有新东西,只是把已经存在的东西进行分析,让我们把每个零件和零件之间的结构都看得更清楚而已,其中使用的推理是演绎推理。因为只有绝对完美这个主语中才包括万物的属性,因此只有以绝对完美作为前提的推理,才是真正分析的,才是严密的演绎推理,才具有必然性。我们在推理上必须有绝对完美。如果没有绝对完美的存在,我们就会无限倒推下去,找不到确定的起点。只有存在一个绝对完美的、不需要其他理由来解释的上帝,才能够终止这样的无限倒推。

(四)事实上的真要靠经验把握

莱布尼兹认为,事实上的真则具有偶然性,对它的验证只能通过经验,按充足律来进行论证,具有偶然性,可能出现对立面。充足律的论证只能是部分论证,因为它论证的只是无限的因果链条中的部分的环节。我们找不到第一个事实,因此找不到最终的解释。如果非要找,就只能找到绝对完美的上帝那里。这就是物理学所面对的问题,所以物理学不是一个演绎学科,只能是经验学科,具有综合性,也就是说,其中有虚构的成分。就事实上的真来说,我们不能从主语中推导出谓项的内容。比如说,

"玛丽存在着"这个命题,我们从玛丽这个概念中不能必然地推理出她的存在。她可能存在也可能不存在,验证的方式只能通过经验。我看到玛丽存在了,我就可以说她存在。事实上的真,可以是有对立面存在的,也就是说,可以有矛盾存在。由事实构成的宇宙只是各种共存的可能性的集合体。各种可能性都可以同时存在,直到一种可能性变成现实以后,我们才能够得出确定的结论。事物的存在是有规律可循的,因为世界上不存在绝对的空间,每个位置都是被占领了的,所以事物的发展不能跳跃。因为不存在可以跳跃的空间,所以只能是一种事物挪出了某个空间,另外一个事物才能占领那个空间。因此事物的变化是有连续性的,这种连续性保证了事物的发展是有规律的,而且是按照机械原理运动变化的。这个规律就是连续律。

四 观念路径:物质世界是不真实的

(一)贝克莱:事物就是观念的集合体

贝克莱(George Berkeley,1685—1753)出生在爱尔兰的一个贵族家庭,十五岁时便进入了都柏林三一学院,学习数学、逻辑学、语言学和哲学,后来成了该学院的成员,再后来又成了一名主教。他曾经想在美国建立一个学院,目的是在美国的野蛮人中传播上帝的福音。为此他与他的新娘航行到了美国,在罗德岛呆了三年。因为没有筹到足够的钱来建立这个学院,又回到了英国,但是他通过与爱德华的很频繁的交流,影响到了美国哲学家。他曾在伦敦建立了一所孤儿院。他的慈爱的性情与和蔼的态度使他很受同时代人的欢迎。他的对手主要是洛克和牛顿,他提出了非物质主义,他反对牛顿所说的绝对空间和时间,这种观念后来影响到了两位著名的物理学家:马赫和爱因斯坦。他对微积分的基础的批评也影响到了数学的发展。他对光学理论也有贡献。而这些成就,主要都是他为绝对完美的存在进行辩护时产生出来的衍生物。

1. "存在就是被感知"很荒谬吗?

贝克莱的最著名的新观点是:"存在就是被感知"(Latin:esse est percipi;English:to be is to be perceived),也就是说某个东西的存在依赖于被感知。一种毫不依赖于感知的绝对存在是无法理解的。这个命题一提出来,就遭到了很严重的批判,甚至被嘲笑。他那么聪明绝顶的人,怎么会提出让人们感觉那么荒谬的命题呢?由于物理学的发展,物质这个概念被强调，物理学家把实体等同于物质，把物质看成是实在，是现象的本质，并提出了一系列的抽象的观念，还把哲学抽象出的观念看成是在表达某种存在。贝克莱认为物理学声称要把经验科学建立在观察和经验的基础之上，但这些抽象观念却是超越于经验之上的。而且如果把物质看成是一切事物的本质，就会导致唯物主义，从而让绝对完美的上帝没有栖身之地。这样经验科学的问题是解决了，但是人的问题就会出现。人在精神上依赖上帝那么长时间，突然没有了上帝就会让人们失去信仰，从而导致社会混乱。

那么怎么来调和经验科学与宗教之间的矛盾呢？贝克莱认为洛克并没有从哲学上解决这个问题。贝克莱认为事物就是观念的集合体，并不存在物质。他把物质理解为不具有思想性的绝对存在物，他认为这样的词是没有意义的词。他说一颗樱桃具有一种能量，能够通过我们的感官在我们的思维中产生圆的、红的、甜的这样的观念的集合体，这些观念是依赖人的思维存在的。有思维才有感觉，有感觉才有观念。存在的东西是存在的，但只是我们感觉到的东西才存在，我们不能由此推出这些东西后面或下面还存在着我们感知不到的物质或实体或替代物。不能把现象和实在分离开来。事物之间的关系也只是顺序上的关系，它们之间并不存在什么必然性。

2. 人与人之间为什么有共通感？

贝克莱说一根燃烧着的蜡烛，人们知道它存在，是因为自己看到它存在了或者别人看到它存在了，否则我们怎么知道它存在呢？而我不在办公室的时候，别人也不在我的办公室里的时候，我们知道那根蜡烛依然存在，而且一直在燃烧，到下次见到它的时候，它变成了灰烬。为什么自己不在感知蜡烛的燃烧，别人也不在感知蜡烛的燃烧的时候，蜡烛还在呢？就因为还有另外一个无限的精神在持续不断地看着它，所以它的存在具有连续性，它能一直存在。由此，他推导出了无处不在、无时不在的上帝一直在看着万物，所以万物是存在的。人和人之间之所以有共通感，就因为万物及万物之间的秩序，都是上帝创造的，因此我们感觉到的东西和秩序才都是一样的。而我们各自在头脑里想象出的东西是不一样的，就因为那是有限的个体在乱想，上帝缺席时才导致了个别性。这样他就把事物、经验、感觉、观念合一，得出一个事物即是观念的集合体的结论。他认为要把实在和幻想区分开来。物质是无法被感知的，因此不能说是存在的。只有思想或精神实体才是存在的。他从经验主义的角度来捍卫上帝的存在，把人的认识完全限制在自己感知的领域，不让人在此基础上再进行推导。

五　常识路径：观念论完美哲学的发展越来越荒谬

（一）我们头脑里的观念是真的吗？

里德（Thomas Reid，1710—1796）是苏格兰的哲学家。与卢梭一样，也是在拯救上帝，也是很快就出名了。那时苏格兰哲学家们出版了很多学术著作，被称为苏格兰的启蒙运动。里德的名气仅次于休谟排第二位。里德和休谟保持了很长时间的友好的通讯往来。他的主要作品来自于他的讲稿。他既对启蒙运动提出了尖锐的批评又致力于哲学的建构。一些苏格兰哲学家采用了他的方法，创立了"苏格兰常识哲学"学派。他对笛卡尔和休谟等人的哲学进行了批判，认为他们最大的问题就是采用了观念论，导致了普遍的怀疑主义，使得现代哲学的发展越来越荒谬，越发展越糟。笛卡尔等哲学家认为我们的脑袋生来是空的。我们与外部世界联系的唯一路径是我们的感觉器官，而我们的感觉器官就像是照相机一样，我们按下快门，得到的是关于事物的影像或照片，这些影像和对这些影像的记忆都是精神性的副本，构成了我们的观念。这样就堵塞了我们认识外部世界的所有通道，所以我们根本就无法认识外部世界本身，包括自我的同一性也无法得知。我们脑袋里的所谓的真实都不过是一堆快照而已，是我们自己造成的让自己心醉的城堡。他们认为感性认识的三要素是：一个外部的对象，比如说，一棵树；我们拍下的照片即影像，只是很像对象，但不是对象本身；我们对影像的意识。

（二）可以从日常对话中发现人们所信仰的常识

里德认为，我们的认识只包括两个要素：就是实际的树和我对树的意识，不需要影像作为中间环节。我们的认识就是对对象本身的认识。虽然我们从绿色的树叶中找不到绿，我们需要光等元素帮忙，但是对象中确实存在着能使我们产生绿的认识的属性。他的这种观点被称为直接实在论。他认为怀疑主义的倾向可以概括为一个句子：就是怀疑常识的真实性。我们必须对常识具有信念，才能克服怀疑主义。他用承认常识的方式来肯定天赋观念的存在。他认为我们生来就拥有来自理性的常识原则，在我们的思考中必须贯彻这种常识原则，这种原则塑造着我们对于外部世界的思维方式。我们相信生来就知道感性认识、自我、上帝、自由意志和道德等都是真实的，这是我们的来自本能的信念，这是人类共有的共通感。通过对日常语言的分析，我们能够知道这些常识的存在及其微妙之处，因为我们对常识的信念就隐藏在我们说出的自然语言中，对话中使用的语言反映着我们的通常的思维方式。比如说，我们在所有的语言中都会发现了"软"和"硬"这样的概念，我们就知道软和硬这样的概念是人类思维中固有的观念。先天的常识先塑造了我们的思维，我们再用这样的思维去认识外部世界。

从里德的思考中，我们可以得出如下哲学观念：绝对完美创造了自然和人类，因此人类具有天赋的观念和共通感，从自然语言中我们可以发现常识，从常识中可以认识天赋观念，而这些天赋观念构成了人类社会交往中可以互相理解的"一"；人是在常识观念的指导下去认识外部世界的，而且我们认识的是直接的外部对象，中间不需要对外部世界照的影像这个中介，因为影像是精神性的，如果我们是通过影像认识世界的，我们看世界就和看照片一样，接触不到事物本身。外部世界就成了我们的观念体系，而这些观念体系虽然是来自外部世界，但并不是外部世界本身。这样的观念论会导致我们怀疑一切，甚至怀疑常识，从而导致人们的信仰危机。

六 良心路径：卢梭为了道德而拯救绝对完美

（一）康德称他为道德世界里的牛顿

卢梭（Jean-Jacques Rousseau，1712—1778）出生在瑞士的日内瓦。从他所接受的正规教育的情况上看，他似乎是一个没有资格研究哲学的人，但却成了哲学世界里的一颗耀眼的新星。他出生时处于垂死状态，人们以为他活不下来。他的母亲来自上流社会，他出生才几天他的母亲就去世了。他的父亲虽然是个钟表匠，但是受过很好的教育，而且爱好音乐。在日内瓦钟表匠很有社会地位。卢梭五六岁的时候，他父亲就鼓励他学习。他最早读的是一些逃避现实的小说，培养出了他的浪漫主义情调。后来他开始学习古代和现代的经典著作，其中他最喜欢的是希腊历史学家普鲁塔克的作品。他父亲边做表边听卢梭读这位历史学家的书给他听。他喜欢普鲁塔克中描写的人物的高尚品质，他把历史书也当成另外一种小说来读。他的父亲和他都喜欢看民兵演习，因为他们认为民兵才真正体现出大众精神，而不像很不光彩的唯利是图的雇佣兵。

卢梭十岁的时候，父亲再婚，他被送到寄宿学校学习了两年，主要学数学和画画。他十二岁时终止了正规的学习。他做了很短时间的钟表盒的雕刻匠学徒。由于他的父亲和叔叔都与他断绝了关系，他便开始流浪，得到过很多人的资助，过着很寒酸的生活。在这个过程中，他也一直在自学，并培养出了音乐方面的才能。他二十岁时，在法国成了贵夫人德·瓦朗的情人。瓦朗夫人是一个相当爱挥霍的人，她有一个很大的图书馆，热爱音乐。通过她的社交圈子，卢梭接触了很多文人。他努力学习哲学、数学和音乐。他做过家庭教师，后又以抄乐谱为生。

在巴黎，他看到了一些强烈的对比：富有的贵族与血汗工匠、巍峨的大教堂与读着伏尔泰的异教作品的主教、沙龙里的快乐与拉辛的剧作里描写的悲剧主题。他一直保持了他的很童稚的腼腆。后来卢梭与一位没有受过教育的女佣开始同居，在一起生活二十二年后结婚成为终生伴侣。卢梭的自学能力非常强，他的阅读面非常广泛，跨越艺术、文学、科学和哲学领域。他读过柏拉图和伏尔泰等人的著作，与狄德罗和休谟的关系都很好。三十八岁时他的文章"论艺术和科学"获得了第戎科学院最佳论文奖而一举成名。不过他自己感觉这篇文章有力量和火焰，有强烈的情感，但是缺乏理性上的严谨。他认为因为用经验科学、艺术中的色情、文学中的荒淫代替了宗教，因为过于强调逻辑而牺牲了情感，从而带来了道德的沦丧。虽然他反对制度化的宗教，但强调绝对完美的上帝对于人类的重要性。

卢梭虽然出名早，但晚年过得比较悲惨。他的身体不好，得了精神病，患有妄想症。他的作品遭到了当时的教堂和政府领袖的激烈抨击，他变成了一个逃亡者。在他去世后出版的《忏悔录》里，他非常坦诚和细致地描写了自己的生活。他的作品的经久不衰的力量，来自于他对于人的幸福、道德和法律的比较合理的论述。他不受时尚的影响。在倡导无神论的启蒙运动刚开启时，他就发现了无神论可能给人带来的危害，从而逆流而上，对启蒙运动进行了攻击，为强调情感的浪漫主义运动提供了动力，让教育转向一种新的方向。他启迪了法国大革命。他是启蒙运动开启后，第一位有力地拯救绝对完美的人。康德很喜欢他的思想，称他为道德世界里的牛顿，并在书房里挂着他的画像。

（二）不能用经验科学来解决信仰问题

卢梭在他的游历生活中发现了很多矛盾，其中让他感觉最深刻的是因为道德的沦丧给人们带来的普遍的不幸福感。那么怎么才能让人们具有美德呢？他认为不能靠经验科学知识的力量，主要原因在于经验科学研究的目的是要发现普遍真理，而人的生活是区域性的和独特的，每个社会的独特性在于它具有一定的适合它的价值观，需要其中的公民忠诚于这个社会，具有爱国主义精神。而经验科学会破坏价值观体系的权威性。经验科学的探索需要普遍怀疑，而怀疑精神的普遍化，必然会导致信仰危机，因为信仰要求人具有坚定不移的信念。他承认科学技术的价值，但是他认为只让少数人研究和怀疑就可以了，不能把怀疑主义的精神弄得满处都是，这样必然会导致迷茫。

他认为，把经验科学从普通人手中拿开，就像一个母亲把孩子手里拿着的一件有威胁性的武器给夺走一样，目的是为了保护孩子。对于普通人的道德教育，最简单的办法就是让人们倾听良心的声音，因为他相信人性本善。他强调宗教在道德教育中的作用但是他反对原罪说。在经验科学探究中，存在各种各样的说不清道不明的观点，而且绝大多数重要的学科的知识是无法通过实证方法来进行毫无疑问的验证的。把经验科学的多样性带到信仰领域，会产生出信仰的多样性，会使得主导的价值观失去约束力，从而会导致一个社会的解体和混乱。一个稳定的社会需要建立在一整套价值观上，这套价值观要被大多数人接受，而且要成为他们的思想和行为的指南。没有这样的价值观体系，就需要具有强大的政府，从而会导致专制独裁的产生。

（三）漫无边际的自由和有财产权的自由

那么怎么才能重建社会秩序和美德呢？卢梭说人生来是自由的，但我们满处看到的却是戴着枷锁的人。人是什么时候被戴上枷锁的呢？他说他无法解释这个问题，因为这是一个历史学的问题。他只是希望通过他说的道理让人们明白，我们为什么要遵守法律和道德。他认为人生来是善的，是制度让人变坏的。通过改变制度才能消除社会中的恶。他把"自然的自由"和"公民的自由"进行了区分。他认为，在自然状态里，人们是幸福的，这不是因为他们是天使，而是因为他们具有绝对的独立性，他们只为自己活着，只管自己的死活。人生来就具有的"自然的自由"，也就是说，可以自由地获取所有的事物。在自然状态下，人的行为由一种自然的情感所驱动，这种自然的情感类似于动物的自保，但通过人具有的理性和怜悯的指引，能够产生出了人性和美德。他们虽然粗鲁，但是坦诚、自然和真实。那时很容易判断出一个人是什么样的人。

恶是在社会发展中产生的。随着人们的交往越来越多，产生出了一种人为的情感，这种情感使得每个人都想做人上人，这样就产生了人们为数量有限的荣誉位置而激烈的竞争，随之产生出了嫉妒、恶意、怨恨、虚荣、自负、骄傲和轻蔑。现代社会中的人们都讲究同样的礼貌，说虚假的话，不敢表现真实的自己，就是朋友之间也要提防，因为容易被欺骗。由于人必须生活在社会中，他必须与社会中的所有人发生关系，而他又需要只服从自己，怎么解决这个矛盾呢？那就要建立一个共同体，在这个共同体中，每个人都是平等的成员，他既和所有人建立联系，他又只是在服从自己的意志。共同体通过一种共同的力量来保护个人及个人财产。

卢梭认为，个人要意识到自己是整体中的一个部分，自己的安危系于整个共同体的共同的善即正义。这样自己就要把自己和自己的所有权利"让渡"给全体人的总体的意志。他认为这个解决方案在表面上是给专制独裁开出的处方，其实却是走向自由之路。"公民的自由"指的是在具有共同意志的共同体中的自由。这是一个联合体，其中的每个人都是伙伴，他不抽象地拥有全世界，而是拥有自己的财产权，他的财产不可剥夺。他反对奢靡之风，反对重视经济的政治领袖。他认为斯巴达是一个理想的国家，他尤其赞赏斯巴达的爱国主义精神。他认为如果一个社会很奢靡，看上去很风光，但却无法持续下去。不能只用经验科学的"进步"来衡量社会的发展；不要不看人是否诚实，只看人是否聪明；不要只看一本书写得是否漂亮，不看这本书是否有用；不要只奖励天才，不奖励美德。

（四）投票不一定能投出公民的总体的意志

卢梭认为，只要每个人得到的信息是足够的，给他机会认真思考，他不用与其他人交流，也会认识到什么是共同的善和正义。他把"总体的意志"与"所有人的意志"进行了区分。他认为总体的意志是一个集合的概念，其中需要得到每个人的赞同，每个人都是法律的作者，所以遵守法律就是遵守自己的意志。在这种赞同中，需要每个人都具有美德，具有很高的道德水准，他不是从个人利益或小集团的利益或偏私的利益出发，才能达成这样的总体的意志。当我们在这个意义上使用所有人的意志的时候，总体的意志与所有人的意志是一样的。而当我们把所有人的意志当成大多数人的选票的时候，就开始有点偏离了总体的意志的概念。如果有偏私行为，那么就不是总体的意志了。一个社会的法律要建立在总体的意志的基础上才是公正的，也才具有真正的合理性和合法性。

　　法律是总体意志的产物，而总体意志表达的是至高无上的意志，这种意志是单一的，由一个给定社会的公民的总数构成。因此在造法的时候要得到每个人的赞同，这才是真正的社会契约，每个人都作为契约中的一个成员。他反对代表制，认为要让每个人直接表达他的意愿。每个人作为社会总体的一个部分，符合总体意志的要求就是自由。所以自由或不自由的标准不在个人而是在总体意志那里。当个别人不符合总体意志的时候，他就是不自由的，就需要强力来迫使他自由。金钱可以买到其他的东西，但买不到道德和公民的忠诚。如果艺术家和音乐家追求奢华，就会用他们的天赋来迎合社会，追求快速的成功，创造出平庸的作品，使得他们的天赋没有得到足够的发挥。而这样的艺术品又会腐蚀人们的品位从而使道德滑坡。他看到了妇女在社会中的作用。他认为妇女通过选择来塑造男子。妇女的选择标准决定着男子的努力方向，因此让妇女具有美德，对于改变社会的道德风尚来说具有很重要的作用。

　　从卢梭的思考中，我们可以得出如下哲学观念：人是绝对完美的上帝造的，因此人性是善的，生来就具有追求完美的理性，对同类具有怜悯心；人都有良心，因此有效的道德教育就是通过情感让人的良心出场；任何一个社会的稳定都需要一套追求完美的价值观体系，没有这样的价值观社会就会混乱；恶来自于社会制度，是社会制度中的倡导追求奢华的风气让道德沦丧；要拯救道德，就要改变社会制度，让社会成为一个共同体，追求的是总体的意志；总体的意志指的是共同体中的每个人的意志的集合，而不是大多数人的选票，要通过让每个人直接表达自己的意愿，从追求完美而不是从追求个人的利益的角度来达成共识，让整个共同体都追求完美，并保护每个人的公正的财产，在此基础上才会产生出爱国主义精神；不能用经验科学的方法来解决信仰问题，因为经验科学的发展需要普遍怀疑的态度，而这种态度的泛滥会导致信仰危机，从而产生道德沦丧和社会秩序崩溃的结果，由此引发出政府的专制独裁，导致人们的普遍的不幸福感。

七　理解路径：阐释学要把握的是思想

（一）施莱尔马赫：理解者的知识结构越完备就解释得越好

　　施莱尔马赫（Friedrich Daniel Ernst Schleiermacher, 1768—1834）是德

国的神学家、现代基督教新教的创始人。他系统地阐述了基督教的教义。他也是一位哲学家,对哲学的解释学进行了研究。解释学又称为诠释学,它是一门关于理解的学问。施莱尔马赫和狄尔泰是哲学解释学的先驱,海德格尔的本体论研究是哲学解释学的转折点,而伽达默尔是哲学解释学的集大成者。施莱尔马赫把解释学从特殊的学科中提取出来,形成了一般的解释学,被称为方法论解释学。他认为,解释学是理解的艺术。解释学不是逻辑的补充。在解释学中,要抛弃一切逻辑的原则。解释学也不是语文学。哲学解释学要对理解的性质和方法做出普遍性的分析。话语是思维的中介。思想是在内在的讲话的过程中形成的,话语是已经形成的思想。理解要把握的是思想。

解释学对语言和语法具有依赖性。没有话语就没有思想。没有人能够不依赖于语词来思想。思维的内容依赖于语言而存在。个人在思想时是受语言制约的。解释的任务是要避免误解,它追求的是精确的理解。他认为,人并不能自发地产生出正确的理解。自发产生的理解往往是误解。解释者与作者往往不是生活在同样的时代里。我们不能用现代的思想去理解古代的文本。理解者要对自己进行重构,让自己等同于作者。理解者要把握作者使用的语言,要把握作者的内心生活和外在生活状态。概览整本著作是对细节进行精确解释的前提。作者使用的词汇的含义也受到他所生活的时代的影响。要在整体理解的前提下来理解部分。理解的过程是一个不断反复的过程。理解者的知识结构越完备就解释得越好。我们要直接地理解作者,把自己变成作者。我们要把作者的著作与其他类型的著作进行比较,发现本作品的特征。

(二)伽达默尔:在"理解"中寻找精神科学的真理

伽达默尔(Hans-Georg Gadamer,1900—2002)是德国哲学家,是一位化学教授的儿子。他是哲学解释学的集大成者。他从本体论的角度来研究精神科学。他认为,自然科学和精神科学之间最主要的差异不是方法论上的差异,而是认识目标的差异。哲学解释学不是要对现代科学加以限定,而是要说明现代科学之所以可能的前提。不能用自然科学的方法来研究理解。理解关注的主要对象是哲学的经验、艺术的经验和历史本身的经验。他要证明这些处于自然科学之外的经验的真理性,他采用的主要是海德格尔意义上的现象学的方法。他把对审美意识的批判作为切入点来研究理解,他要捍卫人们通过艺术作品而获得的经验的真理性,并由此建立起一整套的哲学解释学理论。他反对用自然科学的真理观来研究美学理论。

1. 艺术经验是一种别具一格的经验

（1）艺术作品的存在方式与游戏是一样的

伽达默尔认为，艺术经验是一种别具一格的经验，它探求的真理不同于自然科学的真理，也不从属于自然科学的真理。艺术的认识方式也不同于自然科学的认识方式。艺术作品的存在方式与游戏是一样的。首先，游戏对于游戏者来说，并不是很严肃的事情，但游戏活动本身则具有一种很独特的严肃性。游戏者只能全神贯注才能实现游戏的目的。不严肃地对待游戏的人，就是游戏的破坏者。其次，游戏需要游戏者参与，通过游戏者来表现自己，但游戏者不是游戏的主体。游戏要在不断的重复中来更新自我，而谁在进行这个活动倒不重要。游戏中表现着一种秩序，正是这种秩序在反复出现。游戏的魅力正是在于游戏超越游戏者而成为主宰。艺术作品本身就像是游戏本身一样。最后，游戏总是在游戏某种东西。游戏就是玩味某物的活动。游戏者在游戏活动中是一个采取某种行动的人。每一种游戏都给游戏者提出了一项任务，在完成这项任务的过程中，游戏者表现了自我。在游戏中，游戏者实现了自己特有的自我表现。而所有的表现活动都是为某人而表现的活动。在观赏者那里，游戏才实现了它的全部的意义。游戏本身是由游戏者和观赏者组成的整体。艺术的表现也是为某人在表现，即使根本没有观众。艺术作品和游戏的真正本质都在于自我表现。

（2）艺术的意义在于反复地表现自己

伽达默尔认为，艺术只有在被展现的过程中才实现了它的完全的存在。在艺术中，它要表现的是它自身的存在。艺术的意义能够被反复地表现，反复地被理解。对作品的表现，因为受到表现者的历史局限，会呈现出多样性。这里并不存在唯一正确的表现。作品的统一性和同一性正是在表现中出现的。艺术作品要表现的是自我。即使在表现中可能出现改变和变形，它仍然是它自己。表现就是以一种不可摆脱的、无法消除的方式重复地表现同一个东西。柏拉图用原型和摹本来解释所画物体与绘画之间的关系。而伽达默尔认为，绘画不是摹本。摹本的任务是准确地描述原型，好坏的标准是是否很像，摹本只是表现原型的手段。而在绘画中则有作者的自我表现。在摹本中，与原型不同是一种缺陷，而在绘画中，与原型不同的地方是作者追求的特征，通过这种特征来让原型充分表现。在人物绘画上，第一位的是人物的自我表现，第二位的是在绘画中对这种自我表现的表现。

他以同样的方式来解释文学作品。对文学作品的理解也是一种游戏。在这种游戏中，有意义的东西会表现出来。对文学作品的理解性阅读是一种再创造和解释。所有的文学作品都不能脱离接受者而存在，要在阅读中才能实现文学的意义。所有文本都要经过读者的理解才能实现其意义。

2. 时间距离使得创造性的理解成为可能

（1）对文本的理解要从合理的成见开始

伽达默尔认为，艺术品看上去成了历史，但它从不只是逝去的东西，因为它可以通过它的现实意义来克服时间上的距离。在历史性问题上，施莱尔马赫提出了"重构"的主张。他认为，产生艺术作品的原始关系并没有被保留下来，要理解艺术作品的意义，就要对原本的东西进行重建。只有找到思想产生的根源，回归到艺术家创作作品的出发点上，才能克服时间上的差距，使理解者与原作者处于同一层次上。而伽达默尔认为，这样的做法是无意义的，因为被重建的生命并不是原来的生命。黑格尔认为历史性的东西是不可能修复的。我们只能在更高的层次上来理解艺术的真理。在这个问题上，伽达默尔是黑格尔的追随者。他认为，对文本的理解要从成见开始。绝不可能存在一种摆脱一切成见的理解。对于成见，我们要根据其产生的根源的有效性来进行合理与不合理的区分。然后，我们从我们认为合理的成见出发来理解文本。谁想要理解文本，谁就不能固执己见，对文本的见解要持开放的态度。这种开放性意味着，要么我们把他人的见解放入我们自己的见解关系网中，或者我们把自己的见解放到他人的整个见解的关系网中。

如果权威的威望取代了我们自身的判断，那么权威就会成为偏见的来源。不能盲目服从权威。权威的形成来自于承认和认可，而不是不假思索的服从。承认是对他人的佩服，认为他人的判断和见解超过了自己的判断和见解，这是自己的理性思维的结果而不是盲从的结果。文本的意义永远超越它的作者。理解始终都是一种创造性的行为，而不只是一种复制行为。对文本的真正意义的汲取是一个无限的、永无止境的过程。新的错误的源头不断被消除，真正的意义不断被过滤出来，新的意想不到的意义被展现出来。在这个过程中，具有特殊性的成见不断消失，而促成真实理解的成见浮现出来。正是时间距离的存在，使得正确的成见与错误的成见得以区分开来。当成见以一种无意识的方式发生作用时，我们不会注意到它的存在。只有当成见受到刺激时，我们才能够意识到它的存在。而与文本接触，就能产生这种刺激。我们要能与文本进行对话，我们必须先有成见。如果这个成见有问题，我们不是把它搁置在一边，而是用另外的成见来取代它。只有让成见充分地发挥作用，我们才能体验到他人对于真理的认识。所以，当我们思考历史时，我们必须同时意识到自己的思维的历史性。我们要学会在历史对象中认识他人，从而认识自己和他人。真正的历史对象是自己和他人的统一体。在这种关系中既存在着历史的实在，也存在着历史性理解的实在。

（2）传统告诉我们的东西，一直就是我们自己的东西

伽达默尔认为，传统的本质是保存，但我们并不是把什么都保存下来，而是要进行理性思考。在我们理解某一文本的时候，吸引我们的是文本中的意义，就像美对我们具有吸引力一样。正如我们自由地破坏、自由地更新一样，我们也自由地保存。我们的存在方式是一种历史性的存在方式。我们与传统并不对立，而是存在于传统之中。传统告诉我们的东西，一直就是我们自己的东西，而不是一种异己的东西。传统给我们提供范例，让我们能够重新认识自己，让我们有所借鉴。我们无法完全摆脱传统。我们与传统进行攀谈，让我们与传统之间形成一种统一体，并相互作用。时间距离使得解释者与原作者之间存在着一种不可消除的差异，但正是这种差异的存在才使得我们有可能对文本进行带有创造性的理解。时间距离并不是一个鸿沟，在时间距离中存在着连续性的习俗和传统。而且，历史距离可以帮助我们对历史进行客观的认识。一件事情所包含的内容，只有当它脱离了当时的现实性，才能客观地显现出来。也就是说，只有当一件事情名存实亡到只是引起人们对它的历史兴趣的时候，它的永存的意义才可能被客观地认识。

（3）理解在本质上是一种历史性的理解

①对文本的每次理解都是不一样的

伽达默尔认为，我们的理解要从问题开始。先有问题才有经验。没有遇到问题，就不可能有经验。问题给我们指出了方向，让我们知道要从什么方向努力才能回答这个问题。问题使被问的东西被关注。问题的出现让我们意识到被问的东西的存在，有问才有答，所以提出问题比回答问题还要困难。问题的开放性并不是漫无边际的，而是由问题本身的性质而划定了界限。所以，提问既是开放的，又是有限制的。没有界限的问题是一个空的问题。有问题的人才有知识，因为在问题中包含着是与否的对立，我

们必须加以决断。理解在本质上是一种历史性的理解。只有当文本每次都以不同的方式被理解时，才可以说文本每次都得到了理解。理解不是对文本的纯粹模仿或单纯重复，而是一种新的创造。解释者理解文本后，总是要对他的理解加以应用。例如：对法律进行解释的任务就是使法律具体化到每一种情况，而这种具体化的过程就是应用的过程。

②历史处境和现实处境可以是一个连续的整体

伽达默尔认为，境界是一种限制视角可能性的立足点，而视野就是站在某个立足点所能看到的一切。境界不高的人，无法登高望远，只能看到近在眼前的事物，容易高估近在眼前的事物的价值。而视野广阔的人就是站得高看得远的人。改变境界就能改变人的视野。一个活动着的人，他的视野是变化着的，而不是封闭的。视野有宽窄之分，而且可以不断扩展出新视野。人类不具有任何绝对的立足点的限制，因此不存在真正封闭的视野。在看待传世之作时，我们需要理解作者的境界和视野，但是我们并不可能把自己放到作者的境界和视野中去。作者有作者的境界和视野，我有我的境界和视野。我只能是通过提升普遍性以使得作者的视野与我的视野融合在一起，从而形成一个大视野。我们的视野是由各种成见构成的。我们通过不断地考察我们的成见来使视野开阔。我们可以通过接触过去和传统，把现在与过去的视野融合起来。在这个过程中，旧的东西与新的东西就不断结合成更富有生气的东西。当人与传世之作接触的时候，就会发现在文本与现实之间存在着紧张关系。而解释学的任务就在于：一方面有意识地暴露这种紧张关系，使我们意识到原作者的境界和视野与我的境界和视野的不同；另一方面，又让我们看到从历史处境到现实处境之间的传统发展的连续性。传统的发展是一个叠加发展的过程。从这个角度看，历史处境与现实处境又可以是一个连续的整体。

3. 不管语言如何自由，语言要表达的都是事实

（1）文本就像一个"你"那样，会自言自语

伽达默尔认为，历史作品会产生不同的效果。我们总是根据历史作品的效果来选择哪些问题是值得研究的。经验科学没有注意到经验的内在历史性。经验科学的目的是使经验客观化，使其不包含任何历史的因素。只有被证实的经验才是有效的。成为科学的经验需要具有可重复性，这就意味着经验要丢弃自己的历史并取消自己的历史。而伽达默尔认为，经验实际上首先总是对人类的有限性的经验。有经验的人都知道预见的局限性和

计划的不可靠性。文本就是能够被我们经验之物，这种物是通过语言来表述的。它像一个"你"那样，它会自言自语。一个"你"并不是一个客观对象，而是会与我们发生关系。对"你"的理解可以有三种方式。第一种方式是将"你"理解为另一个人，我们研究他的行为是为了满足我们的某种目的，"你"只是被当成工具。我们以一种无动于衷的方式来对待这种文本，排除其中的一切主观因素。第二种方式是承认"你"是一个人。我想去认识和理解这个人。我不是在他身上找普遍规律，而是在找某种一次性的东西。这是一种不可能实现的理想。第三种方式是把"你"真正作为"你"来经验。我要具有开放性，我不能忽视"你"的要求，我要听取"你"对我所说的话。我必须接受某些反对我自己的东西，即使没有任何人要求我这样做。

（2）人要超越环境才能拥有世界

伽达默尔认为，每一种理解或相互理解，都是对于摆在我们面前的事物的理解。而理解需要借助于语言。需要相互理解的双方进行交谈时，必须有共同的语言。而且在交谈中，我们不是单纯地自我表现或贯彻自己的观点，而是交流、是互相表达。所有的理解都是通过解释来实现的，而所有的解释都是要通过语言来进行的。我们要通过语言来把事物表达清楚，而且用的是相互能够理解的语言。传世之作是用语言写成的，用语言来解释更容易被理解。我们还需要把文本的语言翻译成我们的语言，我们才能更好地理解。人通过语言来拥有世界。我们要拥有世界，就要与世界保持一定的距离，要让世界以它的本来面目呈现在我们面前。"世界"与"环境"这两个概念是不同的。环境就是能够影响我们的周围世界。任何生物都生活在一定的环境之中，而人要超越环境才能拥有世界。超越环境指的不是离开环境，而是用另外一种态度来对待环境。当我们以自由的和保持一定距离的态度来对待环境时，环境就变成了世界。而人对环境的这种态度转换是通过语言来实现的。人是自由的，因为人是可变的，人的语言也是可变的。对于同一件事，我们可以用不同的方式来进行表达。动物之间的相互理解则不具有这种可变性。而不管语言如何自由，语言要表达的都是事实。而要让语言表达事实，那么说话者与事物之间就要保持一定的距离，这样才能看清楚事实。

（3）通过语言表达出来的世界就是世界观

伽达默尔认为，语言只有在交谈中，也就是说在相互理解中，才真实地存在着。但是，我们不能只是把语言理解为相互理解的工具。我们在一个生命共同体中相互理解，因此相互理解就是我们的一种生活过程。而当我们借助语言来相互理解时，世界就从中显现出来，所以我们说语言代表着一种独特的生活过程。世界指的是一种共同性，它不偏向任何一方，它代表着大家接受的共同性，通过这种共同性把所有相互交谈的人连接在一起。所有的人类生活的共同体都是以语言共同体的方式存在的。从本质上看，语言指的是谈话的语言。语言只有在交谈中，在相互理解中，才能显示出它的存在。人工语言根本不是语言，因为它们没有语言共同体和生活共同体作为基础，它们只是手段而已。世界是相对于人而存在的世界，通过语言表达出来的世界就是世界观。不同的语言就代表不同的世界观。进入陌生的语言世界可以克服我们世界观中的偏见，可以拓展我们的视野，但并不因此而否认了我们自己的世界观。我们可以像旅行者一样，带着新的经验重返自己的故乡。即使我们变成了一个永不回家的漫游者，我们依然无法忘却自己的语言表达出来的世界观。我们可以通过多种多样的语言，把握多种多样的生活关系。比如说，尽管我们承认了哥白尼的"日心说"，我们依然可以说"太阳落山"，因为这依然是我们可以直观到的一种实在，是我们的世界"观"。自我与世界通过语言这个中介联系起来。语言是对它所反映的事物的表现。语言的形式之所以能够流传下来，是因为它所表达的内容的真理性，而真理就存在于语词所讲出的话中。

八　历史路径：黑格尔让绝对完美动了起来

黑格尔（Georg Wilhelm Friedrich Hegel，1770—1831）是德国哲学家，出生在斯图加特。他的父亲是名税官，母亲是名律师的女儿。黑格尔三岁时就上学了，五岁时上了拉丁语学校。他青年时好贪婪地阅读，好大段大段地摘录。他十八岁时上了杜宾根大学的一个附属学院。在这里有两位同学对他产生了重要的影响：荷尔德林和谢林。他们都不喜欢学校的严肃的氛围，三人成了好朋友，在观念上互相影响。他们都对法国革命抱有很大的热情。这时黑格尔的学术兴趣慢慢转移到了哲学和神学的关系上。他曾在耶拿大学任教。在拿破仑攻打普鲁士那天，战役就发生在耶拿城外的平原上。也就是那天黑格尔写完了他的《精神现象学》的最后一笔。黑格尔在写给他的一位朋友的信中，详细描述了他看到拿破仑时的感受。那是耶拿战役的前一天，拿破仑骑马巡视耶拿城。黑格尔说，我看见了皇帝，他代表着世界灵魂,他骑着高头大马,竭力凌驾于世界之上和控制世界,他是一个非凡之人,不敬佩他是不可能的。在黑格尔成为柏林大学哲学系的系主任时,他的名气特别大,他的讲座吸引了来自德国和其他国家的学生。

(一)让绝对完美具有自己的历史

黑格尔很小的时候就受到了古希腊哲学家的影响,后来他坚信柏拉图和亚里士多德的哲学不仅是哲学的源泉,而且直到他的那个时代,他们的哲学依然是活着的树种,依然可以栽培出新的哲学思想。黑格尔的哲学也是想要拯救绝对完美的上帝。这个时候拯救上帝的任务就更难。他也需要给予经验科学一定的位置,他也需要讲清楚秩序需要的必然性和道德需要的自由怎么能够和谐相处。当时经验科学家要把世界说成是纯物质的,而黑格尔则力图通过把物质世界全部说是观念的,这样来彻底地挽救上帝,从而挽救信仰,让人们有精神上的依托。

现在我们来捋一下大思路。柏拉图认为万物都是按完美的图样复制的,而完美的图样来自于一个独立的永恒的完美世界。这个世界不是物质的,所以不会运动,具有绝对静止的特征。亚里士多德则认为对万物的解释要符合人们的经验事实,我们看到的世界是变化的,所以他把完美的图样变成了完满的种子。而在康德那里,经验科学已经发现自然界是由机械的因果关系支配的,找不到完美的图样或完满的种子。康德无法通过经验事实来证明图样或种子的存在,于是他说我们无法通过经验来知道事物本身,比如说,你可以把具体的马给我看,但是我要看"马"本身,你无法拿给我看。所以事物本身这个本体我们是不可知的。既然是不可知的,我们就可以自由地思考。同样绝对完美本身我们是无法体验的,但是可以自由地思考,于是我们可以有自己的观念。而自己的观念具有主观性,因为我可以随时改变我的观念,所以具有不确定性。要防止人胡思乱想,就要采用可普遍性原则。而根据可普遍性原则只能进行是"应该"与否而不是"是"与不是的判断,这样我们可以推出应该存在着绝对完美的上帝。

黑格尔要消除所有的不确定性,包括不可知论带来的不确定性。黑格尔还在杜宾根大学的附属学院上学时,就对哲学的大众化非常感兴趣,他希望通过哲学的大众化来让人们认识绝对完美的上帝。他的整个庞大的哲学体系,讲了一个上帝成长的故事,力图让人能够跟着上帝的成长一起成长，最后能够认识绝对完美是什么。黑格尔采用了一种新的方法，他称为历史的辩证法。所谓辩证法就是用对立面来定义自己。所谓历史就是在变化过程中来阐明事物，有变化才有历史。过去的哲学家在谈到绝对完美的上帝时都认为，既然上帝是绝对完美的，就无法说绝对完美是什么，因为当我们说绝对完美是什么的时候，就已经打破了绝对完美，所以绝对完美是不可定义的，而且是绝对静止的。黑格尔则让绝对完美活了起来。他说绝对完美可以与有限的完美并存，但它们的并存不是同时的。如果说绝对完美同时是有限的完美，就是矛盾的，因此是荒谬的。而引入变化、历史和时间的概念，则可以解决这个矛盾。绝对完美通过变化可以变为有限的完美，而有限的完美通过变化又可以再变成绝对完美。而归来的绝对完美已经不是原来的它，它有了自己的故事，有了自己的历史，通过有限的完美认识到了绝对完美是什么。

在以前的哲学家那里，上帝是一个本体。本体指的是自己本来就如此，自己创造一切，但自己不是被创造的。上帝创造出作为客体的自然界和作为主体的人。客体就是被动的存在物，而主体则是主动的存在物。而在黑格尔这里，上帝就是一个大写的人，是一个主体。作为主体的上帝有一个特征，就是会思想。而上帝思想的方式是辩证的，总是通过正反合的模式来进行思想。上帝首先想出了包含着主体性和客体性的绝对完美的观念。绝对完美的观念是实在的，因为它代表着上帝的存在。在下文中我们会看到黑格尔是怎么证明上帝是实在的。为了看清楚绝对完美的观念这个实在，上帝分别造出了自然界这个客体和人类社会这个主体。在自然界这个客体中，上帝让绝对完美的观念这个实在以必然性的方式存在，而在人类社会中，上帝让绝对完美的观念这个实在以绝对完美的精神的方式存在，而无论是必然性还是精神，都是上帝的绝对完美的观念这个实在的显现，都是符合理性的，所以凡是实在的都是理性的，凡是理性的都是实在的，只是精神具有自由选择的特征。上帝看清楚了由必然性支配的自然界这个必然王国，再看清楚人类社会这个自由王国，就看清楚了什么是绝对完美。

艺术、宗教和哲学都是上帝认识绝对完美后产生出的精神产品。在艺术阶段，上帝只会通过画面来表达绝对完美；在宗教阶段，上帝会用带有画面感的文字来表达绝对完美了；而到了哲学阶段，上帝可以用思想体系来表达绝对完美了。而绝对完美的主体性特征是思想，所以当上帝会用哲学来表达思想的时候，就回到了绝对完美那里。这时的绝对完美就不再是绝对完美的观念，而是绝对完美的精神，因为是上帝自由地选择回到这里的，而精神的特征就是自由。即便回归的上帝有了自己的历史，但并没有发生螺旋式上升的发展，因为绝对完美是不会发展的，上帝兜了一圈，只是画了一个圆，起点就是终点。黑格尔让上帝画这个圈的目的在于让人看清楚了绝对完美，而且看清楚整个世界是一个有机体，由各个有机的部分组成，而不是像经验科学家说的那样，宇宙就是一架没有生命的机器，只有机械的必然性。自然、社会和人都是绝对完美这个有机体的组成部分，都是绝对完美的不同表现形式，都多少具有绝对完美的神性。当人看完这个圈以后，就能够认识绝对完美是什么，就会对绝对完美产生信仰，从而不再迷茫，并能够自由地选择追求完美，让自己享有精神上的幸福。

（二）逻辑观念：凡是理性的都是实在的，凡是实在的都是理性的

1. 关于完美的思想才是实在的，而实在的才是永恒的

黑格尔哲学的总体命题是："凡是理性的都是实在的，凡是实在的都是理性的"（Was vernünftig ist, das ist wirklich; und was wirklich ist, das ist vernünftig），我们通常误译为"凡是合理的都是现实的，凡是现实的都是合理的"。黑格尔通过这个命题想说明的是，上帝这个"实在"是理性的，而人是有理性的，所以人是可以通过理性认识"实在"的，所以每件存在的事物都是可知的。在这个命题和结论之间，他构造了一个复杂而精巧的哲学体系。这种体系给我们提供了新的思维方法，让我们能够去思考绝对完美的"实在"本身的结构，思考绝对完美的"实在"在道德、法律、宗教、艺术、历史，尤其是在思想本身中的体现。绝对完美的思想是黑格尔用来打天下的刺刀。他认为思想的源泉和内容，既不是物质对象，也不是神秘的事物本身，而是绝对完美的思维。他认为个人的思维是有限的，外部世界也不是个人的思维创造的，那个创造世间万物的绝对完美的思维是一个绝对完美的主体，其实就是上帝。康德认为，因为思维中存在范畴，才让我们有可能拥有普遍性的知识，而个人的思维过程是思维把范畴加给经验的过程。

而在黑格尔看来，范畴存在于绝对完美的思维中，不以个人的意志而转移，是一种客观的实在，所以用范畴思考绝对完美的过程，也是一个客观的过程。但是他不像柏拉图那样认为图样具有单独的存在，黑格尔认为范畴这种观念与事物的实在是一体的，实在就是绝对完美的理性，就是大

写的绝对完美的思想。在椅子中没有什么椅子本身，椅子是完全可知的，因为椅子就是一组客观观念的集合，而这些观念就是些我们能够从椅子中体会到的普遍性，也就是些范畴。例如，这把椅子是硬的、棕色的、圆的和小的。这些观念和范畴并不具有单个的或独立的存在之地，它们就存在于事物之中。我们说普遍性或范畴具有客观性指的是它们是独立于认识主体的，不受认识主体的左右，同时思想的对象就在思想本身之中。在认识和存在之间有着同一性，它们只是同一块硬币的两面而已。确实存在着主体和客体，个人与世界的区别，但客体本身就是思想。实在的本质就是思想、理性，而最终的实在就是绝对完美的观念。黑格尔把世界的发展看成是一个有机的发展过程，而真正的实在就是绝对完美，在宗教那里就称为上帝。黑格尔并不想把这种绝对完美的实在与自然界和个人隔离开来。他认为从效果上看现象就是实在。

他认为没有什么事物不是相互联系的。我们看上去不相干的东西，通过认真思考就能与其他事物联系起来。辩证思维过程的尽头就是关于绝对完美的知识。但是，绝对完美并不是不同事物构成的统一体。黑格尔是拒斥唯物论的。那时的唯物论认为，存在着坚硬的物质，这种物质就是独立的、有限的微粒子，它们以不同的方式排列在一起，构成了整个自然界。而黑格尔把绝对完美的存在方式看成是一个动态的过程，而绝对完美是一个由部分组成的有机体，是一个复杂的系统。绝对完美并不是某种独立于世界之外的实体。绝对完美只是让我们用一种特别的方式来看待同一个世界而已。黑格尔相信，人的理性是可以认识绝对完美的内部本质的，因为绝对完美就存在于自然和人的思维之中。把绝对完美、自然和思维联系起来的就是思想本身。在一个人的思维中，上帝已经安装了自然的结构和事物的实际的行为方式。绝对完美在自然结构中表现它自己，因此操控着万物如此行为。所以人会按绝对完美在自然中表达自己的方式来思考自然，正如自然和绝对完美的发展都是一个动态的过程一样，人对绝对完美的思维过程也是一个动态的过程，即一个辩证思考的过程。因为人的思维中具有普遍性，又具有思想能力，所以才能认识绝对完美。

2. 没有"变化"这个概念辩证逻辑就会陷入矛盾之中

在西方哲学中，无论是在形式逻辑还是辩证逻辑中，逻辑都意味着没有矛盾，而不是说形式逻辑不能有矛盾，而辩证逻辑就可以有矛盾。辩证的意思是用对立面来阐释自己，比如说，存在的对立面是非存在，用非存在来阐释存在。存在和非存在不可能同时存在，否则就会出现矛盾，因此必须加入"变化"和"时间"的概念，才能让这二者都能够存在于一个同一体中，它们是通过变化而交替存在的，而不是同时存在的，因此只是在一个过程中看上去是矛盾而已。黑格尔非常重视逻辑。他理解的辩证逻辑与形式逻辑中的"逻辑"在本质上是一样的，其中都不能包含矛盾。他认为在认识中通过逻辑推理，一路避免自相矛盾，就能够认识绝对完美的实在。在思想过程中，要始终跟随着绝对完美的实在向前走。

他认为，理性的和绝对完美的实在是一样的，因此我们必须在绝对完美的实在中而不是在空洞的推理中发现逻辑和逻辑联系。哲学的任务是要用理性来探索绝对完美的实在，而不是要探索假设存在的绝对完美。逻辑就是一个推理的过程，起点是我们的实在的经验，目的是要通过范畴找到绝对完美。演绎的过程是他的辩证哲学的核心。他所说的辩证过程呈现的是由三个概念构成一组的运动，通常是表示正反合的三个概念，合又会成为新的正反合中的正。这个过程一直持续到绝对完美的观念那里终止。他认为辩证运动中的矛盾，不仅不会妨碍人的思维，而且可以成为一种对人类理性有益的积极的推动力量。

黑格尔的逻辑学的第一个基本的正反合是：有、无、变。他认为，思维的运动总是遵循从一般到具体、从抽象到个别的原则。尽管事物是多种多样的，具有不同的性质，但是它们都具有一个共同的特征，就是它们存在着，因此我们能够形成的最一般和最抽象的概念就是"有"。也就是说，大写的"有"是思维能够形成的最抽象的概念，绝对的"有"就是绝对完美。从逻辑推理上看大写的有应该是先于任何具体的事物而存在的，因为具有确定性和形状的具体事物，最初是没有什么特征的。所以，逻辑推理和绝对完美的实在都开始于不确定性，而确定性来源于没有什么特征的不确定性。我们把这种无法言说的、不具有确定性的绝对完美的存在称为大写的有。黑格尔的体系就是从这样的有开始的，绝对完美的有是第一个正反合中的"正"。那么怎样才能从有这样一个普遍的绝对完美的概念中演绎出其他概念呢？

他认为，自己正是在这个地方有所创新，因为他认识到了思想的本质。自从亚里士多德以来，逻辑学家就一直认为，从一个范畴中，只能合理地推出已经包含在那个范畴里的内容。比如说，要从 A 推出 B，必须是 B 已经以某种方式包含于 A 中。黑格尔是赞同这一点的，但是他不同意亚里士多德所说的，由于任何事物的存在都是具体的，所以无法从具体的普遍性术语中推导出其他的普遍性术语，也就是说，不能从普遍性概念中推导出其他的普遍性概念。比如说，从蓝色这种颜色中，推导不出别的颜色，而且只能是蓝色或非蓝色，不能同时既是蓝色又是非蓝色。在形式逻辑中，不矛盾原则是非常重要的。但黑格尔还是坚持认为在普遍性中是可以包含其他概念的。比如说，通过绝对完美的"有"这个概念，我们可以得到这样一种概念：在"有"中不包括任何具体存在着的事物的具体的属性。

黑格尔认为，绝对完美的"有"这个概念是没有内容的。如果你赋予绝对完美的"有"任何内容，它都不再是纯粹的"有"，而是把它变成了另外的概念即"某种事物"。绝对完美的有是最高的抽象，已经抽空了全部的内容，所以说是绝对的否定，不能再说它是什么，不能定义它，因此绝对完美的形式是有，而绝对完美的内容则是无。因此，我们要么不思考绝对完美，一思考绝对完美，思维就会跑到无那里去，因为一种纯粹的没有任何特征的绝对完美的有，从某种意义上说就是无。当我们说有就是无的时候，我们是难以想象和难以理解的，因此常常会被当成笑话。尽管如此，无确实是从有中推导出来的，而且当我们想纯粹的无的时候，又会再回到有，因为"无"需要"有"的存在形式，否则也无法说无。就这样我们从具体事物那里概括出了有，在概念世界里，我们可以从有想到无，也可以从无想到有。有无不矛盾，因为我们的思维在运动。没有思维的运动就无法在有和无之间穿梭。他认为，只是在纯粹的绝对完美的"有"的概念范围内，我们才能把"有"当成正，把无当成反，才可以从有中推导出无来。思维在从有到无的运动中，产生了变的范畴，而这里的"变"就是合。当我们问道，为什么某种事物既可以是有又可以是无呢？黑格尔回答说，通过"变"就可以。在运动中，有就可以变成无，无也可以变成有，在变的过程中就可以既是有也是无。

他的思想体系是庞大而复杂的，贯穿整个体系的是他的辩证逻辑。他的理论每往前走一步，都会展示出一个更高层次的正反合，最后推到了绝对完美的观念那里。即使在绝对完美的观念那里，他也贯彻了他的辩证法，把绝对完美的观念看成是一个变化的过程，一个自我发展的过程。他推理的起点是最低层次的知识，从对具体事物的属性和特征的感知开始，通过发现所有事物之间的越来越广阔的关系，把他的知识领域扩展到整个知识体系。通过这种方式，我们的思维严格地从一个概念演绎到另外一个概念，而通过这些概念，我们就能发现在实际中存在的范畴。对他来说，单个的事实是非理性的，因此是无法理解的。只有把单个的事实看成是反映整体的方面或组成整体的部分时，我们才能够理解这些事实。思考的过程，就是从一个事实到另外一个事实的运动，而这种运动借助的是由事实引发的每个概念中的绝对完美的观念。比如说，单独地看一个发动机的火花塞，就无法知道它怎么才是合理的，而把它放到整个发动机中看它的功能，就知道什么样的火花塞最好了。人的思维就是在辩证运动的，走向越来越广阔的领域的，而每前进一步，都是在比较部分或方面与整体的关系，而每个层次的整体都是一种绝对完美的观念的表现。

3. 要通过非我才能认识我是谁

黑格尔认为，观念的产生也符合正反合的辩证法。主体性的范畴是怎么演绎出来的呢？主体性指的是主动性，非被动性。在现实中，我们可以发现这样的事实，人是可以主动地形成对一个事物的观念的，还可以对事物主动地做出判断，还可以主动地推理出事物之间的逻辑联系。从这样的事实中，我们可以得出主体性这个范畴。而从主体性这个范畴中，我们可以推演出它的反面，也就是客体性，因为在主体性这个观念中就已经包含了客体性这个观念。在我说我是一个自我（主体性）时就暗含着存在着一个非我（客体性）。从形式上看主体性指的是思想，客体性指的是被思想的东西，客体性存在于事物之中。人既具有主体性也具有客体性。在"人"这个概念中包含的客体性，指的是人的物理机能、化学机能和存在的目的。人，作为一个主体，指的是人是具有主动性的存在物，能够认识客体的发展规律的本质，而客体指的是被动性的存在物，客体只能在它们的运动中表现出这些规律。主体具有主体性，客体具有客体性，主体性和客体性之"合"体现在"观念"这个范畴之中。观念是主体性与客体性之间的桥梁，通过观念可以把主体性变成客体性，也可以把客体性变成主体性。而在观念这个概念本身中也包含着自己的辩证法，那就是生命、认识和观念。观念指的是自我意识，而自我是有生命的。观念在它的认识对象中认识它自己，而认识的目的是要找到绝对完美的观念。他的逻辑就是这样从最初的有的概念一步步流动到观念的概念的，而观念也必须被理解为一个能动的过程，一个持续地向着自我完善行进的自我发展的过程。

（三）自然哲学：自然的发展不断从低级走向高级

黑格尔并没有把绝对完美的观念和自然分成两个独立的存在物。他认为最高的绝对完美的实在就是一个单一的、有机的和能动的整体。他把所有事物背后的逻辑观念与自然区分开来，目的是要区分绝对完美这个同一的实在具有内部和外部两个方面。从内部看，绝对完美就体现为思想范畴的逻辑，而从外部看就体现为自然界的发展，而无论是内部还是外部，都体现着追求完美的理性。自然是理性观念的对立面，理性观念为正，自然为反。我们的思想辩证地从理性的观念运动到非理性的自然。自然的概念再把我们的思想引到"合"，即精神。而我们的思想回归到精神的辩证运动的驱动力来自于自然这个概念内部。

正如逻辑学的起点是最抽象的概念"有"一样，自然哲学的起点开始于最抽象的东西，那就是"时间"。"空间"是空的，正如"有"是无法定义的一样。在一端，自然与空间相接触，而另一端，则是走向精神。在空间和精神之间，则是多种多样的具体事物构成的自然界。自然展示出的是力学原理、物理学原理和有机体运行的原理，而黑格尔又分别把自然的这些方面用他的辩证术语进行了分析。他的很多关于自然的论述都被后来的经验科学的发展给超越了。而他的本意并不是要越俎代庖，不是要让哲学家去干经验科学家应该干的事。他是要通过自然哲学来探究绝对完美的理性结构。同时，他力图把自由和必然区分开来，认为自然界是必然王国，而精神的本质则是自由，需要生活在自由王国里。自然是一个阶梯体系，不断必然地由低级走向高级。越低级的东西越不自由，越高级的东西越自由。精神可以自由行为。在精神和自然之间，在自由和必然之间，存在着辩证关系。在历史的有目的的运动中，显示出作为自由观念的精神逐步和持续展开的过程。

（四）精神哲学：走上回归之路的完美

黑格尔哲学体系的第一个部分是逻辑观念，第二个部分是自然哲学，第三个部分是精神哲学。精神哲学中的正反合是：主观精神、客观精神和绝对完美的精神。他详尽地用层层相叠的正反合来说明绝对完美的精神的运动。绝对完美的精神在个人的头脑中得到显现；在家庭、公民社会和国家这样的社会机构中得到显现；最后，在艺术、宗教和哲学中得到显现。主观精神指的是人的思维的内部运转方式，客观精神是思维在社会和政治机构中的外部体现。知识的巅峰是艺术、宗教和哲学，这是绝对完美的精神取得的成就。他的哲学的最著名的部分是与客观精神这个概念相关的思想。在这里他力图把他的道德、社会和政治思想与他的整个体系联系起来。人的所有行为，无论个人的还是集体的，都被他看成是绝对完美的实在的组成部分，所以在本质上是具有追求完美的理性的。在个人的行为、社会和政治有机体中，就像在自然中一样，都包含和体现着绝对完美的观念。他并不把机构看成是人的创造物，而看成是历史辩证运动的产物，是绝对完美的理性实在的客观体现。比如说，在《法哲学》这本书里，他谈论的是关于国家的科学，其中包含着固有的追求完美的理性。他认为真实的国家与绝对完美的实在是相一致的，从个人的关于"正确"的概念可以自然地推导出国家的权威的观念。在这里又存在着一个正反合：正当、道德和社会伦理。

1. 在冲突时如何区分对错呢？

黑格尔认为，我们必须把人类的行为首先理解为个人的行为。个人是有自由意志的。我们通过意志来表达我们的自由。意志和追求完美的理性在本质上是一样的，只有对于能够思维的人来说，意志才是自由的。我们主要通过与物品的关系来表达我们的自由，我们能够占有物品、使用物品和交换物品。我们能够占有物品，就说明了人的意志是高于物品的，因为物品是不完备的，没有自己的目的，因此可以被占有。在占有行为中，表现出财产权的基础是个人的自由意志。自由人是可以通过合同让渡自己的财产的。合同是两个自由的意志同意交换财产的协定。在合同中包括的条款就是我们的义务。在这个限度内，个人是按理性行为的，我们的自由行为与宇宙中的绝对完美的理性是一致的，我们的个人的意志与普遍的意志是和谐的。但是，在自由人之间，意志的和谐是具有不确定性的。总是有可能出现正当的对立面，出现用暴力或欺骗来否定正当的情况。错误的行为就是打破个人意志与绝对完美的普遍意志之间的和谐关系的行为。在对与错的冲突中产生了道德。

从根本上说道德关心的是人类的伦理生活中的目的和意图。道德不只要遵守法律和信守合同，更重要的是要追求完美的善。道德使得人能够对自己的行为负责。我们只能对有目的的行为才能够进行好与坏的评价。有自由意志才有道德责任。但道德行为不只是包括行为的主观方面，因为人的行为总是在某种处境中发生的，会涉及其他人的意志。所以道德义务或道德责任不只关系到个人所关心的问题和个人的意图。个人意志必须与绝对完美的普遍意志相一致，普遍意志才是道德义务的来源。一个人关注自己的幸福和福利是完全合理的，只是追求完美的理性原则要求我们，同时要考虑到其他人的自由意志，也要让其他人能够实现他们的幸福和福利，而绝对完美的普遍意志就是个人的自由意志的限度。在这里也存在着一个正反合：个人的抽象的权利、道德义务、善。个人意志与普遍意志之间的关系是自由和义务，主观和客观之间的关系。主客观之间的和谐就是善，而绝对完美的善是整个世界追求的绝对的最终的目的。因为自由必须被限制在义务之内，从这个意义上说，最自由的人就是最能够履行他的义务的人。

2. 国家不霸道才能让家庭和公民社会安稳

黑格尔认为，在个人和国家之间的推理，存在着两个步骤：家庭和社会。第一步，客观意志以家庭的方式出现。在婚姻中，两个人都在一定的限度上放弃了个人意志，成为一体，共同拥有财产，尽管有的时候是以丈夫拥有财产的方式出现。家庭的纽带是感情，即爱，这就是普遍意志。孩子们终将长大，离开家庭，进入社会。由个人组成的社会就是公民社会。在这里他们有了自己的目的，根据自己的目的来规划自己的人生。家庭是普遍意志的代表，而公民社会则容许每个人有自己的特殊的目的和特殊的意志。普遍性和特殊性无法独立存在，它们互相依存构成的统一体就是国家，国家就建立在多样性的统一之上。国家是真正的个体，是由具有偏好的个人构成的有机体。这里的正反合就是：家庭、公民社会和国家。他没有把国家看成是从外部强加于个人头上的权威，也不把国家看成是总体的或大多数人的意志的产物。他认为国家是绝对理性的和真实的意志，是伦理观念的实现形式。他把个人的特征赋予国家，认为国家代表着普遍的自我意识。具体的个人只有在他意识到自己是这个大写的个人中的一部分时才具有自我意识。

只有当国家中的每个成员本身都具有客观性、真正的个体性和伦理的生活方式，国家才是思维的客体化的产物。在国家中可以发现个人的精神实在，也就是个人的本质即理性。在国家中理性被客观地呈现给个人，让个人成为一个客观的存在。他对通过理论构想出一个理想国不感兴趣。他想要描述一个真实的国家是什么样的。只有在真实地活着的国家中才具有理性的自由，这样的国家就是神圣观念在地球上的存在方式。他一直坚持在国家中要包含个人自由，因为我们每个人都是公民社会中的平等一员。

国家既不能摧毁家庭，也不能摧毁公民社会，但家庭和公民社会都要在国家中生存。国家的立法和行政机构都不能发布霸道的命令。

法律是具有普遍性的规则，要保证人人平等，同样的情况要同样处理。法律必须是理性的，引导人按理性行为。因为人有自由选择的能力，所以有可能变得很恶毒，有可能故意伤害他人。如果一个人的行为伤害了他人，他的行为就是非理性的。法律就是要让人们的行为都合乎理性。一个理性的行为要同时能够满足个人的善和公共的善。只有按理性行为的人才是自由的，因为社会只会允许理性的行为存在，只有理性的行为才能避免危害社会。所以国家的功能不是要发布霸道的和非理性的命令来给个人带来伤痛，而是要通过法律来增进理性行为。所以国家是一个有机体，寻求让自由观念的发展最大化。法律不是霸道的而是理性的，因此如果人是理性的，就会自愿按这样的法律行为。对个人自由的约束只限于让其他人的意志也能平等地存在。国家具有最高的主权，这种权力代表的是普遍意志和理性，所以不是霸道的。国家代表的是绝对完美的精神的观念，显现在人的总体的意志及其自由之中。

3. 国家间冲突只能靠战争来解决

在谈到国家间关系的时候，黑格尔强调每个国家是自主的和拥有绝对主权的。他认为国家间关系与公民社会中的人与人之间的关系是不一样的。当两个人有分歧的时候，国家有更高的权力来解决争执。但是当两个国家存在分歧的时候，没有更高的权威来解决这种冲突。每个国家关心的都是实质性的理性在当下的实现，在地球上具有绝对的权力。因此每个国家对于其邻国来说都具有最高的主权，都是完全自治的。根据国际法的规定，国家之间应该遵循相应的义务。但是国家间关系处于一种自然状态之中，在它们之间没有什么普遍意志来进行约束。国家只是在实现它们的特殊的意志，没有具有宪法性的权力凌驾于它们之上，所以在国家之间不存在法官。为什么黑格尔没有推演出一个更高层次上的正反合，从而让个体的国家联合成一个由国家组成的联合体呢？他知道康德提出过一个通过国家联盟来确保永久和平的观念。黑格尔认为这种安排不管用，因为每个国家必须要服从国家裁判才行，但国家总是在追求自己的福利。每个国家追求的都是本国的最高福祉。对于国家的行为没有道德上的限制，因为国家是一个伦理实体。如果国家之间出现了分歧，它们的特殊的意志无法和谐相处，只能用战争来解决。

4. 在历史的关键时刻会出现代表世界精神的人

在黑格尔看来，世界历史就是各个国家的历史。历史发展的过程是一个动态的进步过程，展示着自由意识的逐步觉醒。这种进步不只是一种偶然现象，更是一种追求完美的理性的发展过程，因为是理性在控制着世界。国家以一种特别的方式来成为理性的承担者，是绝对完美的精神的外化形式。但是在历史的辩证发展过程中，存在着国家之间的对立。确实每个国家在其集体意识中，都表现出一种国家精神和世界精神。当然只有个人的头脑才具有意识能力。只是一个由很多头脑构成的具体的民族，是会产生出一种团结精神的，因此才谈得上民族精神。而每一种民族精神都代表着世界精神发展的一个瞬间，民族精神之间的相互作用显示出历史的辩证运动过程。只要历史的进程体现的是真正的实在，是自由观念的逐渐展开，国家之间的冲突就是不可避免的。国家被历史发展的波涛推向前进，因此在每一个历史纪元，都会有一个民族主导着世界历史。一个国家要变得伟大，不是它能够选择的，只有等到它能够震惊世界的时候。

在历史发展的关键时刻，就会有一些很特别的人作为世界精神的代表出现。这些人把国家举起到一个新的发展水平上，让世界变得更加趋近完美。这样的人是难以用道德来加以判断的，他们的价值在于创造性地响应了自由观念的发展需求。历史在时间上的展开过程与辩证逻辑的思考过程是一样的。历史是有意识地向着自由的目标演进的。从各国的历史中可以看到自由发展的三个时刻。亚洲人根本不懂得自由，只有君主才能随心所愿，所以只有一个人是自由的。虽然古希腊人和罗马人懂得公民的概念，但只有少数人能够享受公民权，其他人都被看成是天生的奴隶，因此只有一些人是自由的。只有日耳曼民族，在基督教的影响下，才产生了这样的观念：人民是自由的，全体人是自由的，人人都是自由的。只有每个人都按照整个社会的普遍的和理性的意志行为，才能够达到最高程度的自由。

5. 思想产生于具象性思维消退的过程中

在黑格尔看来，我们的知识的顶点在于对绝对完美的精神的认识。这里的正反合是：主观精神、客观精神、绝对精神。绝对完美的精神才是实在，而实在指的是理性，也称为思想或观念。我们认识绝对完美的精神的过程其实就是绝对完美的精神通过人的有限的完美精神来认识自我的过程，也就是一个绝对完美的精神产生自我意识的过程，绝对完美的精神通过人的有限的完美，意识到自己绝对的完美。我们对于绝对完美的精神的意识是通过逐步递进的三个阶段来完成的：从艺术，经过宗教，最后发展到哲学。艺术通过一个可以感知的对象来表达绝对完美。人的头脑可以在艺术作品中看到美，这个美就是绝对完美的体现。而且艺术的对象是由绝对完美的精神创造的，因此是绝对完美的观念的某个方面的体现。我们对绝对完美的观念的认识经历了一个越来越深刻的发展过程：从亚洲的象征性的艺术，到古典的希腊艺术，最后到浪漫的基督教艺术。

当艺术超越了自己的时候就发展到了宗教那里。宗教与艺术的区别在于，宗教是一种思想活动，而艺术主要是一种审美体验，通过感情来体验到绝对完美的观念的存在。虽然艺术也能够让人意识到绝对完美的观念的存在，但宗教离绝对完美的观念更近，因为绝对完美的观念的本质是思想，而宗教思想是一种带画面感的思想。在早期的宗教中，这种画面因素被放大了。古希腊的神是幼稚的直觉和感性的想象的产物，所以神具人形。在基督教里宗教发展到了顶峰，是关于绝对完美的精神的宗教。他把宗教看成是带有画面感的哲学。他相信宗教和哲学的认识对象是一样的，都是在认识什么是完美，什么是永恒。哲学丢掉了宗教的画面因素上升到纯思想的高度。但是哲学并不提供关于绝对完美的观念在某个具体时刻的知识，因为哲学知识本身也是一个辩证发展过程的产物。哲学本身也具有自己的辩证运动的历史，哲学发展的主要时期，哲学的体系的形成，都不是一种偶然现象。在哲学发展史中出现的哲学体系，代表着一系列的必然性的接续，其背后的驱动力量是绝对完美的观念的逐步展开。哲学的历史就是绝对完美的精神的自我意识在人的思维中的逐步展开的过程。

九 存在路径：对完美的探究，要考虑个人的选择

（一）克尔凯郭尔：有主体性的个人才是主人

1. 不能只顾完美的实在，而不顾个人的存在

克尔凯郭尔（Soren Kierkegaard，1813—1855）出生在丹麦的哥本哈根。他的生命是短暂的，四十二岁便离世，但他的学术生涯却是光辉灿烂的。他去世时人们很快就把他遗忘了，但是二十世纪初，德国哲学家又将他的思想复活了。在十九世纪德国的观念完美哲学对伦理学、宗教、美学和心理学的影响都很大，其代表人物主要是康德和黑格尔。他们创造了一

系列复杂的哲学术语，并在此基础上构建了庞大的思想体系，很多哲学家都接受了他们的观念，克尔凯郭尔则对他们的哲学进行了批判，认为观念完美哲学已经过时，必须打破这种哲学体系，找寻新的出路。他反对黑格尔建构体系的方法，认为对完美的探究，要建立在宗教信仰的基础上，要考虑个人的选择。

他在哥本哈根大学学习时，学过黑格尔哲学但是印象不深。当他在柏林听到谢林对黑格尔哲学的批判时，他很赞同谢林的观点，认为黑格尔很可笑，因为他企图在他的整个体系中包括所有的实在，却忽视了实在的最重要的特征即存在。克尔凯郭尔把实在留给上帝，而把存在留给个人，他认为存在指的是在某个类中的个体的存在。如果说实在指向的是总体，而存在指向的则是个体。尽管个体生活在总体中，但个人必须奋斗，必须思考各种可能的选择，必须做出选择，最后必须许下承诺，并为这个承诺去承担义务。他要用个人意识来反抗黑格尔的抽象的理论。他同意费尔巴哈的告诫：不是一个人，就不要指望成为一个哲学家；不要像一个思想家那样思想，而是要作为一个活生生的人来思想。他认为即使要追求完美，也要让个人有自由的选择，不能强迫人追求完美。

2. 个人必须在具体的道德处境中具体地选择

克尔凯郭尔认为，在个人存在的意义上来思考，就要思考我们面临的很多种选择，就要思考怎么选择。每个人的处境不一样，而最后又不得不做出选择，不得不做出承诺。他把人区分为两种：旁观者和行动者。只有行动者才真正存在着。存在这个词不能用在惰性的和没有主动性的事物之上。从这个意义上说，旁观者与石头是一样的。比如说，有一个人坐在马车上，手中虽然拿着缰绳，但他在睡觉。马并没有从这个睡着的人那里得到什么指示，只是按自己熟悉的路行驶。而另一个坐在自己的马车上的人则一直醒着，这个醒着的人才是真正的驾驶员。从表面上看，这两个人都是存在着的，而真正存在着的则是那个有自我意识的行动的参与者。

他反对理性，从而反对所有渗透着理性的思想，其中包括理性完美哲学、信仰理性完美哲学和德国的观念理性完美哲学。他认为古希腊的理性完美哲学受数学的影响太大。让数学和经验科学待在自己该待的地方是没有问题的，它们可以用来解决普遍性的问题，但不能用来解决个人的问题，不能用来解决人性方面的问题。个人处于各种道德困境之中，只用普遍性的原则是无法把个人解救出来的。他强调说，即使一个人是明白道理的，在具体的道德处境中，他依然是纠结的，他依然需要做出决断。我们建构起的宏大的哲学体系，如果不落实到个人，那么只是让个人绕了更远的路，最后还是不知道该怎么办。数学、科学、伦理学和讨论普遍性的哲学，无疑都能够解决一些带有普遍性的问题，而具体到每个人的生命，这些学科都是无能为力的。

在《圣经》里有这样的一个故事：亚伯拉罕与他的妻子终于生出了自己梦寐以求的儿子，结果上帝让亚伯拉罕杀死他的儿子，把儿子作为人类的牺牲品奉献给上帝。这时亚伯拉罕是不是要遵从上帝的旨意呢？人，是一个主体，有自己的人生目的，有自己的愿望，而且希望实现自己的愿望。即使为上帝牺牲，杀死自己的儿子，也会是自己的生命中最痛楚的时刻。理性完美哲学的错误就在于只注意具有普遍意义的完美的实在，而忽视了具有个体意义的个人的主体性，而恰好是这种主体性构成了每个人的独特的存在。

3. 离开绝对完美我们必然会焦虑和绝望

克尔凯郭尔认为，真理要体现在个人的主体性之中。并不是说事先就有现成的真理放着，我们遇到问题时从那里去拿一条来用就可以了。在任何普遍的规则中都存在不确定性，所以我们不是只学习普遍性的知识就足已了，还要让我们个人变得成熟起来，要健全我们的人格，让我们知道在具体的处境中要怎么办。在面对困境的时候，我们要从两个角度加以考虑：我们现在处于什么状况；我们应该怎么办。我们是什么，揭示的是我们的本质，而我们应该是什么，揭示的是我们的存在。我们要从本质走向存在。人生来就是有罪的，有罪就是我们的本质，这种罪把我们与绝对完美分离了开来，我们的现实状况是我们离开绝对完美而产生的后果。如果我们继续选择罪恶的行为，那样会让我们离绝对完美更远，会陷入更复杂的状况中，会变得更加绝望。当我们意识到我们的焦虑不安，意识到生命的有限，我们就会努力想做点什么事情来克服生命的有限性。结果我们做的事越多，可能越加剧了我们的内疚、焦虑和绝望。例如，我们想要找到生命的意义，所以我们让自己融入一个群体之中，这个群体可能是政治群体，也可能是宗教群体。但群是一个不真实的概念，它使人变得没有责任心，至少是因为把个人变成了一个分数，从而降低了他的责任感。在人群中，我们自己被稀释了，所以失去了自己的本性。我们应该与绝对完美而不是与人群建立联系，离开绝对完美我们必然会焦虑。

4. 除了追求完美，我无处可逃

（1）美学阶段：尽量享受，享受的种类多多益善

克尔凯郭尔认为，自我是通过选择来实现从一个层次到另外一个层次的运动。在这个过程中，个人通过承诺来克服困难，使得个人的价值不断得到更高层次的实现。人生的第一个阶段是美学阶段。在这个层次上，人主要是跟着感觉走，跟着感情走，跟着冲动走。这时我不知道什么是道德，我也没有宗教信仰，我的人生目的就是满足我的感官需要，满足我的欲望，尽量享受，享受的种类多多益善。这时的我是野的，我很自由。我喜欢什么，什么就好。谁管我，我烦谁。在这个阶段上，我是有意选择作为一个美学层次上的人的。但是我会感觉到，我的存在质量很差。即便我想怎么享受，就能怎么享受，我依然感觉到生活是有欠缺的。

我们必须把精神享受和物质享受区分开来。精神享受建立在物质享受的基础之上，但是高于物质享受。当我们意识到，我们还具有精神享受的能力的时候，就会触发我们追求精神享受的愿望。这时我们不仅有来自感性的冲动，还会有来自精神的诱惑。这两种力量的冲突会让我们意识到，只有物质享受，就像是生活在地窖里一样，不可能有真正的存在感。这种感觉会让我们感觉焦虑，甚至绝望。这时，我就会面对着一个选择，只能是二选一：要么选择停留在物质享受领域，满足着致命的物欲，并承受着感觉到人生短暂的焦虑；要么是走向人生的更高的层次。如果决心走向更高的层次了，光想是没有用的。我们必须要对自己做出承诺，要用坚强的意志去履行自己的承诺。

（2）伦理阶段：这时的我愿意知行合一，愿意知善行善

克尔凯郭尔认为，人生的第二个阶段是伦理阶段。在这个层次上，人开始有了理性，能够接受符合理性的道德约束。我们能够遵守道德原则了，所以我们的行为就不再是变幻莫测的了。我们的行为有形儿了，有一贯性了。我们有道德责任感了，我们给我们的行为设定了限度，不再无边地撒野了。一个处在审美阶段的人只要看到有吸引力的女子，就会有冲动，既不想结婚，也不想承担义务。而一个处在伦理阶段的人就会接受婚姻的约束，并认为这样做是合乎理性的。唐璜就是处于审美阶段的人的代表，而苏格拉底则是处于伦理阶段的人的代表。处于伦理阶段的我，在道德上会有自我满足感，会为自己感觉骄傲。这时的我愿意知行合一，愿意知善行善。在大部分情况下，我会把做坏事看成是无知或意志力软弱的结

果。只是我会注意到，有时我既不是无知，也不是意志力软弱，而是故意犯错。这时我会意识到，我是有罪的，我会感觉内疚。面对这种内疚，我又必须选择，也是二选一：停留在伦理阶段，承受着罪恶感的折磨或者跟着新的觉悟，走向更高的层次。这时我认识到，只有绝对完美才能够帮我。同样，要走向这个层次，光想也是没有用的，必须实现一个飞跃，要信仰绝对完美，要对绝对完美许下承诺。

（3）宗教阶段：万一绝对完美不存在怎么办？

这样我们就到达了第三个阶段，也就是宗教阶段。理性与信仰之间有着天壤之别，因为绝对完美是无法被引见的，对于绝对完美具有的绝对性，也是无法用理性加以描述的。人是没有办法把绝对完美作为一个认识对象的。绝对完美是一个主体，而不是一个客体。绝对完美就是我们内心中的主体性。每个人都会以一种独特的方式体验到绝对完美的存在。我们对于绝对完美的知识，都只能是一个接近它的过程。只有通过信仰才能够建立起我与绝对完美之间的私人关系。当我发现不追求绝对完美，就不可能带来充实感时，我就有了信仰绝对完美的想法。绝望和内疚让我不得不面对最后一个二选一：信或者不信。当我感觉到自己被疏离，没有人在意我，我失去了自我，我就意识到绝对完美是存在的。走向绝对完美的过程，就是找回自我的过程，就是让人生充实美好的过程。但是，当我看到绝对完美让耶稣来代表它，来给人以启示，我又感觉到很矛盾，因为耶稣和我一样是不完美的。怎么能够让一个不完美的人来展示绝对完美呢？这不是会冒犯绝对完美吗？他认为这样的矛盾对于犹太人来说是一个走向信仰的绊脚石。

怎么来跨越人的不完美与绝对完美之间的距离呢？克尔凯郭尔认为，人的生命是短暂的，而绝对完美的生命是永恒的。要把我们的短暂的生命与绝对完美的永恒联系在一起，只能通过信仰，没有别的办法。我们无法完全认识和理解绝对完美，但是我们却要追求完美，因此当中肯定是有风险的。也就是说，万一绝对完美不存在怎么办呢？我不是白信了吗？所以，这是一个主体性的选择。如果我愿意冒这个风险，我坚信绝对完美是存在的，我去追求完美，在这个过程中，我感觉充实了就可以，我感觉幸福了就可以。人能成其为人在于人的主体性，要把这种主体性发挥出来，才配做人。当自己把自己作为一个主人，让自己作为一个主体来思考，我们就要在个人的存在，在个人的生命中来表达人之为人的主体性。每个人都拥有一个独特的我。我的人生就是要实现这个独特的我，展示出这个独一无二的我，这才是我的存在的真正的价值。为了实现这个价值，我不得不信仰绝对完美，我不得不追求绝对完美，不得不让自己离绝对完美更近，除此之外，我无处可逃。

（二）雅思贝尔斯：只有觉悟能够帮我追求完美

雅思贝尔斯（Karl Jaspers，1883—1969）是德国海德堡大学的教授，第二次世界大战后到了瑞士的巴塞尔。他的主要研究领域是心理学、神学和政治学。他受到了克尔凯郭尔、尼采和胡塞尔的影响，发展了现象学和存在主义。他的存在哲学把人的存在置于实在的中心位置。他看到了亚当在伊甸园里的沉沦与海德格尔的非真实的存在之间的相似之处。正如原罪需要神的救赎一样，非真实的存在则需要真实的人生的拯救。

1. 经验科学无法认识人的真实的存在

雅思贝尔斯认为，人的生存条件随着科学技术的发展而变得恶化，出现了群众运动，宗教的影响被削弱了。每一种经验科学都切出了一块研究领域，都有自己的研究方法。因为每个学科都局限于自己的研究对象领域之内，所以科学的总汇所涵盖的领域是有限的。没有一种科学有能力来研究整体的实在。我们把所有的科学集中在一起，也无法解释整体的实在。因为科学的主要方法是加工客观的数据，而整体的实在并不局限于客观的数据。他要研究的是存在于人的生命中的实在，他把这种实在称为大写的存在。我们通过哲学而不是经验科学来发现这种存在。心理学、社会学和人类学都在研究人，但它们的研究领域都是狭隘的，它们对人性的研究是不完全的和肤浅的，因为它们把人看成是物体，这个物体的属性是可以认识的，而且可以通过设计好的组织来改变这个物体。哲学家不能仿照经验科学家那样来研究人的存在，不能把人的存在作为思想的对象，否则就会把人的存在混同于物体的存在。他认为，人的生活实践使得人的存在不只有物体的特征。只有当个人的存在是有效的和有价值的时候，才能用经验科学的法则来加以解释，否则就是枉然的。我们把所有的经验科学的知识堆在一起，也无法保证我们对具体的人的解释是确定无疑的。一个人要做什么，与他对世界的认识方式、他的态度和满足感都有着密切的关系。

2. 哲学的信仰追求的是与完美合一的生命

雅思贝尔斯认为，存在哲学的主要任务就是研究人的存在。而要研究人的存在，哲学家就需要借助自己的最直接的内部体验。哲学家不要像黑格尔一样,企图把哲学变成一门科学。哲学必须再强调一下:"真理具有主体性",其内容不是来自于物体,而是来自于人的内部体验。存在哲学是从哲学的角度研究人的生活实践。通过存在哲学,我们努力变成我们自己。存在哲学不是要通过分析客观对象来找到答案,而是要在人与人之间的真实对话中来变成真实的自我。这不是通过任何一种经验科学的知识可以实现的。当然,弄不好的话,存在哲学就会出现偏差,陷入纯粹的主观性之中,让人被自己的先入为主的偏见所左右,为自己的无耻做辩护。存在哲学要帮人找到真正的人性。我们不只是普遍的存在中的一个例证,我们每个人都是完全不可替代的。存在哲学中所说的人的存在,是每个具体的人的存在。

存在哲学的功用在于让我们的思维能够接受"超然"。人的存在状态可分成三个阶段:首先,获取关于物体的知识;其次,认识到真实的自我;最后,有意识地向着真实的自我努力。在第三个阶段中,我会发现我的生命是有限的,我是会死的,我必须面对这种有限性;同时我就会意识到有限的对立面"无限",于是我就能够意识到"超然"的存在。在传统的神学理论中,"超然"指的就是完美。对超然的意识,纯粹就是一种个人的体验,无法加以具体描述或证明。这时我会意识到,世界万物,包括自我和所有的物体,都从属于这个大写的完美的存在。同时,我也会意识到我自己是自由的。在我努力实现本真的自我的时候,我可以自由地肯定或否定我与完美之间的关系。而真正的自我则要求我肯定我与完美之间的关系。这时,我就面临着一个选择:肯定还是否定?这时能够帮助我的不是科学证明或科学知识,而是觉悟。哲学的信仰,就是追求深层次的生命,就是追求与"超然"或"完美"合一的生命。

(三)马塞尔:信仰是个人对完美许下的承诺

马塞尔(Gabriel Marcel,1889—1973)出生在法国。三十九岁时,他成了一名天主教徒,他认为基督教信仰体现着他的哲学精神。

1."我是什么"是一个谜而不是一个难题

马塞尔研究的中心问题是"我是什么"他把难题和谜进行了区分。他认为,我们不可能把"我是什么"这个问题简化为一个难题,分析它的组成部分,再得出答案。如果我们对某种东西缺乏某些信息和知识,我们就遇到了难题。要解决这样的难题,我们研究一下,得到信息和知识,就能把问题解决。我们对这个难题的无知是暂时性的。难题通常与物体和物体之间的关系有关。我们通过信息收集和数据计算，就能弄清物体和物体之间的关系。而"我是什么"这个问题没有办法这么解决，因为我不是一个物体。尽管我从某种意义上说是一个物体，因为我有肉体，但我的存在是主体和客体、精神和肉体的结合。因为我的主观的方面是无法忽略的，所以不能只把我看成是一个东西，关于我的存在的问题也就不只是一个难题，而是一个谜。我们通过体验而意识到这种谜的存在，而这种谜永远不可能被转换成外在的物体。我们可以用客观的术语来说明我们拥有什么东西或什么观念，比如说，"我拥有一辆新车"。但是我的存在是主观的，无法用客观术语来表达。

2. 我们通过忠诚来不断地塑造我们的生活

人的最深层次的存在可以用对完美的"忠诚"来表示。人总是处于一种与完美的关系的处境之中。人与完美的关系和石头与完美的关系是不同的。正如尼采所说，只有人才能许下承诺。当我们许下承诺的时候，我们就与另外一个人建立起了独特的关系。这是物体之间不可能有的关系。而在这种关系中就包含着忠诚。我们通过忠诚来不断地塑造我们的生活。我们在友谊和爱情中可以发现忠诚。我们是通过忠诚来创造出与他人的一种新的亲密关系。我们对他人做出承诺，就像对我们的配偶做出承诺一样。在承诺中会产生出新的问题，因为未来总有不确定性，而且我们也不知道别人会怎么做。比如说，也许有一天我们的配偶会打包走人。那么，我们是否还要很幼稚地进入一种承诺关系中呢？这时，我们就需要有一种更高层次的、更绝对的信仰，我们要相信存在着一种神圣的和神秘的秩序。这种信仰具有水滴石穿的效果，能够支持着人与人之间的承诺关系。

十 生命路径：我们通过人生体验来认识意识照不到的深处

在十九世纪末和二十世纪初，牛顿的思想体系处于主导地位，那时的经验科学的主要假设前提是，自然是由空间中的物体构成的。自然的运行就像一架大机器，自然中的具体事物就像这架大机器上的零件，而每个零件的运行时间都是可以用数学精确计算的，因为物体都是按严格的规律在空间中运行的。每个零件之间都有着严格的因果关系。人也是这架大机器中的一个部分，也按因果关系行为，无法自由地选择自己的命运。过程哲学的代表人物柏格森和怀特海都认为，科学的每个假设前提都引起了严重的哲学问题。他们怀疑自然是否真的是由在空间中的惰性物体构成的。他们也怀疑人的智能是否能够发现存在于事物之间的秩序，经验科学的逻辑和数学是否真的反映了这种秩序。

而且如果只有物质才是真的、才是实在，而物体都是一架大机器中的零件，都按机械原理行为，怎么可能有真正的新东西在自然中出现呢？自然界中是不是只是存在着同样的物体，只是在不同的时间里，它们之间的秩序不同而已呢？这些惰性的物质怎么就从静态变成动态了呢？难道无生命的东西和有生命的东西的运行原理都是一样的吗？如果整个宇宙都是按因果关系运行的，怎么解释人的自由呢？在经验科学中也出现了像进化论这样的理论，使得自然界就像一架大机器这样的假设面临越来越多的问题。

在十九世纪末的德国和法国，出现了生命哲学。很多生命哲学家最初都是新康德主义者。生命哲学家都把生命作为关注的中心。生命哲学认为，生命是最真实的存在，具有个别性。我们只能用直觉而不能用理性把握生命。生命是不断变化的、生生不息的，我们不能用机械的方式解释生命，也不能用单一理论解释生命。狄尔泰通过阐释学来理解人。奥伊肯对经验科学进行了批判，把生命视为创造性的进化过程。柏格森并不想否定经验科学，但是他认为过程哲学和经验科学可以使互相的思想都更为丰富。而怀特海力图在经验科学内部构建他的过程哲学，其中隐含着很多与新物理学类似的思想。柏格森和怀特海都认为，经验科学不是知识的唯一的源泉。他们都指出了经验科学的局限性，并且说明了过程哲学对于"实在"这个"一"的独特的看法，说明了创造和创新对于人的幸福的意义。

（一）狄尔泰："人学"研究的是"客体化"了的心灵

1. 只能通过整个历史来把握人类的本质

狄尔泰（Wilhelm Dilthey, 1833—1911）是德国的生命哲学家，也是著名的阐释学家。他主要研究人文学科的方法论。他反对把生命哲学放到历史的偶然性和变动性中进行研究。他从文化的视角来综合地看待历史，尤其是对文学研究产生了很大的影响。他提出了"人学"的概念，指的是对历史、哲学、宗教、心理学、艺术、文学、法律、政治和经济的综合研究。他反对把自然科学的方法应用到人文学科之中。他想把人文学科当成解释性的科学。他研究人的经验之间的关系，个人经验在创造性的表达中的实现，对经验的反思性的理解；自己的知识与他人的知识之间的相互依存等。他认为，历史和社会科学研究的对象是人的心灵，但是这种心灵不是经验中的心灵，也不是心理学中的心灵，而是在语言、文学、行为和机构中的"客体化"了的心灵。我们不能通过反省，只能通过整个历史来把握人类的本质，但这种认识并不是最终的认识，因为历史是没有终结的。人的所有的观念、态度和规定性都具有相对性。有的问题非常复杂，不一定要给出所有问题的答案。

2. 在伟大的作品中能够体验到对生命的真实的表达

狄尔泰认为，解释学不只是种方法论，也是种认识论。他想为人文科学找到认识论的依据。那么，语文学、历史学和哲学是否能够变成科学呢？他认为，与自然科学不同，语文学和历史学研究的对象都是个别的存在。必须从这种个别性中找到客观性和普遍性，才能把语文学和历史学变成科学。通过解释学来重新理解个别物，就能找到其中的客观性和普遍性，从而把语文学和历史学变成科学。自然科学和精神科学都是真正的科学，只是自然科学从外部"说明"世界的客观内容，而精神科学则从内部"理解"世界的精神生命。理解就是通过外在感官所给予的符号去认识内在的思想的过程。理解的对象是"对生命的表达"。我们用概念和判断来表达生命的共性。我们用行动来表达生命的目的。

由于行为会受到外在环境的制约，因此只能部分地表达生命的本质。体验位于知识和行为的边缘之处，我们通过人生体验来认识意识照不到的深处。表达有真实与不真实之分。装假、说谎和欺骗都是不真实的表达。而在伟大的作品中，能够体验到真实的表达。他把理解划分为基本形式和高级形式。基本的理解就是人们在交往中产生的相互理解，我们必须知道他人想干什么。我们是通过个人间的相似性和共同性来理解个人的，我们采用的是类比推理，而不是通过结果来推测原因。在基本的理解中经常会遇到困难。我们对一个特定的表现，会感觉拿不准、猜不透。这时就出现了理解的高级形式。理解者要对自己的理解进行思考，他要通过归纳推理来达到对一种整体关系的理解。由于理解者所能知道的表现数量是有限的，因此这样的归纳推理就具有或然性。我们只能知道可能性，因此只能期待，而不能做出决断。

（二）奥伊肯：追求崇高才能带来内心的欢快

奥伊肯（Rudolf Eucken，1846—1926）出生在德国，于1908年获诺贝尔文学奖。他是一位生命哲学家。奥伊肯尖锐地批评了自然主义哲学。他认为，人的灵魂与自然界的其他事物是不一样的，不能用自然的过程来加以解释。他不相信抽象的智能主义和系统科学。他围绕着人的实际经验来构造他的哲学。他认为，人是自然的和精神的相会之所。人具有精神生命，这是人与其他的万物不同的地方。人的责任在于不断积极努力地追求精神生活，克服人的非精神性的自然属性。人的所有机能都参与了这种追求活动，但是最需要意志和直觉的努力。

1. 基督教越来越具有压迫性

奥伊肯关注的问题是人的生活是否有意义。他认为，人的生活不只是空闲的游戏。人还不得不辛苦地劳动，有时还不得不牺牲。这样的付出是否值得呢？这样的生活是否值得去过呢？在二十世纪初，奥伊肯看到了西方社会在物质方面的惊人成就，但同时发现人并不感觉幸福，人们面临着劳动与心灵的冲突。一方面，人把更多的精力投入到劳动之中，为自己获得的劳动成果感到高兴，但人的心灵并不能感觉到充实。劳动者越来越被贬为纯粹的劳动工具。人可以忘我地劳动，但人总是有空隙来想人到底为什么而活着。基督教的作用在减弱。他认为，存在着两种宗教：纯粹的人本主义的宗教和支持精神生活的宗教。纯粹的人本主义的宗教并不要求人改变自己的本性，只要顺从这种宗教，它就许诺给人永恒的快乐。而支持精神生活的宗教则要把永恒的和无限完美的神圣生活渗透到人的生活之中，让人的本性发生深刻的革命，把人的精神生活提高到更高的水平。他认为罗马天主教因为固守中世纪的立场，使得它变得越来越狭隘，让人的生活变得越来越僵化，它的权威变得越来越有压迫性。而新教又不太关心人的精神世界，让人感觉越来越空虚无聊。他认为，要用精神生活来更新基督教。

2. 自然主义造成的是人的无意义感

理想主义认为，人的内心存在着一个更深刻的完美的实在，它引导着人们追求真、善、美的崇高而不沦为平凡。但是，它给人过高的希望，会让人因失败而导致更深层次的对人生意义的怀疑。现实主义则力图把人的目光引入现实可见的世界里，让人们在现实生活中来寻求人生的意义。这种现实主义可分为两派。一派是自然主义，用自然的必然性来统治人，否认人的独特性。自然主义者认为，实在就是自然，经验科学就是自然科学，人的生活都可以用自然科学来加以解释。生命过程就是符合自然秩序要求的生命进化过程。人没有自己的意志，没有自己的独立性，没有自由。我们无法从中找到人的生活的意义。另一派是理智主义，它把人看成是自然的支配者，自然只是人生存的环境，服务于人的快乐。人用自己的观念和思想来控制现实，让思想变成现实。奥伊肯认为，如果我们只是根据思想来制定各种规范，不管人是否很辛苦，不考虑个人的祸福，违背人的心愿，强制人遵守这样的规范。这样，思想就把人当成了工具，人的生活又还能有什么意义呢？

3. 人本主义要么让人失去积极性，要么让人陷入空虚之中

为了对抗现实主义而出现了人本主义。人本主义者认为要以人为本，从人的本性出发，制定出明确的可以实现的生活目标，通过追求这样的目标来实现人的快乐。奥伊肯认为，当我们进一步思考人本主义中的人时，我们就会把人本主义分成社会主义的人本主义和个人主义的人本主义。社会主义的人本主义把人类共同体放在首位，要求个人完全服从整体。个人应该为人类的最大多数人的最舒适的生活而不断劳动，使每个成员都能够分享到整体劳动的果实。他认为，在人本主义的社会主义社会中，个人的劳动成果与自己的福利之间的关系是间接的，会让个人失去劳动积极性。而且只是富足和舒适，会给人带来空虚和无聊。而个人主义的人本主义则把个人的发展置于首位，要求解除对个人的束缚，让个人的独特性得以发挥。个人主义的人本主义能够让人具有独创性和多样性，能够让人不拘一格地自由生活。人可以从生活的迅速变化中得到新鲜的快感。但是，这样的人生会给人支离破碎的感觉。人生变成了一连串的孤立的感情冲动和匆匆流逝的瞬间，最终会让人感觉到厌倦，把生活变成一片荒凉的空地。

4. 宇宙精神能够激励人追求崇高

奥伊肯认为，我们必须放弃纯粹的现实主义，要依靠一种比人更高的力量来追求某个崇高的目标，这样才能让人生充实和富有意义。人来自于自然，带有自然赋予的有限性，但人总是想超越自然，不想让自己关闭在一个有限的范围内。精神生活的实质就在于要摆脱人的有限性。那么，怎样才能真实地而不是虚幻地摆脱这种有限性呢？他认为，真正的实在是整体的无所不包的宇宙。人与自然都包括在宇宙之中。宇宙精神永恒地处于自内向外的自我发展和自我实现的过程之中。人类能够分享宇宙精神的力量，才能具有一个内在的无限的精神王国。人的自然生活和精神生活都从属于宇宙精神，但是自然生活的出现先于精神生活，而且必须是自然生活达到一个发展高峰时，才会出现精神生活。人的心理受制于自然，而精神却要冲破自然。人的精神生活要宣告它把握了永恒有效的完美，而人的事

业在时间上则是有始有终的。人并不听从自然，让自己的精神受限，精神要反抗自然，要从易朽的东西中筛选出永恒的东西，从纯自然的东西中筛选出精神的东西。人的精神想要跨越时代、享有永恒。

人的精神生活是一个不断创造的过程而不只是进化的过程。在进化论中，后面的事物一定是从前面的事物中生长出来的。而创造则具有首创精神。在创造过程中，过去的成就只不过是些可能性，我们要靠自己的决定来看实现什么和不实现什么。他认为，人要向着精神自由王国前进，要反对纯粹的个人主义的人本主义。个人主义的人本主义只追求人的安乐，最后必然导致内心的空虚。他认为，人通过分享精神世界，能够成为这个世界的部分创造者，这样的创造性活动能够为自己提供生活的原动力，让自己成为一个无限的自我。正是这样的精神世界，给人带来生活的目标和实现目标的热情，让人能够克服各种困难和不幸，用困难来激励自己前进。正是这样的精神世界给予人的生活以稳定性和崇高性，它用一种内心的欢快来鼓舞人前进。

5. 要有一种超越一切权宜考虑的崇高来引领精神生活

奥伊肯认为，没有精神生活的支持，人们就只会敬畏而不会热爱道德原则。当挑战来临时，也许人们会有承担责任的准备，但不会热心于发现新的任务。只有当个人把自己与精神王国联系在一起，才会把爱和敬畏联系在一起。他认为，可以把文明区分为由精神价值支配的文明和由自然价值支配的文明。只有精神价值支配的文明才具有明确的意义，给人们提供一种无限的、原创的、独立的生活，因此才具有凝聚力和有效的控制力。当正义只是单纯地被看成是保护人的快乐的手段时，不管它是保护个人的快乐还是整个社会的快乐，它都会失去正义的本来特征。它不再能够成为一种原始的激情的力量支配人们的心灵，不再能够让人不顾后果地坚持正义。这样的正义会成为顺从功利的仆人，从而毁灭了自己。它只有成为我们的精神生活的特征，作为一种超越一切权宜考虑的崇高存在时，它才可能保持自己，让自己在精神上变得高尚起来。他认为，我们要坚持精神生活的独立性，要让它超越纯粹的自然秩序，就需要实现一种特殊的社会。这个社会要摆脱必然性的压力，要以独立的精神性为己任，向着永恒的目标前进。它支持人的真正的精神上的需要，反对各种纯粹的权宜之计。它是一个精神自由王国，捍卫着自己的理想和价值标准，造成相应的精神氛围。

（三）柏格森：在生命冲动的创造力中走向卓越

柏格森（Henri Bergson，1859—1941）出生在法国的巴黎。他的父亲是波兰人，母亲是英国人。柏格森在学界出名很早。二十二岁时他就成了一名哲学教授。他曾获诺贝尔文学奖，他的写作风格清晰透彻、富有魅力。他的一系列作品都引起了人们的普遍关注和热烈讨论。他在全世界都很有名望，很多人从很多个国家到巴黎来听他讲学。他认为建构社会秩序的"一"是富有创造力的生命的冲动，而这种冲动不是通过经验科学的分析的方法把握的，而是通过直觉把握的。生命的冲动来自上帝，来自人对于绝对完美的追求。在动态的宗教中，可以找到鲜活的生命的冲动。自我在具有创造性的生命冲动中获得人生的意义，从而感觉到人生的幸福。

1. 围观的分析方法是僵死的

柏格森是围绕着对自我的认识来构造他的哲学体系的。怎么才能够认识自我的本质，从而认识到什么样的人生追求能够给人带来幸福呢？是围着事物看还是进入事物的内部？柏格森认为，人们认识一个事物的方式主要有两种：一种方法是我们围着事物转，把它的前后左右上下都通通看一遍，这就是观察的方法；另一种方法则是进入事物的内部，看看里面的结构。通过第一种方法来认识事物，人们会有不同的看法，因为他们看事物的视角不一样。即使我们都是亲眼看到的，从上面看和从侧面看，得到的知识是不一样的，所以这种知识具有相对性。而且，我们是用符号来表达我们观察到的东西的，而这些符号又不是专门用来指我看到的这个物体的，而是用来指所有的类似的物体的。而第二种方法则具有绝对性，因为我们进入物体的内部，克服了从不同的视角观察事物的局限性，所以能够知道这个物体到底是什么。

他举了几个例子来加以说明。第一个例子是关于物体的运动。我对这个物体的观察结果会因我站的地方的不同而不同，而且我站着看与走着看的结果也是不一样的。如果我以自己为参照物，我站的地方及我是否在走动，都会影响到我对这个物体的运动状态的描述。而且无论是观察这个物体，还是描述这个运动着的物体，我都处在这个物体的外部。在描述这个物体的运动时，我弄出个坐标系，标上单位，用曲线来表示这个物体的运动轨迹。在这个运动轨迹上，我可以标上很多点。如果这个物体是按我画出的曲线运动的，它就要通过所有这些不连续的点。而实际的运动与图表中描述的运动是不一样的。实际的运动是一种连续的流动，其中不存在什么点。如果我们能够钻到运动着的物体的内部去，我们就能够知道物体到底是什么，我们就能够感觉到运动，而不只是把运动画成一条曲线，通过象征性的语言来认识运动。这样，我就既不受我的视角的影响，也不受符号的影响，而是体验到了最真实的运动。我不是静静地站在外面捕捉运动的每个瞬间，而是要从内部体验运动本身。当我举起我的胳膊的时候，我对我所创造的运动就有了认识，这个认识是简单的、单一的，因此是绝对的。而站在我的外部观察我抬胳膊的人的认识则不一样，他会看到我的胳膊从一个点移动到另外一个点。站在不同的地方，看到的不一样。

我们再来看一部小说中的人物。作者很费力地通过角色的言行来描述他的特点，但是这些都不如那种简单的和看不见的感情的力量管用。言行都是一些外在的符号，很多人都会有同样的言行，表达不出这个人的独一无二的东西。从外面是看不到一个人的"本质"的，因为本质是内在的，无法用符号来表达。无论是描述还是分析，都需要使用符号，而符号永远都无法完美地表达它所要表达的东西。无论我们看多少关于巴黎的照片或录像，都不如我们身临其境地在巴黎的体验要真切。任何的翻译出来的诗歌，都无法原汁原味地表达原作的韵味。总之，我们只有进入原作内部，我们才能够对它有绝对性的认识。如果我们只是看翻译作品，只是看复制品，那么我们对这个事物的认识都只能是相对的，因为会受到我们的视角的影响，会受到我们使用的符号的影响。

柏格森认为，围观的方法就是我们通常说的分析的方法，进入事物内部的方法就是我们常说的直觉的方法。直觉的方法就是感同身受的同情的方法，设想自己进入了物体的内部，感知它的独特性，其结果是无法言说的。他认为，经验科学的分析的方法会歪曲它所分析的物体的性质。分析就是把一个物体简约为可知元素的过程，同类物体都是由同样的元素构成的，所以从分析中看不到一个物体的独特性。比如说，分析一朵玫瑰花的方法就是把玫瑰花拆散，看它是由多少部分组成的。而这朵玫瑰与花园里活着的玫瑰是不一样的。同样，用来解剖的死人与活人是不一样的。分析的方法是摧毁物体的本质的方法。物体的本质体现在过程之中，而这个过程是动态的、兴旺的、有脉动的、有生命的、连续的。而分析则中断了这个过程，中断了生命和运动。在分析中，生命被分成几个独立的部分，处于静态之中，而真正的生命则是统一的、有机的和动态的实在。

分析科学所使用的语言更是通过符号夸大了物体的部分之间的不连贯

性和静态特征。每个新的物体都被用诸多符号加以描述。每个符号的内容都是抽象的，它把物体的某个方面从它的整体中抽取出来，这样就形成了关于这个事物的一系列的概念。我们是借助语言来思维的，而语言是由单个的概念构成的。我们围观物体的方式有多少种，就会形成多少个概念。这些概念就变成了我们的思维符号。在研究生命现象时，经验科学也只是注意到可见的部分，只是注意到器官和解剖元素，把复杂的问题简单化。而可见的东西其实是表现不可见的本质的符号。研究可见的部分，就是在研究符号。

2. 通过感同身受的直觉才能认识生命的冲动

柏格森认为，在经验科学的分析方法中，似乎我们的智能就是用来分析和利用物质的。确实，我们的智能就是我们的感官的延伸。如果智能存在的目的就是为了要利用物质，那么智能的结构肯定就是物质的摹本，因此智能的功能就是有限的。智能的功能就很适合做分析，就是把整体拆成部分。即使在研究最具体的实在即自我的时候，智能还是采取了分析的方法，因此没有能够发现真正的自我。正如所有的其他科学一样，心理学把自我分析成了相互隔绝的状态，比如说，感觉、感情和观念，对它们分别加以研究。这种研究方式，就像是在研究各种各样的关于巴黎的草图，而不是在研究巴黎本身。柏格森认为，还有一种认识自我的方法，那就是直觉。我们通过直觉而不是分析，能够从内部认识到一个实在，这就是我们的人格。人格是一个具有持续性的自我，存在于时间之中。对自我的认识直接来自于直觉。直觉就是一种同情。它使得我们的意识能够与物体完全一样。直觉是一种瞬间的意识。以直觉的方式思维，就是在物体的持续变化的过程中思维。

分析的方法是静态的。模拟的动态也只是对运动的重构，在其中把多种静态画面连接起来。而直觉从头就是在运动中感知，他要感知的是实在本身，是事物的整体。它只把静止看成是一个抽象的瞬间，就像是我们的大脑按了一下快门，拍了张照片一样。在分析的方法中，新的东西无非就是把原有的元素重新组合一下而已，并没有真正创造出什么新东西。而直觉则与过程一起成长，它把过程看成是一个无法预知的新东西出现的过程，这是一个不间断的持续的过程。在这个过程中，实在是有精神的，它在创造。通过直觉发现的自我处于持续的流变之中。

他把自我比喻成一团缠绕起来的线团。因为有不断增大的过去，使得我们的现在变得越来越大。我们的意识的内容是由记忆构成的。我们的人生就像一根橡皮筋，我们不断地把它拉成一根很长的直线。

柏格森把自己的理论聚焦在过程上。他认为，万物的存在都是一段持续的过程，这个过程就是一个变化的过程。而认识的过程就是我们的生活经验持续地流动的过程。他认为，过去的哲学都没有很认真地对待过过程。比如说，柏拉图、笛卡尔和康德，都力图用固定不变的思想结构来解释世界。虽然经验主义者很重视经验，但是他们也把经验分解成静态的组成部分。柏格森还不完全清楚，怎么才能把过程的观念应用到经验科学之中，但是他坚定地认为，只有在过程中思考，才能让我们真正抓住实在。我们要关注真正的持续性的时间，而不是由智能创造出来的被空间化了的时间。只有当我们用"空间化"的方式来思考时间和运动时，我们才会陷入芝诺所说的悖论之中。芝诺说，飞矢不动，指的就是箭需要飞过空间中的一个个的点，而每个点是不动的，因此飞着的箭是不动的。柏格森说，这些点其实是不存在的，是我们的智能假设的点。真正的时间并不是由一个个的瞬间构成的。我们的智能能够把握静态的部分，但抓不住运动或过程，只有直觉才能抓住过程，而实在指的就是过程。实在不是处于自我维持的状态中，而是处于不断变化的状态中，静止只是表面现象。

3. 生命的冲动有着无穷的创造力

柏格森认为，以前的哲学，包括达尔文的进化论，都没有能够很好地解释事物是如何跨越从低级到高级之间的间隔的。达尔文认为，在同一个类中会有成员发生变异，而其他生物学家则认为当生存条件改变的时候，会发生突变，有的成员会出现更有利于生存的变异，但他们都没有能够解释这些变异是如何发生的，他们只是说有机体的某个部分慢慢地或突然地发生了变化。他们忽略了有机体的整体性，也就是说，一个部分的变化必然伴随着整个有机体的变化。新拉马克主义者认为，生物之所以能够演进，主要是因为有些有机体特别"努力"，使得它们产生了一些适合生存的新的能力。那么这些后天习得的特征能够遗传吗？而且这样的演化太偶然，无法解释整体的发展过程。柏格森认为，是生命的冲动驱动着所有的有机体持续地向更复杂和更高级的组织形式演进。在所有的生物中都包含着生命的冲动，这种冲动是一种创造力，使得所有的生物之间都存在着不间断的持续性。所有的事物都被这种生命的冲动驱动着，所以生命的冲动才是最基本的实在。

智能只能抓住静态的东西，无法抓住生命的冲动，而这才是过程和运动的本质。所有的变化，所有的运动都是绝对不可切分的。认识活动只是一种次要的活动，生命活动才是最重要的和第一位的。只有直觉和意识才能把握住生命的总体而不是部分。直觉必须向智能挑战。只有靠直觉才能理解生命的不可简化和不可逆转的特征，而这恰好就是哲学的功能。智能把演进看成是一个单一的和稳定的向上移动的直线，而且这条直线还可以分成可以度量的不同的层次。而直觉则认为生命的演化的方向是有差异的，有的变成植物，有的则向着人类的方向演化。智能和物质同时结合起来发挥作用。狭义的智能指的就是对物质的思考，目的是要使我们的身体与我们的生存环境完美地相配。而物质总是有形状的，形状总是可以用几何图形来表示的。但是，无论是物质还是它的几何形状都不是最终的实在。生命的冲突是由意识来代表的，有意识才有生命，有生命才有创造的可能性。进化的过程是有创造性的，因为未来是开放的，没有什么预先注定的最终目标。生命的过程是一个持续的创造新的事物的过程。这是个摸索的过程。就像艺术家创造一幅作品一样，直到他/她完成了这件作品，才能确切地知道这件作品是什么样的。

4. 认识绝对完美的人能够带领人超越平凡

柏格森认为，来自生命冲动的创造力，如果说它本身不是上帝的话，它也是来自于上帝的。他把宗教分成两类：静态的宗教和动态的宗教。我们会发现，所有的人多少都是有点宗教情结的，只是这种宗教情结的存在方式有些不同而已。这就说明，对于宗教的需求来自于我们的某种天性。智能是用来帮助我们更好地生存的，而宗教则是用来满足我们的某些基本需求的，所以智能与宗教肯定是相关的。宗教追求的是给人提供安全感、让人有自信、让人克服恐惧。而这些东西很快就被制度化了，变成了公共惯例，成为人的信念，不允许理性加以批评。宗教还被加上了仪式和严格的纪律，成为社会结构的组成部分。这种宗教就是静态的宗教，能够让社会步调一致。而动态的宗教则有神秘主义的味道，它通过直觉亲近人的创造力。在这里找到的上帝更鲜活。如果我们把静态的宗教比喻成一个通过冷却获得的结晶的话，神秘主义则能够给人的灵魂中注入炽热的火焰。

他认为，道德的源泉有两种。第一种来自于社会生活的必要性。一个社会为了把大家团结在一起，所以制定了一些规则，让每个人都要尽一定的义务。这些规则是很具体的，非常严格，要达到很具体的目的，适用于一个封闭的社会，通过智能就能够制定，通过智能就能说服人遵守。第二种则来自于伟大的道德榜样，他们能够打开人们的情感的闸门，让人具有伟大的抱负。他们的情操超越了具体的文化群体，能够启迪他人追求更高级的生命存在。这种情感来自于直觉。这样的道德进步只有在出现了道德英雄的时代才有可能实现。而这些道德英雄的出现是难以预测的。这些神秘人物和圣人能够把人类带到一个新的境界上，能够看到什么样的社会氛围和社会环境让人活得更有价值。这样人就能够超越我们自己和我们自己的社会，关注人作为一个类的卓越性的部分。

（四）怀特海：生命就是不断创新的场合之流

怀特海（Alfred North Whitehead，1861—1947）出生在英国，曾在剑桥三一学院求学。从二十五岁起就在三一学院讲授数学。也是在这里，他与罗素合作完成了《数学原理》这本著作。后来，他到了伦敦大学任教。在这里，他对高等教育产生了浓厚的兴趣，尤其关注现代工业文明对于学术的影响。他力图用自己的理论来替代牛顿的自然观。在他六十三岁接近退休的时候，他成了哈佛大学的哲学教授。此前，他主要是一位逻辑学家、数学家和科学哲学家，而在哈佛，他成了一位研究过程哲学的哲学家。他认为历史已经发展到了需要一套新的观念体系来反映经验科学发展的新成就的阶段。经验科学的思想总是依赖于某种观念体系，而哲学的重要性就在于让这个观念体系变得明晰。

与柏格森一样，怀特海也反对经验科学的分析的方法。怀特海认为，一个事实并不是与其他事实不相干的，并不是孤立存在的。所有事物都是相互联系的，而且在联系中显现其本质。经验科学有把事物孤立起来看待的倾向，而哲学则力图把所有的事物都看成是一个有机体。自然哲学的功能就是要解释自然界的各种元素是如何相互联系的。我们不能把物质性与生命隔离开来，而是要把二者有机地结合起来。现代哲学和经验科学所要研究的中心问题就是在自然界中人的生命到底处于什么位置。他用"场合"这个"一"来说明自然界中的一切都是有生命的，而人的生命的本质就是创新，在创新中体验人生的幸福。

1. 自然界是一个有脉动的有机体

怀特海认为，牛顿的物理学是建立在一个错误之上的，这个错误就是脱离了事物的具体性。牛顿把原子抽象出来思考，因此他研究的原子是孤立的。怀特海承认，通过抽象，我们能够对原子或微小物质加以定义，就像是时间中的瞬间和空间中的点,便于科学思考。但是原子被从具体的环境中抽离出来后处于了错位状态。在我们要研究最终的实在的时候,我们还要将它们复位。于是怀特海提出了他的新的原子论。在他的这种理论中,蕴含着量子物理学、相对论和进化论的原理。他把实在分成单元,而这些单元与德谟克利特和牛顿的原子是不一样的。他丢弃了原子这个词,因为从历史渊源上看,原子是坚硬的和没有生命的物质,它们是不可分的,互相之间不能穿越,不能渗透,因此它们之间的关系是永恒不变的。怀特海用实际的实在或实际的场合来替代了原子这个术语。实际的实在是有生命的实体,它们从来都不是孤立存在的。牛顿把自然界看成是一架机器,而怀特海则把自然界看成是一个有生命的有机体。它的实体总是存在于实际的场合之中的。世界是由有生命的实体构成的,无论是代表着整体的绝对完美的上帝还是零碎的事物,都贯彻着生命的原理。

他把自我意识看成是场合的典型代表。场合体现为一种经验。我现在所处的场合与刚消逝的场合是相互联系的。这些场合不是存在着,而是发生着。当我们说到存在的时候,其中不包括变化,而发生指的则是一种动态的变更。场合指的是处于持续变化中的实在,而这种变化是通过实体之间的互相渗透来实现的。我们现在来看一下,一个人的经验是怎么产生的。我们通常是这样来思考的,一方是一个固定不变的我,另一方是一个我要来体验的东西。而怀特海认为,我和我要体验的对象实际上都是处于变动之中的。我的每个经验都会影响到我,让我有所改变。没有一个人会以同样的方式思考两次,因为每一次经验都会把人变成另一个不同的人。真实的自然界就是各种场合的集合,是一个有脉动的有机体。宇宙是一个不断向着新奇创造性地前进的宇宙,而不是一个一成不变的宇宙。

2. 往事被留存在记忆和因果关系之中

怀特海不仅用他的场合论来解释肉体和思维之间的关系,也用来解释宇宙中存在的感情和目的的问题。他认为,只是用德谟克利特的没有生命的物质性的原子,没有办法解释宇宙中存在的感觉、感情、思维、目的和生命,也无法把没有空间性的思想和有空间性的物质结合在一起。莱布尼兹也意识到,无法从无生命的物质中演化出生命,所以他认为自然是由单子构成的,它的单子是有灵魂的,是能量中心。但怀特海不赞同单子不会变化的观点,不赞同单子不会进化,没有创造力,不会产生出新东西,只会按预定的方式运行。怀特海所说的实在没有固定的标识,没有固定的历史，它们总是处于变化的过程中。它们能够感受到场合的影响，并能够把这种影响吸纳入内。在这个过程中，场合通过具有某种确定的形态或特征，变成实际存在的场合，然后老死。这个场合的死意味着另外一个场合的生。死去的场合，虽然失去了它的独特性，但它被保留在了整个进化过程的长河之中。死亡的过程，就是变成往事的过程，就是过去的东西被留存到现在的东西中的过程。往事被留存在记忆里，被留存在因果关系之中。

3. 肉体和心灵是纠缠在一起的结

怀特海认为，我们从不曾与一个孤立的实体相遇。我们遇到的实体都是集聚在一起的，成为一个团或一个结，互相纠缠在一起。他赋予了三个词新的意思，这三个词是实体、纠缠和结。他的目的是要把思想建立在我们能够体验到的最具体的元素之上。最终的事实是实体。他把实体看成是一个持续的过程，处于永恒的变化之中。新生事物总是在旧事物的基础上产生的。自然过程的基本特征是不断创新。创新的过程就是一个越来越复杂的统一体产生的过程。整个宇宙就是由许多部分构成的相互联系的统一体。

他用纠缠这个词来把各个实体联系起来。他认为，万物都是相互联系的。每个场合都是与整个宇宙联系在一起的。所有的实体都通过创造过程而变成集、团或结。它们的集结是通过纠缠形成的。每个纠缠由三个因素构成：主体在纠缠；数据被纠缠；主体的形态，就是指主体是如何纠集数据的。有各种各样的纠缠，积极的纠缠，产生出感情，而消极的纠缠，就是要消除感情。主体纠缠数据的方式有很多种，其中包括情感、评价、目的和自觉。对于他来说，情感是具体的经验的最基本的特征。肉体的情感和观念的情感都是积极的纠缠，在纠缠中构成实体元素之间的内部关系。

他把感情区分为物质的感情和观念的感情与以前的二元论把肉体与心灵加以区别的理论是不同的。他反对把事物从具体中抽象出来。对他来说，肉体和心灵是个结，它们是由实体构成的集。唯一具体的实在是实体。实体可以被组织成具体的结，比如说，由肉体和心灵组成的结。但是，无论在什么情况下，实体都具有相同的特征。具体地说，实体具有理解、感觉和形成内部关系的能力。肉体和心灵都是对实际存在的独特的结的抽象。肉体和心灵之间说到底并不是完全不同的。当我们说一个人是政治人的时候，是把他这个具体的公民的政治方面抽象出来说的。最终的事实都是差不多的，都是实体，都可以在一个经验流中把它们联系起来。

4. 绝对完美是带领人类走向真、善、美的诗人

那么怎样来解释实在的发展过程呢？也就是说，怎么来解释实体的创造的过程呢？实体是怎样变成存在，怎样被组织成结的？这些结又是怎么变成我们的经验的？持续性到底又是怎么回事呢？在这里，怀特海严重地受到了柏拉图的影响。他认为，所有的实体都被某种永恒的客体打上了确定性的烙印。这些永恒的客体，与柏拉图的图样很相像。永恒的客体不是被创造的而是永恒的。这些永恒的客体是范本，是性质，比如说，圆或方，绿或蓝，勇敢或萎琐。一个实际的场合需要具有确定的性质，使得它是什么和不是什么。一个场合选择了这样的永恒的客体的范本，就拒绝了那样的永恒的客体的范本。所以，一个实际的事件是不同的永恒的客体的范本以某种特定的方式结合在一起的产物。永恒的客体的范本属于可能性，保持着确定的标识，与处于流动中的事物不同。

永恒的客体的范本与实体之间的关系是内移关系。一旦某个实体选择了某个客体的范本时，这个客体的范本就移动到实体内部，给实体打上了烙印，使它具有确定的性质，具有确定的标识。简单的永恒的客体的范本赋予简单的实体以确定的性质，而复杂的永恒的客体的范本则赋予结以确定的性质。那么，这些永恒的客体的范本是如何存在的呢？存在于什么地方呢？它们又是如何与实际的场合发生关系呢？如果说只有实际的场合是存在的，那么永恒的客体的范本是不存在的吗？他认为，存在着一个不受时间限制的实体，他称之为上帝。对他来说，上帝不是一个创造者。上帝不是存在于所有的创造物之前，而是与所有的创造物同在。上帝的本质是要从概念上抓住所有的可能性，由这些可能性构成了一个永恒的客体的范本王国。这个范本王国与柏拉图的图样王国不同。柏拉图的上帝按图样来造万物，而怀特海的上帝则只是把范本显示出来，为实体的选择提供可能性。

怀特海认为，有永恒的客体的范本世界的存在，才给世界的创造活动赋予了目的性和秩序。上帝的基本性质就是提供这种范本。上帝是永恒的客体的范本和实际的场合之间的积极的协调者和中介，是由上帝来从永恒的客体的范本王国中选择出相关的可能性的。但上帝不是把永恒的客体的范本强加于实际的实体之上，只是把这些可能性展现出来，用它们来进行诱惑。上帝的创造性活动体现在说服而不是强制之中。上帝总是展示出各

种可能性，但不能保证实体会选择它们。当上帝的说服性的诱惑被接受以后，整个世界就会出现秩序、和谐和创新状况。而当这些诱惑被拒绝，其结果就是冲突和邪恶。上帝的努力目标就是要让所有的相关的可能性都得到实现。世界中的稳定秩序和我们的直觉中对正确的事物的固守，都是上帝努力的结果。上帝的角色体现在他用强大的理性的力量，耐心地努力实现和谐。他不是在创造这个世界，而是在拯救这个世界。他是一个诗人，有着柔嫩的耐心，带领着世界走向真、善、美。

十一 现象路径：胡塞尔认为哲学不能牺牲对永恒的追求

胡塞尔（E. Edmund Husserl, 1859—1938）出生在奥匈帝国的一个犹太人家庭。他曾就读于莱比锡大学，学习物理学、天文学和数学，常去听哲学家和心理学家冯特的讲座。他在维也纳大学获博士学位，研究的主要是变分学。后来，德国哲学家和心理学家布鲁塔诺对他的影响非常大，他很认同布鲁塔诺研究伦理学、心理学和逻辑学的方法。通过布鲁塔诺的讲座，他对休谟和密尔特别感兴趣。听从布鲁塔诺的建议，他到了英国的哈雷大学，成了著名的心理学家斯通普夫的助手。在他的指导下，胡塞尔写出了他的第一本著作《算术哲学》。后来，他到了哥廷根大学任教。在这里写出了一系列的作品，创立了现象学。1933年以后，由于他是犹太人而被禁止参与学术活动。美国南加州大学曾邀请他去做教授，他婉拒了。

胡塞尔发动了一场现象学运动。他认为，现象学是面向事实本身的严格的科学的哲学。而后来的哲学家们则更多地把现象学当成一种方法，用来研究逻辑分析方法无法深入的领域。胡塞尔的哲学经历了几个演变阶段。最初他感兴趣的是逻辑学和数学。后来，他主要是在知识论的基础上建立了早期的现象学。再后来，他把现象学看成是哲学和经验科学的共同的基础。最后，生命世界成了他的现象学的主题。他在不同的时期对不同的学者有着不同的影响。比如说，海德格尔对他的逻辑学和早期现象学比较熟悉，而对他的先验现象学则不是很理解。在海德格尔的代表作《存在与时间》里，他批判了胡塞尔的自我观。后来，他们两个人的关系越来越僵，以至最后不再联系。萨特最初受胡塞尔的影响比较大。后来，萨特认为海德格尔的观点在哲学上更有意义。后来，是萨特引起了梅洛—庞蒂对胡塞尔的《现象学的观念》这本书的兴趣，劝他认真研读。后来，梅洛—庞蒂也受到了胡塞尔哲学的很大的影响。胡塞尔分析了在自然科学的影响下，人为什么失去了幸福的问题。他的现象学把事物的客观本质抛在一边，以比较主观的方式，通过个人的经验来探究现象，以便重新找回能够让人感觉幸福的"精神"。

（一）经验科学的危机：丢弃了人类追求完美的"精神"

胡塞尔为什么要创立现象学？他认为西方文化失去了其真正的目的，走上了错误的发展方向。他在《欧洲科学的危机》这本书中阐明了这个观点。他认为，现代哲学的发展已经偏离了哲学的真正的目的，现代哲学的危机是理性主义坍塌的危机。哲学的任务是要对人类关切的问题给出最好的答案，要开发人的理性能力来追求完美，而他的现象学就是用来干这个用的。

1. 不能把精神现象解释为自然现象

胡塞尔认为，自然科学的发展是现代哲学危机的关键。他认识到了现代科学的辉煌的发展，他的最终目标是要把哲学发展成为一种严谨的科学，以此来拯救人的理性。他没有直接批判自然科学，而是批判自然科学所采用的假设和方法。他认为，近些年来，自然科学对待人类的态度是错误的，对于世界是什么样的和怎么更好地认识世界的看法也是错误的。自然科学的最致命的偏见在于，它把世界看成是物质的。这样，自然科学把人的精神领域，即人类的文化，也建立在物质的基础上，从而威胁到了我们的认识、评价和判断。自然科学家否认建立一种独立的精神科学的可能性。这种否认是非常幼稚的，在很大程度上导致了现代人的信仰危机。科学理性主义之所以幼稚，就是因为它盲目地依赖自然主义，认为万物中都包含着物理性。它还认为知识和真理都是客观的，存在着不依赖于自我而存在的实在。这些哲学家和科学家都偏离了古希腊哲学家对待哲学的态度。

在苏格拉底、柏拉图和亚里士多德以前，人们生活得很实际，关注的主要是人的基本需求，比如说，吃、穿、住。他们创造出神话和早期的宗教，解决的也只是个人或群体所关心的很实际的问题。在这种情况下，不存在超越人的局部经验和实际利益的观念文化。古希腊哲学家提出了一种新的看待世界的方法，用普遍性来批判所有的生命和生命所追求的目标。这种批判的积极方面在于，它通过普遍理性来让人的境界得到升华，让人超越于习俗、地理和社会群体之上，走向一种新的人性。它用了一种新的真理观来实现这样的升华。这种真理独立于传统，具有普遍有效性，永远都处于完善过程之中。这就是精神生命的源头，也是欧洲文化的源头，希腊人把系统地探索这种普遍真理的学问称为哲学。这种哲学是普遍性的科学，它把世界看成是一个整体，万物都具有普遍的统一性。哲学抓住了所有事物的本质，其中既包括文化，也包括物理；既包括观念，也包括物体。

后来，这种统一的科学分裂成了几个独立的科学，其中起主导作用的是自然科学。自然科学发现了把我们可感知的自然界变成数学化的自然科学的方法。自然科学的胜利逐步导致了对精神领域的否定。德谟克利特很早以前就有了把万物简化为物质和物理规律的观点。而苏格拉底否认这种观点，因为他要坚守社会发展中所需要的精神生命。柏拉图和亚里士多德继续坚守。虽然人生活于物质化的宇宙之中，人却有自己的追求目标和目的。随着自然科学的胜利，经验科学的方法被推广到了精神领域，人的精神也被看成是建立在物质之上的客观事实。用来解释物质世界的因果关系，也被用来解释精神世界。无法对精神领域进行独立的和纯粹的解释，无法纯粹用人的内在的性质来解释人的心理。所有的精神现象都被解释为物理或化学现象。胡塞尔的现象学就是要克服自然科学的方法带来的弊病，力图抓住精神世界的本质。

2. 自然科学只能把握生命世界中的部分实在

胡塞尔认为，我们要排除所有的科学假设，回到前科学状态，找到人的经验的最初形式。而这个前科学的世界就是我们的日常世界，即我们的生命世界。这个生命世界由与我们相关的所有的经验构成，其中包括对我们的日常事务的多方面的认识、反映、解释和组织。自然科学就是从这个生命世界中抽取研究对象的。自然科学只是把握了部分的实在，还有很多丰富的和有意义的经验元素尚未进入自然科学研究的领域。事实上，就连做一个自然科学家本身有什么意义，自然科学本身也没有做出解释。人的生活世界存在于淳朴的经验之中，也存在于自然科学之中。哲学的任务在于对生命世界所发挥的功能进行严谨的分析。真理来源于生活世界提供的各种证据之中。哲学要关注的就是生命世界中所发生的事件的总体。胡塞尔力图通过生命世界观来把哲学家从自然科学的主导观念中解放出来，力图把哲学家都变成现象学的哲学家，从而把精神从自然科学中解放出来。

3. 要消除所有的偏见，尤其是自然科学的假设

胡塞尔把经验能够感知的证据称为现象，认为这种现象来自于事物的

表象。他拒绝超越证据，因此他的哲学叫现象学。大多数的知识论都把认识的头脑和认识的对象进行了区分，而胡塞尔认为，从本质上看，认识和现象之间是无法区分的。人体验某个事物的活动是一种主观活动，所以把现象给主观化了。认识某个事物不像照相那么简单。在认识过程中，包含着真实的对象、我们的认识中的对象、我们说这个对象时的意思、我们的意图。这个过程就不再是对事物的表面现象的描述，而是进入了错综复杂的意识活动之中。这样，理解我们的经验的最好的办法就是要发现意识在其中所扮演的积极的角色。那么，我们能否描述我们正在体验的外部事物本身呢？他认为，我们首先必须排除我们对于外部事物的所有假设。他把这种排除法，称为现象学的排除法。这种方法就是要脱离客观世界观。他对所有的现象、所有的经验元素都进行排除，而排除的方法是不对世界是否存在进行判断。他避免对经验有任何的信念。他排除了整个的有经验的生命之流，其中包括对象、他人和文化处境。对所有的这些经验进行排除，也就是说，只是观察它们，而不对它们到底是实在还是表象进行判断，避免对这个世界进行评论。我们要从经验现象面前撤离，消除我们头脑中的所有偏见，尤其是来自自然科学的假设。

4. 心理学和历史学走入了误区

（1）不能把人的理想自然化

胡塞尔认为，要建构现象学，首先要批判以前的假冒的经验科学哲学。他认为，自然主义把一切都看成是自然，而自然是一个统一体，具有时间和空间的特征，服从于精密的自然法则。自然主义者认为，任何东西要么本身是物理的，从属于物理的自然；要么是心理的，是物理的自然的一个变体。无论是物理的还是心理的，都遵从同样的固定的法则。他们把意识现象全部自然化，把人的理想也自然化，把思想法则也理解为自然法则。他们相信，通过自然科学或以自然科学为基础的哲学就能够认识真正的真、善、美。他们认为，可以把哲学建立在实验心理学的基础上，可以把心理科学当成普遍性理论及全部的精神学科的科学性基础。而胡塞尔认为，心理学是一门事实性学科，不能当成哲学学科或实践学科的基础。哲学要通过纯粹的逻辑和纯粹的价值论建立规范。他认为，现代心理学自以为自己是科学，其实是非科学的，因为心理科学关心的只是经验意识，而不是代表着意识的本质的"纯粹意识"。他还认为，心理学研究心理现象的方法是物理学方法，但心理存在只是一种"现象的"存在，而不是一种"实体的"存在。

自然的事物是具有同一性的,而心理现象则没有持久性和同一性,不能把心理现象当成客观的东西划分成部分,所以说不能对心理现象进行分析。心理现象不是物理意义上的"自然",而是具有可以被把握的本质,但把握这种本质的方法不能用心理学的实验方法来分析,只能通过现象学提供的"本质直观"法来加以把握。只有把心理学建立在现象学的基础上,心理学才能成为一门经验科学。现象学的心理学不是关于事实的科学,而是关于本质的科学,它指向不变的本质形式,是内在意识现象中的本质。内在意识是一种意识流。在意识流中,总是存在着某种恒定不变的东西,这些不变的东西就是内在意识的本质,就是意识的基本结构和意识行为的类型。那怎么才能通过现象学的心理学看到现象的本质呢?找到本质的过程,就是排除个性的过程。先把注意力放在一个对象上,然后自由想象这个对象的变种,不断找到变种与原始对象之间交集的部分,最后就既能看到对象的差别,也能看到对象之间的重合的部分。那个重合的部分就是本质。

(2) 世界观哲学不是普遍性理论

胡塞尔认为,历史主义者们专门研究精神生活。他们没有把精神生活自然化,但是陷入了相对主义之中。狄尔泰认为,历史的生活形式具有相对性,这种相对性能够摧毁哲学对于普遍性的信仰。而胡塞尔认为,历史主义无法用历史事实来否认建立哲学科学的可能性。历史学是一门特殊的学科。它在对历史进行评价时,要预设评价的标准。而这样的评价标准只有哲学才能够提供,所以历史学要以哲学为基础。他反对狄尔泰提出的"世界观哲学"。狄尔泰的"世界观哲学"认为,哲学除了应该把具体科学作为自己的基础,还应该为人们提供一种作为世界观的智慧。哲学应该提供智慧,而不是把自己变成一门严格的科学。而胡塞尔说,历史上的哲学都既追求成为一种世界观哲学,也追求成为一门严格的科学。而在现代科学中,作为世界观的哲学与作为严格的科学的哲学已经永远分离了。世界观哲学追求的是具体地指导在历史中生活的个人的人生,它的目标是有限的,而不是永恒的。如果世界观哲学是永恒的,它就会失去对实际生活的指导意义。而科学追求的则是超越时间的永恒,它要找到无时间限制的绝对价值。我们不能为了时代要求而牺牲对永恒的追求。他认为,各种世界观哲学可以参与争论,但只有哲学科学可以做出决断,而且能够给这个决断打上永恒的印迹。

(二) 怎样把哲学建构成一门严格的科学？

胡塞尔认为，哲学从一开始就想成为一门严格的科学，而且想成为一门最崇高的和最严格的科学，它追求纯粹而绝对的关于完美的知识。但是，在他以前的任何一个历史时期，都没有能力完成这样的任务。哲学还没有真正的科学体系，缺乏可以作为哲学科学的基础，每个论点都只是某个人或某个学派的信条和解释。他认为，在前人做了大量的准备工作后，哲学科学的建构可以真正开始了。哲学科学的建构要从一个能够公认的基础开始，在上面以技术性的建造方式，垒上一块块严丝合缝的石头。

1. 我们的认识是通过意图剪辑的碎片

胡塞尔的现象学方法，受到了笛卡尔的方法的启迪。胡塞尔说，现象学的真正的始祖应该是笛卡尔。胡塞尔哲学的出发点也是思考着的自我，但只是作为出发点而已。他认为，哲学关注的是彻底的东西。只有通过哲学直观的方法找到真实的起点，才能把哲学变成最严格的科学。要把起点建立在绝对的确定性之上。他力图建立一种不需要任何假设条件的哲学。他只看事物和事实本身，而这些东西是通过实际经验和直觉进入我们的头脑。他坚持的基本原则是，要有证据才能做出判断。不要根据先入为主的观念或假设做出判断。他想要重温人在具有经验科学之前的生命。那时，人们的头脑里只有直接或间接的证据。他要把哲学建立在经验证据本身的基础上。很明显，经验是自我的经验，所以自我是所有知识的来源，是经验的母体。他最关心的是要以最纯粹的形式描述鲜活的经验，这是意识中的最直接的数据。他不赞成身心二元论。他相信人的纯粹的主观性能够更精确地描述人的经验事实。

他认为，描述经验时要用"我思考某事"来表达。由此，他提出了"意图"的概念。在现象学中包括着纯粹的现象和纯粹的自我。纯粹的自我的意识是指向对象的。意识总是对某事的意识，因此体现为意图。我们的认识就是我们在意的某些对象在我们头脑中的投射。我对我的意识中的任何对象，比如说，房子、愉悦、数目、另外一个人，都是怀有意图的。意识是关于某物的意识，具有意向性，因此具有相对性。这种意向性是内在的，因为被意识到的某物是在意识中的某物，而不是外在之物。纯粹的意识不是一段一段的，不是碎片，而是一条连续的河流。我们最初的意识世界，是一个没有差别的世界。因为我们对某些对象怀有意图，我们才把意识流中的某些部分变成了相互隔离的对象。我们按自己的意图，把流动的东西画上了记号，设定了边界，把它们变成了一个一个的东西。在认识事物时，个人的意图参与了经验的创造。意图既代表着意识结构本身，也代表着存在。在发现实在的过程中，我们应该寻求事物中的实在，因为事物是我们想要他们是什么样的事物。比如说，当我看某个人时，我只是从某个有限的视角看他，比如说，只看侧面。而且，我也是在某个给定的环境中看，比如说，在商店里看他买东西。这些认识都只是实在的碎片，是我们根据我们的意图剪辑的结果，而且这个剪辑的过程是自动的、不假思索的。个人的意识世界的构成过程是一个被动的过程。

2. 我的整个生命都是在我认识到的世界中运转的

当我们只是观察的时候，我们是承认还是否认世界的存在就无所谓了。因为通过现象学的排除法，可以揭示出最伟大的和最壮丽的事实：我和我的生命，从而我的实在，没有受到这个世界是否存在这样的判断的影响。现象学的排除法，最终把我们领回到了实在的中心，这就是有意识的自我。我们发现我们自己是有意识的生命，客观世界作为一个整体存在于我们的生命之中。我发现了真正的自我、纯粹的自我、纯粹的存在。只有通过自我，我才能够理解万物，万物才可能有意义，在自我中就包含着世界。对我来说，世界无非是我意识到的世界，是出现在我的思想活动中的世界。世界的全部意义和实在都以我的认识为基础。我的整个生命都是在我认识到的世界中运转的。我不可能在一个我没有认识到的世界里活着、体验着、评价着或行动着。我也是从我的角度来看这个世界的意义以及它的真理性的。所以，思维的结构本身决定了所有客体的表象。他反对康德把现象（经验）和本体（事物本身）进行区分。现象学要把独立于主体而存在的客观世界排除出去。我们认识的世界，只是被意识到的世界或括号中的世界。

第十章　走向实践科学人格完美幸福哲学

——如何超越快乐哲学和完美哲学？

原创马克思主义哲学是一种由实践科学哲学、人格完美哲学和幸福哲学合成的实践科学人格完美幸福哲学。这里的幸福哲学不再是指个人的幸福，而是指人类的幸福。个人的生命是短暂的，而人类的生命则可以很长。"我"这个个体的精神，可以通过"我们"这个人类存在下来，所以只要人类在，所有的"我"就在。"我"不是向死而生的，因为有人类代表"我"活着。我的人生的意义就是通过创造性的劳动，把我的精神变成一种精神产品，让它代表着我活在世上，存在于人类的精神宝库之中，标志着我的人格和才华的完美，实现我的人生的意义。所以，我是实践的我，而不只是在胡思乱想的我。实践科学哲学属于经验科学哲学，但是经验科学哲学不等于实践科学哲学。这里的实践指的是个体的我通过选择至善而与人类连接在一起的目的性活动。这个我是自由而全面地发展的我，是追求人格完美的我。这里的完美不在天上，而是在我的实践活动之中。我在我的每个追求至善的实践活动之中体会着我的人格的完美，从而感觉充实和幸福。而这样的追求人格完美的生活方式，要变成现实，就需要改造自然，让生产力得到极大的发展；改造社会，让公有制代替私有制；改造人的心灵，让人都成为追求人格完美的人。在这样的自由王国中，每个人都才能成为身体健康、生活舒适和追求完美的身心健全的人。而中国的传统哲学正好是在追求人格完美方面具有独特的魅力，这样西方哲学就通过马克思主义与中国传统哲学接通了。

本章分九节阐明西方马克思主义者的思想精华：西方教科书中的马克思、西方早期马克思主义、人本马克思主义、科学马克思主义、法兰克福学派、英国"新左派"、晚期马克思主义、后现代马克思主义、后马克思思潮。同样，这九个部分在逻辑上有着继起的关系，而在时间上又有交叠重合，从中我们可以看到走向实践科学人格完美幸福哲学的趋向。西方马克思主义的思想家和学者批判的对象是现代和当代的发达资本主义社会。因为他们亲历着西方发达资本主义的压迫，看到在痛苦和绝望中挣扎着而又找不到痛苦根源的大众，在煎熬中希望通过意识形态的革命，唤醒无产阶级的阶级意识，启迪大众的觉悟，以便早日走上通往共产主义的社会主义道路。

走向马克思主义的思想家主要是追求完美的哲学家，几乎没有经验科学快乐哲学家。马克思和恩格斯也是在追求完美的道路上走向马克思主义的。马克思主义因为继承和超越了西方的完美哲学的传统，吸纳了经验科学快乐哲学促进的生产力发展的力量，所以才富有无法抵御的魅力。只是完美哲学和批判资本主义的西方马克思主义哲学能够"自由地"存在本身，也被资产阶级用作一种意识形态。这种"自由地存在"能够向世人展示，资本主义是多么的自由，连那么严厉地批判和希望推翻资本主义的哲学也能自由地存在，而其实资产阶级会用市场来淹没它们，让趋众的大众看到这样的哲学是多么的小众和不受大家的欢迎，因此对它们的存在感觉麻木和无足轻重，所以无法产生出激发革命的力量。而且，在资本主义的生产方式还没有把促进生产力发展的功能完全发挥殆尽之前，资本主义制度是不会灭亡的。

纵观整个西方哲学史，我们可以发现，在文艺复兴之前，自苏格拉底把"完美""生"出来之后，西方古典哲学的主流就是完美哲学。而在文艺复兴之后，出现了经验科学快乐哲学、完美哲学和实践科学人格完美幸福哲学三大流派，经验科学快乐哲学主要在改造自然、后期意识到了对于社会的改良；完美哲学主要在改造人的心灵以期让人获得幸福；而实践科学人格完美幸福哲学则是集大成者，它吸纳了来自经验科学快乐哲学和完美哲学的思想精华和研究方法，因此在它的理论中，我们可以看到前面两种哲学流派的影子，还可以发现与前两个流派中出现过的对应的研究方法。它力图在改造自然、改造社会的基础上改造人的心灵，以便为每个人追求人格完美的实践活动创造现实的条件。而在目前的发达资本主义社会中，由资产阶级在背后支持着的经验科学快乐哲学处于主导地位，在经验科学快乐哲学的外衣的掩盖下，存在着深深地痛苦着的大众。虽然西方的整个哲学史为人类提供了璀璨的思想成果，但是目前找不到现实的让人类解放的出路。而希望之光正在东方闪亮着，有一个饱经沧桑的古老的民族，正在吸纳着东西方文明的成果，让马克思的幽灵在这里安家，以独特的方式抵抗着强大的资本的压力，在艰苦卓绝的奋争中引领着人类向着自由王国挺进，努力让每个人都能够享有追求人格完美的条件，我们应为此而感到庆幸，让我们拭目以待……

第一节 斯通普夫和菲泽：西方教科书中的马克思

一 为人类的幸福而奋斗的马克思

（一）所有关于绝对完美的知识，其实都是关于人的知识

在美国学者斯通普夫和菲泽写的教科书《西方哲学史：从苏格拉底到萨特及其后》一书中，他们系统地介绍了马克思的思想体系。下文即是我理解的他们对马克思的思想体系的介绍的概括。马克思（Karl Marx，1818—1883）出生在德国的特里尔市。他是一位犹太律师的长子，他的家族里出现过一长串的犹太拉比。他的父亲信路德教，马克思是被当作一个新教徒培养长大的。马克思的父亲具有理性主义和人道主义的思想倾向，这种倾向对马克思影响很大。马克思未来的岳父威斯特华伦是他们家的邻居，是普鲁士的有名的政府官员。威斯特华伦对马克思的影响也非常大。他让马克思喜欢上了古希腊诗歌、但丁和莎士比亚。马克思十七岁时上了波恩大学，学习法律。一年后转到柏林大学，开始时学习法律，后转学哲学。二十三岁时从耶拿大学获得博士学位，他的博士论文题目是《论德谟克利特和伊壁鸠鲁的自然哲学的区别》。

在柏林大学时，黑格尔的观念完美哲学处于主导地位。黑格尔的思想对马克思影响很深，使得马克思成了青年黑格尔派的一名成员。黑格尔的思想是围绕着"思维"或"精神"展开的。在马克思看来，黑格尔所说的"思维"或"精神"指的就是上帝，而上帝就是绝对完美、本质、实在和真理的代名词。追求上帝的精神，就是追求完美、探究真理的精神，因此存在于历史流传下来的文化和文明之中。历史就是上帝按时间顺序逐步自我实现的过程，就是上帝在奋争中不断走向完美的过程。自然界之所以是可以认识的，就是因为自然的本质是走向完美的"精神"，所以具有方向性，具有目的性，因此才是有序的，才是可以认识的。如果自然界是杂乱无章的，就无法认识。认识自然界，就是认识自然界发展的规律，认识自然界的秩序，认识绝对完美。所以，上帝与世界就是一回事。最基本的实在就是"精神"，只有精神才是永存的，其他都是现象，是过眼云

烟。而"实在"在政治方面的表现就是"观念"。历史就是"观念"的历史，是"观念"从低级走向高级，不断趋近完美的过程。

最让马克思感到震撼的是黑格尔把上帝、自然界和世界统一起来的方法。黑格尔认为，只有"精神"，只有"上帝"，只有"完美"才是真正实在的，才是不生不灭的，才是世界存在的本质。我们要认识自然界的本质，就是要认识上帝，认识完美，认识真理。除了世界和历史以外，什么也不存在。这是对旧的神学的否认，因为旧的神学把世界和上帝分离开来，认为上帝是上帝，世界是世界，上帝的世界与自然界是两个世界。尽管黑格尔的目的不是要摧毁神学存在的基础，但青年黑格尔派则把矛头对准了宗教，他们对福音书展开了批判。大卫·施特劳斯写出了《耶稣的生平》一书，认为很多关于耶稣的业绩，尤其是关于上帝的世界或完美的世界，都是虚构的。而布鲁诺·鲍威尔则干脆否认在历史上曾经存在着耶稣这个人。很多作家都把福音书看成是谎言。

马克思和其他青年黑格尔主义者，则从黑格尔这里往前走了一步，变成了无神论者。黑格尔哲学对马克思的影响非常直接。马克思从黑格尔那里接受了这样的观点：第一，完美只有一个，所以实在只有一个；实在只有一个，所以真理只有一个；理性是真理的化身，所以人可以通过理性认识真理和认识完美。第二，历史是一个从低级到高级的发展过程，每段历史都是完美的不同形式的表现，越来越趋近完美，其中包括自然界、社会和政治、人的思想。第三，在任何一个特定的时间和地点，都存在着某种统一的表达着完美的时代精神，而这种时代精神决定着人的思想和行为。

后来，读过费尔巴哈的著作后，马克思重新解释了黑格尔的哲学。费尔巴哈把黑格尔的观点推向了极端，最后批判了黑格尔的理论基础本身。他否定了黑格尔的观念完美哲学，代之以物质论，认为基本的实在是物质性的，而不是精神性的，从而复活了物质论。费尔巴哈认为人的思想或行为不是一个统一的表达着完美的时代精神的表现，相反，在总体上人的思想是一个历史时代的物质环境的总和的反映。因此，费尔巴哈否定了黑格尔的假设前提，认为不应该把精神放在第一位，而是应该把物质放在第一位。人类而不是上帝是基本的实在。是人创造了绝对完美，而不是绝对完美创造了人。我们对于绝对完美的观念，并没有超出人类的感情和需要。所以，所有的关于绝对完美的知识，其实都是关于人的知识。人把自己的人文精神的特征赋予了上帝，使上帝身上散发着人文的光芒。我们关于绝对完美的不同观念，反映的是人的存在的不同类型。所以，绝对完美是人的思想的产物，而不能倒过来说。通过这种方式，费尔巴哈颠覆了黑格尔的观念完美哲学。马克思被费尔巴哈的物质论给点着了，很快就放弃了观念论，接受了物质论。

（二）哲学家们只是以不同的方式解释世界，而关键在于改变世界

马克思承认，费尔巴哈在哲学上是一个很关键的人物，是费尔巴哈把上帝的历史变成了人类的历史。在历史发展的过程，不是绝对完美在努力实现自我的过程，而是人类在实现自我的过程。是人以某种方式疏离了自我，而不是人与绝对完美疏离了。历史发展的过程，就是人克服自我疏离的过程。人在历史发展过程中，把自我丢失了，找不到自我了，找不到自己存在的价值了。人类发展的历史，就是克服人的自我疏离的历史。于是，马克思认为，如果人的生活条件使人丢失了自己，那么我们就应该改变社会生活条件，使它有助于人的自我实现。所以，马克思说，哲学家们只是以不同的方式解释世界，而关键在于改变世界。

在二十五岁时，马克思离开柏林到了巴黎。开始时他与卢格一起编辑出版《德法年鉴》。马克思在巴黎认识了很多激进主义者、革命家、乌托邦思想家，接触到了傅立叶、圣西门、巴枯宁等，并与恩格斯成了终身的合作伙伴和挚友。马克思对法国革命失败的原因感觉很困惑。他想知道能不能找出什么可靠的规律，以便使未来的革命不再失败。他读了很多书，找到了几个答案。他对圣西门说的阶级冲突很感兴趣。他意识到，革命要成功，不能只靠一些浪漫的观念，而是要研究实在的物质秩序。

马克思和恩格斯受共产主义联盟委托，写出了《共产党宣言》，于1848年出版。1849年，马克思到达伦敦，在那里度过了他的余生。那时的英国革命条件还不成熟，没有广泛的工人群众组织。马克思本人也变的很孤立。他以异常坚韧的毅力在研究和写作。几乎每天从上午九点到晚上七点都在大英博物馆的阅览室里度过，晚上回到他那寒酸的两居室里，还加班加点地工作。他的家庭变得极端贫困，但他还是一心一意地专心写他的巨著，没有抽时间挣钱。他还受着肝病和疖子的折磨。1867年，马克思的《资本论》第一卷出版。尽管马克思在努力为共产主义运动提供理论基础，但他还是期望着大革命的到来，期望他预见的资本主义的灭亡变成现实。在他生命的最后十年里，他在全世界都很有名了。马克思因胸膜炎逝世，终年六十五岁。

在二十世纪下半叶，马克思为全世界约三分之一的人提供了一种官方哲学。马克思在世时就常常抗议说他不是一个"马克思主义者"，不能把世界共产主义运动中所采用的观念和策略都戴在他的头上。马克思的一生在很长时间里是在默默无闻中度过的。他很少在公共场合演讲，而在他演讲时也没有展现出什么演说家的魅力。他还是一个年轻人的时候，就为自己制定出了一个宏大而细致的写作大纲，要创建自己的理论体系。马克思能够充分吸收很多思想家的合理的观点，并把这些观点整合为一个体系，作为一个全方位地分析社会结构的工具，并且提出了一套充满活力的实践计划。他认为社会发展是受自然规律支配的，在这种规律的支配下，必然会导致资本主义的灭亡和共产主义的胜利，而共产主义社会则是一个完美的社会形态。

二 物质秩序的发展具有铁的规律性

（一）找到了历史规律就能解释过去和预见未来

马克思提出了一些原创性的观点：阶级斗争必然导致无产阶级专政；无产阶级专政的目的是要消灭所有的阶级，过渡到一个没有阶级的社会。马克思所说的五个历史发展阶段为：原始公社、奴隶社会、封建社会、资本主义社会和社会主义及共产主义社会。西方历史学家习惯于把历史分成几个主要的时期。马克思的特别之处在于，他要在不同的历史发展时期之间找出运动规律，找出历史之所以出现这么几个发展阶段的原因。马克思认为，如果找到了这样的发展规律，就不仅能够解释过去，而且能够预见未来。他认为个人行为和社会行为是类似的，因此分析个人行为的方法也可以用来分析社会。在分析个人行为和社会行为时，都可以用物理学和生物学的知识。他把历史看成是阶级冲突的产物。他认为在分析每个历史时期的总体社会结构时，可以采用阶级冲突理论，而具体到每个冲突本身，则必须进行详尽的分析。

马克思接受了黑格尔的辩证法理论，但不认为人类的历史是上帝的观念的历史，不认为绝对完美是实在的。恰好相反，马克思认为绝对完美的观念只是物质世界在人脑中的反映，关于绝对完美的思想不过是这些观念的系统化。历史的运动是由物质秩序中存在的冲突导致的。从历史中我们可以看到，社会和经济秩序都在经历着一个不断变化的过程。物质秩序是处于第一位的，因为只有物质才是真正的实在。马克思不承认在任何地方存在着固定不变的绝对完美的实在或永恒的真理。他认为，万物都在经历着一个辩证的变化过程。自然界从小到大，从一粒沙子到太阳的出现，再到人的产生，都是一个不停歇的运动变化的过程。历史从一个阶段到另外一个阶段的变化，都是严格地遵循着铁的自然规律运动的。

对于马克思来说，变化与纯粹的增长不是一回事。社会变得成熟的过程不只是一个量变的过程。自然也不只是年复一年、一成不变地在原地踏步，不断循环，它在经历着一个真正的历史。没有真正的变化，就没有真正的历史。变化指的是新的结构的出现。而引起变化的原因在于事物的量变会产生某种质变。有了质变，才有新。比如说，水要烧开了才能变成蒸气，只是温的就不行。水也要冷到一定程度才能结冰，只是凉的就不行。要打碎一块很大的玻璃，力用得不够，它只会震动。力要大到一定的程度，玻璃才会碎。同样，马克思认为，在经济秩序中发生的量变会导致整个社会制度的质变，这个质变过程就是人类历史从原始公社，经过奴隶社会和封建社会，变到资本主义社会的过程。

（二）不管个人愿意不愿意，共产主义社会都会到来

于是他预见说资本主义社会中的量变必然会导致质变，从而必然会摧毁资本主义制度，就像温度到一定程度时水会变成蒸气一样。他预见说随着资本家的数量累进递减，相应的贫困、奴役、恶化和剥削就会增加，工人阶级中的个人要变成资本家的难度就越来越大，阶级固化现象就会越来越严重。生产资料的集中和劳动的社会化之间的矛盾达到一定的关节点，就会炸开资本主义的外壳，私有制的丧钟也就敲响了，剥夺者将被剥夺，这时就会发生质的飞跃。

但是在实验室里的水变成蒸气的过程，与现实中的资本主义变成社会主义的过程存在着不同之处。我可以选择和控制是不是要让水变成蒸气，但是在历史发展中却无法进行这样的控制。在事物的本质中存在着一种基础性的矛盾，这种矛盾必然会产生对立的运动。尽管我们可以采取一些方法延缓或加速这种运动，但无法避免这种矛盾的展开。万物都是必然地相互联系的，必然地互为因果，没有什么东西是可以自由浮动的。在自然界中，在人的行为中，都没有什么事件的发生是孤立的，在社会历史中也是如此。社会历史的发展规律与自然界的发展规律一样不可避免。

在自然科学中，机械的决定论认为，万物都是按一定的规则行为的，因此其行为是可以预测的。而人类历史则不是严格地按机械的方式运行

的，因为社会现象太复杂。但社会也是在因果关系的支配下产生的，因此具有必然性。通过认识这种必然性，就能预见到新社会的到来。只是对于社会中的个体的行为方式，我们只能给出大概的和可能性的预见，不能机械地一概而论。尽管我们无法精确地预见一个具体的人的具体的未来，但我们能够描绘出未来的社会秩序。通过对事物发展的内在规律的认识，就能够预见到社会主义及共产主义的到来。这不是自由选择的结果，而是不管具体的个人想不想要这样的社会到来，它都会到来，这是铁的和不可抗拒的规律运行的结果。对于马克思来说，社会发展到共产主义社会就终结了，因为这个社会终结了所有的冲突和斗争。马克思认为，在物质秩序中，存在着对立面的斗争，特别是阶级斗争。当一个社会中的内部矛盾被化解了，运动和变化的主要原因就消失了。在一个没有阶级的社会中，所有的力量和利益都处于完美的平衡状态之中，这种平衡就具有永恒性，所以不会再产生新的历史阶段。

三 人的观念无法决定历史发展的方向

(一) 人的思维受劳动活动的限制

马克思的历史哲学理论，一方面阐述的是物质实在的秩序，另一方面阐述的是人的思想的秩序。他认为只有恰当地理解物质秩序和人的思想秩序各自的角色和功能，才能真正地理解历史，才能避免制定出错误的革命行动计划。他把社会分成了两个层面，基础结构和上层结构。基础结构指的是物质秩序，它是一种推动历史前进的能量，而上层结构指的是人的观念，是对物质秩序的结构的反映。他认为物质秩序指的是物质世界，指的是自然环境的总和，其中包括无机界、有机界和社会生活等。马克思把物质定义为存在于人的思维之外的客观实在，而不是某种单一的物质形态，比如说，原子。物质的形态是丰富多彩的。物质秩序包含着存在于我们思维之外的自然界中的所有事物。人的思维是有机物发展到一定程度的产物，这时人的大脑皮层这个器官具有了很复杂的反映能力，而这个反映的过程就是人的思想的过程。

人的思维受到作为社会存在物的人的劳动活动的限制。在人类的进化过程中，物质秩序是处于第一位的，而思维活动则是物质的副产品。最初的生命是没有思维活动的。到了人类的祖先开始使用前肢，学会了直立行走，开始把自然物作为工具来采集食物和保护自我时，才有了思维活动。

从动物到人的巨大转换，主要因为人具有了能够制造和使用工具的能力，主要因为人能够控制一些力量，比如说，火，于是人的食物种类变得多样化，为人脑的发达提供了物质条件。即使到现在，复杂的物质秩序依然是最基本的实在，思维领域只是其派生物。在物质秩序中，主要包括生产要素和生产关系。

（二）生产关系制约着人的思想和行为

人要活着，必须在食物、衣服和居住上有所保障。为了获得这样的物质性的东西，为了维持生命，人必须要生产。无论在什么样的社会里，我们总能够发现同样的生产要素，也就是原材料、工具和有经验的劳动技能。而在这些生产要素或生产力中，我们就可以看到在生产过程中的人与人之间的关系。生产活动总是一种社会性的活动。人总是在群体或社会中而不是单靠个人的力量来与自然进行抗争和利用自然。马克思认为，对于生产要素的静态分析，不如对于生产中的人与人之间的动态关系的分析重要。当然马克思认为生产要素会影响生产关系，比如说，原材料的稀缺会严重影响生产过程中的人与人之间的关系。马克思在分析物质秩序时，总是把重点放在分析人与人之间的生产关系之上。

马克思的社会分析理论的核心是他对于生产关系的阐释，而生产关系中的最核心的问题是财产所有权问题。在生产过程中，人与人之间的关系取决于他们与财产所有权之间的关系。在奴隶制中，奴隶主拥有生产资料，甚至拥有奴隶，他们可以自由地买卖奴隶。奴隶制的产生是历史发展的必然结果。那时工具的进步使得农业活动更加持续稳定，使得劳动分工成为可能。但是自奴隶制以来直到资本主义社会，劳动者在财产所有和生产成果上都遭到了剥削。在奴隶制中就已经可以看到阶级斗争。在封建社会时期，封建主拥有生产资料，农奴的地位比以前的奴隶要高，并且拥有了一些劳动工具，但他们还是为封建主劳动，存在着剥削和反剥削的斗争。在资本主义社会中，财产所有制把社会变成了有产者和无产者。比起奴隶和农奴来说，无产者是自由的，但是他们没有生产资料。为了生存，无产者不得不向资本家出卖自己的劳动力。

从奴隶制度，到封建制度，再到资本主义制度，生产关系的变化不是理性设计的结果，而是物质秩序中存在的必然性和内部运动的产物，尤其是为了生存而产生的强大的推动力导致了工具的产生，而工具更新的结果又导致了人与人之间关系的变化。某些工具，比如说，弓箭的产生使得人能够独立存在；犁的出现使劳动分工成为可能；手纺车可以在家庭和小作坊里使用，而比较重的大机器只能在大工厂里使用，而且需要把工人集中在特定的区域。这种变化过程都是一个不可逃脱的因果链，由经济原因驱动着。所有人的思想和行为都由他们对于生产资料的关系制约着，受他们之间的生产关系制约着。尽管在奴隶社会、封建社会和资本主义社会中都存在阶级斗争，但是资本主义社会中的阶级斗争尤其剧烈。

（三）每个历史时期都有自己的占主导地位的哲学

马克思认为，在历史的辩证发展过程中，必然会导致悲剧性的冲突。各种对立的力量是不相容的，但是在生产力的条件不具备的时候，只是通过革命是无法实现共产主义的。即使当一个社会能够意识到人类的发展方向是共产主义社会时，也不能只靠大胆地跃进或靠立法来进入这个社会，而只能遵循历史的发展规律前进。无产阶级的革命只能起到缩短或减轻新社会诞生的阵痛的作用。所以在历史发展中，物质性的基础结构处于最重要的地位。那么人的思想又扮演一个什么角色呢？观念本身具有什么力量或能够产生什么结果吗？马克思认为观念只是对基础性的物质实在的反映。他把观念称为上层结构，是建立在基础结构之上的。在每一个历史时期，都有其主导的观念。人们构想出一整套的观念，其中包括宗教、道德和法律观念。每个社会的主导观念都是那个特定的历史时期的实际物质条件的反映。所以只有当社会的物质秩序影响了人的头脑的时候，人们才能进行相应的思考。不是人们的意识决定他们的社会存在，而是他们的社会存在决定他们的意识。观念的源泉根植于物质秩序之中。关于正义、善和宗教的救赎这样的观念都只是通过不同的方式把现存的秩序进行理性化。每个历史时期的正义观，多半代表的是经济上处于统治地位的阶级的意志，目的在于把当时的生产关系"冻结"起来。马克思不认为存在着普遍的和永恒的正义规范。观念反映的只是生产关系的内部秩序，因此相继产生的历史时期，都会有自己的一套观念和自己的处于主导地位的哲学。

在某个特定的时间内，一个社会中的观念的冲突源于经济秩序的变动。对立面之间的斗争，既有物质的方面，也有意识形态的方面。在历史发展中，一个社会的成员都属于不同的阶级，有着不同的阶级利益，所以他们的观念也就不同。当一个社会的基础性的物质结构向前发展了，以前的观念就不再能够反映变动了的物质结构，这个时候固守旧的观念，就成了"反动分子"。精明的观察者能够发现历史发展的方向，并根据这种方向改变和调整自己的思想和行为。在历史发展中，有的事物会消亡，有的事物会产生。一个阶段死去了，另外一个阶段总会产生，这种进步是无法阻挡的。物质秩序是唯一的实在，而且这种实在是在不断变化的，因此反映它的观念也必然不断变化。一个社会的生产关系的总和构成这个社会的经济结构，这个经济结构决定着人的生活的总体特征，其中包括社会的、政治的和精神的方面。观念主要是物质秩序的反映，所以观念的功能和角色是有限的。当观念与经济秩序的实在无关时，它就没有什么用。观念无法决定历史的发展方向，只能起到阻碍或加速的作用。马克思把自己看成是一个科学家，只是在表述客观的物质实在的运动变化规律。

四 资本主义为什么必然会灭亡？

（一）在资本主义社会中存在着普遍的剥削

资本主义社会的阶级斗争主要有三个特征：第一，社会简化为两大阶级：资产阶级和工人阶级，有产阶级和无产阶级。第二，两个阶级之间存在着很基本的矛盾。尽管两个阶级都参与生产活动，但生产成果的分配与每个阶级的贡献是不相配的。在资本主义制度中，供求关系决定着劳动力的价格。工人数量众多，供过于求，导致了工人们只能接受维持起码的生存状况的工资水平，而工人们制造出的产品则能够卖出高于劳动力成本的价格，工人生产出的剩余价值被资本家无偿占有。所以在资本主义社会中，剥削不只是一种孤立存在的偶然现象，而是一种普遍现象。马克思并没有对这种现象进行道德评价。事实上工人们承认市场的供求规律，因此接受由市场来决定的工资水平。马克思并不责备资本主义制度，因为他认为这是物质秩序中存在的铁的规律导致的必然结果。大机器需要大工厂，大工厂需要大量的工人，于是工人们就被集中起来，生活在一起。马克思对资本家是宽容的，但是他认为资本主义社会中的矛盾必然导致社会主义及共产主义的到来。第三，马克思预见说，在资本主义社会中，工人阶级的状况会越来越悲惨。穷者更穷，而且数量越来越多；富者越来越富，而且变得越来越少；最后由群众夺取所有的生产资料。只要生产资料掌握在少数人的手中，阶级斗争就不会停止。同时在这个过程中，工人的生活状况是非人性化的，存在着劳动的疏离现象。

（二）劳动疏离现象剥夺了人应该有的幸福感

在《1844年经济学—哲学手稿》中，马克思使用的关键词是德语的

"Entfremdung",相应的古法语的"alienacion"和英文的"alienation"都源于拉丁语的"aliēnātiō",共同的意思都是疏远和隔离,没有"差异化"的意思,所以翻译成"疏离"应该比"异化"更确切一些。马克思认为,在资本主义社会中,人们之间的关系是疏离的,互相之间感觉很陌生,有隔离感,他们必然是被什么东西隔离开来了。在基督教神学中,人与上帝之间的疏离是因为亚当犯了罪。在法律意义上,"alienation"这个词指的是让渡,也就是出卖或出让某种东西。把某个人的财产转让给另外一个人就是让渡。在资本主义社会中,几乎所有的东西都是可以出售的。对于一个人来说,劳动(力)是可以转让的。人在转让自己的劳动(力)时,就出现了疏离现象。

首先,我们来看工人与其劳动产品之间的的关系。原本我们与我们的劳动产品之间的关系是很亲密的。我们从物质世界中取些原料,对它们进行加工,变成我们自己的东西。而资本主义社会则破坏了这种关系,它迫使我们失去了我们的劳动产品,用这种劳动产品来换钱。在生产过程中,我们的劳动产品变成了一个东西,就像自然界中的任何东西是一样的,可以进行买卖。我们生产的东西越多,我们得到的越少,失去的越多。工人把自己的生命变成了一个东西,他的生命不再属于自己,而是属于那个东西,而那个东西又被其他人占用或拥有。这样人与自然之间的关系就被破坏了,人本来不是东西,却被变成了东西,而且不是属于自己的东西。

在劳动过程中,我们与我们自己相疏离,因为工作变成了外在于我们的东西,而不再是我们的本质的组成部分。工作不是自愿的,而是强加于我们的。在工作中,我们感觉很难受,没有幸福感。工作没有让我们感觉到充实,反而感觉到在否定自我。我们不是在自由地发挥自己的体力和脑力,而是在体力上感觉很疲惫,脑力上感觉被贬低了。只有在闲暇里,我们才感觉到活得像个人。我们与我们的工作相疏离,因为我们不是为自己工作,而是为别人工作。从这个意义上说,当我们作为工人的时候,我们不属于我们自己,而是属于其他人,我们或多或少都像妓女一样地活着。一个工人只有当自己在使用自己的动物功能的时候感觉是自由的,在为吃、喝和繁殖忙活,顶多也就是收拾一下住处,弄点装饰品。当然这些也是人的功能,只是当人只有这些功能的时候,人就把自己降低为动物。

另外,我们与我们作为人"类"的类本质相疏离。人的真正的本质是类本质。人类具有特殊的不同于动物的类本质,这种类本质让人成其为人。人类独有的特征在于人的活动是有意识的,是自由的。蜜蜂、蚂蚁和海狸都能造窝，而它们只为自己和自己的后代造窝，窝的形状是很不一样的。而人类的居所则大致是一样的，因为人有着类似的功能。动物只是为了满足具体的物质需要而生产，而我们只有从物质需要中解放出来，才能造出最独特的产品。动物只能反复创造出同样的自己，而我们则能创造出一个艺术的世界，一个科学的世界，一个文学的世界。动物的活动只限于他们所属的种类，而我们则能够制造出符合每个物种需要的产品。所以我们能够把自然界作为我们的劳动对象，把我们的自由的、自发的、创造性的活动强加于自然物之上。我们通过自己的创造物来重新制造出自己。所以当我们与我们的劳动相疏离时，我们就失去了人的独特的类本质。我们不再能够从事创造性的活动，只能把注意力放在维持个人的生计之上。

　　这样的疏离也导致了人与人之间的关系的疏离。我们把自己看成是工人，把别人也看成是工人。我们把自己看成是东西，把别人也看成是东西，我们的劳动都是可以买卖的。我们不再把彼此看成是人类中的一员，不再能够全面地看待一个人，而只看他的能够卖钱的那个部分。如果说我的劳动产品已经不再属于我，那属于谁了呢？在过去，埃及和印度建造神殿的时候，人们认为这些神殿是给神造的，属于神。而被让渡的劳动产品只能是让渡给某个人。劳动产品不属于工人，就必然属于不是工人的人，这些人就是资本家。让渡劳动的结果是工人在生产劳动产品时，也生产出了一种新的人与人之间的关系，工人与资本家的关系。在资本主义社会中，人的劳动可以让渡，所以产生出私有财产，而资本家又可以依靠私有财产，迫使人一再让渡自己的劳动。在私有制的工资体系中，劳动不再是目的，而是获取工资的手段，是工资的奴仆。通过强制手段涨工资，并不会给工人带来意义或价值，也不会给他们的工作带来意义或价值，因此不会给工人带来平等的作为主人的地位，不会给工人带来尊严。人与人之间只有处于平等地位时，才能平等地拥有尊严。所以只有把工人阶级从私有制体系中解放出来，走向公有制的共产主义社会，才能解放全人类。

第二节　西方早期马克思主义:强调主体性和总体性

一　卢卡契：无产阶级有主体性才会有历史的变革

　　卢卡契（Georg Lukács，1885—1971）是匈牙利哲学家，是西方马克思主义哲学的奠基人。他出生在一个犹太银行家家庭，曾经因为参加起义而被流放到罗马尼亚。他的人生多变，多次检讨，多次改变立场，所以青年时期的卢卡契与老年时的他是不一样的。我们这里说的是青年时期的卢卡契。

（一）不能迷恋经验科学或实证科学

1. 没有人的主体性就没有历史

卢卡契想要正确地理解马克思所使用的方法的本质，以便正确地运用这种方法。他认为，马克思的哲学指的是历史唯物主义，其中"历史"一词尤为重要，不能只是从自然科学的角度来解释马克思的哲学。他力图把自然与社会分开来，然后再把自然纳入社会之中，以便确立历史对于自然的优先地位。他认为，没有人的主体性就没有历史。马克思的历史辩证法的核心是主客体的相互作用。我们不能迷恋经验科学或实证科学，因为其中只有客体性，没有主体性。历史是一个永远变化着的主客体统一的总体过程。在这个过程中，阶级既是历史发展的原因，又是历史发展的结果；阶级意识既是对历史过程的反映，又是历史发展的动力。历史唯物主义的目标是要改变现实。只有现实存在着的阶级斗争才能冲破和改变现实中的社会秩序。我们不能只是从经验科学的角度来解释"事实"，因为这样无法看清楚事实背后的本质所具有的历史的性质。只有看到事实背后的历史性质，才能够改造现实。

2. 与社会无关的自然界对人类是没有意义的

卢卡契认为，马克思不承认带有传奇性质的永恒价值，不承认绝对完美的存在。马克思认为，在人们的现实生活中，生产与再生产处于决定地位，社会存在是人类活动的产物。人是一种社会的存在物。在社会发展的过程中，人既是主体又是客体。他反对用自然辩证法来解释社会历史，因为那样会抹杀人的主体性。他把"历史性"理解为历史发展过程的总体。没有"生成"就没有历史，而生成的过程就是不断向前发展的过程，任何固定化的理论都会沦为幻想。客体的存在过程是一个流动的过程，即从产生到消失的过程。历史是关于社会结构的历史，而社会结构发端于人们的实际的经济关系，这种关系控制着人与人之间的全部关系，包括人与自然的关系。从这个角度上看，自然是一个社会范畴，要在社会关系中加以把握。我们生活于其中的宇宙是一个社会的宇宙。与社会无关的自然界对人类是没有意义的。

（二）自然规律或科学成了资产阶级的意识形态

1. 自然规律压抑了人的主体性

卢卡契认为，在研究历史时，我们不能撇开自然来讨论人及人的解放。人是通过改造自然来为自由和解放创造现实条件的。他把自然概念分成三种：第一种自然概念指的是实践和规律的总和；第二种自然概念包括规律和价值，在这里，人们把"被社会败坏了的人"作为榜样，人日益丧失了人的本质，人越是占有文明就越是丧失灵魂，就越不可能是人；第三种自然概念指的是真正的人的存在。第一种自然概念存在于自然科学中，指的是自然规律的总和。这类概念产生于资本主义社会。在这里，人们缔造了一个与自己根本对立的自然，人不得不听从这种自然所呈现出的规律的摆布，社会的行为主体越来越沦为纯粹的旁观者和纯粹的实验员。人们能够做的只是了解规律的结构，利用自然规律，但是不能推翻它们。自然规律就像是经济学中的"看不见的手"一样发挥着机械性的作用，压抑着人的主体性。

2. 资本主义的社会结构具有"敌视人"的伪客观性

卢卡契认为，资本主义的历史或社会现实其实是资产阶级缔造的现实，但是这些现实都以自然规律的面目出现。这里的自然规律或科学成了资产阶级的意识形态，用来为资本主义社会存在的合理性和永恒性进行辩护。在这里，资产阶级只是客体而不是主体，历史的变迁是自然规律作用的结果，而不是在资产阶级的主导下产生的结果。所以，如果资本主义社会出现了什么社会弊病，不应该归责于资产阶级。资本主义的社会结构具有"敌视人"的伪客观性。资产阶级把当前的特定的社会组织看成是符合永恒的自然规律的，他们用自然规律来把一切有意义和有目标的东西作为"个别性"排除在外。他认为，在现代资本主义社会中出现了人对商品这种物的顶礼膜拜想象，被商品这种物所控制，商品关系渗透社会生活的每一个层次之中，从而出现了资本主义社会所特有的物化现象。

3. 在物化现象中，人不是东西，却被变成了东西

卢卡契认为，在资本主义的商品生产的过程中，人与人之间的关系呈现出了物化的特征，具有一种魔幻般的不以人的意志为转移的客观性，这就是物化现象。在物化现象中，人不是东西，却被变成了东西。他把物化现象分成如下几种：首先，生产劳动的物化。在现代资本主义社会中，人

对自然的支配是以工业体系为媒介的，而工业体系是按数学和技术的原则运行的，有自己的运行规律。人的活动附属于工业体系。机器越来越成为人的劳动的主宰者。在生产过程中，人必须符合自然规律的客观性，人无法控制自己的劳动，劳动过程变成了一种被动的过程。其次，劳动者的物化。在大机器生产过程中，劳动者变成了一种可再生的工具，人不再是生产的主人，而是变成了机器系统中的一个部件。机器的运行规则被认为是合理的，而劳动者的特质失去了合理性。再次，人与人的关系的物化。在普遍存在的商品交换关系中，物只有在交换中才能显示出自己的存在和价值。人与人之间的关系变成了物与物之间的关系。最后，人的意识也物化了。在资本主义社会中，人与人之间的物化结构关系被不断地生产和再生产出来，从而越来越深入地影响人的意识，被推入工人的"灵魂"里，使得工人们丧失了自己的独立意识。劳动者的精神世界变得越来越机械化，所有的事情都被用一种十分标准化的方式来进行处理，失去了生趣和表现力。

4. 人被当成商品这样的物来计算

（1）工人们由"人"变成了在市场上被反复出售的物

卢卡契认为，在资本主义社会中，每个人都直接地和必然地面临着被商品化的问题。这个问题只能从总体上才能被克服。资本家把劳动过程分解为部分，不把劳动者看成是有诗意或有感情的个体。以崇拜商品为特征的把人也商品化的现象是资本主义社会的特有现象。商品原则已经渗透到了资本主义社会的所有方面，并以商品的形象来改造社会。商品原则已经成为控制人类社会的普遍的结构原则。人也被这种普遍的商品原则所把控，把人变成了商品这样的物。商品结构是否合理是通过计算来实现的。人变成商品后，人也被计算。商品与其使用价值相分裂，生产者与自己的主人之间相分裂。工人变成了机械体系中的一个部分。机械体系在自动运行着，无论工人乐意不乐意，都必须服从于这种机械规律。劳动过程越来越被智能化和机械化，工人在劳动过程中所付出的劳动越来越少，他们越来越失去工作的热情，他们的意志沦丧日益严重。人的劳动变成了与自己疏远的东西。在官僚政治制度下工作着的下层工作人员，也承担着酷似运转中的机器的工作。专业化分工越来越细，流程越来越被形式化和标准化，工作越来越枯燥无味。工人们由"人"变成了在市场上被反复出售的物。人的聪明才智可以像物体一样被"占有"或被"抛弃"。

（2）资本家对自己被商品化的现象麻木不仁

卢卡契认为，资产阶级和无产阶级都面临着被商品化的问题，只是资产阶级陷入了被商品化的泥潭中无法自拔，而无产阶级则可以得到解脱，这是因为资产阶级和无产阶级在资本主义社会中的存在方式是有差别的。阶级利益把资产阶级限制在了商品化的现象之中，而无产阶级的阶级利益则使得自己能够超越商品化现象。资本家同样存在着人格的两重化，同样被分裂为商品的要素和商品运动的软弱无力的观察者。而在资本家的意识中，他们表现得具有能动作用，其实这种能动作用只是一种幻觉。这种虚幻的能动性，使得他们对自己被商品化的现象麻木不仁，因为他们感觉到自己似乎是主人。而工人阶级则不可能产生这样的幻觉，因此能够认识到自己沦为了奴隶，变成了商品，像商品一样在衰变。工人阶级的生活状态赤裸裸地展示出了这种商品化的特征，而在其他形式的劳动中，这种商品化现象则被掩盖在"脑力劳动"或"责任"等表面性的东西之下。对于那些把自己的成就作为商品出卖的人来说，他们的灵魂越是受商品化现象的影响，表面的形式就越具有欺骗性，比如说，在新闻出版界中存在的商品化现象。

5. 在社会主义社会中，物化现象最终将被消除

卢卡契认为，无产阶级是有可能与资产阶级一起被束缚在商品化现象之中的，因为在资本主义社会中，人与人之间的关系，人与满足他们的需求的物体之间的关系，都被直接的商品关系所掩盖，并且达到了神不知鬼不觉的地步。人的商品化现象越来越深入到人的意识之中。无产阶级如果不能觉悟到这种人的商品化现象，就无法将它毁灭。卢卡契认为，近代哲学与以往的哲学的区别在于，在近代哲学中，人类的所有关系都被上升到自然规律的高度上，或者说都被上升到经验科学的高度上。而他认为，把社会规律看成是"自然规律"具有资产阶级的特征。在资产阶级的这种意识形态的影响下，无产阶级成了商品化的牺牲品。在这种意识形态中，人们越来越"看清了"资本主义经济的必要性和合理性。无产阶级只有通过实践才能克服商品化现象。没有任何一个孤立的行动可以消灭所有的商品化现象。只有当无产阶级有了阶级意识，并付诸实践，才有能力改变这种现象。人的商品化现象是资本主义社会的特殊产物，意味着人性遭到了损害和摧残。在社会主义社会中，人的物化现象最终将被消除。

（三）要捍卫不符合"科学性"的总体性范畴

在卢卡契看来，第三种自然概念指的不是现实而是理想。这里的自然

是自由的自然。在这里，才能够找到真正的人的存在，才能找到人的真正的本质，才能摆脱社会生活中的机械化形式的本质。在这里，人才能够实现自身的完美，克服理性与感性、形式与内容的分裂。只有在美学中，人的生活内容才不会被扼杀。资产阶级是无论如何也实现不了这样的理想的，而无产阶级则能够实现这样的理想，因为无产阶级是具有创造性的主体。他认为，马克思的历史唯物主义具有革命性，因为它不把社会结构看成是不变的、自然的和非生成性的，而是必然地要走向灭亡的。

1. 在经济决定论中，人只是一个没有主动性的乘客

卢卡契捍卫被以不符合"科学性"而被打入冷宫的总体性范畴。他要用总体性概念来对抗机械的经济决定论。他认为，经济决定论过分强调技术的决定作用。布洛赫就比喻说，在经济决定论中，人不是司机，只是一个没有主动性的乘客，买了一张通往社会主义的车票。卢卡契认为，历史的进程与自然的过程不同，历史规律是以人的行动为转移的，是在错综复杂的社会关系发生作用的总体中得到实现的，所以历史是人的积极活动的产物。他认为，在马克思的所有著述中，总体性原则都是作为方法论占据着核心地位的。在总体性范畴中，整体全面地和决定性地统治着各个部分。从静态的角度看，总体性指的是相对于部分的整体，让孤立的事物普遍地联系起来。只有在总体中才能真正认清事实的本质。任何看上去是孤立的人和孤立的事物，都是总体的组成部分。总体性范畴并不是要把各种因素都变成没有差别的同一性。总体性指的不是事实的总和，而是指事物内部和事物之间的普遍联系。从动态的角度上看，总体性指的是包括有限的历史的全程的总体。任何的历史事件都只是统一的历史过程中的一个部分而已。

他认为，坚持马克思主义就是要坚守辩证唯物主义的方法。即使马克思的所有命题都被证明是错误的，马克思主义者依然可以通过坚持辩证唯物主义来保持其正统性。我们可以通过辩证唯物主义的方法通向真理。而坚持辩证唯物主义的关键在于坚持唯物主义。辩证法不是从外面注入历史中的，而是起源于历史，存在于历史之中，只是在历史发展的特殊阶段才得到认识而已。而唯物辩证法的中心问题就是要改变现实，因此他很强调实践的作用。他特别强调唯物辩证法的总体性特征。他认为，马克思主义的特征并不在于强调经济动机的首要作用，而是在于马克思从黑格尔那里汲取的总体性范畴。强调总体性，就是强调总体之于部分的至高无上的地

位。唯物辩证法强调把社会作为一个整体来理解。马克思只是把历史唯物主义作为唯一的和统一的社会发展科学，而不承认经济、法律或历史等学科的独立性。卢卡契认为，事实是具有历史性特征的。只有在一个框架体系中，事实才能成为事实。

2. 通过总体性原则恢复无产阶级的主体性

卢卡契认为，阶级意识是具有总体性的意识，与一定的社会存在密切相关，是被意识到的"无意识"。无产阶级通过总体性的认识，知道物化现象是怎么产生的，从而能够把握历史的主体性质，并真正将人的价值作为衡量一切社会价值的尺度。只有这样，无产阶级才能肩负起改造社会的责任。无产阶级本来是主体，而在资本主义社会中，却被变成了自然规律的旁观者。无产阶级是能够超越物化意识的，无产阶级应该通过总体性原则来发挥自己的主体能动性，恢复自己的阶级意识。无产阶级的阶级意识是无产阶级的意识形态，共产党是具有无产阶级的阶级意识的政党，是为革命利益服务的政党。要通过无产阶级的阶级意识来瓦解资产阶级的意识形态，从而才能自觉地改造社会，实现历史的变革。所以，要恢复无产阶级的主体性，就要让他们理解历史发展所遵循的总体性原则，把主体与客体重新统一起来，实现人类的最终的解放。

二 柯尔施：不是援引了马克思的著作就是"真品"

柯尔施（Karl Korsch，1886—1961）出生于德国的一个银行职员家庭。曾为德国共产党员，后被开除党籍。二十世纪五十年代，曾在悲观和孤独中抛弃了马克思主义，二十世纪五十年代后期，又对苏联和中国的马克思主义理论产生了兴趣。在二十世纪二十年代，马克思的《1844年经济学—哲学手稿》和《德意志意识形态》还未编辑出版，当时影响比较大的是《共产党宣言》和《资本论》。当时主流的资产阶级学者认为，马克思主义缺乏属于自己的哲学。当时的正统的马克思主义者们也认为，马克思主义与哲学没有多大的关系。第二国际成立以来，正统的马克思主义者认为，马克思主义哲学指的是辩证唯物主义，而历史唯物主义则属于马克思主义的社会学，是辩证唯物主义在历史领域的具体运用。柯尔施认为，尽管在马克思和恩格斯的后期思想发展中缺乏一种作为独立形态存在的哲学，确实看不出与哲学有什么关联，因此《资本论》通常被看成是一部经济学论著，但是在马克思主义的全部理论中都渗透着一种哲学思想，应该把历史唯物主义的原则用来分析马克思主义的整个发展历史。

（一）作为意识的哲学必须与现实保持一致

柯尔施认为，马克思主义不是教条，而且是反教条的。不是援引了马克思的著作，就能宣称只有自己才继承了真正的马克思主义，自己的马克思主义才是"真品"。马克思主义不仅用唯物史观去批判别的理论，也把唯物史观用于自己的理论本身。我们应该把马克思主义在不同时期的观点看作是历史演变的产物，应该用唯物史观来分析哲学与现实的关系。作为意识的哲学必须与现实保持一致。用这个观点，可以解释近代资产阶级哲学的发展。德国古典哲学是资产阶级运动的理论形态。在十九世纪中期，资产阶级已经不再是革命的了。在十九世纪三十年代以前，黑格尔哲学有着无可比拟的影响力，而在十九世纪五十年代，在德国已经没有了黑格尔的追随者，不久之后黑格尔的理论就被全部误解了。后来，马克思和恩格斯创立了科学社会主义理论，这是无产阶级革命运动的理论形态。马克思和恩格斯在观念背后发现了历史的现实的运动，并把这一历史的革命运动看成是唯一的"绝对的"实在。

（二）意识形态是一种现实的存在

柯尔施认为，从马克思的思想发展的过程中可以看到，马克思首先是通过哲学批判了宗教，又通过政治批判了宗教和哲学，最后通过经济学批判了宗教、哲学、政治和其他的所有的意识形态。在马克思和恩格斯那里，意识形态并不是一个虚假的观念系统，而是一种现实的存在。他也不把马克思主义看成是人本主义或科学主义，他不认为存在着两个马克思。他认为，马克思早年和晚年的思想具有内在的统一性，都强调哲学的革命批判意义。马克思和恩格斯在《共产党宣言》中高扬着无产阶级的主体意识，后期的著作则是要唤起无产阶级的阶级意识。虽然马克思主义不是实证社会学，但是马克思主义的政治经济学批判发挥了很重要的现实作用。

在《资本论》中，马克思把资本主义社会的特定的意识形态作为批判的对象。对于马克思来说，意识形态是对特定社会的物质生产关系的反映，所以只有消灭了这种特定的物质生产关系，才能消灭相应的意识形态。理论批判的目的在于通过实践改造现实。在马克思对资产阶级的古典政治经济学的批判中，表达出了无产阶级的阶级意识。马克思的政治经济学批判颠覆了整个古典政治经济学的前提，而不只是对其个别结论的批判，而且批判的目的是要发动革命。在马克思所说的对商品的崇拜中反映着阶级对立关系，在剩余价值中体现着不平等的阶级关系。当无产阶级意识到这种阶级对立，就会形成一种自觉的阶级意识。

（三）马克思主义哲学指向的是革命的实践

柯尔施强调马克思主义与哲学的关系，强调总体性原则，强调把马克思主义作为一个总的体系来对待。他反对把马克思主义建构成抽象的理论体系，强调马克思主义的开放性。马克思主义的哲学不是一种超历史的历史哲学，只有在特定的历史情境中才能准确地把握。他不把马克思主义看成是具有实证性的社会学。他认为，马克思主义与当时兴起的资产阶级的社会学是对立的。马克思主义哲学是一种科学的社会研究方法，是一种经验科学的方法，指向革命的实践。马克思理论分析的对象是资本主义社会。马克思并不像实证主义社会学家那样，把资本主义社会看成是一个永恒存在的社会，并把这个社会划分成不同的领域、分门别类地进行研究，为资本主义社会存在的合理性进行辩护。马克思认为，资本主义社会的存在只是一种暂时现象，其中包含着革命的力量。从资本主义的经济基础中产生出了阶级对立。

他认为，如果无法找到马克思主义中所蕴含的哲学，就无法重建新的革命理论。他想通过说明马克思主义与哲学的关系来重新唤起工人阶级的日益涣散的革命意志。他认为，哲学不仅是一种纯粹的观念，还存在于历史之中，而且有着自己的阶级立场。马克思主义是无产阶级的革命运动的理论表达。马克思主义把社会革命作为一种活的整体来把握。马克思主义遵循着总体性原则，马克思主义的各个组成部分构成了一个有机的整体，贯穿着批判的社会革命理论。马克思主义还强调理论与实践相统一的原则，强调主体性原则，认为理论根植于历史之中，并在历史之中反思自身、发展自身。马克思和恩格斯的哲学是一种革命的哲学。马克思主义的唯物主义是历史的和辩证的唯物主义。马克思主义的理论是对社会和历史的整体的认识，而马克思主义的实践则要颠覆这个整体。他强调，在马克思那里，革命指的是一个整体性的结构转变，其中包括在经济、政治上层建筑和意识形态领域的全方位的革命。

三 葛兰西：重建马克思主义的实践哲学

葛兰西（Antonio Gramsci，1891—1937）是意大利人。在西方马克思主义发展史上，卢卡契、柯尔施和葛兰西被看成是三大开创性人物。葛兰西反对机械决定论，力图从主体能动性的角度来重新理解马克思。他因为反对法西斯的统治，曾被捕和被关押了约十一年。他在狱中写下了《狱中札记》和《狱中书信》。他提出的新的革命理论被称为集中领导权理论，他把实践哲学作为自己的理论基础。

（一）不同国家的马克思主义有不同的表现方式

葛兰西认为，人不是自然的产物，而是历史的创造物。他强调人的精神和人格因素的作用。他认为，马克思的思想精华是强调人的能动性在历史中的创造作用。不能把马克思主义变成不变的和不能改动的教条，要在实践中加以丰富和发展。创造历史的是实践的能动性。在实践的能动性中包括着经济的实践和道德的实践。在革命实践活动中，渗透着理想的力量。既不能把马克思主义哲学理解为辩证唯物主义，也不能把马克思主义的实践哲学理解为社会学。他强调实践一元论，认为马克思主义的实践哲学是一种独创的哲学。不能把社会现象与自然现象混同起来，不能认为所有偶然的东西都是受因果规律决定的。他把符合客观的历史必然性的合理的意志作为哲学的基础，而在这种意志支配下的活动就是实践活动或政治活动。

在实践哲学中，不能在自然科学的意义上理解"物质"这个概念。只有当物质变成一种生产要素时，实践哲学才会去考虑物质的各种物理特性。所以，物质本身并不是实践哲学关心的主题，他反对脱离历史和人类来谈论物质的客观实在性。我们说的客观，其实指的是具有普遍性的主观。也就是说，我们把大家主观上同意的东西称为客观。不能以自然科学的方式来理解历史发展的必然性。不是说物质条件准备好了，历史就会向前发展，还需要有人民大众的信念的支持。实践哲学断言每一种"永恒的"和"绝对的"真理都可以通过当时的实践来加以解释，都代表着一种"暂时的"价值。如果把马克思主义当成一个绝对真理的教条体系，它就会变成一种最坏的意识形态。

他认为，实践哲学是一种创造性的哲学。能动性就是包含着合理意志的创造性，因此是能够实现的创造性。具有合理性的思想才能够在很多人中间传播，并且变成人们的积极的行为准则。实践哲学关注的是与人相关的历史的世界，它所关注的自然界是处于历史变化中的自然界。社会存在是一种历史性的存在。真正的历史主义是将观念置于上层建筑中来进行定位的，是在社会发展的历史过程中来分析观念的存在方式的。要对以经济生活为基础的社会总体结构的内在关系进行分析,就要分析社会生活中的各种力量之间的关系,从而揭示出社会生活的内在变化过程。马克思主义哲学并不是一个已经完成了的体系,也不存在任何超越历史的普遍真理。每个国家在实践时都要从本国的实际历史情境出发。各国在历史发展上的差异,决定了马克思主义哲学在不同的国家会有不同的表现方式。

(二) 重建实践哲学的前提是重现

葛兰西认为,实践哲学指的不仅是马克思主义的创始人的哲学,还包括后来发展了的马克思主义。要发展马克思主义,就要重新建构马克思主义创始人的思想。而重建的前提是重现。要重现马克思主义创始人的思想进程,就需要进行文献学研究,要关注与他们相关的传记,要关注他们的实践活动和思想活动,要把他们的所有著作按年代顺序进行编目。在文献编目的过程中,要分清哪些是他们自己写的和已经发表的,哪些是他们的朋友或学生编辑发表的。也要关注他们的信札,因为信札的文体虽然在逻辑性上比较差,但是在生动性上往往比著作更具说服力。需要注意创始人的思想逻辑在发展过程中的差异;注意他们的思想逻辑与历史进程的内在关系;注意他们的思想形成和发展的阶段性;注意什么是他们一贯坚持的、比较稳定的东西,什么是在他们的思想发展中变化了的,什么是被扬弃了的。这种研究的目的是要确定马克思主义创始人的思想中的本质性的内容,要在马克思主义哲学、政治经济学和科学社会主义的整体中去理解马克思主义创始人的思想。他认为,在马克思主义的创立过程中,马克思和恩格斯都是必不可少的,但马克思的作用是第一位的。要理解马克思的思想,要以马克思本人的著作为依据。

(三) 要从创始"人"那里走向当代

1. 通过伦理教育来获得被统治者的拥护

葛兰西认为,要建构实践哲学,不仅要回到创始人的思想深处,而且要从创始人那里走向当代,要把握当代历史的总进程,他尤其关注以美国为代表的发达资本主义国家的发展走向。他认为,理论与实践的统一,指的是要清楚地认识当下的历史,并提出相应的革命策略。他要认识的对象就是资本主义社会。他认为,从十九世纪末到二十世纪初,资本主义从传统的竞争的资本主义发展到了组织化的资本主义。美国的福特主义延伸到了欧洲。1911年泰勒出版的《管理原理》一书,把人的劳动过程细分为具体的相互联结的环节,从而以技术为基础,通过专业化分工来促进劳动生产率的提高。1914年福特引进了操作自动化汽车生产装配线，使得以机械化分工为特征的大企业生产成了主要的生产组织形式。在这样的生产组织形式中，劳动者的手工艺变得不再重要了，工人的痴迷、智力和创造力反而会降低劳动生产率。

生产过程的碎片化能够提高劳动生产率，从而带来高工资，但是工人不能自由地消费这种高工资。不像在自由资本主义时期，工人们可以酗酒，可以放纵情欲。过度饮酒和放纵情欲，会影响工人们第二天的工作状态，影响生产线所需要的严格的纪律，所以福特要对工人的性和身体加以监控。美国主义是由福特主义造就的。美国主义需要一种为它服务的特殊的国家。国家渗透到市民社会中，自己管理自己的自律主体让位于组织的利益，而组织的利益是在政党和其他社会组织中实现的。葛兰西认为，市民社会指的是以经济活动为主体的社会结构。在组织化的资本主义时代，强化经济结构的合理性的工具主要是说服和强制。

他认为，政治可以区分为两种：广义上的政治学指的是传统的哲学；而狭义的政治学就是国家学。在组织化的资本主义时期，政治社会与市民社会的界限模糊了。组织化的资本主义国家不是社会主义国家。在组织化的资本主义社会中，市民社会成了国家内部生活的一个部分，国家等于市民社会加政治社会，而且政治社会占据主导地位。作为政治社会的国家具有组织、管理和监控的功能，对市民社会具有伦理教育的功能。随着福特主义的兴起，国家还保持着强制功能，但是国家的伦理教育功能变得越来越重要。强制性教育与伦理性教育不同，统治者希望通过伦理教育来获得被统治者的拥护和赞同。这样对于市民社会和政治社会的领导权就变得越来越重要。

2. 文化方面的集中领导权的重要性

在资本主义社会中，行使集中的领导权的主体机构，不再是国家权力机关，而是市民社会中的组织机构，比如说，学校和工会及其他社会组织。因为这些机构存在于市民社会之中，比起国家机关来说，更能民主地把市民社会中的人整合起来。葛兰西认为，无产阶级要通过获得文化上的集中领导权，来为无产阶级建立政治上的领导权服务。要存在着统治者与被统治者，领导者和被领导者，才可能有政治。他把统治区分为两种：一种是强制性的统治，把国家作为镇压的机器；另一种是同意式的统治，这是人们自觉认同的统治，是一种比较稳定的统治方式。在同意式的统治中，包含着政治上的集中领导权和文化上的集中领导权，这样才能使不同的自由的个体形成一种共同的意志，避免相互冲突。他特别强调了文化方面的集中领导权的重要性。他认为，一个社会集团在统治时，往往会领导着同类的和结盟的集团来"清除"反对自己的集团，甚至还会用武力来制服反对自己的集团。

在一个社会集团获得政权之前，它就必须开始行使集中领导权了。即使牢牢地获得了政权，依然要继续把握住以往的集中领导权。政治要变成永久的行动，要生长出永久的组织，必须与经济打成一片，最后把经济与政治等同起来。他关注的是社会生活的总体性联系。他认为，我们必须找到在不同层面和不同系统中的不同的内在的联系方式。在这种联系方式中既存在着必然性，也存在着偶然性，而且这种联系方式是通过主体的参与来建构的。在集中领导权的结构中，存在着有机运动和"接合"运动的区别。有机运动具有必然性，而接合运动则表现为表面的、偶然的，甚至是意外的运动。要通过现实的人来把必然性和偶然性有机地结合起来。

他的集中领导权理论是为尚未获得政权的低层无产阶级服务的。他认为，获得文化和道德意义上的集中领导权对于下层阶级来说尤其重要。在西方资本主义的条件下，要获得集中领导权，首先，要冲破强大的外在束缚，获得相对的自治权力；其次，要重组经济秩序，使之能够最大限度地提高生产机构的效率；最后，要获得当下的各个历史阶层和历史集团的支持，获得统一的集体意志与文化的自觉。下层集团要获得各种集团的支持，主要就是要获得它们对自己的文化道德和政治意识的认同。在讨论集体意志的形成时，他预设每个人都有着有差异的自由行动的意志，而在这些差异中存在着共通感，这就是大众共有的常识。他认为，哲学可以分为两个层次。自发的哲学来自共通感，其中包含着信仰、迷信和意见等，通常是偶发的、非系统的，甚至是相互矛盾的，而且总是受到日常生活的制约，难以超越自己的生存环境。这种自发的哲学其实是外部世界强加于我们的，是在我们身上沉积下的集体的无意识。更高层次的哲学则要对这种集体无意识进行批判，要对以往的一切哲学进行系统的批判，并把它融会贯通为一个统一体，在这个统一体的基础上来实现文化上的集中领导权。

3. 要夺取意识形态的领导权，就要争取知识分子

葛兰西认为，革命性的社会变革应该是一种包括社会中的所有方面的总体革命。意识形态是维护现存秩序的强大工具，因此意识形态革命处于

突出地位。无产阶级要创造出具有革命意识的新人、新文化，让群众不再消极地接受资本主义的意识形态。在西方资本主义社会中，工人阶级起义失败的原因就在于没有触动资产阶级的意识形态霸权。没有意识形态的危机，经济危机就不会变成政治危机。所以，在夺取政权之前，先要夺取意识形态的霸权，否则夺取政权的一切努力都是枉费心机。他分析了西方发达资本主义国家没有出现俄国那样的十月革命的原因。他认为，西方发达资本主义国家的政权是由政治社会和市民社会两个部分构成的。政治社会就是维护资本主义制度的专政或强制机器；而市民社会则是私人社会，这个社会的领导权是通过知识分子来实现的，具体组织机构是工会或学校这样的私人组织。政治社会靠强制来维护社会秩序，而市民社会则是靠认同来维护社会秩序。对市民社会的控制和操纵成了资本主义制度的支柱。西方的市民社会靠民主制度来获得认同，它能够抵御由经济危机导致的政治危机。资产阶级的意识形态和文化领导权则以很微妙的方式渗透到人们生活的各个方面。

维护资本主义制度的世界观和组织原则被化为信仰、价值观、神话和习惯，不仅在国家机构和生产领域中发挥作用，而且泛化到了教育、媒体、文化、宗教和日常生活领域。他把对市民社会的控制方式称为霸权方式。这种意识形态通过协商的形式，造成统治和被统治集团合为一体的社会舆论，以确保各种从属集团的自动赞同。如果统治阶级成功地说服了其他阶级接受自己的意识形态，就意味着它获得了霸权，这样统治阶级就能在最低限度上采用武力。为了获取意识形态上的霸权，统治阶级在不触及其本质的方面做出让步，以换取从属集团对统治集团的话语体系的赞同，从而形成统治阶级的话语权威。成熟的资本主义社会的特征是通过市民机构来形成和行使意识形态霸权。知识分子则是在各种市民机构中主导着霸权的人。他们在生产和再生产着意识形态的霸权。要夺取意识形态的霸权，就要争取知识分子，这样才能得到人民大众的认同。

4. 只有政党才能培育出新知识分子

在这里，知识分子与政党的作用就凸显出来了。普通人难以进行深层次的哲学思考，而且难以超越自己生活于其中的经济政治团体，所以专门从事哲学研究的知识分子就变得非常重要。如果人民群众不在最广泛的意义上把自己组织起来，就不可能真正独立。而没有具有自觉意识的知识分子，就没有组织者和领导者，就无法形成坚定的意志，就无法形成有组织的群体。他认为，实践哲学的意义就在于要把人民大众的无意识的常识提升到自我意识层面，使得大众能够对现实社会进行自觉的批判。而只有政党才能培育出完整的和全面的新知识分子，也只有在政党的组织下，这些新的知识分子才能够真正地发挥作用。

葛兰西把知识分子分成传统的知识分子和组织化的知识分子。他认为，传统的知识分子指的是前工业社会中的知识分子，主要由哲学家、教士、艺术家、新闻记者等构成。他们远离经济生活，似乎具有"独立性"，似乎只是在生产知识和伦理精神，因此与大众严格区分开来。他们靠权威来获得存在的合理性，给人们的印象是只有他们才体现了社会的道义和伦理精神，只有他们主导社会生活时，才能造就出美好的社会。在现代资本主义社会中，有的传统的知识分子与资产阶级相结合，成了新的统治阶级的组成部分。在资本主义不发达的地方，存在着城市知识分子和乡村知识分子的区别。乡村知识分子是传统知识分子的延续，他们与农民和城镇小资产阶级联系在一起，总想进入国家行政机关，以便提高自己的家庭的声望。

而组织化的知识分子则是以知识的合理性为依托。他们是具有专业特征的知识分子，属于专业化人才，比如说，工业技师、政治经济专家、新的法律体系的组织者等。他们的知识能够渗透到现代经济生活之中，他们反对权威。在这里，知识分子不只是指读书、写作和传播文化的文人，而且还包括企业家和技术工作人员。组织化的知识分子通过专业分工来把社会组织为一个整体。在现代资本主义社会中，社会是由组织化的知识分子来统治的，这些知识分子与生产和管理过程密切结合在一起。其中，企业家们尤其是其中的精英分子发挥了非常重要的作用。组织化的知识分子不只在用言辞，而且作为组织者、建设者和劝说者来积极地参与社会生活，通过自己的实践来改造世界。

在自由资本主义社会时期，政治社会与市民社会之间是分离的，精英与大众之间存在着鸿沟，所以传统的知识分子还有进入资本主义体制内的可能。而在组织化的资本主义社会时期，劳动分工越来越专业化，学校教育也相应地越来越职业化，而传统的人文教育在逐渐式微，因为它主要是用来培养统治阶级中的传统知识分子的。传统的知识分子阶层分化为技术知识分子和人文知识分子。技术知识分子通过在生产过程中的威望，获得了在生产领域中的集中领导权，而人文知识分子则呈现出被放逐到边缘上的趋势。

葛兰西认为，由于现代社会的分工与技术在生产过程中的普遍化，使得新的知识分子的产生成为可能。在生产过程中，工人能够学会过去知识分子才能掌握的东西，而且工人阶级的纪律性变得很强，能够在互相的合作中形成统一的集团意志，从而形成"总体的人"。他认为，技术知识分子容易停留在专家的见识上，而这对于集中领导权的建构来说是远远不够的。在集中领导权的建构中，需要把工作的技术提高到科学的技术层次上，再上升到人本主义的历史观的高度，才能从"专家"变成领导者。

新的知识分子作为代表者，代表的是大众的普遍的利益，因此能够得到被代表者的普遍的同意，能够获得大众的认同。他们要把大众的共同意志聚集起来，投向更高的目标。新的知识分子必须变成群众的知识分子，要回答群众在实践活动中提出的问题，并把从群众的实践中产生的观念整理成为融会贯通的原则。他们要为群众提供一种总的生活观念，让他们感觉到有"尊严"。他们要提供一种独创的教育方法，使从小学到大学的教师们能够发挥他们在教学领域中的积极性。他认为，如果知识分子要想得到集中的领导权，那么在传统的知识分子与组织化的知识分子的联合中，就要让组织化的知识分子占主导地位。组织化的知识分子是民族的而不是国际的。知识分子必须有能力在政治社会和市民社会中都扮演领导角色。

5. 文化不会在大众中自然而然地产生

葛兰西认为，只有要消灭国家的那个社会集团才能创造出一个伦理国家，伦理国家只能建立在对现存秩序进行变革的基础之上。他认为，在组织化的资本主义社会时期，市民社会与政治社会之间的关系发生了变化，因此革命的策略也必须作相应的转变，他用军事术语来进行比喻，把这种转变称为从运动战到阵地战的转变。当市民社会与政治社会一体化之后，革命斗争就不能再满足于某些局部领域，而是必须在市民社会和政治社会两个层面同时展开，因为市民社会变成了政治社会的深层掩体。革命斗争碰到的就不只是国家的暴力机器，还有国家通过市民社会体现出的领导权职能。他强调只有通过市民社会内部的革命，才能真正实现在国家问题上的革命。

他认为，东方社会比较落后，所以革命斗争采用运动战比较合适。而西方社会必须把运动战转变为阵地战才行。在阵地战中，必须建构具有总体化特征的历史集团，因此要求斗争的一方必须尽可能地团结一切力量，并将自己当成所有集团利益的代表。另外，在阵地战中，领导权的高度集中十分重要，这样才能防止内部的瓦解，保持团结一致，一个个地夺取阵地。而无论是建构历史集团还是领导权的集中，都不能用暴力或行政措施来实现，而是要通过建构一种新型的集中的领导权来实现。他说的集中的领导权不仅指经济上的领导权，更是指政治上和文化上的领导权，是对政治、经济、文化的集中领导权的总体性建构，要从总体上实现对资本主义社会的革命改造。这种领导权建立在以工人阶级为中心的集体意志的整合的基础之上。在整合集体意志的过程中，要把外在灌输和激发大众的主动性有效地结合起来。

他认为，只有实现社会主义，才能真正团结起来。而要实现社会主义，就需要统一思想。而统一思想的办法就是进行文化革命和思想意识的革新。在他看来，文化具有组织功能，能够让人自觉地遵守秩序。文化不会在大众中自然而然地产生，而是要进行文化教育。任何的社会主义革命都要以文化革命为基础。他研究实践哲学的目的是要唤醒和提升无产阶级的自我意识。他认为，实践哲学要对日常观念进行批判，使无产阶级能够自觉地认识到自己的历史使命，以便形成服务于无产阶级革命的"共同意志"。他认为，每个人都有自己的精神结构，从这个意义上说，每个人都是哲学家。但是，在常识意义上的哲学是不完整的，还会存在着内在的矛盾。实践哲学要使大家超越常识，超越现有的意识形态，获得思想上的集中领导权，以变革社会现实。

第三节　人本马克思主义：以个人或人类
　　　　为出发点和归宿

一　弗洛伊德主义的视角：性革命是微观革命的中心

（一）赖希：用微观革命来补充宏观革命

赖希（Wilhelm Reich，1897—1957）出生在奥匈帝国，为农民之子。他是第一个提出弗洛伊德的马克思主义的理论家，是性革命理论的奠基人，他用性经济社会学来分析群众的心理与行为。他曾加入奥地利共产党，被开除，后又加入德国共产党，又被开除。他曾说自己发现了一种叫倭格昂的生命能，在美国被发现是子虚乌有，因此被判刑二年，入狱八个月后因心脏病去世。现今在美国的缅因州依然有占地175英亩的赖希博物馆。他所面对的现实问题是，1929—1933年资本主义世界的经济危机严重影响了工人阶级的生活，而工人阶级却集体沉默。他们不说话，不反对帝国主义的不义战争，甚至义无反顾地去做劳力和炮灰；他们面对日益残酷的剥削而无所作为。在德国，工人没有成为革命者，反而成了纳粹分子。工人阶级为什么不革命呢？为什么人民群众支持的是一个与自己的利益相对立的政党呢？赖希用他的理论来进行了解释。

1. 显性的意识形态掩盖着隐性的心理结构

赖希认为，我们必须解释清楚经济基础具体是怎么转化为意识形态的，这种意识形态又是怎么具体地反作用于经济基础的。他用性格分析心理学来具体地解决这两个问题，而群众心理学指的就是用这种心理学来考察一类人的共有的典型的心理过程的心理学。他认为，意识形态要变成一种物质力量才能反作用于经济基础。而要把意识形态变成一种物质力量，必须让这种意识形态深入人的心理结构之中。当这种心理结构落后于社会的变化时，还会与新的生活方式产生冲突。他认为，无产阶级的革命话语表达的是最先进、最正确的理论，但这种话语是作为一种显性意识存在的，掩盖着仍然被压抑着的与落后的生产力相一致的旧的隐性心理结构。政治经济学可以用来解释由经济状况直接决定的意识，比如说，饿的人为什么会去偷盗，被剥削的工人为什么会去罢工，但是无法解决与经济状况不一致的行为，比如说，绝大多数饿的人为什么不去偷盗，绝大多数被剥削的工人为什么不去罢工，而群众心理学就能解释这种现象。

2. 在家庭中产生出龌龊卑鄙的"小家伙"

赖希认为，占统治地位的帝国主义的意识形态具体地改变了劳动群众的心理结构。帝国主义的权威主义通过家庭在儿童成长时期就把性禁锢和性焦虑嵌入了人的性冲动之中，造成了人的权威主义的心理结构。权威主义的家庭结构是构成权威主义国家的基础，家庭成了塑造意识形态的工厂。这种家庭通过规训儿童的性行为，让他们畏惧、顺从权威，削弱人的反抗力量，造就了逆来顺受的人。这些人不管遭受什么样的侮辱和损害，都会遵守权威主义的秩序，而且还会积极认同和支持权威主义的制度。由于人的性冲动无法得到自然的满足，就需要寻找各种替代品来进行满足，结果就会出现违背其物质利益的行为。而人在获取权力方面是否能够成功，就要看他的观念是否与群众的普遍的心理结构相类似。所有的独裁统治都是建立在人民群众的逆来顺受的基础上的。逆来顺受的人通常用替代性的方式来满足自己的性欲望。他用"小家伙"来隐喻那些在权威面前奴颜卑膝的人。

小家伙既是自己的奴隶主,又被焦虑所奴役,还不希望他人获得自由。小家伙空虚乏味、固执呆板、肮脏无能、龌龊卑鄙。而小家伙是从婚姻和家庭中产生的。一夫一妻制要求人们在婚前贞洁,婚后忠贞,在这种强制而排他的权力结构中,小家伙的"相互爱慕"的自发的性愉悦遭到压抑,亲子之间的关系也蜕变成一种以性管制的形式存在的权力关系。在这样的家庭关系之中,充满着焦虑与压抑,充斥着欺骗、伪善、敌意和怨恨,让人感觉苦闷和悲惨,而它教育出的孩子因循内敛、胆怯退缩,同时又惧怕权威、迷信领袖、残暴易怒。这样的家庭能够暂时安慰我们的被权力压抑而又无处安放的心灵,但同时不断地制造出一个个无力以自然之爱来体验人生的怯懦人格。具有这种人格的人只能靠强制的婚姻道德和法律来强取与维系他们希望享有的安全感。

3. 适当表达的性是幸福的主要来源

赖希认为,我们的主要的幸福的来源是得以适当表达的性。人获得幸福的先决条件是摆脱对权力的渴望。当人们摆脱了被权威驱使的性,就能洋溢在爱情的幸福之中了。人要能够感到活生生的生活,要能够体验到充满爱意的拥抱。要获得这样的幸福感,只依靠政治改革是不够的,还要改革大众的性格。性格是人的一种防御工事,是一种保护性的盔甲,用来抵御生活之动荡。社会意识形态是通过性格盔甲入侵个人的生活和思想的。性格主要是在家庭中形成的,是人的社会化的结果。性格盔甲是性压抑的结果。在性格盔甲的保护下,人能够通过付出巨大的心理代价来使个体免于来自内部和外部的伤害。性格盔甲使人能够压制自身内部的难以控制的冲动,从而能够适应权威的需要。

我们要用微观革命来补充宏观革命,而性革命则是微观革命的中心。要通过性革命来改造群众的意识。只有性生活得到自发的和自然的满足的人才可能幸福。当性本能不再受到社会权威的压抑后,人的性格结构就会发生改变。性本能是一种建设性的而不是破坏性的力量,只有当性冲动受挫的情况下才具有破坏性。在人类解放的整体日程中必须纳入性解放,让人们拥有健康的性。要保护儿童和青少年的性权利,他们应该具有无拘无束地满足性需要的机会,女性与男性应该享有平等的性权利。同性恋和色情文学等都是性冲动受挫后的产物,会随着性解放而自然消失。真正成功的革命是经济解放、政治解放和性解放并重的革命。没有性解放,革命的成功只会是昙花一现，终将失败。

4. 人在扼杀自己的性功能时变成了僵硬的机器

赖希认为，要摆脱权威主义对劳动的统治。他把劳动分为强制性的不产生任何快乐的劳动和自然的快乐的劳动。雇佣工人的劳动是强制性的，因此这种劳动是不快乐的。真正的民主是劳动民主。对劳动的渴望来源于人的生物性的有机体的激动，因此是一种自然的渴望，所以要以发展并满足劳动者的生物性需要的方式来安排劳动。劳动和性都出自同样的生物能量，一个人的性生活越是满意，他的劳动就会越快乐，因为被满足的性能量会自发地转化为对劳动的兴趣和对活动的渴望。他反对义务劳动。他认为义务劳动常以为祖国、为无产阶级、为民族而牺牲之类的名义来剥夺群众享受的权利和劳动的乐趣。人从根本上说是一种动物，受性满足、食物消费等生物规律的支配，而人类却生活在机械的文明之中。人类竭力要使自己脱离"邪恶和残忍"的动物世界，要让自己高动物一等，因此用机械的文明来拒绝人的生物性。比如说，强调人要远离动物，远离性活动！人就是在扼杀自己的生殖功能的时候变得僵化了，人变成了僵硬的机器，发展成为一种自动机和大脑机器。在社会中，这种机械性表现为对权威的崇拜、机械的社会管理、等级国家和在战争中的屠杀。劳动民主是不能被组织的，就像一棵树、一个动物和一个人的成长是不能被组织的一样。

（二）马尔库塞：资本主义对人的全方位压抑

马尔库塞（Herbert Marcuse，1898—1979）出生在德国的一个资产阶级的犹太人家庭，属于弗洛伊德的马克思主义学派。他对二十世纪六十年代发生的左派学生运动，特别是对1968年发生在巴黎、西柏林和纽约的哥伦比亚大学的学生的造反运动有比较大的影响，被称为左派学生运动的精神领袖。他的思想发生过多次转折。在1955年出版的《爱欲与文明》中，他力图把弗洛伊德的精神分析学说与马克思主义相结合。在1964年出版的《单向度的人：对先进的工业社会的意识形态的研究》等作品中，他对发达资本主义社会的现实进行了批判。

1. 人在被压制的过程中所遭受的苦难

（1）人对过度的秩序的反抗

马尔库塞把弗洛伊德的精神分析学与马克思主义结合起来，对发达资本主义国家的文明进行了分析和批判，提出了建构"非压抑性文明"的社会理想。他认为，弗洛伊德的理论不仅是一种心理学，而且是一种哲学和社会学。他认为,弗洛伊德的理论,看上去是一种个体心理学,而实际上是把人作为一个类来研究的心理学。在弗洛伊德看来,本能的变迁是历史变迁的写照。弗洛伊德的理论,既是对西方文明的控告,又是对西方文明的捍卫。弗洛伊德认为,人的历史就是人被压抑的历史,而文化就是实施这种压抑的工具。文化压制了人的一切存在方式,其中包括对人的本能结构的压制。人在被压制的过程中遭受着苦难,但这种压制恰好是人类进步的前提。

马尔库塞认为,弗洛伊德所说的压制是社会进步的前提这点被普遍接受了,但是人们忘记了弗洛伊德所说的人在被压制的过程中所遭受的苦难。弗洛伊德认为,人的有机体对压倒快乐的苦役会进行无意识的反抗。这种反抗是对过度文明的反抗,即对过度的秩序的反抗。这种反抗对现存的秩序具有破坏性,破坏的目标是要超越现存的秩序。弗洛伊德认为,人存在的目的就是为了追求满足爱欲的快乐。文明得以产生,是因为更大的、更稳固的单位对个人具有吸引力,因此他会产生对这种单位的爱欲冲动。人会根据生命需求来控制自然冲动,这种控制力就是来自爱欲的冲动。生存斗争最初就是一场争夺快乐的斗争,文化最初就是用来争夺快乐的。

(2)剩余压抑越低的文明越自由

后来,统治者需要把个人按一定的秩序组织起来,于是在文化中爱欲让位给了建立在必然性基础上的压制的理性。人和自然都得顺从必然性,由必然性来发号施令、指明方向。在柏拉图的哲学中,爱欲是能得到自由的发展的,而不是对压抑的升华。弗洛伊德关心的是维护发达资本主义国家的秩序的合理性,而马尔库塞则要解放爱欲。马尔库塞认为,自由和压抑之间、快乐原则与必然性原则之间存在着冲突,但这种冲突不是永恒的,而是特定历史时期的产物。他把压抑区分为"必要压抑"和"剩余压抑"。必要压抑指的是在现实的自然条件下,人类为了生存而不得不对本能进行的压抑。剩余压抑则是社会为了统治而对个人进行的必需的约束和对人的本能的必要的变更。必要压抑是为了人的持续生存而进行的,剩余压抑则是为了维护社会统治而进行的。从现实性上看,人为了获得满足需要的手段,从而得到快乐,就不得不从事让人感觉痛苦的工作。

人类的物质生产活动是无法废除的,因为匮乏是不可消除的,所以文明中的必要压抑就是不可消除的,我们能够消灭的只是剩余压抑,我们应该努力以最小的压抑性劳动来满足人类的需要。在当代资本主义社会中，人不仅在上班的时候遭到压抑，在闲暇时也被娱乐社会所压抑。剩余压抑是一种多余的压抑。统治者以匮乏为借口来进行剩余压抑。在当代资本主义社会中，整个工作世界和娱乐活动都被全面管理和控制，极其强大的教育和娱乐机器让人处于一种麻木不仁的状态之中。这是一种深度的心理压抑，而且压抑程度日益加深，只有坚持表达人类理想的哲学和艺术还在反抗着这种压抑。虽然在任何历史条件下，都多少存在着对本能的必要压抑，但是在特定的历史条件下，则存在着统治者为了自己的特定利益而施加的剩余压抑。剩余压抑越低的文明越自由。必要压抑取决于维持生存所必须的苦役和克制程度。如果社会进步了，对本能的压抑依然不变，就意味着压抑过度。

（3）劳动生产率对人的压抑

马尔库塞认为，在发达的资本主义国家中，劳动时间占据了个体的绝大多数的生活时间。在工作时间中，人是痛苦的，因为让人快乐的本能被约束。本能的冲动被引向做对社会有用的事情上去。社会权威已经被无意识地压入人的良心之中，变成了人的道德，而让人以为这种道德是属于自己的。在个体的"正常的"发展中，他"自由地"接受着压抑，并把压抑出来的生活当成自己的生活。在压抑后产生出来的欲望，是一种社会性的欲望，对这种欲望的满足就是对自己和他人都有利的，于是这种欲望就能够充分地得到满足，因此人就具有幸福感。在发达的资本主义社会中，提高劳动生产率是一个主导性的原则。劳动生产率表明的是人控制和改造自然的程度。如果社会只关注劳动生产率，不关注个体的利益，提高劳动生产率的原则就会与追求快乐的原则发生冲突。用是否提高劳动生产率来评价人的生活，就会贬斥人的休闲和放纵。凡是属于感性、快乐和冲动领域的东西，都得被理性征服。人的"低级"的机能，即人的性欲和食欲都遭到压抑。

2. 为什么人们不反抗资本主义的压抑？

（1）所有对技术的反抗都被看成是荒谬的

发达资本主义国家是不合理的，也是缺乏变革社会的力量的，为什么呢？马尔库塞认为，在发达的资本主义社会中，人们的思想已经由双向度变成了单向度。传统社会是通过人身依附来实现统治的，而发达的资本主义社会则是通过技术来实现统治的，技术不再是"中立"的，出现了技术极权主义。技术已经成了一个无所不在的体系。技术促进着生产力的发展，包含着增长的潜力，能够给社会带来稳定。于是，发达的资本主义社会就把自己的统治的合理性建立在技术的合理性基础之上。从表面上看，技术能够给全社会带来福利，因此所有对技术的反抗都被看成是荒谬的，所以就不可能产生出反对资本主义制度的整体的反对派。发达的资本主义社会借助技术的合理性，把自己统治的合理性扩展到社会生活的所有领域。

（2）爱别人所爱，恨别人所恨

马尔库塞认为，在经济领域中，发达的资本主义国家通过技术统治来创造出虚假的需求，并通过对这种虚假的需求的满足来维持社会的稳定。他认为，人类的超出生物学水平的需求是随着历史变化而变化的。统治阶级在左右着人们对某种东西是获得还是放弃、是享受还是破坏、是拥有还是拒绝。尽管如此，人们还是可以区分出真实的需求和虚假的需求。虚假的需求是通过压抑强加给个人的需求，这样的需求会给社会带来艰辛、不幸和不公平，给得到满足的个体带来的是不幸中的幸福感。比如说，按照广告的方式来娱乐，爱别人所爱，恨别人所恨，就属于虚假的需求。不管个体多么喜欢这样的需求，其实都是统治阶级的压制政策的产物。而真实的需求是那些必不可少的需求，比如说，对营养、衣着和住房的需求。到底一个人的真实需求是什么，需要个体来回答，但他必须是自主的，没有被灌输什么思想或者被什么操纵。自由的人是能够意识到奴役状态的人。最理想的目标是要用真实的需求来代替虚假的需求，放弃压抑性的满足。

（3）崇高的理想通过被物质化而堕落

马尔库塞认为，在文化领域，发达的资本主义国家用技术统治来消除高级文化中的敌对因素，让文化一体化。他认为，高级文化从来就是同社会现实相矛盾的。而在发达的资本主义社会中，统治阶级则要消除高级文化中的敌对的、异己的和越轨的因素，让高级文化不再与现实社会作对，对高级文化进行清洗。而这种清洗不是通过否定或拒绝高级文化来实现的，而是在大众层面上来展现它们，让它们淹没在大众舆论之中。大众传播工具以不引人注意的方式把哲学、宗教、政治和艺术与广告节目混在一起，从而把高级文化变成了商品。在这里，崇高的理想就通过被物质化而堕落下来，高级文化就成了物质文化的组成部分，失去了其大部分的真理性。大众文化给人提供的是一个幻想性的五光十色的精神世界，人们沉溺在这种幻想中得到的是虚假的满足。在这种文化中，缺乏批判和超越精神，人变成了甘受管理的有生命的物，并且把人们对最崇高的真理、最高尚的德行和最令人愉快的追求都从人们的日常生活中赶出去。本来文学和艺术应该是对现实的拒绝和抗议，反映出分化的世界、失败的可能性、未实现的愿望等令人痛苦的现象，揭示出现实中被压抑和被排斥的人的状况，要通过幻想创造出一个没有恐怖的世界。而在发达资本主义国家中，艺术中的反抗向度被统治阶级的思想消解了。艺术变成了广告节目，发挥着销售、安慰和激励的功能。新的极权主义通过和谐的多元化来发挥作用，使得互相矛盾的作品也能中立地和平相处。

（4）自由成了一种强有力的统治工具

马尔库塞认为，发达的资本主义国家的社会监督规模是空前的，渗入了人的本能和心理领域。在政治领域，发达的资本主义国家已经改变了两个阶级的结构和功能，使得阶级斗争不再是历史变革的动因。两个阶级都追求超越本阶级利益之上的总体利益，都努力维护和改善现有的制度，这样就把以前敌对的两个阶级联合了起来。劳资双方都普遍赞同多党制。传统的自由观被技术的统治改变了。技术的进步使得发达的资本主义社会中盛行着一种舒适的、平稳的、合理的、民主的不自由的现象。在这里，自由成了一种强有力的统治工具。自由地选举主人并没有废除主奴现象。个人自发地产生出被强加给自己的需求，这并不是自主的表现，而是说明统治阶级对人的控制很有效率。技术的解放力量已经变成了自由的枷锁，人在其中被工具化了。在发达的资本主义的封闭体系中，存在着自由与压制、生产与破坏、增长与倒退之间的可怕的和谐。在这里，只能用否定的方式来谈论自由。经济自由意味着摆脱经济对人的控制，摆脱日常的生存斗争，摆脱谋生的状况。政治自由则是要从个人无能为力的政治控制中解放出来。思想自由则是要摆脱大众舆论及其制造者。

他认为，垄断的资本主义国家属于极权主义国家，目的在于维护资产阶级的利益。极权主义的意识形态主要有三个特征：它通过普遍主义把社会总体抽象化，强调整体优于部分，从而达到消灭个体的目的。它通过自然主义把民族性、血统性、祖国和集团领袖等偶像化。它把国家中的人与人之间的政治关系说成是人与人之间的本质关系，以便让个人自愿地牺牲自己来为国家服务。资本主义从自由主义到极权主义的变化，并没有改变资本主义为资产阶级利益服务的本质，它们都是在确认私人财产和企业的私人自主性的基础上，通过私人企业来组织社会。当自由主义不能有效地实现资产阶级的利益的时候，资本主义国家就撕下了以前的人道主义的伪装，转而寻求赤裸裸的暴力统治，实施更高级的压迫。

(5) 语言中的爆炸性的历史意义沉寂了

马尔库塞认为，在哲学领域，发达的资本主义国家的实证性思维力图把哲学的双向度思维变成单向度思维。在古代社会中，哲学是以双向度的方式运动的，其中存在着现象与实在、非真理与真理的区别。哲学命题中的"是"表示的是一种"应当"，陈述的不是事实而是产生事实的必然性。而现代发达的资本主义社会中的实证性哲学则用语言分析来消除所有的一般性概念。分析哲学对日常语言的分析，就是在给日常语言消毒和打麻药，把多向度的语言变成单向度的语言，其中不同的冲突着的语言不再相互渗透，而是相互隔离，语言中的爆炸性的历史意义沉寂了。在发达资本主义的极权主义中，日常领域被全盘操纵，思想被全盘灌输，因此政治出现在哲学中，具有了意识形态的特征。

3. 为保卫生命而争取最大的自由

那么，怎么才能改变发达的资本主义社会中的极权主义现象呢？他认为要用政治来扭转技术发展的方向，要用技术来推进"生活的艺术"，要让人在满足真实需求的基础上生活在自由的时间里，实现着超功利的目的。

(1) "颓废"成了资本主义社会的稳定器

马尔库塞认为，为了实现非压抑性文明，就要抗议不必要的压抑，争取最大的自由，争取过上无忧无虑的生活。他反对以遵循客观规律的名义来进行统治。他反对为了理性的进步就不断征服和压制感性。他认为，感性解放是普遍解放的序幕和基础。新的感性要用生命本能来对抗罪恶的压抑。造反哲学家应该回归到诗意哲学家。艺术既有对现实的肯定性，又有对现实的否定性；既有维护现实的保守性，又有摆脱现实的超越性，只是在大众化的艺术的表面和谐背后藏着的是对美感的压抑，造成的是单向度的人。大众化的艺术是压抑性社会的同谋，而先锋派艺术则可以颠覆维持现状的意识形态，超越人的被压抑的单向度状态。他呼吁用新的美学形式来改造人，从而实现人的解放。为了个体的幸福，我们要为生命而战，为爱欲而战，要对资本主义的文化来个"大拒绝"。而"保卫生命"这个词，在发达而富裕的资本主义社会中是具有破坏性的。有些人认为，要保卫生命，不仅要反对战争，反对征兵，而且要拒绝使用死气沉沉的语言，拒绝穿整洁的服装，拒绝精巧的物品，拒绝为社会服务的教育。这样的大拒绝，以"颓废派"的方式表现出来，从而出现了新的玩世不恭者、"垮掉的一代"、嬉皮士和令人讨厌的人。后来，马尔库塞意识到，在发达的资本主义社会中出现的这种非压抑状态本身是虚假的。当人们用反常的衣着和生活来抗议社会时，这种抗议不仅没有触及罪恶的根源，而且证明了在发达的资本主义社会中是可以实现自由的，从而使得这种抗议变成了使发达资本主义社会稳定的工具。

（2）肉体性的性欲将"成长"为人格化的爱欲

①要解放的是人的爱欲而不是性欲

马尔库塞把性欲和爱欲区分开来。他认为，性欲只是一种生物学欲望，而爱欲则体现着人的本质，是一种包含着更为广泛的内容的生命本能。在现代的资本主义社会中，人的爱欲受到了压抑，所以要解放人就要解放人的爱欲。只有劳动的解放才能带来爱欲的解放，非压抑性的劳动能够给人带来快乐。现代的资本主义文明造成了对人的爱欲的全面扭曲和压抑，而对劳动的压抑是这种压抑的集中表现。不是所有的文明都必须以压抑为代价，应该建构一种非压抑性的文明。没有被压抑的本能是追求快乐的。而为了得到延迟的、受到限制的和保险的快乐，人放弃了暂时的、破坏性的和不确定的快乐，这样来自本能的快乐就被压抑了。人的欲望就不再是自己的欲望，而是被组织起来的欲望。在文明的发展过程中，压抑不断地变换着具体的形式。人类历史的进步就是在统治、反抗、新的统治的过程中不断循环的。文明进步的动力不是阶级斗争，也不是生产力的发展，而是永恒的生存斗争。

②在性自由的满足中，把人间变成了地狱

马尔库塞特别指出了在发达资本主义社会中的性解放的实质。他认为，发达的资本主义中的性解放其实是压抑性的，它用减少和削弱爱欲的能量来释放性欲，把极权主义投入了人的闲暇里，对人的生活进行全方位的控制。当统治者要把他们的控制扩展到人的自由意识和闲暇领域时，就会放松对性的控制，因为性道德的放松是有益于发达资本主义的制度的。而就在这样的性自由的满足中，把人间变成了地狱。而非压抑性的升华指的是不让性冲动失去其爱欲的能量，并让这种能量超越直接的性目标，使个体之间的非爱欲的，甚至反爱欲的关系都爱欲化。他提出了构建非压抑性文明的理想。他认为，如果人能够借助性本能的原动力，在成熟的个体之间形成持久的爱欲关系，就可能构建起非压抑性的文明。

他认为，在发达的资本主义社会中，个体之间的性本能的关系主要存在于闲暇里，而且主要是性的关系，没有升华为爱欲的关系。为了把大量的精力和时间用在工作上，就要对性本能进行压抑，从而让自己的肉体成为对社会有用的工具。随着社会的发展，工作时间被降低到最低限度，劳动越来越能够满足个体对自由发展的需要，社会对肉欲化的禁忌就会越来越放松。肉体将不再被当成纯粹的工具，整个身体都会充满了性本能，肉体可以成为享受的工具，成为快乐的工具。肉体性的性欲将"成长"为人格化的爱欲。这种非压抑性的升华与发达的资本主义社会中的压抑性的升华不同，因为并没有偏离或阻碍性欲的目标，而是在获取这个目标后，还想追求其他的目标，因此能够获得更充分的满足。非压抑的文明追求的是实在的幸福。为了消除压抑，就必须找到能够实现人的潜能的、能够自我实现的劳动。劳动并不必然是不快乐的事情。艺术劳动是非压抑性的劳动，是能够给人带来愉快的劳动。

（三）弗洛姆：资本主义社会是一个病态社会

弗洛姆（Erich Fromm，1900—1980）出生在德国的一个犹太人家庭。他是弗洛伊德的学生，后来不太赞同弗洛伊德的无意识冲动理论。他致力于把弗洛伊德的精神分析学与马克思主义结合起来。他把自己的学说称为"人道主义的心理分析"，通过分析西方资本主义国家中的人的社会性格来揭示出这种社会对人的健康发展的压抑。

1. 弗洛伊德与马克思主义

（1）精神分析沦为一种心理治疗的技术

弗洛姆是弗洛伊德的马克思主义理论家的代表。弗洛伊德的精神分析学认为，人的无意识主宰着人的行为，而无意识是一种非理性的冲动。他想用理性来驾驭非理性，树立科学精神和理性对人的精神生活的独裁统治，把人从无意识的操纵中解放出来。而在弗洛伊德的马克思主义理论家看来，马克思在论述资本主义必然灭亡的时候，似乎用了两条平行的线索。一条线是资本主义自身因为市场最终扩张到了极限，随着垄断的加强和利润率的下降，必将陷入全面的崩溃。另一条线是无产阶级的阶级意识的日益增长。而马克思的理论因为缺乏心理学的中介，因此无法让大众普遍接受他的关于人类解放的图景，无法让这种理想变成工人阶级的行动，使得工人们面对奴役与残暴忍气吞声，甚至麻木不仁。而工会只是在与资产阶级进行集体的讨价还价，只关心雇佣劳动的具体利益，而不关心雇佣劳动本身是否合理。在资本主义社会中,人们不仅被资本家和政客宰割,而且在心灵上受到资产阶级的虚假意识形态的奴役与支配,而弗洛伊德的理论则有益于破除这样的意识形态的幻象。

弗洛伊德站在心理学的立场上,把人的社会属性与生物本能结合在一起综合分析。他认为,社会文明只是被压抑和被排斥的生物本能的转移和升华。人的生本能和死本能之间的冲突是社会进步的基础。弗洛伊德的马克思主义理论家围绕着自我压抑、精神分裂、神经症等问题,把哲学探索引向个体的心灵深处,在无意识领域揭示了资本主义社会对个体的心理压制的机制,从而把对社会的批判引向对整个资本主义社会的批判。而精神分析这一学派本身则发展为仅仅对具体的精神疾病进行治疗,而不关注压抑的社会历史根源,因而沦为一种心理治疗技术,蜕变成为一种维护资本主义体制的文化工具。这样的精神分析只能为那些在资本主义社会的平庸生活中孤立无缘、深陷绝境而又能出得起钱的中产阶级的成员带来暂时的抚慰。

(2) 马克思与弗洛伊德的理论的兼容与互补

①通过认识真相来获得改造自己的力量

弗洛姆认为,马克思的社会理论与弗洛伊德的精神分析学有很多相似之处。首先,他们都具有怀疑和批判精神。马克思认为,我们的绝大部分思考都是由特定经济结构决定的纯粹的幻想。弗洛伊德也认为,无论人是否处于昏睡状态,人们相信的东西绝大部分都与现实不符。其次,他们都相信通过真理可以使人获得自由和解放。他们都认为,人靠幻想的力量的支持使得自己能够忍受现实生活的痛苦。当人们识破幻想,认识到自己所具有的改变现实的力量,就不再需要幻想。马克思认为,可以通过真理来揭示意识形态的真相,从而引起社会变革。弗洛伊德认为,如果病人能够把无意识变成有意识,就能让自己摆脱非理性的控制,获得改造自己的力量。

②通过理解过去,可以预测未来

还有一点相似之处是他们都具有人道主义的思想。马克思的理想是要让人摆脱受经济控制的社会秩序,弗洛伊德反对社会的习惯势力,维护人的自然欲望的尊严。弗洛伊德认为,人都具有同样的无意识的冲动,因此如果人都能够面对这个隐蔽的无意识的世界,人与人之间就能够互相理解。最后,他们都通过对过去的理解来预测未来。马克思认为,在社会中存在着各种不同的矛盾着的力量，社会就是由这样的矛盾力量所构成的动态系统。对这些力量的认识能让人了解社会的过去和预测社会的未来。弗洛伊德认为，人是一个精神实体，其中充满着许多相互矛盾的力和能量。只有当这些力造成的结构发生变化时，人才有可能发生变化。科学的任务就在于认识这些力量的本质、强度和方向，这样就能理解一个人的过去和预测他的未来。

③经济基础通过个人具体地决定社会意识

弗洛姆认为，弗洛伊德是科学心理学的创始人，对人的科学做出了独特的贡献，但是马克思的思想深度和广度都远远超越了弗洛伊德。在马克思看来，人是生活在社会中的，人的病理学根源存在于社会组织的特性之中。而弗洛伊德认为，病人的病主要根源于他在家庭中的遭遇。弗洛伊德没有意识到家庭只是社会的缩影。弗洛姆认为，可以用弗洛伊德的精神分析法来对马克思主义进行补充，这样就可以具体地说明经济基础是怎么决定意识形态的。弗洛姆认为，人的自然冲动与社会存在着永恒的对立关系。社会不仅具有压抑的功能，还具有创造的功能。人的有的冲动是天生就有的，比如说，饥饿、口渴、性欲，而有的冲动则是社会创造出来的。比如说，爱与恨、贪求权力、对感官满足的津津乐道等，这些社会创造出来的冲动构成了人与人之间的性格的区别。所以，人的性格是特定社会创造出来的。人的情欲和忧虑都是一种文化的产物。人类持续不断地创造出了人本身，并把其奋斗过程记录下来，变成了人类的历史。

2. 资本主义社会中的人的社会性格的流变

（1）社会性格是经济基础和上层建筑之间的纽带

弗洛姆把阶级分析和心理分析结合在一起，对现代资本主义社会进行了全方位的批判。他提出了"社会性格"的概念。所谓社会性格，指的是同一个文化时期绝大多数人共同具有的性格结构的核心。这种社会性格把人们的能量引向同一个方向，让人们的行为方式符合特定社会制度的要求。人们应该怎么行为是由特定的社会制度决定的，具有社会性格的人会因为自己的行为满足这个社会的需求而感到满足。在不同的社会制度中，会形成不同的社会性格。他认为，人的心理因素是由社会经济因素浇铸而成的。社会性格是经济基础和上层建筑之间的纽带。在他看来，在现代资本主义社会中产生出了多种社会性格。可以把大众性格分为民主性格和独裁性格。具有民主性格的人拒绝统治别人，也拒绝被别人统治，维护人的平等和尊严。具有独裁性格的人则对上屈从，对下专权。从死亡本能的角度看，存在着破坏性性格和恋尸癖性格。当人不堪忍受自己的软弱无力感时，就会产生破坏性的冲动，想要消灭让自己感觉软弱无力的东西。破坏性冲动是生命力遭到压抑和挫折的产物，存在于社会底层的人群中间。当破坏性本能以残酷的方式表现出来时，就是恋尸癖或嗜死狂。具有恋尸癖性格的人，把自己的全部能量都用来征服别人，把毁灭生命看成是人的伟大成就，爱好屠杀和发动侵略战争。

（2）喜欢剥削的人则好对人有没有用进行判断

弗洛姆认为，在西方资本主义社会中，工业体系的有效运作依赖于守时间和守纪律，因此就产生出了自动地守时间和守纪律的社会性格。在资本主义的不同发展时期，也形成了不同的社会性格。比如说，在资本主义的自由竞争时期，其社会性格具体体现为接受、剥削和囤积。喜欢接受的人期望从他人那里接受礼物，一旦"供应来源"受到威胁时，自己就会感觉焦虑和心神不定。喜欢剥削的人则习惯于通过强力或狡诈从别人的手里拿走东西。对于喜欢剥削的人来说，每个人都可以是剥削的对象，他会对人有没有用进行判断，只有从别人那里拿到东西才感觉满意。这种人对人的基本态度是敌意和操纵的混合。他总是在怀疑、挖苦、羡慕或嫉妒，他总是过高地估计别人的所有，过低地估计自己的所有。喜欢接受的人和喜欢剥削的人，都认为好东西是从外面弄来的，而不是自己创造的。喜欢囤积的人的安全感建立在囤积和节约之上。对于这种人来说，财产比什么都重要，会为了攒钱而放弃消费。

（3）持久的个性迟早会与市场的需要相冲突

弗洛姆认为，到了二十世纪，在西方资本主义社会中出现了不同的社会性格，越来越多的人喜欢消费。消费者的生活目的不再是占有，而是使用。接纳和消费替代了剥削和囤积。越来越多的人喜欢具有稳定而安全的收入，而不喜欢争夺利润。越来越多的人喜欢操纵他人而不是剥削他人。匿名的权威取代了公开的权威；适应和认可替代了个人的良心；无奈感代替了自豪感和优越感。人们形成了与市场取向相一致的社会性格。在这种社会中，人不能有个性，因为持久的个性迟早会与市场的需要相冲突。人们的趣味被标准化，容易受到影响，可以加以预测。人们感觉自己是自由和独立的，不屈从于任何东西，其实则在自愿接受着被支配，在做着别人希望他做的事情，在毫无摩擦地顺应着社会机器的运转。

(4) 身体与精神的双重孤独是难以忍受的

弗洛姆认为,人的性格是对社会结构的动态顺应的结果。社会条件以性格为媒介来影响意识形态。但是,性格不是被动地适应社会条件的变化的,它要以一些固有的因素为基础,比如说,生物学的因素。他认为,动态顺应与静态顺应是不一样的。静态的顺应是形式上的顺应,性格结构并没有发生变化,只是形成了一种新的习惯,比如说,从用筷子吃饭改为用刀叉吃饭。动态的顺应则是在性格结构上发生了变化,比如说,在一个社会集团中存在的强烈的破坏性的冲动,就是对不合理的社会环境的动态顺应。动态顺应是怎么产生的呢?弗洛姆认为,在人性中存在着两种不同的需求。一种需求是人的生存中不可缺少的,比如说,饥渴和睡眠,根植于人的生理结构中,必须得到最低限度的满足,否则将无法忍受,这点是无法改变的。

另一种需要则具有灵活性和顺应性,可伸缩和可适应,比如说,爱、破坏性、虐待狂、屈从倾向、贪求权力、自大狂、节俭欲等。这种需求在儿童时期容易塑造,一旦成型后就不容易改变。必须得到满足的强制性需求可以分为两类:一类是由生理条件决定的自我保存的需求,比如说,吃、喝、睡和自我保护等。另一类则是逃避孤独的需求。完全的孤独感会导致精神失常。人不仅要逃避身体接触上的孤独,更重要的是要逃避精神上的孤独。如果一个人能够用观念的方式与社会相处,即使独处,也不会在精神上感觉孤独。人即使生活在人群中也有可能感觉到精神上的孤独。身体与精神的双重孤独是难以忍受的。

3. 资本主义给人带来的孤独感和渺小感

(1) 个人不得不孤零零地面对这个世界

弗洛姆认为,在中世纪初期,每个人都被锁在了一定的社会秩序中,没有机会从一个阶级转到另外一个阶级,也几乎不能从一个城市或国家迁往另外一个城市或国家,只能扮演指定的角色,缺少个人自由。人甚至不能按自己的意愿选择穿什么衣服或吃什么东西。尽管中世纪的人没有资本主义国家中的人享有的自由,但并不感觉孤独,因为人一出生就有一个明确的和固定不变的位置,生活有确实的保障。社会秩序被视为一种自然秩序,因此人们承认其合理性。而在资本主义社会中,一方面,个人获得了自由,可以自谋生路和到市场上碰运气,可以独立地思考,可以成为自己的主人;另一方面,个人也陷入了孤独之中,金钱比传统的身份更能给人带来安全感。自己不再是生活在一个封闭的空间里。这个世界既开放，又充满了危险。由于人失去了在一个封闭社会中的固定的地位，所以失去了生活的意义。个人对自己和自己的生活目的产生了怀疑，同时受到强大的资本和市场的威胁。由于所有人都成了自己的潜在的对手，人与人之间的关系变成了勾心斗角的关系。个人不得不孤零零地面对这个世界。个体就像是一个被抛入这个漫无边际和危险的世界里的陌生人一样。资本主义社会中的自由，给人带来的是不安全感、无力量感、怀疑、孤独和忧虑感。

(2) 中产阶级承受着莫大的威胁感

弗洛姆认为，不同阶级的成员的生活状况不同，他们受这种自由的影响状况也不一样。资本家在市场中捞到了好处，获得了财富和权力，同时获得了一种新的权力感和个人优越感。尽管他们依然无法从根本上消除不安全感和焦虑感，但是他们享受到的主要是积极意义上的自由。广大的城市贫民，尤其是农民，他们在反抗压迫的过程中，没有什么可以失去的，反而会得到更多的东西。资本主义的发展给中产阶级带来的则是莫大的威胁感、孤独感和无足轻重感，尽管他们的独立性和自主性都得到了加强。在新教伦理中表达出的就是中产阶级的这种无足轻重感和对资本家的憎恨情绪。新教伦理要告诉人的是，上帝不会无缘无故地发慈悲，人不仅要轻视自己和不相信自己，还要轻视他人和不相信他人。人要把自己当成工具而不是目的。人要向世俗权力投降。人有无足轻重感和软弱无力感是正常现象。人要承认自己的软弱和邪恶，要通过不断丢脸和不断努力来终生赎罪。新教伦理强化了在资本主义条件下产生的一种新的性格。这种性格表现为强迫自己去工作、喜爱节俭、苦行主义、甘愿成为实现别人的权力的工具和强制性的责任感等。这种性格是促进资本主义的社会和经济的发展的创造性力量。

(3) 孤独感是资本主义中的个人主义导致的

弗洛姆认为，在资本主义社会中，存在着恶性的个人自恋和社会自恋。个人自恋者把自己看成是世界的中心，只关心自己的荣誉、智慧和创造物，其他的都被看成是废物。社会自恋的对象是民族、种族、国家、团体等。社会自恋者认为自己的群体比其他群体更仁慈和更优秀，因此应该为本群体做出贡献，甚至认为群体比自己的生命还要重要。另外，在资本主义社会中，还存在着非理性的煽动者和盲从者。非理性的煽动者能够巧妙地调动人的无意识冲动，让自己具有超凡的魅力，使人们能够立即听从于他。还有，在资本主义社会中还存在着逃避自由的人。他们希望屈从权威和依赖权威，以便寻找到一个精神庇护所来获得安全感和消除孤独感。在二十世纪四十年代，弗洛姆最关注的是法西斯主义产生的社会和心理基础。他分析了在西方资本主义社会中出现的"逃避自由"的现象。他认为，自由的敌人不仅有外在的枷锁，还有实现人格自由的内在障碍。

我们以为我们获得了信仰自由，其实我们被更强大的东西所束缚，比如说，我只相信被自然科学证明了的东西。我们以为我们有了言论自由，却往往是人云亦云，没有自己的独立的思维能力。人总是习惯于向其他人看齐，害怕与众不同，所以我们以为我们摆脱了外在权威的束缚，却没有注意到自己会受制于公共舆论或大众意识这样的不容易注意到的权威。所以，我们的外在的解放，已经被内在的束缚、内在的强制和内在的恐惧所抵消。束缚人的内心的自由的原因是个人的孤独感。而孤独感是资本主义社会中的个人主义导致的。首先，在资本主义社会中，人是完全自力更生的。个人要做什么和怎么做，成败与否，都是个人的事情。其次，个人是实现经济目的的工具。个人从事生产的目的是为了赢利，而赢利以后不是用来供自己花费，而是用来再投资、再赢利。最后，在人与人之间的关系中渗透着互相利用、互相操纵。竞争关系必然是建立在相互冷漠的基础上的，因为在这种关系中，一个人要在事业上获得成功，就意味着必须打击对方，甚至在必要时置对方于死地。

4. 如何逃离资本主义社会中的孤独

弗洛姆认为，在西方资本主义社会中，要摆脱人的软弱无力感和孤独感，有两条路可走：第一条路是向积极自由的方向努力。在不放弃自我尊严和独立性的前提下，通过爱和工作与世界相联系。第二条路是逃避自由，与世界相分离。而第二条路其实是走不通的，因为人逃避自由其实是想逃避自己的焦躁不安，是被迫逃避而不是自由选择。而且，在逃避自由的过程中，自己放弃了自己的个性和完整性。

（1）公共舆论让人机械地趋同

弗洛姆认为，在当代资本主义的整个历史进程中，都贯穿着一种普遍的"逃避自由"的病态心理，从而造成了一个病态的社会。他认为，人的生存的基本矛盾在于人既是自然的一部分，又想要超越自然。人不断超越自然的过程，就是人的个体化的过程，就是把自己变得越来越自由同时也越来越孤独的过程：人越是自由就越是孤独。人既是万物之灵，又是最脆弱的物种。人只有在母亲的子宫里才能不孤独。人类的个体在幼年时期，无法离开成人的照顾和关爱。婴儿在母亲的怀抱中才有安全感。儿童的世界是一个万物有灵的世界，儿童通过想象力把自己与自然联系起来。而在人类从自然、个体从母体中分离出来的时候，人获得了自我意识和自我发展的机会，但是同时陷入了一种日益孤独的境况之中，被深重的无权力感和焦虑感缠绕着，从而被迫逃避自由。

"自由"是现代资本主义社会给人类带来的礼物。在现代以前，个人的力量非常弱小，需要依赖于更有力量的权威，比如说，上帝、君王、地主、家族等。资本主义社会使个人从各种权威的束缚中解放了出来，同时也让个人陷入了孤独感、无意义感和无权力感之中，因为摆脱了束缚获得自由的人，没有办法实现个人的有个性的发展，自由成了人的不可承受之重，所以不得不疯狂地逃避自由，建立新的纽带关系。最后把自己交付给了公共舆论这样的外在权威。而公共舆论塑造人的过程就是让人机械地趋同的过程。通过公共舆论的塑造，我不再是我，我变成了"你所期望的我"，即"伪自我"。

（2）因为不想孤独和渺小而不断讨好他人

弗洛姆分析了人逃避自由的三种心理机制：第一种是极权主义的心理机制。具有这种心理机制的人，为了获得自己已经丧失掉的力量，不惜放弃自我的独立，与他人或他物凑合在一起。这种心理机制存在于虐待狂和被虐待狂的性格之中。具有被虐待狂性格的人，内心中有着不堪忍受的孤独感和自卑感，他企图通过消灭自我意识来克服这种孤独感和自卑感。他采用的主要方式是：轻视自己，让自我蒙难，让自己完全渺小化或者让自己成为一个强有力的整体的一个部分，依赖于他人、组织及大自然。他不坚持自己的主张，不做自己想做的事，完全听从外在力量的指挥，往往不去想"我要什么"或"我是谁"的问题，甚至自我折磨、自我伤害、自我谴责、自我批评。自己批评自己的程度甚至超过自己最憎恨的敌人对自己的批评。而且，会把自己的依赖说成是爱和忠诚，会把自己的自卑解释为能够认清自己的缺点，把自己的不幸完全归为不可改变的环境造成的。具有虐待狂性格的人则通过对他人的绝对统治来取乐。他爱强迫别人依赖自己，把别人当做自己的工具来使用，爱剥削、利用、偷窃和蚕食他人。他不仅要榨取别人的物质方面的东西，还要强夺别人的情感和智慧。爱把自己的幸福建立在别人的痛苦之上，爱幸灾乐祸。爱困窘、羞辱、伤害他人，喜欢看别人的狼狈相。爱用超乎寻常的关心和好意来掩盖自己的真正目的。虐待狂和被虐待狂是"共生的"，是相互依赖的，双方都丧失了个人的独立性。

第二种逃避自由的心理机制是"破坏性"。这种人想要消灭让自己相形见绌的外部世界，以便让自己从自卑感和渺小感中解脱出来。这种人常常用爱、责任、良心、爱国主义等来掩盖自己的破坏行为。破坏性来自人因为感觉不平衡、忧虑和挫折而产生的冲动。如果他找不到破坏的对象，就会把自己当成破坏的对象，从而导致自杀行为。人的破坏性冲动的总能量与被压抑的生命力能量大致相当。人求生和求发展的受挫感越强，破坏性能量就越大。

第三种逃避自由的机制是"机械化的自动适应"。在发达资本主义社会中，大多数正常人用这种方式来解决矛盾。他放弃了自己，按他人的要求来塑造自己，这样人就不再感到孤独和渺小。他自己变成了机器人，他周围的人也变成了机器人，大家都一样，人就不感觉孤独了。只是这种人有种幻觉，认为自己是按自己的愿望在行为的。在这里，原始的自我被虚假的自我所替代，他在做别人期望他做的事。他丧失了自己的个性，生活在惶恐不安之中。他不断地讨好别人，在别人的眼光中来认识自己。

（3）要在爱与创造活动中克服孤独的恐怖

弗洛姆认为，摆脱孤独的另外一种方式是向着积极自由的方向努力。人会爱，会从事创造性的活动，就不会孤独，就是在享受积极的自由。在世界上，最有力量的就是独特的自我。人生的最终目的就是追求人的个性的成长与实现。爱是在保持自我的独立与完整的前提下与他人或他物结为一体的。爱的过程就是体验分享与交流的过程，使人能够充分发挥自己内在的能动性。人在团结中体验爱，在男女的性爱中体验爱，在母爱中体验爱，在自恋中体验爱。爱谁并不重要，重要的是爱的体验本身。我依然是我自己，一个独立的、会死的人，但在爱中与万物结成了一体。这种爱存在于分离与结合的两极中。这里的爱，不是把自己消融在另外一个人中，也不是占有另外一个人。这种爱的总体趋势是合群，因为它要克服孤独，但又不磨灭个性。它关心自己所爱之人的成长与幸福，它按他的本来面目来尊重他。如果一个人只会爱他人，不会自爱，那就说明他没有能力爱。

他认为，自爱与自私不同。自私者并不十分爱自己，而是憎恨自己。

他似乎极其关心自己，其实是在掩盖没有真正得到关心的自我。自私者既没有能力爱他人，也没有能力爱自己。他认为，西方资本主义的文化的失败，不是失败在人太自私，而是失败在人不爱自己。他认为，人只有通过实现自我，才能既是自由的，又是摆脱了孤独的。每个人都有表现自己的情感和理性的潜能。积极的自由就在于把这种潜能表现出来变成现实。他的活动是自然而然的活动，来自自己的自由意志，而不是强迫性的活动。他不是在做某事，而是在创造。在这里，理性和感性融合为一个整体。在人的整体性的自然而然的实现自我的活动中，他再度把自我与世界、他人和自然结合起来，克服了孤独的恐怖。

（4）有健全的社会才有健全的社会性格

①不做丧失个性的"正常人"

弗洛姆认为，西方资本主义社会使人的精神健康处于紊乱状态。人没有感觉到自己是自己的创造物的主人，而是感觉自己成了自己的创造物的奴仆。人缺少自我感，因此会产生极度的焦虑。人面对虚无的深渊产生出的焦虑比接受地狱的煎熬还要可怕。在地狱中，我接受的是惩罚。而在面对虚无时，我被逼得快要发疯了，因为我不能再说"我"了。当我是你希望的我的时候，我就已经不再是我了。我感到不安，我依赖于他人的认可，我总想取悦于他人。这样的"正常人"其实还不如一个要实现自己的价值的精神病患者更为健康。为了更好地适应社会，"正常人"完全丧失了个性和自然性，其实不健康，却自以为健康。

他认为，西方资本主义社会并不是一个健全的社会。教育就是在消灭人的自然性。社会压力也在消灭人的自然性。如果人不面带微笑，人们就会认为他缺少令人愉快的人格。微笑对于生意兴隆来说是必须的。广告宣传在不断削弱人的鉴别能力。不断重复的政治选举口号让人变得麻木。从表面上看，人们是心满意足的，而在这种表象后面隐藏着的是极度的痛苦。当一个人濒临绝望时，他会孤注一掷地表现自己的个性，只是他所表现的个性其实也是潜在地被大众文化操纵的结果。于是，在最民主、最和平、最繁荣的欧洲，在最昌盛的美国，都出现了最严重的精神障碍症。在资本主义社会中，尽管人们的精神健康出现了很大的问题，但是没有普遍出现精神崩溃现象，因为资本主义的文化让人们能够带着缺陷生活。让人逃避自我的几条主要通道是电影、广播、电视、体育运动和报纸等。如果这些通道被堵塞四个星期，就会出现不少精神崩溃的事件，就会有很多人陷入强烈的焦虑状态。而通过这些方式缓解精神障碍，并不能从根本上解决问题。

在这种情况下，社会要么堕落和灭亡，要么创造出一个更符合人的需要的社会。从社会的角度上看，一个人能够完成社会赋予他的职能，他就是一个正常的或健康的人。从个人的角度上看，一个幸福地成长着的人，就是正常的或健康的人。一个好的社会能够让二者统一起来，但大多数社会是做不到这一点的。在大多数社会中，都存在着有效地履行社会职能与个人的充分发展之间的矛盾，所以不能以个人是否适应社会来看一个人的精神是否健康，首先要看的是社会是否适应人的需要，是否促进精神健康的发展。健全的社会是一个符合人的需要的社会，让人能够爱人、能够创造性地工作。不健全的社会则让人们相互憎恨、相互不信任，把人变成了供人利用和剥削的工具，变成顺从和屈服于他人的人。社会既可以促进人健康地发展，也可以阻碍人的进步。在大多数情况下，这两方面的因素都有，只是要看哪个方面是主导，发展方向如何。在一个健全的社会里，每个人都不是被别人利用的工具，每个人都把自己当成目的；人们无法用贪婪、剥削、占有、自恋来谋求物质利益或提高个人威望；人们按良心做事；人成了自己生命的主人，人与人之间友爱相处。

②如果人不具有生产性，他就什么也不是

弗洛姆认为，人的潜能具有一种生产性的能力。人要成为人，就要不断地进行生产性活动。他把人格分成两种：生产性人格和非生产性人格。生产性人格是存在性人格，而非生产性人格是占有性人格。在发达资本主义社会中，个人的存在具有被动性，属于占有性存在，造成了人的被动性人格，体现为人们不由自主地追求占有更多的东西，使得他们占有的东西远远超过他们的真正需求。他认为，人有两种占有欲：一种是为了生存而占有物；另一种则是为了满足贪欲而占有物。为生存而占有是正常的，而为贪欲而占有是病态的。具有被动性人格的人无法仅仅用自己的力量来确定自己的存在，必须通过他获得的东西才能感觉到自己不是无足轻重的。个人依靠不断积累的数字来确定自己的存在。这样的人看似具有个性，其实是在互相模仿，在"众人"中无名地存在着。因为个人变成了消费机器，因此他的欲望很容易被预测和被操纵。在病态的社会中，人被政治机器所愚弄，所谓的民主只是一种"伪民主"。人们在各种政治宣传中丧失了主动性。

而一个健全的社会是由具有健全的人格的个体构成，人类的解放和社会的健康发展是要让人具有"享受自由"的健康心理。人的自由的创造性活动才是真正的生产性活动，这种劳动是种享受，这是人存在的唯一的目的。如果人不具有生产性，只是消极和被动地存在着，他就什么也不是了，他就死了。在自由王国里，人不再是畸形的人，而是全面发展的人。具有主动性人格的个体看重的不是对物的不断的占有，而是要获得有意义的生存体验，他们具有的是一种创造性的生存状态，这就是一种享有自由的状态。这种享有意味着主动的给予，能给人带来巨大的快乐，而这种给予其实就是"爱"。当代人最缺乏的就是这种"爱的能力"。他把具有主动性人格的人称为"新人"。"新人"不把自己当成手段，也不是他人的手段，自己的存在永远都是自己的目的，这样的人一定是可以放弃一切形式的占有的人。由健全的新人构成的社会才是健全的社会。个人要具备健全的人格需要有一个健全的社会环境。要治理病态的社会，需要变革社会结构，而这种变革不是某一个层面的变革，而是一种综合性的举措。在健全的社会中，教育不是单纯地灌输知识，而是要使学生们具有批判的思考能力；要创建全新的集体艺术；要形成一种全新的宗教，其中将包括东西方所有重要宗教中所共有的人道主义精神，教给人们敬畏生命和用爱凝聚人群。

二 存在主义的视角：反抗资本主义对个人的控制

（一）列斐伏尔：被全面控制的日常生活

列斐伏尔（Henri Lefebvre，1901—1991）出生在法国的一个官僚家庭里。他是存在主义的马克思主义的代表人物，为后人留下六十多部著作、三百余篇论文。他用了大约四十年的时间写出了《日常生活批判》三部曲。他要对被遗忘的日常生活进行批判、对被控制的日常生活进行批判、对被规划和被制造的日常生活进行批判，而这里的被批判的日常生活，特指发达资本主义社会的日常生活。

1. 日常生活是一个独特的身体实践的时空

列斐伏尔认为，在日常生活中，既存在着被压迫的因素，也存在着解放的因素。日常生活是一切文化现象的共同基础，也是总体性革命的策源地。他的日常生活批判是一种微观性的批判。他把日常生活批判简化为对消费资本主义的批判。他认为日常生活是被现代资本主义的权力和制度压抑得最严重的和变得支离破碎的领域。他希望无产阶级从平庸无奇的日常生活中超脱出来，产生出革命的力量和艺术的狂欢节。他认为，日常生活是人类的本性欲望的所在地与入口处，人的各种权力都在这里形成、发展和具体地实现。这个领域里存在的东西，则被人们看成是鸡零狗碎的东西，其实日常生活与人类的一切活动都有着深层次的联系。日常生活是以人的活生生的身体为载体，依赖和吸纳着世界万物。日常生活的时空不是一个纯自然的时空，也不是一个纯心灵的时空，而是一个独特的身体实践的时空。在日常生活中存在的是理性和感性的混杂物，我们既不能贬低它，也不能高估它。它既是各种碎片化的社会分工的产物，又是这些活动无法涵盖的剩余物。它既是一个永恒的循环往复的过程，又是一个直线性的不断发展的过程。日常生活领域还是使用价值与交换价值的会聚场所。日常生活中的活动是非劳动性的活动，人们在这里享受着使用价值。在日常生活中也存在着经济元素。它要消费时间，要消费大量的产品，比如说，旅游休闲、演艺节目等都要消费时间和产品。在日常生活中包含着需求—欲望—愉悦的统一体。在日常生活中存在着节日与娱乐，也存在着非节日和严肃的生活事务。节日是把碎片化的日常生活重新融为一体的日常生活，它是放大了的日常生活。

2. 对发达资本主义社会的日常生活的批判

（1）工人们过着痛苦的日常生活

列斐伏尔认为，二十世纪的现代主义文学首先发现了日常生活，但是并不理解日常生活，还把它神秘化了，并把它看成是一个令人绝望的世界。而以往的哲学都不同程度地忽略或误解了日常生活。他认为，一个人的意识是立足于他的日常生活基础之上的。我们说的生活通常指的是日常生活，只有在这里才能发现生活的意义。生活的意义存在于生活的深处，而不是超出生活的地方。只能在无产阶级的日常生活中发现其生活的意义，在无产阶级的绝望之中或追求自由的实践中寻找意义。无产阶级的最真实的日常生活存在是有经济目的的，就是为了养家糊口。但是，我们不能把无产者为了养家糊口而从事不堪重负的劳动归于某种不幸与命运，忽略了他的劳动得以进行的社会历史条件。人们在解决理想与现实的关系时，要么从抽象的理想出发，用理想批判现实，要么从现实出发，用现实批判理想，被批判的一方就是需要用实践来改变的一方。马克思主义要通过改变现实的方法来理解现实。马克思主义是关于无产阶级的科学，研究的是无产阶级的现实状况，要揭开的是资产阶级的意识形态的面纱。他认为，工人的实际的日常生活是一种痛苦的日常生活，是一种被控制的商品化的日常生活。

（2）个人主义是资产阶级的意识形态

列斐伏尔认为，工人的私人意识不是来自人的天性，而是在资本主义社会发展中产生出来的一种封闭、孤独和压抑的幻觉。人是什么，不是由他的与生俱来的自然属性决定的。人在自己生存的社会关系中产生出一种"内向的"私人意识。私人意识是一种与丰富多彩的具体的生活条件相脱离的自足的意识，是在思想和文学中虚构出来的意识。人的被压抑的生活通常被分成对立的两极：工作与休息、公共生活与私人生活、公共场合与私人场合、理想与现实等。私人意识往往不去通过社会实践改变外部世界，而是缩回到内心世界之中，越往回缩就越显得是"自己的"，比如说，"他的"妻子、"他的"钱。每个人都只是关注他自己的存在。在日常生活中，这样的二分法使我们陷入了日常生活的苦苦挣扎的矛盾之中。在这样的关系中，我们既是"人"又是"非人"。只有淘汰"私人意识"，人才能够得到解放。

在发达的资本主义社会中，每个人都必须过自己的私人生活。人在日常生活中，在经济和政治生活中，都必须作为个体存在。无产阶级也不可能完全逃脱自我意识的陷阱。工人的工作永远是集体性的，因此会强化他们的整体意识，但每个工人的具体工作又是碎片化的。工人在集体性的工作流水线上的工作是令人精疲力竭的。工人们之间的交往通常是在咖啡馆、电影院和体育场中进行的，所以是一种看上去很小资的并且是以私人身份来进行的交往。资产阶级经常把个人主义作为一种意识形态来使用，以便麻痹无产阶级的阶级意识，对人们的日常生活起到组织作用。通过个人主义的意识把人与社会隔绝开来，使得个人把注意力转移到自己的内心世界，试图在自己的内心世界中构造一个堡垒，以求得心灵的平安。小资产阶级的经济地位决定了它具有软弱、伤感和嫉妒的特征，所以它称生活中最美好的东西是自由。

（3）人变得比动物还粗俗

列斐伏尔认为，人与物之间的关系不是一种占有关系，不是一种私人的拥有关系。最重要的不是我占有某种对象物，而是我能够用一种全面的人性的视角来欣赏对象物，在我与物之间建立最复杂的、最丰富的快乐与幸福的关系。最重要的不是我要拥有一座高山，而是高山对我是开放的，我能在那里滑雪和爬山。个人与集体的占有式自由其实是一种狭隘的自由。他认为，在资本主义条件下，人的"有"片面地表现为对物的私人占有，人的需要表现为对物的占有性需求，使人性倒退到粗俗的动物状态。人们狭隘地认为一个人的需求越多就越能够存在；一个人能够行使的权力越多，他就越自由。其实，资产阶级的政治经济学创造出了一种单一的需求，即对金钱的需求。人的对象世界越大，对金钱的需求就越大。每种存在物的价值都被简约成了市场价值。每一种努力都在制造一种虚假的和想象的需求。资本主义并没有满足人的真实的需求，没有把人的"粗俗的"需求改造成真正的人的需求，反而把真正的人的需求变成了"粗俗的"需求。

资本主义表面上创造出了最复杂的需求体系，实际上则把让人的需求倒退到了最原始的状态。在丰富的物的需求的统治面前，人变得比动物还粗俗。日常生活中的每一个不起眼的行为举止，都不完全是部分与整体的关系，而是一种社会网络关系。工人表面上是为自己的老板工作，其实是在为整个资产阶级工作。每个个人之间的社会关系的总和，不是这种关系的机械累加，而是一种不可还原的客观的整合，在这种整合中出现了超出个人意志和私人意识的总体性。作为"某个人"的资本家，他可能是善良的或恶毒的，愚蠢的或聪明的，而最关键的是他是资产阶级中的一员。在资本主义社会中，人们所处的社会关系是以人意识不到的方式而神秘地发挥着作用的。个人以为自己是有纯粹的自我意识的，其实却处于受欺骗的状态中。资本主义的自由指的其实是限制自由的权力，使私有财产权不受侵犯的权力。这种权力是通过他所属的社会集团获得的。

（4）一个被消费控制了的官僚社会

列斐伏尔认为，在发达的资本主义社会中，人们的日常生活被全面地纳入生产与消费的总体循环之中。发达的资本主义社会是一个消费被控制了的官僚社会，而不是一个可以自由选择的休闲社会和丰裕社会。日常生活本来是需要与欲望、天然与人工、严肃与轻浮、私与公等一系列矛盾冲突的交汇处。而在发达的资本主义社会中，日常社会的原始丰富性与杂乱无章的状况消失了，社会被分裂为很多个层面，人们的日常生活被确定在某个层面，而不是在一个有机的文化生活整体之中，因此变得千篇一律和标准刻板。日常生活不再发生在传统社会或近代社会意义上的总体性社会之中，而是发生在一个个无底地旋转着的层次之中。我们不能把发达的资本主义社会想象为一座具有建筑风格的坚固的大楼，也不能比喻为一条河流，而应该看成是一个你中有我和我中有你的网络。我们看不到一个全息的、全景式的、独立的日常世界，只能看到一个相互联系着的、平面性的和临时性的日常世界。

在每个层次的平台上，个人是以集体的方式存在着的。一个家庭主妇与一个职业女性，一个工具制造者与一个数学家，他们的生活处境是很不一样的。在以家庭为核心的日常生活中，社会底层的人整日泡在日常社会之中，却不知道日常生活的真面目。这是一个生活圈子狭小的匿名的生存空间。而所谓的高级人才则没有什么日常生活，他们被线性的时间所操纵，他们的生活是单线的，彼此之间没有交流。上层的生活高度符号化和抽象化，有更多的开放性、开拓性和奇遇性，但是会面临着失去自我的危险，有时会处于矫糅造作和漫无目标的状态。不同阶层的人面临的日常生活的问题不同，感受也很不相同。对于任何一个人来说，工作都不是他的全部。人的全部生活也不是用"工作＋家庭生活＋休闲娱乐"就可以涵盖的。专业化程度越高的人，越想过一个完整人的生活，越迫切地想回到日常生活领域。

（5）日常生活被钟表的量化的时间所操纵

列斐伏尔把近代的钟表时间与生活时间区别开来。他说，我们要找到直接与宇宙万物融为一体的节奏。人从生到死的生活是由一系列的循环的节奏构成的。人的生活的每时每刻、每日、每周、每季、每年都严格地按规则轮回运行着。节奏既是一种重复，又没有严格的重复。而工业社会则力图用直线性的时间来替代循环性的时间，但是循环性的时间依然活着。人的绝大多数的生理生命和日常生活时间依然处于宇宙的循环节奏之中。无论工业如何发达，人的饥饿、休息、睡眠和性欲依然与循环的生命节奏相关联。现代资本主义社会的日常生活是单调乏味的机器般的有节奏的日常生活，而古代社会的人却享有着丰富多彩的每日生活。现代发达资本主义国家的日常生活被钟表的量化的时间所操纵，使得人的每天的生活的其他方面都要从属于工作的空间化组织，但是依然被更大范围的生活节奏和宇宙节奏所制约，比如说，白天与黑夜、每月与每季和生理节奏等。自然节奏会因为许多原因而被改变。在发达的资本主义社会中，人的时间就像空间一样，被分割成一些点，打成包和切成块，其中包括各种支离破碎的旅游、各种各样的工作等。人们不再"有"时间去做什么事情，只有"做"某些事情的时间。在碎片化的时间中存在着森严的等级，工作占有主导地位，身心失去了自己的节奏。人的生物钟被工作节奏打乱了。在现代社会中，每个人每天在大约同样的时间里各自做着大约同样的事情。直线性的时间是局部的，经常让人感到单调至极和难以忍受。在发达的资本主义社会中，直线性的时间占主导地位，而我们应该让生命的运动适应于自然的循环节奏。

（6）消费社会中的人生怕过时和变成老土

列斐伏尔认为，发达资本主义社会的本质是一个消费社会，即消费被控制了的科层制社会。这是一个理性崩溃、人生找不到终极意义的社会。发达资本主义社会的重心已经从生产转向了消费，因此革命的发生地应该是在日常生活领域。他认为，在消费社会中，人的日常生活被碎片化和神秘化。人的欲望被制造和被引导，因此人们的心理浮躁不安。符号在人们的想象中变成了现实。控制人的日常生活的物神是形形色色的时尚或流行的符号体系。凡是能够消费的都成了消费的符号，消费者靠财富的符号、幸福和爱的符号为生，其实消费者拥有的除了旋转着的令人发晕的漩涡所创造的幻觉之外，什么也没有。消费社会是一个欲望躁动不安的世界。在这里，人们关心的是时尚还是过时。人关心的不是真实的生活处境和需要，而是担心自己会被时尚所抛弃；不担心贫困和专制，而生怕过时和变成老土。在消费社会中，控制日常生活的不是国家政权或意识形态，而是流行的消费心理观念和大众传媒编织设计出来的时尚体系。人们消费的是以最低的成本无休止地自我复制自我的图像和符号。

消费主义制造出铺天盖地的让人们信以为真的商业泡沫，制造虚假的需求，结果导致的是沮丧与乏味。在消费社会中，人们已经分辨不出什么是真的需求、什么是假的需求，因为所有的商品消费都被符号化了，也就是说，被艺术粉饰化了。在日常生活的平台上，各种符号化的商品竞相登台表演，导致了一轮又一轮的自我毁灭式的转动。消费社会不再是一个贫困但有风格的生活世界，也不是一个巨大的工厂，而是一个被时尚牵引着的焦虑不安的心理世界。在消费社会中，社会没有发展的理想，因此没有奋斗的目标，没有了统一的自觉的阶级意识或意识形态，有的只是流行的消费导向和盲目从众的文化无意识。在这里，历史已经终结，自我在死亡，社会在消失，符号和欲望称霸日常生活。在这里，不仅阶级意识被瓦解了，自我意识也蒸发了。不仅人"类"死了，而且"个人"也死了。而消费社会中的消费其实什么也没有创造出来，消费品就像镜中之物一样，在镜子中互相传播。每个消费者都成了其他消费者的镜子，大家在玩着一场镜子游戏，消费的是幻觉。

3. 要发动一场全方位的以日常生活为中心的革命

列斐伏尔认为，尽管资本主义的控制体系非常强大，人还是有多种可造反的缝隙。人类应该生产出一个让日常生活成为艺术品的全球的人类乐园。他认为，发达资本主义社会的现实由三个层次构成。处于顶峰的是想象与意识形态层次，在这里存在的文化是碎片化和专业化的，其中包括的首先是一些典型的意识形态，比如说，伦理学、美学等；其次还包括一些"非意识形态"的意识形态，比如说，科学主义、实证主义、结构主义、功能主义等；最后还有消费的意识形态和作为意识形态的广告宣传。处于中层的是通过社会想象的投射造成的世界，包括个人的想象和集体的想象，这里消费的是图像和符号。处在社会现实的最底层的是实践和感性的层次，在这里才是人与自然进行着能量交流的层次，这里才存在着真正的富有诗意的存在和革命的策源地，这就是日常生活领域。

（1）要消除空间化的控制和剥削

列斐伏尔认为，发达资本主义国家统治人的方式不是公开的和直接的暴力，也不是宗教，而是渗透到日常生活的每个角落的微观权力造成的恐怖主义，使日常生活变成了人际间无法沟通的具有"零度意义"的世界。他认为，物质的或自然的空间正在消失，而社会的空间则不断被生产出来。在社会空间中存在的是人与人之间的生产关系和被再生产出来的生产关系，并赋予这些关系以合适的场所。他说的绝对空间指的是没有被殖民化的自然的绿色空间。他批判的是资本主义社会中存在的抽象空间。抽象空间是以绝对空间的缺失为特征的，比如说，缺乏树木和蓝天等。人看空间的不同方式，被空间肢解化了。司机只是为了达到目的地而看，他只从技术的角度看他要走的路线，空间在他的眼里只以一种简约化的方式出现。

抽象的空间是一个遭到压迫的空间，是个被支配的、被征服的和被压抑的空间，是权力的工具。统治阶级通过抽象的空间来隐蔽地扩大对空间的控制权，并获得大量的利润。不仅是工厂在创造着利润，铁路和高速公路也在创造着大量的利润。在任何一个社会中，占主导地位的空间都是知识权力的空间。这个空间以都市的规划设计和建筑的面貌出现。精英阶层通常把这个空间作为维持其统治的手段。比如说,拆迁表面上是都市化迁移,是把贫困人口的居住区变成现代化的高层建筑社区,而其实主要考虑的是中层阶级和既得利益阶层的生存和发展利益,穷人被赶到他们不愿意去的拥挤的和火柴盒般的高层建筑群中,他们被迫过上一种既拥挤又孤独的生活。消费社会和都市化时代的资本主义对穷人们的日常生活进行了一次次的空间化控制和剥削。他认为,应该走向一种持久的文化革命,要发动一场全方位的以日常生活为中心的革命,其中包括城市空间、爱欲与节日等领域,要造成差异性的空间。

(2) 瞬间用极度的癫狂来反抗日常生活的压抑

列斐伏尔还认为,我们要在瞬间中来寻找变革的力量。我们要抓住日常生活中的一些瞬间,比如说,狂欢、愉快、投降、反感、惊讶、恐惧等。人们可能很快就会忘记这样的瞬间,而恰好是在这里有可能发生剧变和产生强烈的愉悦感。瞬间是一种垂直的时间,是一种复合的创造性时间,其中存在着诗意。要把人与动物区分开来,就要对人进行瞬间性的观察和分析。人与人的区别只是在瞬间上的区别。瞬间是一种创造性的时刻,因此是多种多样的。每个瞬间都是一个局部的总体。我们可以享有游戏的瞬间、休闲的瞬间、正义的瞬间、诗意的瞬间等。瞬间具有选择性,能够从原初的模糊性中摆脱出来,好像是在短暂的时间里囊括了所有的类似性或差异性。我们需要有一种特殊的记忆才能记住这种瞬间。它是短暂的,所以它注定是失败的。瞬间追求的是一种完全自由的存在。瞬间既来源于单调无奇的日常生活,又不是日常生活。它向一片混沌模糊的世界投射出一种秩序。瞬间不会无缘无故地出现。瞬间不是一种奇迹,但是一种惊奇,把我们带入瞬间的节日。日常生活是混沌的,没有层面感。瞬间是对日常生活的一种复制,它把生活的悲剧维度加以放大。所有的瞬间的内容都来自日常生活。瞬间有着自己的游戏规则。它是崇高与悲剧的浓缩展现。每个瞬间都是一种不可还原的绝对。因为它要反抗日常生活中的压抑,所以它要把自己变成一种极度的癫狂。

(二) 萨特:我不得不对人类负责

1. 他拒绝领取诺贝尔文学奖

萨特(Jean-Paul Sartre,1905—1980)出生在法国。他的父亲是一名海军军官。他很小就显示出了文学方面的天赋。他在巴黎高等师范学校就读期间,被柏格森的哲学所吸引,觉得哲学太棒了!通过哲学可以学到真理！后来，他在柏林的法兰西研究所研究胡塞尔的现象学，并在胡塞尔的指导下用德语写出了《先验的自我》。在这里，他还开始写作他自认为最好的小说《恶心》。在这部小说中，他写的是人的病态的情感。人因为没有明确的人生目的，所以感觉人的存在是很偶然的、意外的和荒谬的。他感觉找不到恰当的语言来表达他在哲学上的洞见，所以采用了小说这种更为浪漫的表现方式。从哲学的角度上看，这样做很冒险。萨特成了存在主义的最著名的代表，很重要的原因在于他的晓畅易懂的文风。胡塞尔和海德格尔的艰涩的思想，在他笔下变成了很吸引人的小说。他的最重要的思想记载于他的长篇论著《存在与虚无》之中，但是他的讲座《存在主义是一种人文主义》最为人著名，其中最著名的论断是：存在先于本质。1964 年，他被授予诺贝尔文学奖，但是他拒绝领奖，因为他不想把自己变成一个机构的代表，他要保持自己的独立和自由，所以"拒绝一切来自官方的荣誉"。

第二次世界大战爆发之前，萨特潜心于创作，对政治和社会缺乏热情，是一个"孤独的个人"。第二次世界大战期间，他积极参与了法国抵抗运动，当过德国的战俘。在战俘营中，他读到了海德尔格尔的哲学书，还讲解给他的牧师朋友听。海德格尔的思想对萨特的《存在与虚无》这本书的写作影响很大。被释放后，他教了一段时间的书，便辞职，专门以写书为生。他写了三十多卷著作。萨特受马克思主义的影响很大，而且在政治上很积极，但是他从来没有加入过共产党，原因之一是他不想背弃自由。那时，有的人想把马克思主义道德化，而萨特则说，在马克思主义中找不到太多可以道德化的东西。他反对以斯大林主义为代表的正统马克思主义。他认为，马克思主义没有把道德和自由的角色说得太清楚。他还认为，道德不只是一种上层建筑，更是一种基础建筑。

萨特还在巴黎高等师范学校当学生时，就认识了同学波伏瓦，并终生相伴。这种关系很不寻常，因为他们俩都特别出众。波伏瓦是萨特的助手，协助他写出了很多作品，而她本人也是享誉文坛的最优秀的作家之一。萨特的作品，都要经过她阅读批评，经她同意后才出版。在萨特获得诺贝尔文学奖的时候，波伏瓦也跃居女性作家之首。萨特去世之后，她成为法国在世的最著名的作家。她的名言"女人不是生来就是女人的，而是变成女人的"，使她成了一名公认的女性主义者。她在文学方面的成功，给她带来了金钱、荣誉和独立。萨特和波伏瓦相守了五十一年，但没有结婚。她长得又高又漂亮，而他则长得又矮又平常。他们双双举世闻名。萨特生活得很简朴，几乎没有什么财产。他热衷于参加政治活动和旅行。他的居所是巴黎左岸文人区里的一套很小的公寓。后来他失明了。

在萨特的早期作品中，他更注重个人和自由。后来，在他的《辩证理性批判》中，他更注重人的历史和社会环境及其对人的行为的影响。他认为，在描述社会和经济结构的发展及其对人的决断的影响上，马克思比其他人要成功。他越来越意识到人的选择是受出生、社会地位和家庭背景限制的。他也意识到了人的社会存在对人的意识和行为的影响，意识到了人对于劳动的疏离现象。1945年，萨特写道，不管人的处境是怎么样的，他总是自由的，比如说，工人总是可以自由地选择是否加入工会，正如一个人总是可以自由地选择是否参战一样。1972年，他回想起这句话来，他认为自己很荒谬。他承认人的社会存在限制了人的自由，但是在一定的限度内，人还是有自由的，还是需要对自己的行为负责。1975年他明确声明自己不是一名马克思主义者，而是一名自由社会主义者。

2. 我们的意识赋予万物以意义

萨特认为，人与事物的存在方式是不同的。首先，事物本身的存在，比如说，石头，它只是存在着。当我作为事物存在时，我与其他种类的实在的存在没有什么区别，只是存在着。其次，我能为自己存在着。这是种有意识的存在，是主动者的存在。人才是主动者，才能为自己活着，而岩石则不能。我是一个有意识的主动者，所以我可以用多种方式与事物和他人建立联系。我会意识到，除了我的存在以外，世界上的每件事物也是存在的，它们存在于我之外。在这个意识层次上，我只是把世界看成是一个固体的、巨大的、无差别的、单一的东西，我还无法把它区分为单个的事物。萨特在《恶心》中描述的洛根丁这个人物就是如此。他坐在公园的长凳上，看着公园里的一切。突然间，他看每个事物的方式不一样了，他发现所有的事物其实都是一个东西。突然间，所有的事物都把自己的真实的存在暴露了出来。表达事物的不同意思的词语消失了，他看到的万物都变成了浆糊；树根、大门、长凳、青草都消失了。他发现，万物的区别、个体性都只是一种表象、一种虚饰。当这种虚饰融化后，只剩下柔软的、丑陋的物质，一切都处于赤裸裸的无序状态之中。世界就是他所意识到的物体的统一体。当我们醒过闷儿来的时候，世界才又变成了我们熟悉的世界。他认为，通过我们的理性认识的世界，我们解释出来的世界，都不是真实存在的世界。

萨特同意胡塞尔的观点,认为所有的意识都是对某种事物的意识。我们要认识,我们先得有认识的对象。这个对象不是意识,而是存在于我们的意识之外的世界。但是,我们不只是把世界看成是一个单一的固体的物质,我们还把它看成是具体的对象,比如说,树、长凳和桌子。当我们在识别一个具体的对象的时候,我们不是说它是什么,而是说它不是什么。这样,我们才能把一个事物与它的背景区分开来。当我们画画时,我们把椅子的背景涂黑了,椅子的形状才会显现。我们通过意识活动,从整个固体世界的大背景中把椅子抽取出来,这样才能识别出椅子。只有在意识中,世界万物才表现为我们可以理解的既相互区分又相互联系的体系。没有意识的存在,这个世界根本就没有什么意义。我们的意识赋予了万物以意义,尽管意识并不是万物的组成部分。

当我们只是看世界的存在本身的时候,它就是在那里存在着,它的存在是偶然的,没有什么必然性。偶然性指的是某个事物的存在是碰运气存在的,并不是由什么其他的东西必然地产生出来的。所以,从这个事物的存在,不能推导出它是怎么产生出来的。我们能够体验到的世界不是被上帝创造出来的,所以它的存在没有什么理由可言,永远如此。世间万物的意义依赖于人的选择。比如说,桌子是书桌还是饭桌,要看用它的人是用它来放饭菜还是用来垫着写字。一个山谷对农夫和对露营者的意义是不一样的。有意识的自我,根据自己的目的,把世界上存在的物体区分了开来。意识的活动具有二重性。第一,意识对世界上存在的具体事物加以定义,赋予它们意义。第二,意识与物体之间保持着距离,所以意识具有脱离于物体的自由。因为有意识的自我享有着自由,所以它才能赋予事物不同的意义。我们通常把意识的活动称为"选择"。我们选择做这件事或那件事,事物的意义就与我们选择做的事有关。如果我选择做农夫,山谷、暴雨对我就有特别的意义。而如果我选择在这个山谷里露营,那里的环境和暴雨对我又会具有不同的意义。

3. 虚无就像虫子一样蜷缩在我们心中

萨特是一个不折不扣的无神论者。他接受了尼采的观点:"上帝死了。"他还接受了陀思妥耶夫斯基的观点:"如果上帝不存在了,那么人就随便干什么都是可以的。"在一个没有上帝的世界里,我们在心理上处于一种放任状态。没有了天堂,也就找不到人生要追求的价值,也没有什么提前准备好的好与不好的标准来指导我们的选择。我们什么都可以干了，我们从内到外都没有什么好依赖的了，所以我们放任了。结果是我们感觉很凄凉、很无助、很绝望，有种被抛弃的感觉。我们干了坏事，找不到什么借口来免责了。只有我们能感知的东西才是存在的，除此之外尽是虚无。所以，我们没有过去、没有未来、只有现在。没有上帝，就没有永恒不变的价值体系，人就不知道自己被生下来干什么，没有什么是被提前决定的。个人是自由的，人被迫自由。我们发现，我们被扔到这个世界上。虽然我们是自由的，但是当我们有了自我意识的时候，我们就发现我们必须对自己所做的一切负责。就连我们在激情状态下做的事也得负责，因为感情也是种行为。

所以，自由太可怕了。没有什么迫我们就范，没有什么诱导我们前行。世界上只有我们才存在着。我们都是自由的，我们不得不选择，没有什么规则告诉我们我们应该怎么做，我们不得不发明自己的规则。在我们的生命中，存在着绝望的因素。我们会意识到我们的有限性。我们所拥有的可能性是有限的。这种有限性会让我们有虚无感，让我们意识到我们不得不死，让我们感到焦虑。虚无就像条虫子一样蜷缩在我们心中。正如海德格尔所说，不只是人得面对虚无，所有的存在物都得面对虚无。因此，人的有限性不是人的缺点或错误。我们从内疚、孤独和绝望中都能够体验到人的有限性导致的后果。主导所有存在物的东西是心愿。萨特同意海德格尔的看法。萨特说，只有在行动中才存在实在，才能感觉到真实。我们的生活就只是我们的行动和目的的总和。除了我们的实际的日常生活之外，我们什么也不是，我们什么也没有。如果我是个胆小鬼，那是我自己通过自己的行为把自己弄成胆小鬼的，而不是因为我长了个胆小鬼的心、肺或大脑。

4. 我们有主动性，所以比石头有尊严

萨特认为，人的自然属性与我们生产出来的产品不一样。比如说，在制造刀之前，制刀者就知道刀是拿来干什么用的，以及如何制造刀。所以，我们可以说刀的本质是先于它的存在的。如果我们相信人是上帝造的，上帝在造人前就构想好了人是用来干什么用的，怎么造，那么我们也可以说，人的本质是先于存在的。只是十八世纪的哲学家，有的是无神论者，有的不再谈上帝，可是他们依然都还在谈人性，即人人都具有的自然属性。他们把每个人都看成是普遍的人性的具体的例证，所以每个人的本质都先于存在。萨特从无神论的角度把这个论断倒了过来。如果没有上帝，就不可能提前具有人性。人先存在，然后才变成有本质的自我。也就是说，我们先出生在这个世界上，然后由我们自己来塑造自己。我们自己赋予自己本质。那么，这是不是意味着我们可以按自己的心愿来创造自己呢？萨特不是这个意思。他要说的是人比石头或桌子有尊严。我们的尊严来自于我们的意识。因为有意识，所以我们可以为自己做主。我可以自己主动地走向未来，而且我知道我在干什么。存在先于本质的意义不只在于我可以创造我自己，更重要的意义在于我要为自己的存在方式负责，而石头就不用为自己的存在负责。如果人性是固定不变的，是先天赋予的，我们也就不用为自己的存在负责。

5. 我的选择关系到所有的人

萨特认为，人是可以主动行为的，我们不能对这种主动性进行道德或不道德的评价。但是，这种主动性则是人是否要承担道德责任的前提。如果我们成为一个什么样的人，完全是自己造成的，那么我们就只能自作自受，不能怪罪他人。而且，在我创造自己的过程中，我不仅在为自己做选择，我还在为所有的人做选择。因为在我选择如何行为之前，我得想想，如果其他人都这样行为的话，情况会怎样。这样，我的选择就与所有人联系了起来，就与普遍性联系了起来。人只有在他人的注视下，才会对自己的某些行为产生羞耻感。所以，我们在创造自己的价值的时候，也同时在创造着人类的本质，我们选择所有人都应该以这样行为的方式去行为。我们选择了某种行为方式，就说明我们肯定这种行为方式的价值。只有对所有人都更好的，对我们来说才是更好的。萨特并不制定什么普遍法则来指导人们的道德选择，而是让普遍法则从人的最显而易见的经验中产生。所有人都必须选择，都必须决断，而我们又没有什么权威性的指导，这时我们就必须换位思考，想想其他人是不是愿意做出同样的选择。你可能会想，其实就是我一个人这么做，别人不会像我这么做，所以我这么做影响不大。这种想法是种自我欺骗。选择行为是一件极其痛苦的事情，因为我们不仅要为我们自己负责，我们还要为所有人负责。如果我通过自我欺骗来逃脱责任，我的良心就不得安宁。

6. 我不得不诚实，否则我就不得不内疚

萨特认为，尽管所有人在生之前，都没有什么本质，没有什么人的自然属性，但人的生活状态具有普遍性。我能够在我的有意识的思想中发现自我，也能够发现所有人的生活状态。我会发现，所有人都是有主动性的。在这个世界上，我必须活着、必须选择、必须决断。别的人也一样。我们所有的人都在以同样的方式努力克服着同样的有限性。所以，我们做什么和怎么选择，都得先考虑考虑。我总是处在一个需要我负责任的状态中，因为我与其他人总是联系在一起的，我必须对我的所有行为负责，所以我的行动不能是随意的和变幻莫测的。我必须创造我自己的本质，我必须发明我自己的价值观，并不意味着我不能对人的行为做出判断。我还是能够判断我的行为是否有错，我是不是在自我欺骗。我不能自我欺骗。我不能把自己隐藏在一些借口后面，比如说，我是受激情的驱使或我是按某种决定论的指导来行为的。我要创造自己的价值观，因为我出生前没有人赋予我价值观。每个人怎么才能活得有价值，得由自己来想。我们要真实地面对自我。比如说，一个女子同意与某个男子外出，她是知道他心里在想什么的，她迟早得做出决断。她不想承认这件事是草率的，而更愿意把他的行为解释为谨慎的。这就是自我欺骗。她是不诚实的。从原则上说，所有人都会对居心不良、演戏和戴假面具等类似的不诚实的行为感到内疚。人在自己的所有行为中都要真诚，不要欺骗自己，这样诚实才不只是自己的理想，而是变成了自己的实在，自己才真是一个诚实的人。

7. 要恢复个人在历史中的地位

（1）要在凡是有人的地方去寻找人

1944年以前，萨特创造出一种自由的本体论哲学，他认为人有着绝对的自由，所以有着绝对的责任。后来，他意识到虽然人具有绝对的自由，但人是否能够自由选择，受到社会历史条件的限制，所以他走近了马克思主义，开始在历史和社会环境中来理解个人的自由和人与人之间的关系。他反对恩格斯把唯物辩证法定义为关于自然、社会和思维联系和发展的一般规律的学说。他认为，在恩格斯的唯物辩证法那里，个人的因素被取消了，人类的历史不过是自然历史的一种特殊形式，个人变成了旁观者，只能反映客观世界。萨特认为，人是一种对物质有生理需要的存在物。人关心的只是进入人的实践领域的"自然"。

萨特认为，可以把存在主义和马克思主义调和起来，因为它们都推崇自由，都是行动的哲学。共产党的意志是无产阶级意志的集中体现，只有追求共产主义才是真正进步的，所以工人阶级应该绝对服从共产党的领导，才能保证在未来获得自由。马克思主义是这个时代不可超越的哲学，但正统的马克思主义却走向了僵化，主要原因在于马克思主义本来希望用理论来改造世界，而在实践中却变成了理论是理论，实践是实践的现象。马克思主义的理论研究变成了一种"形式主义"的淘汰工作，不断重复着一些僵死的知识，所有的材料取舍都要服从于预先所要得出的结论，个别的思想都被套在几条抽象不变的原理之中，这样马克思主义的理论变成了一种纯粹的和固定不变的知识，而马克思主义的实践则变成了一种无原则的经验论。

他认为，要恢复马克思主义的本来面目，就需要恢复个人在历史中的地位和作用，需要用存在主义来对马克思主义加以解释和补充。他强调人在实践中的创造性，也说明了这种创造和超越具有的历史性。我们既要关注历史的宏观发展，也要细致分析微观的个人的发展。他无意再现马克思的"本真"思想，而是希望在马克思主义哲学内部建立一种历史的人学。他认为，当代的马克思主义患了"败血症"，遗忘了对个人的应有的关注和理解。人的主观性的生存是特殊的和不可还原的。人类的需要、情欲、痛苦也不是通过获得知识就能改变的。他力图在社会历史范围内来探讨人获得自由的可能性。不存在总称的哲学，只存在属于一定时代的哲学，因此只存在"各种"哲学。

哲学是"上升"的阶级获得自我意识的一种方式，只有能够指导实践的哲学才是有生命力的哲学。只要某种哲学所反映的那个历史时期还没有被超越，这种哲学就不可能被超越。他认为，马克思主义不能只关注社会的宏大结构，否则难免沦为一具"抽象的普遍性的骸骨"。要在凡是有人的地方去寻找人，在劳动中、在家庭中、在马路上去寻找人。没有活生生的人，就不会有人的历史。他反对用抽象的普遍性代替鲜活的具体性，反对用僵化的词句取代活生生的现实。他反对把教条主义的强制性变成一种意识形态，因为它使得个人意识不到自己已经身患教条主义的疾病。他认为，正统的马克思主义只看到抽象的阶级而看不到具体的人，只看见人的"成年"，而忽视了人的"童年"。要关注存在于阶级和个人之间的家庭关系。家庭对个人的影响常常处在一种不透明的状态，所以需要用精神分析学的方法来进行分析。还要借助微观社会学的方法来考察一定的社会团体对个人的制约力量。

（2）历史是个人实践汇聚而成的总体化运动

萨特认为，历史绝不是一个机械的和拥有固定轨道的必然性过程，不可还原的个人的实践才是历史创造的原动力。历史也不是人可以随意加以控制的对象。历史常常具有不透明的特征，所以具体的个人难以在整体中找到自己的行动的意义。不能把人看做是完全被动的"物"，人可以通过"谋划"的实践活动来超越现实。阶级是由具体的个人集合而成的，不能只是单向度地用社会历史总体来涵盖个人，应该双向度地考察社会历史的总体化和个人的实践之间的关系。萨特的人学强调要把人和事件放到历史的总和之中去考察，并由此来规定其意义；另外要对个人、集团和历史现象进行差别性研究。实践首先不是集团或阶级的实践，而是个人通过谋划而不断实现超越的实践，历史是个人的实践汇聚而成的总体化运动。不存在一般的人的本质，也不存在脱离社会历史条件的个人。个人的实践是不可还原的。个人的实践总是在时间中进行的，时间迫使个人处于永恒的保留和超越之中。任何个人的任何情感和行动等都是独一无二的，无法用概念来进行规定，但是可以被理解。实践不是从无到有的纯粹的创造，而是必须在具备的可能性的范围内进行。

（3）使用工具的人必然会被工具所改变

萨特认为，人的创造性或超越性的计划，总是需要借助工具来实现，因此工具的特殊性多少改变着计划，多少影响着计划的实现。语言系统和文化观念也是一种"工具"，而在语言和观念背后又存在着意识形态。而使用工具的人必然会被工具所改变，人的行动的意义也会不知不觉地被改变。人在实践计划中规定自己。人生不过是一系列的计划造成的个人实践的总和。实践通过否定现存来肯定未来。在计划中，个人把自己的需要和欲望投射出去，超越具有惰性的物，按照自己的意愿来造就自己，从而赋予自身以意义。他所说的惰性指的是懒散和没有活力，它是一种非创造性的受动状态。在资本主义的物质生产中，机器成为指令者，而人则成为被动性的存在。社会关系和社会体制都变成了被动性的物一样的关系，人不得不依赖着它们而存在，它们又反过来榨干人自己的存在，把人变成了被动的物，失去了行为的主动性。

（4）个体在总体化过程中体悟自己的生命的意义

萨特认为，应该用总体化来批判每一种总体性。总体性指的就是整体性，而整体性是一种调节性因素，它能够形成一种暂时的惰性集合体。而总体化是人类社会中始终存在的能动活动，是把多样性综合为一个统一体，从而形成某种功能的过程。总体性是一种静态状况，而总体化则是具有创造性的整合过程，是一种活生生的持续流转的运动。而历史辩证法指的是历史的总体化的运动过程。在这里，在历史中存在的最重要的关系不是受动的个人与死去的总体性之间的关系，而是能动的积极参与的个体与动态的总体之间的关系。在历史的总体化进程中，个人的实践是原初动力和唯一的基础。任何个体都必然会受到客观力量的制约，因此不能自由地选择自己的环境，个人只能在这个环境中来计划自己的人生，所以不得不被总体化。但是，个体在总体化的过程中并不是纯粹被动的，而是不断地体悟着自己的生命的意义，不断地形成批判的经验，进而不断地反抗和超越既定的总体性，使得人类历史不断向前翻滚。

（5）在集团化中个人的自由越来越被淹没

萨特认为，一切人类社会都处于匮乏之中，使得人与人之间处于永恒的相互竞争的冲突之中。迄今为止的人类历史，一直是人类在同匮乏作艰难斗争的历史。匮乏指的是物质生活条件的稀缺。每一代人留给后人的都是一个匮乏的时代。只要人存在着，匮乏就跟随着，随时会给人带来肉体或精神上的折磨，甚至会导致人的死亡。而正是由于基本生存条件的匮乏才使人走向行动，创造出物品，从而构成历史。每一种匮乏中都包含着创造的可能性，包含着要超越这种匮乏的努力。匮乏也是导致物对人的压抑和人与人之间冲突的根源。在匮乏之中，由于资源缺乏，每一个人的存在对于另外一个人来说都是一种威胁。匮乏是不可克服的，因此压抑和冲突就无法避免，所以自我与他人之间永远存在着敌对关系。

天性自由的个人不得不进入各种不同的集合体，从而被带有惰性的集合体所约束。人迫于生存的压力而聚集起来形成群体。在大城市中的街道、广场等地存在着无处不在的群体。在这里，各个自以为是的人集合在一起，由物质性的原因支配着人的行动，人与人之间之维持着间接的和冷漠的关系。为了反抗惰性的物质性的统治，人们开始结合起来组成集团。集团与群体不同，集团是具有有机结构的。他认为，可以把集团分成四种：聚合群队、誓愿集团、组织集团和制度集团。聚合群队是一种具有一定的共同目标或在外部敌对势力的压力驱动下集合起来的集团，靠人们互相传染的希望和激情来维持。这种群队尚未被过度制度化，因此更容易保持个人的自由，也更不稳定。集团常常通过誓愿、组织以及制度等方式来维持自己的稳定。在这个流变过程中，集团会变得越来越僵化，越来越具有惰性，个人的自由也就越来越被淹没。他认为，工人阶级的组织从纯粹的被动性的组织逐步走向组织化、体制化乃至官僚化,所以革命不断地继续着、历史不断地循环着。

(三) 梅洛—庞蒂:人的肉体和机能是类似的

梅洛—庞蒂(Maurice Merleau-Ponty,1908—1961)是法国哲学家、社会学家和心理学家。他曾就读于巴黎高等师范学校。那里的哲学课教的主要是理性主义和观念主义。那时萨特也在巴黎高等师范学校上学,他比萨特低一年级。他曾经是一位天主教徒,后来脱离了天主教。在德国占领法国的期间,他在一所中学教书,写出了他最伟大的哲学著作:《感性认识的现象学》。从在巴黎高等师范学校上学开始,他与萨特之间的关系就很不稳定,时而是朋友,时而是敌人。他后来成了法兰西学院的哲学系主任。第二次世界大战后,萨特和梅洛—庞蒂都对共产主义产生了浓厚的兴趣,而且原因是相似的。他们都看到了那时的政局的混乱,他们都认为政治需要建立在一种新的哲学理论的基础之上。但是,他们都并不赞同马克思主义的所有观点,他们两人对马克思主义的看法也有分歧。由于彼此的分歧太大,1951年他们断绝了朋友关系。

1. 我就是我的肉体,而我的肉体是有灵性的

梅洛—庞蒂的观点与二元论者和一元论者都有区别。笛卡尔属于二元论者,因为他相信身心是二元的,谁也不从属于谁,二者并列第一。笛卡尔认为,人的思维会对通过感官得来的数据进行加工。它对感性信息进行解释,把特称判断变成全称判断,赋予这些信息以意义。比如说,我从窗户望出去,我说我看到街上有人路过。其实,我并没有看见人,我只是推导说我看见的是人。我看到的也许就是帽子和衣服,而里面掩盖的可能是一个机器人。但是,我判断说它们是人。我依据我的思维的判断功能,于是,我按我的理解来判断我亲眼看到的东西,并相信自己的所见。而实在论者是一元论者,认为实在居于首位。他们认为感性认识对世界的反映,就像照镜子一样,看到的东西和实际存在的东西是一样的,我们的思维并没有对它们进行加工。梅洛—庞蒂则居中。他认为我们的感官能够对感性数据进行建构和塑造,而我们的思维并没有在感性认识中发挥作用。而且我们的更高层次的思想活动是建立在感性认识的基础上的。我们的所有的认识都来自于感性认识,包括对我们自己的认识也是如此。所以,感性认识居于首要位置。

在感性认识的过程中,包含着对事物、真理和价值的认识。所有的认

识都是在感性认识中诞生的。理性认识可以还原为感性认识，而感性认识就像被感知的事物一样鲜活。梅洛—庞蒂受二十世纪初产生的格式塔心理学的影响很大。格式塔心理学认为，人的头脑中生来就具有某些固定的形状和结构。在感知事物的时候，人们会把感性经验套入这种形状和结构中，从而我们就能够解释这些经验，并能够赋予这些经验以意义。梅洛—庞蒂认为，这些形状和结构就存在于感官之中，所以在感性认识中就已经完成了对感性资料的加工。梅洛—庞蒂说，"我就是我的肉体"，我既是一个有意识的主动者，同时也是一个有肉体的被动者，我们不能把这两者分离开来。我自己的这两个方面通过我的肉体的生活经验统一起来。传统的物质论者认为，我就是一架机器，我的精神活动多少都可以通过我的肉体这架机器进行解释。而梅洛—庞蒂则认为，人的精神活动就存在于肉体之中。我的肉体是具有主动性的、有灵性的，而不是没有思想的和纯机械的肉体。

2. 人类具有"类"似性，所以有类似的机能

梅洛—庞蒂认为，我们的感性认识都是在一定的范围内发生的，往大了说，就是在这个世界中发生的。我们的肉体总是在某个时间存在于这个世界的某个地点，所以我们看世界的视角就是独特的。所以，我们在特定时间和特定地点得到的只是那个局部的观念，我们只有追忆回那个时光，这种局部的观念才是有效的。我们对事物的感知不是全面的，不是像我们通过理智弄出来的理想的统一体一样。就像一个几何立方体，我们站在它周围的任何一个平面的任何一个点上，看到的它的整体都是不一样的。我们看它的视角可以是无限多的。比如说，我们永远都无法同时看到一个物体的所有侧面。而且，我们的感性认识总是发生在滴滴答答地溜掉的时间中，就是站在同样的地点观察，时间也正在改变。

在不同的时间，即使我们表达同样的思想，意思也会有所不同。我们不可能长驱直入地认识事物的本质。我们的感性认识只是让我们走上了认识事物的道路，还要不断地弄清楚、不断地修正、不断地与他人进行对话交流。对于这个世界，我们每个人都多少有些类似的经验，所以我能够与其他人进行对话交流。每个人的肉体存在于不同的地方，因此每个人看待世界的视角是不一样的，每个人的内部体验就是不一样的。他认为，人类属于一个种类，所以每个人生来就具有类似的机能，能够以类似的方式感知事物的形状。根据格式塔理论，每个人对一些形状都有类似的偏好。比

如说，我不知道你看到的红色是什么样的，你也不知道我看到的红色是什么样的，但是我们都相信我们在看同一样东西时，我能看到的，你也应该能看到。

3. 没有人与人之间的人道，就没有历史的进步

存在主义者认为，不存在永恒不变的价值观，每个人必须创造自己的价值观。梅洛—庞蒂反对高谈抽象的价值观，反对抽象地高谈政治、正义和道德。他认为，所有的价值观都是对某个特定的文化的现实状况的反映。所谓的普世的政治价值观是强加于我们的，其实维护的都是某些特殊群体的优势地位，而对我们则是一种压迫而不是什么好事。从这点上看，马克思主义很合他的心意。他认为，通过感性认识，我们并不能认识所有的事物。我们对价值观的看法也是有多个视角的。他认为，价值观是非常重要的。价值观存在于人们的实际的生活方式之中。从人的生活方式的变化中，我们可以发现历史发展的方向。从这点上看，他对共产主义也很感兴趣。他认为，从现实社会中，我们可以感知到工人阶级在不断觉醒，而且变得越来越强大，正在引领着历史的发展方向。无产阶级是一个代表着普遍性的阶级。它的利益与人类的利益是一致的，因此可以超越民族国家的利益，可以最终解决社会矛盾和人与人之间的争斗。他承认，如果无产阶级不能战胜强大的资本主义，不能消灭暴力，不能在人与人之间建立起人道的关系，马克思主义就会被否定。历史的进步意味着人道的到来和人与人之间的相互认同。做不到这点，就没有什么历史的进步。

三 新人道主义的视角：从"我们的解放"到"我的解放"

杜娜叶夫斯卡娅（Raya Dunayevskaya，1910—1987）出生在乌克兰，少时与家人移居到美国。她提倡新人道主义。

（一）要把马克思的全部著作看成是一个整体

杜娜叶夫斯卡娅的研究对象主要是苏联和中国。她想弄清楚为什么自称是"工人阶级国家"的苏联会与已经发动战争的纳粹德国签署"苏德互不侵犯条约"？"革命的"马克思主义到底出了什么问题？她认为，在理论和实践上，苏联对马克思主义的误解至深。她想要通过"回到黑格尔"的方式来回到马克思。马克思主义在本质上指向的是人类的自由存在的解放哲学。她认为，要把马克思的全部著作看成是一个整体，其中哲学的同时就是经济学的和政治学的。马克思的历史唯物主义是哲学、经济

学和政治学的合一。在哲学上，强调人的自由的维度；在经济学中，强调雇佣劳动与资本之间的激烈对抗；在政治学中，强调无产阶级要通过革命斗争实现自身的解放。如果无产阶级的解放依靠的不是群众的自发的革命性，而是要依靠作为先锋队的党的灌输，那么怎么保证这个党不是一种让人失去主动性的力量的化身呢？这个党用什么来抵制让人失去主动性的外部力量的侵袭呢？党怎么能够保证它不会被败坏呢？

（二）要倾听来自下层人民的声音

杜娜叶夫斯卡娅认为，具体的现实的革命群众才是面向未来历史的"新激情和新力量"。自我认识、自我发展的革命主体是"新激情"和"新力量"的藏身之所。只有处于现实的革命斗争中的群众，才有可能从现实的压迫处境中生长出指向自由存在的自我意识。要倾听来自下层人民的声音，要把他们的斗争活动内化为哲学理论，要让历史唯物主义立足于现实的、具体的历史过程。理论与实践统一的中介是革命群众自身。革命既要颠覆旧的社会秩序，又要建立一种新的社会秩序，而革命依托的都是自发的革命群众的历史创造活动。解放是从"我们的解放"到"我的解放"，是每一个具体的人的自由的实现。不能说"社会"或"国家"获得了解放，而"个人"却继续在被奴役和压迫；不能说"无产阶级"解放了，而妇女或黑人仍然在遭受压迫。自由人不是农耕社会中的自耕民，也不是工业社会中的市场关系中的自由市民，而是从社会生产领域中解放出来的自由人。只有劳动者本身取得了对自身劳动的支配权和控制权，他才能摆脱被奴役的地位。共产主义社会是一种社会存在方式。共产主义不是一个理论目标，而是人类未来存在的现实状态。衡量这个社会的尺度是自由的维度。共产主义社会是一个有自由精神的、群众能够创造自己的历史的自由人的联合体。

四 发生学结构主义的视角：摆脱经济需要时，"我们"才能显现

戈德曼（Lucien Goldman, 1913—1970）是现代法国西方马克思主义思想家。第二次世界大战时曾被德国军队关入集中营。

（一）每种世界观都在说明世界的总体的有序性

戈德曼认为，所有的哲学都是一种人类学。人的行为的全面的意义是由理论性（真）、实践性（善）和情感性（美）的总体构成的。人的主动性总是存在的，而且正是人的主动性造就了历史。任何一个社会性的事实都是人的有意义的行为的结果。任何一个社会事实都要纳入一定的社会功能中才能理解。任何一种功能结构本身也是在不断发展着的。在人与人之间，除了"你"和"我"的关系之外，还存在着一种集体的关系，即"我们"的关系。只有人能够在日常生活行动方面实际上摆脱了经济需要的控制时，"我们"才能够真正显现出来。他说的"我们"是一个"个人群"，但不是个人实体的简单的总和。历史是由无数群体的成千上万次的有意义的行动构成的。在群体行为中，总有一些特定的群体居于支配地位。

历史是在一定的结构中运行的。人创造了历史的结构。历史的行为结构是通过人们的共同活动形成的"统一的方式"，以保持人与环境之间的特定的平衡。任何演变都是向着某个特殊的平衡状态挺进的过程；演变的过程就是一种或多种以前存在的结构解体的过程；任何解体的过程都包括从老结构到新结构过渡的特殊时期。任何平衡都是暂时的，因为任何结构都必须具有某种功能，当这种功能失调到无法挽救，就会出现具有新的功能的结构。出现结构性危机时会先出现一些征兆。此时，外部世界的一些部分不能被同化和整合到功能结构中去。当外部世界的某些结构在整合到功能结构中时产生困难并无法发挥作用时，人自身就开始建构新的功能结构。

人的意识活动也是一种结构化的活动，而且人积极主动地介入现实。意识是一种构序的力量，它一方面维系现有的结构，另一方面又通过反思和批判来促使结构发生改变。人的意识结构是超个人的，不是个人说了算的，而是通过集体的精神结构在起作用。世界观就是总体的意识结构，是人与宇宙之间相互联系的观点。对于个人来说，世界观是与现实的社会结构相对应的意识秩序，是生活和行为的规则。个人为了在集体中活下去就必须接受这种世界观。每种世界观都在说明世界的总体的有序性，其中都包含着鲜明的阶级烙印，为特定的社会集团服务。凡是伟大的文学艺术作品都表现着某种世界观。理解是要弄清对象的内部结构，而解释则需要更大的参照系。理解和解释之间存在着递进关系。理解了就要进一步进行解释。我们永远无法在生活中把"事实判断"和"价值判断"分离开来。比如说，人在研究自己发怒时会出现悖论，即我发怒时我不能研究自己，而当发怒本身成为研究对象时，怒气已经不在了。

（二）完美隐遁了，人沦落为纯粹的经济动物

戈德曼认为，马克思主义哲学的出发点是"应该"和"是"，而不是"应该"或者"是"。他赞同，资本主义社会给人类带来了悲剧性的存在

方式，人被工具这种物统治着，找不到人活着的意义。在资本主义社会中，有理性的个人指的是市场中的孤立的、自由的和平等的个人，人沦落为纯粹的经济动物。在资本主义社会中，人的确是自由了，可以对自己负责了，但是人失去了神性的依托后，就无法低看和超越物质世界，只能在世俗世界中实现自己的价值，结果把自己变成了可以在市场中进行交换的物。宇宙空间已经不再有神性的意义，不再有等级，而是价值中立的空间，人们可以随意地用功利目的来使用空间。在以前的社会中，自然与人类是一个共同体，上帝通过自然与人类在一起。而当自然的宇宙已经被看成是没有什么意义的存在时，上帝失去了与人类进行交流的手段，因此离开了世界。完美隐遁了，人沦落了，人不再是人，而是变成了东西，变成了物。人变成了以原子的方式存在的孤独的个人，人与人之间只剩下了金钱关系。什么都可以用经验科学来解释，而经验科学完全是一种解释物与物之间的关系的原理。人没有了神的引领，就开始败坏自己，人与人之间平等到了只剩下钱的关系，于是人间悲剧就产生了。由于上帝的悄然离开，人们失去了指导自己的行为的道德力量。

（三）我们必须赌马克思存在，这样我们才可能有希望

戈德曼认为，以经验科学为代表的理性确实创造出了空前巨大的物质财富，人永远也不能抛弃经验科学，但是纯粹的经验科学造成的空间，是一个对于真善美漠不关心的空间，经验科学关心的是知识、技术效率和利益得失。在经验科学的世界中，人们为了追求财富的增长，自由竞争着，不再有任何合乎人性的东西。在经验科学的空间里，上帝不再发言。不过，他认为上帝只是隐蔽了，并没有消失。完美才是最真实的和最永久的存在。在这么一个物欲横流的社会中，上帝不再对我们指手画脚，但是上帝并没有真正走开，他始终存在于我们的心中，提醒我们要过一种正义的生活。正是因为上帝还隐蔽地存在着，所以孤独的个人才会挣扎着思考人活着的意义。在现代社会中存在着悲剧人，这些人就是被上帝看见了的人。悲剧人很不幸地感知到自己被上帝看到了，但是他还必须现实地活在这个金钱化的物质世界里，他无法逃避自己在这个世界的生活。对于这个具有悲剧意识的人来说，他所面对的世界既是虚无的同时又是一切，因为从上帝的角度上看，他获得的所有东西都是毫无意义的，所以是虚无的，但是他又无法放弃这些物。与完全沉沦于物的常人不同，对于悲剧人来说，如何生存是一种非常困难的选择。

悲剧人既不相信人能够改造世界，让世界中充满着能够实现的道德准则，他又不相信可以逃避，可以躲入上帝之城。所以，他既过着这样的生活，又不享受和不喜欢这种生活，他只能在世俗世界中拒绝着世俗世界。他既生活在世俗社会中，又高举着崇高的神性价值，他赌上帝是存在的。悲剧人存在于是与不是的矛盾之中，既追求入世又不能享受。他注定是孤独的，因为他只能独白，因为大多数人似乎都在酣睡之中。悲剧的力量来自于人相信沉默不语的上帝一定存在的内心信念。他认为，现在的马克思主义者就是这样的悲剧人。在资本主义全面胜利的今天，马克思主义者还在赌共产主义社会是可以实现的。信仰就是打赌。面对现代资本主义的全面胜利，对共产主义的信仰也是在打赌，我们必须赌马克思存在，这样我们才可能有希望。我们不能马上看到未来的成功，而只能打赌未来会成功。只要我们活着和努力抗争着，就有改变这个世界的真实可能性。风险、失败的可能性和成功的希望综合起来构成了人类的命运。当代资本主义社会对人格的扭曲和压抑达到了更高的程度。我们既不能放弃物质利益，也不能放弃抗争，特别是不能放弃对美好的社会前景的不懈追求。

第四节　科学马克思主义：在物质发展规律中寻找革命的力量

一　新实证主义的视角：科学只能是"自然科学"意义上的科学

（一）德拉—沃尔佩：马克思的哲学是最严格的科学

二十世纪五十和六十年代，在西方马克思主义思潮内部出现了与人本主义相反的科学主义倾向，力图用实证科学的方法重新解释马克思主义的经典文献，其代表人物主要有意大利的德拉—沃尔佩和科莱蒂、法国的阿尔都塞以及英美国家的"分析的马克思主义"思潮等。人本主义的最响亮的口号是"马克思主义是人本主义"，而科学主义的最响亮的口号是用"马克思主义是科学"来"保卫马克思"。分析的马克思主义则强调要科学地把握马克思的理论，首先要精确地阐述其基本概念，分析出概念之间前后矛盾的深层原因，探寻马克思主义理论的微观基础，并大量运用社会科学中的实证理论模型，把复杂的问题简单化，以便抓住核心问题，着力于研究马克思主义的思想的连贯性。德拉—沃尔佩（Galvano Della-Volpe，1895—1968）是意大利的新实证主义马克思主义学派的创始人。

1. 要让马克思与黑格尔彻底决裂

德拉—沃尔佩认为马克思是卢梭的思想的继承人,继承了卢梭的民主、平等、自由的思想。德拉—沃尔佩和科莱蒂都不是否定一切人本主义,但是倡导一种实证化的人本主义。他们认为,不能把马克思主义变成"人学的空场"。他们并不反对人本主义本身,但是反对虚假的人本主义,所以要用实证方法来论证人本主义。他们认为,马克思是追求人文关怀的,但是马克思认为只有在历史发展的进程中才能实现人类的自由。他们都反对斯大林的辩证唯物主义模式,他们都认为这种辩证唯物主义不过是黑格尔哲学的一种机械的手抄本。马克思的哲学与黑格尔的哲学是根本不同的,因此必须让马克思与黑格尔彻底决裂。不能强调马克思的思想与黑格尔的思想之间的继承性,这样才不会玷污马克思的哲学革命的纯粹性。他们倡导一种新的研读马克思主义的方式。

2. 要证明马克思主义哲学的"科学性"

他们以亚里士多德、伽利略和康德等为后盾,以黑格尔与马克思的思想之间的关系为突破口,以逻辑实证主义为方法论,认真研读马克思的原著。他们引入了亚里士多德的逻辑同一律、伽利略的试验方法和康德的"真正对立"的方法。他们认为,一切无法用经验和逻辑证实的命题都是毫无意义的。科学只能是"自然科学"意义上的科学,要符合逻辑思维规律或经过经验证明。要通过揭示马克思的哲学方法与自然科学方法之间的相同之处来证明马克思主义哲学的"科学性"。马克思主义哲学的革命意义主要体现在它的方法论和认识论之中。德拉—沃尔佩认为,马克思的"科学的辩证法"用亚里士多德的逻辑同一律颠覆了黑格尔的辩证法。马克思的方法论与伽利略的方法论的性质是相同的。他们都是先从现实的物质世界出发,找到给定的问题,用代表着逻辑的理性进行论证,再用实践进行检验,所以马克思的哲学才是最严格的科学。他认为,伽利略的实验的方法可以被称之为"大写的方法",可以把人类史与自然史统一起来,建构起一种大写的历史科学。

(二)科莱蒂:资本主义社会中的辩证矛盾

科莱蒂(Lucio Colletti,1924—2001)出生在罗马,是德拉—沃尔佩的最出色的学生。

1. 唯物辩证法只是观念的辩证法的变种

科莱蒂认为,马克思有两个面孔。完整的马克思不仅是一位科学家,还是一位革命家。他强调了马克思主义哲学的革命性的一面。他痛恨苏联的辩证唯物主义模式,他想彻底终结辩证唯物主义的统治霸权。他认为,可以把黑格尔的辩证法称为"物质辩证法",其主要内容是物质和观念可以互变。具体的物质是观念的化身。"上帝"通过把自己变成物质的东西而让自己显现。物质和观念只有在对立的矛盾运动中才能互变成同样的东西。而所有的辩证唯物主义在本质上都是黑格尔的物质辩证法的翻版,都是一种神学。他同意德拉—沃尔佩的看法,认为黑格尔的哲学其实就是柏拉图的理念论,只是其中加上了逻辑学的环节,本质上都是虚假的。黑格尔用物质辩证法来根除唯物主义,把物质说成是虚幻的观念的表现,所以物质辩证法从根本上说是观念的辩证法。辩证唯物主义认为,具体的物质可以转化为"物质"这个概念,而"物质"概念又必须变成具体的物质,并保持自己的完满性。最后"物质"的概念与物质之间是通过内在矛盾而互相转化的。从表面上看,黑格尔的物质的辩证法与辩证唯物主义是有本质差别的,其实空洞地谈物质和空洞地谈观念是一样的。我们说一个物体是物质的,这时的物质只是一个用来分类的概念,如果不具体化,就是一句废话。这样的唯物辩证法只是观念的辩证法的变种。

2. 马克思是沿着康德的道路前进的

科莱蒂批判了恩格斯,他认为是恩格斯把黑格尔的"物质辩证法"引入了唯物主义之中,创立了对马克思主义的辩证唯物主义的解读模式,从而误读了马克思的思想。这种误读的恶果直接表现在对"科学标准"的理解上。恩格斯把物质辩证法作为新的科学标准来代替了无矛盾原则,这样就把黑格尔的旧哲学转嫁给了经验科学。恩格斯也误读了黑格尔,从而把黑格尔的哲学划分为革命的方法和保守的体系,从而发现了黑格尔哲学的并不存在的"矛盾",所以他才说马克思从黑格尔那里吸收了革命的原则,抛弃了虚假的体系,而其实黑格尔的哲学是一体的,所以拿来方法,就意味着拿来了虚假的体系,从而让马克思的哲学深刻地沉沦。

他认为,经验科学和唯物主义都只能遵循无矛盾原理,否则就没有科学的严谨性。马克思的哲学是建立在与黑格尔彻底决裂的基础上的,而恩格斯则走在黑格尔开辟的道路之上,结果恩格斯完全背叛了马克思。他反对苏联的"马克思恩格斯完全一致论",他认为恩格斯不是马克思的影子。他赞成"马克思恩格斯对立论",认为恩格斯是辩证唯物主义的创始人。他把苏联在辩证唯物主义方面犯下的错误全部推到恩格斯头上,并宽恕了马克思在这个方面犯的所有错误，以牺牲和贬低恩格斯的方法来保全马克思，并把马克思变成了一个神话。后来，他也认识到这样做对恩格斯是不公平的，但是他依然坚持马克思和恩格斯在思想上不是完全一致的。他认为，马克思的哲学是一种科学，马克思是沿着康德的道路前进的。要恢复马克思的批判的唯物主义，就要打破思维与存在的同一性，就要强调思维与存在的异质性。而思维与存在的异质性是康德最先提出来的。康德认为，思维本身应该遵循无矛盾律。思维和存在之间不能互推，不能从存在推演出思维，也不能从思维中推演出存在。坚持思维与存在的同一论就等于坚持了独断论。

3. 资本与雇佣劳动之间的矛盾是辩证矛盾

科莱蒂认为，"社会生产关系"理论是理解马克思的哲学的革命性的突破口，是马克思对德国古典哲学的超越。他认为，在生产中存在着人与自然的关系和人与人之间的关系，二者构成了社会生产关系的真实内涵。生产是一种双重生产：一方面是人与自然之间的物质生产，另一方面是人与人之间的社会关系的生产。他认为，在马克思看来，在资本主义社会中存在着两种现实：自然科学意义上的现实和颠倒了的现实。资本与雇佣劳动之间的矛盾并不是"真正对立"的矛盾，而是辩证矛盾。从这里可以看到，马克思的哲学不仅仅是一种科学，还包含着政治经济学批判。在资本主义社会中，使用价值与交换价值、商品与货币、资本与雇佣劳动之间的矛盾，都是典型的辩证矛盾。资本主义社会本身就是一个颠倒的、矛盾的社会。辩证矛盾是资本主义社会特有的，在资本主义社会之外不存在任何矛盾。马克思的政治经济学就是要批判这些辩证矛盾，他要透过客观的假象看到被压抑的人，他要把政治经济学从资产阶级的意识形态中解放出来，把政治经济学变成一门科学。政治经济学是随着资本主义的产生而产生的，会随着商品生产的终结而终结。

二 阶级结构主义的视角：推动历史发展的直接动力是阶级斗争

（一）阿尔都塞：马克思主义是科学而不是意识形态

阿尔都塞（Louis Althusser, 1918—1990）出生在阿尔及尔，主要生活在法国，是法国著名的马克思主义思想家。他的父亲是一个银行的支行长。他曾经被德军俘虏并关入集中营，其间患上抑郁狂躁症。曾加入法国共产党。因精神病发作而掐死了自己的妻子，后被送入精神病院。他用法国的结构主义的方法，重新解读了马克思的思想发展史，力图恢复马克思主义的科学形态。他对人本主义的马克思主义思潮和斯大林主义持批判态度。他提出了"保卫马克思"的口号，致力于捍卫马克思主义的科学性与自主性。

1. 在回答问题的过程中把内容组织成思想体系

阿尔都塞认为，社会结构的组成部分之间不是同一性的关系，而是差异性的关系。他持多元决定论立场，认为社会结构是一种有主导结构的多元异质的复杂整体。他反对只是执着于马克思的文本的表层意义，而不深究深层结构的整体的做法。他通过提出特定的问题和解决问题的方式来使特定的思想内容成为一定的思想体系。他认为，哲学的问题与日常生活中的问题不同。哲学并不提供现成的答案。哲学的出发点与"无"和"真空"相关，哲学用思考来填充这个虚空状态。哲学家一般只能通过提问的方式进行思考，而无法思考提问题的方式本身。对问题的回答表现为一个思想及其各个构成部分之间的特定的具体结构。哲学的提问方式是一种开放的生产性的发问方式，在回答这种问题的过程中可以把思想内容组织成一个有结构的思想体系。在对哲学问题的回答中，存在着看得见的东西和看不见的东西。看得见的东西在问题所规定的范围之内，而看不见的东西则是问题无法容纳的对象。在回答中包含着它所是的东西而排斥它所不是的东西。在它肯定的类中，它是无限的；而对于它排斥的东西来说，它又是有限的。人的思维只是提问功能的承担者，只能是提问方式在反思自身，而不是人的思维在反思。所提的问题必须面对外在性问题和内在性问题的对立关系，提的不是自身内部包含的问题，而是面向时代而提出的客观问题。

2. 背负着理论问题的有罪的阅读

阿尔都塞认为，哲学问题是无法直观的，它是一种能够让思想产生的隐性的功能结构，只能通过症候阅读法才能抽取出来。科学的阅读不是对可见之物的直接反映，而是要从症候的形式中找出背后的无意识的存在。真正的阅读并不是不带问题的无辜的阅读，而是背负着理论问题的有罪的阅读。无辜的阅读是日常经验中的拘泥于文本的表层结构的阅读，是种线性阅读方式，并假定通过文字本身能够获得作者所要表达的全部东西。而有罪的阅读则始终都在捍卫阅读过程中所担负的罪责，指向的是理论认识的隐性生产机制。有罪的阅读要揭示的是直接的和清白的听说背后潜在的更为深刻的无意识的语言结构。结构支配着阅读过程，看只能表现为一种结构行为。有的看不到的东西表现为文本中的沉默的东西，属于空白，但是这种空白不是客观的缺失。看这种东西需要新的目光。症候阅读是要把明确的论述与文本的缺失或沉默之处充分连接起来，把保持沉默的问题揭示出来。在马克思的著作中存在着一种无意识的深层的理论框架，这种理论框架是隐藏在文字背后的没有被说出来的东西。阅读者必须像医生看病一样，根据文字中表现出来的"症候"来寻找出马克思的理论的深层结构。

他认为，理论的同一性不存在于该理论的任何特定的命题中，也不存在于作者的创作目的中，而是存在于理论的结构中，也就是理论框架中。这个理论框架决定着提出问题和解决问题的方式，每个概念的意义也只能在这个理论框架中来加以确定。他认为，在写《德意志意识形态》之前，马克思的阅读方法是一种栅栏式的直接阅读，它以"看"的方式面对古典政治经济学家。而只依靠栅栏式的直接阅读无法真正理解马克思的哲学。认识对象与现实对象不一样。认识对象是思维的产物，认识的是思维中的具体和思维的整体，而现实对象是现实中的具体和现实的整体。我们是通过认识对象来认识现实对象的。思维中的范畴之间的关系与历史发展过程中的现实范畴之间的顺序是不一致的。经验主义力图把逻辑顺序与现实顺序统一起来，要么让逻辑顺序遵循现实顺序，要么让现实顺序遵循逻辑顺序，而没有看到二者之间的差别。他认为，思维是具有鲜明的结构主义特征的。思维用结构来对现实中得来的原料进行加工和塑形，受到客观原料和实践条件的制约。

3. 哲学史主要是意识形态的发展史

（1）意识形态具有现成的、封闭的和确定的答案

阿尔都塞的认识论思想包含着两个主题：意识形态认识和科学认识。他认为，哲学史主要是意识形态的发展史。意识形态具有现成的、封闭的和确定的答案，先确定答案，再提出问题，形成一种"恶的圆圈"，目的在于实现某种宗教、伦理和政治的目的。而科学认识则不预先规定和给出封闭的答案，具有开放的结构，所以可能会突破意识形态的封闭的圆圈。他认为，唯物辩证法指的是马克思主义的科学哲学，它对问题的回答往往具有意识形态的性质。在这里，科学只是实现意识形态的工具。他批判意识形态中的虚假层面。他认为，只有特殊的实践而不存在任何抽象的一般

的实践。只有与意识形态决裂，才能具有科学的理论实践。要让科学认识与意识形态认识之间发生断裂。他把结构主义方法与精神分析学派中的无意识理论结合起来，对意识形态进行了开拓性的分析。他认为，意识形态是一种无意识的表象体系。在阶级社会中，统治阶级的意识形态具有虚假性和颠倒黑白的特征。统治阶级往往从自己的特定利益出发，试图把现存的统治体系永恒化。意识形态具有独特的逻辑和独特的表象体系，存在于特定的历史中，并作为历史而起作用，受制于真实历史的客观变化。组成这些表象体系的元素有观念、神话和概念等。

（2）意识形态具有强大的统治功能

阿尔都塞认为，意识形态的基本特征是：它是一种强加于人的结构，变成了人的一种无意识现象。它在想象关系中作用于人类，把人变成了意识形态结构的奴隶。在意识形态中，社会的职能压倒了认识的职能，也就是说对利益的追求压倒了对真理的追求。它力图用想象的关系和真实的关系来掩盖社会利益关系，以便让统治阶级和被统治阶级都能充分认同一定的意识形态。意识形态其实是一种纯粹的梦想、虚无和幻想。意识形态有自己的历史，但是没有自身独立的历史。意识形态具有着一种永恒不变的形式。意识形态是一种社会结构，既以一种非实体性的表象体系存在，又表现为一种物质性存在。在意识形态中存在着虚假的主体自主性。意识形态将个人塑造为主体，让主体以意识形态的方式来生活，在意识形态中言说和行动。意识形态的存在不是永恒性的，而是历史性的，并作为历史在特定的社会中发挥作用。在阶级社会中，意识形态是统治阶级根据自己的利益来调整社会关系的一种结构。意识形态是被强加给大多数人的，因此不是通过人的意识，而是在不知不觉中作用于人的。意识形态的概念的特殊性在于它是受利益支配的。所以，意识形态与科学是不同的。

意识形态确实指向一系列存在着的现实，但是它不说明这种现实存在的本质，也不提供认识这些现实的手段。对于意识形态来说，理解不理解不是那么重要，认识不认识也不是那么重要，更重要的是要能够在社会中有效地发挥作用。在意识形态中，存在着一个绝对的主体，它是整个意识形态的中心。现实的个体主体不过是像镜子一样在复制和反映着这个绝对主体，并臣服于这个绝对主体，从而构成一种相互承认的关系。被意识形态建构出来的主体，会自由地和自动地诚服于绝对主体，成为意识形态实现自身的工具。所以，意识形态具有强大的统治功能。阿尔都塞认为，国家具有暴力功能和驯化功能，暴力功能是通过强力实现的，而驯化功能则是通过同意来实现的。现代西方国家的意识形态具有强大的伦理教化的职能。他把镇压性的国家机器和意识形态的国家机器区分开来。镇压性的国家机器是唯一的，而意识形态的国家机器则可以有多种存在形式，比如说，宗教、教育、家庭、法律、工会、文化等。占统治地位的意识形态作为统一性贯穿在国家机器之中。镇压性的国家机器立足于公共领域，通过镇压的方式发挥作用，而意识形态的国家机器则属于私人领域，通过伦理教化发生作用。意识形态能够激发劳动者的积极参与性。

4. 马克思主义的本质是科学

（1）反对人本主义和传统的马克思主义

阿尔都塞认为，马克思主义哲学是科学的认识论，能够超越虚幻的意识形态。他想要找到本真的马克思。他提出了马克思主义哲学形成和发展中的新的分期理论。他明确提出了在马克思的思想发展中存在着一个从意识形态时期到科学时期的过渡，马克思主义的本质是"科学"而不是"意识形态"。在他看来，马克思主义发展史上的著名的由人本主义的马克思主义发动的"青年马克思"与"老年马克思"之争，关系到马克思主义的生死存亡。他希望能够在危机中挽救马克思。他对马克思的思想发展阶段重新进行了划分，并断言马克思主义是科学。他坚决反对把马克思主义解释为人本主义。他认为，人本主义是一种资产阶级的意识形态。人本主义的马克思主义认为青年马克思是真正的马克思，是马克思的思想的全部。只有一个马克思，那就是青年马克思，成年马克思不过是化了装的青年马克思。如果马克思非要强调他的年龄，那他就应该承认他在成年时期犯下的过错，承认自己为经济学牺牲了哲学，为科学牺牲了伦理学，为历史牺牲了人。马克思主义归根到底是一种人本主义的伦理学理论，马克思的核心思想的代表作是《1844年经济学—哲学手稿》，而《共产党宣言》和《资本论》等不过是这本著作的扩展和反映。

而传统的马克思主义者为了保卫整个马克思，认为马克思的思想是一个整体，他们用马克思的成年时期的著作来说明青年时期的著作，力图在青年马克思的身上找到成年马克思的影子。他们把青年马克思的著作中的思想划分成唯物主义和唯心主义的成分，通过比较来看马克思比黑格尔和费尔巴哈多说了什么，又比较马克思在成熟时期少说了什么，这样来判定马克思的思想的进展。他们用成熟时期的马克思的著作来对青年时期的马克思的著作进行判决。阿尔都塞认为，传统的马克思主义为马克思所做的辩护，其实是一种隐性的唯心史观，因为青年马克思注定是要向着成年马克思发展的，马克思是注定要成为马克思主义者的。他认为，无论是人本主义的马克思主义还是传统的马克思主义都陷入了非科学的境地。

（2）马克思冲破了德意志意识形态的重重迷雾

阿尔都塞认为，我们要立足于科学来对待马克思，既不能把青年马克思的著作过度拔高，也不能用马克思注定会成为马克思主义者的思路来研究，而是要回到历史，历史才是马克思的思想的真正的诞生之地。在对马克思的思想进行历史研究的过程中，要坚持马克思不是天生的马克思主义者的科学立场。我们必须承认，即使像马克思这样的伟大人物，同样有着不光彩的经历和开端，有自己的青年时代，也会犯错误，也有思想不成熟的时期。哲学家也先要在某天某地诞生，然后才能思想和写作。马克思并不是生来就注定要成为一个思想家的，他也是特定的社会历史条件的产物，这个特定的社会历史条件就是马克思本人无法选择的"开端"。当时的德国在意识形态方面走在历史的前列，是欧洲的其他国家无法相比的，因为德国在经济和政治上是落后的，德国的资产阶级的知识分子就只能通过幻想来体验自己的解放，使得理想与现实之间有着巨大的差距。他们把一切的现实问题都变成了哲学问题。德国的意识形态的过分发达其实是它的历史的不发达的反映。马克思在诞生时就被包裹在德意志的这种特有的意识形态的襁褓之中，而且他成功地从这种沉重的襁褓中解脱了出来。马克思只有冲破德意志的意识形态的重重迷雾，才能研究真正的历史，才能走上历史唯物主义的道路。

（3）在马克思的思想发展过程中发生过断裂

阿尔都塞认为，青年马克思不属于马克思主义。在马克思的思想发展过程中发生过断裂，成熟的马克思的思想发生的转轨，颠覆了青年马克思的思想。他要用实证科学的方法来重新解读马克思主义哲学的经典文献。他认为，青年马克思处于意识形态时期，而成熟的马克思则进入了科学时期。马克思主义的创立时期是1845年，以《关于费尔巴哈的提纲》和《德意志意识形态》为标志。马克思在抛弃了原来的意识形态后，同时创立了辩证唯物主义哲学和历史唯物主义科学。他把马克思的思想发展细分为四个阶段：

第一个阶段（1840—1844）为青年马克思时期，这个时期的著作为意识形态著作，主要包括《博士论文》《1844年经济学—哲学手稿》和《神圣家族》等。青年马克思的理论基础是"人的哲学"。这个阶段可以再具体分为两个小阶段：1840—1842年的"理性自由主义阶段"和1842—1844年的"理性共产主义阶段"。在理性自由主义阶段，马克思的思想主要受到康德和费希特的影响，他把人的本质看成是自由和理性，认为只能从自由和理性的角度出发才能理解历史。推动历史发展的是人的自由和理性，个人和国家在本质上都是理性的。个人只有是理性的，才是自由的。国家只有是理性的，才能自动进行改革，才能成为一个符合人性的国家。这时的马克思是一个激进的民主主义者，力图用资产阶级的自由和人性等思想来反抗封建制度。

他认为，除了马克思在写作《博士论文》和《1844年经济学—哲学手稿》的时期以外，青年马克思根本就不属于黑格尔派。在"理性共产主义"阶段，主导马克思的思想的是费尔巴哈的"共同体的"人本主义，因为他认为德意志国家的行为是非理性的，不符合他最初想象的国家是理性的和会自动改革的理想。这个时候的马克思赞同费尔巴哈的观点，认为人与人之间存在着类本质的关系，这种类本质就是理性和自由。在现实的历史中，人的理性和自由都遭到了压抑。人正是在这种压抑中走向理性和自由的。这时的马克思已经转向了无产阶级的立场，追求实现共产主义。马克思想要把人本主义和无产阶级的立场结合起来，成为无产阶级革命的理论基础。这个时候的马克思用伦理的方式来理解历史。

第二个阶段（1845）为马克思的决裂阶段，他抛弃了人本主义和转向了科学理论，这个时期的著作主要包括《关于费尔巴哈的提纲》和《德意志意识形态》。这个时候，马克思认识到意识形态是非科学的，于是走向了科学的历史唯物主义。阿尔都塞认为，马克思从意识形态到科学理论的转变是一个不可逆的过程，他坚决反对把马克思主义再度软化为意识形态。他认为，马克思的历史唯物主义开创了一种永远不会结束的历史。马克思的《关于费尔巴哈的提纲》是新旧时期断裂时产生出的思想闪电和碎片式的思想火花，只具有宣告一切旧哲学死亡的意义。

第三个阶段（1845—1857）为马克思的思想的成长时期，他在原有的思想体系的基础上进行了多方面的思考，这个时期的著作主要包括《共产党宣言》《哲学的贫困》《工资、价格和利润》等。

第四个阶段（1857—1883）为马克思的理论的成熟时期，包括马克思在1857年之后写的所有著作,其中《哥达纲领批判》和《评阿·瓦格纳〈政治经济学教科书〉》最为完美。

(4) 用"马克思主义是科学"来"保卫马克思"

阿尔都塞提出了"马克思主义是科学"的口号。他认为,在青年马克思的思想研究中,《1844年经济学—哲学手稿》是人本马克思主义者和传统马克思主义者争论的焦点,因此成了他的"保卫马克思"之战中的重点。他认为《手稿》是马克思的思想的黎明前的最黑暗的著作,因此也就是离即将升起的太阳最远的著作,必须把《手稿》作为一个整体来考察。他认为,《手稿》是马克思第一次接触政治经济学的产物。政治经济学让马克思感觉到失望,因为它对少数人的暴富和劳动者的日益贫困化表示庆贺,对现实中的冲突和矛盾加以美化,用政治经济学来粉饰太平。马克思认为,这是政治经济学的耻辱,他要用哲学来雪耻。这时马克思用的哲学是带有费尔巴哈的人本主义的烙印的哲学,其核心概念就是"劳动的疏离",即我们通常所说的"劳动异化"。

马克思用"劳动的疏离"来掀开被政治经济学遮蔽的资本主义社会的矛盾冲突。在这里,我们可以看到很多在《资本论》中出现的概念,但是不能把《手稿》看成是《资本论》的草稿,因为《手稿》是人本主义的,而《资本论》则是科学的。《手稿》首先预设了人类固有追求自由地劳动的愿望,而在资本主义社会中人在压迫中劳动。共产主义必然实现,因为人类需要从压迫中解放,实现人类的共同的愿望。用这种意识形态来鞭打现实,对资本主义的现实毫无触动,没有找到解决冲突的途径。这时的马克思只能用哲学去碰运气,使哲学获得了空前的理论胜利,而这一胜利也就是哲学的失败。他认为,马克思站在无产阶级的立场上,不等于就站在了科学的立场上。马克思在经历了把黑格尔的辩证法引入费尔巴哈的哲学的冒险之后,在《手稿》中出现了一场爆炸,最终导致了他在1845年完全否定了人本主义理论,创立了科学的历史唯物主义。

(5) 历史发展的过程是一个无主体的过程

阿尔都塞认为,历史发展的过程是一个无主体的过程,人对于历史来说是无可奈何的。历史的发展是多元矛盾冲突的结果,具有必然的因果联系。从总体上看,哲学总是落后于科学的,是科学的发展导引出伟大的哲学,所以马克思的辩证唯物主义哲学是落后于历史唯物主义的科学的。他认为,哲学没有任何对象,只是在下赌注。哲学不产生什么知识,只是在陈述论点。每门具体科学都有特定的研究对象，只有哲学没有任何研究对象。唯心主义与唯物主义的斗争是一场持久的争夺领导权的斗争，归根到底是理论上的阶级斗争，这里赌的是一种哲学立场，主要是看谁更能够站稳脚跟。哲学不能直接解决具体的问题，但是可以引导人站到正确的立场上。

他认为，个人是个小主体，而人类是个大主体，无论是立足于个人的小主体还是立足于人类的大主体，都是人本主义的，都是以人为中心的经验主义和唯心主义。他否认人在理论建构中的主导作用，但是他承认在意识形态中人具有存在的必要性。人本主义不具有理论价值，但是对于意识形态来说具有现实意义。马克思的历史唯物主义在理论上是反人道主义的，因为他否认人的概念在社会形态理论和历史理论中的中心地位。虽然马克思从科学方面否定人道主义，但是认为人道主义作为一定的意识形态，在特定的社会中具有存在的必要性。作为意识形态的人本主义，以普遍的人性的方式掩盖了人们之间的实际的不平等和差别，消解了人的阶级意识和阶级斗争，因此会很受资产阶级的欢迎。科学的马克思主义要从历史中去发现社会发展的动力和规律，因此必然要反对人本主义的意识形态。人本主义总是为特定的阶级利益服务的，在落后的地区和不发达的国家尤其如此。人本主义能够给人带来意识形态的狂热、激发出人们斗争的激情，但同时也会引发实践中的唯心主义和唯意志论的恶果。

他认为，"主体"这个概念就是一个意识形态的概念，指的是人、人类、人的理性等。历史的发展过程是不以主体的意志而转移的过程。历史的每个时刻都是由构成它的矛盾的多种元素斗争的结果，会让它的发展偏到任何一个具体的方向。在历史的起点中并没有隐含着历史的终点。他否认的是理论上的主体，而不否认现实政治斗争中的主体。他认为，推动历史发展的直接动力是阶级斗争，马克思主义始终站在无产阶级的阶级立场上反对资产阶级。在历史发展中，个人是历史发展过程的体现者，而不是主导者。而历史的发展过程指的是一个具有多层复杂结构的社会整体系统的运行过程，不是一个线性的平滑的发展过程。在资本主义社会中，个人并不是作为生产关系的主体来发挥作用的，而是在一定历史结构中处于一定的社会地位和承担一定的职能的人。在意识形态中，个人也不是真正的主体，而是被意识形态建构成的虚幻的主体，目的在于使个人产生出对现有社会机制的认同。

(6) 马克思的因果观指的是结构因果观

阿尔都塞认为,在历史上出现过三种因果观:线状因果观、表现因果观和结构因果观。线状因果观只说明一个元素对另外一个元素的作用,不说明整体对部分的作用。表现因果观把整体还原为一个本质,把各个局部都看成是整体的本质在现象上的表现。结构因果观则把整体看成是一个结构,而结构只存在于要素间的关系之中。这种因果观强调因果之间的相互联系、相互转化和相互作用。他认为,马克思的因果观指的是结构因果观。在黑格尔的辩证法中,一切事物的发展都始终由一个单纯的矛盾所决定,只有一个圆心,所以他所说的矛盾是一元的。而在马克思的辩证法中,一切元素都是相对自主的,都各有不同,因此这里的矛盾是复杂的和多元的。

黑格尔用意识的辩证法来解释人的物质生活和人的历史,而马克思则用人的物质生活来解释人的历史。他认为,马克思在《资本论》中所说的要把黑格尔的唯心主义辩证法"颠倒"过来,这种"颠倒"只具有象征意义。马克思的历史唯物主义是多元决定论,而不是一元决定论。黑格尔的辩证法是一元论的,而马克思的辩证法却是多元论的,因此各有着不同的结构。在黑格尔那里,思维具有简单的和原始的统一性,社会现实不过是思维的外化形式而已。要理解社会现实,就要把社会现实还原到原始的思维那里,用思维来说明现实。而马克思的社会组织概念却非常复杂,构成社会组织的各种结构是有差异的,无法进行还原。

马克思主义的实践指向的唯一的对象是社会形态,而生产方式则是社会形态中的核心概念。他用结构因果观来代替线性因果观。结构因果观把整体理解为一个结构,认为结构对它的各个要素起决定作用。他认为,马克思的生产方式是由生产过程中的物质条件(生产力)和社会条件(生产关系)构成的有机整体。生产方式是一种社会结构概念。生产关系的结构决定了当事人所占有的地位和所承担的职能。真正的主体是这些职能的规定者和分配者,是结构支配人而不是人支配结构。经济只是在最终意义上调整着在社会结构中处于支配地位的要素,而历史的发展是由主导结构的可变性和总体结构的不变性决定的。他反对教条主义的经济一元论。他认为,在真实的历史中,经济的决定作用是在经济、政治、理论等交替起第一位作用的过程中实现的。

(二) 普兰查斯:资本主义国家中的阶级斗争

普兰查斯(Nicos Poulantzas,1936—1979)出生在希腊,但是他的主

要学术活动是在法国进行的，属当代法国的马克思主义思想家。他是阿尔都塞的学生和追随者。1979年在巴黎跳楼自杀。

1. 经济最终决定哪个方面占统治地位

普兰查斯反对经验主义、实证主义和经济主义的方法。他认为，思想要通过一定的理论方法为中介才能把握现实，构成思维中的具体。而这个理论方法就是唯物辩证法。他强调研究顺序和叙述顺序之间的差异。他认为具体分析指的是对具体事实进行理论化处理。具体是多样性的统一。他的理论探讨聚焦在经济和政治理论上，体现出鲜明的理论与实践相结合的特征。他认为，在马克思主义的经典著作中包含着政治理论，但是不够系统，必须使其更加完整和更加严谨。他说的经典著作主要包括马克思、恩格斯、列宁和葛兰西等人的著作。他认为这些经典作家们虽然直接从事政治实践活动，但是没有从理论的系统化的角度来专门探讨政治方面的问题。他认为，《资本论》不仅是一本专门的经济学著作，而且还包含着政治和意识形态方面的论述，但是不够清楚和明确。

他认为，生产关系是由经济、政治和意识形态构成的一个复杂的连接起来的整体，并由经济最终决定。经济在这个结构中并不总是起着统治作用，经济的最终决定作用在于由它来决定哪个方面占统治地位。社会形态本身是一个复杂的由不同的生产方式构成的统一体，其中有一种生产方式占主导地位。在资本主义社会中，经济通常起着统治作用，而把经济、政治和意识形态连接起来的关键是资本主义国家。资本主义国家其实也干预经济，只是程度不同而已。历史唯物主义之所以是科学，不仅在于它解释了资本主义生产方式的结构规律，而且说明了社会变迁的动力在于阶级斗争。政治是以获取国家权力为目标的阶级斗争。政治权力不是一个实体性的概念，而是一个关系性的概念。在政治权力中体现的是一种对手战略，一个阶级要以另外一个阶级作为手段来实现自己的利益。

2. 当代资本主义国家在职能上的新变化

（1）国家大规模干预经济以反抗利润率下降的趋势

普兰查斯认为，在第二次世界大战之后，当代资本主义国家在职能上出现了新的变化，榨取剩余价值的方式也发生了变化。大量的边缘领域，比如说，劳动力培训、城市规划、交通、医疗等领域，直接整合到了资本积累的过程之中。资本家由直接剥削工人转向通过科技革命提高劳动生产率；生产制造业比重下降，而非生产性的服务业逐渐占主导地位。资本主义国家瞄准了资本的再生产领域。国家的决定性活动不是在市场领域，也不是在消费领域，而是在生产关系领域。在生产力和生产关系的相互统一之中，是生产关系而不是生产力起决定作用。资本主义国家由"守夜人"和"仲裁者"变成了干预者，对经济领域进行大规模的直接干预。许多经济部门实现了国有化，出现了资本的"国有化"和"计划化"现象，呈现出"福利国家"的形态。而资本主义的国有化并没有改变资本主义的生产关系。国家在劳动力的再生产方面的促进作用，更大限度地提高了资本对劳动的剥削率。

他认为，国家由三个部分组成：镇压机器、意识形态机器和经济机器，而且这三个部分的划分只具有相对的意义。国家的镇压机器可以执行意识形态的功能，意识形态机器又可以执行镇压功能或经济功能，经济机器也可以执行意识形态功能等。在经济机器中包含着公司和工厂等。而经典的马克思主义的国家理论集中在国家的镇压职能方面。当代资本主义国家的经济功能凸显的根源在于在资本主义的生产方式中出现了利润率下降的趋势。国家大规模干预经济的目的是要反抗利润率下降的趋势，采用的基本手段主要是促使不变资本贬值和通过劳动力培训以及技术革新等方式实现剥削率的增长。他认为，要从阶级斗争的角度来理解国家的经济功能。利润率下降的趋势是大众反剥削的结果。资本的国际化使得平均利润率能够在国际层面实现。

（2）国家的多种经济手段的政治意识形态意义

普兰查斯认为，当代资本主义国家不仅干预无利可图的部门，也接管具有政治意义的有利可图的部门，干预的对象从科学研究、能源、通讯到劳动力的再生产。如果这些部门由个别资本或部分资本来经营，会因为追求局部和短期利益而扭曲这些部门的功能，并由此引发权力集团内部的矛盾。由国家来承担则能确保资产阶级的普遍利益。要让不变资本贬值，通常要由国家干预才能实现，因为这涉及资本内部的利益分配。国家不仅要调节垄断资本内部的利益关系，还要调节垄断资本和非垄断资本之间的利益关系。国家与非垄断资本进行精明的谈判和妥协，以维护垄断资本的总体利益。资本主义性质的国有化让大众产生了幻想，以为国家真的代表着普遍利益和共同福利，掩盖了真实的阶级关系。交通、教育和培训等手段，其实是为了把工人再生产出来为资本家的利益服务。国家在社会保障、失业保险和集体消费方面实施的社会功能是大众长期斗争的结果。

而社会福利、失业救济、就业安置、住宅规划、收容所和医院等机构都成了法律和警察控制工人的新的场所。在国家实施的教育和普遍的培训中，在劳动力的资格认证中，在脑力劳动和体力劳动的截然分工中，都体现着政治意识形态的意义。在行政工作人员、中层管理职员、技术员和工人等社会分层中，都造成了大众之间的互相分离。交通和住房的空间布置，都把这种孤立再生产出来，并形成了以家庭为单元的意识形态。针对不同的社会阶层实施不同的医疗政策，设立不同的社会保障机构等，让大众之间的孤立和分化更为严重。失业救济其实也是资本主义的一种意识形态，掩饰着失业工人的悲惨和屈辱状况。普兰查斯认为，国家的干预本身变成了导致经济危机的直接因素。从某种意义上说，当代资本主义国家落入了它们自己设定的圈套之中，目前的状况是进也不是退也不是。国家的财政来源依靠着利润率，而利润率又很难控制，所以出现了不同程度的财政危机。

3. 在阶级斗争中才能确定人的阶级属性

（1）在国家中反映着阶级力量的对比关系

普兰查斯反对把国家看成是统治阶级掌握的工具，也反对把国家看成是普遍利益的代表。他认为，国家不是一个物，而是反映着阶级力量的对比关系。国家权力不只是统治阶级独享的权力，统治阶级和其他阶级都同处于权力关系之中。国家是由统治阶级组织起来的统治阶级和被统治阶级之间斗争的场所。资本主义国家具有相对的自主性。在资本主义社会中，不仅存在着资产阶级和工人阶级的对立，还存在着小资产阶级、农民、官僚和知识分子等阶层。资产阶级内部还划分为不同的派别。资产阶级的统治实际上是内部存在着矛盾的权力集团的统治，还要考虑到被统治阶级的斗争。资本主义国家要平衡权力集团内部的力量对比关系，要建立起资产阶级中的某个派别的霸权，要瓦解被统治阶级的斗争，要建立起统治阶级与被统治阶级之间的力量对比关系的平衡。为了建立有利于统治阶级的平衡，资本主义国家往往对被统治阶级的物质利益进行让步和妥协。为了瓦解工人阶级的斗争，资产阶级与小资产阶级、农民阶级形成了妥协联盟。作为意识形态的国家机器，教育机器不断生产出资产阶级和小资产阶级的联盟，而作为镇压机器的军队则不断生产出资产阶级和农民阶级的联盟。资产阶级国家使得小资产阶级、农民阶级在政治上无法自己组织起来，从而能够维护资产阶级的政治统治。国家的内部矛盾是统治阶级内部的各派别之间的矛盾，被统治阶级只是作为一种外部的压力存在着。

(2) 阶级属性是按阶级地位而定的

普兰查斯认为，马克思在《资本论》中对农民、小资产阶级、官僚、知识分子的分析要么不充分，要么是空白。马克思对纯粹的资本主义生产方式进行了分析，而现实中的实际状况是多种生产方式并存。在资本主义的社会形态中，不仅存在着资产阶级和无产阶级，还存在着其他阶级。普兰查斯认为，阶级是一个社会关系概念。阶级不是个人的叠加，阶级之间的关系也不是个人之间的关系。每个人的阶级属性是按他所占据的阶级地位而定的，而不是依据他的阶级出身或社会出身而定的，也不能按经济标准来划分阶级。只有当进入阶级斗争的时候，社会阶级才存在。在阶级斗争中才能确定人的阶级属性。在阶级斗争的具体形势中，社会阶级、派别或阶层采取的阶级立场不一定与自己的利益相符。在某种形势下，"工人贵族"会采取资产阶级的立场，但是这并不意味着它就变成了资产阶级的一部分，它依然属于工人阶级，这是由阶级结构决定的。同样，小资产阶级在特殊的形势下也会采取工人阶级的立场或与工人阶级结盟，但并不意味着它就是工人阶级的一部分。

生产技术人员在罢工中常常站在工人阶级的一边，但依然不是工人阶级的一部分。他认为，可以用战略概念来说明阶级分化和阶级联盟的现象。统治阶级会通过权力集团形成统治阶级的联盟，人民则是由被统治阶级形成的联盟。但是联盟并不改变一个阶级的阶级性质。比如说，当民族资产阶级成为人民的一部分时，它的阶级性质依然是资产阶级，只是联盟把阶级对立变成了人民内部矛盾。在当代资本主义社会中，传统意义上的工人阶级越来越少，新的阶层不断涌现，比如说，管理人员、工程师、公务员等。有的人把他们看成是资产阶级，有的人把他们看成是无产阶级，有的人则把他们看成是"中间阶级"，而普兰查斯把他们看成是新的小资产阶级。新的小资产阶级在阶级斗争中可能会采取工人阶级的阶级立场，会为建立社会主义而奋斗。在反对资本主义的阶级斗争中，"新的小资产阶级"会与工人阶级结为阶级联盟来反对资产阶级的统治。但是，小资本阶级具有明星的摇摆性，他们的立场取决于资产阶级和工人阶级之间的力量对比。

(3) 只有从事生产劳动的挣工资的人才属于工人阶级

普兰查斯认为，由于资本主义生产关系的国际化，从帝国主义的整体生产链条来看，事实上是工人阶级的数量出现了绝对的或相对的增长。他认为，在资本主义条件下，只有直接生产剩余价值的劳动者才是工人。只有生产劳动才能生产剩余价值，所以只有从事生产劳动的挣工资的人才属于工人阶级。在流通领域和剩余价值实现领域内挣工资的劳动者不属于工人阶级，也不属于资产阶级。一定的生产方式中的生产劳动指的是产生剥削关系的劳动。在生产劳动中存在着旧价值的保持和新价值的创造。是不是属于工人阶级要用是否从事生产劳动来判定。商业工人并不直接创造剩余价值，因此不属于工人阶级。服务业中的劳动只是在消耗使用价值，不直接与资本进行交换，只是以税收或收入的方式与资本相关，因此也不是生产劳动，只是有助于把劳动力再生产出来。资本征服劳动力的关键手段在于它把工资形式扩大到了社会形态的所有因素之中，让资本能够掌握整个服务环节。医药、法律、建筑、娱乐、媒体等都成了为资本服务的手段。并不是挣工资的人就是生产工人。在服务业中，资本并不直接剥削劳动力，资本家是以公共服务的购买者的身份出现的。科学家也不属于工人阶级，因为科学工作是非生产性劳动，不直接生产剩余价值。他们拿的工资是从公司内部的剩余价值中转移过来的。

4. 各种大众运动具有了阶级斗争的意义

普兰查斯认为，资产阶级是以权力集团的形式进行统治的。工人阶级要替代这种权力集团的统治，就要建立起工人阶级领导的大众统一战线。实际上占统治地位的意识形态渗透着统治阶级以外的其他阶级的成分。比如说，在资产阶级的意识形态中包含着小资产阶级的成分，甚至包含着无产阶级的意识形态的因素。被统治阶级为了生存不得不接受占统治地位的统治阶级的意识形态，而且它们的革命也是在统治阶级规定的合法性范围内进行的。这些阶级本身的政治意识形态也是按统治阶级规定的方式塑造出来的。而且统治阶级也不是简单地把自己的意识形态强加给被统治阶级，而是让自己成为一个参照系。他认为，马克思并不认为只有资产阶级才能有代议制民主和政治自由。随着资本主义的发展，反对资本主义的斗争出现了多种形式，有的是阶级斗争的形式，有的不是阶级斗争的形式。劳动分工的国际化加剧了工人阶级与统治阶级之间的不平等，追求相对剩余价值的增长强化了对工人的剥削，剥削的方式更加具有复杂的伪装的形式。以资本积累为目的工业化进程产生出了大规模的不平等。资本主义国家出现的新的特点使得工人阶级的斗争和大众的斗争联合了起来，使得各种大众运动具有了阶级斗争的意义。他认为，发达的资本主义社会的危机已经凝聚到国家的危机之中，为从资本主义社会向社会主义社会的过渡创造了条件。

三 分析哲学的视角：从科学到规范的转向

二十世纪七十年代后期，在英美学术界出现了带有科学实证主义倾向的"分析的马克思主义"思潮，它致力于把历史唯物主义重构为一种表述清晰和论证严密的科学。分析的马克思主义的成员不仅学术背景多元，而且研究的领域也非常广泛，其中包括哲学家、政治学家、社会学家、经济学家和历史学家等，其代表人物为柯亨（Gerald Allen Cohen，1941—2009）、罗默（John E. Roemer，1945—）、埃尔斯特（Jon Elster，1940—）等。柯亨出生在加拿大的一个共产主义者家庭，主要在英国度过他的学术生涯，他直接促成了分析的马克思主义的核心学术团体"九月小组"的创立，每年九月初都要举行一次为期三天的会议。罗默出生在美国的一个左派知识分子的家庭里，现在美国的大学任教。埃尔斯特出生在挪威，现在美国的大学任教，曾为九月小组的成员，后来离开了这个小组。在分析的马克思主义学派中，只有柯亨等少数几个人是马克思主义的坚定的支持者。

（一）分析的马克思主义的总体思想

分析的马克思主义者都采用了精确的分析哲学的方法来解释和重构马克思主义。他们要重构的是一种既科学又革命的马克思主义理论。他们认为，马克思主义中的所有命题都是开放的和可批判的，随时随地都要接受科学研究方法的挑战、修正和重构。马克思主义并不是什么颠扑不破的绝对真理，而只是有待于经过科学分析方法检验的一般理论。分析的马克思主义主要采用的方法有分析哲学的方法、功能解释的方法和社会科学的分析方法。在分析哲学的方法中，主要采用的是逻辑和语言分析方法。在社会科学的分析方法中，他们主要用的是个人主义的理性选择的原则。个人主义原则主张把社会历史的宏大理论还原为个人的理性行为的"微观机制"，这样才能把一种社会理论变成科学，其中包括决策论、博弈论等理性选择理论。他们先接过马克思主义的一些前提，应用社会科学家掌握的理论知识，去研究是否会出现相应的结论。

他们特别强调基本概念的重要性。他们用抽象原则来精确地把握概念，分析概念之间的逻辑关系，解释前后矛盾和不一致的深层原因。他们不关心马克思写了什么或说了什么，而是关注马克思的思想的连贯性，要说得通。他们力图把马克思主义理论的命题规范化和模式化，使之具有现代科学的形式。他们大量地运用了社会科学中的实证理论模型，通过抓住中心，把复杂的问题简单化，让与理论相关的基本假设、存在条件、转化方式和结论以平面化的方式展现出来，以增添理论本身的说服力。他们以"信奉而不承诺"的姿态来对待马克思主义。他们的信奉是建立在分析方法上的信奉，而分析方法代表的是理性本身。他们坚持用诚实的方式去研究马克思主义，信奉的是"非胡说的马克思主义"。他们都在探讨实现科学社会主义的道路。他们一般都反对传统的马克思主义的辩证思维的方法，认为这种方法只会让马克思主义变得模糊不清，会降低马克思主义的科学性和造成不可避免的混乱。

他们试图通过修正和重构马克思主义来更好地解释和批判现实。他们研究马克思主义的目的不是要修正它，而是要为它辩护，但是为了辩护就不得不做必要的重构。他们最注重的是马克思主义理论体系中最核心的部分，即历史唯物主义中的基本概念。他们认为，历史唯物主义是一种以经验为基础的科学理论。他们都强调"生产力的首要性"。生产力的首要性表现在：生产力的发展趋势贯穿在整个历史发展的过程之中；一个社会的生产关系的性质可以用生产力的发展水平来解释。在社会历史的发展中，生产力具有一种普遍的发展趋向。这种趋向不是事实，因此可能会出现生产力停滞或倒退的情形。当生产关系能够促进生产力的发展时，这种生产关系就是稳定的和可持续的；而当旧的生产关系不利于生产力的发展时，就会出现新的适应生产力发展的生产关系；生产关系对生产力的束缚，并不能推翻生产力的首要性，因为束缚生产力的生产关系原来是适合生产力的发展的，以后会被新的适合生产力发展的生产关系所打破。生产力的增长并不是指客观的技术进步，而是指人的生产能力的提高，因此没有降低人的自主性。他们在规范性理论中阐述了社会主义的价值优越性和道德可欲性，他们相信社会主义是取代资本主义的最高形态的社会理想，但是需要重新规划出可行的实现方案。

（二）分析的马克思主义的前期思想的代表人物

1. 柯亨：生产力在社会历史发展中起决定性作用

柯亨主要用功能解释方法来阐释和重构马克思主义，他认为这样可以使历史唯物主义在推理逻辑上更加严密。他把功能解释的方法具体区分为四种:"合目的性"的解释、"达尔文式"的解释、"拉马克式"的解释和"自我蒙蔽式"的解释。这种解释方法的核心是坚持有因就有果的逻辑关系。他尤其注重逻辑归谬法。他认为,要做好哲学,就要组织好对手能够接受的前提,然后通过推论的技巧,引出对手想否认但难以否认的结论。他提出了受限制的历史唯物主义的观点。他认为,人类历史的发展不仅有生产力的推动作用,还有其他多种因素都在发挥着推动作用。生产力与生产关系一般只能解释与经济活动相关的现象,而解释不了所有的精神现象。尽管历史唯物主义是一种经验科学,但是并不排斥人性的永久存在。要让人相信历史唯物主义,很重要的一点,就是要让人相信人类共有的理性。人类精神生活的发展虽然具有相对的独立性,但是不能支配物质的发展。能够影响人类物质生活的精神现象,其实是因为它们本身有利于物质生活的发展。他认为,一个人的自我实现,不仅需要发展和享用他自己的才能,而且还需要知道他是什么人,他以什么身份与其他人联系起来。只有知道自己的身份,才有积极性去满足自我的需要。

柯亨认为,历史从根本上说是人类的生产能力的增长的历史,当一种社会形态顺应这种增长时就能昌盛,而背离这种增长时就会衰落。他用非常清晰的逻辑说明了生产力在社会历史发展中的决定性作用。生产力指的是生产能力,而能力不是关系,不是对象之间所具有的某种东西,而是对象本身具有的内在属性。生产力属于社会中的物质性范畴,而生产关系属于社会中的社会性范畴。生产力是内容,生产关系是形式。在特定的社会形态下,生产力表现为特定的生产关系。正如马克思所说,黑人就是黑人,只有在一定的关系下,黑人才成了奴隶。生产力是经济结构的外在基础,不是经济结构的组成部分,但是对经济结构形成了一种特殊的"技术性"的决定作用。生产力具有发展的趋向主要是因为:人是有理性的;人处于一种匮乏的境遇之中;人的才智可以帮他们改善自己的境遇。生产力发展的根本动力是人的克服匮乏的需要。

柯亨认为,生产关系是对人和生产力的有效的权力关系,而不是法律上所说的所有权关系。财产关系能够把生产关系稳定下来。经济基础需要上层建筑的支持才能变得更加稳固。比如说,在地上打入四根同样高的支柱,上面弄个屋顶就会更稳固。屋顶需要支柱的支持,但是屋顶也能让支柱更稳固。生产关系与法律之间的关系可以分成四个类型来加以说明。首先，新的环境需要产生出新的生产关系。如果财产关系滞后了，迟早会出现财产关系适应生产关系的改变。其次，新的环境有利于被禁止的生产关系的产生。如果法律太强大，压制着支持新的生产关系的所有权的产生，这样的法律迟早会改变。再次，新的生产关系的形成会导致新的法律关系的产生。例如，早期英国的工厂资本家强迫工人做无法忍受的高强度的劳动，于是产生了劳资冲突，这时就需要有新的法律出台。最后，法律没有变化，但是财产关系发生了变化。这是因为生产关系的某些形式在法律上已经预先留下了空间。

如果从人类的生产能力的增长和外在匮乏的角度上看，可以把历史发展分成四个阶段：没有剩余产品的前阶级社会、有些剩余产品的前资本主义的阶级社会、有相当多的剩余产品的资本主义社会和有大量的剩余产品的后阶级社会。劳动者必须能够创造出超过他们自身需要的使用价值，不劳动阶级才能生存，因此剩余产品的出现是阶级社会产生的物质前提。马克思把前资本主义的阶级社会划分为奴隶制社会和农奴制的封建社会，其共同特征是剩余产品比较少，所以不会出现资本主义社会。在资本主义社会中出现了相当多的剩余产品，但是按资本主义现有的生产方式和消费方式，工人阶级仍然没有摆脱物质匮乏的境遇。只有当资本主义社会的剩余产品多到可以让劳动者摆脱强制性劳动时，人类社会才会进入后阶级的共产主义社会。资本主义的生产和消费模式，人为地制造出一种虚假的人类匮乏的境遇，创造出了许多对匮乏资源的欲望，从而加速了地球资源的匮乏速度。由于自然资源和能源供应严重不足，使得生产力的发展受到了限制。地球资源的匮乏让人们无法相信必然会出现极大发展的生产力。如果认为只有通过生产力的极大发展才能实现共产主义，那么共产主义就是不可能实现的。

2. 罗默：在社会主义国家中存在着"社会必要剥削"

罗默主要采用了个人主义的"理性选择"原则来解释和重构马克思主义。他认为，所有的社会变化都只能通过考察个人的愿望、信仰和行为才能得到解释。个人的选择既受结构的制约，又能够在结构范围内进行理性选择。他在一般均衡理论和博弈理论的框架内提出了超越马克思的阶级剥削理论的"一般剥削论"。他把财产占有的不平等作为阶级划分的依据。根据这个理论，不仅在资本主义中存在剥削，在封建社会和社会主义社会中也存在剥削。他把各种类型的分配不公都纳入了剥削的范围之内。

他认为，在没有劳动力买卖的私有制经济中，也同样存在着剥削。在社会主义社会中存在着人与人之间的不平等关系，因此剥削仍然是存在的；具体表现在人们之间因"技能"的重大差异而引起的剥削和人们之间的身份地位的差异而引起的剥削。在社会主义社会中，不仅存在着社会主义的剥削，还存在着资本主义的剥削，但资本主义的剥削是一种"社会必要剥削"，因为如果废除了这种剥削，被剥削者的境况会变得更糟。为了促进生产力的发展，当今的社会主义国家在鼓励着资本主义的"社会必要剥削"。

他认为，在当代的社会主义国家里，对内缺乏民主，对外采用帝国主义或机会主义的外交政策，在经济领域中存在着"低效率"和"物质刺激"等问题，因此导致了马克思主义的危机。只有采用一般剥削理论来分析当代社会主义国家出现的经济和政治现象，才能克服历史唯物主义面临的危机。他认为，马克思所阐述的资本主义制度是具有不道德性的，而当代西方经济学家则大肆宣扬资本主义在道德上是中性的。他认为，用当代西方经济学的理论和方法也可以证明资本家剥削工人的事实。剥削是财产的初始分配不平等的结果，使得个人遭受了损失。由于人们享有的最初的财产权不同，有的人就不得不靠出卖劳动力为生，成为被剥削阶级，而相应地有的人则成了剥削阶级。赖特（Erik Olin Wright，1947—）在对几个资本主义国家进行实证调研的基础上，提出了中间阶级理论，说明了当代资本主义社会中的阶级和剥削模式。他把当代资本主义社会中的财产形式做了具体的分析，把社会财产划分为生产资料财产、组织财产和技能文凭财产等。在此基础上，他把当代资本主义社会划分为两大类，其中包含着十二种人，并认为中间阶级就是处于"矛盾阶级地位"的阶级。

3. 埃尔斯特：要从个人行为的动机中导引出阶级意识

埃尔斯特认为，可以把马克思对历史的看法分成经验性的历史理论和非经验性的历史哲学。马克思的历史理论阐述的是以阶级统治为基础的连续发生的关于生产方式的更替的理论；而马克思的历史哲学则认为社会的发展是从未分层的统一体变成阶级社会，再变成一种统一体的过程。马克思的历史理论阐述的只是他的历史哲学中的一个微观的片段。从历史哲学的角度上看，历史的发展不是线性的，而是螺旋式上升的。包括资本主义在内的阶级社会，对于原始社会的统一体来说，是一种倒退。但是，为了实现共产主义这个更高层次的统一体，社会就不得不倒退。正如一个人想要扩展其全面的能力，就先要放弃从事所有工作的原始能力，先成为某一个领域的专家，再在更高层次上扩展其全面的能力。因此，马克思判断历史是否进步的标准并不是看生产力的大小或剩余物的多少，而是要看社会整合的程度。历史发展的过程是生产力不断进步、人不断发展和社会不断整合为一的过程。

埃尔斯特认为，可以用三种不同的最大化观点来解释生产关系的变化。首先是关于生产力增长率的最大化的观念。根据这种观点，只有当现存的生产关系不再适应生产力的发展时，才会出现新的生产关系。其次是关于产权制度带来的净社会生产最大化的观点。这种观点更强调对于生产力的适当使用而不是适当发展。最后是关于由产权制度带来的剩余最大化的观点。这种观点与马克思的阶级斗争学说保持着内在的精神上的一致性。他认为，在任何的社会经济结构中，都必然出现生产力与生产关系从"符合"到"矛盾"的过程。生产关系对生产力的"束缚"与"阻碍"可以分成两种性质。一种是生产关系因为束缚了生产力的"发展"而出现了矛盾；一种是生产关系阻碍了生产力的"使用"。比如说，在资本主义社会中，资本家不会使用最先进的生产技术，因为其成本高于正常状态。资本主义的生产方式对生产力的发展既是一种促进，又是一种阻碍。

埃尔斯特认为，共产主义革命的爆发在时间点上存在着如下几种可能性：首先，共产主义革命发生在生产力发展水平大大高于资本主义社会的高起点上，这样建立起来的共产主义社会的生产力发展水平就高于目前的资本主义社会的生产力发展水平。其次，共产主义革命发生在略高于资本主义生产力的起点上。虽然共产主义的社会生产力水平依然能够超越资本主义社会的正常水平，但是需要经过一段比较长的时间才能实现。最后，共产主义革命发生在低于资本主义社会的生产力起点上，这时就会出现"早熟的革命"。

埃尔斯特认为，任何社会科学理论都必须拥有微观基础，否则就是不科学的，就应该被抛弃。他所说的微观基础指的是对于所有的宏观的社会现象和集体行动，都必须考察个人的信仰、愿望和行动。个人拥有的东西包括有形的财产、无形的技能和文化性格。阶级是由潜在的集体行动者构成的。妨碍一个阶级形成集团意识或集体行动的主要问题在于存在着"搭便车"的现象。个人的自利会引导人们以损害集体利益的方式行动。

他把个体合作的动机分为自利和社会规范两个方面，他强调了各种社会规范在产生合作方面的作用。他提出了产生阶级意识的"黑匣子理论"。他认为，要深入个人的行为动机内部，对影响个人的动机的各种规范进行阐释，从而导引出阶级意识，由此来解释阶级行动的可能性。

他认为，大多数个人不会愿意为了遥远的子孙后代的利益而牺牲自我，这样的设想是违背理性的。在共产主义社会中，人们能够完全摆脱不必要的消费。他认为，阶级斗争既可能以公开的对抗性的形式存在，也可能以潜在的对抗方式存在。他认为，人们之间可以通过分散的和非强制的方式实现合作。如果一个拥有很多船的船主可能从修建一座灯塔中获得很大的利益，即使没有人合作，他也会修这座灯塔，而其他人则能搭他的便车。对于所有社会的个体而言，在革命面前都面临着参加斗争还是不参加斗争的选择。从个人的角度考虑的话，不参加斗争是最好的选择。而如果人人都这么考虑的话，共产主义革命就不会发生。在生产力水平不够发达的条件下，要驱动个人参加革命，就要对资本主义社会进行批判。革命会是一个有代价的和痛苦的过程，需要不断得到动机上的激励和支持。当产生了绝对贫困，工人在革命中失去的只有锁链的时候，革命的动机和时机就都有了。

（三）分析的马克思主义的后期思想的代表人物

在二十世纪八十年代以后，分析的马克思主义把研究重心转向了规范性的政治哲学。他们力图重构一套能够与罗尔斯为代表的自由主义相抗衡的左派平等主义政治哲学，试图设计出一套可行的社会主义蓝图，通过论证社会主义的价值对于资本主义的优越性，重新唤起西方社会中的大众对于社会主义理想的信仰，依靠大众的力量去实现社会主义。金里卡（Will Kymlicka,1962—）说，今天的马克思主义者意识到，社会主义政党想要获胜，就必须说明为什么社会主义比现存的国家福利资本主义更令人向往，为什么社会主义是一个更自由、更正义和更民主的社会。伍德（Allen W. Wood,1942—）认为，正义是个历史性的概念，只是暂时存在的，不能脱离具体的社会历史条件下的生产方式来抽象地加以讨论。马克思并没有从正义的角度去批判资本主义的剥削和不公正，马克思认为共产主义将是一个超越了正义的社会。分析的马克思主义认为，社会主义的平等理论是以机会平等为核心的。在机会平等的模式中，每个人都享有一种外在的公平的社会环境，但是每个人都需要依靠自己的选择和努力去实现自己的生活目标。对于那些因自身无法控制的因素而处于不利条件中的人要给予补偿。要依靠民主的力量,社会主义的理想才能够最终实现。他们认为应该建立一种不采用投票形式的协商民主的政治制度,尽可能地保证政治参与的平等与公正,使理性的政治人能够在权衡自我的成本和收益的基础上最大限度地发挥公共精神的作用。

1. 柯亨:社会主义比资本主义要优越

柯亨坚持自己的左派平等主义的理论立场,引领着分析的马克思主义转向了政治哲学的研究。他的对手是诺齐克。以诺齐克为代表的自由至上主义者认为社会主义的价值规范是不可欲的。市场资本主义尽管还不完善,但是它以证券和股份的方式实现了财产共有,克服了财产私有制,同时它也消除了资本与劳动的划分,从而消除了剥削现象。而柯亨认为,历史唯物主义已经阐明了人类历史上的各种不公正的社会形态,并且说明了社会主义无论从什么方面看都比资本主义社会更加优越。他的政治哲学以批判新自由主义来展现社会主义的价值优越性见长。他认为,无论是在实用、平等、公正、自由、民主还是自我实现方面,社会主义都明显地优于资本主义。社会主义是势不可挡的,反对它的人是因为受到了阶级或其他偏见的影响。

(1) 只要平等地承担义务,就不会只把人变成手段

柯亨认为,在马克思主义的信仰结构中,存在着平等、共同体和自我实现的价值观。每个人都拥有自我的身体、劳动、才能等先天的禀赋,这是每个人的生来就有的自我所有权。不能把在自然状态下存在的物质资源全部假设为无主之物,这样某种资源被某人第一个发现就变成了他的私有之物。原始资源应该被视为一切人共同所有或集体所有的,每个人都不能随心所欲地享有对外在的自然物的所有权。当个人需要利用自然资源进行生产时,他必须通过平等协商才能获得资源的使用权,不能以个人才能的高低去获取额外的物质回报,这样才能保证社会资源的平等分配。当一个人放弃了自我的部分所有权时,并不意味着他就变成了别人的奴隶。比如说,我的母亲生病时,我有义务并自愿照顾她,并不意味着我变成了她的奴隶。当一个人放弃了自我的所有,也不等于放弃了自主权。自主权指的是一个人所拥有的选择的数量和质量。自己对自己的权利越大,自己的选择范围就越大。在采用私有制的资本主义社会中,相对于资产阶级来说,无产阶级受到更多的物质条件的限制,因此享有更少的自主权。他认为,

如果一切的强制形式都是不可接受的，那么契约也是不可接受的。如果社会成员必须要放弃某些自我的所有权，只要是平等地承担义务，就不会只是把人变成手段。

(2) 应该消除"原生运气"对人的负面影响

柯亨认为，在一个不平等的社会里，存在着多种多样的使个人处于劣势地位的原因，其中既包括个人的内在能力的欠缺，也包含着外在的社会环境的制约。有些内在的个人能力的差异，其实是不平等的社会阶级结构和权力结构造成的。高才能的人确实能够更好地提高社会生产水平，但是他们首先要占据一定的社会地位，而对这种社会地位的占据带有运气的性质。他认为，应该消除"原生运气"对人的负面影响。这种运气既不能被预见，也不能被纠正，所有人都不应该因为坏的原生运气而受苦。一个人的选择意味着他主动接受了他的选择所带来的不利的结果，这是选择者自己追求的结果，所以应该自己负责。他所说的社会主义社会中的机会平等不同于传统社会主义中的绝对平等，不是机械的平均主义的大锅饭，不是人人都要穿绝对相同的衣服。这种平等不排斥所有的结果不平等。可以容许人们因为生活方式中的选择偏好不同而带来的不平等；可以容许人们对选择所付出的努力或关心的程度的差异带来的受益的不平等；可以容许自己选择的运气数量差异带来的受益不平等。他所说的社会主义社会中的机会平等也不同于资本主义社会中的机会平等，因为它不仅纠正了社会背景和外在环境带来的不平等，还要对不是人们自愿选择的天生的劣势给予合理的补偿。

(3) 不是每一种"昂贵的嗜好"都来自于个人的偏好

柯亨认为，在平等主义中应该关注个人责任的问题。一个人获得有价值之物的潜在机会，既受到个人能力的影响，也受到外在环境和运气的影响。一个人的优势包含福利、资源、能力等一切对人有价值的物。应该消除社会中存在的非自愿的不利，因为这些不利不应该由他们来负责。判断一项不利是否非自愿，要看这种不利是否是不利的承担者能够避免或消除的。如果一个人在已经预见到不利结果的前提下，依然选择了这种不利，并愿意承担相应的责任，这就是属于个人的偏好。而不是每一种"昂贵的嗜好"都来自于个人的偏好。有些人拥有的是"非自愿的昂贵嗜好"，其中一些是本人既无法预见又无法阻止的。在既定的收入条件下，这些非自愿的昂贵嗜好变成了不幸的昂贵嗜好，成了一种生活的负担，使得他们的生活满意度会变得更差。

在一定的物质前提下，自我所有与社会主义追求的平等价值是可以和谐共存的。比如说，在马克思所设想的共产主义里，在物质产品极大丰富的情况下，就没有必要为了维持平等而强迫天赋优秀的人为天赋较差的人提供服务了，社会平等的实现就不需要通过压制自我来实现，而是一种自愿的平等。如果还没有完全克服物质资源相对稀缺的状况，但是社会已经富裕到一定的程度，虽然还不能防止重大的物质利益冲突的产生，可是足以使人们能够和平地达成平等主义的解决办法。如果人们能够具有一种顾全平等的正义观，并不需要做出重大牺牲，人们愿意在一定程度上牺牲自己的利益，就能实现平等主义的解决办法。

（4）"如果你是一个平等主义者，你怎么会如此富有？"

柯亨认为，正义与平等在本质上是相通的。只有在具有分配正义的制度中，平等的价值才能得到实现。衡量社会是否正义的依据主要是看是否平等。一个正义的社会应该把平等主义的道德精神融入个人的选择之中。正义是一种引导人的行为的道德指令，而不是一种调节社会资源的制度安排，要使整个社会树立起不断追求正义的道德信念。他反对道德上的任意性，认为道德规范应该为人所信奉，而不是人可以随意选择的对象。他认为，不仅要在社会的基本结构中应用正义原则，还要让它渗透到人们的日常生活之中。社会不仅需要有强制性的制度正义，而且需要有一种正义的社会风尚。社会风尚体现为一系列的情感和态度，它可以把正义的原则变成习惯，把非正式的原则变成压力，通过公认的习惯和惯例来维持非强制性的社会秩序。

社会风尚给个人选择带来的压力不逊色于强制性的规则所带来的压力。社会风尚还能通过把正义原则化为人们的内心信念，来矫正人们在日常生活中的个人选择，这是任何一个最大化的立法化社会都难以达到的目标。柯亨问那些自称是平等主义者的富人们，"如果你是一个平等主义者，你怎么会如此富有？"在一个没有形成平等主义的道德风尚的社会中，富人们就可能只是说他们是平等主义者却不去践行平等主义的原则。在一个不平等的社会里，如果一个人信奉平等主义原则，而自己又不去履行相应的义务，就得承担相应的责任。如果社会中存在着履行平等主义原则的先锋，就会造成一定的社会压力，使越来越多的人在日常生活中选择正义的行为，从而逐渐扭转社会风尚，使社会正义最终能够实现。

2. 罗默：不公正的根源是生产资料分配的不平等

（1）"证券市场社会主义"能实现效率加平等的目标

罗默改变了他以前的一般剥削论的观点，认为导致不公正的剥削的真正根源在于生产资料分配的不平等。他认为，即使资本积累是依靠幸苦劳动来完成的，而不是通过抢劫和掠夺，这种资本的运作依然是非正义的。资本主义社会不能给人们提供平等的机会，而在社会主义社会中则能够实现机会平等，因此社会主义比资本主义更优越。他主张搞"市场社会主义"。他认为，要实现社会主义必须经历一个从实现短期计划到实现长期计划的渐进过程。社会主义的长期目标是要建成一个真正平等的社会，而短期计划就是要搞市场社会主义。市场社会主义既要发挥市场的效率优势，遵循市场规律来配置社会资源，又要通过生产资料的公有制、集体所有制和社会主义的再分配来克服由市场竞争带来的不平等，因此它既区别于"市场资本主义"，又区别于传统的"计划社会主义"。

他认为，"证券市场社会主义"的理论模型能够实现市场社会主义的效率加平等的双重目标。在这个模型中，社会财产以现金货币和证券货币的方式存在，持有社会财产的主体为成年公民、公营企业、共同基金和国库。证券市场社会主义的基本特征为：首先，国家所有的公营企业均实行股份制，按成年公民的人数平均分配股权，只能用证券货币获取股息而不能买卖。其次，所有银行都是国有化的，但是按市场规则运营。再次，公司的经理不是由国家指定的，而是由董事会决定。在董事会中包括企业职工代表和股票持有者代表。然后，政府要保证有重大投资意义的计划能够落实，要把利率作为手段来鼓励或阻止某些投资。最后，个人可以创办企业，但是当企业的规模达到一定的程度或者企业的创办者去世时，国家要以补偿的形式把这类企业收归国有，并把股票重新分配给普通民众。

（2）个人应该对其努力的程度负责

罗默认为，马克思主义者的任务在于造就一个平等主义的社会，并论证这个社会是能够实现的。社会主义优越于资本主义之处在于它更能够给人们带来平等。种族歧视和移民问题是西方民主国家面临的比较重要的政治问题。他所说的平等是自我实现和福利机会的平等，对那些获得最少机会的人群给予最大化的机会。他认为，社会主义社会应该为个人创造一个公平的竞争环境，不让偶然因素影响到个人的发展，必须使那些无法控制的因素造成的结果均等化，要对那些处于不利社会教育背景的孩子们进行补偿教育，使他们能够获得竞争所需要的技能，能够与出身背景较好的人竞争职位。在社会主义社会中，个人应该对自己的选择负责。正义就是给予人们"应得"的东西。个人的优势差异来源于自主努力的程度的不同，同等的努力程度应该得到同等的回报。个人做出自主的选择后，社会就不需要为这种选择所产生的坏的结果买单。

他认为，应该设定一些具体的参数，比如说，年龄、种族、性别和职业等，把一个社会中的人分成许多类，每一个类别中的所有成员的环境都大致相同，然后在同一个类别中比较个人的努力程度。在不同的类别中，如果两个人的努力程度处于相同的百分位数，就意味着这两个人付出了同等程度的努力。个人应该对其努力的程度负责，而不是对其努力的水平负责。左派要为民主的社会主义而奋斗。民主是一种普选权。政治均衡是各政党之间竞争的结果，其中每个政党都要对其他政党提出的政策主张给出最好的响应。政党是由许多派别组成的复杂的组织，每个派系都有自己的目标和为这个目标服务的政策纲领。政党成员通常由三个代表不同利益的派系组成：激进派、改革派和机会主义者。激进派希望选民能够表达出自己的利益需求，希望能够实施选民所理想的政策；改革派希望表达出自己的政党政策，希望使政党成员的预期效用最大化；机会主义者只是希望使自己获得选举胜利的概率最大化。假定所有政党都是由三个派系构成的，当面对其他政党的政策提议时，三个派系之间通过相互博弈产生出整体一致的政策，达到一种政治竞争的非合作的均衡。

3. 埃尔斯特：具体的实现正义的方法

（1）正义的人是出于正义的激励去做事

埃尔斯特在实证主义科学的基础之上构建他的局部正义理论。他认为，制度正义是由政治正义、行政正义和司法正义构成的统一体。不同的机构和不同的部门，在实际中采用着不同的分配原则，比如说，需要原则和贡献原则。不同的国家和不同的地区在实际中也采用着不同的分配原则，比如说，大学升学资格的不同。相对自主的社会机构可以决定自己的分配原则。局部正义虽然会受到中央的政策所限制，但是有自己的相对自主性；局部正义通常不是补偿性的；局部正义所关心的是物品或负担的分配而不是金钱。具体情况要根据实际情况来定，不要忽略考虑任何一种原则。他还研究了转型正义问题。他认为转型正义发生在一个政权向另一个政权转变的时期，其中包含着在审判、清算和赔偿过程中出现的正义问题，可以从超国家的、国家的、团体的和个人的四个层次来加以讨论。

超国家的机构包括国际军事法庭等。国家层次的转型正义指的是战胜国从战败国那里获得赔偿时，在战败国中的个人和集体中出现的正义问题。团体主要包括各种组织、经济实体、协会和自治机构等，比如说，瑞士银行。个人正义指的是个人反对其他人的行动，可以是不受法律制裁的谋杀或故意的和公开的羞辱等。他关注的主要是国家层次上的转型正义问题。他研究的对象主要是前一个政权时期的罪犯和受害者。他把罪犯分成七种类型：机会主义者、失败者、嫉妒者、因循守旧者、狂热者、强调原则的人和无思想者。一种受害者希望能够对罪犯实施相应的伤害，"以眼还眼，以牙还牙"，另一种受害者希望能够尽量降低对自己的伤害程度。在罪犯和受害者之外，还存在着帮助者、抵抗者、促进者、受益者、中立者和破坏者等。具有正义的动机的人不是出于利益或情绪而是出于正义的激励去做事情。他把动机分为理性、利益和情绪，而情绪主要包括希望、恐惧、高兴、遗憾、生气、憎恨、羞耻、骄傲、失望、嫉妒等。他认为应该考虑这些情绪产生的原因。

（2）协商并非是一种完备的民主模式

埃尔斯特认为，协商民主是自由而平等的公民通过讨论来进行决策的民主。协商民主涉及受某个政策影响的人或代表参与的集体决策。集体决策都要经过具备理性和公正品德的参与者的辩论。协商民主在形式上具有公正性和非暴力威胁的特点。无论辩论的是最终的目标还是实现目标的最佳手段，在形式上都是公正的。发言者害怕别人说自己是出于私利或偏见，因此都会从公共利益的角度来论证自己的意见的公正性，会用理性来伪装情感与偏见，威胁会被伪装成警告。协商可以在小规模的办公室会议、专门委员会会议和大规模的会议中进行。办公室会议的参与者更关心协商的内容，进行煽动性宣传的空间比较小。办公室的人员大多是随机组成的，因此利益和激情占主导地位的可能性比较小。

专业委员会的技术水平通常比较高，但是可能会采取不公正的态度。大规模的会议不能以连续和系统的方式进行辩论，因为容易被少数熟练的和有领袖气质的演讲者所主导。公开性对于协商民主是很重要的。公开化可以迫使演讲者用理性的语言代替利益的语言，用带有情感的动机代替不偏不倚的动机，把自己的卑鄙的动机隐藏起来。如果演讲者放弃在公众面前所声明的立场，会给他带来不利的影响。但是，公开性也会带来消极的影响。听众会受到演讲者的演讲技巧的影响；会成为花言巧语的共鸣器；民众还会把自己的意志强加给民主选出的代表。在协商的过程中，成员公开表达自己的个人利益是很不利的，因此他们必须用公共利益来伪装自己，以便为大多数人所接受。协商只是集体决策的一种方式，并非是一种完备的民主模式。

第五节　法兰克福学派：对资本主义的哲学和社会科学批判

法兰克福学派是以德国法兰克福大学的"社会研究所"为中心建立的学派。

对于一个学派来说，最重要的不是外在的组织形式，而是共同的理论研究纲领。在法兰克福学派的形成过程中，霍克海默发挥了核心作用，他倡导哲学与社会科学的联盟，广泛地收罗了各方面的人才加盟。他认为，社会哲学关注的是人类全部的物质文化和精神文化，指导人们正确地从总体上认识人类的命运。他认为，社会哲学在黑格尔那里达到了顶峰，而历史唯物主义则是黑格尔的社会哲学的真正继承人，只有历史唯物主义才能担负起社会哲学为人类的命运服务的历史使命。他还认为，社会科学的片面专业化现象使得人们失去了对社会整体的认识，因此要组织跨学科的研究团队进行综合性的研究，把哲学家、社会学家、经济学家、精神分析学家集合为一个永远的合作团队，在最精确的科学方法基础上研究宏大的哲学问题，实现哲学和社会科学的共同进步。

法兰克福学派的初衷是要从总体上认识和理解资本主义社会中的社会生活，特别是要研究如何摆脱苦难和如何革命等迫切需要解决的问题，但是这种研究要独立于政党和政治。它抨击的对象是整个现代资本主义社会和斯大林的教条主义的社会主义，他们用来批判的工具是"社会批判理论"。西方马克思主义的人本主义主要经历了以人类为本位的人本主义、以个人为本位的人本主义和反人类中心主义的人本主义三个阶段。法兰克福学派属于反人类中心主义的人本主义。在霍克海默的领导下产生了一大批具有重要影响和意义的理论成果。马尔都塞和弗洛姆也属于这个学派，只是本书已将其划归在前面的弗洛伊德主义的马克思主义部分。

一 霍克海默和阿多诺：资本主义构造出的是虚幻的和谐

霍克海默（Max Horkheimer，1895—1973）出生在德国的一个犹太工厂主家庭，是法兰克福社会研究所的所长，为法兰克福学派的代表人物。阿多诺（Theodor Wiesengrund Adorno，1903—1969）出生在德国，父亲是犹太酒商，母亲是歌剧演员。他曾被纳粹剥夺教书的权利，流亡英国。在此期间，他掩盖了自己的犹太出身，以便能够时常回德国访问。他与霍克海默合写了《启蒙的辩证法》。在他自己的著作中，《否定的辩证法》一书影响比较大。

（一）哲学总是会出错，所以才总是会前进

1. 否定的就是否定的，不会变成肯定

阿多诺对总体性原则进行了批判。他认为，传统哲学把自己的研究对象设定为一个无限的对象，从而让这种哲学变成了有限的和会终结的哲学。他认为，任何客体都不可能被完全认识，所以对总体的把握只能是一种幻象，只能让自己出丑。哲学总是会出错，所以才总是会前进。每一个哲学体系都注定会在下一个哲学体系中被消灭。即使是动态的体系，依然是一个封闭的体系，因为它不能容忍在它领域之外的东西。所以，任何一种体系都会把自己变成有限的和静态的东西。他用"否定的辩证法"来与传统的辩证法区别开来。他认为，即使在辩证法中就包含着"否定"的意思，但无论是柏拉图还是黑格尔，否定的目的都是为了肯定。为了强调否定，阿多诺在辩证法前面加上了否定。他认为，被否定的东西直到它消失之时都是否定的。他用否定的辩证法来批判同一性。他认为，否定就是对肯定的否定，是确定的否定，肯定和否定之间不存在同一性。

2. 相对主义会因自己的狭隘性而被自己粉碎

阿多诺的否定的辩证法既否定绝对主义，也反对相对主义，也不是要在绝对主义和相对主义之间找到中间地带。他认为，没有否定之否定，肯定的要素也能够自己生存下来。否定的辩证法意味着在矛盾中思维，它的逻辑是一种瓦解的逻辑。他认为，在资本主义社会中，同一性这个观念来源于商品交换原则。要实现等价交换，就要把人类劳动还原为社会平均劳动时间这个同一的标准。而把这个观念扩展的结果，就是把世界看成是同一的总体，从而得出了总体性原则。而相对主义是一种被限制的意识形态。最初，相对主义是资产阶级个人主义的意识形态。在这种个人主义的意识形态中，每个人的意见都具有平等的权利，似乎不存在衡量真理的标准。这种相对主义中包含着自我蔑视，并将因为自己的狭隘性而被自己粉碎。

（二）资本主义宣传的自由其实是一种虚假的意识形态

霍克海默认为，要发展出一种适合历史需要的社会心理学，这种心理学建立在精神分析学之上。他认为，一定时期的文化，比如说，习俗、道德、艺术、宗教以及哲学，既是一定时代的物质力量造成的结果，同时又对其经济基础有着重要的影响。特定群体的成员具有特殊的性格，因此会做出特殊的行为反应。在极权主义国家中，冒犯强制者的人会遭到惩罚，会遭受饥饿，对惩罚和饥饿的记忆塑造着人的心理结构和文化。人能自觉地把自己整合到既定的秩序之中，主要是受到了实用的、道德的、宗教的力量对人的胁迫。正如尼采所说的，只有那些不断伤害人的东西才会保留在记忆中。文化具有一种动态的结构，它与物质力量密切相关，又不是物质力量的依附者，有着自己的独立的运动规律。人的心理机制与特定的文化和特定的社会体制之间存在着密切的关系。

人的心理机制是随着历史发展的进程而不断地变动着的，所以通过研究特定时期的人的精神心理机制，对理解特定历史时期的社会现象是具有很大的意义的。当权威行为符合个人或集团的真实利益时，往往隐含着一种推动历史发展的力量。如果权威支持的是已经失去合理性的社会观念或社会关系时，它就会变得盲目和卑下。资本主义社会打破了传统社会的人身依附关系，使个体从自然共同体中解放了出来。但是资本主义社会的解放是不彻底的，它造成了一种假象，似乎个人是完全独立的和全面发展的，似乎能够充分发展个人的潜能。在现实中，这个被解放的个人被剥夺了生产资料，因此必须服从外在的经济力量的支配，否则就无法生存。这种经济力量就像非理性的自然一样，表现为一种盲目的东西，由无数不可控的事件构成的总体来调节。资本主义宣传的自由，实际上是一种虚假的意识形态，背后隐藏着经济必然性对人的统治和压迫。

（三）不能只用经济发展来衡量人类社会的发展

霍克海默认为，传统理论通过肯定现存的资本主义制度，使得资本主义制度能够正常运行。而批判理论则不会为现存的资本主义服务，而是要揭露现存资本主义社会的秘密，要解决现存的资本主义社会中存在的苦难，要把资本主义社会转变为一种正义的社会，要唤醒人们与现存的资本主义社会作斗争。他认为，必须对现存的资本主义社会持批判态度，人类才有未来。坚持思想上的顺从主义会背离思想的本质。思想活动的特征在于能够独立地确定人应该干什么。批判理论的研究对象是作为资本主义中的生产者的个人。这种研究的目的不仅仅是为了增长知识，而是要把人从奴役中解放出来，要让人们认识到个人的自由发展依赖于建构一个合理的社会。批判理论不是一门科学，即使是它在进行政治经济学批判时，它依然把自己看成是一门哲学。批判理论关注的是作为一个整体的社会，他反对经济主义。他看到了资本主义的公平交换背后的不公正性，看到了自由经济背后的垄断控制，看到了社会财富的日益增长背后的广大人民的贫困化。他认为，经济自由主义构造出的是一种虚幻的和谐。经济要为人服务，而不是人为经济服务，不能只用经济发展来衡量人类社会的发展。

（四）要通过对资本主义的批判来使群众得以成长

霍克海默说明了批判理论相对于传统理论的特征。批判理论的批判对象是社会。批判理论认为，社会的不良现象来自于社会结构，因此是无法一个一个地消灭的。批判理论不是要帮助社会结构中的任何一个要素更好地运行。它批判资本主义社会中的行为准则。它认为从整体上看资本主义社会具有两面性：一方面，它理解资本主义存在的必要性，认为资本主义也是人类劳动的产物，给人们的生活带来了组织性；另一方面，它又认为资本主义不是人类想要的世界，因为资本主义的秩序是由战争和压迫维系着的，是由资本掌控着的世界。批判理论一方面能够解释资本运行的规律，另一方面又对资本主义社会进行批判。批判思想家认为资本主义社会中存在的事实不是外在的，而是从社会劳动中产生出来的。人们意识到的客观实在是人类控制的产物，而不是纯粹的事实。

批判理论认为个人并不是绝对自由的。社会的基础不是孤立的个人，也不是个人的总和。个人不是一个数学上的点，而是处于社会整体中的特定的个人，个人的行动构成了当前的社会。社会无法认识绝对真理。无产阶级也不能保证自己的认识的正确性。我们不能满足于虔诚地宣布无产阶级的创造力量，不能满足于适应无产阶级的现实状况，不能神化无产阶级，不能逃避理论上的努力，不能避免暂时与群众对立，否则就会使群众变得更为盲目和更为软弱。批判理论应该构造出整个社会的发展图景，并且通过批判资本主义来使群众得以成长，从而促进社会的变革。

（五）大众文化是虚假地满足人的欲望的阴谋

1. 消灭了人的情感表达的个性方式

《启蒙的辩证法》是霍克海默和阿多诺合写的著作。他们认为，在资本主义社会中，大众文化变成了文化产业的产物，用生产商品的方式来加以生产，所以生产出的并不是艺术品。生产的目的不是为了真正地满足人的需要，也没有给人带来真正的娱乐，只是在用某种技术手段来应付人的娱乐需求。在大众文化中，艺术被等同于广告技术，丧失了艺术的文化价值。他们认为，大众文化的商业化导致了大众文化中所表达的东西全是类似的或一样的。电影中、收音机里、书报杂志中都包含着类似的格式化的东西。在听流行歌曲时，我们听到第一个音节，就能大概猜出后面的续曲。小故事的字数都差不多一样多，逗乐的技术、讽刺的方式、产生什么样的效果，都是按一定的格式设计出来的。

大众文化就是在以不同的方式生产着类似的结构框架，其特征就是标准化。阿多诺认为，轻歌剧的生产就像是成批地生产出设计好的服装一样。通俗音乐都是按一定的套路制造出来的，不能给予人自由创造的空间。通俗音乐的听众是那些不成熟的人，没有能力表达自己的情感的人。流行音乐消灭了人的情感表达的个性方式，让人获得一种麻木的安乐感，产生的是机械式的反应，重复上的都是已经点过的同一道菜。占据人的闲暇的商业化的大众文化，恰如工作中的机器设置一样，用机械性的节奏榨干人的生命的能量。贝多芬的奏鸣曲唤起的是人的主动性和参与性，而爵士乐则让人被动地顺从它的节奏起舞，让人在绝对被动的肉体运动中痴呆化。这种机械化的节奏，让人变成非人，在耗尽由人的欲望产生出来的能量，在阉割人的内在的自由和创造性，是对抗人的无法得到真实满足的欲望的一种阴谋。

2. 明星和英雄以偶像的形式操纵崇拜者

他们认为，对大众文化中出现的明星的崇拜让人失去个性。明星与崇拜者之间的关系是施虐与受虐的关系。明星和英雄以偶像的形式操纵崇拜者。影星的发式和语调，歌星的姿态和容貌，都成为模仿的对象。崇拜者的个性在模仿中被消解，个性成了牺牲品，个人进入一种模式化的生活方式。电影、电视、报纸、畅销书等都在把人的意识模式化，崇拜者们在狂热中祭奠自己牺牲掉的个性。个性就这样被泯灭了。在杂志的封面上，我们看到的是美女们的同一种笑容。人们自由地选择着同样的货色。有的人选择暴力影片、有的人选择爱情歌曲、有的人选择侦探故事，这些选择看上去是多种多样的，而其中都预先设置了标准化的圈套。文化产业的特征就在于以中性化和标准化的方式剥夺了人的个性，它的施虐性就在于禁止个性的独立和发展，在表面不断翻新的时髦下隐含着对大众趣味的趋同性操纵。崇拜者的受虐性表现为成熟外表下的极度的幼稚性，他们对"可口的"、"舒适的"需求与儿童们对糖果或玩具的需求没有什么差别。在大众文化中，娱乐的过程就是就是通过虚假的满足来消灭个性的过程。

3. 看着光彩夺目的诱惑，过着惨淡的日子

他们还认为，大众文化具有欺骗性。首先，大众文化让观众对影视中的情景信以为真。电影观众会认为，电影里发生的事就是在外面的大街上发生的事的继续。有声电影中发生的事被看成是生活中发生的事。电影在用它的那种观众不经过核实就能接受或否定的方式教育着观众。其次，大众文化不断地向消费者做出无法兑现的承诺，让消费者画饼充饥。消费者在大众文化中看到的是光彩夺目的诱惑，而实际上却过着惨淡的日子。它们总是在诱惑之后再贬低这些诱惑的价值，以安慰不能真实地得到满足的消费者。最后，文化工业能让消费者把大众文化中造出的需求当成自己的真正的需求。消费者只是被预先规定的需求的消费者，而且能够让他们感觉心满意足。

4. 把大众调教成娱乐工业期望他们成为的那种人

他们认为，大众文化传媒实际上是一种操纵消费者的工具，其中传播的是操纵阶级想要传递的信息，因此具有意识形态的功能。霍克海默认为，大众文化并不具有真正的大众性。大众性不是被大众决定的，而是被操纵阶级决定的。大众性的文化在无限制地把大众调教成娱乐工业期望他们成为的那种人。大众文化作品不是艺术。个性化的艺术具有超越现实的乌托邦性质，能够让人感觉到自由，反抗着资本主义社会强加于人的束缚。而大众文化则是资本主义社会的快感文化，它对人的最细微的生活也进行常规的程式化管理，让人们丧失了对艺术的理解能力。

阿多诺认为，整个文化产业在不断地复制出同一类型的人，其中的秘密就在于让人们服从于社会的等级制度。文化产业对人的控制是无处不在的，从头天下班到次日上班，人们都被大众文化控制着。只要人们还能呼吸，就在接受着大众文化产品的影响和控制，使得人们都变成了按操纵阶级的需要而塑造出来的样子。大众文化也会帮助人发现对资本主义制度的

愤怒，但是不会威胁到资本主义的制度本身。在大众文化中存在着"外显信息"和"内隐信息"，而内隐信息可能比外显信息更重要，因为内隐信息能够逃离意识的控制，直接进入观众的思想之中。有的节目表面上是反极权主义的，而这种节目却在复制着被动性和轻信的观念，在暗中与极权主义是契合的。表面上看起来无意义的玩笑，也可能隐含着传播极权主义观念的信息。

二 资本主义社会的崩溃方式

格罗斯曼（Henryk Grossmann，1881—1950）出生在奥地利的一个非常富有的犹太矿主家庭，西方马克思主义者。由于政治原因流亡德国。曾加入法兰克福大学的社会研究所，后退出。他研究了《资本论》第三卷，力图把利润率下降的规律与经济危机的理论结合起来，形成自己的关于当代资本主义危机的理论。他认为，在资本主义的生产过程中包含使用价值和交换价值的生产。使用价值的生产过程可以是无限的，而以利润为目的的交换价值的生产则是有限的。资本主义的生产是以追求利润为目的的，所以利润没有了，生产过程也就中断了，因此在资本主义社会中总是隐含着经济危机的威胁，而经济危机又决定了资本主义的崩溃趋势。资本主义不会主动灭亡，因此就会尽可能地采取措施维持利润率，而这只能暂时缓解崩溃的趋势，无法根本扭转这个趋势。只有通过无产阶级革命才能摧毁资本主义的国家机器，把资本主义的崩溃趋势变成现实，这样社会主义才能取得胜利，无产阶级才能自我解放。无产阶级的解放只有发挥自己的主体能动性，才能从资产阶级的意识形态中解放出来，形成自己的阶级意识，发动社会主义革命。

波洛克（Friedreich Pollock，1894—1970）出生在一个犹太皮革厂主家庭，为法兰克福学派的重要的政治经济学家，长期担任霍克海默的行政助手。他始终关注苏联的社会主义和资本主义国家实行的计划经济。他不怀疑资本主义的必然灭亡，但是他认为一九二九年的"大萧条"后的资本主义还不会立即灭亡，因为他注意到了服务行业的重要性日益增长，使得剩余价值的获得有了新的途径，这会延长资本主义社会的寿命。他认为，大萧条只是说明自由资本主义已经走到了尽头，资本主义的计划经济的时代即将到来，它会大大推迟资本主义的灾难性的崩溃，所以垄断资本主义能够继续存在下去。垄断资本主义社会是被管理的资本主义，这里的压迫将会更加长久,繁荣会更加旺盛而短暂,但是危机不能再被预测了,而且将更加具有毁灭性。纽曼(Franz Neumann,1900—1954)认为,随着竞争性资本主义过渡到垄断资本主义,资产阶级革命时代确立的普遍法治功能发生了很大的变化。在法律中缺少了自由的概念,一切法律都站在了统治者的一边。纳粹是垄断资本主义的另一种方式的继续。

基希海默(Otto Kirchheimer,1905—1965)出生在一个犹太人家庭。曾因纳粹上台而被迫流亡巴黎。他从历史唯物主义的角度出发,考察了历史上存在的具体的刑罚方式,比如说,囚禁、单独监禁、放逐、罚款、强迫劳动、死刑等的变化发展过程。他发现,一定阶段的经济发展与具体的刑罚之间有着大致相对应的关系。他认为,在垄断资本主义时代法律普遍崩溃,不再保护个人的权利,这是法律被用来保护垄断集团的利益的必然结果。法治不再是必需的了,由官僚机构来决定什么样的社会活动是被允许的,日益体现出国家的意识形态的要求。在资本主义社会中存在着政治妥协机制,这种机制的发展经历了三个阶段:在自由资本主义时代,金钱在政治运作过程中的影响重大;在大众民主时代,统治集团、资本和劳工及其组织之间自愿订立的契约影响较大;而在垄断资本主义时期,政府强大到没有任何经济力量可以制约的程度,国家集中行使个人的权利,个人被社会集团和官僚机构所控制,金钱和契约都失去了作用。

三 哈贝马斯:资本主义的伪公共性

哈贝马斯(Jürgen Habermas,1929—)是德国的西方马克思主义理论家。曾因为与霍克海默有尖锐的矛盾而辞职。他喜欢不断与各种思想交锋,他批评过波普尔、伽达默尔、罗尔斯等人,还对许多后现代主义者进行了全面的批评。

(一)操纵性的公共性排挤掉了批判性的公共性

1. 用公共性原则来反对公共权力的权威

哈贝马斯对"公共领域"进行了比较深入的研究。他所说的"公共领域"与"私人领域"和公共权力机构相对,指的主要是公共舆论领域。他认为,在古希腊人看来,公共领域不是一个必然王国,而是一个自由王国。人们的生活必需品是在私人领域获得的。公共领域为人的个性提供了表现的空间。公民之间互相对谈,通过争论让最优秀的思想脱颖而出。在最初的资本主义社会中,由市场构成的市民社会最终被私人化,市民社会变成了私人领域，与公共权力领域相分离。公共领域的公众是由私人组成的。在法国，首先出现的公共领域是文学公共领域。资产阶级的知识分子在咖啡馆、沙龙和宴会等地相遇，他们相互愉快地交谈，公开地批评。在文学公共领域中，公民们都是平等的主人，他们在平等的探讨中形成共识。因为他们用公共性原则来反对公共权力的权威，因此文学公共领域与政治公共领域统一了起来，促进着社会的政治解放。政治公共领域关心的主要是社会治理问题，它以"公众舆论"为媒介与公共权力进行公开的争论。公共领域的公共性在于对个人或事情进行公开批判，让公共权力接受公共舆论的监督，按公众舆论的要求来进行修正。

2. 大众传媒操纵着大众，肩负的是广告的功能

哈贝马斯认为，随着资本主义的发展，公共权力领域与市民社会开始重新融合。一方面，随着资本的集中，市民社会开始出现各种冲突，国家的公共权力开始干预市民社会，出现了"社会的国家化"现象。另一方面，国家机构向每一个公民开放，公共权限向私人组织转移，社会权力取代了国家权力，出现了"国家的社会化"现象。这样就出现了一个新的政治化的社会领域。这个社会领域既不是纯粹的私人领域，也不是真正的公共领域，于是资产阶级的公共领域就消亡了，其直接后果是公众的批判意识削弱了。公众从文化的批判者变成了文化的消费者。沙龙、俱乐部和读书会中的批判意识不见了。文学公共领域被文化消费的伪公共领域所取代。通过对大众传媒的文化消费，伪公共领域入侵到了小家庭内部。

从前，公众要进行文化批判，首先要阅读。人们在与外界隔绝的家庭的私人领域里阅读。而当人们在一起看电影和看电视的时候，公众的私人性特征就消失了。人们在消费着文化，而不是批判着文化。政治论坛、文学组织、电台和协会，在组织着公开的讨论和批评，但是这种讨论的性质已经发生了变化，具有了消费的形式，在推销着商品。正方和反方都受到游戏规则的限制，提问成了常规。靠大众传媒营造出来的只是公共领域的假象，它肩负的是广告的功能。大众传媒在有计划地制造新闻或利用相关事件来吸引人的注意力。大众传媒采用了不少心理学原理，应用了各种技术手段，紧扣人类共同关心的基本话题，比如说，爱情、金钱、儿童、宗教和动物等，让人接受新的权威，以改变公众舆论的方向。它把自己所宣传的对象都赋予公共利益的幻影，让公众感觉到自己是自由地形成对它的看法的，其实却是被传媒操纵着的。因此，大众传媒对政治和经济的影响

越大，它的政治批判功能就越弱，而且越容易被用来满足某些个人或集体的利益。本来的公共舆论能够自下而上地对政治统治的合理性做出解释，能够批判监督政治统治。而大众传媒则是自上而下建立的，它不仅呈现政治统治的合法性，而且还在操纵大众，从而使得操纵性的公共性排挤掉了批判性的公共性。在西方资本主义社会的社会福利国家中，政治公共领域允许各种组织凌驾于公众之上，操纵着公众。

（二）交往性行为是解决所有哲学问题的突破口

1. 交往理性是人与人之间认同的基础

哈贝马斯认为，现代性指的是十八世纪末用来挑战传统社会的观念，最明显的标志是倡导个人自由，其中包括科学研究的自由、自我决定的自由和自我实现的自由。他认为，应该坚持现代性，因为它基本上是合理的，既不压抑个性的发展，又能保持社会秩序的稳定。但是，要按照交往理论的原则来构建人与人之间的合理的关系。完美的生活必须满足的条件就是人与人之间不需要强制就能在彼此的交往中达成共识。在"一"与"多"的问题上，他认为，只有在多元化的声音中，通过相互理解，才能够实现思想的统一。他认为，语言可以互译，而且基本上能够相互理解，就因为在各种语言中都存在着相对稳定的理性。

他认为，交往性行为是解决所有哲学问题的突破口，要用"交往理性"来替代"工具理性"。交往理性指的是支配交往性行为的理性，主要体现为人与人之间的相互理解和相互认可。在交往理性中，不存在强制性，参与者能够克服主观偏见，热衷于在理性的基础上达成一致意见。他认为，人们应该共同享有一种生活世界，这是人们共同生活、共同经历、共同言说和共同行动的世界，不是一个人们能够随意驱使的世界。生活世界是一片灌木丛，有很多不同的要素混杂在一起，要通过不同的范畴和经验才能对它进行分析。在生活世界中，个体不是整体的一个部分，也不是生活世界的一个观察者，其中存在着交往性行为，产生的结果是人与人之间的认同。人是在日常交往中实现社会化的。社会就是在交往性行为的基础上用符号建构起来的生活世界。社会与个体之间有着互动作用。人们通过相互理解来接受原有的认同和产生新的认同，从而能够保持社会的稳定与革新。

他认为，在人们的日常交往实践中存在着理性的潜能，可以挖掘出来，作为建立合理的秩序的基础。他认为，人的认识是有目的的或有趣味的。人通过认识和行动来满足自己的需求。人因为认识的目的不同，由此导致的认识的形式和行为方式也就不同。根据人的认识不同，可以把认识分成三种：第一种认识的目的是要掌握技术，要能预测和控制自然，由此形成的是经验的和分析的科学，从而产生人的工具性的行为；第二种认识的目的是实践，它要让人了解自我和相互了解，要解释人类活动的意义，由此形成的是历史的和解释的科学；第三种认识的目的是摆脱束缚和获得自由，唤醒人的反思能力，让人获得解放，由此形成的是具有批判倾向的科学。他认为，如果占统治地位的不是具有批判倾向的科学，人类就难以实现真正的自由和平等。

2. 交往性行为是为相互理解而做出的行为

哈贝马斯把人的活动区分为工具性活动和交往性活动。工具性活动是种有目的的理性活动。它是按照技术规则来进行的劳动，有明确的目标，能够在既定的条件下得以实现。而交往性的活动则是以符号为媒介的相互作用。相互作用必须按社会规范进行，有着相互的行为期待，必须至少有两个行为主体参与。当他们互相理解和互相承认，他们就有了交往关系。社会规范的义务是通过普遍承认来得到保障的，通过制裁来加强的。他认为，在社会的文化生活中，制度是建立在社会规范的基础上的。这种社会规范指导着人们之间的语言交往。他把交往性行为与目的性行为、规范性行为和戏剧性行为进行了区分。

他认为，目的性行为指的是使用有效的手段达到一定的目的的行为；规范性行为指的是根据一定的规范来调节自己的行为；戏剧性行为是指行为者在观众面前以一定的方式表现自己的主观性，希望观众能够接受自己的表现。交往性的行为，指的是人与人之间为相互理解而做出的行为，它涉及的是人与人之间的相互关系。在理想的交往关系中，人与人之间以平等的方式进行交流，没有外在力量的强迫，没有主动和被动之分。他认为，以达到相互理解为目的的交往性行为是最根本的行为。交往性行为是通过语言来进行的。在使用语言进行交往时，要求做到：首先，说的话是可以懂的；其次，说的东西是存在的；再次，让自己能够被听者所理解；最后，说完后能够达成默契。能够有效地使用语言进行交往的人，需要具备如下条件：首先，具有选择陈述句的能力；其次，具有很好地表达自己的意向的能力；最后，实施言语行为的能力。

3. 商谈行为是交往性行为的继续

哈贝马斯认为，相互理解的过程就是相互认同的过程。如果在相互理解的过程中出现了问题，就需要解释。如果解释失败，交往关系就不可能再继续。于是，交往者之间会完全中断交往或者在不同的水平上重新努力得到理解。人与人之间要相互理解，需要有共同的语言背景，遵守共同的语言规则，还要有共同的价值准则。那么，怎么才能找到普遍的价值准则呢？就此他提出了商谈伦理学的概念。他认为，商谈行为是交往性行为的继续。在商谈中必须遵循具有普遍性的道德规则。而对这种普遍道德规则的接受，不能是强制性的，必须是自愿的。交往者都是具有理性能力的人，理性是能够对普遍性的价值原则达成共识的基础，而商谈则是达成这种普遍共识的手段。商谈者之间的权利和机会是平等的，可以通过相互交流达到相互理解，通过相互承认达到相互认同。人们自由地提出应该把什么作为普遍规范。他把人的社会进化过程理解为对社会文化的学习过程。他认为，人都天生就具有学习社会文化的潜能。社会文化的内核反映的主要是表现为道德规范的人与人之间的秩序结构。人们学习的内容不只是实用的技术性的知识，而且包括道德知识。社会进化的标志是社会的组织原则。他认为，有可能出现一种新的组织原则，它能够把公共教育、社会福利、自主化惩罚和精神疾病治疗法整合为一体。

四 霍耐特：资本主义社会对人的歧视

霍耐特（Axel Honneth，1949—）是当代德国哲学家。他往往关注一些学界不太重视的人和有争议的文本。他认为，人反抗社会的动机来源于被蔑视的体验。法律平等原则与事实不平等之间的张力造成了社会冲突，因此人们要为法律承认而斗争。关于社会正义的构想应该立足于社会承认关系之上，而分配冲突则是为承认而斗争的特殊形式。他试图在一元道德的基础上建构承认理论的多元正义构想。

（一）个人需要被认同，个人反抗被歧视

霍耐特认为，从肯定的意义上说，社会哲学是对个人的成功的社会生活方式的反思；而从否定的意义上说，它是在对社会中的病态现象进行诊断。病态指的是有缺陷的发展。当我们说社会出现了病态现象，不只是说社会中出现了正义的缺失，而且还指在心理上出现了具有共同特征的紊乱现象。他认为，在个体的自我实现的过程中，自由意味着要消除心理封闭、心理压抑和内心的恐惧，而不只是意味着要消除外部强制。消除外部强制属于消极自由，而消除内心的恐惧则属于积极自由。积极自由不仅让

个人在表达需求时有安全感，而且能够发挥自己的才能。个人的自我实现依赖着自身不能控制的共同体，依赖着互动伙伴的帮助。不能用社会是否合理来解释社会的发展，因为社会发展的动力来自于社会冲突。

他认为，社会冲突具有两种模式："为自我保护而斗争"和"为承认而斗争"。他关注的主要是为承认而斗争。他认为，爱、法权、团结这三种承认形式，分别与自信、自尊、自豪相对应，而强暴、剥夺权利、侮辱则是个体遭遇蔑视的三种形式。个人反抗社会的动机来自被蔑视的体验。阶级不具有个人的具体的被蔑视的体验，甚至不可能有共同的客观的利益。个人需要被认同，个人反抗被歧视。下层群体的抗议行为的动机来自于对不公正的体验。人对获得自己的尊严、荣誉或认同充满着期待，而在不公正的环境中，这些期待多少会失落。人们在日常生活中体验到的不公正感，就是被社会蔑视的感觉。社会蔑视与个体认同的缺席联合起来就会导致个体的人格缺失的体验。

个体遭遇到的三种蔑视形式是：强暴、剥夺权利、侮辱。蔑视就是拒绝承认，就是对承认的否定与剥夺，会让人感觉到不公正，会伤害或贬低人的荣誉或尊严。蔑视包含着对主体的不同程度的心理伤害。在虐待中出现的强暴，会摧毁个体的基本自信。在被贬低的过程中，个人的平等权利被剥夺，会伤害个体的自尊。在被侮辱的过程中，个人会感觉到被羞辱，会剥夺个体的自豪感。强暴主要包括虐待和强奸，它剥夺了人自由支配自己的身体的权利，伤害了人的身体。无论动机如何，每一种违背个体的意志，强行剥夺人身自由的尝试，对个体造成的羞辱，都比其他的蔑视形式要深刻得多。虐待和强奸给人带来的不仅是肉体的痛苦，而且让人感觉到他人的淫威，个人的自信心持续地遭到打击，自身的安全感突然崩溃，自己会感觉到非常无助，会感觉到对现实的幻灭，会对社会失去信赖感，会导致人的心理死亡。剥夺权利或社会排斥，指的是个体在共同体中的完全成员资格被剥夺或被限制，不能平等地、合法地参与共同体的活动，从而不能合法地期待共同体满足自身的要求，会导致人的社会死亡。

（二）在相互承认中体验自信、自尊和自豪

霍耐特认为，相互承认的领域包括爱、法权、成就；相互承认的形式包括情感关怀、法律承认、社会尊重；相互承认的原则包括需要原则、平等原则、贡献原则。相互承认的关系符合需要原则的以爱和关怀为主导观念的私密关系；符合平等原则的以平等的权利义务为规范的法权关系；符合贡献原则的以个人成就为社会等级规范标准的社会尊重关系。人在爱中体验到自信，在法律承认中体验到自尊，在团结中体验到自豪。

首先，爱是一种情感关怀，让人拥有自信。不能把爱仅仅理解为一种狭隘的性亲密关系，而且还包含着友谊关系、亲子关系、同情关系。爱是一种特殊的相互承认的关系，优于其他相互承认的关系。无论是在亲子的关系中，还是在友谊或私密的关系中，都存在着同情和爱慕。个人在爱中能够体验到安全感，能够表达自己的感受，能够产生自信。其次，法权或法律的承认，能够给人带来自尊。他认为，在现代社会中，个人法权与个人的具体角色期待发生了分离，每个人都具有了自由平等的权利。而在传统的法权关系中，承认某个个体的法权人格，就赋予了他一定的社会地位和相应的社会尊重。在现代的法权理论中，通常有三类主体法权：公民自由权、政治参与权、社会福利权。公民自由权属于消极法权，保障的是个体的自由、生命、财产这样的基本人权。政治参与权属于积极法权，保障的是个人参与公共意志的形成。社会福利权也属于积极法权，保障个体以公平的方式占有基本产品的分配。个体拥有法权，意味着他能够参与公共意志的形成，能够提出为社会所接受的要求，从而能够得到合法的创造机会，能够享受到其他人的尊重，因此能够享有自尊。

最后，团结和社会尊重能够给人带来自豪感。社会尊重关系到个体区别于他人的特征。社会必须建立起一种评价体系来对个人的性格特征进行价值评价。个体的社会价值只能通过他对社会的贡献大小来衡量。他认为，在从传统社会到现代社会的过渡中，社会结构发生了历史转型，社会尊重摆脱了等级社会的框架，发生了从荣誉观念到声誉或威望观念的转变。在等级社会中，社会尊重是按等级模式组织起来的。而在现代社会中，社会尊重不再取决于群体的特性，而是与个人的成就联系在一起。个人能够认识到自己为自己所在的社会群体所做出的贡献，自身的价值为其他成员所承认。团结指的是主体用不同的生活方式参与群体的互动，主体之间互相给予对等的尊重，互相都把他人的能力和品性看成是对群体有意义的。

第六节　英国"新左派"：从文化斗争走向政治斗争

一　文化把经济基础和上层建筑粘为整体

汤普森（Edward Palmer Thompson，1924—1993）为第一代英国"新

左派"的马克思主义者,他以文化作为切入点来批判斯大林的马克思主义。他认为,社会存在与社会意识是通过作为实践主体的人进行互动的。马克思始终是在人的实践活动中和过程中来理解经济基础对于上层建筑的决定作用的。他不认为人民群众没有文化和没有太多的文化成果就不是文化活动的主体,他也不认为需要有人从外部向普通人灌输先进的文化。他认为,是文化通过实践把社会存在与社会意识连接为一个综合体。文化可以分成两个部分,一个部分存在于社会意识之中,另外一个部分通过实践延伸到社会存在之中,所以文化不只是被社会存在决定的,也作为一种社会存在起着决定作用。经验既是主观的又是客观的,指的是主体通过实践活动建构起来的处于社会存在与社会意识之间的中间项。在经验中还包括着全部历史进程的遗传因素。变化产生出经验,经验又反过来作用于变化。主体在不同的实践中产生出不同的生活方式,文化就是所有的生活方式构成的整体。在阶级社会中,主体之间有着利益冲突,因此他们的生活方式也是相互冲突的,冲突的方式就是斗争的方式。新的文化是在当下的日常生活中被创造出来的,它可能是创新性的,也可能是传统性的。英国工人阶级创造出了与工业革命相联系的新实践、新经验、新的价值观和新的生活方式,但是在呈现这些新事物的时候比较多地采用了传统的形式。精英主义文化长期漠视、压制和歪曲着工人阶级的文化观。

威廉斯(Raymond Henry Williams,1921—1988),强调文化并不是少数精英的专利,而是包括无产阶级在内的全体社会成员共同参与创造和共同享有的。文化就存在于每一个社会和每一个人的头脑之中。他反对资产阶级的意识形态把经典与大众、文学艺术与日常生活对立起来的做法,认为这样的对立是虚假的对立。日常生活中的饮食男女同样在创造和享有文化。被看成是愚昧的群氓的无产阶级也在创造着自己的民主文化。现实社会是在实践基础上产生出来的文化整体,无法分割成经济基础和上层建筑。他提出了一个"三种文化"模式:剩余文化、新兴文化和主流文化。剩余文化指的是以前的社会形态中的文化或在社会剩余物的基础上存活下来的价值,人民群众可以用旧的文化霸权来对抗主流的文化霸权;新兴文化是被创造出来的新的意义和价值,这是最有生命力的和与未来相联系的文化;主流文化指的是在特定的历史时期实际存在着的主导的价值体系,试图扼杀、压制或合并剩余文化和新兴文化。汤普森和威廉斯都认为,我们只能在认识社会时,把经济基础与上层建筑进行独立的研究,而在真实的社会历史中，它们是一个整体，相互交织和重叠在一起。要回归到真实的社会历史的整体性，就必须回到作为实践主体的"现实的个人"，他们的生活是可以用纯粹的经验的方面来进行确证的。这些"现实的个人"就是每天都在生产着自己的生活的普通的男人们和女人们。

霍加特（Richard Hoggart，1918—2014）出生在英国的一个工人阶级家庭。他是1964年成立的伯明翰大学当代文化研究中心的创建者，文化马克思主义研究的开拓者。后来该文化研究中心因为英国高等教育体制的弊端和研究经费的困难于2002年被强行关闭。他认为，文化是大多数人对日常生活的理解和把握。他反对把文化区分为高雅与低俗，反对精英主义。他认为，大众文化的主要研究对象是工人阶级的文化。他认为，在第二次世界大战之后，随着电影、广播和音乐的流行，工人阶级的旧的价值观日益被商业机器和资产阶级的意识形态所同化。新兴的传媒抹杀着传统文化中的积极因素，给消极因素的膨胀提供了空间。他认为，工人阶级有着他们自主地创造出的价值观和文化。

霍尔（Stuart McPhail Hall，1932—2014）出生在牙买加，后移居到英国。他认为，电视文本的生产者与受众分属于生产和使用这两个不同的环节。因为生产者与受众有着不同的文化背景，因此在使用环节上会发生意义上的断裂。受众并不只是被动的主导意识形态的灌输对象，也会对媒介文本进行不同的解读。他把阅读分成偏好式阅读、协商式阅读和抵抗式阅读。偏好式阅读是符合主导的意识形态的阅读；协商式阅读是对主导意识形态进行修补的阅读；抵抗式阅读则是自己的完全不受主导意识形态影响的另类阅读。他力图通过关注抵抗式阅读激活工人大众的能动性，寻找出可能打破资产阶级文化霸权的道路。

二 资本主义国家统治的灵活性

密利本德（Ralph Miliband，1924—1994）是英国第一代"新左派"马克思主义者。他出生在布鲁塞尔，他的父母是来自波兰的犹太移民。在他的大家族中，有四十三人死于纳粹之手。他的主要贡献是结合历史发展诠释了马克思主义的国家理论的本质和内涵。他认为，在任何制度中国家的作用都是很重要的。在资本主义社会中，不仅存在着占首位的资本家与雇佣劳动者之间的矛盾，还存在着其他阶级的斗争。在发达的资本主义国家中，出现了从事技术、科学、管理和文化工作的"新的工人阶级"，还出现了女权主义、生态运动、反种族主义等"社会运动"。他认为,社会中的政治、经济、社会和文化各个部分是一个不可分割的整体,而把它们分割开来的做法是资产阶级的意识形态的做法。任何一件事情都是既有经济属性,又有政治属性,还有文化属性的历史现象,而阶级斗争属于其中的政治内容。在马克思的原著中也包含着矛盾、对立和没有解决的问题。

他认为,现代资本主义国家的本质依然是阶级统治,而不是民族利益的代言人,也不是各个阶级利益竞争中的中立的裁判者。发达资本主义国家中的主要经济活动都处于私有权的统治之下。资本主义社会中的竞争是不平等的,因为每个人的起点是不同的。资本主义的民主制要求工人阶级相信,他们的任何不满或要求都可以通过这种政治体制来得到满足,他们对现有秩序的任何变革都会严重损害这种秩序带来的最大利益。他认为,这只不过是统治阶级用来掩盖他们的阶级统治的方式而已。国家是由政府、行政机关、司法机关、军队和警察、议会等特殊机构构成的。在这些机构中占有领导职位的人把控着权力。国家机构中的管理者总是偏向经济上占统治地位的阶级,总是偏袒资本家的利益。

在资产阶级中包含着许多不同的成分,但是它作为一个整体或多或少具有一定的统一性,可能采取比较一致的政治态度。在面对严重的社会冲突时,资本主义国家的镇压职能就会显现。只要资本主义的生产资料私有制的性质没有改变,国家就始终是占主导地位的经济利益的保卫者。资本主义企业尤其是经济巨头对经济的控制产生的力量是政府无法抗拒的,跨国企业使得这种经济控制具有了国际性。资本主义国家不仅是阶级统治的工具,还有着相对的自主性。掌握着国家权力的人并不总是在经济上占有统治地位的人。资产阶级很少直接执政。在非资产阶级掌握政权的资本主义国家,资产阶级是作为一个独立的实体来面对政权的,国家不会完全为资产阶级所左右,因此会表现出现对的自主性。

即使在资产阶级掌握国家政权的时候,国家也并不总是推行当时的资产阶级赞成的政策,甚至会与这种政策相对立。掌握政权的资产阶级与具体的资本家是有区别的。具体的资本家往往只看眼前的和直接的经济利益,而代表资产阶级利益的国家则要着眼于整个阶级的全局的和长远的利益。资本主义企业也不能公开违背国家的法律。政府也无法忽视来自其他社会阶层的强大的压力。资本主义社会中的政客们在民主选举中,必须在形式上让公众感觉到比较客观公正和不偏不倚,还会不由自主地对民众的要求做出让步以换取民心。政府官员为了博得公众的欢心，有可能会执行暂时损害资产阶级利益的策略。但是，资产阶级国家的相对独立性并没有改变其阶级本质，反而使它能够更灵活地行使其阶级任务。

三 历史唯物主义应该是一种普遍的科学

安德森（Perry Anderson，1938—）出生在英国。出生不久就被父母带到中国，在上海生活。他是英国的第二代"新左派"的马克思主义理论家。他认为，英国缺乏革命的文化传统，既不能形成革命的理论，也不能发动成功的革命，因此要抛弃英国民族的狭隘性，要从外面移植先进的革命理论。他认为，在现代资本主义社会中，不仅应该注重"自下向上看"的历史，而且更应当注重"自上向下看"的历史。阶级之间的长期斗争最终不是在经济或文化层面而是在政治层面得到解决的。在阶级社会中，国家的形成和瓦解是生产关系的重大变迁的标志。不能沉溺于历史发展中的细节，要关注历史发展的整体进程。要从普遍性出发看待特殊性，要从世界出发看待欧洲，要从欧洲出发看待英国。他强调历史唯物主义应该是一种普遍的科学，要摆脱任何形式的地方狭隘性和民族性，才能发挥其全部的威力。

他认为，西方马克思主义是第一次世界大战后在欧洲资本主义的先进地区的无产阶级革命失败的产物。在西方马克思主义中弥漫着一种悲观主义的气息，远离现实的经济斗争和政治斗争，把希望寄托在美学和文化批判之上，最终成了二十世纪六十年代的西方青年运动的"圣经"。在西方马克思主义理论中缺乏一种切实可行的革命战略。在女权运动、和平运动、生态运动等建立在国际主义基础上的新社会运动中，蕴藏着能够激活马克思主义中的经济斗争和政治斗争的革命潜能。从这个意义上说，西方马克思主义已经完成了自己的历史使命从而走向终结。在西方马克思主义之后，马克思主义将关注具体的经济和政治研究，将走向国际主义的革命实践。面对他的国际主义的革命实践的预见的落空，他依然认为只要对现实进行实际的研究，历史唯物主义能够重新实现理论与实践的统一，能够实现社会主义。他没有投向资本主义的怀抱，依旧在坚持批判资本主义，坚持生产力的发展终将打败资本主义，他在思想上发生了从乐观主义到"不妥协的现实主义"的转变。

第七节　晚期马克思主义：用马克思的基本理论反抗后现代资本主义

西方马克思主义的总体理论关注的主题是"本真"的马克思和从总体性出发对资本主义进行的批判。在1968年法国的"五月风暴"以后，特别是在全球化的背景下，西方马克思主义的总体理论走到了终点，出现了晚期马克思主义、后现代马克思主义和后马克思思潮并存的格局。晚期马克思主义者指的是后现代资本主义社会中的坚持用历史唯物主义来解决当下的资本主义发展中的新问题的马克思主义者。他们依然坚持马克思主义哲学的基本原则和根本观点，尤其是坚持以生产方式为核心的历史唯物主义的分析框架。他们不认为在后现代和全球资本主义时期资本主义的体制发生了什么根本性的变化。

一　奈格里和哈特：大众必将击垮全球资本帝国

奈格里（Antonio Negri，1933—）是意大利著名的马克思主义学者，而哈特（Michael Hardt，1960—）是他的学生，为美国的著名的马克思主义学者。

（一）在全球帝国中，资本处于统治地位

1. 帝国时代的世界秩序是一种超国家的全球秩序

奈格里和哈特认为，"帝国"自古罗马时代就已存在，近代的"帝国主义"保留了古代的帝国的外形，但注入了新的内容。全球化的资本主义进入了后帝国主义的帝国时代，民族国家的主权变成了帝国主权，工业劳动发展为非物质性劳动，现代性演变为后现代性。他们认为，资本主义已经进入了帝国主义的已经衰落甚至退出历史舞台的新阶段，已经不能再用帝国主义来解释这个新阶段，所以称为后帝国主义的帝国时代。帝国主义有三个突出的特征：首先，帝国主义的主权建立在民族国家的基础之上；其次，在帝国主义中总是存在着几个民族国家作为权力中心；最后，几个帝国主义国家之间总是在竞争，并且有可能发生冲突。而在当前的全球化的世界体系中，以上三个特征都不再存在，没有任何一个民族国家能够任意地在其他国家推行霸权，所以帝国主义让位给后帝国主义。

他们把后帝国主义的全球体系称为"帝国"。帝国主义的秩序是建立在民族国家主导的"国际"秩序中,而帝国时代的世界秩序则是一种超国家的全球秩序。国际秩序强调的是部分与部分之间的关系,而全球秩序强调的是部分与整体之间的关系。后帝国主义的帝国时代具有以下三个主要特征:首先,在全球帝国的网状系统中,包括着民族国家、跨国公司、国际机构和非政府组织等多种势力,民族国家的力量依然强大,但是已经没有任何一个民族国家能够支配这个帝国;其次,难以用国家的边界来区分内部与外部、富有与贫穷等;最后,在帝国网络的各个结点上内在地存在着矛盾和冲突。

2. 资本在延伸到世界的每一个角落

奈格里和哈特认为,在全球帝国中,资本处于统治地位,并且在延伸到世界的每一个角落。资本永远不会满足,它从一开始就是一种世界性的力量。资本没有国度,它抵制着民族国家的存在。帝国是一种按网络分布的超实体。在这个超实体中,身份是混合的,等级是弹性的,交流是多元的。在这个网络中,没有中心,但是有数目不定的结点,而结点以各种方式彼此连接。这个网络还可以用金字塔结构来表示,其中最顶层的是拥有在全球使用武力的、霸权的、在联合国的保护伞下独立行动的美国,还有像七国集团(后演变为八国集团)等由民族国家组成的联合体,世贸组织、世界银行等国际组织,它们以君主制的方式统治;第二层次是跨国公司和自主的民族国家,它们以贵族制的方式统治;第三层次是代表全球的普遍利益的组织,其中包含宗教、媒体及和平团体等非政府组织,它们以民主制的方式统治。

3. 全球帝国的主要是靠炸弹、金钱和无线电来进行控制

奈格里和哈特认为,这个帝国体系追求的目标是通过控制差异来消除冲突,立足点是看有效性。全球帝国的统治是无形的,以非集权的和多样的方式进行统治。这样的治理最终难免出现威胁、骚乱、反叛和暴动,控制的方式主要是炸弹、金钱和无线电。炸弹具有绝对的毁灭能力;金融机制是控制世界市场的主要手段;资本可以通过无线电通讯来统治全球社会。全球帝国的统治可分为三个阶段。在包容阶段,帝国以包容的、自由的面貌出现,纳入一切差异、普遍融合、兼收并蓄,让所有的主体在其中无障碍滑行,像一个"大熔炉"一样,通过中性的无差别原则来达成共识。在区分阶段,帝国在肯定差别的基础上把差别区分为政治性的和文化性的。文化性的差别能够被称道,因为这样的差别是非冲突性的和有利于

帝国的统治的。而政治性的差异则会被遏制和扼杀。在操纵阶段，帝国不是否定或淡化差异而是肯定差异，因为偶然性、流动性和灵活性是帝国的力量所在，只是在有效的控制系统中来安排好差异。

（二）全球帝国以一种貌似和平、其实血腥的方式来实行统治

1. 非物质劳动是靠质量和影响力来获得霸权地位的

奈格里和哈特认为，帝国统治着整个"文明的"世界，边界是开放的和不断扩展的。帝国既终结了历史，又永远正在形成。帝国不仅占据世界，而且在创造世界，不仅规制人与人的交往活动，而且试图统治人性。帝国以一种貌似和平、其实血腥的方式来实行统治。帝国中的各种生产形式都具有信息化和非物质化的特征。非物质劳动是生产非物质产品的劳动，属于智力性的、交流性的和情感性的劳动，其中包括两种主要形式：第一种是应用智力或语言来进行的劳动，生产出的观念、符号、文本、图像、想象等；第二种是用情感来进行的劳动，生产出的是放松、幸福、激情等情感。在非物质劳动中夹杂着物质劳动，但是要根据产品来分辨物质劳动与非物质劳动。他们认为，在当前的经济体制中，全球的农业劳动在数量上居于主导地位，工业劳动的数量也保持不变，非物质劳动集中在地球上的主导地区，只占有全球劳动的一小部分，但是非物质劳动依然处于霸权地位。非物质劳动不是靠数量，而是靠质量和影响力来获得霸权地位的。

2. 全球帝国的权力无处不在，最后将永远摧毁帝国本身的主权

奈格里和哈特认为，后帝国主义的帝国时代采用的哲学是后现代性哲学。现代性哲学起源于世俗化进程，先解放了人的欲望，后又以压抑本真的人性而结束。但是，现代性对人的压抑和控制不是静态的和一劳永逸的，一直存在着反压抑的对抗和斗争，最后导致了现代性的危机。为了解决这种危机，统治者用国家主权或民族意识来给人们提供安全感，消除人们的恐惧与焦虑，而实际上把对人的压制变得更深入和更隐蔽。民族国家通过划定疆界和创造出民族差异来使内部的差异同一化，削弱民族国家内部的冲突与斗争，暂时缓解了现代性的危机。随着殖民主义的终结，现代性终结了，但是并没有迎来一个绝对自由的世界，而是在全球范围内产生出了后现代的主权秩序，即资本的全球秩序。资本以自身的全球帝国秩序支配着形式上享有主权的民族国家。在这里，现代性的界定明确的危机让位给了帝国世界中的无处不在的危机。帝国的权力无处不在，没有确定的

场所，还无踪迹可寻，最后将永远摧毁帝国本身的主权，使后现代性也走向终结。

（三）全球帝国是资本的最后堡垒，是大众实现最后革命的必要阶段

1. 大众呼出了帝国，最后将摧毁帝国的也是大众

奈格里和哈特认为，在后帝国主义的帝国时代，资本家与工人的对立变成了帝国与大众的对立，最后大众必将推翻帝国的统治。要在对全球帝国的批判中找到革命的力量。帝国的权力网络覆盖着一切。资本的扩张使资本主义的剥削和奴役穿越了民族国家的界限，开始统治着全球化的世界。在这种全球统治中，产生出了新的革命的主体——大众。大众将成为推翻全球帝国统治的力量。大众指的是在后帝国主义时代对抗帝国统治的革命主体。帝国统治着人类的一切，使所有的社会成员都受到帝国的剥削和奴役。无产阶级的反抗决定着帝国主义的出现，而大众的反抗则决定着全球帝国的出现。大众呼出了帝国，最后将摧毁帝国的也是大众。全球帝国是资本的最后堡垒，是大众实现最后的革命的必要阶段。大众是新的野蛮人，是斗士，将发动通过暴力清空帝国的革命，这是一场没有力量能够控制的革命，会把人类带入共产主义世界。大众必然能够战胜帝国，因为帝国就是在大众的反抗中生成的，因此具有摧毁帝国的力量。

2. 大众不是人民，也不是公民，而是一切秩序的反叛者

奈格里和哈特认为，帝国的权力是强加在大众身上的权力，是一种静态的压迫的力量，是一部寄生在大众身上的机器。帝国垄断了炸弹、金钱和通讯，但这些东西都是消极的力量，而不是一种积极的能量，注定要腐败、衰落和终结。大众具有反抗的、革命的、创造的力量。人性中存在着永不满足的欲望，因此具有不服从和冲破旧的社会秩序的欲望。大众不是人民，也不是公民，而是一切秩序的反叛者，是追求超越现有秩序的革命者。大众指的是在后现代资本主义社会中从事非物质劳动的人，与工人阶级具有不同的特征。非物质劳动者被剥削的是整个活劳动，而不只是一部分劳动力。资本剥削的对象不再是劳动，而是人们的普遍的创造能力。资本为非物质劳动者改变了工作条件，让他们的工作时间与非工作时间的界限越来越不明显。资本剥削的是非物质劳动者的生活的全部，因为非物质劳动要求脑与手和思维与身体的合作。非物质劳动是创造和再创造的主动性的劳动，是一种由知识、情感、科学和语言激活的社会力量。非物质劳动者体现出来的是主动的、积极的交流与合作。这样的大众不再是孤立的

个体、趋同的群众，而是一个追求某种单一目标的集合体。

大众不是一个狭义的和排外的概念，而是一个具有包容性的劳动主体。非物质劳动渗透到了所有人的生活中，甚至渗透到人的肉体和心灵中。资本榨取的不再是劳动力在特定时间和场所中的劳动，而是劳动者的全部劳动力。大众涵盖的不只是生产领域中的主体，而且是涵盖人类的一切生活领域的主体。大众的人群是不固定的和具有多样性的。大众自己为自己说话，不能被代表。大众又是集合体，是一种新的共同体。大众并不是要追求绝对的差异，并不是要消除统一，而是要重新来看待新的共同体的形式。这种共同体建立在人固有的自主性的基础之上。大众的内部是有差异的，但是又具备一种在一定时刻联合起来的力量。大众总是在生成之中，没有内外之分，在新的没有强制的统一体中推崇多元和差异。大众不是无组织、无秩序和无差异的。大众的集体是自发的，而不是外在力量强制的，否则就会是集权和专制。

3. 大众要进行的是一场遍及全球各个角落的宏大革命

奈格里和哈特认为，全球化时代的新无产阶级是与帝国对抗的大众，肩负着实现人类最终解放的重任。大众的总体要在支离破碎的后现代社会中与帝国对决。大众是一个包含着差异和多样性的革命整体，它要进行的是一场遍及全球各个角落的宏大革命。大众的宏大革命首先要识别出真正的敌人。在复杂的后现代社会中，难以确定谁在压迫和谁是真正的剥削者，难以确定谁是真正的敌人和共同的敌手。大众的革命不能靠捍卫民族国家来抵抗全球化，因为地方本身无法逃避成为帝国的一个部分的命运，不得不为帝国机器提供燃料。目前的发生在特定的社会和特定环境中的斗争直接针对的都是本地区的问题，无法形成一个全球范围内的斗争链，缺乏广泛性、持久性和共同性，所以无法在水平方向上扩散，斗争所蕴含的力量只能向垂直方向跃起，直接攻击全球层面上的帝国的核心，因此新的社会运动看上去是小斗争，而意义却很大。大众应该在差异中找到共同性，这样才能找到共同的敌人。当大众有了充分的解放意识，有了明确的政治要求，又遭遇到帝国的压制时，大众就会共同行动。

4. 大众的政治要求：全球公民权、社会工资和再占有生产工具

奈格里和哈特认为，大众的第一个政治要求是"全球公民权"。在全球化的帝国中，资本需要作为劳动力的大众跨国界地不断流动和持续迁移，因此应该赋予所有的大众完全的全球公民权，因此具有相似的公民身

份，这样就能保证大众在政治上的共同性。而获得全球公民权的目的不是要服从帝国的奴役，而是要为大众的共同的政治行动准备条件，这样大众能够有条件决定是否迁移、何时迁移、向什么地方迁移。全球公民权能够给大众的流动提供一个政治选择权。大众要反对归属于一个国家，反对一种身份，反对被一个民族所奴役。

大众的第二个政治要求是获得"社会工资"的权利。在后现代社会中，劳动的性质具有集体性和社会性，劳动时间不是由个人决定，劳动由大众合作完成。劳动不能再分成生产性劳动和非生产性劳动。所有的为资本的生产而进行的必需的活动都应该得到平等的补偿。而整个大众都在为资本而生产，因此不仅要付工资给从事生产劳动的男性工人，也要付工资给在家的妻子和他所赡养的人。社会工资不仅要付给工厂的工人，也要付给失业者。社会工资是所有公民的有保证的收入。这样就为大众的共同行动提供了共同的物质利益。

大众的第三个政治要求是"再占有生产工具"的权利。新的无产阶级要可以自由地使用机器和材料。大众不仅用机器来生产而且自己就变成了一个机器体，把生产工具逐步融入大众的头脑和身体之中。这样大众能够自由地接近和控制知识、信息和情感等工具，并努力自觉地去争夺对语言、智力和交流网络的控制权，成为积极的对抗帝国的力量。

5. 大众反抗帝国的斗争是表达自己内心需求的斗争

（1）新的"共产党宣言"要从拒绝开始

奈格里和哈特认为，大众能够为自己的身体塑造一个追求和斗争的目标。语言和交流成了帝国控制大众的工具，所以大众要进行语言革命，通过语言来摧毁全球资本帝国的统治。要采用新的方法来使用机器和技术，要在所有的社会领域中占有机器和技术，使它们变成大众反抗的力量。大众要在交流与合作中进行集体性的创造。大众要把各个领域的斗争集合起来，为实现新的社会形态而斗争。大众要使自己的每一次行动都在创构着理想的未来。全球帝国已经没有了外部，因此不再有薄弱环节，也不再可能爆发全球范围内的联合斗争。大众反抗帝国的斗争是表达自己的内心欲望和需求的斗争。所以，他们认为要重写《共产党宣言》。新的"共产党宣言"要从拒绝开始，从拒绝工作到绝对拒绝。工人们要拒绝与资产阶级积极合作，通过拒绝来否定整个资本主义社会。工人们不能与资本家讨价还价。这样做可以暂时提高工人的工资或改善工人的生活条件，但是还会再陷入被剥削的困境之中。大众具备有拒绝的条件，不依赖于资本，所以可以不服从资本的权威。绝对拒绝的对象是全球帝国的一切，而不仅仅是拒绝劳动。但是，绝对拒绝本身是空洞的，只是解放性的革命的开端。拒绝之后要建构出新的生活方式和新的共同体。

（2）可以通过离弃、逃逸和游牧的方式来拒绝

奈格里和哈特认为，在全球帝国时代，可以通过离弃、逃逸和游牧的方式来拒绝，让自己流动起来，在流动中构造自己的生活方式。离弃没有固定的场所，目的在于清空权力支配的空间，让权力没有实施的地方。逃离则是大规模地撤离，让权力没有支配的对象。还可以通过身体的革命来进行逃离，用变异、混合与杂交来拒绝正常的生活方式，不断进行肉体上的改造，比如说，刺青、变性，模糊人与动物、人与机器和男人与女人之间的区别。逃离传统的身体的过程就是逃离传统的秩序的过程，让人不再屈从于家庭、工厂和传统的性生活的规范。比如说，生化人和吸血鬼就是逃离了现实的资本奴役的真正的革命者。还有一种逃离是机器式的逃离，就是把机器有机地融入身体之中，让机器与身体完美结合，使得机器从全球资本帝国的控制中逃离，把固定资本变成了可变资本。要在逃离中创造。逃离就是全球性的游牧。所有的不服从，从着奇装异服、异族通婚、同性恋到大规模的暴动，都是积极的改造世界的革命行动。只要大众总是处于流动中，总是处于逃离中，它就总能冲破奴役和击垮全球资本帝国。

二　杰姆逊：后现代主义是晚期资本主义的隐蔽的意识形态

杰姆逊（Fredric Jameson，1934—）是美国的左派马克思主义理论家的杰出代表。他研究的是一种文化政治学。

（一）马克思主义可以无限地发展

杰姆逊借助曼德尔（Ernest Mandel，1923—1995）的《晚期资本主义》中的理论研究成果，把资本主义的历史发展分成民族市场资本主义（自由资本主义）、垄断资本主义（帝国主义）和全球的跨国资本主义（晚期资本主义）三个时期。他的研究集中在晚期资本主义时期。他认为，与市场资本主义对应的文化是现实主义，与垄断资本主义对应的文化是现代主义，而与跨国资本主义相对应的文化是后现代主义。现实主义面对的是某种市场资本主义，现代主义则超越了民族市场的界限、扩展了世界资本主义，

而后现代主义面对的是失去了中心的世界资本主义。后现代主义及其他各种社会思潮只具有局部的合理性，应该把它们放到一部伟大的集体故事的统一体中去重述，而这个统一体就是马克思主义的生产方式理论。

马克思主义既重视生产方式的历史演进过程，也重视生产方式中的各个层次之间的关系。他认为，在人类历史上，能够揭示社会历史发展规律的哲学是历史哲学。而历史哲学为数不多，尤其在西方资本主义社会中能够幸存下来的更少。马克思主义是一种在哲学上能够自洽的具有说服力的历史哲学。他认为，对文化现象的总体分析与征兆分析是可以相容的。总体性方法能够使内容连贯，能够提供自洽的统一性。否定整体的真实性，就会出现自咬尾巴的现象，从而把自己给解构了。马克思主义的总体性是没有边界的，可以无限地加以总体化，因此不能把马克思主义作为教条。处在不同发展阶段的马克思主义都具有局限性，都需要不断发展。

（二）生产方式之间的过渡是通过"文化革命"来实现的

虽然杰姆逊的理论研究领域非常广泛，在多个领域之间穿梭，但是他的理论始终围绕着"元评论"这个最重要的概念。他说的元评论指的是在进行每一个单独的阐释的时候，都要先对自身的存在给予某种解释，必须用自己的证据来证明自己是合理的，说白了就是要"永远地历史化"，要说明每个论述的历史。而历史只能以文本的方式来接近我们，所以我们只能通过文本来认识历史。在研究文本时，要与当时的具体的历史时期相联系；要看文本被哪个阶级给合法化了，从而看到文本的意识形态性；要把文本放到整个的生产方式关系中进行研究。这样就能够知道文本是怎么从历史中生成的，其中包含着什么样的能被意识形态使用的东西，这样的东西又是如何被接受和被解释的。

他认为，在晚期资本主义时期，在经济基础对上层建筑或上层建筑对经济基础的作用中，越来越需要借助一种具有差异性的半自治的中介，这个中介既把它们联系起来又把它们分离开来。社会是一个复合的具有多元结构的总体，而其中的各个层面的发展速度不是同步的，在某些时期里，艺术或文化的发展会比较超前。不同的社会结构之间存在着因果关系。生产方式之间的过渡是通过"文化革命"来实现的。文化把世界中存在的具体现象都以镜像的方式反映出来。文化革命的目的在于按新的意识形态来培养出新的人，形成新的生活方式。在每个社会中都存在着旧的生产方式的残余、先进的生产方式和潜在的未来的生产方式。先进的生产方式总是包含着比自己更早的生产方式，未来的生产方式同样也总是已经存在于先进的生产方式之中，这三种生产方式之间存在着总体性的对抗，而文化革命则可以用来消除旧的生产方式的残余。文化革命不仅要解决生产方式之间的过渡问题，而且还要为人文社会科学的研究提供一个全新的总体性的框架。

（三）在大众文化中既有乌托邦也有意识形态

杰姆逊认为，在西方资本主义社会中，存在着精英文化和大众文化之分，存在着用精英文化来衡量大众文化的现象，从而把大众文化看成是"低级"的文化。从发展趋势上看，精英文化与大众文化正在相互渗透。大众文化是民众的，因此更具有权威性，而精英文化是自主的，不能与大众文化相提并论。他把大众文化与通俗文化区分开来。在前资本主义时期，艺术与公众之间是有联系的，艺术表达着具体的人际关系，从公众中汲取活力。而在资本主义社会中，艺术成了一种商品，艺术家失去了原有的社会地位，艺术家有可能变一个"令人讨厌的诗人"或记者。公众变成了找不到的大众。他认为，大众文化对人们在社会生活和政治生活中出现的焦虑和幻想进行了加工，再通过想象出的办法或社会和谐的幻觉来进行控制或压制。他说，在斯皮伯格导演的《死地》这部电影中，就具有深刻的意识形态性。杀手鲨鱼的社会性和历史性的焦虑，被转化为"自然的"焦虑。

他说明了要对某种现象进行意识形态的操纵，首先要以肯定的方式来对这种现象加以发挥。他认为，大众文化是某种社会秩序的产物，但即使如此也隐含着对这种社会秩序的否定和批判。大众文化作品必须具有含蓄的或明显的乌托邦的性质，才可能是意识形态的，也才可能把幻想作为诱饵来进行操纵。既不能忽视大众文化中的乌托邦的部分，也不能忽视大众文化的意识形态使命。比如说，《教父》这部影片就通过"黑手党"的作用来说明美国日常生活的恶化是一个伦理问题，而不是经济问题。人的不诚实和无所不在的道德腐败造成了人们日常生活的恶化。而道德腐败来自于"黑手党成员"本身的邪恶，这样就把人们对社会和政治的批判变成了对伦理的批判，因此解决问题的方法变成了要廉洁和诚实，要同犯罪分子作斗争，要捍卫法律秩序，而不是要进行社会革命。

（四）消费社会的文化是后现代主义的文化

1. 后现代主义既是灾难，同时又是进步

杰姆逊指出，在第二次世界大战以后，在西方资本主义社会中出现了一种新型的社会形式，这种社会被称为"后工业社会"、"跨国资本主义"、"消费社会"、"媒体社会"等。这个社会显示出了与战前社会的迥然不同的特征，比如说，人为地废弃商品，时尚快速变化，广告和媒体全面渗透到社会的各个方面。新闻媒体的真正作用在于帮助我们快速遗忘。它把现实转化为影像，把时间割裂为一系列永恒的现在。如果人没有连贯能力，脑袋里就会堆满了碎片。后现代主义文化反映的主要是晚期资本主义的现实。大部分的后现代主义者都刻意地在形式上与现代主义对着干，所以有多少种现代主义，就有多少种对应的后现代主义。后现代主义者在文化上的基本特征就是要消除精英文化与大众文化或商业文化之间的界限。他们迷恋文化工业，其中包括宣传、汽车旅馆、夜晚表演、B级好莱坞电影及亚文学，比如说，传奇故事、流行传记、凶杀侦探小说、科幻小说等。他们抛弃了内部与外部、本质与表面、潜在与显在、真实与非真实等对立模式。他认为，不能简单地赞美或拒不承认后现代主义，它既是灾难，同时又是进步。

2. 消费社会把各种商品快速翻新，以便让利润快速翻新

杰姆逊认为，消费社会把各种商品快速翻新，以便让利润快速翻新。商品已经被文化化，时间的推移和空间的变化都无所谓了，因为世界变得大同小异了。商品成了主人，而且商品本身就是自己的意识形态，自己就可以让自己合理地存在。一切都在被商品化，其中包括艺术品和理论体系。这里不是说理论家要用他们的理论来发财，而是说他们的思维也受到了商品化的影响，高雅文化与大众文化之间的区别消失了，高雅艺术也被商业化了。在晚期资本主义社会中，广告在引导着人们的消费。人们在买入商品时，同时买进了一个观念，并且对这个观念进行了奇怪的处理，而这种奇怪性是因广告诱导造成的。广告设计追求的是与众不同的形象，它作用于人的深层次的欲望，作用于人的无意识，甚至与性有关。广告把人的深层次的欲望通过形象引入消费中去，这样就把人的深层次的心理结构也给商品化了。因为商品是通过形象来控制人的，所以无法用形象来反对商品。

3. 后现代主义的作品就是一种东拼西凑的大杂烩

杰姆逊认为，后现代主义时期属于晚期资本主义时期，而晚期资本主义有着最纯粹的资本主义形式。消费社会的文化是后现代主义的文化，是资本主义的全球化发展史上的第三次大规模扩张带来的产物。人们很容易

接受后现代主义文化,而且乐于把玩这种文化。在这个时期里,自主的人死了,所以历史变得苍白;时空失衡了,所以出现了歇斯底里式的崇高;情感消逝了,所以人没有了深度。美国的消费文化是后现代主义文化的典型代表。在美国的消费文化中,人们生活中的一切都陷入了商品化之中,而所有的商品都被贴上了文化的标签。后现代主义是从现代主义中发展出来的,它既包含着现代主义的因素,又在总体上表现出一种"断裂"。后现代主义把现代主义中的某些次要的东西变成了主要的东西。

"后现代"就好比一个偌大的磁力场,吸引着来自各方的文化力量,形成了一个既有连续性又有非连续性的统一体。后现代文化给人的是一种缺乏深度的全新感觉,一种崭新的平面的感觉,无内涵和无深度是所有后现代作品的特征,包括理论作品在内。空间的深度消失了,看不到中心与边缘的区别,看不到权威在哪里。在后现代主义的城市里,你找不到一个固定的方向,你不知道自己在哪里。后现代的作品拒绝任何解释,让人们生活在分离的时间的片段里,你只能不断地重复,不能在解释的意义上进行分析。它反对任何意义上的"深度理论",反对虚假的意识形态,反对把一个事物进行内外二分的阐释模式,反对把事物进行现象与本质的区分,只要讨论表面和文本就行。它不要历史,反对怀旧,它要把人拉入永远处在现在时的异常欣快和精神分裂的生活之中。它认为历史给人留下的只是一个纯粹的死亡的形象和幻影的仓库,人可以随意到这个仓库中去借用或拆卸自己所需要的碎片。后现代主义的作品就是一种东拼西凑的大杂烩。这里没有了历史小说的形式。因为资产阶级没有什么光荣的历史,也不知道将走向何方,所以没有过去也没有未来,只剩下永久的和纯粹的现在。

4. 我们是空的,所以我们不再感到充实

杰姆逊认为,在后现代社会中,人们不再十分关注"实用"价值。在现代主义那里,美是纯粹的,不带有商品气息。美与商品世界保持着一定的距离,并对商品世界进行批判。而在后现代社会中,美的含义变成了快感和满足,凡是能够带来快感和满足感的都是美的,人可以在肉欲的放纵和迷狂中体验这种"美",而商品则渗透到了这种"美"的所有领域。不管你持有什么样的意识形态,在你消费商品的时候,你就认同了这种商品中包含的意识形态。一切文化都变成了文本文化。整个世界就是一堆被看成是文本的作品。时髦、人体等都被看成文本。在现代主义那里,你说谁错了,是说他的思想错了。而在后现代社会中,你说谁错了,不是说他的思想错了,而是说他使用的文字错了,他的表述有问题,然后你用自己的文本替代他的文本。人的内在的东西被掏空了,人与人之间就不再比内在的东西,而是在比外在的形象。因为我们都是空的,所以我们不再感到充实。人们在机械地复制着各种形象,原作与摹本之间的区别被忽视。人们不再关注原作,因为一切都变成了拟象,原本也只是拟象之一,没有什么与众不同的地方。这样,真实的世界与幻觉的世界混淆起来。我们无法确定现实从哪里开始,也无法知道现实将在哪里结束。

5. 情感消逝了,因为自主的人死亡了

杰姆逊认为,在后现代主义的作品中,情感消逝了,因为自主的人死亡了。现代主义的情感是彻底的孤独、极端的寂寞、沉沦、苦恼、颓废、反叛等,通过建构内向性的和自治性的自我,把自己囚禁在单元的个体中,找不到出路,让自己承受着无边的孤寂。而在后现代主义的作品中,自主的人已分裂成了碎片或被瓦解,成了无中心的和破碎的人,所以虽然人被从焦虑和孤独中解放了出来,但是是以自我"死亡"的方式被解放的。没有了自我,当然就没有了情感,也就不需要有情感的寄托了。在后现代主义的作品中,虽然人的自主性并没有完全消失,但它强调今天的情感是漂浮不定的,是一种异常猛烈的欣狂。因为自主的人死了,所以不再需要预言家,不再需要艺术天才,不再需要孤独的叛逆者,也就不再需要创造伟大的哲学体系的思想家或创作者。

现代主义的文学艺术要创造的通常是独特的自我,要具有独特的人格、鲜明的个性和自我的风格。而在后现代主义时代,独特的人已经死去,而且关于独特的个体和个性的理论,被看成是虚假的意识形态理论。后现代的作家和艺术家不再创造新的风格,只是把过去的东西拿来拆装、组合和拼贴,只是去模仿已经死去的风格,戴着面具用曾经存在过的各种风格的腔调说话。后现代艺术家应用高科技手段来制作各种视像制品。而且,随着电子媒介和机械复制方式的急剧增长,视像文化渗透到了所有商品能够到达的地方。现代主义的经典建筑力图在都市中插入一种反对俗艳的商业气息的具有乌托邦性质的建筑,而后现代主义的建筑艺术则比较贴近民生,它们都很"正常"。

我们被围困在跨国企业通过信息媒介来笼罩的全球网络之中,而我们却感觉不到这种被困的痕迹,所以不再具有批判精神。在后现代社会中,空间变成了崭新的全球性空间，其中缺乏道德标准，缺乏原创性，对于崇高的东西已经变得麻木。从过去通向未来的连续性已经崩溃了，除了现在时以外，什么也没有。时间只能用速度来衡量。时间变成了一个空间的切面。变化的速度是令人吃惊的。我们在到处都可以看到随意的重建，就像分段的录像一样。而剧烈的变化却是由标准化来实现的。历史上没有任何社会像现在这样被标准化，时间也从来没有像现在这样均匀地流动。现在的一切变化都服从于时尚和传媒形象的不断变化。

（五）后现代主义只不过是资产阶级的同谋

杰姆逊认为，后现代主义只不过是资产阶级的同谋，是晚期资本主义的隐蔽的意识形态。绝对的变导致了绝对的不变，生活的世界被绝对标准化。在表面上服从于时尚、影像和媒体的变化，而深层结构却没有发生任何根本性的变化。在晚期资本主义社会中，整个世界市场完全标准化和地方的多样性的努力相伴而行。晚期资本主义为了实现自己的同一性而力图摧毁在性质上与自己不同的经济体系和社会结构，通过去神秘化来摧毁传统社会，摧毁农村人的生活方式，把地球打扫干净，为大公司的经营准备条件。美国的多元主义本质上是推行消费主义的文化意识形态的一种策略。现实被简化为纯粹的没有什么区别的数字。商品和货币成了一种抽象的暴力，荡平了所有的都市和农村，农民完全变成工人。后福特主义指的是运用新的计算机技术进行私人定制。私人定制从表面上看是在尊重各地居民的文化和风俗，实际上则把消费主义的意识形态渗透到人的内心深处，使地方的文化失去了原本的意义。跨国公司重新装饰本地的建筑，让人感觉到比自己做得更好，其目的不是要保存当地的文化，而是要获取高额利润。

（六）资本主义的全球扩张会为全世界无产者联合起来提供条件

杰姆逊认为，在晚期资本主义社会中，并没有产生出什么新的生产方式，而只是早已存在的资本主义制度的延伸。在晚期资本主义社会中，资本主义实现了全方位的集约化生产，其特征是机械化、标准化、极度的专业化和承包分配化。资本主义的全球扩张在一定程度上把资本主义从周期性危机中拯救了出来，但是并没有改变资本主义的整个体系的灾难性危机来临的命运。资本越快地占有全球性的市场，总体性的危机就会越早到来，因为没有了进一步扩张的余地。而且，资本主义的全球扩张最后会把在各个角落的社会力量全部无产阶级化，最后会为全世界无产者联合起来提供条件。

在当代资本主义社会中，马克思主义给人带来的想象是列宁和苏维埃革命时期的泛黄的老照片，而后现代主义给人带来的想象是豪华大酒店。杰姆逊不认为人们一定要有意识地信仰马克思主义才能具有马克思主义的世界观，其实马克思主义已经不再是一种专门的知识，早已渗透到各个学科的内部，在各个领域中活动着。马克思主义是关于未来乌托邦憧憬的最好的形式。对乌托邦本身的思考就很有政治意义，因为它可以让我们重新来思考"不可能性"，能够打破资本主义的意识形态的垄断。阶级和阶级斗争依然是活生生的事实，只是已经不存在界限分明的工人阶级的意识形态了。

三 哈维：资本主义的空间危机

哈维（David Harvey，1935—）出生在英国，现为美国的著名左派思想家，当代马克思主义地理学的领军人物。他着重从空间视角上批判资本主义。

（一）资本会遭遇来自自然的无法突破的空间界限

哈维认为，城市是社会对空间的规划，是资本生产出来的典型的场所，是资本主义的内在矛盾最集中的地方。每一种社会活动的形式都占有一定的空间，必须从社会过程的角度来理解空间。空间形式是社会过程的展现，而不是空洞的框架。要从空间形式的角度才能理解社会过程的全部复杂性。社会过程决定着空间形式。他把使用价值理解为社会使用价值，进而通过分析固定资本来对空间结构进行分析和批判。他认为，在资本主义的条件下，离开价值和交换价值是难以正确理解使用价值的。在商品的生产过程中，使用价值被转换为社会使用价值。他认为，当代资本主义存在着资本的空间经济危机。资本主义既像变色龙一样不断变色，又像蛇一样会蜕皮。而在资本的空间危机阶段，会遭遇自己的来自自然的无法突破的界限。在资本主义的生产中，存在着内部的空间矛盾，为解决这个矛盾而被迫在外部寻找空间，于是把资本主义的危机带向全世界。

所有的使用价值都占有空间，因此社会使用价值的生产必然发生在一个特定的地点。商品总是要交换才能实现交换价值，商品就必然要从生产地点通过交通运输手段运往消费地点，而在运输过程中的空间结构几乎完全是由固定资本构成的。资本积累必然会带来地理上的扩张，也肯定会不断降低交通运输的成本。远距离市场的开发必然会增加资本的周转时间。资本的周转时间越长,剩余价值率就越小。这样资本就需要把商品的流通时间降低到最小值,就要用时间来消灭空间,消灭的方式就是速度。在用时间来消灭空间时,必然要依靠一定的空间结构。资本主义创造出了一种自己的由固定资本和不可移动的资本组成的地理景观。资本主义的固定资本具有不断增长的趋势。在固定资本中,价值被封闭在一种特殊的使用价值之内。整个资本的其中某一个部分在相对来说比较长的时期内,以某种物理形式被完全固定在某个地方要进行资本积累,就必须加快固定资本的周转。交通运输手段上的投资必然导致利润率下降。

(二) 我们要欢迎归来的马克思

哈维认为,资本家总是把剩余资本投到利润率高的地方,而工人们会选择到物质生活水平最高的地方去生活。资本主义的空间发展的不平衡,在制造着空间差异。在这种差异中,劳动力被按地方组织起来,所以有着对自己所在地的忠诚。因为资本积累的不平衡的地理发展带来了高度的差异化,无产阶级被这种差异性所分化,从而阻碍了"全世界无产者联合起来"的趋势。全球无产阶级比以前更强大,团结起来的要求也比以前更强烈,而团结的障碍也更大。劳动力在地理上更加分散,文化上更具有不同的性质,种族和宗教上更加多样,语言上更加不同。在资本主义的不平衡的地理发展中,潜伏着危机与崩溃的可能性,并预示着未来的某种可能性。他认为,曾经一度丢弃的乌托邦应该重新归来。我们要欢迎归来的马克思。我们不能坐等共产主义的到来。共产主义不是一种应当的理想,而是要消灭现存状况的现实的运动。在未来的革命筹划中,要考虑到生态、性别、种族等各种亚群体的不同的政治需求。我们生活在资本家创造出来的具有多样性和差异性的特殊历史地理状况中,所以我们在追求美好的理想时,要立足于自己的"剧场",同时照顾到其他的"剧场",要把各种特殊的利益结合起来,形成一个更加普遍的反抗资本主义的运动和走上社会主义道路。没有乌托邦的理想,就无法确定我们要驶向哪个港口。

四 凯尔纳:要保持对资产阶级的主流媒体的批判

凯尔纳(Douglas Kellner, 1943—)是美国著名的理论家,第三代批判理论家的领军人物。他力图重建批判资本主义的理论,他的最终目标是要促进社会民主变革。

（一）力图在各种不同的理论体系中找到"共性"

凯尔纳采用弱综合法来在各种理论体系之间寻求平衡，具体地说，就是容忍差异性，力图在各种不同的理论体系中找到"共性"，而不是要把不同的理论综合为一个统一体。他要为批判资本主义的理论构建一套方法论框架。他反对传统哲学，反对因学术分工造成的学科之间的僵硬的界限。他认为，批判理论的方法论平台应该具有几个特征。首先，应该采用多向度的方法，即一种能够容纳社会各个层面的多元分析模式，而对各个层面的分析具有相对的自主性和差异性，不能把社会现象还原为任何一个向度。对同一事物要进行多向度的分析，充分展现事物的特性。他强调经济向度的重要作用，并认为在资本主义社会中，资本处于核心的统治地位。这种方法指向的是促进社会的民主变革。其次，应该采用多视角的方法。我们要站在不同的立场上来观察事物，从而具有不同的视点。每个人的视点都不能完全如实地反映事物的全貌，总是受人的价值观的影响而有所取舍，因此视角越多，看问题就越全面。不同学科有不同的视角，不同的流派也有不同的视角。虽然有的视角比其他视角更重要，但是不能抹杀个别视角的独特性。最后，应该采用辩证法。他既强调自上而下的全球化的发展过程，也强调自下而上的反全球化的过程，并强调这两个过程的统一性。

（二）技术资本主义是把资本、科学和技术综合起来的资本主义社会

1. 新技术很有可能蜕变为一种资产阶级的意识形态

凯尔纳把二十世纪八十年代以后的资本主义称为技术资本主义。他既反对只强调技术的积极方面的技术专家治国论，也反对片面强调技术的消极方面的技术恐怖论。他认为，技术既具有一种解放的潜能，也包含着统治和压迫的消极因素。技术既可以用来改造社会，也可以用来毁灭社会。他特别强调共识的重要性，认为只有在利益认同的基础上才能把个人有效地组织起来反抗资本主义社会。要利用新技术去促进社会变革，实现民主政治。他所说的技术资本主义是把资本、科学和技术综合起来的资本主义社会。技术资本主义是以"无形"和"创新"为核心的，出现了固定资本投入明显高于可变资本投入比例的趋势，但是资本家对工人阶级的剥削仍然普遍存在。

当前资本主义社会中出现的新技术，很有可能蜕变为一种资产阶级的意识形态，具体表现为技术乐观主义和技术悲观主义。技术乐观主义者崇

拜市场经济体制，认为技术是人类解放的工具，能给我们带来更好的就业机会和更多的休闲方式，并认为当前的资本主义社会是一个完美的社会，具有高效的和无限发展的生产模式。这是一种典型的资产阶级的意识形态。而技术悲观主义者则认为，技术是一种压抑人类的力量，会导致自主的人的消解，最后导致人类的灭亡。这种思想也有助于维护资产阶级的国家对人们的统治，因为人们把命运寄托在国家的身上，不再相信自己有把控这种恐怖的技术的能力。凯尔纳反对"要么……要么……"的思维方式，坚持"既……又……"的思维方式。他反对把技术看成是一种脱离社会的、自主发展的力量。他坚信人类可以重塑技术，让技术为人类的解放服务。

2. 媒介应该用来教育而不是愚弄公众

凯尔纳认为，技术的影响力已经超出了经济领域，逐渐进入政治和文化领域，形成了技术政治和文化政治。在文化领域，技术通过机器深入人们的日常生活之中。自动化的趋势正在升级，原来由人做的工作将完全由机器来执行。人可以因自动化的机器而获得越来越多的休闲时间和自由，但是也使得个体越来越依赖于机器。虚拟社区和赛伯空间逐渐替代了人的真实的生活。在政治领域，赛伯空间成了新的公共领域。激进的左派认识到可以用互联网来宣传自己的观点，右派和恐怖主义者也可以用互联网来实现自己的目的。他认为，应该保证媒介服务的对象首先是人们的利益而不是公司的利益；媒介应该用来教育而不是愚弄公众。要实现这样的目标，关键在于媒介的民主化，要保持对资产阶级的主流媒体的批判。他把知识分子分成职能知识分子和批判—对立的知识分子。职能知识分子主要有两种：一种是政党或利益集团的小职员；一种是为某种现存的社会关系等进行合理性辩护的技术人员。批判—对立的知识分子则始终是反对现存秩序的，为社会的进步而斗争，因此总是被边缘化。新技术与政治的结合，既然可以产生民主政治，也可能产生专制政治。批判—对立的知识分子应努力设计出一套把新技术用于推进教育、民主等方面的积极价值观体系。

（三）在全球化中也存在着反全球化的力量，包含着人类解放的潜能

1. 要用差异性的统一来对待后现代范式

凯尔纳认为，资本主义社会已经发生了变化，但是还没有发生根本的质变。当前的西方社会依然是资本主义社会，但是，是资本主义发展的新

阶段，因此后现代与现代之间具有连续性。后现代还是一种"未来的思想"，还没有成为一种支配性的文化。后现代范式不是一种封闭的范式，还没有定型，而且存在着多种多样的后现代的研究纲领。我们现在所处的时代是一个现代和后现代的交替时期，但依然是现代性的范式占支配地位。后现代范式非常复杂。要用差异性的统一来对待后现代范式。当前的资本主义是一个非组织化的资本主义，充满着矛盾和危机。全球化处于现代性与后现代性之间，既是现代性的继续，又具有后现代性的新奇性。在全球化中也存在着反全球化的力量，包含着人类解放的潜能，我们要发掘出向着民主的方向前进的力量。

2. 马克思主义理论需要更新和发展

凯尔纳认为，二十世纪以来马克思主义遭遇了一系列的"尴尬"，比如说，第二国际和马克思主义政党没能阻止第一次世界大战的发生；在欧洲革命中，马克思主义政党没有能够引导革命向着社会主义的方向前进；第二次世界大战后资本主义出现了超稳定发展的现象等。这些都使得马克思主义出现了"危机"。但是，他认为出现危机是一件"好事"，任何理论最终都会出现危机，而危机可以促进理论不断向前发展。马克思主义需要发展，因为马克思主义是特定历史时期的产物。历史发生了变化，马克思主义理论也需要更新和发展，要抛弃过时的、发展基本的、重构创新的。他认为，可以把马克思主义分为三个层次：第一个层次是在整个马克思主义中地位最高的方法，比如说，辩证法和阶级分析法等；第二个层次是必须坚持的基本原理和基本观点；最后一个层次是要随着时代的变革而不断发展的具体理论和概念。

3. 需要有一种普遍化的意识来对抗资产阶级的虚假的意识形态

凯尔纳认为，目前的资本主义与社会主义都不是真正的民主国家。苏联因为忽视了民主而导致解体。代替目前的资本主义和社会主义的将是民主社会主义。在民主社会主义中，民主为全体公民享有而不局限于工人阶级。民主也不局限于生产领域，而是存在于社会生活的所有领域。而革命就是一种民主变革运动。目前的社会形势很复杂，不能把革命的优先权给予工人阶级。革命可以发生在工厂，也可以发生在办公室，发生在学校，甚至发生在家庭之中。各种社会运动几乎覆盖了所有的阶级、阶层和群体。随着资本主义的发展，工人阶级、知识分子、女性、学生等阶级或社会群体已经碎片化，同时具有激进和保守两种政治倾向，无法识别谁更具有革命性了。当前的社会需要有一种标准化的和普遍化的意识来对抗资产阶级的虚假的意识形态。

五 法国调节学派：注重调节而不是实证或批判

（一）阿格里塔：资本积累中的矛盾可在调节模式中解决

阿格里塔（Michel Aglietta，1938— ）是法国调节学派的创始人。他强调的是"调节"而不是"实证"或"批判"。他研究的对象是当代资本主义社会中的福特主义的财富的积累模式。他的研究的出发点不是批判资本主义，而是认为资本主义能够通过各种调节模式不断成功地解决劳资矛盾。他认为，1973年的经济危机以后，当代资本主义已经进入了新一轮的发展周期之中。他研究了当代资本主义的生产关系是如何不断地和成功地获得新生的。他认为，在当代西方经济学中，占主导地位的经济学是包括新自由主义在内的自由主义经济学。这种经济学的假设是有主动性的人是具有理性的经济人。他认为，这种假设是站不住脚的。人成为什么样的人，是由社会关系来建构的，并随着社会关系的变化而变化。这种经济学还把破坏均衡秩序的不均衡的经济现象视为例外。他认为，这点也是站不住脚的。在资本的不断积累中带来了各种矛盾，而这些矛盾是在政治、经济、文化等多种因素构成的调节模式中得到解决的。

1. 在泰勒制中，阶级斗争演变成集体性的讨价还价

阿格里塔认为，从资本家的角度上看，泰勒主义代表着一种财富的积累模式；而从工人的角度上看，泰勒主义则代表着一种劳动模式。这种模式是资本主义对以前的劳动模式中的劳资之间的阶级斗争进行调节的结果。在泰勒制出现之前，工人主要是以手工业劳动模式进行生产。劳动者具有不同性质的手工业技能，劳动技能还没有被标准化。劳动者在遭遇到不理性的劳动条件时还具有反抗意识。尽管劳动者借助劳动工具，但是这种劳动工具和整个劳动过程完全是可以控制的。劳动工具是由劳动者来使用的，不会形成对劳动者的控制，所以劳动者是相对自主的，而且可以中断劳动过程来进行阶级斗争。

在十九世纪下半叶，出现了泰勒制的劳动模式，这种劳动模式的基础是机械原则。劳动工具被充分机械化了，劳动者的能力被标准化了。在劳动过程中，劳动者是在服侍机器而不是在使用机器。劳动成了一种周期性的简单的重复劳动，而且必须保持持续性。在劳动过程中，劳动者失去了

主动性，技术进步的重要性比劳动者的手工技能更为重要。这样工人阶级在经济领域中的阶级斗争演变成集体性的讨价还价。

2. 福特制通过消费品把消费者分化为阶级

阿格里塔认为，福特模式是一种建立在资本积累基础上的调节模式，而不是一种经济均衡模式。福特主义是建立在把生产过程和消费模式链接起来的原则之上。它把包括工人阶级在内的大众消费模式引入福特制的链接原则之中，这样就能改变雇佣工人的生存条件，并且把阶级之间的集体性讨价还价引入合法的轨道。福特制继承和发展了泰勒制的机械化原则，并把机械化推进到了具有半自动化性质的生产流水线的水平。生产的内容主要是标准化的大众公共消费品。这样可以保持生产和消费这两大部类的平衡，并且随着消费品价格的降低，劳动力再生产的成本也降低了。半自动化的生产流水线加快了劳动过程的节奏，劳动者连间隙性的休息时间也没有了，劳动力得到了有效的节约。福特制下的消费并不是私人消费，但是表现为私人消费，因此具有意识形态的性质。消费是一种历史性和社会性的行为，与消费个体在社会关系中的地位是直接相关的。在消费中，存在着消费者之间的阶级分化。消费品上标示着文化性的符号，这种符号标识着已经分化成阶级的消费者的社会地位。

劳动过程中的空闲时间被最大限度地压缩，劳动者无法在劳动场所利用空闲时间来恢复身体和精神上的疲劳。劳动场所与居住地之间的距离越来越远，上下班的往返时间占用了劳动者的有限的非劳动时间。这样劳动者在家中通过消费生活资料来恢复体力和脑力的时间越来越少。劳动者的家庭改变了从前的个体性的在家消费的习惯，变成了在外进行社会性的消费方式。标准化的住房和汽车成了主要的消费品，其价格超出了劳动者的实际支付能力，因此不得不借助金融系统中的分期付款来解决问题，从而资本能够对工人的生活资料和消费行为进行严格的控制。这样既可以保持生产和消费两大部类的平衡，也可以从文化上控制劳动者的价值观。

3. 要解决福特制的危机，就要向后福特制转型

阿格里塔相信，资本主义的资本积累过程中所释放出来的力量，足以破坏掉看似坚不可摧的资本主义的"消费社会"。在劳动力市场中，社会个体是带着被内化的意识形态来寻求相应的地位的。在资本积累的过程中，会出现工作机会的不稳定和变动状况，会破坏个人的内化的意识形态。福特制的危机主要是管理上的危机。生产技术的进步不是无界限的。

从二十世纪六十年代下半叶开始,劳动过程中的劳动机械化水平已经难以再提高,剩余劳动时间无法再节约,产品的单位价格无法再降低,因此剥削率难以再提高。这样,资本的管理层必然要压低工人的工资水平,影响到工人的购买力和生活条件,资本主义的生产规模也就难以再扩大。而工人的消费水平的降低必然导致劳动力的再生产出现问题。要解决福特制的危机,就要向后福特制转型。后福特制以劳动过程的自动化为特征,数码控制的机器体系被采用,不变资本的单位价值得以降低。另外,弹性生产使工人阶级的集聚程度降低。

(二)博耶:以人为本的生产模式必然超越"新经济"

博耶(Robert Boyer,1943—)为法国调节学派的重要成员。他注重对当下的资本主义社会的具体经验现实的研究。

1."新经济"并没有超出资本主义制度的范围

博耶认为他所说的"新经济"特指自二十世纪九十年代以来的美国的以信息和通讯技术为基础的新的积累模式。新经济中的产业主要集中在信息技术、金融业和生物科技领域。自二十世纪九十年代中叶开始,在美国加利福尼亚州的硅谷地区出现了"新经济"模式。这种发展模式似乎打破了原来的资本主义发展的经济周期规律,美国的生产率持续增长了七至八年的时间,其中计算机和软件等新兴科技领域内的巨大投资起到了非常重要的作用,而且推动了人人有份的"分享式经济"的形成。在金融投资领域中出现了革命性的变化,银行的主要作用不再是干预金融活动而是发行债券。

他认为,新经济并没有超出资本主义制度的范围,并不能消解资本主义中的原有的各种矛盾。所有的技术发明的应用都无法脱离特定的习俗、制度及市场规则。他非常强调结构而不是决定性要素的作用。在实际的经济运行过程中,并不是越新的技术就具有越高的效率。电子商务是建立在信息传输的快捷性基础上的,但是不能忘记,有的被认为过时的技术在实际运用中却比刚出现的、价格更高的技术更具有效率。新经济将会面临危机,因为盲目相信新经济的优越性的人,会忽视习俗、制度和规则方面的因素,所以其产品不会像它想象得那样被市场广泛接纳。在新经济中是存在缺点和危险的。无论在全球范围内还是一国范围内,新经济的扩张都是不均等的。金融的易变特性会带来反复发生的金融危机,给经济和社会带来毁灭性的打击。

2. 美国的"新经济"已经发生了危机

博耶认为，以信息和通讯技术为基础的"新经济"已经发生了危机。美国的新经济从2000年3月开始出现了快速的下滑趋势，而这种危机从根本上说源自它的内部结构。他把美国的新经济的发展过程分成五个阶段：

第一个阶段自二十世纪九十年代开始，为新经济泡沫的形成阶段。新经济的神话随着信息及通讯技术领域的生产企业获得了较高的利润而传播开来，使得一些原本在传统领域中正获得稳定利润的资本转投到新经济领域。新经济中的生产企业并不是在赚钱，而是在"烧"钱。与它们的大规模投资相比利润少得可怜。很多人认为越早投资和越快投资越好，可以使自己在新经济中占有一定的市场份额，可以在新经济市场中占据主导地位。

第二阶段从二十世纪九十年代下半叶到2000年初，为新经济泡沫的膨胀阶段。这个时期的新经济企业大多数在亏本销售，但是投资却依然在不断膨胀。新经济企业间为竞争而给网络用户提供免费服务，网络公司的价值被以点击量而不是交易量来衡量，因为它们关注的主要是广告收入。雇佣工人也被新经济的神话所欺骗，宁愿接受比较低的工资来换得一定量的公司股票，因为他们相信这些股票一定会不断上涨。很多高科技企业都推崇创造性，只要能够推动技术创新，就不考虑投资量的多少。即使看到其他的公司因亏损而破产，也不能阻挡"新经济"的膨胀。

第三个阶段自2000年3月开始，新经济泡沫开始破裂。即使在新经济最繁荣的阶段，它也没有能够创造出大于其损耗的资本。纳斯达克证券市场上的股票价格反映的只是投资者的虚假预期。最后导致绝大多数新建的公司在一个临界点上突然破产，它们的股票在证券市场上突然崩盘。

第四个阶段自2000年的第三季度开始，新经济全面转入危机阶段。具体表现为人们对新经济的发展前景悲观失望，居民的消费能力越来越弱，公司越来越不愿意投资，公司裁员越来越严重，股票价格急剧下跌。美国政府采取了一些措施，但是无法从总体上解决新经济带来的危机。

第五个阶段自2002年开始，美国的整体经济陷入危机。美国的金融体系弹性较大，因此新经济企业能够不断得到来自金融界的资金支持。新经济的危机还连累了旧经济企业，使得美国的整体经济陷入危机之中。

3. 以人为本的模式，即通过人而对人进行生产的模式

博耶认为，资本主义社会在超越了新经济阶段之后，必然迎来以人为本的生产模式。在二十世纪晚期，资本主义的生产模式是通过想法来对想法进行生产。有想法的专业人士把自己的想法变成专利再卖给公司，公司把这些想法转化为具体的产品。革新性的想法能够得到较高的收益。企业把具有不同的教育背景和不同才华的人联合起来，通过相互竞争而生产出具有个性的东西来。而在二十一世纪的今天，资本主义的生产模式将变成以人为本的模式，即通过人而对人进行生产的模式，其中教育、健康和文化为最关键的要素。技术革新使得人们的工作时间少了而休闲时间多了，婴儿死亡率和成人死亡率下降。健康方面的支出会不断增长。以人为本的模式不再把经济指标而是把人的生活质量的提高作为主要目的。一旦人们在食物、衣服、住房和交通等方面的基本消费需求得到满足，无论是政府的公共支出还是家庭的消费都会转向以人为本的生产模式，目的是要让人拥有一份具有较高的工资和更多的乐趣的工作。

（三）利比兹：要怀着梦想保护工人的利益

利比兹（Alain Lipietz, 1947—）为法国调节学派的重要成员。他强调人在历史发展中的主动性的作用，强调历史发展的偶然性和开放性，力图通过政治的作用来改变资本主义的发展模式。他认为，美国已经无法主导世界经济秩序，世界范围内的经济运行会失范。而在可见的未来，工人阶级还不可能摆脱市场关系来构建自身的自治社会。

1. 后福特制造成的不稳定的"沙漏式的社会"

利比兹批判了用于替代福特制的"自由—生产主义"的社会范式。这样的范式只关注技术和经济的进步，不关心建立在民主基础上的社会的进步。通过公司利益至上的价值观把劳资之间演绎为一种休戚与共的关系。工会不再用来使工人免受资产阶级的剥削，而是用来促进公司所有成员的共同利益。所有的个人以纯粹的个体而不是一个阶级中的个体而整合到公司之中。工人之间的竞争被解释为进取，而失败者被认为是优胜劣汰的必然结果。每个人都被鼓励去追求"赢"，但是具体要"赢"什么却不清楚。所有的失败者都理所当然地认为，要通过为富人或成功者服务来获得自己的生存机会，但是不去反思这样的状态是否合理。原本应该由政府来承担的社会责任，改为由家庭或市民来承担。病人、残疾人和永久性失

业者都变成了由亲戚或邻居来照顾。由政府来支撑的社会共同体变成了任何事情都与国家无关的市民社会。

而这样的市民社会是一个"沙漏式的社会",会引发社会的不稳定。在这样的社会中,必然导致两级分化,中间层次的人受到富人和穷人的挤压,人数不断减少。这样民众的反叛可能性会越来越大,个体性的犯罪会越来越扩散。在这里,工人缺乏劳动积极性。公司与工人之间出现了彻底的市场化关系,工人们从事的是弹性工作或临时性劳动,因此工人们无心为公司的生产力和产品质量的提高而努力。企业家只是根据他们的同行的行为来预测市场的走向,从而出现了跟风式的投资行为。当市场需求没有跟上投资强度的时候,就会导致银行家、批发商和企业家的恐慌,并会出现股市的崩溃现象。

2. 如果一个国家实行普遍的基本津贴制度,很快就会失去竞争力

利比兹认为,当下的自由—生产主义范式已经无法再通过调节机制"拯救"资本主义,需要全面超越自由—生产主义的社会范式。但是,在当下的情境中,不可能逾越商品生产的范围而实现一个由工人自我管理的社会。在当下的全球竞争中,如果一个国家实行普遍的基本津贴制度,很快就会失去竞争力。在现有的条件下有可能实现的新的经济秩序是建构一种劳资互相妥协的新的雇佣契约关系。劳资之间的斗争只能是相互妥协,而无法对整个生产关系进行根本性的变革。在这种新的经济秩序中,工人还无法彻底自主化。工人还不得不为市场而生产,还不得不在管理者的统治下进行生产。为了发展生产力,资本家或雇主更愿意让劳动者在生产和管理中具有一定的权力和责任,但是资本家的这种让步是需要有回报的,要能更好地产生出新技术和高质量的产品。他力图在现有的条件下保护工人的具体利益和妇女的劳动权利等,追求不损害工人的利益和不把妇女送回到家务劳动中。

3. 不能放弃实现逃离市场的民主社会的乌托邦梦想

利比兹认为,不能放弃乌托邦的梦想,它是社会的前进方向的指示者,而居于谈判基础上的社会运动正是在向着这个方向前进。在当下的情境下,我们无法拥有幸福,主要是因为没有时间做自己喜欢的事情。我们需要时间来追求爱和友谊,我们要有时间听音乐和上剧院。我们可以购买东西,却没有时间来使用它们。要增加每个劳动者的自由活动的时间,让更多的劳动者获得全职工作的机会,让工资报酬能够支撑他们的体面的生

活。工人们应该有更多的自由时间来得到良好的教育和职业培训。应该建立"第三部门"的福利体系来实现自我管理,让社会中的每一个个体都自愿为自身的事情负责。要通过签署一种国际性的外交协议来建构一种非攻击性的新的国际经济秩序。

人们的受教育水平会随着自由时间的增多而不断提升。当投资转向生活质量的提高,人们更在意有更多的时间去运动和从事艺术活动时,更能朝着民主社会的方向发展。替代自由—生产主义的社会范式的方案必须以民主而不是以市场为基础。要加强个人与团体的自主性,加强个人与团体之间的休戚与共性;促进生态的和谐性。要让劳动者对自身的劳动活动拥有更多的控制权;要减少有酬劳动的时间,从而降低商品关系对人的消费活动和休闲活动的控制;要选择更具有生态性的技术;在工资方面要降低等级差异性;在国家层面要促进社会内部的团结;要建构起草根民主的政治形式;在国家间关系上要用共赢替代以前的不平等关系。

第八节 后现代马克思主义:从生态和女性的角度批判后现代资本主义

一 生态学马克思主义:资本主义必然是非生态的

二十世纪中叶以来出现了严峻的生态危机。资本主义的发展不断激化人与自然之间的矛盾,在科学技术和生产力的发展中都表现出反自然的一面。资本主义必然是非生态的。虚假消费和过度消费是以破坏自然生态为前提的。生态学和生态运动也可能成为生态资本主义获利的工具。生态学马克思主义的代表人物主要有奥康纳、克沃尔、佩珀、高兹和福斯特等。

(一)奥康纳:生态危机与资本主义的政治和意识形态的危机

奥康纳(James O'Connor, 1930—)是美国当代生态学马克思主义的领军人物。他认为,在当代资本主义社会中,需要恢复对马克思主义的信仰,通过重建马克思主义的自然观来确立马克思主义的生态学。他认为,人与自然进行物质和能量交换的中介是"劳动",劳动既是一种物质性的实践,也是一种文化性的实践,自然、文化和劳动是三位一体的。生产力与生产关系之间的关系既是文化的,又是自然的。自然系统不仅存在于生产力之中，也存在于生产关系之中。生产力和生产关系又都受制于具体的文化活动，因此在相同的技术条件下会产生出不同的生产力和人与人之间的不同的协作模式。

1. 在全球化的资本主义面对是经济危机和生态危机

奥康纳认为，当代资本的全球化加深了人类社会中的不平等，激起了资本与自然之间的强烈的冲突。资本主义的生产条件指的是被资本当成商品来对待的所有东西。在当代资本主义社会中存在着"二重矛盾"：第一重矛盾是生产力与生产关系的冲突所引发的矛盾，表现为生产和实现商品的价值和剩余价值之间的矛盾，最终导致"消费需求"不足，从而引发"生产过剩"的经济危机；第二重矛盾则是生产条件与生产方式的冲突引发的矛盾，这里的生产条件包括劳动力、自然、城市空间与基础设施，表现为资本在使整个人类无产阶级化，使外在的自然及城市空间资本化时所采用的方式具有自我摧残的性质，导致了资本主义的生态危机，使得生产要素的成本提高，资本赢利的空间缩小，从而引发了"生产不足"的危机。目前的资本主义的危机主要是第二重矛盾带来的危机。由于生产条件被政治化了，因此它产生的危机还包括国家的立法危机或执政党的政治危机。在全球化的资本主义时代，资本主义面对的双重危机是经济危机和生态危机。在经济危机方面，主要表现为经济危机、金融危机、财政危机和政治与社会的危机。而生态危机导致的首先是资本主义的政治和意识形态的危机，其次才是经济危机和生态危机。

2. 要用生态社会主义来替代资本主义

奥康纳认为，要解决资本主义的二重矛盾，就要把生态学与社会主义结合起来，把劳工斗争和生态社会主义结合起来，用生态社会主义来替代资本主义。生态社会主义要对资本主义进行改造，要平等地分配资本主义社会中的财富和收入，让生产者不会为了物质财富而破坏性地开发和利用自然。生态学强调区域生态系统的完整性，反对资本主义以赢利为目的对自然进行系统性的开发。生态社会主义要求生产的低增长或零增长，这样就能够降低人类生产对自然的利用和减少对自然的污染。社会主义能够解决资本主义的经济危机，但是它要提高劳动生产力和扩大劳动规模，以提高和补充社会财富的不足，同样会造成生态危机。生态学能够解决生态危机，但是会造成经济危机。只有把生态学和社会主义结合起来才能解决资本主义导致的双重危机。

他所说的生态社会主义是以私有制为基础的。生态社会主义强调劳动和货币的使用价值而不是交换价值；强调资本主义对人和自然进行双重剥削，对发展中国家进行生态掠夺，因此不仅需要偿还发展中国家的经济债还需要偿还生态债；强调要通过能源政策和教育政策等行政手段来解决资本周转与生产条件脱节的问题；强调用生产资料的社会化替代生产资料的国有化；强调官僚机构的民主化或大众化以消除精英统治和反对生态剥削；强调要保护好土地等自然条件。他认为，要构建起"全球性的阶级政治学"，通过劳动斗争与生态运动相联合的方式来走上生态社会主义道路。要先地方性地思考、全球性地行动，再实现既是全球性又是地方性的思考和行动。

（二）克沃尔：在生产资料公有制的社会中，技术才能够保护生态

克沃尔（Joel Kovel, 1936—）是美国著名的生态思想家。他认为，绿色环保组织等已经与资本合作，成了资本使用的工具。他反对改良主义的生态马克思主义，认为必须构建革命性的生态社会主义，通过废除资本主义私有制以推翻整个资本主义，通过实现生产资料的公有制来彻底解放人类的生产力。

1. 资本主义无法通过科学技术来阻止人类即将面临的生态危机

克沃尔认为，科学技术是资本主义的一个重要组成部分，不能通过科学技术来最终解决生态危机。在资本主义条件下，科学技术、经济增长和生态危机是密切相联的。资本利用科学技术的革新来降低劳动力的成本，剥夺剩余价值和掠夺自然，因此技术革新越多、经济增长越快，就越能引发生态危机。无论科技如何更新，都无法解决能源危机以及随之而来的生态危机。太阳能和核能等都不是无污染的。不消灭资本主义，就根本无法通过科学技术来阻止人类即将面临的能源危机和环境灾难。生态社会主义要实行生产资料公有制，要在生产和分配中要采用计划与市场相结合的原则，要把生态社会主义推广到全球。在从资本主义到生态社会主义的过渡阶段，要先组成生产者的自由联合体。自由指的是自己拿主意的权利，前提是生产资料的集体所有，在此基础上共同劳动。生产要符合生态平衡的原则。只有最终消灭了国际劳动分工，才能实现劳动的彻底解放，这是一个漫长的过程。要先在资本主义社会中培育生态综合体，比如说，有机化农场、社区信用社、非自发的社区组织等。要以点带面地催化所有的有利于实现生态社会主义的潜能。在资本主义社会中，劳动解放运动难以完全

摆脱资本的控制，工人的利益往往与自己所属的资本家的利益联系在一起。

2. 要尽可能地直接使用人工劳动

克沃尔认为，只有在生产资料公有制的社会中，技术才能够具有包含生态的价值。他认为，革命性的生态社会主义必须坚持社会主义和生态化生产这两条基本原则。要把劳动从资本中解放出来，才能把使用价值从资本主义的交换价值中解放出来。要通过联合劳动来实现使用价值。要在人类与自然之间建立起全新的财产关系。生态化生产要建立在自然生态系统的完整性之上。生态化生产的劳动者在生产过程中是快乐的。而快乐的条件是生产过程的民主化，废除对劳动的等级压迫和剥削；尽可能地直接使用人的人工劳动，并消除体力劳动和脑力劳动的分工，让人们在劳动过程中感觉到满足和快乐；要从质量而不是数量的角度来考虑需求的满足问题；要适当地使用技术，人道地利用自然；要承认人类是自然的一部分，通过劳动把人与自然结为一体。人与自然之间要相互承认，要把这种承认推广到整个宇宙。有必要建立全球性的生态社会主义政党，联合起来反对资本主义，促进生态社会主义革命的爆发，让资本主义向社会主义过渡。生态社会主义政党要民主、开放和透明，要维护生态系统，要反对种族主义。暴力与和平都可以采用，目的是要剥夺剥夺者，实现无产阶级专政的生态社会主义。如果一种社会制度到了人们无法忍受的程度，就可以选择革命暴力来推翻这种制度。

（三）佩珀：要对绿色资本主义进行红色批判和改造

佩珀（David Pepper, 1948—）为英国牛津布鲁克斯大学的地理系教授，是当代生态学马克思主义的最著名的代表之一。他寻求用一种理想的社会主义来替代资本主义。

1. 撇开人类来谈自然的权利是没有意义的

佩珀把红色的绿色分子与绿色的绿色分子区分开来。红色的绿色分子主要受到马克思主义的影响，而绿色的绿色分子则更多地受到无政府主义的影响。要把红色运动和绿色运动联合起来，就需要把社会主义与无政府主义结合起来。他认为，主流的绿色分子是生态中心论者，而马克思主义信奉的社会主义是人类中心主义，撇开人类来谈自然的权利是没有意义的。生态社会主义应该从社会正义推进到生态学，而不是从生态学推进到社会正义。建立在生态中心主义思想上的绿色政治主张的实际上是一种绿色资本主义，要对这种绿色政治进行红色批判和改造。资本主义的现代主义是一种技术中心主义，把自然看成是纯粹被动的存在，力图用科学技术来不断突破自然的限制以促进人类社会的发展。

2. 资本主义社会的生态的改善是转嫁生态危机的结果

佩珀认为，绿色资本主义其实是一种生态帝国主义。资本主义社会的生态的改善是转嫁生态危机的结果。资本主义的经济制度是产生生态危机的根本原因。资本家不惜破坏自然来追求利润，而且为了自己的利益往往把治理环境污染的费用转嫁给社会。在资本主义的制度框架内无法根本解决生态危机问题，必须推翻资本主义和建立生态社会主义。只有从人类中心主义的角度出发，才能把人类的利益与自然的利益统一起来，为人类改造自然设定合理的限度。生态问题的产生不是人类中心主义导致的。人生来就具有理性，而资本主义制度导致了人的贪婪和疯狂，通过改变资本主义制度就能够合理地利用自然。他主张构建人类中心主义的生态社会主义。他认为，社会公正是解决生态问题的前提。要把工人运动与环境运动结合起来以实现红绿联盟。生态社会主义是坚持人类中心和人本主义的，要有真正的基层民主，要实现生产资料的公有制，要按需要而不是按利润来进行生产，要实现社会与自然的和谐等。

（四）高兹：建构使人得到全面而自由的发展的社会

高兹（Andre Gorz，1923—2007）出生在奥地利，为法国著名左派思想家。他的父亲是犹太人而母亲是天主教徒。因妻子患绝症，他们约好过要同死，所以于2007年高兹夫妇通过注射双双自杀。高兹从存在主义的后现代马克思主义的角度批判资本主义，为人的自由解放而探索走向社会主义的道路。他反对维护资本主义统治的生态学，而支持通过生态批判来变革资本主义的生态学。他说的社会主义是一个能够使人得到全面而自由的发展的社会。

1. 在发达的资本主义社会中存在着"富裕的贫穷"

高兹认为，资本主义社会的经济增长被看成是能够给每一个人带来富裕和健康生活的"经济增长"，而实际上这种增长创造出了它无法满足的更快和更多的需要，并且产生出一系列的经济上和生态上的死结。资本主义在人为地制造匮乏，以便让资本家能够赢利和维持社会的不平等。在发达的资本主义社会中存在着"富裕的贫穷"。富人垄断着本来可以足够分给大家享用的东西，人为地造成虚假的匮乏，以维护资产阶级的统治。富人人为地制造匮乏，把一些自然资源弄成专用的，只对富人开放，从而把这些东西当成财富和权力的象征。富人用特殊的消费来强调他们对于稀缺商品的特权，以显示自己的特权。一旦某个原来昂贵的商品被大众使用，就会有另外一个稀缺的和昂贵的新产品出现，成为新的特权的标识。消费的等级不同，导致了社会等级的不同。有的特殊消费不是为了满足什么本质上的需要，而是要把其他人变成穷人，证明他人没有能力获得这些东西。因此，在资本主义社会中，经济的增长永远都消灭不了贫穷。只有消灭了权力的不平等，才能消灭贫穷。只要等级制度及其功能还存在着，社会很快就能产生出物质方面的不平等和象征意义上的不平等。在不平等的社会中，在消费需求的背后隐藏着持续产生的虚假欲望。

2. 技术资本主义掏空了人的生活的全部意义，让人空洞无聊地活着

高兹认为，资本主义的经济危机是过度积累的危机，而生态危机则加剧了经济危机。在目前的西方资本主义社会中，虽然利润率下降，生产过剩，经济萧条，但是资本家依然在高投资，价格依然在继续上涨，这样资本就无法保证自己的再生产。生态资本主义要实现的实际上是技术上的法西斯主义，会进一步摧残和压抑人的自由。生态资本主义是右的出路。按照生态资本主义的看法，从1975年开始发达国家就应该让工业生产停止增长，而允许落后国家的工业生产再持续发展15年。到1990年全球的工业生产必须翻三番，但是对矿产资源的消耗不能超过现在的四分之一。必须让东西基本上不被用坏，至少可以方便地维修。所有的原材料都要能够得到系统地恢复和循环，要有一个严格的中心计划来分配能源等稀缺资源。

要通过私人卡特尔协议来计划生产，每个不尊重这个协议的企业都将遭受重罚。所有的工业生产都必须被纳入公共计划和社会管理之中。能够自由发展的只能是看不见的"商品"，即非物质产品。这样的产品可以提高生活质量，同时可以变成有利可图的买卖。新资本主义正在把工业和污染转移到落后国家。医疗、性、教育和文化都可以被工业化和全球化，为资本主义开辟一个巨大的发展空间。国家对社会和个人的控制会进一步加强，使人的自由和解放变得不再可能。在资本主义社会中，意识形态会以科学强制的名义出现，通过证明技术的合理性来让人依附于工具，掏空人的生活的全部意义，让人空洞无聊地活着。人们从摇篮到坟墓都被关在全景式的学校和全景式的医院之中，只是监狱的名称不同而已。而灵魂的工

程师的任务就是生产出能够适应这种环境的人。

3. 当人们的收入相同时，就不会出现象征意义上的不平等

高兹认为，生态社会主义是左的出路。要通过生态社会主义才能实现人的自由发展。在社会主义社会中，人人都能获得社会所生产的产品；不能破坏自然资源；不能破坏产品的使用价值。从技术的角度上看，如上三点是可以实现的。当生产力发展到一定的时候，人的基本的需要就能满足。社会应该以同等报酬的方式承认社会必要劳动，每个个体的能力、愿望和兴趣都要能够在自由的个体和自由的群体的多种多样的活动中来实现。要消除人与人之间的商品关系和竞争关系，必须缩短社会必要劳动的时间，让人能够在自由时间里进行创造性活动。当人们的收入相同时，人们的不同只是应该在自由时间里的追求不同而导致的，这样就不会出现象征意义上的不平等。

生态社会主义不追求生产的最大化和利润的最大化，而是强调要合理地对待生态系统。我们必须关注生态环境，不能妥协或延迟。生态社会主义要限制商品生产和商品服务；要缩短工作时间；要发展自己使用的集体的合作生产，要把追求利润的生产领域最小化，允许小规模的自由企业的生产，扩大自主性的生产领域；要把社会必要劳动在所有有劳动能力的人口中平均分配，使每个人都有事做，但是都能少做一点。社会不能剥夺任何一个工人参加工作的权利，而且要为每一个工人提供一生的生存的收入保障。人人都有稳定的工作，没有人处于失业或半失业的状态。人们能够自由地支配非必要劳动时间，不用这些时间来谋求利益，而是用来实现全面而自由的发展。人们生活在文化社会而不是工作社会之中，工作不再是人们生活的中心和主要组成部分。社会主义必须是一个民主的市民社会，每个人都有自由的自决权。

社会可以通过改变工具来改变社会。国家的结构在很大程度上是由技术的数量和性质决定的。要实现保护生态的目标，就必须改变现有的工具。如果社会主义与资本主义用的是同样的工具，就不能说明社会主义比资本主义要好。在生态社会主义中，人能够自愿地合作，社区和个体能够做自己的主和能够自由发展，而这些都依赖于新的生产技术和生产方式。这些技术能够在邻里层面上被运用和控制，能够使当地居民组成的集体具有经济上的自主性；对生态环境没有破坏作用；生产者和消费者能够对生产过程和产品进行控制。没有技术的改变就不可能有真正

的社会的改变。对资本主义的改造应该是全方位的,其中包括经济、政治和文化层面,而"文化革命"是社会变革的先导,实质上是一种思想解放。

(五) 福斯特:让人类社会走向可持续发展的共产主义

福斯特(John Bellamy Foster,1953—)是当代英美影响力很大的生态马克思主义者之一。他对马克思主义的生态思想进行了梳理和重建,探究了造成物质变化裂缝的社会根源,重新阐释了马克思的物质变化交换理论,力图让人类社会走向可持续发展的共产主义。

1. 世界范围的资本主义造成了一种不可逆转的环境危机

福斯特认为,马克思所说的"物质变换"既包括自然界内部的物质变化,也包括自然与社会之间的物质交换。而自然与社会之间的物质变换既有自然内涵,又有社会内涵,其中的自然内涵指的是自然与社会之间的物质交换,而社会内涵指的是以物质生产及其组织为基础的物质交换,因此既强调了人类赖以生存的"自然条件",又强调了人类影响这种自然条件的能力。自然界的规律规定和控制着社会的物质变换。自然界的规律要求土壤的营养成分能够系统地归还给自然,而社会的物质变换却掠夺了土壤的营养要素,使得自然与社会之间的物质变换出现了裂缝。在资本主义社会中,产生物质变换裂缝的直接原因是城乡分离和产品的远距离贸易,根本原因则来自于资本主义的生产方式及其土地私有制。产品的远距离贸易使土壤中的营养要素被运到远离其"出生地"的地方,破坏了土壤保持持久的肥力的自然条件。人口越来越集中于城市,农村人口则越来越少,因此土壤中的营养成分单向地流向城市。

资本主义制度追求的最高目的是以资本积累的方式积累财富,不惜代价地追求经济增长,迅速消耗着能源和原料,倾倒出越来越多的废物,导致环境的急剧恶化和生态危机,对环境将产生灾难性的影响。在资本主义的全球化过程中,在社会金字塔顶部的极少数人通过不断增加的财富积累而融入全球体制;越来越多的个体经营者变成工薪阶层;竞争使财富越来越集中到新型的革新技术之上;短缺物资越来越难以满足人的不断增长的贪欲;传媒和教育则服务于资本主义的价值观。在资本主义的全球化的体制中,人不可能也不愿意从中逃离。投资者为追求财富积累而不断扩大经营规模,大多数人则需要一份能够维持一定的生活水准的工作。世界范围的资本主义造成了一种不可逆转的环境危机。

2. 应该超越人类中心主义和生态中心主义的土地伦理

福斯特认为，我们要对资本主义国家进行改造，在满足社会需要的同时规划好社会与自然的关系。不讲阶级斗争，就不可能战胜阶级压迫。社会革命的力量来自于以工人阶级为主的社会底层的集团力量。在资本主义社会中，大多数人都属于工人阶级。环境保护主义者要与工人阶级结成联盟。他提倡建立生态社会主义。他认为，生态社会主义应该超越人类中心主义和生态中心主义的土地伦理，不仅要强调人与人和人与社会之间的伦理关系，也要强调人与土地之间的伦理关系。人不是自然的征服者，而是自然的共同体中的平等的一员。人不应该破坏自然生态系统，要对土地负道德责任。而不改变资本主义制度，就无法实现土地伦理，所以要向着社会主义的方向改造生产关系。生态社会主义提倡自然的社会化和社会的民主化。自然的社会化指的是让人民来保护自然，而社会的民主化指的是让人民有权按照可持续发展的规则来参与管理自然。国家是公民行使权利的平台，没有国家就不可能存在民主。国家要以计划为主，以市场调节为辅，要按正义原则照顾穷人的利益。在社会主义社会中，要通过工人自治消除生产的剥削；要缩短工作时间，延长休闲时间；财富和资源应该用来满足最需要的人；每个人都应该享有自由存在的必需品；要有清洁的空气、干净的饮水、安全的食品、像样的住房、充分的健康和医疗保障、最基本的交通工具、值得做的和有报酬的工作；要保持环境的可持续发展。

二 马克思主义的女性主义：私有制是女性受压迫的根源

在当前的西方资本主义社会中，在家庭、社会和社会运动的群体里，女性依然受到歧视、排斥和冷落。西方女性主义力图找到女性解放的道路，马克思主义女性主义为其中的一支。它认为，女性受压迫的原因主要是因为资本主义制度。私有制是女性受压迫的根源，私有财产完全或主要为男性占有。在全球范围内，女性在经济发展中依然处于边缘地带，没有得到与男性一样的机会和权利，大多数女性依然是家庭义务的主要承担者，还受着父权制文化的影响。这种现象在无产阶级女性和黑人女性中尤为突出。在美国，不少女性每天还在遭受着性压迫和对她们的灵魂、精神和身体的摧残。马克思主义的女性主义者主要有哈特曼、扬、米切尔、米利特、戴尔菲、费尔斯通、贾格尔等。

(一) 资本主义与父权制相联合，使社会处于男性的统治之下

哈特曼（Heidi Hartmann，1945—）认为资本主义与父权制相联合，使社会处于男性的统治之下。父权制的物质基础是男人对其妻子的劳动权利的控制。父权制不让女性获得生产资料，限制女性的性活动，使妇女难以独立进行物质生产和难以脱离家庭。女子在家庭中重复着单调的家务劳动，女职员在工作中分担着诸如倒茶、冲咖啡之类的杂务。在劳动力市场中，女性的工资普遍低于男性，还要承担养育后代的工作，容易造成在经济上依赖于男性。维护父权制的社会机构遍及全社会，比如说，俱乐部、大学、教会、公司和军队等。父权制与资本主义是伙伴关系。性别分工依然是资本主义社会的一种基本性的分工。父权制通过立法来赋予男性特权，对女性的就业进行限制。而资本主义制度则把女性束缚于家务劳动之中。

扬（Iris Young，1949—2006）是美国的女性主义者。她提出了"性别分工"的概念。她认为父权制与资本主义是一种体系，而不是两种独立发展的体系。在资本主义体系中，女性的首要职责是从事家务劳动以及抚育后代，而男性主要从事政治和经济活动。男性作为主要的劳动力进入公共领域，而女性则作为后备劳动力而被边缘化，主要生活在家庭这个私人领域。在经济发展之时，妇女可以作为劳动力进入工厂，而在经济萧条时，资本家把妇女当成压低工人的工资和降低工人的斗争性的工具。资本主义通过把妇女边缘化来把她们当成次要的劳动力。妇女的反性别分工的斗争，既是反父权制的，又是反资本主义的。

(二) 只有废除家庭和私人领域，女性才能实现自己的解放

米切尔（Juliet Mitchell，1940—）认为家庭是产生女性的顺从心理的发源地。在生产、生育、性和儿童的社会化这四个方面进行革命，才能使妇女得到解放，其中经济因素处于主导地位。只有在社会劳动中发起一场革命，才能让女性的劳动摆脱作为男性劳动的附属品的地位。女性必须自主地组织起来追求自己的解放。家庭既具有经济功能，也具有意识形态的功能，反复地制造着关于家庭的神话。只有废除家庭和私人领域，女性才能实现自己的解放。米利特（Kate Millet，1934—）认为父权制贯彻在社会的方方面面。不管女性的阶级出身如何，受教育程度如何，都难以获得经济上的独立，因此她们的社会地位总是比男人低，所以她们能够形成一个受压迫的女性阶级。但是，父权制的产生不是因为男女之间的生物学差

别，而是社会普遍接受了男性统治女性的价值体系，而且这种价值体系渗透到了生活的每个方面，甚至进入了人的最私人的生活领域。而家庭是给人们灌输父权制的意识形态的源头。戴尔菲（Christine Delphy，1941—）认为，父权制产生的原因既不是生物方面的，也不是意识形态方面的，而是经济方面的。在家庭中存在着家务生产方式，女性在其中构成了一个阶级。在家庭中，女性的劳动力被丈夫免费使用，男性靠婚姻来控制女性的劳动力。即使女性参加了有偿性的工作，她们的工资也常常被丈夫所控制。

（三）在当代西方资本主义社会中，女性只被当成是性对象

费尔斯通（Shulamith Firestone，1945—2012）认为社会中的阶级应该按性别划分，而不是按经济地位划分。男性与女性生来就有不同的生殖功能，因此不能享受到平等的权利。在性别分工中，女性被迫生育后代。要结束女性受压迫的状况，就要推行人工生殖，强调男性和女性共同抚育子女。贾格尔（Alison Jaggar，1943—）认为妇女在现代生活中的所有方面都遭到压迫。在当代西方资本主义社会中，女性只被当成是性对象，而不是被当成具有正常的利益、欲望和能力的完整的人。女性减肥、健美和化妆更多地是为了吸引男性的目光。女性不真正了解自己的身体在什么时空中被什么人所使用。女性在装饰自己的身体的时候，使自己的身体成了物品。女性之间为了获得男性的欣赏而互相竞争，从而看不到女性之间存在的共同利益。女性不能自己决定生几个孩子，生育过程也往往是由医生使用的技术器械来控制的。女性往往要按照父权制社会的标准来养育孩子。母亲的育儿方式通常被认为是不科学的，而科学专家多数是男性。母亲常把孩子当成物体来养育，而不是把他们看成是独立的人。在这个养育过程之中，女性变得对自己没有自信，不敢在公开场合发表自己的看法。要消除对女性的压迫，就要改变现存的资本主义制度和资本主义社会中的文化结构。

第九节 后马克思思潮：用碎片化的马克思主义反抗后现代资本主义

后马克思思潮是二十世纪八十年代前后在西方资本主义社会中兴起的一股新思潮。它从根本上否定了马克思主义的哲学基础，并对其哲学基础进行了重构，但是在方法论和基本立场上承袭了马克思的批判资本主义的

传统。他们不再援引马克思的"经典文本",而且以轻松自由的方式赞成马克思或批评马克思。

一 德勒兹和加塔利:资本主义的不自由的本质

德勒兹(Gilles Deleuze,1925—1995)出生在法国的一个中产阶级家庭。他是解构主义的代表人物,在重病多年后自杀。他拒绝马克思的概念和语言,并把辩证法作为攻击对象,但是他继承了马克思的逻辑和理想。他反对一切既定秩序和极权主义。他用自己的独特的方法批判了资本主义生产方式的不自由的本质,建构了反同一性哲学。他认为应该重视创新和弱势因素。加塔利(Pierre-Félix Guattari,1930—1992)也是法国的思想家。德勒兹和加塔利都批评了心理分析的治疗方法。

(一)反对同一性,反对权力控制

1. 科学、哲学和艺术是相通的,因此可以互相激发

德勒兹认为,哲学不是对世界的反映,而是发明概念的艺术。学科应该是具有创造性的,艺术、科学和哲学都是"造物主"。经验科学的目的是创造出功能,艺术的目的是创造出可感觉的集合体,哲学的目的则是创造出各种新颖的概念。哲学的概念要能够回答真正的问题,新的概念要具有必要性和奇特性。概念并不是用来说明事物的本质的,而是用来说明事件。他反对空泛的抽象,反对谈起源问题,反对谈永恒的价值,反对对事物的反思。他认为,科学、哲学和艺术是相通的,因此可以互相呼应和互相激发。不能只是通过概念来理解哲学,还要通过感知和情感来对哲学进行非哲学的理解。排除非哲学的理解,会扼杀掉哲学中有生命的东西。哲学是在概念中运动的,而概念不能脱离语句而存在,语句能够让概念具有生命。写作能够解放禁锢的生命,能够提供逃跑的路线。思想形象导引着概念的产生。思想形象是变化多端的,犹如呐喊,而概念则是歌曲。

2. 个体通过差异来自我肯定

德勒兹认为,辩证法中的二分法导致了人们在思考上的匮乏。所有的辩证法都预设了存在着一个统一体,即使在矛盾中也存在着同一体。他认为,不能用"负负得正"的公式推出"否定之否定等于肯定"的公式,其中存在着一种巨大的同化作用,不断通过否定的运动让差异服从于同一性,因此无法产生出真正的新元素来。他认为,主人与奴仆之间的不同是由很多非对立性的异质性因素构成的,是一个差异的多样性系统,而不能简化

为二元对立。在差异中存在着主动的力量，这种力量来自于个体自身的意愿。人的权力意志就是一种内在的追求差异的力量。个体通过差异来自我肯定。有压迫才有反抗，这是一种奴性思维，具有被动性，没有体现出人的主动性。因为反抗具有对象性，这样的自我肯定不得不通过反抗某种压力来实现，所以没有了压迫者，也就没有了反抗性。他认为，存在的本质是不断地生成，不断地将异质性元素引入原有的系统，从而不断地产生出新来，因此不存在历史的终结。存在要生成的不是同一性，而是要打破同一性，要沿着一条可以逃跑的路线突围。逃跑的目的是要造成差异的多样性，逃跑的路线不是唯一的而是无穷的。

3. 哲学无法与权力交谈，只能与权力谈判

德勒兹认为，在现代资本主义社会中，文化领域的市场化使文化失去了创造性。畅销书按标准化的模式被大量制作出来，只是以量取胜。在电视专栏里的"读书"节目里，文学评论处于"零态"之中。在这里，文学成为一种电视游戏，艺术成了一种幼稚的无病呻吟。在广播和电视中，充满了夫妻式的喋喋不休的谈话，占据文坛的不是作家而是记者。他认为，我们应该共同反对"为市场而生产"的文化。在宗教、国家、资本主义、科学、法律、舆论、电视等现象中都包含着压制人的欲望的权力。在哲学中却没有权力，所以哲学无法与这些权力交谈或沟通，只能与这些权力谈判；只能展开一场反对权力的游击战。权力渗透到了我们每个人的内心之中。在我们每个人的内心深处都居住着法西斯主义，这种法西斯主义表现为对权力的欲望。所以，每个人都要通过哲学不断地与自己谈判，自我与自我打游击战。

（二）精神分裂是资本主义社会的特有疾病

1. 在资本主义和精神分析学之间存在着合作关系

德勒兹认为，人具有什么样的主动性是由特定的历史条件决定的。资本主义社会全面禁锢了人类的物质生产和精神生产。他的社会理论的核心是对资本主义的批判，目的在于找到突破点以便超越资本主义制度。他认为，在资本主义和精神分析学之间存在着合作关系，他要通过反对精神分析理论来批判资本主义。他认为，"精神分裂分析"与"精神分析"不同，精神分裂分析力图破坏社会中存在的中心化结构。他认为，资本主义的特征是建构在精神分析学基础上的。在精神分析中所说的俄狄浦斯情结表达的是一种被压迫的生活，这与资本主义制度是一致的。资本主义制度就像俄狄浦斯情结一样，是一种无处不在的权力结构，渗透到社会生活的

方方面面，形成了一种巨大的同一性。而反对俄狄浦斯，就是反对资本主义精神对社会生活的全方位的压迫。资本主义社会在释放了之前的社会所压抑的欲望的同时，形成了对欲望的更为强大的禁锢。只有压迫人的欲望，才有可能形成特定的社会秩序。他所说的欲望，不是一种由匮乏引起的心理渴求，也不是一种精神性的存在，而是一种由具体的社会历史条件所决定的现实的社会存在。欲望是一种主动的、非中心性的、具有创造性的力量。欲望具有革命性、解放性和颠覆性。他从机器的角度来强调普遍联系的观点。机器是由不同的零件相互连接构成的，有些零件是更小型的机器。联系无处不在。只有当思维、情绪和身体等相互作用的时候，欲望才具有完整性。

2. 心理医生通过驯化让病人服从社会规范

德勒兹和加塔利都批评了心理分析的治疗方法，认为这种方法在本质上充当了使对象适应社会的工具。心理医生就好比是一个现代牧师，从道德层面上对病人进行驯化，让他们服从既定的社会规范。他们认为，精神分析中的俄狄浦斯情节是一种虚构的无意识，是一个人为的圈套。精神分析把人的欲望引导到俄狄浦斯情结中，并加以固化和强化，造成了对人的禁锢。资本主义与俄狄浦斯情结是关联在一起的。通过分析俄狄浦斯情结，可以折射出与之具有同构性的资本主义运作机制对人的欲望的全面抑制。弗洛伊德认为，当欲望与现实遭遇时，现实会以俄狄浦斯情结的方式压抑欲望。俄狄浦斯情结说的是男孩想与自己的母亲结合，但是因父亲的存在而无法实现。强调自我认同是治疗精神分裂症的方法。

而德勒兹和加塔利的精神分裂分析理论认为，俄狄浦斯情结不是与生俱来的本能，而是资本主义制度压抑的结果。资本主义制度不仅压抑人的性欲望，而且影响了整个社会的欲望之流，还影响了整个社会的生产。欲望不属于自我，具有社会性，不能用统一性来整合具有多样性的欲望。人的欲望并不构成一个统一的整体。个体是在社会机器的集合体中发挥着作用的不同部分。这些作为"碎片"或零件的个体是具有独立性的，要在独立性的基础上来探寻相互之间的关系，要反抗对于"碎片"的压抑。

他们认为，社会和历史的现实是由欲望创造的，因此不能只是在家庭的范围内而是应该在社会的范围内来分析无意识。他们针对精神分析提出了精神分裂分析。他们认为，欲望是一种试图颠覆一切社会形式的革命力量，所以一个社会的首要任务就是要驯服和压制欲望，将它锁入一个封闭的结构之中。他们认为,在不同的社会机器控制下,会产生出不同的精神状态。在原始的社会机器控制下,产生的是歇斯底里;在专制的社会机器控制下,产生的是躁郁症和偏执狂;在资本主义的社会机器控制下,产生的是精神分裂。具有偏执狂性格的人会幻想出一个包括一切的系统,自愿沉溺其中而不肯自拔。而具有精神分裂症性格的人则具有分裂的特征,他不认为人是一个具有连续性和同一性的自我,他要颠覆统一性和系统性。

3. 在精神分裂中具有潜在的解放的力量

德勒兹和加塔利研究了精神分裂症,认为流动的欲望是一切行为的最基本的动力。而欲望在本质上是非中心化的、动态的。他们力图颠覆妨碍欲望产生的一切理论和制度,他们要造就后现代的"分裂的主体",让人变成游牧式的欲望机器。他们认为,欲望是一部机器,具有生产的功能,能够生产出万物,能够与其他的欲望机器相连接。欲望是流动的,没有任何确定的对象。他们认为,现代社会中的主导阶级控制人的一种方式是制造缺失。他们使所有的欲望的满足都举步维艰,从而让人们产生巨大的恐慌,而其实在欲望中不缺少任何东西。他们激烈地批评了精神分析学。他们认为,精神分析的伟大之处在于发现了无意识的各种生产活动,但是它将欲望简化为一套无意识的表现系统,而不是生产性的无意识。

德勒兹和加塔利认为,精神分裂是资本主义社会的特有疾病。在精神分裂中具有潜在的解放的力量。精神分裂的过程是一种精神的非中心化的过程,它能让主体逃脱资产阶级的压抑和束缚,是资本主义内部的真正的颠覆性的力量。在精神分裂中隐含着自由、独创性和永恒的革命性。欲望是由欲望机器生产出来的。机器之间通过必要的连接和牵引互相驱动,自己被其他机器所驱动,自己也驱动其他机器,因此欲望是生产性的。欲望机器通过寻求与其他机器的连接而不断生成新的社会关系,从而不断造成现实。欲望机器本身也是一个被欲望的对象。欲望是没有任何目的和意义的能量之流。人的固定的主动性是欲望遭到某种压抑的结果,没有压抑就没有固定的主动性。他们认为,在资本主义社会中,所有的东西都用金钱来衡量,于是欲望变得只对金钱感兴趣。在这里,所有商品都可以简化为资本,而所有的性欲望都可以简化为一种常规的人类"生活"。

(三)自由就是要给人留下创造差异的可能性

1. 变化是对先前的状态的摧毁,但没有预设变化的方向

德勒兹肯定了资本主义是人类历史发展中的一个文明阶段,摧毁了传

统社会的所有等级制度，体现了一种解放的和进步的力量。但是，资本主义社会是通过把所有的价值市场化来实现平等的。在这个过程中，各个生产要素都被符号化，整个运作流程都被公理化，因此产生出了更强大的同一性，抑制着社会的发展和进步。资本都追求剩余价值，这个目标造成了一个既定的秩序，维护着一种既定的生产关系。他力图找出释放人的欲望流的方法，使社会发展本身能够创造出更多新的可能性。他重点关注的是具有主动性的自由。人的主动性形成的过程就是获得知识的过程，人的主动性是通过知识被建构的。一个人并不是总是处于主动的地位，他在具有主动性的同时也可以具有被动性。意识是一个由连接原则构成的系统，在连接原则中建构起人的主动性。

德勒兹认为，"我"的意识只是经验在某些时刻的特定的显示而已，并不是持续不变的。离开了人的具体的关系，就无法说明人的主动性。自由指的是用有别于同一性的方式来思考和生活的可能性。自由就是要给人留下创造差异的可能性。他力图颠覆既定秩序，以便从同一性的统治中突围出去，实现人类的解放。他认为，在一个最自由的社会中，存在着能够创造出无限的异质性的思想和生活方式的可能性。自由是一种生活方式，而不是要反抗什么，不是因为受到了压抑，也不是因为有什么匮乏。这种自由的出现，既不一定就是进步，也不一定就是退步，而只是纯粹的变化而已。变化是对先前的状态的摧毁，但没有预设变化的方向。他力图让生产系统自由地流、自由地选择和自由地结合。

德勒兹认为，真正的欲望其实是对差异性的肯定。欲望在不断的创造活动中显示自己，而创造活动的结果正是差异，所以被动性的匮乏或需要是不可能产生欲望的。欲望要打破各种疆域，并把各种疆域综合起来，形成新的疆域。创造的自由归根到底是差异的自由。差异是在高原上产生的。在高原上没有固定的路，所以可以产生出无数的路，可以向着任何可能的方向延伸。在原始的场中存在着一个力与力相互作用的平面的网络状结构。在这个平面上流淌着各种不同的力量流，而每个力量流都代表着一种关系。力是无法单独产生作用的，总是要与其他力发生关联才能起作用。力与力相遇时就会生成新的关系。就这样，他像一个地质学家，在有线条、平面和皱褶组成的土地上寻找着通向差异的自由之路。

2. 用"游牧式思维"来破除等级制

德勒兹不喜欢抽象，不喜欢整体，不喜欢"一"，不喜欢理智，不喜欢主体。他力图在组合中发现统一的焦点，这种焦点具有相对性。他不寻找永恒，不寻找原点，而是要将事物从中间劈开，把字词从中间劈开。他认为，抽象解释不了什么东西，而且它自己还需要解释。过程就是生成的过程。哲学应该关注的是过程和多，过程是在具体的"多"中活动的。他提出了与"树状"概念相对的"块茎"的概念。他认为，在西方传统中存在着树状思维，构造出一种统一的、中心化的、层级化的概念结构。而块状思维则力图把哲学之树连根拔起，它反对统一、反对二分法、反对二元逻辑，它关注差异与多样性，造成多元化。在这里，概念代表的不是普遍性，而是由特殊组成的群集总体。

德勒兹和加塔利用块茎来描述一种非等级性的关系。他们认为，人的生活方式和探求知识的方式，应该像块茎一样，具有游牧性、开放性和没有框架的限制。他们用块茎来批判树，认为块茎是在平面上生长起来的，全方位地发散，形成网络，而且所有的线条都处在不断的生成之中，具有多维度的特征。线与线之间是没有优先权的，它靠连接来产生出新的因素，具有多样性的特征。一粒草籽就是以块茎的方式生长成一片草坪的。在这样的草坪里，人们无法判断草坪的发源地在什么地方。而树无论长多高，都有一个固定的地点，即使被移植，也会被固定在一个新的地点上。树的生长过程是一个中心化和标准化的过程，通过分叉来形成新的维度，而每一次分叉都把自己变成了上一个维度的子域，结果产生出一个线性的和封闭的等级式的结构。表面上繁茂的"多"是由根这个"一"产生出来的，是一种虚假的多样性，并且从属于"一"。

他们认为，相互连接起来的块茎具有两个特征：联系和异质性。块茎本身就是由线条构成的平面图，不同的线条同步发挥作用，其中的任何一点都可以通过线条与其他点相连，而在任何一个节点上都能长出无数的根和芽。新产生出的线条可以通过彼此结合或割断建立起新的维度。块茎的生长过程是不断突破疆域的过程，是对原来的平面的超越和拓展，因为它有着无处不在的逃逸路线，可以远离既定的区域和秩序，使得块茎具有活力和流动性，能为欲望的自由流动提供场所，肯定了纯粹的多样性和差异性。块茎是由多样性连接构成的生产性的机器，而不是众多个体构成的集合体。块茎是多个欲望机器相互联结的集合。块茎总是在生成中，所以总是处于"在途中"的状态。

德勒兹认为，块茎是一种非层级性的平面的系统，其中包含着多样性，没有认同或本质。块茎之线没有起点，也没有终点，它们总是处于动态的运动之中，它们与其他线的连接是随意的、不受约束的。只有当它们受制于专断的规范化制度时，它们才会组织成统一体和具有层级结构，所以层级结构其实是被殖民化的块茎。块茎思维是一种与"国家式思维"相对立的"游牧式思维"。国家式思维通过国家机器来对块茎式的运动加以规戒，而游牧式思维则要用块茎运动这种战争机器来把差异从国家机器的统治中解放出来。他认为，哲学通过批判来发挥其积极的功能。他反对辩证法，因为辩证法中的差异总是从属于一个潜在的统一体，最终导致的是静止和死亡。"游牧式思维"要破除一切形式的普遍秩序和等级制。

二 鲍德里亚：资本主义的物品体系

鲍德里亚（Jean Baudrillard，1929—2007）是法国思想家，为后马克思思潮中的一位弄潮儿。

（一）在物品的功能体系中，人成了"摆设"

鲍德里亚通过对物品的体系的功能分析来批判当代资本主义社会。他首先从家具的摆设入手来讨论物品的功能体系的形成。在一个父权制的家庭的家具摆设中体现出了：物品是作为人与人之间的化身存在的。在资本主义社会中，物品的体系变成了一个发挥某种功能的体系，物品的象征价值与使用价值都被组织价值所掩盖。物品不再具有"灵魂"，不再提供象征意义，物品之间的关系只是排列布置和游戏的关系。物品的体系的功能性指的是被整合到一个整体中的能力。收藏古物并不能替代功能化的世界，而只是把人们在人际关系中无法投注的心理能量投注到物品之上。他从物品的相互关联的方式上揭示了当代资本主义社会中存在的功能性的系统。他所说的物不是自然的存在物，而是人为自己创造出来的物，物品的功能性的效用构成了物品的基本的存在方式。人工世界不再是被赠予的，而是人的制品。他认为，物品的功能性体系遮蔽着象征关系，而人的造物活动只是这个象征关系的附属品而已。在物品的功能体系中不涉及人，人只是作为"摆设"出场的，人的位置被删除了，只剩下一个绝对的功利系统。

（二）所有的东西都成了无个性的模范

鲍德里亚认为，在前工业社会中存在着有风格的物品，而在当代资本主义社会中物品的风格消失了，这里的物是由模范和系列共同生成的产品。模范扩散在系列之中，系列中的物以不同的方式与模范关联，并以"个性化"的方式表达自己。人在对个性化物品的选择中，进入了一个文化体系之中，人通过对物品的特殊性的追求来表达自己的特殊身份。这些特殊性被工业生产再次回收和系列化，最后所有的东西都变成了模范。这个物品的体系以鼓励个性自由的方式，让每个人都误以为自己通过选择个性化的物品来实现了自己的社会地位的提升。在现代资本主义的工业生产体系中，所有的东西都随时在变化和变形，但实际上没有什么实质性的改变。我们自以为在个性化的选择中实现了自己的个性，其实人是不可能通过物超越自己的身份的。物品存在的目的是让人不断生产和购买，而不是为了被人拥有和使用，因为它们不管你需要不需要，也不管是否按科学的结构来组织和安排，它们把生产体系和意识形态结合在一起，构成了一个组织体系。它们有着多重用途，像鬼魂一样缠绕着消费者。

（三）人在消费中被全套的物给强暴了

鲍德里亚认为，消费者与物品的关系不再是人对物品的使用关系，人在消费中被全套的物给强暴了。当代人的全部生活都被消费所控制。在现代社会的商品消费中存在着具有暗示意义的链条，可以使消费者产生新的消费动机。消费者不再简单地从特别用途上去看一个物品，而是从它的全部意义上去看全套的物。橱窗展示、广告、生产厂家和商标变成了一条链子，构成一串意义，让消费者产生出一系列的复杂的动机，从而主导着消费者的消费。当消费者购买了一种高档商品的时候，同档位的商品就会形成一个链条来诱惑消费者，通过商品之间的相互暗示来控制人的欲望从而被强制消费。这种强制看上是去自愿的，因为是借助幻想的引诱而导出的自愿。

系列产品是既有总体模范又有个别差异的物品串，通过系列来把商品消费之间的意义关联起来，以便引诱消费者产生系列的消费动机。消费意识形态通过一整套符号编码体系来操控和制造消费。在消费中，消费者瞄准的不是物，而是这个物呈现出的价值，自己用这种物是否显得有品位。通过不同的人对不同的消费符号的认同来制造出消费者的阶层差别。人们不是在消费物本身的使用价值，而是把物作为把自己突出出来的符号，让自己加入更为理想的团体。在消费中，当人认同某个物品时，就获得了某种特定的符号认同，自己就与其他的人一样拥有共同的符号编码，所有的有共同的符号的消费者就被不自主地牵连在一起。

（四）在时尚中安排好了商品的"自杀"时间

鲍德里亚认为，现代工业的生产体系对消费者的控制不是外在的。在物品的体系中存在着功能性的有序结构。物品的体系有了自己的一套符号和说话方式，那就是广告。广告不是在指导消费，而是在被消费。在消费广告的过程中，人被无意识地指示到那些等待出卖的物品那里。物品和广告都不构成一个语言体系，因为其中不包含有生命力的句法，它们构成的是一个符号体系。在广告中，物品被指定和分级，被分割为一个等级分明的目录，打上了社会身份的标志。在目录中产生出了虚幻的社会关系，掩盖了真正的社会关系。在物品的消费背后隐藏着人与人之间的社会关系，消费者在消费关系中被操纵和奴役。

在现代资本主义社会中，消费者的欲望是被广告和大众传媒激发出来的。在广告和大众传媒中，潜存着被建构起来的商品之间的意义系列，出现了消费的总体性观念。广告不是在与单个人说话，而是瞄准某个等级的"深层的"动机。通过系列之间的差异性，建构起消费者之间的不同阶层的差异性。现代广告具有象征和幻想功能，通过这种功能诱发出消费者的购买欲望。广告与信息特别是媒介勾结在一起，其中存在着编码规则，透过每一个消费者来瞄准所有的消费者，又透过所有的消费者来瞄准每一个消费者。消费者在理解广告的过程中，让自己自动地依附于编码规则，从而被广告所操纵。

通过广告制造出的消费社会是一个由伪事件、伪历史和伪文化构成的世界，但是这个世界看上去却比真相还要显得真实。广告通过象征性的幻象来对人的下意识的欲念进行控制。在消费社会中，消费决定生产，而不是生产决定消费。商品的"死亡"时间比使用时间更被关注，因为在这里会有新的消费需求产生。在时尚中安排好了商品的"自杀"时间。巨额广告的目的不是要增加或去除商品的使用价值，而是要通过时尚让商品加速更新。要从消费社会的控制中解放出来，就需要颠覆附着在物品上的符号，要恢复真正的象征性，要用具体的现实性来解构名实不符的现象，反抗符号使用上的任意性。要把符号焚烧掉！

三　德里达：反抗全球资本主义

德里达（Jacques Derrida，1930—2004）出生在法属的阿尔及利亚的一个小资产阶级家庭，中学时曾因犹太身份而被逐出校门。他主要生活在法国，是法国哲学家，他是解构的马克思主义的主要代表人物。来自十多个国家的二十位学者曾联合在英国的《时代》报上发表公开信，说德里达的著作不清晰、不严谨，甚至是无法接受的。但是，在剑桥大学的投票表决中，多数人还是投票支持授予德里达名誉博士学位。他用解构主义来对结构主义进行解构。解构主义从哲学的角度上反映出了后现代社会中的人们的思维方式和精神状态，它是对结构主义的超越。而后现代主义则在更广阔的范围内对现代性的思维方式等进行了批判，并提出了自己的社会理想。德里达是解构主义的创始人。在他的影响下，福柯和巴特也变成了解构主义者。

（一）资本主义与社会主义阵营同时出现了危机

1. 全球资本主义的十大罪状

1993年时，苏联和东欧的剧变和当代资本主义推行的新自由主义导致的全球灾难、新帝国主义强化了对世界绝大多数人口的压榨和奴役，加速了全球财富向富人阶层聚集等，使得资本主义与社会主义阵营同时出现了危机。在资本主义的危机方面，德里达列举了新自由主义和全球资本主义的十大罪状。资本主义经济导致的周期性危机依然存在；无家可归者的公民权被剥夺；社会处在没有硝烟的经济和金融战之中；资本流向洼地的全球竞争侵害了落后地区的国民的福利；欠发达国家的人民背负着巨大债务，多数人处于贫困、饥饿和绝望之中，欠发达国家的政治主权的独立性被削弱；军火生产和贸易在全球范围内横行；存在着军备竞赛和核武器扩散；种族之间的战争加剧；集权主义统治、黑社会和贩毒集团渗透到全球；少数国家或少数人操纵着国际机构和国际规则。

2. 马克思主义和共产主义的名词被讥讽为"脏话"

在社会主义阵营的危机方面，以福山（Francis Fukuyama，1952—）的《历史的终结及最后的人》和布热津斯基（Zbigniew Kazimierz Brzezinski，1928—）的《大失败》为代表的新自由主义高呼市场经济无疆界，到处弥漫着"马克思死了"的哀歌。"马克思学"的兴起和马克思主义的学院化，使得对马克思的研究酸腐气息浓厚，他们让马克思放下了革命的武器，披上了燕尾服，"千面的马克思"变成了在学院化的体制内谋求一个私人职位的工具，并忙于建构自己的马克思主义体系。马克思主义出现了表面繁荣和深层危机的状况。在日常生活中，马克思主义和共产主义的名词被讥讽为"脏话"。德里达力图用解构主义来挽救马克思主义，力图在新的危机下提出新的人类解放的方式。他既抗拒主流又想以别样的方式融入主流。他力图消解同质性、压迫性的权力中心和二元对抗，力图把任意性原则和差异性原则贯彻到底。

（二）有中心就没有平等的自由

1. 事物不是一个封闭的系统

德里达是哲学方面的解构主义的代表。解构主义出现在二十世纪七十年代，它既反对结构主义，又扩展了结构主义。解构主义也影响到了几个学科，尤其是影响到了文学批评领域。比如说，对于《飘》这本书，我们可以把这本书看成是一本讨论美国内战的书。结构主义者会认为这本书中的每个具体的段落的意义主要依靠的是本书的结构，而本书的结构是一个封闭的体系，其中包括着几对矛盾：战争与和平、财富与贫穷、爱情与争斗。解构主义者则认为，如果《飘》确实构成了一个封闭的系统，我必须要排除本书之外的所有事实或考虑，比如说，我不能读关于美国内战的历史书，我也不能看作者的自传以免受到作者的意图的影响。解构主义者认为，每个读者都会对这本书作出不同的解释，所以这本书没有什么确定的意义。如果我们只用一对对的矛盾来看待这本书的结构，那就太简单化了。我们不仅要看到矛盾的两级，还要看到分不出两级的中间状态。而结构主义者认为，通过结构主义的方法，把事物看成是一个包含着矛盾的封闭系统，才容易找到确定性。如果像解构主义这样，不把系统看成是一个封闭的系统，不看其中的矛盾，就看不清书的逻辑结构。每个作者就都可以把玩这本书，都可以自己赋予这本书不同的意义。

2. 哲学体系中的成对的矛盾都可以被解构

德里达进攻的主要目标是哲学著作。他认为，在整个西方思想史中，哲学家都是围绕着一些矛盾概念来建构他们的哲学体系的，比如说，表象与实在、意见与知识、精神与物质、真理与谬误。德里达认为，从表面上看，结构主义的做法与西方思想史是一致的，而就像在小说中要拒绝矛盾观念一样，我们也要怀疑在哲学中的矛盾概念的用法。他认为，通过解构的方法，可以揭示出在哲学中的矛盾概念是自相矛盾的。比如说，胡塞尔强调我们意识到的现象和没有意识到的东西之间的区别，但当胡塞尔自己研究到底我们意识到的东西是什么的时候，他发现我们意识到的"现在"其实是对过去的事物的记忆和对未来将发生的事物的期待。事实上，过去与未来都不是我们意识中的"现在"。这样，胡塞尔对于"在"与"不在"的区分就坍塌了,因为"在"与"不在"这两个概念是纠缠在一起的。

他相信,我们可以用类似的方法解构掉哲学体系中的全部的成对的矛盾概念,比如说,对于表象与实在的二分法。当我们力图描述实在的时候,我们不得不依赖于表象。同样,对于物质与精神的二分法,当我们力图描述精神的时候,我们不得不依赖于物质的实在。由于这种哲学体系的内部逻辑是有瑕疵的,因此不可能对这个世界进行恰当的描述。他还认为,说与写的二分法,也存在问题。卢梭认为,"说"是我们交流感情的自然形式,通过说来表达的感情是真实的和确定的。比较而言,写则不如说,写只是说的一个降级的复制品。写只是间接地表达我们的感情,受到一系列的习惯写法的限制,因此会歪曲真理,成为错觉的源泉。而德里达则认为,说和写都牵涉到语法问题,比如说,语言符号的习惯用法和严格的语法规则。而写应该比说更好,因为语言严重地依赖于惯例,而卢梭也承认,写对惯例的依赖性比说要大。

3. 在二元对立中,总有一方处于屈从地位

德里达的解构主义的目的是要批判传统的建立在逻各斯中心主义基础上的普遍性哲学。他认为,在传统的普遍性哲学中,"逻各斯"被视为太阳,通过它的光芒来照亮真理,让人们认识到完美,使世界具有秩序,给人类带来安宁。逻各斯以各种不同的面目出现,在古希腊时期被称为理性,在中世纪被称为上帝,在近代被称为自我,而在现代则成了大写的"人"。他认为,普遍性哲学的思维方式集中体现在"言语中心主义"理论中。言语中心主义认为,语音或言语的产生先于文字,因为言语与逻各斯直接相关,而文字符号只是记录言语的工具。人们可以根据与言语关系的远近来区分"好文字"与"坏文字"。好的文字是自然的、神圣的,是来自人的灵魂深处的,体现为书。通过书中的文字,人们可以把握关于逻各斯的"绝对知识"。在普遍性哲学中,总是存在着二元对立。而在这种二元对立中,与逻各斯直接联系的一方总是占有绝对的主导地位,另一方则处于低等的、屈从的和工具性的地位。逻各斯是所有差别的统一者,是所有意义的来源,是永恒存在着的,是所有认识追求的最终目标。

4. 只是摧毁而不重建才能保持平等

德里达想要"解构"逻各斯中心主义,而海德格尔则要"摧毁"逻各斯中心主义。而单纯的摧毁必然同时意味着重建,所以会陷入另一种普

遍性哲学之中。而解构就是解构，不重建。解构也不是将解构分析到最简单的元素，因为不存在最简单，没有什么是不能解构的。德里达认为，我们甚至不能说解构"是"什么，因为任何"是"都是被解构的对象。要想解释"解构"，只能用不同的词来替换它，这些词包括涂改、替补、边缘等。这些词的共同点就是不能说它们"是"什么。它们既不是感性的，又不是理性的；既不是肯定的，又不是否定的；甚至不能说它们是中性的。解构主义要采用不同的句法，书写不同的东西。他认为，不存在起源问题，所以没有最终的起源。符号总是物本身的替代物，但是同时它又在填补真空。它在填补特定的空白，同时又是这种空白的标志。这种替补没有终点，存在的只是替补的链环。从这个意义上说，只有文字和替补是存在的。除此之外，别无他物。

（三）反抗资本主义的同质化和封闭

德里达认为，"事情"的存在是暂时的，是一种伪相，是一种踪迹而不是本原。我们看不到本原，也看不到延迟的差异，只能暂时捕捉到"踪迹"，而"踪迹"也是不断运动的。因此，没有什么东西是真正存在的。所有的存在都是暂时的、虚幻的、虚假的。他要消解文本、语音和逻各斯。他要让差异永远延续下去，让文本永远开放着。他宁肯牺牲逻辑也要保持文本的开放性。他认为，当我们使用文字来传达意义或表现语音时，会发生文字对原本的背叛，从而产生出新的意义。在语音本身中隐含着语言符号，所以无法避免语音的文字化。人们既贬低着文字，又不得不使用文字。原文字在永不停歇地形成差异，在差异本身的运动中来保持自己的稳定。原文字中存在的差异是被延迟了的差异。在差异的生成过程中，存在着空间上和时间上的延迟。他的解构不只是指向文本、概念或语义，而且指向社会的政治结构和制度。他反抗同质化的政治结构及其导致的知识的垄断和封闭。他批判的矛头指向资本的权力及其意识形态。

（四）马克思的幽灵总是纠缠着现在，就像现在欠它的似的

1. 每次精神的创伤都可能产生出幽灵

德里达在与马克思的幽灵的神交中，提出了"幽灵性本体论"，其中包含着没有本原的本原、没有希望的希望、没有乌托邦的乌托邦和没有共同体的共同体等。他大肆发挥了"幽灵"这个范畴，形成了一个范畴群，其中包括幽灵、幽灵化、幽灵性和幽灵学。他认为，幽灵与精神和肉体不同。精神和肉体都有具体的形体，而幽灵是在某种精神或肉体消亡后存

的一种可以显形也可以隐形，可以在也可以不在的幻境。幽灵是在精神和肉体消亡后重新拼装成的，是多种多样的，而且是不断变化的。幽灵想引发故事，因此它一般是指向未来的。幽灵要干的事具有开放性，没有终结和止境，总是没完没了的，总是处于没有完成的状态。它是一种遗产，持久地延续着，总是纠缠着现在，就像现在欠它的似的，需要去完成它赋予的使命。

幽灵不受空间的限制，可以在也可以不在。而且，幽灵总能注视我们，对我们下达命令，而我们却难以识别出它来。它具有父亲般的权力，它用"目光"或"声音"来行使它的权力，使得我们总是背负着幽灵给予我们的债务，如果我们不去完成这些债务，就感觉生活没有意义。幽灵要我们对它做出许诺，要我们去承担义务和责任。幽灵产生于某种曾经存在过的肉体或精神。在这种肉体或精神消亡的地方，我们通过哀悼来挽救幽灵。哀悼的过程就是解构和生成的过程。以精神的消亡为例，每次精神的创伤都可能产生出幽灵。创伤的过程是打破人的自恋的统一体的过程，哀悼过程就是把打破的东西重新拼装起来的过程，因此会产生出新的东西。幽灵具有幽灵性，而幽灵性是一种将被延迟实现的新的差异性，总是指向未来，总是不在，所以总是给人以希望。

2. 要解构各种势力对马克思的幽灵的围剿

德里达认为，在人类历史上曾经发生过三次大的创伤：哥白尼通过证明地球不是宇宙的中心而打击了地球中心主义；达尔文通过揭示人是由猿进化来的打击了人种中心主义和人的优越感；弗洛伊德通过无意识打击了人类的理性中心主义。在历史上，幽灵构成了一个系列。西方哲学史和文化史就是幽灵不断被继承的过程。马克思的幽灵就处在这个系列之中。他力图解构资本主义主流意识形态对马克思的幽灵的围剿，颠覆新自由主义的中心对马克思主义这个边缘的压抑。他力图解构各种集权主义对马克思的围剿。他认为，马克思的幽灵引起了马克思主义阵营和非马克思主义阵营的恐慌。苏联社会主义是在旧欧洲围剿"共产主义的幽灵"的战争空隙中建立起来的。只是以马克思的名义建立起来的苏联社会主义却也惧怕马克思的幽灵，因为当它把马克思的一种幽灵变成了现实的时候，却迎来了马克思的另外一种不受欢迎的幽灵。马克思的幽灵也让马克思和马克思主义者感到害怕，因为它要求马克思和马克思主义者自己批判自己。

他认为，我们生活在马克思被千面化和被弄残了的时代，各种理论的和实践的马克思主义在互相争吵甚至打架,因此马克思的思想本身就被这样弄死了,因此才需要通过把马克思和马克思的文本幽灵化,召唤和释放出马克思的幽灵。我们应该分清马克思主义中的良莠,要继承良的和解构莠的,要扎进马克思和恩格斯的文本中,通过解读把马克思的各种幽灵释放出来,把马克思幽灵化。通过对马克思的幽灵化,我们可以分辨出马克思的需要被继承的遗产。他认为,在马克思和恩格斯的文本中,以往的幽灵总是纠缠着他们,他们在与各种幽灵对话,他们力图要排除各种反革命的幽灵。在复杂的革命形势中,人们对幽灵的召唤和驱逐交替出现。当人们戴上已经死去的人的面具时,这个死去的人的幽灵既可以变成革命的精神,也可以变成反革命的盾牌。在革命的精神变成了现实以后,幽灵是无法被驱逐的。人们在进行每一次革命的时候,都要对着过去的镜子照照自己的模样,而从镜子中会飞出各种各样的幽灵,所以当下的革命行动注定要与过去的革命中的幽灵们打交道。人们越是要驱逐这些幽灵们,越是被这些幽灵们所纠缠。

3. 真正让资本主义害怕的是"游击队"和穿便装的"孤魂野鬼"

德里达认为,马克思的基本精神是批判精神,这是马克思主义中最有活力的部分。要继承马克思主义的批判精神,就不应拒绝与主流交锋,在交锋中才可以将各种不同的文字和文本放在一起,从而才有可能打破文本,使文本的意义变成开放的。他认为,不仅要批判,而且要的是激进的批判,也就是要对马克思和马克思主义本身随时进行自我批判。马克思主义的生命力在于自我反思和自我批判。激进的批判本身就是一种自我解构。解构就是批判。解构没有什么最终的目的,也没有什么终极利益要维护,解构行为解构一切,只有解构本身无法解构,解构之火永远不会熄灭。要形成各种不同性质的和多样性的马克思的幽灵,才能促成马克思的幽灵的自我批判。在《共产党宣言》那里,就存在说着不同语言的马克思的幽灵。在资本主义的主流意识形态无孔不入的情况下,如果马克思只是以一种面目出现,就容易扎眼和受到主流的围剿和封锁。真正让资本主义的主流意识形态害怕的不是马克思主义的"正规军",而是像解构主义那样的"游击队"和普通民众中的穿着便装的"孤魂野鬼"。

4. 越是没有希望,越是要坚持希望

德里达认为,虽然马克思的幽灵们是多种多样的,但是在这些幽灵中都蕴含着相同的幽灵性,而这种幽灵性才是马克思的真正的遗产。马克思的幽灵性不仅是批判性的，而且包含着某种关于人类解放的允诺，给人们提供一种永远向未来敞开着的寄托。他反对把马克思重新列入伟大的西方哲学家的名单里，反对把马克思的著作的研究文本化和学院化，反对把马克思的文本中性化，反对用任何外在的标准来整合马克思的文本，反对把马克思的著作分到具体学科之中。他认为，解构的马克思主义的任务是解构现实存在着的马克思主义，呼唤出马克思的幽灵们，在其中提炼出幽灵性，建立起马克思的"幽灵性政治学"。他想通过把马克思主义重新政治化来挽救处于危机中的马克思主义。他认为，马克思主义的革命性是一种不断逼近的紧迫性，能够始终威胁着现存的权力秩序。人类始终不能放弃人类解放的希望，尤其是在全球资本主义加剧了人类的生存危机和加重了大多数人的苦难的情况下，我们要更加坚定地守候这种希望。越是没有希望，越是要坚持希望。他提出了"新国际"的概念，这个"新国际"不公开行动，不设盟约，没有国家、政党和共同体等特征。他认为，只要资本主义社会存在着，就无法超越马克思主义对它的批判。

四 德波：资本主义的景观意识形态

德波（Guy Ernest Debord，1931—1994）出生在法国的一个商人家庭。他是法国著名的思想家和实验主义电影艺术大师，导引出了当代西方思想史中的后马克思思潮。他于1994年在隐居地自杀身亡，享年63岁。

（一）人类正处于被景观全面压抑的囚笼之中

1. 消费社会已经变成了一个景观社会

德波认为，在资本主义发展的新的历史阶段，大众消费盛行于世，颠覆了社会存在的决定地位，侵入了人的精神世界，成了新的现世宗教。在资本主义的消费社会中，商品的生产和消费变成了视觉影像的生产和消费。商品被景观所替代，生活变成了庞大的景观堆积，所有的存在都转化为了虚无缥缈的表象，构成了人们的日常生活的全部。人与人之间的商品性的社会关系，被虚化为视觉影像。普通消费者从对商品的崇拜转化为对虚构的景观的崇拜。景观变成了一种强大的意识形态，让人们无力反抗也无从反抗，消费社会已经变成了一个景观社会。只有颠覆景观的控制，由个体直接建构自己的真实的生活情景，才能实现人类的解放。

他认为，景观现象是当代资本主义的新特征。二十世纪五六十年代以来，资本主义的经济发展进入了丰裕时期，能够给人们提供更舒适的生活，收入水平、社会安全、教育水平和技术进步都有所保障；政治更为民主、性别更为平等、艺术创作更为自由，减少了明显的不公平；金钱能够买到一切；休闲、旅游和消费的方式都更加多样化，人们有更多的机会去实现自己的理想。在这样的情况下，似乎经济危机和社会革命的可能性渐行渐远了。有的人宣称工人阶级已经消失了，资本主义社会已经实现了人类的自由解放的梦想。而德波认为，事实恰好相反，人类正处于被全面压抑的囚笼之中。

2. 景观强制更为隐匿和更为强大

德波认为，当代资本主义的牢固秩序是建立在景观与观众的关系之上的。景观具有静观性和被动性特征。景观是一种无生命的"强力意志"，它给我们创造出了无法逃脱的虚幻的视觉图景。景观把自己展现为社会现实，而真实的社会现实却被这样的景观深深地埋藏了起来。景观展现出的是一场历史阴谋，它不仅蒙蔽了所有的人，而且蒙蔽了欺骗者本人。景观掩盖着的是社会自身的分裂和矛盾。景观并不是影像的聚集，而是表现为影像的聚集，其实内含着以景观为中介的人与人之间的社会关系。景观是金钱的另外一种表现形式。景观本身是现实的真正的产物，虽然它伪造和颠覆了现实。当真实的世界变成纯粹的影像时，纯粹的影像也就变成了真实的存在。我们凭借炫目的广告、亮丽的商品外观和明星的时尚装扮来构筑自己的理想生活和幻想自己的自我实现的方式。我们要借助媒体的声像宣传来对什么是真的做出判断。景观已经与现实纠缠在一起，让我们分辨不出你我。

景观并不是偶然地产生出来的怪物，而是在资本运行中产生的，扎根在丰裕的经济沃土之中的，是消费社会能够生存下来的基础。景观变成了一种沐浴着神性光辉的圣物，以垄断的方式伪造现实，并把自己展现为一种不容争辩和不可接近的事物。个体在休闲消费、视听娱乐等构筑起来的景观森林中失去了自我，任凭景观造出来的伪需要和伪欲望麻醉和摆布。人们用景观中形成的共识来支配自己的行为时，景观就实现了自己的非强制的隐性霸权。比起其他的强制方法来说，景观强制更为隐匿和更为强大。景观在感觉上占有巨大的优势，而且它覆盖了整个世界的表面。人的所见之处，莫非景观。

而且，景观在感官层面对人的强制只是初级阶段。景观生产牢牢地把握着现代社会的经济命脉。景观生产把景观自身作为原料，按照景观的原则和标准，不断生产出更多的新景观。景观对于人的战争，是一场看不见硝烟和没有抵制的鸦片战争。观众在心满意足地享受着景观，而不知道他们只是在享受着伪需求的满足。资本转化为了影像，景观代表的就是资本，履行着资本的职能和使命。消费者的每个时刻都被强迫去服从景观。在这个颠倒的世界里，真相不过是一个虚假的瞬间。媒体报道的某某丑闻，可能在瞬间就会出现潮水般的辟谣。

景观带来的隐性强制已经达到了意识形态的顶点，它充分暴露了全部意识形态的本质，即对真实生活的否定和奴役。德波认为，在阶级社会中，总是存在着意识形态的。而意识形态不是纯粹的虚构，而是对现实产生着扭曲的影响。景观以自己的方式完美地行骗。景观欺人之深，抹杀了真与假的界限，让人深度迷失。在人不分真假和你我之后，便求助于景观的虚幻魔术，比如说，明星广告、影视作品和购物狂欢等，让自己获得一种虚幻而疯狂的满足感，此时景观便完成了自己的使命。

（二）景观对人的全方位的"就这样吧"的控制

1. 景观社会完全被同化为一元的社会

德波认为，景观可以区分为集中的景观和弥散的景观。集中的景观出现在发达的资本主义的危机时期或落后的混合经济之中，是一种强化国家政权的技术工具。官僚政治权力本身就具有集中性和垄断性，掌管着国家的经济命脉，代表着官僚政治集团的根本利益，把持着整个社会的劳动成果。官僚政治不可能给平民大众留下任何自由选择的空间，因为任何外在的选择都会像传染病毒一样，会危及整个系统的安全，甚至可能带来毁灭性的打击。这样的社会维持同化，排除异己，只允许赞同的声音，否则便会被当成异端邪说而遭到无情的摧毁。同时，官僚政治所主导的一切都会以良好的形象公诸于世，展示为一种具有良好形象的景观。这是由集中的权力造出的集中的景观，用来遮蔽真实的贫困和分歧，给人一种虚假的统一的表象。这是一种由官僚政治集团强制推行的，在集团无意识的状态下隐蔽地实现的景观。

弥散的景观则具有"多元化"的特征。随着商品的丰裕，在现代资本主义社会中出现了自由发展出来的弥散的景观。在这里，商场如战场，每个商品都各自为政，为了各自的生存和荣耀而战，充满着不可化解的矛盾冲突，呈现出缺乏统一性的碎片化特征。各色商品令人眼花缭乱，但是依然不可能满足人的全部生活需求，因为这些商品本来就不是用来满足人的真实需求的，消费者只能在一浪高过一浪的商品大潮中随波逐流。弥散的景观在颂扬着商品和购买商品时的激情，不会因为某个商品被淘汰而停止颂扬。当商品的每一个特殊的形式都阵亡时，一般的商品形式却在继续向前发展，最后达到完全的自我实现，这便是商品的全球化或全球的商品化。

弥散的景观导致的是消费者的自我的迷失。在景观的迷惑和误导下，消费者追求的不再是商品的使用价值，而是追求商品的交换价值。在这里，商品享受着至高无上的自由，而消费者对商品则充满着宗教般的激情。在对某些商品的品牌的强烈渴望中，在电影媒体激发出的时尚狂热中，在免费赠送的精美小饰品中，消费者变成了景观把玩的消费工具。最后集中的景观和弥散的景观发展成综合的景观，显得更加威力无穷。在这里，景观社会完全被同化为一元的社会，景观直接就是现实，景观不再需要通过呈现自己来讨人喜欢，不再虚情假意地自导自演虚情假意的矛盾冲突，而只是简单地说：就这样吧！

2. 商品景观伪造出了饱含着贫困的"富裕生活"

德波认为，社会的景观化来源于当代资本主义社会中存在着的分离。景观的盛行则来自于世界的统一性的丧失。在资本主义社会中，个人连姿势都不再是自己的，而是别人的。工人想要的越多，他的生活时间就越少；他越是想要景观的影像，他对自己的真实的欲望的理解就越少。人与人之间的交往主要是以景观为中介的。景观垄断了人们的闲暇。景观所及之处，便是分离产生之所。因为景观无处不在，所以人在劳动时间里和非劳动时间里都迷失了自我。现实以视觉影像的方式展现出来，而又胜过原本的现实，因此出现了社会现实与景观表象的分离。在无数的分离最终导致世界的碎片化和永久地丧失原有的统一性时，景观的出场"挽救"了世界。景观以虚幻的方式"实现"了西方哲学的最高梦想，即对"一"的无限渴望。本真的个人被景观伪造出的虚幻深度麻醉。景观造出的"统一"只是一个传说，其中隐蔽着分离的碎片。

在景观中暗含着商品的特征，是披着神秘的面纱的商品。商品并不生来就是景观，而是丰裕经济带来的商品过剩的产物。商品通过景观完全成功地占据了人的社会生活的全部。作为景观的商品就是商品景观。商品景观按自己的需要伪造出消费需求和饱含着贫困的"富裕生活"。无产者本来是受苦受难的劳动者，却成了被奉为上帝的消费者。工人们用微薄薪水换来的不过是被景观主导的消费必需品而不是真正的生活必需品。工人阶级在娱乐休闲中享受到的看似光鲜的自由放纵，并没有改变他们在社会中的地位，只是徒增了一些无关痛痒的虚假的选择对象和角色。看似在消费行为中获得了解放的工人，实际上陷入了更深层次的失去自我的自得其乐之中。

当可怜的工人们在疯狂的消费中剔除了真正的生存需要时，呈现在他们眼前的是更加残酷的现实：在丰裕的社会中，工人们的实际生活是贫困的，他们的衣、食、住、行的基本生活条件是匮乏和窘迫的。他们承受着更大的社会风险和生存压力。人应该追求的是真实的生活水平的提高，但是大众却被视觉影像愚弄，"忘我"地投入人为制造的具有丰富的幻想的景观之中。真正的消费者变成了幻想的消费者，看上去是提高了生存状态，实际上只是享有着一种镀了金的贫穷。商品景观垄断了整个社会经济的运行，执行着货币的职能。在商品景观中，不同的使用价值在总体上都表现为景观，对金钱财富的渴望变成了对景观自身的渴望。资本本身也难脱被景观化的命运。商品景观为了维系自身的运转，就得不断伪造出需求和满足这些伪需求的伪造物，而社会则处于一种无意识状态，一切都变得那么自然。

3. 时间景观中的个体不可能在历史之中获得解放

德波认为，在当前的资本主义社会中，时间也没能逃脱被景观化的厄运。时间可以划分为传统社会的循环的时间、工业时代的不可逆的时间和当前的资本主义中普遍存在的景观时间。在人类的以农业生产为主的时期，社会呈现出静态景象，人们的作息时间随四季更替而轮回，形成了相对固定的社会秩序和相应的心灵秩序，时间被视为循环往复的东西。在编年史的写作中，只有统治阶级才有历史，他们凭借历史的特权从循环时间中获得相对的解放，而普通大众只能被封闭在循环的时间之内，除了历史运动之外，世代延续的都是相同的命运的轮回。在工业为主导的社会中，资产阶级不仅占有了剩余价值，还窃用了时间的剩余价值，独占了生活的不可逆的时间。对于资产阶级来说，劳动时间的集聚不仅意味着社会财富的积累，也意味着社会的不断进步。资产阶级不想让不可逆的进步无限持续下去，因为那样的进步会消灭资产阶级本身，所以力图让不可逆的时间重新皈依基督教，只是历史进步的趋势并不以资产阶级的意志为转移。

随着资本主义的发展，不可逆的时间拓展到全球范围内，导致了世界历史的产生。在全球都被资本同化的新的历史时期，不可逆的时间展现为全球景观时间。在当代资本主义社会的商品生产和消费中，出现了伪循环时间。伪循环时间不是自然经济条件下的"真循环"，而是一种被工业改造过的伪造的循环时间。这里的时间被划分为无限循环着的消费时间和生产劳动时间。工人们以为在闲暇中实现了自由解放，其实却被景观时间统治着。在时间景观中，人们在不断地节约时间，生产出快捷高效的商品，节约出来的时间又像积木一样被重新组合打包，或投入生产时间之中，或投入消费时间之中。时间景观还打造出伪节日。真正的节日是在一个真实的共同体中一起享受生活的时刻。而在我们的时代中，没有真正意义上的节日，只有借节日之名煽动大众消费的各种购物狂欢节。在时间景观中还隐藏着被商业美学伪造出来的似乎是解放了的艺术的瞬间。生活在时间景观中的个体只是在消费着作为商品的景观的时间，忽略了历史演进的真实的时间，所以让自己生活在历史之外，当然就不可能在历史之中获得解放。人过着的是一种似乎比历史更真实的景观生活。

4. 空间景观给消费者带来的是心理距离

德波认为，时间景观还创造出了与之匹配的空间景观。空间景观占据的是真实的物理空间，而制造出的则是虚假的空间意识。资本在全球范围内施展其魔力，它统一了全球的空间，征服了地理学意义上的距离。虽然地理学上的距离被消除了，但是人与人之间的"内在距离"被再生产出来了。资本在实现了对全球的总体的空间统治之后，便以景观形式伪造出空间景观。旅游业就是空间景观的典型表现形式。旅游业不过是打包消费的商品流通的副产品。空间景观给消费者带来的是心理距离。空间景观在城市化的过程中得到了发展机会和场所。城市化可以让资本更集中和更便利地宰割自然和社会。在城市化的过程中，空间景观通过强化个体分离的伪共同空间来保卫政权。在当前的资本主义社会中，如果工人阶级大规模地集聚在城市中，会对统治阶级造成巨大的威胁，而现代的城市设计却巧妙地化解了这个危机。当代资本主义社会中的工人只能作为一个孤立的原子而存在。工人在工厂、文化中心、旅游胜地、住宅区和家庭等伪空间和伪共同体中生存，形成了虚幻的共同意识，自认为自己是生活在强大的集体力量的保护之中，却忘记了这个"集体"只不过是虚弱和孤独的人群，而不是共同体。而景观社会则高高在上，从个体的孤独中获取自己的全部力量。城市空间景观还侵蚀了农村，促使乡村城市化，重建出一种"伪乡村"，再造出新农民。在这样的"伪乡村"中，已经失去了传统乡村的人与自然之间的关系。那些为普遍大众建起的新式建筑、休闲广场和购物中心等，都是观看和消费的空间景观，而不是用来居住、生活和创作的空间。

5. 全球景观将整个地球都变成了资本主义的运动场

德波认为，全球景观将整个地球都变成了资本主义的运动场。在景观社会中，社会也被景观化了。在社会景观中，社会是即刻分裂和统一的社会。在全球化社会中形成了全球性的社会景观。不同的经济体之间存在着冲突，但这种冲突又是虚假的斗争，因为每个利益实体都只是全球景观体系的一个特定的部分，在全球分工中扮演着被指派的角色。建立在丰裕经济基础上的全球景观可以轻而易举地打破地方性景观，打破地方以独立自主的名誉建立起来的意识形态，打破贸易保护壁垒。景观在本质上是无差别的。由于景观在数量上的急剧增长，景观社会内部存在着激烈的竞争。景观为了生存的需要而制造出虚假的品质。在这里，使用价值被明示出来，因为伪造生活需要有伪造的理由，而就连这个伪造的理由都是被伪造的。

在市场竞争中，地方主义和种族主义被激活，其目的在于获得一种优越感。于是，各种以本土特色和地域风情为标志的原生态景观纷纷亮相，某些历史上的恶俗的东西也被端上台面，构成"独一无二"的优势，展开着荒诞滑稽的竞争，让伪娱乐达到了狂热的程度，以抢占景观市场的份额。成年人与青年人之间的区分变成了伪区分。成年人已经不再是青年人生活的主人，而青年也不再有青年人的总体特征。在市场中，青年指的是活力，指的是永远年轻，而只有景观是永远年轻的，不需要装扮。在景观社会中，青年人需要有"年轻的装扮"。这种需要不仅是一种遮掩性的装饰需要，还能够对资本社会的经济发展做出实际的贡献。

在社会景观中还透出一种普遍的陈腐和平庸。平庸躲在表面光鲜的景观娱乐背后，虚假地满足着充满压抑的"虚夸自负"。风格和品质其实都只是平庸的另一种表现形式。景观的代理人是媒体明星或消费明星等，他们的生活方式只是表面上具有完整性和自由性，其实掩盖着真实生活的平庸和碎片化，而普通消费者则通过明星景观把自己想象成全面的和自由的。而且，不管在景观中赢得了什么样的声誉和地位，消费者回到家中时都不得不面对生活中的"烦"。明星商品在表面上附着的美好的希望和高贵的品质会变得十分平庸，因为这些明星的活动不能够提供任何真实的选择。景观还通过伪造文化来埋葬全部历史，重建一个没有真实的共同体的社会。每一个独有的艺术瞬间都被凝固成景观，在破碎的社会现实上重新构建起具有统一的意义的景观社会。景观世界的每个方面都被抽空了本质上的差异。

（三）要按自己的真实愿望来重新建造自己的生命过程

德波认为，为了有效地消灭景观社会，就需要在行为中置入实践。他力图通过批判景观社会，激活无产阶级的革命意识来推动革命实践。他力图在日常生活领域的景观废墟上，通过政治和艺术的手段，建构起本真的生活情境。他认为，如果没有乌托邦理想，自由的生活就是空洞无物的。在景观社会中，工人失去了控制自己的生命的权利。他要让无产阶级切身感受到自己处于一种绝对不公的境遇中，要向一切被景观污染了的领域宣战，要建立工人委员会。他认为，要回归日常生活和战胜被动，要征服景观导致的冷漠、支离破碎和假象，要引导人们解放自己的真实欲望，要通过积极的"情境"创造来提高人类的生活，要构建本真的生存情境以实现"自由人的联合体"。为此，不要散步，要飘移，要进行快速地穿越各种周围环境的旅行，这样才可以在一个特定时期里放下社会关系、放下工作和休闲，让自己体验到不同的地形和遭遇的魅力。不要同轨而要异轨，要通过异轨来激化那些被石化的真理，把它们转变为明显的谎言。不要顺从而要创造，要按自己的真实愿望来重新建造自己的生命过程，反抗生活中的压抑和平庸。

五　波斯特：对信息资本主义的批判

波斯特（Mark Poster，1941—2012）是当代美国的著名左翼学者。他的信息方式理论是反总体性、反中心化、反稳定性的理论。他用的方法是语言学和符号学的方法，分析的对象是电子媒体带来的人与人之间的交流方式，批判的对象是后现代的资本主义社会。他认为，后现代社会的中心问题是文化问题，而信息方式理论能够对后现代社会中的文化进行批判。

（一）后现代社会指的是信息社会

波斯特认为，后现代社会已经到来，而且成为了他的批判对象。他认为，发达资本主义社会正在变成信息社会，而这个社会属于后现代主义或后结构主义社会。他集中批判的是互联网这种第二媒介给社会带来的新变化。他认为，当代社会是一个与工业社会不同的后现代社会，与以前的社会之间存在着明显的"断裂"。在后现代主义者对现代性的批判中，我们就可以看到后现代社会的特征，即没有中心、缺乏稳定性。在信息时代，电子媒介构成了主流的主导媒介，人们的活动日益依赖于电子媒介和各种信息，从而被媒介语言重新建构。在媒介时代，服务业和信息产业日益成为生产中的主导产业，生产过程主要由电脑控制，生产的组织和管理日益采取半自动或自动化的形式，人变得越来越不重要。人日益变成了生产的旁观者而不是直接参与者，人的休闲方式也日益与信息处理器的操作相关。人们之间的交往和交流主要通过由电子媒介承载的电子和数字语言来进行。

（二）信息方式理论不是"一"而是"多"

波斯特是从语言符号的角度来对资本主义展开批判的。他的信息方式理论是要通过揭示电子媒介的语言结构来批判资本主义社会。他把语言看作是一种规定和构建社会实践的力量。他认为，后现代社会是建立在符号交换基础上的社会，语言、符号系统构成的仿像世界而不是现实世界成了人们交往的新的空间。信息产品是由很多人在不同的地点通过交互方式协作完成的，而信息其实就是语言。在信息社会中，语言失去了所指示的对象，成了一种漂浮物，词语变成了"无物之词"，即空洞的词语。信息方式研究的是符号交换的问题，而符号交换，尤其是互联网上的交换，是后现代社会生活的中心。信息方式可以在广义和狭义上进行理解。广义的信息方式指的是交往模式分期中的一个阶段，而狭义的信息方式则是对这种交往模式的批判。而他就是在狭义的基础上来使用信息方式这个概念的。

信息方式理论是一种"通用"理论而非排他的"总体"理论，因此具有包容性。它只在语言领域有效，而且也不是唯一有效的理论，也承认其他社会理论对社会分析的有效性。它不是"一"而是"多"。它不是一种寻求人类的统一解放的宏大理论，而是一种小型化的和局部的理论，探寻的是在信息方式下少数群体反抗统治的方式。它不去寻求理论的出发点的问题，也不提出未来的替代现实的方案。它是对电子媒介时代的多种语言交流模式的概括，其中的各种交流模式都有自己的特点，不能相互替代，也不能被简化成一个基础模式。信息具有多种存在方式，每种方式都有自身的历史的特殊性，各种方式之间有连贯也有断裂。他反对绝对的、封闭的和唯一的霸权理论。他的信息方式理论研究的不是信息的生产、分配和消费，而是研究信息作为一种语言怎么改变了社会和社会中的个人，由此产生出了什么样的政治问题。

（三）人不再具有稳定性，而是处在彻底的流散状态之中

波斯特认为，电子媒介语言具有远距性、非语境性和自组织性。电子媒介交流是一种远距离的交流，而且随时随地都可以交流。它不是对真实世界的反映，而是对真实世界的拟仿，形成了一个具有想象性特征的超现实的仿像世界。这个仿像世界不是虚幻的，而是被人们真实地想象出来的，与人们的日常生活世界并存着，而且互相影响，并且显得比真实世界更加真实。人们面对的是一个由符号构成的覆盖着现实世界的"超现实"世界，人已经难以辨别也不想辨别这个仿像世界背后的真实世界。在仿像世界中，个体的存在变得多重化、无中心化和流散化。人已经分不清真实与虚构、主动与被动，因此在真实与虚构、主动与被动之间无止境地摇摆和流动。随着电脑数据库的出现，人不仅有现实的个体的身份，还可以有一个或多个数字身份，这些数字身份脱离了人的现实的身份，在不同的电脑之间流动，使得个体以碎片化的方式散布在世界的各个角落，个体所拥有的是在网络中漂浮着的身份的碎片。人已经无法再感觉到自己是自己的主人，不再具有稳定性而是处在彻底的流散状态之中。

（四）权力通过数据库构成了一个"超级的全景监狱"

波斯特认为，信息方式理论是开放性的理论。互联网为代表的第二媒介还处在刚刚开始的起步和迅速发展的阶段，未来的发展充满着未知的和不确定的因素。在后现代社会中，没有一个可以承担所有社会责任的权力中心，也没有一个可以解释所有历史的知识体系，社会的权力都弥散化了，所以信息方式理论就不可能是一种中心化的理论。随着知识与权力的结合，资本主义国家的政府已经不是社会统治的中心。权力已经多极化和散播到人们生活的方方面面，所以压抑出现在了人们的日常生活的各个方面和层次。权力通过数据库构成了一个"超级的全景监狱"，对人们进行全面的监视和规训。权力对人的压抑，不只是纯粹肉体上的压抑，而且渗透到了对人的内在心灵的压抑。压抑的对象不只是工人，还包括妇女、学生、少数民族等。这种压抑是一种多极点、多层次的压抑，主要是一种精神上的压抑，表现为对统治的麻木不仁的状态。

（五）在信息方式下的政治斗争是一种多极化的游戏

波斯特认为，在这种情况下，人们对统治的反抗已经不再是通过阶级

斗争来实现了，而是出现了多种多样的反抗形式。在这里，政治斗争不再是无产阶级与资产阶级之间的斗争，而是众多社会主体构成的多极主体之间的斗争，尤其是以前被压抑和被边缘化的少数群体对抗统治的斗争。所以，在后现代社会中的解放，是通过不同的人群的局部性的反抗来实现的，这样的反抗不会对现存的资本主义制度构成致命的打击。反抗的方式主要是通过网络交流语言对权威进行挑战，意在颠覆传统的政治身份。解放已经不再是通过对整个社会的改造来实现，而是通过改变日常生活中的具体身份来实现，通过网络语言来实现交流的自由和对自己的身份的认同。在信息社会中，马克思主义已经再也无法唤起发达资本主义国家的无产阶级的革命意志了，工人阶级已经开始沉寂，失去了革命的冲动和力量，而各种少数或边缘群体，比如说，学生、妇女、同性恋、少数民族和种族等，日益成为反抗资本主义的力量，而这些反抗已经不纯粹是阶级斗争，甚至是在阶级斗争的范围之外发生的。在信息方式下的政治斗争是一种多极化的权力游戏。

六　齐泽克：反抗后现代资本主义的意识形态

齐泽克（Slavoj Zizek，1949—）出生在前南斯拉夫，是当代著名的左派思想家，现为英国伦敦大学教授。他用意识形态批判理论和政治性激进行动观来批判当代资本主义社会。

（一）意识形态的失败不是发生在"知"上而是发生在"行"上

在苏联和东欧剧变后，资本主义的意识形态被看成是"正确的"意识形态。齐泽克力图提出新的意识形态理论来对抗当代资本主义的意识形态。齐泽克不像马克思和恩格斯那样，把意识形态当成虚假意识进行批判，而把意识形态看成是社会存在的一个部分。他认为，意识形态完全可以披着"真理的外衣"。即使一种政治观点的内容是真的，也可以是一种彻底的意识形态。他把意识形态分成自在的意识形态、自为的意识形态和自在自为的意识形态，而这三种意识形态是同时存在的。自在的意识形态是一种观念的复合体，其中包括理论、教条、信仰和论证过程等。这种意识形态力图把特殊现象说成是普遍真理，把暂时现象说成是永恒真理，以便为某种特殊的权力利益服务。要批判这种意识形态，就要找到官方文本中的断裂、空白和差错，从而指出其中存在的偏见。自为的意识形态是具有外化的物质形式的意识形态，其中包括意识形态实践、仪式和机构，特指作为国家机器的意识形态。

齐泽克认为，自在自为的意识形态看上去是"非意识形态"，而实际上是一种隐含的、网络状的、渗透到社会机体的每一个毛孔的意识形态。它回避刚性的意识形态强制，对各种观点保持一种"开放"态度。通过揭露意识形态的虚假性来批判某种意识形态，只对那些持有天真的和朴素的观念的人有效，而当意识形态已经被扭曲而且成为现实的一个组成部分的时候，只靠揭露就没有作用了。意识形态的失败并不是发生在"知"上而是发生在"行"上。人们在知的方面很清楚，而在行为上则好像一无所知。他们很清楚自己在做什么，但是依然为之。他们以为自己走出了意识形态，实际上却依然受控于意识形态。

在苏联和东欧剧变前，不仅民众对主流的意识形态阳奉阴违，就连党政官员自己也不真心对待自己所宣讲的内容。真正信主流意识形态的人比假装信主流意识形态的人的命运要悲惨。比如说，洛谢夫以钻研古代美学史为名，把自己的唯心主义偷偷地塞进去，然后在书的导言里引用了几句赫鲁晓夫或勃列日涅夫的话敷衍官方意识形态，以便通过审查。他依靠这种方法在政治运动的起伏中得以生存到最后。而伊利延科夫用生动而独特的写作方式，致力于证明马克思主义是一种严肃的哲学而不是一种东拼西凑的官方格言，结果俄罗斯哲学界共同抵制他的哲学，最后他自杀身亡。

（二）在多元主义的旗帜下推行全球资本主义

1. 多元兴盛导致的恰好是四处弥漫着的同一

齐泽克认为，当代资本主义社会的主流的意识形态是犬儒主义。犬儒主义者没有理解到意识形态幻觉具有的象征性效力。犬儒主义者认为所有的高尚的信条都是空话，人们实际追求的都是金钱、权力或性等。当代资本主义的后现代主义的意识形态崇拜的是多元性，认为差异高于同一、变化高于秩序、开放高于封闭、动态高于静态、短暂高于永恒，但是在多元性的繁荣背后依然依赖着一个潜在的"一"，这是一个大写的"一"，彻底消除了差异性和对抗性的"一"。对抗性只能是二元的而不能是多元的。多元的兴盛导致的恰好是四处弥漫着的同一。一个失去了对抗性的社会，就像是一个全球性的大容器，能够容纳下各种"差异"。

在后现代主义中缺乏一种恰当的历史感，它用一种"怀旧"的方式把现在与过去脱离历史背景地胡乱联系起来，造出一种扭曲的历史形象。资产阶级的自由主义者所说的选择自由其实只是一种形式上的自由。权力控制人的方式主要有三种：不给任何理由的强制、以名不副实的名义强制、以自由主义的方式强制。在这三种方式中，自由主义的强制是其中最坏的一种，因为它把服从的理由自然化、中立化，让人感觉自己似乎是自由的，而恰恰是最不自由的。它改变了人们的洞察力，把强加给自己的东西当成"本性"接受下来，而且意识不到自己的被控制的地位。真正的自由不是在给定的选项中进行选择的自由，而是重新设定了选项标准和选择条件的自由。

2. 宽容是一种相互保持距离的疏远的态度

后现代主义认为，国家在内要保护和尊重少数民族的语言和风俗习惯，在外要让不同民族的文化和平共处，对非本民族的文化要表示宽容。他认为，宽容的态度实际上是一种相互保持距离的疏远的态度，它要表达的意思是：我已宽容你，请不要打扰我，请与我保持距离。这样的做法会产生灾难性的精神后果，让人失去与他人的真实的联系，可能会出现自残现象或冒险行动以证明自己的存在。容忍是虚伪的，它只是用一种毫无意义的或没有实质内容的形式来表示对他人的尊重。比如说，对于小孩子的胡说八道，我们因为不想伤害他们的感情而尊重他们的幻想，但是其实并没有真把他们的幻想当回事。而且我们宽容的常常是那些不会给任何人带来麻烦的无关紧要的事。今天的资本主义是以跨国公司为基本单位，在多元主义的意识形态的旗帜下推行的全球资本主义。它对民族国家实行非民族国家的殖民统治，母国也是被跨国公司统治的对象。多元文化主义并不是中立的，它通过"尊重"来与外界保持距离，并展现自己的优越感。

3. 最危险的是"被纳入者"和"被排除者"之间的对抗

齐泽克认为，在资本主义内部存在着无法解决的四种问题是：生态灾难问题、知识产权问题、科学技术带来的伦理冲击问题和被排除者问题。在资本主义的市场经济中，人们以为通过"看不见的手"，人人都能实现自己的资源的最佳配置和利益的最大化，但是从生态环境的角度看，这只看不见的手运转的代价太大，让人类可能面对的是全球性的、毁灭性的灾难，可能让人类历史无法持续。在知识产权方面，人类互相沟通的基础被不受公共监督的私人公司控制和垄断，私有财产权的概念受到信息领域的挑战，比如说，微软公司对视窗操作系统的控制和垄断。在新兴科学技术方面，生物遗传学等新兴科学能够通过改变基因或影响人的大脑等手段，控制人的身体和心理特征，涉及人类的存在问题。私有化形成的对人类共有的外在自然的圈占、内在自然的圈占和文化的圈占，会让人类失去适合的人居条件，可能导致人类的自我灭亡。

在后现代资本主义社会中存在的最危险的对抗是"被纳入者"和"被排除者"之间的对抗。在后现代的全球资本主义社会中，出现了新的隔离，存在着大量的贫民窟，把人类分成了"被纳入者"和"被排除者"。以色列在约旦河西岸建起的隔离墙，欧盟设立的边界等都是新的隔离。在第三世界的大城市的主要人口聚居地存在着贫民窟。没有"被排除者"的对抗，生态灾难问题可以变成可持续发展问题，知识产权问题可以变成复杂的法律问题，生物遗传的科技冲击可以变成纯伦理学的问题，但是因为有"被排除者"的存在，前三个问题就具有对抗的性质，就可能导致人类的灭亡。他认为，真正的政治异议并不出现在现有的社会秩序中的可见的对立的双方之间，而被排除在当前的秩序之外的"被排除者"那里才存在着真正的政治异议。真正的"共产主义"的革命热情来源于被排除者的彻底的团结。

（三）人类的出路在于实现由无产阶级做主的"共产主义"

1. 要重新确定"共产主义假说"

齐泽克认为，人类的出路在于实现新的无产阶级做主的"共产主义"。现在的共产主义运动，先要反省二十世纪的共产主义实践，然后要重新确定"共产主义假说"，要从现实社会的根本对抗中导出实现共产主义的必要性。无产阶级依然是革命的主体，不应该放弃无产阶级的立场。而他所说的无产阶级的概念不等于工人阶级的概念。他认为，今天的无产阶级包括处于失去一切的、处于危险中的人。从后现代的全球资本主义的三大对抗来说，在一定程度上，绝大部分人都属于"被排除者"，存在的根基都逐渐被剥夺。这里的无产阶级指的不再是特定的社会团体，而是爆发性的、不同的主体的联合。贫民窟的居民是现代的无产阶级，是全球化资本主义发展的必然产物。他注意到，在实际存在的贫民窟里，存在着具有各种社会身份的人，不能简单地把他们视为"流氓无产阶级"，他们可能发挥革命性的作用。他把后现代的全球资本主义社会中的工人阶级分成三个部分：新兴的脑力劳动者、传统的体力劳动者和被驱逐者。被驱逐者是生活在贫民窟或其他社会空间的裂缝中的失业者。这三部分人互相排斥、互相攻击。在当今的社会主义条件下，能够把这三个部分的人团结起来就可以说是一个胜利了。

2. 不能把阶级斗争与新社会运动等而视之

齐泽克主张让种族、阶级、性别、环保等各种"新社会运动"保持各自的差异性，以民主平等的方式互相联合起来，反对同一性。他认为，"新社会运动"中的同性恋权力、宽容政治、反对父权制等运动是由中上层阶级主导的，而他说的"中上层阶层"指的是新的享有特权的阶级，其中包括新闻记者、知识分子和经理人等。左翼不应该以这样的"新社会运动"为主。他也反对把阶级斗争与新社会运动等而视之，认为只有阶级斗争才能影响其他所有斗争的性质，才能带来"普照之光"。他说的行动是自由行动，而自由行动的特征是开启一种无法控制或预测其后果的行动。这种行动无法用合理的因果链条来解释，因为它面对的是一个空无的深渊。这种行动的目的是要改变衡量和评价我们自己的活动的好与坏的标准，指向的是社会中的中上阶层。这样的行动有时必须做出"最坏的"选择。

齐泽克十分推崇具有暴力性和创伤性的否定性力量，他认为只有这种力量才能把人从象征性的世界中拉回到黑暗的深渊，从而激发出人的革命的力量。人在被迫进行选择的特殊情况下，会做出"疯狂的"、"不可能的选择"，比如说，打击自己和破坏自己心爱的东西。因为敌人正是通过打击或支配自己心爱的东西来支配自己，所以通过"自毁"就能开辟出新的自由的空间。"行动"要求行动者赌上一切，包括自己的身份。行动者的身份在"行动"中被毁灭，类似于一种象征性的自杀。行动者不受他人的支配，完全自己行动，因此可以达到最高级的自由，但是也极端被动，因为无法预测自己的行动的结果。而且，自己会对自己的刚刚发生的疯狂行为感觉不可思议，还会感觉不快和无法面对。这种行动给人带来的是一种终极性的创伤：行动真的发生了，我不得不面对它。

3. 忠诚指的是具有大无畏的承担后果的品质

齐泽克认为，革命是最极致的政治行动。我们不能把革命神圣化，因为革命总是面对着污秽的现实。我们也不能把革命理想化，因为在革命中总是有背叛。真正的行动必须无条件地接受无法预知的后果。忠诚指的是具有大无畏的承担后果的品质。人们无法通过自由选举把自己的权利正当化后再进行革命。行动者必须单枪匹马地在危急中冒险，对自己的行动的结果下赌。例如：1940 年法国抵抗德国的入侵失败，如果那时进行"自由选举",投降德国的贝当无疑会获得90%的选票,而没有经过自由选举这个"民主程序"的、号召德国继续抵抗的戴高乐才能以真正的法国人民的身份发言。我们要去寻求一种"善的恐怖"。一切真正的"行动"都包含着"恐怖主义"的成分,因为它要改写"游戏规则",改变行动者本人的身份。真正的政治行动会释放出能够撼动我们的存在根基的否定性力量。真正忠诚的革命者不仅能为革命的原则牺牲,而且甘愿在革命成功后把自己毁灭,让革命完成它的最终目标。

4. 我们要"回到列宁",而不是"回到马克思"

齐泽克认为,面对后现代的资本主义,我们必须采取真正的"行动",而这种革命行动的典范是列宁。在后现代的资本主义社会中,没有人严肃思考资本主义是可以被超越的这个问题,因此资本主义的自由民主制度被当成了最理想的社会制度。在这种情况下,我们要"回到列宁",而不是"回到马克思",因为"回到马克思"已经成了一个小小的学术风潮。在英语世界中,存在着文化研究的"马克思"、后现代的"马克思"等;在欧洲大陆,存在着被消毒过的、被学术接受的"经典马克思";在华尔街投资家那里,"马克思"被视为资本的诗人。这些"马克思们"都在与马克思主义划清界限。

而"回到列宁"就可以避免被卷入这样的风潮。"回到列宁"不只是要怀念往日的革命,而是要重复那位面对全球性的灾难而毫不畏惧地彻底改造马克思主义的列宁,要重复抓住列宁没有能够做的和错失的机会。列宁诞生在世界处于绝望和灾难的时刻。列宁披露了这场灾难的真相,并领导了革命的胜利。他认为,今天我们不也是处于这样的大灾难之中吗?苏东瓦解后,资本主义在进行新的全球扩张,左翼的意识形态惨遭失败,没有人告诉我们该怎么办。列宁善于在关键时机抓住某个可以引爆全局的瞬间。列宁认为,革命前先要得到大多数人的同意是不可能的。期待"纯粹的民主"是一种空想。要实现共产主义,依靠的是信仰而不是现存的知识。我们正是我们自己在等待的人。

七 巴迪欧:哲学永远与人类的解放事业为伴

巴迪欧(Alain Badiou,1937—)现为巴黎第八大学的哲学教授,当代法国的著名左派思想家,西欧马克思主义的领军人物。在1968年的"五月风暴"中,他曾与其他青年学生一样走上街头,遭到军警的棍棒和催泪瓦斯的袭击。在苏联、东欧剧变后，资本主义获得了胜利，革命进入了低潮。许多以往与他一起并肩战斗的左翼知识分子迅速右转，成为比资本主义的新自由主义者更为激进的右派，并成为批判马克思主义和共产主义的急先锋。而巴迪欧认为，即使是在这样的时期，我们依然要为实现共产主义而奋斗。他力图用纯粹偶然的和不可预测的事件来打破新自由主义的资本主义统治下的秩序，他的全部政治努力的目的就是为了在革命的"冬月"里重建共产主义的希望。他义无反顾地举起了工人阶级的旗帜，把共产主义作为自己的理论和实践的最终归属。

（一）要用人类的视角来看待真理，才能消除相对主义带来的迷茫

巴迪欧认为，哲学是有政治立场的，政治是哲学的前提，而不是哲学是政治的前提。他是一个行动的哲学家。他不是为了哲学而研究哲学，而是要用哲学改变整个世界。只有通过革命运动才能实现未来的社会目标。他认为，政治与政治性是有区别的。真正的政治是革命群众的政治，是群众性的自发进行的革命，而政治性是具有唯一性的被政党代表了的政治。群众具有自治的创立群众体制的能力。必须重塑共产主义在哲学中的地位，用人类的视角来看待真理，这样才能够消除相对主义带来的迷茫，将希望带给人间，为人类的灵魂找到一个真正的归属。只要人类存在着，只要人类的希望存在着，哲学的源泉就不会枯竭。哲学是人们通往真理和未来的唯一的阶梯，尽管这个阶梯已经变得伤痕累累。哲学永远与人类的解放事业为伴。

（二）真实的世界往往是凸凹不平的和充满着断裂的

巴迪欧认为，真理与知识是有区别的，知识不是对真理的认识。真理与人和事件有关，而与知识无关。知识体系是一个象征性的秩序，象征着人类社会中的权力关系，并不是对真实世界的客观反映，因此必然会存在着局限性。知识以自身的方式建构起了一个连续性的体系，而真实的世界却往往是凸凹不平的和充满着断裂的。只要我们发现了真实世界中的断裂，知识体系中的连续性就会被撕裂。在这个裂口处，就会出现"空"，我们通过一个命名或一个操作来填补或缝合这个"空"，于是哲学就在这里出现，于是我们迎来的不是末日而是一种新的可能性。真理是由人创造的，但不是个体随意创造的，而是要得到人们的共同的认可，具有集体性。因为这种集体性建立在共同的认可的基础上，所以能够出现人们的共同的忠实，所以不存在集体对个人的压抑。

(三) 事件能够用真实之光来撕裂既定的意识形态秩序

巴迪欧的哲学的核心是事件而不是人主观创造的真理。事件不仅是物质的，而且物质性是它的唯一的属性。长期以来真实都被掩盖在社会现实的帷幕之后，而能够撕开这个帷幕的就是事件。从事件中我们可以看到乍现的被掩盖的真实。事件的出现是纯粹偶然的和表现出一种不可能性。如果我们把事件发生前的状态当成一个情境，其中几乎所有的元素都共同认可一套规则。因为有规则的存在，我们才把这个情境状态看成是一个整体。这个整体就类似于数学的集合论中的集合，这样我们才能把集合中的所有元素都计数为"一"。而事件的显现是纯偶然的，无法在原先的情境中计数为"一"。事件成了一个例外情况，打破了情境的沉寂，产生了一种面对着空无的深渊的突变。事件的发生是无法预测的，是先前既定的情境的断裂。

在他那里，世界具有三元结构：首先存在的是一个具有象征意义的大写的"一"，这个大写的"一"为具体的情境制定了规则；事件则是断裂，是在既定的情境中撕开一道裂缝，从而出现了不受规则约束的"空"；行动中的人则通过自己的创造来填补这个"空"，产生出新的真理。事件能够用真实之光来撕裂既定的意识形态秩序，表现出一种绝对的不可能性，而事件就是让"不可能"不可预测地出现在我们的面前。一个事件就是一个纯粹的偶然，不可能从先前的情境中推导出来。事件不是对先前的情景的重复，而是显现为一个绝对的例外。它没有事先的征兆，无论我们多么谨慎小心，它的独有的方式都会让我们感觉到出乎意料的震惊。事件带来的真理之光把我们的平凡给震荡得支离破碎。事件不是永恒的，而是转瞬即逝的。它来无踪去无影，在瞬间展现了自己的辉煌之后，又在那个瞬间悄然离去。想在事件中抓住真实的我们必然会失望，因为当我们伸出手时，事件已经消逝。事件只是通过它留下的痕迹告诉我们它曾经来过。真正的战士必须面对事件留下的痕迹，忠实于这些痕迹。

(四) 蜷缩在看似安逸的生活中，必将与这样的安逸一道毁灭

巴迪欧用哲学的系统性来批判哲学终结论。他认为，哲学不能因为过度崇拜诗意而牺牲了对数学、逻辑和科学的热爱。他反对"一"和"整体"。他认为，"一"即是无。世界中存在着弥漫性的多元性，诗不能帮助我们思考纯粹的多元性。诗的时代是一个把诗人当成上帝或众神的时

代，会令诗人痴迷，而没有了上帝的诗歌会让人们陷入虚无之中。在没有上帝的时代，世界失去了魅力，诗歌也失去了魅力，诗歌在空泛的承诺中终结了。诗歌要重返到上帝那里才能获得魅力，用诗歌来引领我们，意味着我们不得不再回到上帝那里。为了不再回到上帝那里，哲学必须根除带有诗性的"乡愁"。他相信，存在着一个大写的"一"，这就是共产主义。虽然这个大写的"一"目前还是一种无，还没有呈现出来，但是我们最终会走向这个大写的"一"。没有了这个"一"，人类就没有了希望，人们就没有了生命的激情，只能在当下的游戏中充分愉悦，蜷缩在看似安逸的生活中，最终必将与这样的安逸一道毁灭。

主体通过自己的积极的行动来把事件与真理缝合在一起。不是所有的人都是主体。主体与事件一样地稀缺。只有在事件发生之后，积极地介入事件的人才是主体。直接介入事件的行动者比夸夸其谈的思想家要更有价值。积极的行动使我们变成主体，让我们走上历史舞台，以自己的方式创造真理。也只有借助这种方式，主体才能够存在。我们必须有人站出来宣布事件的存在。在事件出现之前，人是惰性的，不存在主体。只有在事件中，才能宣告自己是主体。人也无法等待事件的来临，因为事件是无法预测的。只有当事件出现之后，主体介入事件中，通过事件来呈现自己。事件发生前的情境与事件发生之后的情境之间是一个纯粹的断裂，没有任何连贯性。

（五）主体的使命就是不断地创造

哲学家不能当观众，不能把自己置身于事外来对事件指指点点，不能把自己看成是所有意见互相商谈中的仲裁者。如果这样做，哲学家只会把政治意见搅拌起来和中和起来，得到的还是意见而不会是真理。通过投票得出来的是大众意见的折衷和妥协的结果，而不一定能得出真理。在看似公正的投票或商谈程序中，真理是隐匿着的，这种程序掩盖了真正的政治。

他认为，哲学是有立场的，他坚持的是无产阶级的立场。他反对资产阶级的新自由主义打着的价值中立的旗号。他反对用伦理的方式来指责政治。他认为，伪善的哲学家最爱用尘封多年的生锈的钝刀来切真实的政治这块肉。不能把某种政治装扮为具有普遍性的政治，不能把自己装扮成观众而不是演员，以一种貌似价值中立的立场来作出"公正"的裁决。在全球资本主义的框架下，代议制民主就是这种貌似"公正"的形式。在它的大公无私的外表下，一切与之有碍的因素都被排斥在外，但是其形式则让人以为所有的多元的差异都得到了充分的尊重。在这里，纳粹的政治不会被算作政治，但一种罪恶的政治也是政治。他不是要支持纳粹的政治，而是说用伦理的标准来思考政治，会妨碍我们对真实的政治的理解。如果我们不理解纳粹到底想干什么，就无法摧毁它。

他认为，巴黎公社的爆发纯属偶然，它是独特的和不可复制的。而它的价值正在于它的突发性。在这里，无产阶级作为主体诞生了。巴黎公社摧毁了国家机器，让无产阶级掌握了权力。巴黎公社是一种直接的政治运动，直接体现了革命群众的意志，是由绝大多数工人创造出来的具有灵活性的新的政权形式，让无产阶级第一次以自己的方式存在。巴黎公社的起义，具有足够大的强度，因此才能产生颠覆性的后果。他用巴黎公社来作为自己建构共产主义的蓝图的底色。巴黎公社的组织方式是史无前例的，它充分发挥了自己的创造力来缔造出一个全新的政权。工人阶级第一次获得了自己的存在，可以把自己定义为主体。这样的历史必须是建立在自由原则的基础上。在这里人成为了主体，而主体的使命就是不断地创造。

（六）哲学就是要为实现共产主义而奋斗！

康托尔的集合论帮助巴迪欧找到了一个通往无限的方向。他力图把数学的集合论与哲学和政治思想嫁接在一起。他认为，集合论解决了数学中存在的有限与无限的悖论。他把康托尔（Georg Ferdinand Ludwig Philipp Cantor, 1845—1918）的集合论作为自己的哲学基础。在康托尔的集合论中，他必须说明多个元素如何存在于一个集合之中。集合是由"多"构成的，但是如果在集合中不存在"一"，那么集合就无法作为"一"存在。他假定在集合的诸元素之间存在着一种连续性，但是这种假说一直没有得到证明。在传统的数列中，一个数列是可以无限地计数下去的，但是计数的规则是一样的，因此数是可以通过计数规则来预测的。而在集合论中，集合的元素是多样的，不能以固定的计数规则来计数，而且还会出现无法计数的元素。

他认为，任何一种具体的历史都显现为一种情境，每个情境中都有由诸多要素组成的一个结构，每个要素都可以看成是一，它们构成了一个集合体。诸多要素的"多"是一之多，它们都被赋予了一种规则或标准，因此每个要素可以被计数为一。在情境的集合中存在着子集，而子集是一个亚多。在集合中的元素必须面对两种不同的结构：由情境直接显现出来的结构和再现的结构。因为子集的存在，使得纯粹的多具有了多元性。如果在 A 中包含着以下元素：{a，b，c，d，e，f，g}，如果 {a，b，c} 这个子集被归类为水果，{e，f} 这个子集被归类为恶心的东西，那么我们如何来给 {a，d，e} 这个子集命名呢？其中既有水果，又有恶心的东西，还有 d 这个钉子。那么，谁会把一个苹果、一个死青蛙和一颗钉子放在一起来分类呢？用原有的情境看，这就是一个不可能的子集。但是，如果这个子集真的出现了，就需要人给它命名。通过命名，这个子集就成为了一个存在，而命名的人就成为了一个主体，不可能就变成了可能。

他想命名的不是一个情境中的某个元素的子集，而是那个最大的子集，即 {a，b，c，d，e，f，g} 的存在。这个最大的子集无法再现自身，因为它在命名上是一个空。这个空终究会以事件的方式呈现出来，于是主体需要给它命名，然后它便会获得一种结构。他认为，这个最大的子集就是类。在类的高度上获得的真理，就是类的真理，这个集合就是大写的一，是对集合类的所有元素的归纳。我们是从不完全的子集不断走向大写的一这个完全的子集的。不完全的子集总是要面对溢出子集之外的例外。事件就发生在溢出之处。要把溢出的要素囊括到集合之中，就需要通过重新命名来形成一个更大的集合，这样我们就能够走向那个大写的历史的一。哲学就是要为实现这个大写的、历史的一而战斗！也就是要为共产主义而奋斗！

结语　布洛赫:"没有乌托邦精神，人类就没有精神上的幸福"

这本书里的所有哲学家的所有观点，我都不完全赞同，只是力图比较客观地把他们的哲学观点表达出来，让我们能够先理解这些观点。同样，布洛赫的观点，我也不完全赞同，但是我还无法写出一篇更好的文章来总结本书的要义。布洛赫对人类文化史进行了考古式的研究，最后得出结论说：纵观人类文化史，似乎一直有一条红色的箭头指向自由王国。马克思之所有富有魅力，就因为他继承了这种乌托邦精神，并且把它从空想变成了科学。这个结论与本书的主旨不谋而合，所以我在这里把他的思想作为本书的结束语。

恩斯特·布洛赫（Ernst Bloch，1885—1977）为德国哲学家，他的思想介于第一代和第二代西方马克思主义者之间。他从"乌托邦精神"的角度来阐释马克思主义，希望马克思主义者们能够"学会希望"。他从个人存在的痛苦体验出发来找寻社会主义革命的根据。他把知识分为沉思的知识和行动的知识。他强调匮乏和饥饿对具体的个人实践的影响。他把"我们"的革命作为实现"我"的目的的手段。他的"希望原理"要告诉人们的是不要放弃对现实的批判和超越，不要忘记对最好的东西的希望，这种最好的东西就是无阶级的社会，要用对这种"自由王国"的希望来重建被资本主义所毁掉的生活。

在布洛赫心中有两个世界：一个是"不真实的"现实世界；另一个是人的心灵向往的纯洁的、至善的、完美的精神世界。现实世界代表着"是"，精神世界代表着"应该"，他用"应该"来反抗"是"，目的在于实现人类的解放。他认为，只有唤醒我们内在的乌托邦精神才能拯救人类。而要唤醒乌托邦精神，首先要唤醒人的内心中的乌托邦意识，再把这种乌托邦意识外在化，而外在化的过程就是实践的过程。让对现实的暂时性的黑暗体验与内心中的自我相遇，能够唤醒我们内心的乌托邦意识。我们能够在这种神奇的力量的指引下变革世界,使世界成为我们的"家园"。

一 乌托邦的白日梦引发的是让世界充满光明的希望

布洛赫认为,希望原理是推动自然和人类历史向前发展的"第一原理"。在小市民的日常生活中,充满着种种渴望、等待、愿望和梦想。他把人们的白日梦分成两种类型:一种是陈腐不堪的白日梦,这是种不能超越现有的生存条件的白日梦;另一种是斗志昂扬的白日梦,是带有乌托邦成分的白日梦。他用第二种白日梦来否定第一种白日梦。乌托邦的白日梦居于"是"与"应该"之间的空场上,能够在这二者之间架起桥梁。他把情感分成两类:一类是有关满足的情感,包括嫉妒、贪婪和羡慕等;另一类是有关期待的情感,包括焦虑、恐惧、希望和信仰等。未超越现有生存条件的白日梦的追求目标是已经存在的东西,是这个世界上有人已经得到的东西,由此引发的是有关满足的情感。而超越现有的生存条件的白日梦追求的东西是世界上还没有的东西,由此引发的是有关期待的情感。不能把期待等同于希望,因为期待可以分为积极的期待和消极的期待或肯定性的期待和否行性的期待,只有积极的和肯定性的期待才是希望,而消极的和否定性的期待会产生畏惧。要用希望来反抗畏惧和绝望,让世界充满光明。

二 资产阶级的白日梦只会把人类引向虚无和毁灭

布洛赫认为,资产阶级的白日梦只会把人类引向虚无和毁灭。从现代人的生存体验中,我们可以得出这样的结论:我活着,但是感到前途渺茫。在现实的资本主义社会中,人生活在黑暗里。人甚至体验不到自我,不拥有自我。"我"是为劳动而存在的,我不能做我期许的那种劳动,因为劳动的我是为资本家而存在的。在"货币经济"的大潮中,来来往往皆是利。人一旦堕入铜臭之中,精神就枯萎了,再也感受不到内心的激动。随着技术化、理性化和数量化的出现,社会原子化和碎片化了,一切宏大的东西都失去了魅力。而在人存在的黑暗状态中也是存在着希望的。希望指向的是我们想要的完满,那是一个尚未存在却即将出现的乌托邦。乌托邦冲动既可能导致人类的解放,也可能导致人类的毁灭,使"希望变成失望",但人类是无法消除乌托邦冲动的。人们会被欺骗性的希望所诱惑,是因为扭曲的和欺骗性的希望也比绝望要好。这里我们可以看到,乌托邦冲动不可取消，但是可能会误入歧途。在资本主义社会中，与日俱增的是物化、非人道化，一切人和物都全部商品化了。无产阶级被压抑到了极点。在资本主义的生产关系中，存在着贬低人、压迫人、遗弃人和蔑视人的关系。

三 马克思主义把科学理性的"冷流"和希望的"暖流"结合在了一起

布洛赫认为，希望本身不能带来什么新事物。但是，没有希望，理性就无法开花，而没有理性，希望就无法说话。"无"是匮乏，是人体验到的当下的瞬间的黑暗，是孤独的个人的痛苦体验。而希望指向的是这个世界上还没有的东西，是一种"尚未"。我们希望的对象是自由王国。自由王国是我们不能放弃的乌托邦梦想。在自由王国中，我在，我们在。他既强调个体体验的独特性，同时又强调人的"类本质"。人的类本质就是人的尚未完成性，标示着人有着对光明的向往。人不仅靠先天的反射冲动活着，人越来越依赖于有意图的计划，在这种计划中有完全人为虚构的和走在前面的东西。绝望让人感觉到陷入了无法消除的痛苦之中，指向的是虚无和一无所有。而信心指向的是社会主义的胜利，是人的解放。希望爱的是胜利而不是失败。只有具体的和真正的希望才能为人类造福。

他认为，马克思主义是一种具体的乌托邦，它把科学理性的"冷流"和希望的"暖流"结合了在一起。社会主义革命是精神革命的先导。无产阶级革命的动因是经济原因，但是这种革命会通向人的自由解放。无产阶级的意志是为人类求幸福的共同意志。他站在伦理的一方，用"乌托邦"把经济和伦理缝合起来。他认为，如果建立社会主义只是为了接管资产阶级，那么在社会主义社会中，人只是会再次承受经济的压迫，一个幽灵般的经济发展的总过程依然我行我素，这样发展会再次拿掉主体的手。他强调共产主义不仅要满足人的物质需求，更是要满足人的精神需求。革命之所以迟迟未能发生，主要是因为马克思主义哲学的分析框架过于宏观，缺乏对个人存在和个人情感的当下关切。对于一个快要饿死的小孩子，你谈生产力有什么意义呢？社会主义在幻想方面长期营养不良。无产阶级革命的原因在于希望而非怨恨。

"尚未"是布洛赫常用的核心概念。在"尚未"中包含着尚未意识和尚未生成两个方面的含义。他认为，马克思的哲学革命是尚未意识的革命。尚未意识是一种新型的无意识。尚未意识必须指向现实中的"尚未生成"的东西。无产阶级携带着的革命意识就是一种尚未意识,以无意识的方式存在着。马克思主义哲学具有革命性的原因在于它发现了尚未意识,这种意识能够引发人们的革命行动。马克思主义哲学是一种面向未来的哲学,是走向自由王国的哲学。马克思主义给我们提供的是具体的乌托邦。单纯的幻想和单纯的愿望只是抽象的乌托邦。社会主义从乌托邦到科学的发展,其实就是从抽象的乌托邦到具体的乌托邦的发展。具体的乌托邦会遭到两个方面的攻击。一方面是资产阶级意识形态的嘲讽和怀疑;另一个方面是马克思主义阵营内部对乌托邦的非难和指责,因为这些人只看重"事实"而不看重趋势。这样的攻击联手窒息了马克思主义中的乌托邦精神,使得存在于群众中的小白日梦中的尚未意识无法上升为具体的乌托邦,这样希望就不会转化为革命的行动。在现代资本主义社会中,小资产阶级缺乏革命精神,而无产阶级丧失了阶级意识。在革命时需要建立"人民阵线"。在这个阵线中,有无产阶级、农民、小资产阶级,而掌握领导权的是无产阶级。他强调,无产阶级政党要"学会希望"。

他认为,在真正的现实中包含着期盼的元素。他的哲学是一种特殊的希望哲学。他想用"我"这个个体的希望来论证"我们"这个人类的希望,于是他提出了希望的辩证法。他认为,"无"是万物的起源,但是"无"不是简单的"没有",而是"在那里没有"。在"无"的匮乏中包含着追求所缺失的东西的推动力。我们能够体验到的"无"就是本能、需要和欲望,历史是由"无"推动的,因为人是为了满足需要而创造自己的历史的。在通往乌托邦的路上,希望可能会变成失望,可能会遇到挫败,但是不能因此而彻底放弃希望,从而陷入绝望。"我"的希望通过"把握今朝"过渡到"我们"的希望。把握今朝指的是把握住革命的时刻。生命首先意味着"在此时存在",所以意味着朝向此时的具体活动。积极的乌托邦追求的是完美的至善。对于乌托邦的终极状态的体验是一种奇特的体验。只有在自由王国里才能达到这种完美的瞬间体验。

四 人类历史上的优秀文化都是指向某个尚未实现的乌托邦的

布洛赫认为,在人类文化中似乎包含着一条穿越历史的"红色箭头",这个箭头指向的就是乌托邦总体,是实现了人类解放的自由王国。乌托邦精神居住在人类的文化之中。他的文化哲学中的核心概念是"文化遗产"和"文化生产"。他所说的"文化遗产"指的是在人类文化中普遍存在着的尚未实现的乌托邦因素。而"文化生产"指的是对这些乌托邦因素的创造性的转化过程。文化生产的过程就是剔除前人的文化中的意识形态的成分,把乌托邦因素这种文化剩余物提炼出来的过程。人类历史上的优秀文化都是指向某个尚未实现的乌托邦的。欧洲即将永远死去,因为欧洲的资产阶级没有很好地继承乌托邦精神。他说,在魏玛德国那里,我们体验到的是精神枯萎。大资产阶级到处放火;小资产阶级助纣为虐;非无产阶级的青年粗鄙愚蠢;大学成了埋葬乌托邦精神的沃土,散发着僵尸腐败的臭味。

而近代的浪漫主义既不切实际,又无热情可言,没有任何具有乌托邦性质的普世精神,为的是把反动的黑市欺骗变成更加美好的意识形态,只能导致动物般的愚蠢和西方的没落。在意识形态中,除了被盗用的包含着乌托邦元素的"文化遗产"之外,更主要的是欺骗性的虚假意识。而马克思主义则是隐藏在人类历史文化中的"乌托邦精神"的真正继承人。包含着希望的文化遗产只能由马克思主义来接管。只有乌托邦精神才能使文化具有魅力。社会主义的魅力就在于它包含着从古代留传下来的经久不衰的文化遗产——乌托邦剩余物。

社会主义要实现的是那些在历史上已经出现了很久,但是尚未实现的梦想。这些梦想表现为遍布人类历史的文化遗产中的乌托邦冲动,这种冲动指向的是人的解放和自由王国。社会主义就是这些文化遗产的继承者。一部关于希望的百科全书经常会包含着重复,重复的目的就是要让人们不断地在新的高度上来理解希望。文化生产的实质在于把物质的经济基础转化为意识形态。但是,艺术、宗教、哲学等意识形态的高级领域不能直接用经济基础来解释。在意识形态中,包含着被创造性地转化了的、呈现出特定形式的东西,这些东西并没有与特定的经济基础捆绑在一起。

作为上层建筑的文化和法律的内容在历史上都具有暂时性。经济基础消失了,特定的政治上层建筑就消失了,不可能"回归",而文化上层建筑则能够相对地"回归",因为其中包含着文化剩余物。文化剩余物具有传承性,是使文化能够成其为文化的东西。在神话中存在着不真实的东西,但是存在着真实的希望。我们要从虚假的意识形态中挑出乌托邦的文化剩余物,这是些以乌托邦的方式超越了特定时代的东西。意识形态的主要作用是对社会矛盾给予虚幻的解答。意识形态的持久的影响力源于它既是这个时代的又超越了这个时代。不能认为资产阶级文化一定会随着资产阶级的衰落而走向反动。在资产阶级的文化中，也包含着与赢利无关的文化剩余物。

布洛赫认为，在伟大的艺术和伟大的哲学中都包含着尚未实现的乌托邦精神。社会主义的文化是不附加意识形态的，必须反对对于传统文化的迷恋，必须清除文化遗产中的关于"胜利者的辉煌"的部分。作为上升阶级的无产阶级最容易继承的是以往的解放斗争中的人物、象征和口号。哲学要克服自己的瘫痪状况，就要重新利用已经瓦解的东西。我们不能把"每个人都能够用上电冰箱"、"每个人都能够欣赏艺术"这样的事情当作共产主义的奋斗目标。在人类的一切情感中，只有希望是人类特有的情感。如果让人"向死而生"，根本就不可能找到"家园感"，只能导致"虚无感"。所有的动物都有向往光明的冲动，但是只有人才能够意识到这种趋光性，并且向光而生。而只有马克思主义才能够给人类带来真实的希望。虽然条条大路通罗马，但是在马克思主义这里却汇聚了所有包含着希望的文化遗产。人们总是在通过实现更美好的生活之梦中追寻着幸福，而只有马克思主义才能为幸福奠基。

Bibliography and Further Readings:

General Introduction for Each Chapter

Samuel Enoch Stumpf and James Fieser, *Socrates to Sartre and Beyond: A History of Philosophy*, McGraw-Hill; 8 edition, 2007, pp. 3 – 5, 26 – 28, 30 – 33, 93 – 94, 129, 148 – 149, 175 – 177, 254 – 259, 445 – 446.

Chapter 1

Samuel Enoch Stumpf and James Fieser, *Socrates to Sartre and Beyond: A History of Philosophy*, McGraw-Hill; 8 edition, 2007, pp. 3 – 25.

Patricia F. O'Grady, *Thales of Miletus: The Beginnings of Western Science and Philosophy*, Ashgate Pub Ltd., 2002.

Jesse Russell, ed., Ronald Cohn, ed., *Thales*, Book on Demand Ltd., 2012.

Andrew Belsey, *Anaximander*, Outposts Publications, 1974.

J. Edward Mercer, *The Mysticism of Anaximenes and the Air*, Kessinger Publishing, LLC, 2010.

Samuel Enoch Stumpf and James Fieser, *Socrates to Sartre and Beyond: A History of Philosophy*, McGraw-Hill; 8 edition, 2007, pp. 9 – 12.

Porphyry, Plotinus, *The Life Of Pythagoras...* Iamblichus (Creator), Nabu Press, 2012.

Christoph Riedweg, *Pythagoras: His Life, Teaching, and Influence*, Steven Rendall (Translator), Cornell University Press; 2 edition, 2008.

Leonid Zhmud, *Pythagoras and the Early Pythagoreans*, Oxford University Press, USA; Reprint edition, 2012.

Heraclitus, *Fragments* (English and Greek Edition), Brooks Haxton (Translator), James Hillman (Foreword), Penguin Classics; Bilingual edition, 2003.

Xenophanes of Colophon, *Fragments*, James Lesher (Translator), University of Toronto Press, Scholarly Publishing Division; 1 edition, 2001.

Richard D. McKirahan Jr., *Philosophy Before Socrates: An Introduction with Texts and Commentary*, Hackett Publishing Co.; 2 edition, 2011.

Plato, *Parmenides*, Arc Manor, 2008.

Stanley Lombardo, ed., *Parmenides and Empedocles*, Grey Fox Press, 2001.

Wesley C. Salmon, ed., *Zeno's Paradoxes*, Hackett Pub Co Inc., 2001.

Aristotle, *Minor Works: on Colours; on Things Heard; Physiognomics; on Plants; on Marvellous Things Heard; Mechanical Problems; on Indivisible Lines; Situations and Names of Winds; on Melissus, Xenophanes, and Gorgias*, Harvard University Press, 1936.

Brad Inwood, ed., *The Poem of Empedocles: A Text and Translation with a Commentary*, University of Toronto Press, Scholarly Publishing Division; Revised edition, 2001.

Patricia Curd, *Anaxagoras of Clazomenae: Fragments and Testimonia*, University of Toronto Press, Scholarly Publishing Division; 1 edition, 2007.

Richard Geldard, *Anaxagoras and Universal Mind*, ARK Books, 2008.

Chapter 2

Samuel Enoch Stumpf and James Fieser, *Socrates to Sartre and Beyond: A History of Philosophy*, McGraw-Hill; 8 edition, 2007, pp. 22 – 25, 26 – 30.

John Dillon, *The Greek Sophists*, Penguin Classics, 2003.

Plato, *Protagoras*, Book Jungle, 2008.

Plato, *Gorgias*, CreateSpace Independent Publishing Platform, 2011.

C. E. M. Joad, *Thrasymachus or The Future of Morals*, Kessinger Publishing, 2007.

Gregory Gregory, Gregory Zorzos, *Leucippus*, CreateSpace Independent Publishing Platform, 2009.

R. Cartledge, *Democritus: The Great Philosophers*, Routledge, 1999.

Isocrates, *Isocrates II: On the Peace. Areopagiticus. Against the*

Sophists. *Antidosis. Panathenaicus*, George Norlin (Translator), Harvard University Press, 1929.

Chapter 3

Samuel Enoch Stumpf and James Fieser, *Socrates to Sartre and Beyond: A History of Philosophy*, McGraw-Hill; 8 edition, 2007, pp. 30–90.

W. K. C. Guthrie, *Socrates*, Cambridge University Press, 1972.

Plato, *The Trial and Death of Socrates: Four Dialogues*, Benjamin Jowett (Translator), Dover Publications; Underlining edition, 1992.

Luis E. Navia, *Socrates: A Life Examined*, Prometheus Books; 1 edition, 2007.

Jim Whiting, *The Life and Times of Plato*, Mitchell Lane Publishers, 2006.

Plato, *Plato: Complete Works*, John M. Cooper (Editor), D. S. Hutchinson (Editor), Hackett Publishing Co., 1997.

Plato, *The Republic of Plato*, Allan Bloom (Translator), Basic Books, 1991.

Plato, *Plato's Symposium*, Albert A. Anderson (Editor), Agora Publications, Inc., 2003.

Gail Fine, *Plato on Knowledge and Forms: Selected Essays*, Oxford University Press, USA, 2003.

Jim Whiting, *The Life and Times of Aristotle*, Mitchell Lane Publishers; 1 edition, 2006.

Aristotle, *Aristotle: Selections*, Terence Irwin (Author, Editor), Gail Fine (Editor), Terence Irwin (Author), Hackett Pub Co; 1 edition, 1995.

Aristotle, *Aristotle's Metaphysics*, Joe Sachs (Translator), Green Lion Press; 2 edition, 2002.

Aristotle, *Nicomachean Ethics*, Terence Irwin (Translator, Introduction), Hackett Publishing Co.; 2 edition, 1999.

Aristotle, *Aristotle: The Politics and the Constitution of Athens*, Dr Stephen Everson (Translator), Cambridge University Press, 1996.

Aristotle, *The Art of Rhetoric*, Hugh Lawson-Tancred (Editor, Translator, Introduction), Penguin Classics, 1992.

Chapter 4

Samuel Enoch Stumpf and James Fieser, *Socrates to Sartre and Beyond: A History of Philosophy*, McGraw-Hill; 8 edition, 2007, pp. 93 – 112.

William de Witt Hyde, *The Five Great Philosophies of Life: From Epicurus to Christ*, University Press of the Pacific, 2003.

Epicurus, *The Essential Epicurus: Letters, Principal Doctrines, Vatican Sayings, and Fragments*, Eugene Michael O'Connor (Translator), Prometheus Books, 1993.

Whitney J. Oates, ed., *The Stoic and Epicurean Philosophers: The Complete Extant Writings of Epicurus, Epictetus, Lucretius, Marcus Aurelius*, NY: Random House, 1940.

Timothy Bewes, *Cynicism and Post Modernity*, Verso, 1997.

Ian Cutler, *Cynicism from Diogenes to Dilbert*, McFarland & Company, 2005.

Lucius Annaeus Seneca, *Letters from a Stoic*, Robin Campbell (Translator, Introduction), Penguin Books; Reprint edition, 1969.

Marcus Aurelius, *The Meditations of Marcus Aurelius*, Walter Covell (Narrator) Jimcin Recordings Audible. com Release Date: November 9, 2007.

John L. Bowman, *Stoicism, Enkrasia and Happiness: How Stoic Philosophy Can Bring Happiness*, iUniverse. com, 2011.

Epictetus, *Enchiridion*, George Long (Translator), Dover Publications, 2004.

Charles Landesman, ed., Roblin Meeks, ed., *Philosophical Skepticism*, Wiley-Blackwell; 1 edition, 2002.

Richard H. Popkin, *The History of Scepticism: From Savonarola to Bayle*, Oxford University Press, USA; Rev Exp edition, 2003.

John M. Cooper, *Pursuits of Wisdom: Six Ways of Life in Ancient Philosophy from Socrates to Plotinus*, Princeton University Press, 2013.

Pierre Hadot, *Plotinus or the Simplicity of Vision*, Michael Chase (Translator), University Of Chicago Press; Reprint edition, 1998.

Stephen MacKenna, *Plotinus: The Enneads*, Larson Publications, 1992.

Plotinus, *The Six Enneads of Plotinus*, Stephen MacKenna (Translator),

Forgotten Books, 2007.

Chapter 5

Samuel Enoch Stumpf and James Fieser, *Socrates to Sartre and Beyond*: A *History of Philosophy*, McGraw-Hill; 8 edition, 2007, pp. 113 – 171.

Peter Brown, *Augustine of Hippo*: *A Biography*, University of California Press; Revised Edition, 2000.

Saint Augustine, *Confessions*, R. S. Pine-Coffin (Translator), Penguin Classics, 1961.

Augustine, *The City of God against the Pagans*, R. W. Dyson (Editor), Cambridge University Press, 1998.

Saint Augustine, *Teaching Christianity*, New City Press, 1996.

Ancius Boethius, *The Consolation of Philosophy*, Victor Watts (Translator, Preface, Introduction), Penguin Classics, 2000.

Pseudo Dionysius, *Pseudo Dionysius*: *The Complete Works*, Paul Rorem (Translator), Karlfried Froehlich (Introduction), Jean Leclercq (Foreword), Paulist Pr, 1987.

William Turner, *Scholastic Philosophy*: *John Scotus Erigena*, Areprint Service, 1903.

Porphyry, *Porphyry's Against the Christians*, R. Joseph Hoffmann (Translator), Prometheus Books, 1994.

St. Anselm, *Complete Philosophical and Theological Treatises of Anselm of Canterbury*, Jasper Hopkins (Editor, Translator), Herbert Richardson (Editor), Arthur J. Banning Press, 2000.

St. Anselm, *St. Anselme*: *Proslogium*; *Monologium*; *an appendix In behalf of the fool by Gaunilon*; *and Cur Deus homo*, Sidney Norton Deane (Translator), The Open Court, 1926.

Peter Abelard, *Ethical Writings*: "*Ethics*" *and* "*Dialogue Between a Philosopher, a Jew and a Christian*", Paul Vincent Spade (Translator), Marilyn McCord Adams (Introduction), Hackett Pub Co; 1 edition, 1995.

Avicenna, *The Metaphysics of The Healing*, Michael E. Marmura (Translator),

Brigham Young University, 2005.

Herbert A. Davidson, *Alfarabi, Avicenna, and Averroes, on Intellect: Their Cosmologies, Theories of the Active Intellect, and Theories of Human Intellect*, Oxford University Press, USA, 1992.

Averroes, *Averroes on Plato's "Republic"*, Ralph Lerner (Translator), Cornell University Press; annotated edition, 2005.

Averroes, *Averroes' Middle Commentaries on Aristotles Categories and De Interpretatione*, Charles Butterworth (Translator), St. Augustines Press; 1 edition, 1998.

Moses Maimonides, *A Guide for the Perplexed*, Paul A. Boer Sr. (Editor), M. Friedlaender (Translator), CreateSpace Independent Publishing Platform, 2013.

Robert Barron, *Thomas Aquinas: Spiritual Master*, The Crossroad Publishing Company; Revised Second Edition, 2008.

Paul A. Boer Sr., etc., *St. Thomas Aquinas: His Life, His Place in Medieval Philosophy, His Preeminence in Papal Magisterium*, Pope Leo XIII (Author), Pope St. Pius X (Author), Pope Pius XI (Author), & 2 more, CreateSpace Independent Publishing Platform, 2013.

Thomas Aquinas, *Thomas Aquinas: Selected Writings*, Ralph McInerny (Editor), Penguin Classics, 1999.

Thomas Aquinas, *The Summa Theologica of St. Thomas Aquinas*, Fathers of the English Dominican Provinc (Translator), Christian Classics, 1981.

Thomas Aquinas, *St. Thomas Aquinas on Politics and Ethics*, Paul E. Sigmund (Translator), W. W. Norton & Company, 1987.

John Duns Scotus, *Duns Scotus-Philosophical Writings: A Selection*, Allan B. Wolter (Translator), Marilyn McCord Adams (Foreword), Hackett Pub Co; 2 edition, 1987.

John Duns Scotus, *A Treatise On God As First Principle*, Kessinger Publishing, LLC, 2010.

William Ockham, *Ockham-Philosophical Writings: A Selection*, Hackett Pub Co; Revised edition, 1990.

William of Ockham, *Quodlibetal Questions: Volumes 1 and 2, Quodlibets 1 – 7*,

Alfred J. Freddoso (Translator), Francis E. Kelley (Translator), Yale University Press, 1998.

Chapter 6

Samuel Enoch Stumpf and James Fieser, *Socrates to Sartre and Beyond: A History of Philosophy*, McGraw-Hill; 8 edition, 2007, pp. 175 – 190.

Giovanni Pico Della Mirandola, *Oration on the Dignity of Man*, A. Robert Gaponigri (Translator), Gateway Editions; Reprint edition, 1996.

Roberto Ridolfi, *The Life of Niccolo Machiavelli*, Translated from the Italian by Cecil Grayson (Author), University of Chicago Press; First printing edition, 1963.

Niccolo Machiavelli, *Discourses on Livy*, Julia Conaway Bondanella (Translator), Peter Bondanella (Translator), Oxford University Press, USA; Reissue edition, 2009.

Niccolo Machiavelli, *The Prince*, Harvey C. Mansfield (Translator), University Of Chicago Press; 2 edition, 1998.

Roland H. Bainton, *Here I Stand: A Life of Martin Luther*, Forgotten Books, 2012.

Martin Luther, *Luther's Ninety-Five Theses*, C. M. Jacobs (Translator), Harold J. Grimm (Designer), Fortress Press, 1957.

Desiderius Erasmus, *The Praise of Folly and Other Writings*, Robert M. Adams (Editor and Translator), W. W. Norton & Company; Critical edition, 1989.

William Barker, Compiler, *The Adages of Erasmus*, Sir Roger Mynors and Margaret Mann Phillips (Translators), University of Toronto Press, Scholarly Publishing Division; 2 revised edition, 2001.

Sarah Bakewell, *How to Live: Or A Life of Montaigne in One Question and Twenty Attempts at an Answer*, Other Press; Reprint edition, 2011.

Michel de Montaigne, *Michel de Montaigne—The Complete Essays*, M. A. Screech (Editor, Translator, Introduction), Penguin Classics; Reprint edition, 1993.

Mr. Marvin R. O'Connell, *Blaise Pascal: Reasons of the Heart*, Wm. B. Eerdmans Publishing Co. , 1997.

Blaise Pascal, *Human Happiness*, A. J. Krailsheimer (Translator) , Penguin Books, 2009.

Chapter 7

Samuel Enoch Stumpf and James Fieser, *Socrates to Sartre and Beyond: A History of Philosophy*, McGraw-Hill; 8 edition, 2007, pp. 244 – 253.

Ernest Campbell Mossner, *The Life of David Hume*, Oxford University Press; 2 edition, 2001.

David Hume, *Enquiries Concerning Human Understanding and Concerning the Principles of Morals*, L. A. Selby-Bigge (Editor) , P. H. Nidditch (Editor) , Oxford University Press, USA, 1975.

Samuel Enoch Stumpf and James Fieser, *Socrates to Sartre and Beyond: A History of Philosophy*, McGraw-Hill; 8 edition, 2007, pp. 319 – 326.

Charles Milner Atkinson, *Jeremy Bentham: His Life and Work*, Forgotten Books, 2012.

Jeremy Bentham, *An Introduction to the Principles of Morals and Legislation*, Dover Publications, 2007.

Jeremy Bentham, *The Classical Utilitarians: Bentham and Mill*, Hackett Pub Co; First Printing edition, 2003.

Samuel Enoch Stumpf and James Fieser, *Socrates to Sartre and Beyond: A History of Philosophy*, McGraw-Hill; 8 edition, 2007, pp. 325 – 331.

Michael St. John Packe, *The Life of John Stuart Mill*, F. A. Hayek (Preface) , The Macmillan Co. ; 1 edition, 1954.

John Stuart Mill, *On Liberty*, Dover Publications, 2002.

John Stuart Mill, *Utilitarianism*, George Sher (Editor) , Hackett Pub Co; 2 edition, 2002.

John Stuart Mill, *Principles of Political Economy: with Some of their Applications to Social Philosophy*, Penguin Classics, 1995.

Jian Chang, Guoshan Li, editors and authors, *A History of European and*

American Philosophies (*Modern Philosophies*), (Chinese Edition), Nankai University Press, 2007, pp. 3, 13 – 21.

Henry Sidgwick, John Rawls, *The Methods of Ethics*, Hackett Publishing Company; 7 edition, 1981.

Samuel Enoch Stumpf and James Fieser, *Socrates to Sartre and Beyond: A History of Philosophy*, McGraw-Hill; 8 edition, 2007, pp. 331 – 339.

Jane. M Style, *Auguste Comte—Thinker And Lover*, Style Press, 2007.

John Stuart Mill, *Auguste Comte and Positivism*, Adamant Media Corporation, 2005.

Auguste Comte, *The Positive Philosophy*, Nabu Press, 2010.

Auguste Comte, *The Catechism of Positive Religion*, Richard Congreve (Translator), Kessinger Publishing, LLC, 2004.

Auguste Comte, *The Foundation of Sociology*, Nelson; First edition, 1976.

Jian Chang, Guoshan Li, editors and authors, *A History of European and American Philosophies* (*Modern Philosophies*), (Chinese Edition), Nankai University Press, 2007, pp. 21, 24 – 26.

Ernst Mach, *Space and Geometry: In the Light of Physiological, Psychological and Physical Inquiry*, Dover Publications; Dover Ed edition, 2004.

Ernst Mach, *The Science of Mechanics: A Critical and Historical Account of Its Development*, T. J. McCormack (Translator), Watchmaker Publishing, 2010.

Ernst Mach, *The Analysis of Sensations, and the Relation of the Physical to the Psychical*, Forgotten Books, 2012.

Samuel Enoch Stumpf and James Fieser, *Socrates to Sartre and Beyond: A History of Philosophy*, McGraw-Hill; 8 edition, 2007, pp. 191 – 203.

R. E. R. Bunce, *Thomas Hobbes*, Bloomsbury Academic; 1 edition, 2009.

Thomas Hobbes, *Leviathan: With Selected Variants from the Latin Edition of 1668*, Edwin Curley (Editor), Hackett Publishing Company, 1994.

Samuel Enoch Stumpf and James Fieser, *Socrates to Sartre and Beyond: A History of Philosophy*, McGraw-Hill; 8 edition, 2007, pp. 230 – 244.

Roger Woolhouse, *Locke: A Biography*, Cambridge University Press, 2009.

John Locke, *Two Treatises of Government and A Letter Concerning Toleration*, Ian Shapiro (Editor), Yale University Press, 2003.

John Locke, *An Essay Concerning Human Understanding*, Peter H. Nidditch (Editor, Introduction), Oxford University Press, 1979.

Jian Chang, Guoshan Li, editors and authors, *A History of European and American Philosophies (Modern Philosophies)*, (Chinese Edition), Nankai University Press, 2007, pp. 450 – 468.

Thomas Pogge, *John Rawls: His Life and Theory of Justice*, Michelle Kosch (Translator), Oxford University Press, 2007.

John Rawls, *A Theory of Justice: Original Edition*, Belknap Press, 2005.

John Rawls, *A Theory of Justice*, Belknap Press; Revised edition, 1999.

John Rawls, Erin Kelly, *Justice as Fairness: A Restatement*, Belknap Press; 2 edition, 2001.

John Rawls, *Political Liberalism: Expanded Edition*, Columbia University Press; 2 edition, 2005.

Jian Chang, Guoshan Li, editors and authors, *A History of European and American Philosophies (Modern Philosophies)*, (Chinese Edition), Nankai University Press, 2007, pp. 468 – 479.

Robert Nozick, *Anarchy, State, and Utopia*, Basic Books; 2 edition, 2013.

Robert Nozick, *Philosophical Explanations*, Belknap Press; Reprint edition, 1983.

Jian Chang, Guoshan Li, editors and authors, *A History of European and American Philosophies (Modern Philosophies)*, (Chinese Edition), Nankai University Press, 2007, pp. 489 – 495.

Michael J. Sandel, *Liberalism and the Limits of Justice*, Cambridge University Press; 2 edition, 1998.

Michael J. Sandel, *The Case against Perfection: Ethics in the Age of Genetic Engineering*, Belknap Press; 1 edition, 2009.

Michael J. Sandel, Justice: *What's the Right Thing to Do?* Farrar, Straus and Giroux; Reprint edition, 2010.

Michael J. Sandel, *What Money Can't Buy: The Moral Limits of Markets*, Farrar, Straus and Giroux; Reprint edition, 2013.

Jian Chang, Guoshan Li, editors and authors, *A History of European and American Philosophies (Modern Philosophies)*, (Chinese Edition), Nankai

University Press, 2007, pp. 500 – 506.

Michael Walzer, *Spheres Of Justice: A Defense Of Pluralism And Equality*, Basic Books; Reprint edition, 1984.

Michael Walzer, *Just And Unjust Wars: A Moral Argument With Historical Illustrations*, Basic Books; 4 edition, 2006.

Jian Chang, Guoshan Li, editors and authors, *A History of European and American Philosophies (Modern Philosophies)*, (Chinese Edition), Nankai University Press, 2007, pp. 506 – 511.

David Miller, *Principles of Social Justice*, Harvard University Press, 2001.

Jian Chang, Guoshan Li, editors and authors, *A History of European and American Philosophies (Modern Philosophies)*, (Chinese Edition), Nankai University Press, 2007, pp. 479 – 489.

Alasdair MacIntyre, *After Virtue: A Study in Moral Theory*, University of Notre Dame Press; 3rd edition, 2007.

Alasdair MacIntyre, *Whose Justice? Which Rationality?* University of Notre Dame Press; 1st edition, 1989.

Alasdair MacIntyre, *God, Philosophy, Universities: A Selective History of the Catholic Philosophical Tradition*, Rowman & Littlefield Publishers; Reprint edition, 2011.

Alasdair MacIntyre, *Dependent Rational Animals: Why Human Beings Need the Virtues*, Open Court, 2001.

Jian Chang, Guoshan Li, editors and authors, *A History of European and American Philosophies (Modern Philosophies)*, (Chinese Edition), Nankai University Press, 2007, pp. 495 – 500.

Charles Taylor, *Sources of the Self: The Making of the Modern Identity*, Harvard University Press; Reprint edition, 1992.

Charles Taylor, *The Malaise of Modernity*, House of Anansi Press; First Edition edition, 1998.

Charles Taylor, *A Secular Age*, The Belknap Press of Harvard University Press; 1st edition, 2007.

Samuel Enoch Stumpf and James Fieser, *Socrates to Sartre and Beyond: A History of Philosophy*, McGraw-Hill; 8th edition, 2007, pp. 458 – 464.

Ernest Sosa, *Knowing Full Well*, Princeton University Press, 2011.

Linda Trinkaus Zagzebski, *Epistemic Authority: A Theory of Trust, Authority, and Autonomy in Belief*, Oxford University Press, 2012.

Elizabeth Anscombe, *Intention*, Harvard University Press; 2 edition, 2000.

Nel Noddings, *Caring: A Feminine Approach to Ethics and Moral Education*, University of California Press; Reprint edition, 1986.

Nel Noddings, *The Maternal Factor: Two Paths to Morality*, University of California Press, 2010.

Samuel Enoch Stumpf and James Fieser, *Socrates to Sartre and Beyond: A History of Philosophy*, McGraw-Hill; 8 edition, 2007, pp. 191–203.

Lisa Jardine, Alan Stewart, *Hostage to Fortune: The Troubled Life of Francis*, Hill & Wang Pub; 1 American edition, 1999.

Francis Bacon, *Francis Bacon: The New Organon*, Lisa Jardine (Editor), Michael Silverthorne (Editor), Cambridge University Press, 2000.

Francis Bacon, *The Advancement of Learning*, Arthur Johnston (Editor), Oxford University Press, 1974.

Samuel Enoch Stumpf and James Fieser, *Socrates to Sartre and Beyond: A History of Philosophy*, McGraw-Hill; 8 edition, 2007, pp. 256–259.

Denis Diderot, *Diderot: Political Writings*, John Hope Mason (Editor), Robert Wokler (Editor), Cambridge University Press, 1992.

Baron D'holbach, Paul-Henri Thiry, Paul Heinrich Dietrich, *Good Sense Without God: Freethoughts Opposed To Supernatural Ideas*, CreateSpace Independent Publishing Platform, 2012.

Samuel Enoch Stumpf and James Fieser, *Socrates to Sartre and Beyond: A History of Philosophy*, McGraw-Hill; 8 edition, 2007, pp. 398–401.

Ronald William Clark, *The life of Bertrand Russell*, Knopf, 1976.

Bertrand Russell, *Autobiography*, Routledge; 1 edition, 2009.

Bertrand Russell, *The History of Western Philosophy*, Simon & Schuster/Touchstone, 1967.

Bertrand Russell, *The Problems of Philosophy*, Von Schtupp Press, 2013.

Bertrand Russell, *Introduction to Mathematical Philosophy*, Digireads.com, 2010.

Bertrand Russell, *The Analysis of Mind*, Watchmaker Publishing, 2010.

G. E. Moore, *Principia Ethica*, Dover Publications, 2004.

G. E. Moore, *Philosophical Studies*, Forgotten Books, 2012.

Jian Chang, Guoshan Li, editors and authors, *A History of European and American Philosophies (Modern Philosophies)*, (Chinese Edition), Nankai University Press, 2007, pp. 124 – 130.

Joan Weiner, *Frege Explained*, Open Court, 2004.

Gottlob Frege, J. L. Austin, *The Foundations of Arithmetic: A Logico-Mathematical Enquiry into the Concept of Number*, Northwestern University Press; 2nd Revised edition, 1980.

Gottlob Frege, *Posthumous Writings*, P. Long (Translator), R. M. White (Translator), Wiley-Blackwell, 1991.

Michael Dummett, *Frege: Philosophy of Language*, Harvard University Press; 2 edition, 1993.

Samuel Enoch Stumpf and James Fieser, *Socrates to Sartre and Beyond: A History of Philosophy*, McGraw-Hill; 8th edition, 2007, pp. 402 – 408.

Alfred J. Ayer, Sir Alfred Jules Ayer, *Language, Truth and Logic*, Dover Publications; 2nd edition, 1952.

A. J. Ayer, ed., *Logical Positivism*, Free Press, 1959.

Rudolf Carnap, *The Logical Syntax of Language*, Routledge and K. Paul, 1959.

Rudolf Carnap, *The Unity of Science*, Routledge; Reissue edition, 2012.

Samuel Enoch Stumpf and James Fieser, *Socrates to Sartre and Beyond: A History of Philosophy*, McGraw-Hill; 8 edition, 2007, pp. 409 – 417.

Ray Monk, *Ludwig Wittgenstein: The Duty of Genius*, Penguin Books; Reprint edition, 1991.

Ludwig Wittgenstein, P. M. S. Hacker, Joachim Schulte, *Philosophical Investigations*, Wiley-Blackwell; 4 edition, 2009.

Ludwig Wittgenstein, C. K. Ogden, Bertrand Russell, *Tractatus Logico-Philosophicus*, Dover Publications; 471st edition, 1998.

Ludwig Wittgenstein, G. E. M. Anscombe, G. H. von Wright, Denis Paul, *On Certainty*, Harper & Row, 1972.

Jian Chang, Guoshan Li, editors and authors, *A History of European and*

American Philosophies (Modern Philosophies), (Chinese Edition), Nankai University Press, 2007, pp. 172 – 176.

Samuel Enoch Stumpf and James Fieser, *Socrates to Sartre and Beyond: A History of Philosophy*, McGraw-Hill; 8 edition, 2007, pp. 446 – 452.

Gilbert Ryle, Daniel C. Dennett, *The Concept of Mind*, University Of Chicago Press; 1 edition, 2000.

Jian Chang, Guoshan Li, editors and authors, *A History of European and American Philosophies (Modern Philosophies)*, (Chinese Edition), Nankai University Press, 2007, pp. 176 – 181.

J. L. Austin, J. O. Urmson, Marina Sbisà, *How to Do Things with Words*, Harvard University Press; 2 edition, 1975.

Jian Chang, Guoshan Li, editors and authors, *A History of European and American Philosophies (Modern Philosophies)*, (Chinese Edition), Nankai University Press, 2007, pp. 125, 162 – 163, 178 – 181.

P. F. Strawson, *Individuals*, Hethuen Young Books, 1964.

P. F. Strawson, *Analysis and Metaphysics: An Introduction to Philosophy*, Oxford University Press, 1992.

Jian Chang, Guoshan Li, editors and authors, *A History of European and American Philosophies (Modern Philosophies)*, (Chinese Edition), Nankai University Press, 2007, pp. 125, 162 – 163, 182 – 183, 183 – 187.

Samuel Enoch Stumpf and James Fieser, *Socrates to Sartre and Beyond: A History of Philosophy*, McGraw-Hill; 8 edition, 2007, pp. 446 – 452.

John R. Searle, *The Mystery of Consciousness*, The New York Review of Books; 1 edition, 1990.

John R. Searle, *Mind, Language And Society: Philosophy In the Real World*, Basic Books; 1 edition, 1999.

John Searle, *Minds, Brains and Science*, Harvard University Press, 1986.

John Jamieson Carswell Smart, *Philosophy and Scientific Realism*, London : Routledge & Kegan Paul; 3 edition, 1966.

David Malet Armstrong, *A Materialist Theory of the Mind*, Humanities Press; First Edition, 1968.

Jian Chang, Guoshan Li, editors and authors, *A History of European and*

American Philosophies (*Modern Philosophies*), (Chinese Edition), Nankai University Press, 2007, pp. 125, 162 – 163, 182 – 183, 193 – 195.

Saul A. Kripke, *Naming and Necessity*, Wiley-Blackwell; 1 edition, 1991.

Jian Chang, Guoshan Li, editors and authors, *A History of European and American Philosophies* (*Modern Philosophies*), (Chinese Edition), Nankai University Press, 2007, pp. 125, 162 – 163, 182 – 183, 197 – 199.

Hilary Putnam, *Philosophy in an Age of Science: Physics, Mathematics, and Skepticism*, Mario De Caro (Editor), David Macarthur (Editor), Harvard University Press, 2012.

Hilary Putnam, *Mind, Language and Reality*, Cambridge University Press; 2 Sub edition, 1979.

Hilary Putnam, *Reason, Truth and History*, Cambridge University Press; rep edition, 1981.

Jian Chang, Guoshan Li, editors and authors, *A History of European and American Philosophies* (*Modern Philosophies*), (Chinese Edition), Nankai University Press, 2007, pp. 125, 162 – 163, 182 – 183, 195 – 197.

Donald Davidson, *Inquiries into Truth and Interpretation*, Oxford University Press; 2 edition, 2001.

Samuel Enoch Stumpf and James Fieser, *Socrates to Sartre and Beyond: A History of Philosophy*, McGraw-Hill; 8 edition, 2007, pp. 452 – 458.

Richard Rorty, *Philosophy and the Mirror of Nature*, Michael Williams (Introduction), David Bromwich (Afterword), Princeton University Press; Thirtieth-Anniversary edition, 2009.

Richard Rorty, *Contingency, Irony, and Solidarity*, Cambridge University Press; 1 PB edition, 1989.

Richard Rorty, *Philosophy and Social Hope*, Penguin Books, 2000.

Richard Rorty, *Philosophy and the Mirror of Nature*, Princeton University Press; 1 edition, 1981.

Jian Chang, Guoshan Li, editors and authors, *A History of European and American Philosophies* (*Modern Philosophies*), (Chinese Edition), Nankai University Press, 2007, pp. 125, 162 – 163, 182 – 183, 187 – 193.

Samuel Enoch Stumpf and James Fieser, *Socrates to Sartre and Beyond: A*

History of Philosophy, McGraw-Hill; 8 edition, 2007, pp. 408 – 409.

Willard Van Orman Quine, *Word and Object*, The MIT Press, 1964.

Willard Van Orman Quine, *From a Logical Point of View: Nine Logico-Philosophical Essays*, Harvard University Press; Revised edition, 1980.

Jian Chang, Guoshan Li, editors and authors, *A History of European and American Philosophies (Modern Philosophies)*, (Chinese Edition), Nankai University Press, 2007, pp. 203 – 204, 204 – 209, 215 – 217.

Karl Popper, *The Logic of Scientific Discovery*, Routledge; 2 edition, 2002.

Karl Popper, *Conjectures and Refutations: The Growth of Scientific Knowledge*, Routledge; 2 edition, 2002.

Imre Lakatos, John Worrall, Elie Zahar, *Proofs and Refutations: The Logic of Mathematical Discovery*, Cambridge University Press, 1976.

Imre Lakatos, John Worrall, Gregory Currie, *The Methodology of Scientific Research Programmes*, Cambridge University Press, 1980.

Jian Chang, Guoshan Li, editors and authors, *A History of European and American Philosophies (Modern Philosophies)*, (Chinese Edition), Nankai University Press, 2007, pp. 515 – 521.

Samuel Enoch Stumpf and James Fieser, *Socrates to Sartre and Beyond: A History of Philosophy*, McGraw-Hill; 8 edition, 2007, pp. 465 – 466.

Ferdinand de Saussure, Roy Harris, *Course in General Linguistics*, Open Court; Reprint edition, 1998.

Jian Chang, Guoshan Li, editors and authors, *A History of European and American Philosophies (Modern Philosophies)*, (Chinese Edition), Nankai University Press, 2007, pp. 552 – 559.

Jean Piaget, *Structuralism*, Harper & Row, 1970.

Jean Piaget, *Genetic Epistemology*, Eleanor Duckworth (Translator), W W Norton & Co Inc., 1971.

Jean Piaget, Barbel Inhelder, *The Psychology Of The Child*, Basic Books; 2 edition, 1969.

Jean Piaget, *The Moral Judgment of the Child*, Free Press, 1997.

Jean Piaget, *The Language and Thought of the Child*, Routledge; 3 Reprint edition, 2001.

Jean Piaget, *Origins of Intelligence in Children*, W W Norton & Co (Sd), 1971.

Jean Piaget, *Biology and Knowledge*, Beatrix Walsh (Translator), University of Chicago Press, 1974.

Jean Piaget, *Child's Conception Of Number*, W. W. Norton & Company, 1965.

Jean Piaget, *To Understand is to Invent: The Future of Education*, Grossman Publishers, 1973.

Jean Piaget, *The Development of Thought: Equilibration of Cognitive Structures*, Arnold Rosin (Translator), Viking Press; 1 edition, 1977.

Jean Piaget (Author), Rolando Garcia (Author), *Psychogenesis and the History of Science*, Helga Feider (Translator), Columbia University Press, 1988.

Jian Chang, Guoshan Li, editors and authors, *A History of European and American Philosophies (Modern Philosophies)*, (Chinese Edition), Nankai University Press, 2007, pp. 529 – 536.

Jacques Lacan, *The Seminar of Jacques Lacan: The Four Fundamental Concepts of Psychoanalysis*, Jacques-Alain Miller (Editor), Alan Sheridan (Translator), W. W. Norton & Company, 1998.

Jian Chang, Guoshan Li, editors and authors, *A History of European and American Philosophies (Modern Philosophies)*, (Chinese Edition), Nankai University Press, 2007, pp. 521 – 528.

Samuel Enoch Stumpf and James Fieser, *Socrates to Sartre and Beyond: A History of Philosophy*, McGraw-Hill; 8 edition, 2007, pp. 465 – 466.

Claude Levi-Strauss, *Structural Antrhopology*, Basic Books; New edition, 1974.

Claude Levi-Strauss, *Myth and Meaning: Cracking the Code of Culture*, Schocken; Reprint edition, 1995.

Claude Levi-Strauss, *The Savage Mind*, The University Of Chicago Press, 1966.

Samuel Enoch Stumpf and James Fieser, *Socrates to Sartre and Beyond: A History of Philosophy*, McGraw-Hill; 8 edition, 2007, pp. 371 – 384.

Joseph Brent, *Charles Sanders Peirce: A Life*, Indiana University Press; Revised and Enlarged edition, 1998.

Charles S. Peirce, *Philosophical Writings of Peirce*, Justus Buchler (Editor), Publisher: Dover Publications, 2011.

Linda Simon, *Genuine Reality: A Life of William James*, Houghton Mifflin Harcourt; 1 edition, 1998.

William James, *Pragmatism*, Dover Publications, 1995.

William James, *The Varieties Of Religious Experience: A Study In Human Nature*, CreateSpace Independent Publishing Platform, 2009.

William James, *Psychology: The Briefer Course*, Dover Publications, 2001.

John Dewey, *Experience And Education*, Free Press; Reprint edition, 1997.

John Dewey, John J. McDermott, *The Philosophy of John Dewey*, University Of Chicago Press, 1981.

John Dewey, *Reconstruction in Philosophy*, Dover Publications; Enlarged edition, 2004.

Chapter 8

Samuel Enoch Stumpf and James Fieser, *Socrates to Sartre and Beyond: A History of Philosophy*, McGraw-Hill; 8th edition, 2007, pp. 309 – 317.

Helen Zimmern, *Arthur Schopenhauer, His Life and Philosophy*, Forgotten Books, 2012.

Arthur Schopenhauer, *The World As Will and Representation*, E. F. J. Payne (Translator), Dover Publications, 1966.

Arthur Schopenhauer, *On the Fourfold Root of the Principle of Sufficient Reason*, E. F. J. Payne (Translator), Richard Taylor (Introduction), Open Court, 1999.

Arthur Schopenhauer, *The Two Fundamental Problems of Ethics*, David Cartwright (Translator), Edward E. Erdmann (Translator), Christopher Janaway (Introduction), Oxford University Press, USA, 2010.

Arthur Schopenhauer, *Parerga and Paralipomena: Short Philosophical Essays*, E. F. J. Payne (Translator), Oxford University Press, USA; Revised edition, 2001.

Samuel Enoch Stumpf and James Fieser, *Socrates to Sartre and Beyond: A History of Philosophy*, McGraw-Hill; 8 edition, 2007, pp. 359 – 367.

Stefan Zweig, *Nietzsche*, Will Stone (Translator), Hesperus Press, 2013.

Friedrich Nietzsche, *Beyond Good and Evil*, Tribeca Books, 2010.

Friedrich Nietzsche, *The Will to Power*, Vintage, 1968.

Friedrich Nietzsche, *Thus Spoke Zarathustra*, Simon & Brown, 2012.

Friedrich Nietzsche, *The Genealogy of Morals*, Dover Publications, 2003.

Friedrich Nietzsche, *The Twilight of the Idols and The Anti-Christ: or How to Philosophize with a Hammer*, Michael Tanner (Editor, Introduction), R. J. Hollingdale (Translator), Penguin Classics; Revised edition, 1990.

Friedrich Nietzsche, *The Birth of Tragedy: Out of the Spirit of Music*, Michael Tanner (Editor), Shaun Whiteside (Translator), Penguin Classics, 1994.

Samuel Enoch Stumpf and James Fieser, *Socrates to Sartre and Beyond: A History of Philosophy*, McGraw-Hill; 8 edition, 2007, pp. 425 – 428.

Rüdiger Safranski, *Martin Heidegger: Between Good and Evil*, Ewald Osers (Translator), Harvard University Press, 1999.

Martin Heidegger, *Being and Time*, Harper Perennial Modern Classics; Reprint edition, 2008.

Martin Heidegger, *Basic Writings*, Harper Perennial Modern Classics; Revised, Expand edition, 2008.

Martin Heidegger, *Poetry, Language, Thought*, Harper Perennial Modern Classics; Perennial Classics edition, 2013.

Jian Chang, Guoshan Li, editors and authors, *A History of European and American Philosophies (Modern Philosophies)*, (Chinese Edition), Nankai University Press, 2007, pp. 536 – 542, 566 – 572.

Didier Eribon, *Michel Foucault*, Betsy Wing (Translator), Harvard University Press; 1 edition, 1991.

Michel Foucault, *Madness and Civilization: A History of Insanity in the Age of Reason*, Vintage; 1 edition, 1988.

Michel Foucault, *Discipline & Punish: The Birth of the Prison*, Alan Sheridan (Translator), Vintage Books; 2 edition, 1995.

Michel Foucault, *The History of Sexuality*, Robert Hurley (Translator), Vintage; Reissue edition, 1990.

Michel Foucault, *The Order of Things: An Archaeology of the Human Sciences*,

Vintage; Reissue edition, 1994.

Michel Foucault, *The Archaeology of Knowledge*, Vintage, 1982.

Michel Foucault, *Speech Begins after Death*, Philippe Artieres (Editor), Robert Bononno (Translator), University of Minnesota Press, 2013.

Jian Chang, Guoshan Li, editors and authors, *A History of European and American Philosophies (Modern Philosophies)*, (Chinese Edition), Nankai University Press, 2007, pp. 542 – 548, 572 – 576.

Roland Barthes, *Elements of Semiology*, Annette Lavers (Translator), Colin Smith (Translator), Hill and Wang; Reissue edition, 1977.

Roland Barthes, *The Pleasure of the Text*, Richard Miller (Translator), Hill and Wang; Reissue edition, 1975.

Roland Barthes, *Image-Music-Text*, Stephen Heath (Translator), Hill and Wang, 1978.

Jian Chang, Guoshan Li, editors and authors, *A History of European and American Philosophies (Modern Philosophies)*, (Chinese Edition), Nankai University Press, 2007, pp. 577 – 585.

Jean-Francois Lyotard, *Differend: Phrases in Dispute*, University of Minnesota Press; 1 edition, 1989.

Jean-Francois Lyotard, *Discourse, Figure*, Antony Hudek (Translator), Mary Lydon (Translator), & 1 more, University of Minnesota Press, 2011.

Jean-Francois Lyotard, *Just Gaming*, Jean-Loup Thebaud (Contributor), University of Minnesota Press; 1 edition, 1985.

Jean-Francois Lyotard, *The Postmodern Condition: A Report on Knowledge*, Geoff Bennington (Translator), Brian Massumi (Translator), Fredric Jameson (Foreword), University Of Minnesota Press; 1 edition, 1984.

Jean-Francois Lyotard, *Why Philosophize*, Polity; 1 edition, 2013.

Jean-François Lyotard, *The Inhuman: Reflections on Time*, Geoffrey Bennington (Translator), Rachel Bowlby (Translator), Stanford University Press; 1 edition, 1992.

Jean-Francois Lyotard, *Postmodern Fables*, University of Minnesota Press, 1999.

Chapter 9

Samuel Enoch Stumpf and James Fieser, *Socrates to Sartre and Beyond: A History of Philosophy*, McGraw-Hill; 8 edition, 2007, pp. 204–228.

A. C. Grayling, *Descartes: The Life of René Descartes and Its Place in His Times*, Free Press, 2005.

René Descartes, *Discourse on Method and Meditations on First Philosophy*, Donald Cress (Translator), Hackett Pub Co; 4 edition, 1999.

René Descartes, *Meditations on First Philosophy: In Which the Existence of God and the Distinction of the Soul from the Body Are Demonstrated*, Donald A. Cress (Translator), Hackett Publishing Company; 3 edition, 1993.

René Descartes, *A Discourse on the Method*, Ian Maclean (Translator), Oxford University Press, USA, 2006.

Samuel Enoch Stumpf and James Fieser, *Socrates to Sartre and Beyond: A History of Philosophy*, McGraw-Hill; 8 edition, 2007, pp. 271–294.

Paulsen Friedrich, *Immanuel Kant, His Life and Doctrine*, HardPress Publishing, 2013.

Immanuel Kant, *Prolegomena to Any Future Metaphysics: and the Letter to Marcus Herz*, James W. Ellington (Introduction, Translator), Hackett Pub Co; 2 edition, 2002.

Immanuel Kant, *Grounding for the Metaphysics of Morals: With on a Supposed Right to Lie Because of Philanthropic Concerns*, James W. Ellington (Translator), Hackett Pub Co; 3 Sub edition, 1993.

Immanuel Kant, *Three Critiques: Critique of Pure Reason/Critique of Practical Reason/Critique of Judgment*, Hackett Pub Co, 2002.

Jian Chang, Guoshan Li, editors and authors, *A History of European and American Philosophies (Modern Philosophies)*, (Chinese Edition), Nankai University Press, 2007, pp. 38–39, 81–82, 93–100.

Wilhelm Windelband, *A History of Philosophy*, The Paper Tiger, 2001.

Heinrich Rickert, Guy Oakes, *The Limits of Concept Formation in Natural Science: A Logical Introduction to the Historical Sciences*, Cambridge

University Press; Abridged edition, 1986.

Heinrich Rickert, *Science And History*, Arthur Goddard (Editor), George Reisman (Translator), D. Van Nostrand Co. ; 1 edition, 1962.

Heinrich Rickert, *Kulturwissenschaft und Naturwissenschaft*, (German Edition), University of Michigan Library, 1910.

Jian Chang, Guoshan Li, editors and authors, *A History of European and American Philosophies (Modern Philosophies)*, (Chinese Edition), Nankai University Press, 2007, pp. 38 – 39, 81 – 92.

Ernst Cassirer, *Language and Myth*, Dover Publications; Dover edition, 1953.

Ernst Cassirer, *An Essay on Man: An Introduction to a Philosophy of Human Culture*, Yale University Press; Reprint edition, 1962.

Samuel Enoch Stumpf and James Fieser, *Socrates to Sartre and Beyond: A History of Philosophy*, McGraw-Hill; 8 edition, 2007, pp. 254 – 256, 257 – 258.

Matthew Tindal, *Freethinker: An Eighteenth-Century Assault on Religion*, Bloomsbury Academic; 1 edition, 2006.

Voltaire, *Candide*, Francois-Marie Arouet (Translator), Dover Publications; Dover Thrift edition, 1991.

Samuel Enoch Stumpf and James Fieser, *Socrates to Sartre and Beyond: A History of Philosophy*, McGraw-Hill; 8 edition, 2007, pp. 215 – 228.

Baruch Spinoza, *The Ethics; Treatise on the Emendation of the Intellect; Selected Letters*, Seymour Feldman (Editor), Samuel Shirley (Translator), Hackett Pub Co; 2 edition, 1991.

Gottfried Wilhelm Freiherr von Leibniz, *Discourse on Metaphysics and Other Essays*, Daniel Garber and Roger Ariew (Translators), Hackett Pub Co, 1991.

Samuel Enoch Stumpf and James Fieser, *Socrates to Sartre and Beyond: A History of Philosophy*, McGraw-Hill; 8 edition, 2007, pp. 239 – 244.

George Berkeley, *A Treatise Concerning the Principles of Human Knowledge*, Hackett Pub Co, 1982.

George Berkeley, *An Essay Towards a New Theory of Vision*, Cosimo Classics, 2008.

George Berkeley, *Three Dialogues Between Hylas and Philonous*, CreateSpace Independent Publishing Platform, 2012.

Samuel Enoch Stumpf and James Fieser, *Socrates to Sartre and Beyond: A History of Philosophy*, McGraw-Hill; 8 edition, 2007, pp. 266 – 268, 259 – 265.

Thomas Reid, *An Inquiry Into the Human Mind: On the Principles of Common Sense*, Nabu Press, 2010.

Jean Jacques Rousseau, *Rousseau's Political Writings: Discourse on Inequality, Discourse on Political Economy, on Social Contract*, Julia Conaway Bondanella (Editor, Translator), Alan Ritter (Editor), W. W. Norton & Company; 1 edition, 1987.

Jean Jacques Rousseau, *Emile*, William Boyd (Translator), Teachers College Press; 10 edition, 1962.

Jean-Jacques Rousseau, *On the Origin of Language*, Johann Gottfried Herder (Author), John H. Moran (Translator), Alexander Gode (Translator), University Of Chicago Press, 1986.

Jian Chang, Guoshan Li, editors and authors, *A History of European and American Philosophies (Modern Philosophies)*, (Chinese Edition), Nankai University Press, 2007, pp. 306, 307 – 309.

Friedrich Schleiermacher, Andrew Bowie, *Schleiermacher: Hermeneutics and Criticism: And Other Writings*, Cambridge University Press, 1998.

Jian Chang, Guoshan Li, editors and authors, *A History of European and American Philosophies (Modern Philosophies)*, (Chinese Edition), Nankai University Press, 2007, pp. 306, 318 – 338.

Hans-Georg Gadamer, Joel Weinsheimer, Donald G. Marshall, *Truth and Method*, Continuum; 2 Revised edition, 2004.

Hans-Georg Gadamer, David E. Linge, *Philosophical Hermeneutics*, University of California Press; 30th Anniversary edition, 2008.

Samuel Enoch Stumpf and James Fieser, *Socrates to Sartre and Beyond: A History of Philosophy*, McGraw-Hill; 8 edition, 2007, pp. 295 – 309.

Frederick Beiser, *Hegel*, Routledge; New Ed edition, 2005.

Terry Pinkard, *Hegel: A Biography*, Cambridge University Press, 2001.

Georg Wilhelm Friedrich Hegel, *The Phenomenology of Mind*, J. B. Baillie (Translator), Dover Publications; 2 Revised edition, 2003.

Georg Wilhelm Friedrich Hegel, *The Phenomenology of Spirit*, J. B. Baillie (Translator), Digireads. com (January 1, 2009).

Martin Heidegger, *Hegel's Phenomenology of Spirit*, Parvis Emad (Translator), Kenneth Maly (Translator), Indiana University Press, 1988.

Georg Wilhelm Friedrich Hegel, *Hegel: Reason in History*, Robert S. Hartman (Translator), Pearson; 1 edition, 1995.

Georg Wilhelm Friedrich Hegel, *Hegel's Aesthetics: Lectures on Fine Art*, T. M. Knox (Translator), Oxford University Press, 1998.

Georg Wilhelm Friedrich Hegel, *Hegel's Science of Logic*, A. V. Miller (Translator), Prometheus Books; Later Printing edition, 1991.

Georg Wilhelm Friedrich Hegel, *Lectures on the Philosophy of World History*, Hugh Barr Nisbet (Translator), Duncan Forbes (Introduction), Cambridge University Press, 1981.

Samuel Enoch Stumpf and James Fieser, *Socrates to Sartre and Beyond: A History of Philosophy*, McGraw-Hill; 8 edition, 2007, pp. 340 - 345.

Walter Lowrie, *A Short Life of Kierkegaard*, Alastair Hannay (Introduction), Princeton University Press, 2013.

Soren Kierkegaard, *Fear and Trembling*, Alastair Hannay (Translator, Introduction), Johannes de Silentio (Contributor), Penguin Classics; Reprint edition, 1986.

Soren Kierkegaard, *The Sickness Unto Death: A Christian Psychological Exposition For Upbuilding And Awakening*, Howard V. Hong (Editor), Edna H. Hong (Editor), Princeton University Press, 1983.

Soren Kierkegaard, *Either/Or: A Fragment of Life*, Victor Eremita (Editor), Alastair Hannay (Translator, Introduction), Penguin Classics; New Ed edition, 1992.

Soren Kierkegaard, *The Concept of Anxiety: A Simple Psychologically Orienting Deliberation on the Dogmatic Issue of Hereditary Sin*, Reidar Thomte (Editor), Albert B. Anderson (Collaborator), Princeton University Press, 1981.

Soren Kierkegaard, *Concluding Unscientific Postscript*, D. F. Swenson, L. M. Swenson, and W. Lowrie (Translators), Princeton University Press, 1941.

Soren Kierkegaard, *Philosophical Fragments*, H. V. Hong and E. H. Hong, Princeton University Press, 1985.

Samuel Enoch Stumpf and James Fieser, *Socrates to Sartre and Beyond: A History of Philosophy*, McGraw-Hill; 8 edition, 2007, pp. 428 – 431.

Karl Jaspers, *Socrates, Buddha, Confucius, Jesus: from the Great Philosophers*, Mariner Books; Reprint edition, 1966.

Karl Jaspers, *Way to Wisdom: An Introduction to Philosophy*, Ralph Manheim (Translator), Yale University Press; 2 edition, 2003.

Karl Jaspers, *Man in the Modern Age*, Routledge; Reissue edition, 2009.

Karl Jaspers, *Reason and Existenz*, William Earle (Translator), Farrar Straus Giroux, 1955.

Gabriel Marcel, *The Mystery of Being*, G. S. Fraser (Translator), St. Augustine's Press, 2001.

Gabriel Marcel, *The Philosophy Of Existentialism*, Citadel; Reissue edition, 2002.

Gabriel Marcel, *Man against Mass Society*, G. S. Fraser (Translator), Donald MacKinnon (Foreword), St. Augustines Press, 2008.

Gabriel Marcel, *Thou Shall Not Die*, Anne Marcel (Compiler), Katharine Rose Hanley (Translator), St. Augustines Press; 1 edition, 2009.

Jian Chang, Guoshan Li, editors and authors, *A History of European and American Philosophies (Modern Philosophies)*, (Chinese Edition), Nankai University Press, 2007, pp. 306, 310 – 314.

Wilhelm Dilthey, *Pattern and meaning in History: Thoughts on History and Society*, Harper & Row; Edition/printing Not Stated edition, 1962.

Wilhelm Dilthey, Ramon Betanzos, *Introduction to the Human Sciences: An Attempt to Lay a Foundation for the Study of Society and History*, Wayne State University Press, 1988.

Jian Chang, Guoshan Li, editors and authors, *A History of European and American Philosophies (Modern Philosophies)*, (Chinese Edition), Nankai

University Press, 2007, pp. 38 – 39, 81 – 82, 100 – 110.

Rudolf Eucken, *The Life of the Spirit, an Introduction to Philosophy*, Forgotten Books, 2012.

Rudolf Eucken, *The Problem Of Human Life: As Viewed By The Great Thinkers From Plato To The Present Time*, Williston S. Hough (Translator), W. R. Boyce Gibson (Translator), Kessinger Publishing, LLC, 2010.

Samuel Enoch Stumpf and James Fieser, *Socrates to Sartre and Beyond: A History of Philosophy*, McGraw-Hill; 8 edition, 2007, pp. 384 – 397.

Henri Bergson, *Creative Evolution*, Dover Publications; Unabridged edition, 1998.

Henri Bergson, *Time and Free Will: An Essay on the Immediate Data of Consciousness*, Dover Publications; 1 edition, 2001.

Henri Bergson, T. E. Hulme, *An Introduction to Metaphysics*, Hackett Publishing Co. , 1999.

Henri Bergson, R. Ashley Audra, Cloudesley Brereton, *The Two Sources of Morality and Religion*, University of Notre Dame Press, 1991.

Alfred North Whitehead, *Process and Reality*, Free Press; 2 edition, 1979.

Alfred North Whitehead, *The Concept of Nature*, CreateSpace Independent Publishing Platform, 2012.

Alfred North Whitehead, *Adventures of Ideas*, Free Press; 1 edition, 1967.

Alfred North Whitehead, *Science and the Modern World*, Free Press, 1997.

Alfred North Whitehead, *Modes of Thought*, The Free Press, 1968.

Alfred North Whitehead, *Religion in the Making*, Cambridge University Press; Reissue edition, 2011.

Jian Chang, Guoshan Li, editors and authors, *A History of European and American Philosophies (Modern Philosophies)*, (Chinese Edition), Nankai University Press, 2007, pp. 223, 223 – 242.

Samuel Enoch Stumpf and James Fieser, *Socrates to Sartre and Beyond: A History of Philosophy*, McGraw-Hill; 8 edition, 2007, pp. 418 – 425.

Barry Smith, David Woodruff Smith, *The Cambridge Companion to Husserl*, Cambridge University Press, 1995.

Edmund Husserl, F. Kersten, *Ideas Pertaining to a Pure Phenomenology and to* a Phenomenological Philosophy: First Book: General Introduction to a Pure Phenomenology, Springer; Softcover reprint of the original 1st ed. 1982 edition, 1983.

Edmund Husserl, Dorion Cairns, *Cartesian Meditations: An Introduction to Phenomenology*, Martinus Nijhoff Pub.; 11 impression edition, 1977.

Edmund Husserl, *Psychological and Transcendental Phenomenology and the Confrontation with Heidegger*, T. Sheehan (Translator), R. E. Palmer (Translator), Springer, 1997.

Chapter 10

Samuel Enoch Stumpf and James Fieser, *Socrates to Sartre and Beyond: A History of Philosophy*, McGraw-Hill; 8 edition, 2007, pp. 345 – 359.

David McLellan, *Karl Marx: His Life and Thought*, Harper & Row, 1974.

Tristram Hunt, *Marx's General: The Revolutionary Life of Friedrich Engels*, Metropolitan Books, 2009.

Karl Marx, Fredrick Engels, *The Economic and Philosophic Manuscripts of 1844 and the Communist Manifesto*, Martin Milligan (Translator), Prometheus Books; 1 edition, 1988.

Karl Marx, Fredrick Engels, *The German Ideology, including Theses on Feuerbach*, Prometheus Books; Paperback edition, 1998.

Karl Marx, *Capital: Volume 1: A Critique of Political Economy*, Ben Fowkes (Translator), Ernest Mandel (Introduction), Penguin Classics; Reprint edition, 1992.

Yibing Zhang, ed., *The Philosophical Trends of Contemporary Foreign Marxism*, (Chinese Edition), Volume I, Jiangsu Renmin Publishing House, 2012, pp. 37 – 70.

Jian Chang, Guoshan Li, editors and authors, *A History of European and American Philosophies (Modern Philosophies)*, (Chinese Edition), Nankai University Press, 2007, pp. 352 – 361.

Georg Lukács, *History and Class Consciousness: Studies in Marxist Dialectics*, Rodney Livingstone (Translator), The MIT Press; MIT Press edition, 1972.

Georg Lukács, *The Theory of the Novel*, The MIT Press; 1 edition (PB), 1974.

Yibing Zhang, ed., *The Philosophical Trends of Contemporary Foreign Marxism*, (Chinese Edition), Volume I, Jiangsu Renmin Publishing House, 2012, pp. 71 – 98.

Jian Chang, Guoshan Li, editors and authors, *A History of European and American Philosophies (Modern Philosophies)*, (Chinese Edition), Nankai University Press, 2007, pp. 361 – 364.

Karl Korsch, *Marxism and Philosophy*, Monthly Review Press, 2009.

Karl Korsch, *Karl Marx*, Russell & Russell; Reprint edition, 1963.

Karl Korsch, *Karl Korsch*; *Revolutionary Theory*, University of Texas Pr., 1977.

Yibing Zhang, ed., *The Philosophical Trends of Contemporary Foreign Marxism*, (Chinese Edition), Volume I, Jiangsu Renmin Publishing House, 2012, pp. 99 – 140.

Jian Chang, Guoshan Li, editors and authors, *A History of European and American Philosophies (Modern Philosophies)*, (Chinese Edition), Nankai University Press, 2007, pp. 364 – 369.

Antonio Gramsci, *Prison Notebooks*, Joseph A. Buttigieg (Translator), Columbia University Press; Slp edition, 2011.

Antonio Gramsci, *Modern Prince and Other Writings*, Intl Pub., 1959.

Yibing Zhang, ed., *The Philosophical Trends of Contemporary Foreign Marxism*, (Chinese Edition), Volume I, Jiangsu Renmin Publishing House, 2012, pp. 217 – 233.

Wilhelm Reich, *Character Analysis*, Vincent Carfagno (Translator), Farrar, Straus and Giroux; Third Edition, Enlarged edition, 1980.

Wilhelm Reich, *The Mass Psychology of Fascism*, Vincent Carfagno (Translator), Farrar, Straus and Giroux; 3 edition, 1980.

Wilhelm Reich, *The Function of the Orgasm: Sex-Economic Problems of Biological Energy*, Vincent R. Carfagno (Translator), Farrar, Straus and Giroux, 1973.

Wilhelm Reich, *Listen, Little Man!* William Steig (Illustrator), Ralph

Manheim (Translator), Farrar, Straus and Giroux; 1 edition, 1974.

Wilhelm Reich, *The Sexual Revolution*: *Toward a Self-Governing Character Structure*, Theodore P. Wolfe (Translator), Farrar, Straus and Giroux, 1963.

Yibing Zhang, ed., *The Philosophical Trends of Contemporary Foreign Marxism*, (Chinese Edition), Volume I, Jiangsu Renmin Publishing House, 2012, pp. 183 – 217.

Yibing Zhang, ed., *The Philosophical Trends of Contemporary Foreign Marxism*, (Chinese Edition), Volume II, Jiangsu Renmin Publishing House, 2012, pp. 255 – 344.

Jian Chang, Guoshan Li, editors and authors, *A History of European and American Philosophies (Modern Philosophies)*, (Chinese Edition), Nankai University Press, 2007, pp. 383 – 396.

Douglas Kellner, Tyson E. Lewis, Clayton Pierce, *On Marcuse*, Sense Publishers, 2008.

Herbert Marcuse, *One-Dimensional Man*: *Studies in the Ideology of Advanced Industrial Society*, Douglas Kellner (Introduction), Beacon Press; 2 edition, 1991.

Herbert Marcuse, *Eros and Civilization* : *A Philosophical Inquiry into Freud*, Beacon Press; New Ed edition, 1974.

Herbert Marcuse, *The Aesthetic Dimension*: *Toward A Critique of Marxist Aesthetics*, Beacon Press, 1979.

Herbert Marcuse, *Negations*: *Essays in Critical Theory*, Steffen G. Bohm (Editor), Jeremy J. Shapiro (Translator), MayFlyBooks/Ephemera; Revised edition, 2009.

Yibing Zhang, ed., *The Philosophical Trends of Contemporary Foreign Marxism*, (Chinese Edition), Volume I, Jiangsu Renmin Publishing House, 2012, pp. 183 – 217.

Yibing Zhang, ed., *The Philosophical Trends of Contemporary Foreign Marxism*, (Chinese Edition), Volume II, Jiangsu Renmin Publishing House, 2012, pp. 255 – 344.

Jian Chang, Guoshan Li, editors and authors, *A History of European and*

American Philosophies (*Modern Philosophies*), (Chinese Edition), Nankai University Press, 2007, pp. 396 – 416.

Erich Fromm, *Escape from Freedom*, Holt Paperbacks; Owl Book edition, 1994.

Erich Fromm, *The Art of Loving*, Harper Perennial Modern Classics; 15 Anv edition, 2006.

Erich Fromm, *The Sane Society*, Holt Paperbacks; Reissue edition, 1990.

Erich Fromm, *The Crisis of Psychoanalysis*, Holt, Rinehart, Winston; 1 edition, 1970.

Erich Fromm, *Beyond the Chains of Illusion*: *My Encounter with Marx and Freud*, Bloomsbury Academic, 2006.

Erich Fromm, *Man for Himself*: *An Inquiry Into the Psychology of Ethics*, Holt Paperbacks, 1990.

Erich Fromm, *To Have or To Be?* Bloomsbury Academic; Reprint edition, 2013.

Yibing Zhang, ed., *The Philosophical Trends of Contemporary Foreign Marxism*, (Chinese Edition), Volume I, Jiangsu Renmin Publishing House, 2012, pp. 275 – 335.

Henri Lefebvre, *Critique of Everyday Life*, *Vol. 1*: *Introduction*, John Moore (Translator), Michel Trebitsch (Preface), Verso; Special edition, 2008.

Henri Lefebvre, *Critique of Everyday Life*, *Vol. 2*: *Foundations for a Sociology of the Everyday*, John Moore (Translator), Michel Trebitsch (Preface), Verso; Special Ed edition, 2008.

Henri Lefebvre, *Critique of Everyday Life*, *Vol. 3*: *From Modernity to Modernism* (*Towards a Metaphilosophy of Daily Life*), Gregory Elliott (Translator), Michel Trebitsch (Preface), Verso; Special Ed edition, 2008.

Henri Lefebvre, *The Urban Revolution*, University of Minnesota Press; 1 edition, 2003.

Henri Lefebvre, *Everyday Life in the Modern World*, Transaction Publishers, 1984.

Henri Lefebvre, *Dialectical Materialism*, John Sturrock (Translator), Stefan Kipfer (Foreword), University of Minnesota Press; 1 edition, 2009.

Yibing Zhang, ed., *The Philosophical Trends of Contemporary Foreign Marxism*, (Chinese Edition), Volume I, Jiangsu Renmin Publishing House, 2012, pp. 234 – 274.

Samuel Enoch Stumpf and James Fieser, Socrates to Sartre and Beyond: A History of Philosophy, McGraw-Hill; 8 edition, 2007, pp. 431 – 444.

Annie Cohen-Solal, *Sartre: A Life*, Pantheon; 1 American edition, 1987.

Jean-Paul Sartre, *The Words: The Autobiography of Jean-Paul Sartre*, Bernard Frechtman (Translator), Vintage Books; 1 Vintage Books edition, 1981.

Jean-Paul Sartre, Hazel E. Barnes, *Being and Nothingness*, Washington Square Press; Reprint edition, 1993.

Jean Paul Sartre, *Existentialism Is a Humanism*, Carol Macomber (Translator), Arlette Elkaïm-Sartre (Preface), & 1 more, Yale University Press; Trade Paperback edition, 2007.

Jean-Paul Sartre, *Existentialism and Human Emotion*, Citadel; Reissue edition, 2000.

Jean-Paul Sartre, *The Philosophy of Jean-Paul Sartre*, Vintage; Vintage Books edition, 2003.

Jean-Paul Sartre, *Nausea*, Lloyd Alexander (Translator), Richard Howard (Introduction), New Directions; 1 edition, 2007.

Jean-Paul Sartre, *Critique of Dialectical Reason*, Jonathan Ree (Editor), Alan Sheridan-Smith (Translator), & 1 more, Verso; Revised edition, 2004.

Jean-Paul Sartre, *Search for a Method*, Vintage, 1968.

Taylor Carman, *Merleau-Ponty*, Routledge; 1 edition, 2008.

Maurice Merleau-Ponty, Alphonso Lingis, *The Visible and the Invisible*, Northwestern University Press; 1 edition, 1969.

Maurice Merleau-Ponty, *Phenomenology of Perception*, Routledge; 2 edition, 2002.

Maurice Merleau-Ponty, *The Primacy of Perception*, James M. Edie (Editor), William Cobb (Translator), Northwestern University Press; 1 edition, 1964.

Maurice Merleau-Ponty, *The World of Perception*, Routledge; 1 edition, 2008.

Yibing Zhang, ed., *The Philosophical Trends of Contemporary Foreign Marxism*, (Chinese Edition), Volume I, Jiangsu Renmin Publishing House,

2012, pp. 371 – 397.

Raya Dunayevskaya, ed., *Philosophy and Revolution: From Hegel to Sartre, and from Marx to Mao*, Lexington Books, 2003.

Raya Dunayevskaya, *Nationalism, Communism, Marxist Humanism and the Afro-Asian Revolutions*, The Left Group, Cambridge University, Labour Club; English edition, 1961.

Yibing Zhang, ed., *The Philosophical Trends of Contemporary Foreign Marxism*, (Chinese Edition), Volume I, Jiangsu Renmin Publishing House, 2012, pp. 336 – 370.

Lucien Goldmann, *Hidden God: A Study of Tragic Vision in the Pensees of Pascal and the Tragedies of Racine*, Routledge Kegan & Paul, 1976.

Yibing Zhang, ed., *The Philosophical Trends of Contemporary Foreign Marxism*, (Chinese Edition), Volume II, Jiangsu Renmin Publishing House, 2012, pp. 1 – 3, 5 – 33.

Galvano Della-Volpe, *Rousseau and Marx*, Lawrence and Wishart; 1 edition, 1978.

Galvano Della-Volpe, *Critique of Taste*, Michael Caesar (Translator), Verso, 1991.

Galvano Della-Volpe, *Logic as a Positive Science*, Jon Rothschild (Translator), Verso, 1980.

Yibing Zhang, ed., *The Philosophical Trends of Contemporary Foreign Marxism*, (Chinese Edition), Volume II, Jiangsu Renmin Publishing House, 2012, pp. 33 – 54.

Lucio Colletti, *Marxism and Hegel*, L. Garner (Translator), Verso, 1979.

Lucio Colletti, *From Rousseau to Lenin*, Monthly Review Press, 1972.

Lucio Colletti, *Marxismus und Dialektik*, Ullstein Taschenbuchvlg, 1984.

Yibing Zhang, ed., *The Philosophical Trends of Contemporary Foreign Marxism*, (Chinese Edition), Volume II, Jiangsu Renmin Publishing House, 2012, pp. 55 – 124.

Jian Chang, Guoshan Li, editors and authors, *A History of European and American Philosophies (Modern Philosophies)*, (Chinese Edition), Nankai University Press, 2007, pp. 548 – 551.

Louis Althusser, *For Marx*, Ben Brewster (Translator), Verso, 2006.

Louis Althusser, Etienne Balibar, *Reading Capital*, Ben Brewster (Translator), Verso, 2009.

Louis Althusser, *On Ideology*, Ben Brewster (Translator), Verso, 2008.

Yibing Zhang, ed., *The Philosophical Trends of Contemporary Foreign Marxism*, (Chinese Edition), Volume II, Jiangsu Renmin Publishing House, 2012, pp. 125 – 159.

Nicos Poulantzas, *Classes in Contemporary Capitalism*, David Fernbach (Translator), Verso; New edition, 1978.

Nicos Poulantzas, *Political Power and Social Classes*, Verso Books, 1975.

Nicos Poulantzas, *State, Power, Socialism*, Verso, 2001.

Yibing Zhang, ed., *The Philosophical Trends of Contemporary Foreign Marxism*, (Chinese Edition), Volume II, Jiangsu Renmin Publishing House, 2012, pp. 160 – 202, 203 – 250.

G. A. Cohen, *Self-Ownership, Freedom, and Equality*, Cambridge University Press, 1995.

G. A. Cohen, *If You're an Egalitarian, How Come You're So Rich?* Harvard University Press; New Ed edition, 2001.

G. A. Cohen, *Why Not Socialism?* Princeton University Press, 2009.

G. A. Cohen, *Karl Marx's Theory of History*, Princeton University Press; Expanded edition, 2000.

G. A. Cohen, *History, Labour, and Freedom: Themes from Marx*, Oxford University Press, 1989.

G. A. Cohen, *Rescuing Justice and Equality*, Harvard University Press; 1 edition, 2009.

William H. Shaw, *Marx's Theory of History*, Stanford University Pr., 1980.

Jon Elster, *Logic and Society: Contradictions and Possible Worlds*, John Wiley & Sons Ltd., 1978.

Jon Elster, *Making Sense of Marx*, Cambridge University Press; 1 Published edition, 1985.

Jon Elster, *The Cement of Society: A Survey of Social Order*, Cambridge University Press; 1 edition, 1989.

John E. Roemer, *A General Theory of Exploitation and Class*, Harvard University Press, 1982.

John E. Roemer, *Equality of Opportunity*, Harvard University Press, 2000.

John E. Roemer, *A Future for Socialism*, Harvard University Press, 1994.

John E. Roemer, ed., *Analytical Marxism*, Cambridge University Press, 1986.

John E. Roemer, *Analytical Foundations of Marxian Economic Theory*, Cambridge University Press, 1989.

Will Kymlicka, *Liberalism, Community, and Culture*, Oxford University Press, 1991.

Allen Wood, *Karl Marx*, Routledge; 2 edition, 2004.

Yibing Zhang, ed., *The Philosophical Trends of Contemporary Foreign Marxism*, (Chinese Edition), Volume II, Jiangsu Renmin Publishing House, 2012, pp. 251 – 363.

Jian Chang, Guoshan Li, editors and authors, *A History of European and American Philosophies (Modern Philosophies)*, (Chinese Edition), Nankai University Press, 2007, pp. 364 – 369.

Max Horkheimer, *Critical Theory: Selected Essays*, Matthew J. O'Connell (Translator), & 1 more, Continuum Publishing Corporation; 1 edition, 1975.

Max Horkheimer, Theodor W. Adorno, *Dialectic of Enlightenment*, Gunzelin Schmid Noerr (Editor), Edmund Jephcott (Translator), Stanford University Press; 1 edition, 2007.

Max Horkheimer, *Critique of Instrumental Reason*, Matthew O'Connell (Translator), Verso; 1 edition, 2013.

Yibing Zhang, ed., *The Philosophical Trends of Contemporary Foreign Marxism*, (Chinese Edition), Volume II, Jiangsu Renmin Publishing House, 2012, pp. 364 – 396.

Jian Chang, Guoshan Li, editors and authors, *A History of European and American Philosophies (Modern Philosophies)*, (Chinese Edition), Nankai University Press, 2007, pp. 364 – 369.

Theodor W. Adorno, *Aesthetic Theory*, Robert Hullot-Kentor (Editor), University of Minnesota Press; 1 edition, 1998.

Theodor W. Adorno, *Negative Dialectics*, Bloomsbury Academic; 2 edition,

1981.

Yibing Zhang, ed., *The Philosophical Trends of Contemporary Foreign Marxism*, (Chinese Edition), Volume II, Jiangsu Renmin Publishing House, 2012, pp. 255 – 308.

Henryk Grossman, *The Law of Accumulation and Breakdown of the Capitalist System: Being also a theory of crises*, Tony Kennedy (Introduction), Pluto Press, 1992.

Friedrich Pollock, Theodor W. Adorno, *Group Experiment and Other Writings: The Frankfurt School on Public Opinion in Postwar Germany*, Andrew J. Perrin (Editor, Translator), Jeffrey K. Olick (Editor, Translator), Harvard University Press; 1 edition, 2011.

Franz L. Neumann, *Behemoth: The Structure and Practice of National Socialism*, 1933 – 1944, Peter Hayes (Introduction), Ivan R. Dee; Book Club Edition, 2009.

Otto Kirchheimer, *Political Justice The Use of Legal Procedure for Political Ends*, Princeton University Press, 1961.

Jian Chang, Guoshan Li, editors and authors, *A History of European and American Philosophies (Modern Philosophies)*, (Chinese Edition), Nankai University Press, 2007, pp. 417 – 440.

Jürgen Habermas, *The Structural Transformation of the Public Sphere: An Inquiry into a Category of Bourgeois Society*, The MIT Press, 1991.

Jürgen Habermas, *The Theory of Communicative Action*, Thomas McCarthy (Translator), Beacon Press, 1985.

Jürgen Habermas, *Postmetaphysical Thinking*, William Mark Hohengarten (Translator), The MIT Press, 1994.

Juergen Habermas, *Communication and the Evolution of Society*, Thomas McCarthy (Translator), Beacon Press, 1979.

Mingan Kong, etc., *Studies on the New Trends of Contemporary Foreign Marxism*, (Chinese Edition), Central Compilation & Translation Press, 2012, pp. 303 – 408.

Axel Honneth, The Struggle for Recognition: *The Moral Grammar of Social Conflicts*, Joel Anderson (Translator), The MIT Press; 1 MIT Press edition,

1996.

Axel Honneth, *The I in We: Studies in the Theory of Recognition*, Polity; 1 edition, 2012.

Yibing Zhang, ed., *The Philosophical Trends of Contemporary Foreign Marxism*, (Chinese Edition), Volume II, Jiangsu Renmin Publishing House, 2012, pp. 418 – 430.

E. P. Thompson, *The Making of the English Working Class*, Vintage, 1966.

Raymond Williams, *Marxism and Literature*, Oxford University Press, 1978.

Raymond Williams, *Keywords: A Vocabulary of Culture and Society*, Oxford University Press; Rev Sub edition, 1985.

Raymond Williams, *Culture and Materialism*, Verso, 2006.

Raymond Williams, *The Long Revolution*, Parthian Books; Reprint edition, 2012.

Raymond Williams, *The Sociology of Culture*, University of Chicago Press; 1 edition, 1995.

Yibing Zhang, ed., *The Philosophical Trends of Contemporary Foreign Marxism*, (Chinese Edition), Volume II, Jiangsu Renmin Publishing House, 2012, pp. 430 – 437.

Ralph Miliband, *The State in Capitalist Society*, Merlin Press, 2009.

Ralph Miliband, *Socialism For a Skeptical Age*, Verso, 1994.

Yibing Zhang, ed., *The Philosophical Trends of Contemporary Foreign Marxism*, (Chinese Edition), Volume II, Jiangsu Renmin Publishing House, 2012, pp. 448 – 451.

Richard Hoggart, *Uses of Literacy: Aspects of Working-Class Life*, Penguin Books, 2009.

Richard Hoggart, *Promises to Keep: Thoughts in Old Age*, Bloomsbury Academic, 2005.

Richard Hoggart, *Mass Media in a Mass Society*, Bloomsbury Academic, 2005.

Yibing Zhang, ed., *The Philosophical Trends of Contemporary Foreign Marxism*, (Chinese Edition), Volume II, Jiangsu Renmin Publishing House, 2012, pp. 451 – 454.

Stuart Hall, ed., *Representation: Cultural Representations and Signifying*

Practices, Sage Publications & Open University; 1 edition, 1997.

Stuart Hall, ed., Paul du Gay, ed., *Questions of Cultural Identity*, Sage Publications; Reprint edition, 1996.

Yibing Zhang, ed., *The Philosophical Trends of Contemporary Foreign Marxism*, (Chinese Edition), Volume II, Jiangsu Renmin Publishing House, 2012, pp. 438 – 445, 454 – 465.

Perry Anderson, *Passages From Antiquity to Feudalism*, Verso; 1 edition, 2013.

Perry Anderson, *Considerations on Western Marxism*, Verso, 1976.

Perry Anderson, *Arguments within English Marxism*, Verso; 2 edition, 1980.

Perry Anderson, *The New Old World*, Verso; Reprint edition, 2011.

Perry Anderson, *Spectrum: From Right to Left in the World of Ideas*, Verso, 2006.

Perry Anderson, *In the Tracks of Historical Materialism*, Verso, 1983.

Yibing Zhang, ed., *The Philosophical Trends of Contemporary Foreign Marxism*, (Chinese Edition), Volume III, Jiangsu Renmin Publishing House, 2012, pp. 361 – 403.

Michael Hardt, Antonio Negri, *Empire*, McGraw-Hill; 8 edition, 2007.

Michael Hardt, Antonio Negri, *Multitude: War and Democracy in the Age of Empire*, Penguin Books; Reprint edition, 2005.

Michael Hardt, Antonio Negri, *Commonwealth*, Belknap Press, 2011.

Michael Hardt, Antonio Negri, *Declaration*, Argo-Navis, 2012.

Yibing Zhang, ed., *The Philosophical Trends of Contemporary Foreign Marxism*, (Chinese Edition), Volume III, Jiangsu Renmin Publishing House, 2012, pp. 320 – 360.

Jian Chang, Guoshan Li, editors and authors, *A History of European and American Philosophies (Modern Philosophies)*, (Chinese Edition), Nankai University Press, 2007, pp. 440 – 449.

Fredric Jameson, *Postmodernism, or, The Cultural Logic of Late Capitalism*, Duke University Press, 1990.

Fredric Jameson, *The Political Unconscious: Narrative as a Socially Symbolic Act*, Cornell University Press, 1982.

Fredric Jameson, *The Cultural Turn: Selected Writings on the Postmodern*, Verso; 2009.

Fredric Jameson, *Late Marxism: Adorno, Or, The Persistence of the Dialectic*, Verso, 2007.

Yibing Zhang, ed., *The Philosophical Trends of Contemporary Foreign Marxism*, (Chinese Edition), Volume III, Jiangsu Renmin Publishing House, 2012, pp. 361 – 403.

David Harvey, *The Enigma of Capital: and the Crises of Capitalism*, Oxford University Press; 2 edition, 2011.

David Harvey, *A Companion to Marx's Capital*, Verso; Second Impression edition, 2010.

David Harvey, *The Condition of Postmodernity: An Enquiry into the Origins of Cultural Change*, Wiley-Blackwell, 1991.

David Harvey, *The Limits to Capital*, Verso; Updated edition, 2007.

David Harvey, *Spaces of Global Capitalism: A Theory of Uneven Geographical Development*, Verso; 1 edition, 2006.

David Harvey, *Social Justice and the City*, University of Georgia Press; Revised edition, 2009.

David Harvey, *Spaces of Hope*, University of California Press, 2000.

David Harvey, *Justice, Nature and the Geography of Difference*, Wiley-Blackwell; 1 edition, 1997.

Yibing Zhang, ed., *The Philosophical Trends of Contemporary Foreign Marxism*, (Chinese Edition), Volume III, Jiangsu Renmin Publishing House, 2012, pp. 404 – 440.

Douglas Kellner, *Critical Theory, Marxism, and Modernity*, Johns Hopkins University Press, 1989.

Douglas Kellner, *Media Culture: Cultural Studies, Identity and Politics between the Modern and the Post-modern*, Routledge, 1995.

Yibing Zhang, ed., *The Philosophical Trends of Contemporary Foreign Marxism*, (Chinese Edition), Volume III, Jiangsu Renmin Publishing House, 2012, pp. 1 – 2, 76 – 77, 279 – 291.

Michel Aglietta, *A Theory of Capitalist Regulation: The US Experience*, David

Fernbach (Translator), Verso; New Edition, 2001.

Yibing Zhang, ed., *The Philosophical Trends of Contemporary Foreign Marxism*, (Chinese Edition), Volume III, Jiangsu Renmin Publishing House, 2012, pp. 306 – 319.

Robert Boyer, Yves Saillard, *Regulation Theory: The State of the Art*, Routledge; 1 edition, 2001.

Robert Boyer, *The Future of Economic Growth: As New Becomes Old*, Edward Elgar Publishing Ltd., 2004.

Yibing Zhang, ed., *The Philosophical Trends of Contemporary Foreign Marxism*, (Chinese Edition), Volume III, Jiangsu Renmin Publishing House, 2012, pp. 291 – 306.

Alain Lipietz, *The Enchanted World: Inflation, Credit and the World Crisis*, Verso, 1985.

Alain Lipietz, *Towards A New Economic Order: Postfordism, Ecology and Democracy*, Malcolm Slater (Translator), Oxford University Press, 1992.

Alain Lipietz, *Mirages and Miracles: Crisis in Global Fordism*, Verso Books, 1987.

Yibing Zhang, ed., *The Philosophical Trends of Contemporary Foreign Marxism*, (Chinese Edition), Volume III, Jiangsu Renmin Publishing House, 2012, pp. 481 – 533.

James O'Conner, *Natural Causes: Essays in Ecological Marxism*, Guilford Press, 1997.

James O'Conner, *Accumulation Crisis*, Blackwell, 1986.

James O'Conner, *The Meaning of Crisis*, Basil Blackwell, 1987.

Yibing Zhang, ed., *The Philosophical Trends of Contemporary Foreign Marxism*, (Chinese Edition), Volume III, Jiangsu Renmin Publishing House, 2012, pp. 534 – 539.

Joel Kovel, *The Enemy of Nature: The End of Capitalism or the End of the World?* Zed Books; 2 edition, 2007.

Joel Kovel, *History and Spirit: An Inquiry into the Philosophy of Liberation*, Beacon Pr; First Edition, 1991.

Joel Kovel, *Capitalism Nature Socialism*, Routledge, 2008.

Joel Kovel, *White Racism: A Psychohistory*, Columbia University Press, 1984.

Yibing Zhang, ed., *The Philosophical Trends of Contemporary Foreign Marxism*, (Chinese Edition), Volume III, Jiangsu Renmin Publishing House, 2012, pp. 539 – 545.

David Pepper, *Modern Environmentalism: An Introduction*, Routledge, 1996.

David Pepper, *The Roots of Modern Environmentalism*, Routledge Kegan & Paul, 1984.

David Pepper, *Eco-Socialism: From Deep Ecology to Social Justice*, Routledge; First Edition, 1993.

Yibing Zhang, ed., *The Philosophical Trends of Contemporary Foreign Marxism*, (Chinese Edition), Volume III, Jiangsu Renmin Publishing House, 2012, pp. 546 – 564.

Andre Gorz, *Critique of Economic Reason*, Verso; Second Edition, 2011.

Andre Gorz, *Letter to D: A Love Letter*r, Julie Rose (Translator), Polity; 1 edition, 2009.

Andre Gorz, *Capitalism, Socialism, Ecology*, Chris Turner (Translator), Verso; 1 edition, 2013.

Andre Gorz, *Farewell to the Working Class: An Essay on Post-Industrial Socialism*, Pluto Press; 1 edition, 2001.

Andre Gorz, *Reclaiming Work: Beyond the Wage-Based Society*, Polity; 1 edition, 1999.

Andre Gorz, *Ecology as Politics*, Pluto Press, 1983.

Yibing Zhang, ed., *The Philosophical Trends of Contemporary Foreign Marxism*, (Chinese Edition), Volume III, Jiangsu Renmin Publishing House, 2012, pp. 564 – 577.

John Bellamy Foster, Brett Clark, Richard York, *The Ecological Rift: Capitalism's War on the Earth*, Monthly Review Press, 2011.

John Bellamy Foster, *Marx's Ecology: Materialism and Nature*, Monthly Review Press, 2000.

John Bellamy Foster, *The Vulnerable Planet: A Short Economic History of the Environment*, Monthly Review Press; Rev Sub edition, 1999.

Yibing Zhang, ed., *The Philosophical Trends of Contemporary Foreign Marxism*,

(Chinese Edition), Volume III, Jiangsu Renmin Publishing House, 2012, pp. 578 – 614.

Heidi I. Hartmann, ed., *Women, Work, and Poverty: Women Centered Research for Policy Change*, Routledge; 1 edition, 2006.

Heidi I. Hartmann, ed., *Gendering Politics and Policy: Recent Developments in Europe, Latin America, and the United States*, Routledge; 1 edition, 2006.

Iris Marion Young, *On Female Body Experience: "Throwing Like a Girl" and Other Essays*, Oxford University Press, 2005.

Alison M. Jagger, ed., Iris Marion Young, ed., *A Companion to Feminist Philosophy*, Wiley-Blackwell, 2000.

Juliet Mitchell, Sangay K Mishra, Psychoanalysis And Feminism A Radical Reassessment Of Freudian Psychoanalysis, Basic Books; New ed of 2 Revised ed, 2000.

Juliet Mitchell, Woman's Estate, Vintage Books, 1973.

Juliet Mitchell, Siblings: Sex and Violence, Polity; 1 edition, 2003.

Ann Oakley, ed., Juliet Mitchell, ed., Who's Afraid of Feminism? Seeing Through the Backlash, New Press, The; 1 Edition (PB), 1997.

Kate Millett, *Sexual Politics*, University of Illinois Press, 2000.

Kate Millett, *The Basement: Meditations on a Human Sacrifice*, Simon and Schuster; 1 edition, 1979.

Christine Delphy, *Close to Home: A Materialist Analysis of Women's Oppression*, University of Massachusetts Pr., 1984.

Christine Delphy, *Familiar Exploitation: A New Analysis of Marriage in Contemporary Western Societies*, Polity; 1 edition, 1992.

Shulamith Firestone, *The Dialectic of Sex: The Case for Feminist Revolution*, Farrar, Straus and Giroux, 2003.

Alison M. Jaggar, *Feminist Politics and Human Nature*, Rowman & Littlefield Publishers, 1988.

Alison M. Jaggar, ed., *Gender/Body/Knowledge: Feminist Reconstructions of Being and Knowing*, Rutgers University Press, 1989.

Alison M. Jaggar, *Just Methods: An Interdisciplinary Feminist Reader*, Paradigm Publishers; 2 edition, 2013.

Alison M. Jaggar, Paula Rothenberg, *Feminist Frameworks: Alternative Theoretical Accounts of the Relations Between Women and Men*, McGraw-Hill Book Company; 3 edition, 1993.

Linda Martín Alcoff, ed., *Singing in the Fire: Stories of Women in Philosophy*, Rowman & Littlefield Publishers, 2003.

Yibing Zhang, ed., *The Philosophical Trends of Contemporary Foreign Marxism*, (Chinese Edition), Volume III, Jiangsu Renmin Publishing House, 2012, pp. 73 – 102.

Jian Chang, Guoshan Li, editors and authors, *A History of European and American Philosophies (Modern Philosophies)*, (Chinese Edition), Nankai University Press, 2007, pp. 587 – 594.

Gilles Deleuze, Felix Guattari, Anti-Oedipus: *Capitalism and Schizophrenia*, Robert Hurley (Translator), & 3 more, Penguin Classics, 2009.

Gilles Deleuze, *Difference and Repetition*, Paul Patton (Translator), Columbia University Press, 1995.

Gilles Deleuze, Felix Guattari, *A Thousand Plateaus: Capitalism and Schizophrenia*, Brian Massumi (Translator), University of Minnesota Press; 1 edition, 1987.

Gilles Deleuze, Felix Guattari, *What Is Philosophy?* Hugh Tomlinson (Translator), Graham Burchell (Translator), Columbia University Press, 1996.

Gilles Deleuze, *Nietzsche and Philosophy*, Janis Tomlinson (Translator), Columbia University Press; Reprint edition, 1983.

Gilles Deleuze, Félix Guattari, *Nomadology: The War Machine*, Brian Massumi (Translator), Semiotext (e), 1986.

Francois Cusset, *French Theory: How Foucault, Derrida, Deleuze, & Co. Transformed the Intellectual Life of the United States*, Jeff Fort (Translator), University of Minnesota Press; First Edition, 2008.

Yibing Zhang, ed., *The Philosophical Trends of Contemporary Foreign Marxism*, (Chinese Edition), Volume III, Jiangsu Renmin Publishing House, 2012, pp. 39 – 72.

Jean Baudrillard, *Simulacra and Simulation*, Sheila Faria Glaser (Translator),

University of Michigan Press; First Edition, 17 Printing edition, 1995.

Jean Baudrillard, *America*, Geoff Dyer (Introduction), Verso; New edition, 2010.

Jean Baudrillard, *The System of Objects*, James Benedict (Translator), Verso, 2006.

Jean Baudrillard, *The Conspiracy of Art*, Sylvère Lotringer (Editor), Ames Hodges (Translator), Semiotext (e), 2005.

Jean Baudrillard, *The Consumer Society: Myths and Structures*, SAGE Publications Ltd; 1 edition, 1998.

Yibing Zhang, ed., *The Philosophical Trends of Contemporary Foreign Marxism*, (Chinese Edition), Volume III, Jiangsu Renmin Publishing House, 2012, pp. 103 – 140.

Jian Chang, Guoshan Li, editors and authors, *A History of European and American Philosophies (Modern Philosophies)*, (Chinese Edition), Nankai University Press, 2007, pp. 560 – 566.

Samuel Enoch Stumpf and James Fieser, *Socrates to Sartre and Beyond: A History of Philosophy*, McGraw-Hill; 8 edition, 2007, pp. 466 – 467.

Jacques Derrida, *Of Grammatology*, Gayatri Chakravorty Spivak (Translator) The Johns Hopkins University Press, 1977.

Jacques Derrida, Alan Bass, *Writing and Difference*, University of Chicago Press, 1980.

Jacques Derrida, David Wills, *The Gift of Death*, University Of Chicago Press; 2 edition, 2007.

Jacques Derrida, Alan Bass, *Margins of Philosophy*, University Of Chicago Press; Reprint edition, 1984.

Jacques Derrida, *Specters of Marx: The State of the Debt, The Work of Mourning & the New International*, Routledge; 1 edition, 2006.

Jacques Derrida, *Voice and Phenomenon: Introduction to the Problem of the Sign in Husserl's Phenomenology*, Leonard Lawlor (Translator), Northwestern University Press, 2010.

Francis Fukuyama, *The Origins of Political Order: From Prehuman Times to the French Revolution*, Farrar, Straus and Giroux; Reprint edition, 2012.

Francis Fukuyama, *The End of History and the Last Man*, Free Press; Reissue edition, 2006.

Zbigniew Kazimierz Brzezinski, *Ideology and Power in Soviet Politics*, Praeger; Revised edition, 1967.

Zbigniew Brzezinski, *Grand Failure: The Birth and Death of Communism in the Twentieth Century*, Collier Books; 1 Collier Books edition, 1990.

Yibing Zhang, ed., *The Philosophical Trends of Contemporary Foreign Marxism*, (Chinese Edition), Volume III, Jiangsu Renmin Publishing House, 2012, pp. 1 – 2, 151, 3 – 38.

Andy Merrifield, *Guy Debord*, Reaktion Books, 2005.

Guy Debord, *Society of the Spectacle*, Black & Red, 2000.

Yibing Zhang, ed., *The Philosophical Trends of Contemporary Foreign Marxism*, (Chinese Edition), Volume III, Jiangsu Renmin Publishing House, 2012, pp. 141 – 181.

Mark Poster, *Information Please: Culture and Politics in the Age of Digital Machines*, Duke University Press Books, 2006.

Mark Poster, *The Mode of Information: Poststructuralism and Social Context*, University of Chicago Press; 2nd edition, 1990.

Mark Poster, *Foucault, Marxism, and History: Mode of Production Versus Mode of Information*, Blackwell Pub., 1985.

Mark Poster, *The Second Media Age*, Polity; 1 edition, 1995.

Mark Poster, *What's the Matter with the Internet?* University of Minnesota Press; 1 edition, 2001.

Mark Poster, *Critical Theory and Poststructuralism: In Search of a Context*, Cornell University Press; 1 edition, 1989.

Yibing Zhang, ed., *The Philosophical Trends of Contemporary Foreign Marxism*, (Chinese Edition), Volume III, Jiangsu Renmin Publishing House, 2012, pp. 182 – 219.

Slavoj Zizek, *The Sublime Object of Ideology*, Verso; Second Edition, 2009.

Slavoj Zizek, *Demanding the Impossible*, Polity; 1 edition, 2013.

Slavoj Zizek, *Living in the End Times*, Verso; Rev. Upd. edition, 2011.

Slavoj Zizek, *First As Tragedy, Then As Farce*, Verso, 2009.

Slavoj Zizek, *The Plague of Fantasies*, Verso; Second Edition, 2009.

Slavoj Zizek, *The Ticklish Subject*: *The Absent Centre of Political Ontology*, Verso; Second Edition, 2009.

Slavoj Zizek, *Violence*: *Six Sideways Reflections*, Picador; 1 edition, 2008.

Slavoj Zizek, *For They Know Not What They Do*: *Enjoyment as a Political Factor*, Verso, 2008.

Slavoj Zizek, *Welcome to the Desert of the Real*: *Five Essays on September 11 and Related Dates*, Verso; First Edition, 2002.

Sebastian Budgen, ed., Stathis Kouvelakis, ed., Slavoj Zizek, ed., *Lenin Reloaded*: *Toward a Politics of Truth*, David Fernbach (Translator), Duke University Press Books, 2007.

Yibing Zhang, ed., *The Philosophical Trends of Contemporary Foreign Marxism*, (Chinese Edition), Volume III, Jiangsu Renmin Publishing House, 2012, pp. 220 – 275.

Alain Badiou, *Philosophy and the Event*, Polity; 1 edition, 2013.

Alain Badiou, *In Praise of Love*, Peter Bush (Translator), New Press, 2012.

Alain Badiou, Oliver Feltham, *Being and Event*, Bloomsbury Academic, 2007.

Alain Badiou, Bruno Bosteels, *Theory of the Subject*, Continuum; 1 edition, 2009.

Alain Badiou, *Manifesto for Philosophy*, Norman Madarasz (Translator), State University of New York Press, 1999.

Alain Badiou, *The Century*, Polity; 1 edition, 2007.

Alain Badiou, *The Communist Hypothesis*, Verso; First edition in English, 2010.

Conclusion

Yibing Zhang, ed., *The Philosophical Trends of Contemporary Foreign Marxism*, (Chinese Edition), Volume I, Jiangsu Renmin Publishing House, 2012, pp. 141 – 178.

Ernst Bloch, *On Karl Marx*, Herder and Herder; First Edition, 1971.

Ernst Bloch, *The Spirit of Utopia*, Anthony A. Nassar (Translator), Stanford

University Press; 1 edition, 2000.

Ernst Bloch, *The Principle of Hope*, Neville Plaice (Translator), Stephen Plaice (Translator), Paul Knight (Translator), The MIT Press; Reprint edition, 1995.

Ernst Bloch, *The Heritage of Our Times*, Polity; 1 edition, 2009.

Ernst Bloch, *A Philosophy of the Future*, Herder and Herder, 1970.

Vincent Geoghegan, *Ernst Bloch*, Routledge, 1995.

Jamie Owen Daniel, ed., Tom Moylan, ed., Not Yet: Reconsidering Ernst Bloch, Verso, 1997.

Peter Thompson, ed., Slavoj Zizek, ed., Ernst Bloch, *The Privatization of Hope: Ernst Bloch and the Future of Utopia*, Duke University Press Books, 2013.

后　记

　　《追寻幸福：西方哲学史视角》是我的"中西马哲学融会贯通（会通）研究"三部曲之一。从现实性上看哲学的基本问题是秩序与自由的问题，这个发现也能更好地解释中国哲学的价值。哲学要建构的是精神"文"明，即建构人们认同的心灵的秩序。"文"与"野"相对，文的人就是懂得合理秩序的人。中国哲学有着自己独特和完备的认识方式，是中华民族对世界文明史做出的卓越贡献。关于这部分内容我将在《追寻幸福：中国哲学史视角》一书中具体阐述。"阐"字由"门"字和"单"字组成，就是要抓住"单一"的述才能明了。而我抓出的"单"要么是秩序要么是自由，它们都归到幸福这个"一"那里。原创马克思主义，既可以包容西方哲学的精华，也能够让中国哲学在其中复活，还能兼容其他外国哲学，因此可以通过原创马克思主义的理论框架，形成一个中外融会古今贯通的思想体系。可以贯通中西的马克思和恩格斯的理论体系，我将在《追寻幸福：原创马克思主义哲学史视角》一书中加以阐述。

　　本作品以深入研究原著为基础来保持学术水准，但是不再抠引原著。人吃过猪肉后，不一定要长出可见的猪肉补丁来证明自己吸收了猪肉的营养。浑然一体的创作，才易体验到整体的活着的文字之美。本作品力图超越文字的表面意思和语句的陈述结构，以便把握文本想表达的真实意思。每位哲学家的主要原著按章列在了本书的末尾。如何能够快速阅读呢？带着线索阅读，这样思路就能够清晰。先找到每位哲学家的代表作，看清每位哲学家写作的意图，找到他们理论的切入点和归宿；再以一目一页的速度照相式快速阅读一遍，意在把握整体精神；再回过头来选读重点，并用多种语言查阅重要范畴和概念的原初意思和流变过程。这样澄清了一些被误解的词语，从而加深了对一些关键问题的理解。

　　比如说，通过深入理解康德的"批判"（Kritik）这个词的词义，我推导出康德的哲学属于一种关于评价标准的哲学。后来才发现，我的这个理解与新康德主义者文德尔班的理解类似。德文的 Kritik 和新拉丁文和英文的 criterion 是同源的，均来自古希腊文的 κριτήριον，不仅有"批判"的意思，还有根据"标准"来进行"评判"的意思。所以，康德的"Kritik"哲学可以理解为"评判标准哲学"。康德在他的《纯粹理性批判》《实践理性批判》和《判断力批判》这三大"批判"著作中，力图通过纯粹理性、实践理性和审美判断给人们设立能够被普遍承认的"评判标准"，让我们能够分辨真假、善恶和美丑。又比如说，我们通常翻译的黑格尔的"凡是合理的都是现实的，凡是现实的都是合理的"（Was vernünftig ist, das ist wirklich; und was wirklich ist, das ist vernünftig），也许翻译为"凡是理性的都是实在的，凡是实在的都是理性的"更为恰当。黑格尔说的"实在"暗指上帝。他这句话是要说明上帝是理性的，所以我们可以通过认识理性来认识上帝。

  本书的主要功夫下在用中国人习惯的思维方式和文字来重新表述每位哲学家的意思，消除那些让人读起来感觉磕磕绊绊的字眼和别别扭扭的语句，替代了一些人们习以为常，但是很多人并未真的理解其含义的词汇，比如说，异化和形而上。在写作方式上，力图不受套路限制，让文字似行云流水一般，随思想的起伏而波动。崇尚简词巧搭的素雅，崇尚符合中国人的语言习惯的流畅，具有文史哲合一的特点。力图用简明易懂的概念、亲近生活的语言、依恋人心的思想和活泼清新的文风全面更新晦涩难懂的概念、疏离生活的语言、烦闷人心的思想和僵化生厌的文风，力图展示中华民族文字的简约之美。这部作品依然具有"啰嗦"的特征，因为我衡量一个文字存在的必要性不再是重复与否，而是能否更好地传达或强调我想要表达的思想情感，能否符合读者的心理节奏也就是能否让读者感觉舒服。有很多地方从意义上看是可以去掉"的"的，而从节奏感上则不能去掉。就是在写这本书的时候，我才意识到，学了那么多门语言，我掌握得最好的文字是中文，因为这里是我的文字的家。这部作品既是一本面向世界的作品，又因保持了中华民族的独特的语言修辞美的旋律韵味，所以具有难以准确翻译成其他文字的民族特征，在此我以这种方式来表达自己对于祖国的深深的热爱。它因为研究对象的宏大而会跨越我们这个时代而存在，但它又是我们这个时代的产物，体现着这个社会的繁荣和忧患并存的特征，这种特征投射到我的心灵上酿成了这部作品的总体味道，就是甜甜的欢欣和淡淡的忧伤。

  我个人愚笨，终其一生也无法成为离完美最近的人了，但是我愿意用我的生命垫起一个平台，让人们踏着我的身躯向着完美飞去。有人问我，在哪里可以找到人格完美？在哲学、文学和艺术中都可以找到。哲学家、文学家、艺术家的人生都不可能是完美的，因为环境所迫而无法完美，但是在他们创作自己的原创作品时，他们是可以保持一种纯粹向善的心态的，这样的创作才会使他们着迷，即使付出生命也在所不惜。所以，在这样的作品中可以找到因人格完美而带来的激情。虽然他们不在了，但是我们依然可以感受到他们的激情燃烧的温度。

  我之所以能够沉静地奋笔疾书，坚持在浮躁的环境中用自己的生命突围，是因为读书和写作，会让精神世界丰富，会变得淡定，所以即使自己穿着十多年前的旧衣服，即使现在已经变得难看到倾国倾城的程度，每天素颜以对，依然有爱情陪伴。让我能够在半隐居状态中信心百倍地创作，让自己瘸着腿背着行囊，走在一条不会通往世俗成功的崎岖道路之上，只想能够离完美更近一些，对社会的贡献更大一些，所以虽然艰辛却也幸福。我也总是在鼓励、总是希望年轻人能够安静下来，试验一下，其实我这样的生活方式既能做些更有意义的事，也能过上一种看上去不幸福，但其实挺充实的生活。

  读书和写作中也常常会有很好笑的奇思妙想，我有着两个科幻想法："波一元论"和"新太阳系计划"。我曾于2013年提出了波一元论假说，波一元论假说认为，自然中的一是波，波是一种物质性的能量，万物都是波存在的不同形态，万变不离其波。不同的事物会产生出不同的波形，在事物消失时，波形随之消失，但是波依然存在。波的能量是守恒的。如果波一元论假说成立，就能够为中西马哲学的会通奠定能够贯通自然、社会和意识的物质性的一元论基础，能够很好地解释米利都学派的"水"或"气"一元论，也能够很好地解释中国的"气"一元论，因为水和气都具有"波"的特征，还能够很好地解释马克思主义哲学中的事物发展"从简单到复杂"和物质是不以人的意志为转移的客观实在的论断。找不到"简单"就找不到起点，而波就可以是这个"简单"的起点，而且波是不以人的意志为转移的客观实在，波的运动是有规律性的，波是人的意识的物质载体，波也是人的心理活动的物质基础，这些观念都能够更透彻地解释唯物辩证法。

如果波一元论的体系能够建立起来，爱因斯坦的统一场论就能实现。如果人掌握的科学技术能够很容易在物质和能量之间转化或粒子与波之间快速转化，就能够彻底解决物质匮乏的问题。从光的波粒二象性、希格斯玻色子、超弦/M理论和发光的微生物中，都有可能找到把粒子变成波或把波变成粒子的机理。如果波一元论的假说成立，如果人能够把握快速地把物质变成能量和把能量变成物质的机理，就能够实现我科幻出的新太阳系计划，即人类在每一个自己居住的星球爆炸之前，都能提前造出一个新的太阳系。虽然我无法证明这个计划就能实现，但是我坚信人类的实践科学理性的力量，我坚信生产力可以发展到让人感觉物质的东西不再重要的程度，相信人类在地球或其他的星球家园爆炸之前，能够一次次造出新的太阳系，为人类提供一个又一个新的家园。只是我们要保护好地球，要给科学家和工程师们留下足够的能够造出新的太阳系的研发时间。我热爱人类，我感觉，只要人类存在着，所有的"我"就存在着，因为人类代表着每一个"我"存在着。

非常感谢我教过的所有的学生们！因为他们的支持，所以有了我的坚持！非常感谢共家学派（Gongschool）的队员们。我选拔出的终生义务培养的队员目前有49位：张志峰、孙昊、赵志刚、刘松琳、杨鹏、刘威、蔺通、张银娜、林正航、舒志彪、黄子舰、付祥、李松林、姚扬、何晓旖、曹成程、宋亦潇、陈旸、王珏、徐佳君、贾志豪、林常帆、姜甡、毛伟光、王中冠、姚昌晟、王子昂、夜毅、沈吟、彭慧民、高鑫、陈理、王令刚、李晨、车文斌、孙奎霞、于辰、彭慧心、肖开明、尹灿本、裴俊巍、杨宇潇、付子操、刘晖、尹西明、于洪德、徐云峰、张琳、孙碧云。李炳青老师是带领这个团队的特别研究员。"波一元论"的提出是共家学派队员和我教的清华2013年秋季学期本科生马原班同学的集体智慧的结晶，其中舒志彪和付子操给予了我很大的启发。我希望他们能够努力遵守八条自律门规：第一，到韦老师家或见韦老师不带礼物；第二，任何节日不给韦老师打电话、发短信或电子邮件；第三，互相间不帮忙开后门，不占公家便宜；第四，人际交往中只雪中送炭，不锦上添花；第五，生活健康舒适即可，不追求荣华富贵；第六，努力做太阳或萤火虫，不做月亮；第七，努力做真、善、美的事，努力不做假、恶、丑的事；第八，努力让自己给世界留下一件善的、深刻的、美的、走向世界的、能传世的作品。

非常感谢我从小到大的各位老师的教导、各位同窗的激励、各位朋友的帮助！

非常感谢我的博士生导师宋希仁老师的大力支持和帮助！宋老师非常注重对于秩序与自由的研究，他把秩序与自由的问题作为伦理学的基本问题，这点对我启发很大。在我本人的研究中，也屡屡遇到秩序与自由问题的挑战，因此也一直很关注这个问题。2000年在我的博士论文中，我用"软和平"的方式来解决秩序与自由的冲突。在2012年1月我在《大众化的马克思主义》一书中正式提出了哲学的"社会秩序说"。2012年10月6日，我脑袋里闪出一个念头，感觉从现实性上看，秩序与自由的问题就是哲学的基本问题。于是，我查阅了能找到的关于秩序与自由的论著和文章，发现这样的作品不少，但尚未发现有人把这个问题当成是哲学的基本问题。当我按这个思路去看哲学史时，令我欣喜的是眼之所及均为秩序与自由的问题，而且用这个问题去理解哲学史，就很容易解释得通。于是，我确信，哲学的基本问题从现实性上看就是秩序与自由的问题，只有从这个视角才能看清楚哲学家们到底是在辩论什么，才能让所有的哲学都成为可以理解的思想，而不是一大堆没有用的、让人一头雾水的、没有头绪的怪观念。于是，我在《〈共产党宣言〉探究（对照中、德、英、法、俄文版）》中首次把这个观点公之于世。我原本想再用十年的时间独立完成《追寻幸福：〈资本论〉探究（对照中、德、英、法、俄文版）》（十卷本），在宋希仁老师的力劝下放弃了。现在我开始从把薄书写厚的拓展，转到把厚书写薄的浓缩轨道上来。以后我准备把精力全部投入中西马哲学的会通研究之中。

一如既往地感谢北京大学国际关系学院的王逸舟老师！无论我在做什么方面的研究，他的学术精神都一直在激励着我！

在清华哲学系工作期间，从各位老师那里都学到了很多宝贵的东西，非常感谢！非常感谢万俊人老师在我的学术成长过程中给予的无比珍贵的发展机会、教导和帮助！非常感谢白采凤老师的细致入微的帮助！

我从伦理学的研究领域转到马克思主义理论的研究领域之后，主要得到了以下老师的大力支持和帮助：来自我的母校中国人民大学的郭湛老师、郝立新老师和刘建军老师；来自南京师范大学的王小锡老师；来自北京高教学会马克思主义原理研究会会长严耕老师、常务副会长张加才老师、副会长孙熙国老师、秘书长张秀芹老师、陈慧老师！他们让我感觉到自己有了一个新的喜洋洋的学术之家，非常感谢！

非常感谢邓卫老师、艾四林老师、吴倬老师和赵甲明老师对我的一贯的大力帮助、信任、肯定、指导和支持，并给予了我很高的发展平台，为我免去了很多具体事务，给我留足了像生命一样宝贵的写作时间！非常感谢张静老师、吴丹老师、朱慧欣老师和张苗老师的无微不至的关怀和帮助！非常感谢清华马克思主义学院全体老师的大力支持和帮助！

非常感谢中国社会科学出版社，这里是我的作品的温馨的家园！一如既往地感谢冯春凤老师、陈彪老师和李炳青老师。冯春凤老师那里是我的作品的发祥地，陈彪老师则带领着我的作品长征，李炳青老师这里是我的作品的根据地。李炳青、李小冰、李宗坤"三李"组合使得我的每部作品都能够接受她们的精益求精的高端洗礼，从而变得更加完美。与李炳青老师邂逅，让我看到了一个活生生的我，我们两个都会肆无忌惮地大笑。我们在心灵的追求上是如此地契合，以至于我在写作中，总会有她在脑海里冒出来喝彩或批评，而无论是喝彩或批评都让我感觉是那样的恰到好处。

非常感谢父母韦越和杨育芳、公婆吴昌顺和张瑞玲！他们都是很优秀的教师，无论世风如何变幻，他们都最珍爱知识。特别感谢父母在家里特别贫穷的时候，含辛茹苦地为我创造了学习条件！公婆对我恩重如山，他们给予了我深厚的爱，有他们的开明的态度和巨大的帮助，才使得我能够一次次克服人生的巨大挫折。

特别感谢我的丈夫吴烨！我的生命即是他的生命。

人都是不完美的，所以我们注定要爱，否则能够体会到的只是自己的渺小和孤独。我们通过爱世间万物中的完美，来补足自己的不完美和缺憾。非常感谢出现在我的生命中的每一个人！每个人的成长都有太多太多的人在付出无私的帮助，只有抱着一颗感恩的心，去造福每一个生灵，才能报答世间的所有美好！